Berthold Michael · Heinz-Hermann Schepp

Die Schule in Staat und Gesellschaft

QUELLENSAMMLUNG ZUR KULTURGESCHICHTE

Begründet von Prof. Dr. Dr. h. c. Wilhelm Treue · Göttingen
Herausgegeben von Prof. Dr. Karl Heinrich Kaufhold · Göttingen

Band 22

MUSTER-SCHMIDT VERLAG · GÖTTINGEN · ZÜRICH

Berthold Michael · Heinz-Hermann Schepp

Die Schule in Staat und Gesellschaft

Dokumente zur deutschen Schulgeschichte im 19. und 20. Jahrhundert

MUSTER-SCHMIDT VERLAG · GÖTTINGEN · ZÜRICH

Die Deutsche Bibliothek – CIP-Einheitsaufnahme

Die Schule in Staat und Gesellschaft: Dokumente
zur deutschen Schulgeschichte im 19. und 20. Jahrhundert /
Berthold Michael; Heinz-Hermann Schepp. –
Göttingen; Zürich: Muster-Schmidt, 1993
(Quellensammlung zur Kulturgeschichte; Bd. 22)
ISBN 3-7881-1224-7
NE: Michael, Berthold [Hrsg.]; GT

MUSTER-SCHMIDT VERLAG · GÖTTINGEN · ZÜRICH

Gesamtherstellung: „Muster-Schmidt" KG., Göttingen

Printed in Germany

Inhaltsverzeichnis

Vorbemerkungen zur Auswahl und Gliederung der Dokumentation

Die hier vorgelegte Dokumentation geht davon aus, daß die Probleme und Aufgaben der Schule nicht aus dem Binnenraum der Pädagogik allein begriffen und beurteilt werden können. Sie bedürfen einer umfassenderen Vergewisserung, in der auch ihre politische Relevanz, vor allem ihre Bezogenheit auf Staat und Gesellschaft, erhellt wird. Obgleich in den Erziehungs- und Sozialwissenschaften die Beziehungen zwischen Politik und Schule immer stärkere Beachtung finden, liegen Dokumentationen, die den Gesamtzusammenhang von Staat, Gesellschaft und Schule belegen, kaum vor. In den bisher erschienenen Publikationen sind die Quellen in der Regel nur unter dem Aspekt eines der genannten Faktoren ausgewählt. Dadurch wird der Interpretationsrahmen eingeschränkt und eine Erörterung der Situation der Schule in ihren vielfältigen Verbindungen zu Staat und Gesellschaft erschwert.

Die Dokumentation will diesem Mangel begegnen. Mit Hilfe einer breit angelegten Quellenauswahl - Verfassungen, Gesetze, Verordnungen, Erlasse, Richtlinien, Parteiprogramme, Proklamationen, Reden und Ansprachen - wird versucht, ein politisch-pädagogisches Arbeits- und Lesebuch vorzulegen, das es ermöglichen soll, die schulpolitischen Auseinandersetzungen der Vergangenheit und der Gegenwart im Kontext der jeweiligen Konstellation von Staat und Gesellschaft zu analysieren und im Rahmen geschichtlich langfristiger Prozesse zu interpretieren.

Bei der exemplarischen Auswahl der Quellen steht im Zentrum die Frage nach dem Woher und Wohin der „Demokratisierung“ der Schule oder - umfassender - die Frage nach der Bedeutung jener „durchgehenden Grundzüge“: „Verstaatlichung“, „Demokratisierung“ und „Säkularisierung“, die Friedrich Paulsen bereits am Beginn unseres Jahrhunderts für die neuere Schulgeschichte als konstitutiv bezeichnet hat. Diese die letzten zwei Jahrhunderte bestimmenden und sich wechselseitig bedingenden Vorgänge werden als Schlüsselprobleme begriffen. Die Gliederung der Dokumente folgt dieser Konzeption im Nacheinander der historischen Epochen bis zur Wiedervereinigung der beiden deutschen Staaten in unserer Gegenwart.

Den Hauptkapiteln sind in der Regel kurze Grundsatzartikel aus dem „Politischen Wörterbuch“ von Siegfried Landshut und Wolfgang Gaebler vorangestellt. Sie sollen politische Grundbegriffe verdeutlichen und die Merkmale einzelner Zeitabschnitte in Erinnerung bringen. Sie können auf diese Weise dazu beitragen, den historischen Durchgang im Blick auf das sich wandelnde Verhältnis von Staat und Gesellschaft zu strukturieren.

Die Wiedergabe der einzelnen Dokumente beginnt jeweils mit einem einführenden Hinweis, der über die geschichtliche Situation zur Zeit der Entstehung des Textes sowie über den Verfasser und dessen Absichten informiert.

Die Dokumente werden, soweit sie nicht zu umfangreich sind, ungekürzt veröffentlicht. Bei notwendigen Streichungen ist durch Überleitungen dafür gesorgt, daß der gedankliche Zusammenhang erhalten bleibt. Die Titel der Dokumente entsprechen durchgehend dem Original. Wo aus größeren Texten eine Auswahl getroffen werden mußte, sind von den Herausgebern Überschriften eingefügt worden.

Einführung

Diese Einführung kann nicht die Aufgabe haben, die Interpretation der einzelnen Quellen im Detail vorzunehmen oder gar eine umfassende Deutung der komplizierten Geschichte der Beziehungen zwischen Staat, Gesellschaft und Schule zu geben. Es kann nur darum gehen, im Kontext der „Grundsatzartikel" aus dem „Politischen Wörterbuch" und der „einführenden Hinweise" zu den Dokumenten, einige Grundlinien nachzuzeichnen, auf Ambivalenzen und Widersprüche sowie auf in die Zukunft weisende Tendenzen aufmerksam zu machen. Dabei steht – der erkenntnisleitenden Fragestellung gemäß – die Entwicklung der Schule im Zentrum.

I. Die Anfänge des modernen Staates und der modernen Schule im Absolutismus

Die Französische Revolution ist, worauf in den Geschichts- und Sozialwissenschaften immer wieder hingewiesen wird, das Kardinalereignis der neueren Geschichte und in diesem Sinne eine entscheidende Zäsur in der Neuzeit. Dennoch muß die in dieser Aussage enthaltene Unterstellung einer plötzlichen Verwandlung eingeschränkt werden. Fast alle Momente, die sich während der Revolution artikulieren, sind, worauf Alexis de Tocqueville als erster hingewiesen hat, schon in der voraufgegangenen Epoche der absoluten Monarchie vorbereitet. Das Verständnis der politischen und schulpolitischen Imperative, die während der Französischen

Revolution formuliert werden, setzt daher eine Kenntnis der vielfältigen Verbindungen zwischen Revolution und Absolutismus voraus. Aus diesem Grunde beginnt die Dokumentation nicht mit dem revolutionären politischen und pädagogischen Programm, sondern mit einer Information über die Anfänge des modernen Staates und der modernen Schule im Absolutismus.

Unter den verschiedenen und sich wechselseitig verstärkenden Motiven, die für Tocqueville dazu beigetragen haben, „wie aus dem Ancien Régime ... die Revolution wie von selbst hervorgeht", sollen hier nur diejenigen hervorgehoben werden, die sich unmittelbar auf Politik und Pädagogik beziehen:

(1) Das von der Revolution postulierte Prinzip der Volkssouveränität habe zwar, betont Tocqueville, den absoluten Monarchen beseitigt, es habe aber den mit dem Begriff Souveränität gemeinten Anspruch auf eine höchste, aus sich selbst heraus gerechtfertigte und jede andere Herrschaftsgewalt ausschließende Entscheidungsbefugnis beibehalten. Ein neuer Souverän sei an die Stelle des alten getreten, ohne daß die Tendenz zur Konzentration aller Verfügungsmacht an einer Stelle, also das Bestreben nach Absolutheit, unterbrochen worden sei.

(2) Gleiches lasse sich über die vom Absolutismus geschaffene zentralisierte Staatsverwaltung sagen. Der Absolutismus habe das Monopol der Entscheidungs- und Verfügungsgewalt mit Hilfe eines Systems genereller Normen durchgesetzt, die von Beamten im Rahmen einer umfassenden Verwaltungsmaschinerie aufgrund allgemeiner Anweisungen angewandt worden seien. Die Französische Revolution habe diese zentralisierte Gewalt mit ihrer einheitlichen Bürokratie und Justiz in ihrer Grundstruktur übernommen, fortgeführt und verstärkt.

(3) Die dem Souveränitätsbegriff eigentümliche Tendenz, jede Art von Herrschaftsausübung beim Souverän zu konzentrieren, habe im Absolutismus dazu geführt, alle eigenständigen Autoritäten und lokalen Freiheiten soweit wie möglich aufzuheben und dem Monarchen zuzuordnen. Im Prinzip sei durch diese Absicht, alle politisch relevanten Unterscheidungen einzuebnen, nicht nur die Gleichheit aller Bewohner des Territoriums gegenüber dem Souverän, sondern auch die Unterscheidung von Gesellschaft und Staat, Mensch und Bürger vorbereitet worden.

(4) Schließlich habe der Absolutismus durch die Betonung der Güterakkumulation und der allgemeinen Orientierung des Lebens am wirtschaftlichen Erfolg dazu beigetragen, sowohl die auf Wohlstand, Lebensgenuß und individuelles Glück gerichteten Intentionen der Revolution zu stimulieren als auch eine allgemeine Erwartungshaltung gegenüber dem Staat zu fördern.

In diesem Sinne ist der absolutistische Staat nicht nur ein Wegbereiter der Revolution: er ist die erste Erscheinungsform des modernen Staates überhaupt. Sein wesentliches Merkmal ist die Souveränität und damit das Prinzip der Absolutheit. Die Resorption aller politischen Gewalt an einer Stelle vollzieht sich seit dem 16. Jahrhundert in einem außerordentlich komplexen Prozeß, in dem schließlich die absolute Entscheidungsgewalt des Souveräns an die Stelle der älteren Schutz- und Schirmherrschaft des Landesherrn tritt. In einer geschichtlichen Situation, in der die Einheit der älteren Gemeinwesen zu zerreißen droht (Religions- und Bürgerkriege u. a.) verstärkt sich das Bedürfnis nach einer zentralen und neutralen Macht, die vor allem in der Lage sein soll, die innere und äußere Sicherheit zu gewährleisten. Der souveräne Staat sucht dieser Aufgabe dadurch gerecht zu werden, daß er – um seiner Machtakkumulation willen – alle Kräfte und Reserven in seinem Territorium stimuliert und nach einem einheitlichen Reglement zusammenfaßt. Das Maß an Freiheiten, das der Souverän jedem Untertan zubilligt, richtet sich nach den Potenzen, die durch diese Freigabe der absoluten Macht zugeführt werden können. Die Freisetzung bezieht sich daher in erster Linie auf den ökonomischen Sektor. In dieser Freigabe zeichnet sich der Beginn der spezifisch bürgerlichen Erwerbsgesellschaft und ihrer Beziehung zum Staat ab. Die vom Souverän gewährten Freiheiten stehen daher in einer funktionalen Abhängigkeit von der Existenz und Machtfülle des Staates. Vereinheitlichung und Freigabe bilden für den Souverän solange keinen Widerspruch, wie er selbst über das Maß ihrer Zuordnung entscheidet.

Machbarkeit, Zweckrationalität und Funktionalität – oder anders gewendet: Leistungsfähigkeit, Beweisfähigkeit und Überprüfbarkeit – umschreiben die Art und Weise, in der der Staat des Absolutismus auf die gegebenen Verhältnisse einzuwirken und sie seinen Zwecken dienstbar zu machen sucht.

Auch die Institutionen des Unterrichts und der Erziehung werden von dieser neuen politischen Denk- und Wirklichkeitsstruktur beeinflußt und verändert. Zwar bewahrt die Schule länger als andere Institutionen ihre überlieferte Gestalt. Bei genauerem Hinsehen aber zeigt sich, daß sie denselben Wandlungen unterliegt, wie sie die politischen Einrichtungen erfahren: „Schulen und Universitäten sind Veranstaltungen des Staats, welche den Unterricht der Jugend in nützlichen Kenntnissen und Wissenschaften zur Absicht haben“ (Dok. I,1. S. 70). Die Verwirklichung der Schulhoheit des Staates ist eine Konsequenz der Souveränität. Auch im Schulwesen faßt der absolutistische Staat die bisher den verschiedenen Institutionen der Kirchen, Korporationen oder Stände zukommenden Rechte zusammen und macht sie seinen Zwecken dienstbar. Die Räson des Staates gebietet, das Schulwesen organisatorisch zusammenzufassen, es nach einem einheitlichen Reglement zu verwalten und zu beaufsichtigen, nach Inhalten und Methoden effektiver zu gestalten und alle Kinder zum Unterrichtsbesuch anzuhalten. Diese Räson erfordert überdies, die Rechte der Kirchen, wo sie den Absichten des Staates entgegenstehen, zurückzudrängen bzw. die Kirche für seine Zwecke in den Dienst zu nehmen. Es sind also vor allem Geschichtspunkte der Brauchbarkeit, unter denen der absolute Staat die Schule in Anspruch nimmt.

Die „Vorschläge zur Verbesserung des Schulwesens in den königlichen Landen" des Ministers von Zedlitz (Dok. I,2. S. 73) fügen sich diesem Rahmen aufs genaueste ein. Sie sehen für das ganze Staatsgebiet eine zentrale Schulverwaltung, ein „Oberschulkollegium", vor, das mit seinen Direktiven den Unterricht und die Verwaltung des Schulwesens nach für alle Provinzen gleichen Richtlinien leiten soll. Als „Endzweck" aller Schulbildung wird definiert, „die Menschen besser und für ihr bürgerliches Leben brauchbar zu machen". Vorgesehen ist ein einheitlicher Schulaufbau nach dem Muster der noch unbezweifelt bestehenden Ständeordnung: Land- oder Bauernschulen, Bürgerschulen, höhere Schulen. Abgestuft nach dem Beitrag, den der Staat von den Angehörigen der einzelnen Stände erwartet, wird auf diese Weise das Schulwesen differenziert und zugleich kostengünstig ausgebaut. Den Eindruck der Zweckrationalität spiegelt auch die Unterrichtsgestaltung wider. Der frontale und lehrerzentrierte Klassenunterricht altersgleicher Schüler dringt in die Unterrichtsorganisation ein. Schule und Unterricht sind auf dem Wege, Züge des modernen Staates anzunehmen.

Eine realistische Darstellung muß aber auch auf die positiven Auswirkungen der „wohlfahrtsstaatlichen" Intentionen des absolutistischen Staates verweisen (z. B. Förderung des Schulbesuchs, Verbesserung der Ausstattung der Schulen, Hebung der Lehrerbildung). Viele Maßnahmen der absolutistischen Schulverwaltung sind als Antworten auf Fehlformen und Mängel der überkommenen Schule anzusehen. Andererseits, und aus größerem Abstand betrachtet, erweist sich, daß mit dem Absolutismus die Entwicklung zur „verwalteten Schule", d. h. zu einer entpersonalisierten, zweckrational vereinheitlichten und administrativ durchsichtigen Schulorganisation beginnt, eine Entwicklung, die – trotz aller Widerstände – bis heute anhält.

II. Die Französische Revolution – Politisches und Pädagogisches Programm

Die Französische Revolution, darauf wurde bereits hingewiesen, ist das Kardinalereignis der neueren Geschichte. Was sich unterschwellig lange vorbereitet hat, teilt sich der Welt mit dem Pathos des Neuen, Einmaligen und Unerhörten mit. Die in der „Erklärung der Rechte des Menschen und des Bürgers“ (Dok. II,2. S. 80) verkündeten Prinzipien von Freiheit und Gleichheit, von Volkssouveränität und Gesetzesherrschaft verändern die Welt bis auf den heutigen Tag. Die Hoffnung der Aufklärung auf Befreiung von politischen und sozialen Zwängen, auf Einsicht in die rationale Gesetzlichkeit von Natur, Gesellschaft und menschlichem Denken, auf Machbarkeit der dinglichen und sozialen Welt (Dok. II,1. 80) bestimmt die Theorie der Revolution ebenso wie die Erwartung, die bisher beim absoluten Monarchen konzentrierte souveräne Macht ließe sich egalisieren und als Basis zur Begründung und Förderung bürgerlicher Freiheit nutzen. In diesem Sinne manifestiert sich in der „Erklärung“ ein einheitliches und planmäßiges, von axiomatischen Feststellungen über die Natur des Menschen und von allgemeinen Prinzipien ausgehendes Denken, das die menschliche Existenz, das politische Gemeinwesen, die Erziehung und die Schule auf neue Fundamente stellen will. Kein Bereich des menschlichen Lebens ist seither von ihren Auswirkungen unberührt geblieben.

Um den bis heute wirksamen revolutionären Gehalt der politischen Theorie – aus der dann auch die revolutionären Schulpläne hervorgehen – in ihrer zukunftsweisenden Bedeutung aufzuzeigen, soll eine knappe Interpretation der „Erklärung“ folgen:

Die „Erklärung“ beginnt mit einer anthropologischen Aussage über die „Natur“ des Menschen, die den Charakter einer in sich selbst einsichtigen und nicht weiter zurückführbaren Wahrheit hat. Artikel I lautet: „Die Menschen werden frei und mit gleichen Rechten geboren und bleiben es. Die sozialen Unterschiede können sich nur auf das gemeine Wohl gründen.“ Das heißt: Das Menschsein wurzelt in der individuellen Freiheit, und in diesem Recht auf Freiheit sind alle Menschen gleich. Freiheit ist ein universales Prinzip, das den Menschen als „Menschen“ kennzeichnet. Von „Natur“ aus versteht sich der Mensch als je Einzelner, als autonomes Subjekt, als ein grundsätzlich auf sich selbst bezogenes, um sein eigenes Leben, seine Freiheit, sein Glück besorgtes Sonderwesen. Um dieser anthropologischen Bestimmung gerecht werden zu können, braucht der Mensch eine freie Sphäre, in der er selbst seines Glückes Schmied ist, in der er sich „verwirklichen“ kann, in der das freie Spiel der Kräfte sich entfaltet. Diese Sphäre ist die „Gesellschaft“, verstanden als Bereich der Realisierung der individuellen Freiheitssrechte.

Wenn alle „Menschen“ in ihrer Freiheit „von Natur“ gleich sind, so folgern die Autoren der „Erklärung“, kann es niemals im freien Willen irgendeines Menschen liegen, seine Freiheit aufzugeben und in ein Abhängigkeitsverhältnis einzutreten. Eine politische Ordnung darf daher der freiheitlichen Natur des Menschen nicht nur nicht im Wege stehen, sie muß vielmehr aus diesem wahren menschlichen Sein ihren Auftrag und ihre Legitimation erhalten. Ganz in diesem Sinne lautet der erste Satz des Artikels II: „Der Zweck jeder politischen Assoziation ist die Bewahrung der natürlichen und unverjährbaren Menschenrechte." Hinter diesem Satz steht die Einsicht, daß das freie Spiel der Kräfte in der Gesellschaft ohne den Zwang bestimmter Mindestregeln nicht funktionieren kann. Ein ungehindertes Freiheits- und Glücksstreben ist nicht möglich, weil sich die einzelnen Absichten und Bedürfnisse kreuzen. Die Gesellschaft ist daher gehalten, sich ein Regelsystem, eine Ordnung, eine „Verfassung" zu geben, d. h. sich als „Staat" zu organisieren. Soll aber der Staat nicht im Gegensatz zur freiheitlichen Natur des Menschen stehen, so muß er zwei Bedingungen erfüllen: er muß erstens das Produkt einer freien Vereinbarung sein, d. h. aus den je individuellen Willen der einzelnen freien und in ihrer Freiheit gleichen Menschen hervorgehen, und er darf zweitens keine Abhängigkeit begründen, d. h. er darf keine Herrschaft von Menschen über Menschen im überlieferten Sinne zur Folge haben.

Zur Lösung dieses zweifachen Problems greifen die Autoren der „Erklärung" auf Rousseaus Vertragsmodell zurück, in dem die Gleichheit der Kontraktierenden und ihr freier Wille per definitionem enthalten sind. Der Staat ist das Produkt eines Vertragsabschlusses und geht aus dem freien Willen aller Vertragspartner hervor. Warum, so lautet die den absoluten Monarchen mißbilligende Frage, soll nur eine Person im Besitz aller Macht und daher frei sein, während alle anderen sich in Unfreiheit befinden? Wäre es statt dessen nicht möglich, die Souveränität zu egalisieren, das heißt die höchste und letzte Entscheidungsgewalt so zu organisiseren, daß sich in strenger Gleichheit die Gesamtheit aller als neuer Souverän verstehen kann? Und könnte dann nicht diese zu einer allgemeinverbindlichen Gewalt organisierte Gesamtheit für die optimale Sicherung der gleichen Freiheit aller Vertragspartner, daß heißt für ihr Menschsein, sorgen? Wie aber kann diese ordnungsetzende Gewalt, die das freie Spiel der Kräfte in der Sphäre der Gesellschaft regulieren soll, zustande kommen? Und wer gibt ihr die Legitimation?

Artikel III lautet: „Jegliche Souveränität liegt im Prinzip und ihrem Wesen nach in der Nation; keine Körperschaft und kein Einzelner kann eine Autorität ausüben, die sich nicht ausdrücklich von ihr herleitet" (in der ersten französischen Verfassung von 1791 wird „Nation" endgültig durch „Volk" ersetzt). Die Antwort auf die Frage nach der Legitimation der politischen Ordnung kulminiert also im Begriff der Volkssouveränität. Das Volk soll der neue Souverän sein. Aber wie soll er sich äußern, ohne wiederum eine Herrschaft von Menschen über Menschen zu begründen? Die Lösung bietet Artikel VI: „Das Gesetz ist der Ausdruck des allgemeinen Willens; alle Bürger haben das Recht, persönlich oder durch ihre Vertreter an seiner Schaffung mitzuwirken ... Alle Bürger sind vor seinen Augen gleich." Das Prinzip der Volkssouveränität zielt also nicht darauf ab, jedem Vertragspartner ein Quentchen Macht zu seiner je individuellen Verfügung zuzuweisen, damit er eigene Interessen durchsetzen kann. Damit wäre sofort wieder die Herrschaft von Einzelwillen, also Abhängigkeit und Ungleichheit, das heißt Unfreiheit, etabliert. Der neue Souverän soll sich vielmehr, wie der absolute Monarch, durch einen einheitlichen, unteilbaren und unveräußerlichen Willen, einen „Gemeinwillen", der mehr und anderes ist als die je besonderen Einzelwillen oder auch die Summe dieser Einzelwillen, zur Geltung bringen. Die vom Souverän erlassenen Gesetze sollen der unverkürzte, der „absolute" Ausdruck des Gemeinwillens sein. Nur in dieser gleichsam entpersonalisierten, „allgemeinen" Form kann der Gemeinwille als gesetzgebender Wille seine primäre Aufgabe, die Gleichheit der Freiheit zu gewährleisten, erfüllen. Entsprechend lautet Arikel IV: „Die Freiheit besteht darin, alles tun zu können, was anderen nicht schadet. Also hat die Ausübung der natürlichen Rechte bei jedem Menschen keine anderen Grenzen als die, den anderen Mitgliedern der Gesellschaft den Genuß der gleichen Rechte zu sichern. Diese Grenzen können nur durch das Gesetz bestimmt werden." Das Gesetz also als „Ausdruck des allgemeinen Willens" bestimmt die Grenzen der individuellen Freiheitssphäre in einer für alle gleichen Weise. Es hat den Zweck, die Beeinträchtigung der Freiheit des Einzelnen zu verhindern, die sich möglicherweise aus der gleichen Freiheit anderer ergibt. Über die Art dieser Grenzsetzung informiert Artikel V: „Das Gesetz hat nur das Recht, Handlungen zu verbieten, die der Gesellschaft schädlich sind. Was nicht durch Gesetz verboten ist, darf nicht verhindert werden, und niemand kann gezwungen werden, etwas zu tun, was das Gesetz nicht befiehlt."

Als Fazit der Analyse der für die politische Theorie der „Erklärung" wichtigsten Artikel kann festgehalten werden, daß in ihr die zentrale Frage nach der Vereinbarkeit und der Zuordnung von Freiheit und Herrschaft durch eine mehrfache Identifikation „gelöst" wird: Souveränität, Gemeinwille und Gesetz werden identisch. Um jede Art von Ungleichheit, das heißt personal-bedingter Freiheitsminderung, zu vermeiden, sollen nicht Personen mit ihren je besonderen Willen herrschen, sondern „neutrale" und personindifferente Gesetze, in denen sich der Wille aller als „allgemeiner Wille" manifestiert. Wenn alle Einzelwillen durch freie Entscheidung im Gemeinwillen aufgehen, das heißt wenn alle Individuen als Besondere zugleich Allgemeine sind, dann kann, im Verständnis der „Erklärung", der Gemeinwille seiner Entstehung und seinem Wesen nach nichts anderes sein als die in Freiheit erfolgte Willensakkumulation aller. Der Wille, der beschließt, ist dann so allgemein wie die Gesetze, die aus ihm hervorgehen. Jeder Einzelne gehorcht, sofern er mit seinem freien Einzelwillen den Gemeinwillen „wirklich“ will, nur sich selbst, wenn er den vom Gemeinwillen beschlossenen Gesetzen folgt. Und diese Gesetze garantieren die gleiche Freiheit aller und sind somit die Gewähr für das wahre Menschsein. Die zu einer allgemeinverbindlichen Gewalt organisierte Macht der Gesellschaft, der Staat, bewahrt die Freiheitsrechte aller Einzelnen, indem er die in der Gesellschaft latente Gefahr der Unordnung durch seine gesetzgeberische Macht verhindert. Wenn alle „Menschen“ in der Gesellschaft durch die staatliche Gesetzgebung in gleicher Weise dem Zwang bestimmter Mindestregeln unterworfen sind, bleiben sie doch in gleicher Weise frei, weil die Freiheit für alle gleich beschränkt wird. Da jeder Einzelne die vom Souverän/Gemeinwillen beschlossenen und für alle in gleicher Weise geltenden gesetzlichen Beschränkungen der Freiheit selbst gewollt hat, ist er Gesetzgeber und Gesetzesunterworfener, Regierender und Regierter, Herrscher und Beherrschter zugleich. Wenn alle herrschen, herrscht niemand. Herrschaft und Freiheit stehen in keinem Gegensatz mehr zueinander. Der Gemeinwille ist, immer unter der Voraussetzung, daß die Einzelwillen ihn wirklich „wollen“, souverän, weil in ihm die freie und wahre Natur des Menschen inkarniert ist. Anders gesagt: die freie Anerkennung der ordnungsetzenden Gewalt des Staates gegenüber der Gesellschaft macht den „Menschen“ zum „Bürger“. Erst das Bürger-Sein gibt die Gewähr für das Mensch-Sein, das heißt für die individuelle Freiheit und Privatheit. Staat und Bürger sind ebenso komplementäre Begriffe wie Gesellschaft und Mensch. Der Staat ist der Garant für die Emanzipation des Menschen in der Gesellschaft. Das Bürger-Sein ist dafür die Voraussetzung. Dieser Zusammenhang ist gemeint, wenn die „Erklärung“ schon in der Überschrift Mensch-Sein und Bürger-Sein in einem sich wechselseitig bedingenden Kontext sieht.

Der Staat erhält in der „Erklärung“ eine gleichsam „privatistische“ Funktion. Er empfängt seine Bestimmung aus der Gesellschaft. Er ist etwas Nachträgliches und Sekundäres, die Antwort auf eine in der Gesellschaft aufgetretene Kalamität. Er steht nicht im Dienst des allgemeinen Wohls, sondern er verwaltet und schützt die Allgemeinheit des Besonderen. Der Staat ist gewissermaßen die Generalagentur für das individuell-private Glück und für die allgemeine Prosperität in der Sphäre der Gesellschaft.

Wenn also ohne Zweifel in der „Erklärung“ ein individualistisch-selbstbezogenes Verständnis der menschlichen Natur und der Aufgabe einer politischen Ordnung dominieren, so enthält sie doch auch Begriffe, die auf Solidarität und Gemeinsinn verweisen. Neben Freiheit und Gleichheit ist im politischen Selbstverständnis der Revolution auch von Brüderlichkeit die Rede. In der „Erklärung“ kommt diese „soziale“ Intention, obgleich der Begriff „Brüderlichkeit“ als solcher nicht genannt wird, in den Begriffen „Volk“ und „Gemeinwohl“ zum Ausdruck.

Während die Autoren der „Erklärung“, wenn sie vom Menschen und Bürger, von Gesellschaft und Staat schreiben, abstrakte, universelle und in gewisser Weise aus der Geschichte „herausgedachte“ Prinzipien und Maximen vor Augen haben, greifen sie mit den Korrespondenzbegriffen „Volk“ und „Gemeinwohl“ zurück auf eine reale und geschichtlich gewordene Gemeinsamkeit, die sich gerade nicht vom je Individuellen, Besonderen und Privaten her versteht. Das heißt: Jedes Individuum wird in der „Erklärung“ nicht nur als Mensch in der Gesellschaft (Freiheit) oder als Bürger im Staat (Gleichheit) angesprochen, sondern auch als Mitglied eines Volkes (Brüderlichkeit). Jeder Einzelne, so ließe sich der in der Dreiheit von Mensch-, Bürger- und Mitglied-Sein enthaltene Imperativ zusammenfassen, soll nicht nur sich selbst verwirklichen und um dieses Zweckes willen den Gesetzen gehorchen, sondern er ist auch gehalten, das Bewußtsein der Zusammengehörigkeit im Gemeinwesen zu bewahren. Er soll dazu beitragen, daß sich das selbstzwecklich-individuelle Interesse in Gesellschaft und Staat nicht verselbständigt. Jeder Einzelne soll als Mitglied auch in allgemeinen, in öffentlich-politischen Kategorien denken und handeln können. Er soll darüber wachen, daß die Staatsgewalt ihrer Macht mächtig bleibt und sich in ihren Amtsinhabern und Repräsentanten glaubwürdig darstellt.

Obgleich sich die Autoren der „Erklärung“ bemühen, die Begriffstrinitäten von Gesellschaft/Staat/Volk, von Freiheit/Gleichheit/Brüderlichkeit, von Mensch/Bürger/Mitglied in einer logisch geordneten Gedankenfolge zu präsentieren und in einer rationalen Konstruktion miteinander zu verzahnen, kann kein Zweifel daran bestehen, daß die politische Theorie der Französischen Revolution in sich außerordentliche Spannungen enthält. Verwiesen sei noch einmal auf Tocqueville, der hervorhebt, daß die Revolution von Anfang an zwei antagonistische Prinzipien enthält: das Prinzip der Menschenrechte bzw. der Freiheit einerseits und das Prinzip der Volkssouveränität andererseits. Im Prinzip der Volkssouveränität werden Traditionen des absolutistischen Staates insofern fortgeführt, als die ordnungstiftende Macht in Staat und Gesellschaft allein aus der Entscheidungsgewalt des Gemeinwillens – als des einzigen und letzten Ursprungs allen Rechts – hervorgehen soll. Das Prinzip der Menschenrechte bzw. Freiheit wird bestimmt von einem tiefen Mißtrauen nicht nur gegenüber der bestehenden Herrschaftsform, sondern gegenüber Herrschaft schlechthin. Der Rekurs auf unabdingbare, sich aus der Natur des Menschen selbst ergebende Freiheitsrechte macht die Über- und Unterordnung von Menschen generell verdächtig und einer rationalen Rechtfertigung bedürftig. Aber nicht nur die Begriffe Souveränität und Freiheit sind widersprüchlich. Ebenso antagonistisch ist das Verhältnis von Gesellschaft und Staat und auch von Gemeinwohl und Volk, weil die Frage nach einer „Mensch" und „Bürger" verbindenden einheitstiftenden Qualität offen bleibt. Diese Divergenzen brechen bereits während der Revolution auf und beeinflussen den Ablauf der revolutionären Ereignisse. Sie vertiefen sich in der Folgezeit in dem Maße, wie die theoretische Konzeption Anlaß gibt, die Wirklichkeit zu verändern.

Langfristig und prinzipiell gesehen, führen die Strukturwidersprüche der „Erklärung" zu einem voneinander abweichenden Demokratieverständnis: entweder zu den vielfältigen Formen des liberalen Rechtsstaats oder zu den verschiedenen Ausprägungen eines „demokratischen" Absolutismus bzw. Zentralismus. Insofern sind die Maximen der Französischen Revolution nicht irgendeine beliebige und historisch überholte Theorie. Sie sind der gedankliche Entwurf, der die moderne Demokratie und ihre Institutionen begründet und zugleich in Frage stellt, der also tatsächlich über Strukturprobleme der Demokratie aufklären kann.

Die gleichen Antagonismen, die im politischen Programm der Revolution hervortreten, bestimmen auch die Schulpläne, die während der Revolution vorgetragen und diskutiert werden. Ihnen kommt im Blick auf die Entwicklung des Schulwesens bis in die Gegenwart ebenfalls eine fundamentale Bedeutung zu. In den Debatten der Nationalversammlung wird mit Leidenschaft davon gesprochen, daß eine Verwirklichung des politischen Programms der Revolution ohne nachhaltige Einwirkung auf die Erziehung und auf die Organisation des Schulwesens nicht möglich ist.

Zwei Entwürfe verdienen dabei besondere Beachtung: der „liberale" des Girondisten Condorcet (Dok. II,3. S. 84 und der „radikal-egalitäre" des Jakobiners Lepeletier (Dok. II,4. S. S. 87). Obgleich sich beide auf die Prinzipien der „Erklärung" berufen, kommen sie zu unterschiedlichen Ergebnissen und zum Teil kontroversen Folgerungen für die Organisation und die innere und äußere Ordnung von Erziehung und Unterricht.

Für Condorcet ist das Recht auf Unterricht und Bildung ein Menschenrecht, das der Staat durch seine allgemeinverbindliche Gesetzgebung für alle in gleicher Weise garantieren soll. In der Konkretion dieses an sich universellen Postulats bezieht sich Condorcet, ebenso wie die „Erklärung", auf die Nation bzw. auf das Volk. Nachdrücklich verlangt er, das gesamte öffentliche Schulwesen „jeder außenstehenden Gewalt", das heißt der Aufsicht der bisherigen politischen Mächte – bei denen „alles Privileg war" –, zu entziehen und es einzig jener gesetzgebenden Macht zu unterstellen, die das Volk selbst beruft. Nur sie darf „ihre Autorität unmittelbar über das ganze Unterrichtssystem ausüben". Sie darf es, weil die von ihr beschlossenen Gesetze keinen Sonderinteressen Vorschub leisten. Auch für die Schulgesetzgebung gilt das allgemeine Prinzip: die Gesetze bewirken das Gleichsein in der Freiheit, in der das Menschsein besteht.

Aus den in sich einsichtigen Postulaten der Vernunft – Freiheit, Gleichheit und Volkssouveränität – leitet Condorcet eine Reihe von grundsätzlichen Forderungen an die Gesetzgebung für das öffentliche Unterrichtswesen ab:

Alle Bildungsprivilegien, so lautet die erste Forderung, sollen abgebaut werden, um das Recht auf Bildung und Unterricht, auf Vervollkommnung aller Fähigkeiten und Fertigkeiten, für jedermann zu gewährleisten, welchen Alters, welchen Geschlechts und welcher Herkunft er auch sei. Freiheit und Gleichheit sollen durch Aufklärung wirklich werden. Weil Vernunft allgemein und für jedes denkende Wesen dieselbe ist, kann sie Differenzen der Gesinnung, des Glaubens und des sozialen Status überwinden. Die Verwirklichung des Menschenrechts auf Unterricht und Bildung soll „alles befreien und auf einen höheren Stand heben". Das ist – wie Condorcet hervorhebt – „das fundamentale Prinzip unserer Arbeit".

Die zweite Forderung, die Condorcet an die Gesetzgebung für das öffentliche Unterrichtswesen stellt, lautet: Sie soll die Vielfalt standes- und gruppenspezifischer Schulen und pädagogischer Anstalten einschränken und durch einen einheitlichen, durchgängig organisierten, horizontal gegliederten und durchlässigen Aufbau des öffentlichen Unterrichtswesens auch institutionell das gleiche Recht auf Erziehung und Unterricht für alle garantieren. Condorcet fordert ein sich auf das ganze Territorium erstreckendes Unterrichtsangebot. Das gesamte Unterrichtswesen bildet für ihn eine in fünf Stufen gegliederte Einheit, von der „Primärschule" über die „Sekundärschule" bis zur „Nationalen Gesellschaft der Wissenschaften und Künste". Unterrichtsgeldfreiheit und ein großzügig zu handhabendes Stipendienwesen sollen die organisatorische Durchlässigkeit des Schulwesens ergänzen.

Die dritte Forderung an die schulpolitische Gesetzgebung ist didaktischer Art: Das öffentliche Unterrichtswesen soll keine berufs- und standesbezogene, sondern eine „allgemeine" Bildung vermitteln, die auf ihren verschiedenen Stufen „das ganze System der menschlichen Kenntnisse" umfaßt und auf diese Weise das Fundament für jede spätere spezielle Berufsausbildung oder Berufsausübung legt. Die von Condorcet angestrebte allgemeine Bildung korrespondiert mit dem Recht auf freie Berufswahl. Das freie Individuum soll sich aus den ständisch-beruflichen Zusammengehörigkeiten der traditionalen Ordnung emanzipieren. Daher soll nicht mehr das Besondere, sondern das Allgemeine gelehrt und gelernt werden: „man lernt... nur die Prinzipien dessen kennen, was anzuwenden man an anderer Stelle üben muß." Auf allen Stufen sollen überdies die Prinzipien aufgeklärter Politik und Moral sowie die Grundlagen der Wissenschaften gelehrt werden. Im Unterricht soll daher „die Lehre der Grundwahrheiten des menschlichen Zusammenlebens ihrer Anwendung vorangehen". In diesem Sinne soll die Gesetzgebung auch für eine aufgeklärte, wissenschaftlich-rationale Lehr- und Lernweise sorgen und alle Lehrinhalte eliminieren, die diesem Anspruch nicht genügen: Es ist „die erste Bedingung jeden Unterrichts, nur Wahrheiten zu lehren".

Die vierte Forderung, die Condorcet durch die Schulgesetzgebung realisiert sehen möchte, lautet: nicht Herkunft und Stand, sondern Begabung und Leistung sollen der alleinige Maßstab für die Auswahl und für die Zuordnung sozialer Positionen sein. Condorcet weist dem öffentlichen Unterrichtswesen eine neue Funktion zu. Es soll als rationale Organisation mit Hilfe objektiver Kriterien für die Chancengleichheit sorgen. Im ganzen Territorium soll „in Zukunft auch nicht ein einziger Mensch sagen können", daß er in seiner Unwissenheit und beruflichen Einordnung nicht den „Willen der Natur", sondern die „Ungerechtigkeit der Gesellschaft" zu spüren bekommt. Aber zu rigiden bürokratischen Konsequenzen hält Condorcet deutlich Distanz. In der Spannung zwischen austeilender und ausgleichender Gerechtigkeit entscheidet er sich für eine „liberale" Lösung. Condorcet will ausgleichen, Eigeninitiativen freisetzen, Belastungen und Hemmnisse beseitigen. Die Individuen sollen jedoch selbst entscheiden, ob sie von den angebotenen Möglichkeiten anspruchsvoller Ausbildung Gebrauch machen wollen.

Die fünfte (und letzte) prinzipielle Forderung Condorcets berührt das Verhältnis von Staatsschule und partikularen, vor allem kirchlichen pädagogischen Einrichtungen. Seine Grundaussage ist eindeutig: das öffentliche Unterrichtswesen soll weltlich, die Staatsschule eine säkulare Schule sein. Dennoch läßt Condorcet neben der Staatsschule auch Privatschulen zu. Unter der Blickrichtung pädagogischen Fortschritts wünscht er den Wettbewerb zwischen dem staatlichen und dem privaten Schulwesen. Privatschulen stellen „die nationalen Schulen [vor die] unausweichliche Notwendigkeit, sich mindestens auf dem Niveau dieser privaten Institutionen zu halten". Aber auch die Privatschulen sind an zwei für die Staatsschulen geltende Kriterien gebunden: an die Beachtung der grundsätzlichen politischen Vorgaben der „Erklärung" und an die Wissenschaftsbestimmtheit des Unterrichts. Condorcet geht es um die Erziehung des Volkes als des neuen Souveräns. Sie ist für ihn ein Werk fortschreitender Vernunft. Die

Verwirklichung der Souveränität des Volkes ist darauf angewiesen, daß die Einheit von Erkennen und Wollen und damit die Fähigkeit, politisch zu denken und zu handeln, rechtzeitig vorbereitet wird. Das Unterrichtswesen ist in diesem Sinne für Condorcet das wichtigste Instrument für die Integration von Gesellschaft, Staat und Volk.

Lepeletiers „Plan einer Nationalerziehung“ stellt die aufgeklärte, fortschrittlich-optimistische, „liberale“ Schulkonzeption Condorcets in Frage, indem er durch radikales Weiterdenken die Dynamik der in ihr enthaltenen Prinzipien auf die Spitze treibt. Nicht die Grundsätze der „Erklärung“ sind falsch, so lautet sein zentraler Einwand, sondern ihre halbherzige Inangriffnahme. „Ich habe gewagt“, schreibt Lepeletier am Beginn seines Entwurfs in deutlicher Ablehnung Condorcets, „einen umfassenderen Gedanken zu fassen, und habe mich ... von der Notwendigkeit überzeugt, daß wir eine gänzliche Regeneration hervorrufen und, wenn ich mich so ausdrücken darf, ein ganz neues Volk schaffen müssen“. Wer die Freiheit will, postuliert Lepeletier, muß die Gleichheit in sehr viel konsequenterer Weise ernst nehmen, als es bisher geschehen ist. Die Gleichheit darf kein fernes Endziel sein, sondern mit ihrer Realisierung muß – um der Freiheit willen – sofort begonnen werden. Solange die Kinder noch den „bestehenden Vorurteilen und alten Irrtümern“ überlassen bleiben und die Unterschiede in den materiellen Lebensverhältnissen der vollen Entfaltung aller Kräfte hindernd im Wege stehen, so lange bleibt auch das öffentliche Unterrichtswesen ungerecht und bestätigt die Unfreiheit. Wenn Gleichheit aber verwirklicht werden soll, dann muß der Anfang mit einer gleichen Erziehung für alle gemacht werden.

Lepeletiers Plan ist radikal. Er fordert eine die gesamte Existenz des Kindes umfassende Erziehung in staatlichen Internaten, die durch eine progressiv zu erhebende Steuer finanziert wird. „Ich verlange, daß Ihr dekretiert, daß vom fünften bis zwölften Jahr für die Knaben, vom fünften bis elften für die Mädchen, alle Kinder, ohne Unterschied und ohne Ausnahme, gemeinschaftlich erzogen werden sollen auf Kosten der Republik und daß alle unter dem heiligen Gesetz der Gleichheit dieselbe Kleidung, dieselbe Nahrung, denselben Unterricht, dieselbe Sorgfalt erhalten.“ Auf diese Weise soll „alles, was die Republik ausmachen muß, in eine wahrhaft republikanische Form getan werden“. Indem die Kinder durch „eine undurchdringliche Mauer von der unreinen Berührung mit den Vorurteilen unseres alten Geschlechts ferngehalten“ werden, soll sich „eine ganz neue, arbeitsame, geregelte, disziplinierte Masse ... bilden ... Laßt uns eingedenk sein, daß wir Menschen erziehen, welche bestimmt sind, die Freiheit zu genießen, und daß es keine Freiheit gibt ohne Gehorsam gegen die Gesetze. Alle Tage und jeden Augenblick gebeugt unter das Joch einer bestimmten Regel, werden alle Zöglinge des Vaterlandes sich ausgebildet finden zur heiligen Abhängigkeit von den Gesetzen und den legitimen Gewalten". Eltern, die ihre Kinder nicht der öffentlichen Erziehung übergeben wollen, sollen ihre Bürgerrechte verlieren. Lepeletier hofft, daß durch diese radikale Erziehung die „Gleichheit für die jungen Zöglinge nicht eine besondere Theorie, sondern eine fortwährend tätige Praxis sein" wird. „Massenhaft" sollen die Kinder einer Erziehung teilhaftig werden, „die wahrhaft national, republikanisch, in Form und Wirkung gemein für alle und allein imstande ist, das Menschengeschlecht zu regenerieren, sowohl am Leibe wie an der Seele". Dies ist die Zukunftsperspektive, die Lepeletier mit dem „Gesetz über die Einrichtung der öffentlichen Erziehung" verbindet. Um dieses Ziel zu erreichen, fordert er in didaktischer und methodischer Hinsicht eine ausgedehnte Arbeitserziehung in den Internaten, aber auch in der Landwirtschaft und in den Manufakturen, eine Verstärkung der Leibeserziehung und vor allem eine moralische Erziehung, in deren Zentrum nicht, wie bei Condorcet, die rationale Einsicht in die Prinzipien der politischen Theorie, sondern die Gewöhnung an die Regeln des Zusammenlebens unter dem Gebot der Gleichheit stehen soll.

Die Schulpläne Condorcets und Lepeletiers sind nicht nur Ausdruck der großen Spannweite möglicher Antworten auf die Frage, in welcher Weise und in welchen Institutionen der neue, der „demokratische" Souverän erzogen werden soll, daß heißt wie der Einzelne als Mensch, als Bürger und als Mitglied des Volkes lernt, seine jeweiligen Rechte und Pflichten zu erkennen und wahrzunehmen. Sie machen – wie bereits erwähnt – darüber hinaus deutlich, daß die der Französischen Revolution immanente Hypothek antagonistischer politischer Prinzipien auch im pädagogischen Kontext zu erkennen sind. Die Divergenzen zwischen Freiheit und Souveränität, zwischen Einheit und Vereinheitlichung, finden ihre pädagogische Entsprechung. Die Schulpläne enthalten in ihrer gemeinsamen theoretischen Grundlage, aber auch in ihren unterschiedlichen Konsequenzen bereits in nuce alle Konflikte, wie sie in der Folgezeit in der Auseinandersetzung zwischen den verschiedenen politisch-pädagogischen Grundströmungen aufbrechen.

Dennoch gibt es eine prinzipielle Gemeinsamkeit in den Schulplänen Condorcets und Lepeletiers: Beide definieren die Freiheit durch die Gleichheit. Für Condorcet ist die Gleichheit ein Fernziel, für Lepeletier eine unmittelbar in Angriff zu nehmende Aufgabe. Beide aber teilen die Erwartung der Französischen Revolution, daß durch die Durchsetzung der Gleichheit gleichsam von selbst auch die Freiheit verwirklicht und damit Politik und Pädagogik in einen sittlichen Kontext eingebunden werden.

Diese Erwartung ist schon früh bezweifelt worden. Unter den Fragenden und Zweifelnden gehört wiederum Tocqueville zu den ersten, der die Dynamik der fundamentalen Prinzipien der Revolution in ihrer Problematik erkennt und ihre Auswirkung auf Staat und Gesellschaft reflektiert (Dok. II,5. S. 91). Diese Dynamik setzt sich bis in die Gegenwart fort. Sie ist das spezifische Erbe der Revolution. Die folgenden Kapitel bleiben – unmittelbar oder mittelbar – auf diesen Kontext bezogen, auch wenn die Einführung sich nun stärker an den Problemen der Schule orientiert.

III. Der Kampf der Bürgerlichen Gesellschaft um Staat und Schule

Die Wirkungsgeschichte der Revolution zeichnet sich durch nichts mehr aus als durch die unaufhaltsame Ausbreitung der Prinzipien von Freiheit und Gleichheit über alle Völker und Staaten bis in die heutige Zeit. Sie läßt sich deuten als umfassende Emanzipation aus den vielfältigen bestehenden Abhängigkeiten. Unter ihren Aspekten fallen die allmähliche Säkularisierung und die fortschreitende Demokratisierung aller Lebensverhältnisse am stärksten ins Auge. Überall im kontinentalen Europa, so auch in Deutschland, ist es zuerst das Bürgertum, das sich die geistigen Grundlagen der Revolution zu eigen macht und dadurch ein neues Selbstbewußtsein gewinnt. Es tritt als neue politische Führungsschicht neben die bislang dominierenden Stände der Geistlichkeit und des Adels in Erscheinung. Seiner Initiative entstammen die zu Beginn des 19. Jahrhunderts einsetzenden Versuche zur Staats- und Bildungsreform.

III.1. Versuche zur Staats- und Bildungsreform und Gegenwirkungen der politischen Reaktion

Die ersten Reformmaßnahmen beseitigen eine Reihe von bisherigen Einengungen im Erwerbs- und Wirtschaftsleben und räumen dem Einzelnen als „Mensch“ und als „Bürger“ neue Freiheiten und Selbstbestimmung ein. Der „Entwurf der Proklamation“ von Stein/Süvern (1808) zählt diese auf (Dok. III,1. S. 102). Der Emanzipation im Bereich der Gesellschaft folgt konsequenterweise auch eine Öffnung der politischen Institutionen und öffentlichen Verwaltungsorgane. Dadurch sollen mehr Mitbestimmung ermöglicht und der Zugang zu öffentlichen Ämtern erleichtert werden. Im Zentrum aber der Ansätze für die Erneuerung von Staat und Gesellschaft steht die Suche nach einer ethisch/geistigen Fundierung, die sich in zweifacher Weise äußert: sie sucht die Religiosität zu bewahren und die Erziehung der Jugend im Geiste einer „allgemeinen Nationalbildung“ zu erneuern. Dabei wird die Herrschaftstradition der absoluten Monarchie noch nicht prinzipiell in Frage gestellt. Dennoch zeigt sich der Beginn eines neuen Verhältnisses zwischen Staatsvolk und Staat: Das politisch aktiv gewordene Bürgertum begreift sich als „Nation“ und damit als eigentlich bestimmendes Moment im Staate.

Von den Reformern, die nunmehr entscheidende Ämter im Staate innehaben, wird bald ein umfassender Neuaufbau des Bildungswesens konzipiert und z. T. in Angriff genommen. Bestimmend ist hierbei der Einfluß W. von Humboldts, der mit der Leitung der „Sektion für Kultus und Unterricht“ betraut wird. Sein „Litauischer Schulplan“ (Dok. III,2. S. 104) kann als Modell für die geplante Bildungsreform, die das Schulwesen in ganz Preußen verbessern soll, gelten. Im Zentrum steht eine neue Bildungsidee, die allem Sinn und Maß gibt. Sie steht in großer Nähe zu den anthropologischen und politischen Maximen der Französischen Revolution. Indem sie „nur allgemeine Menschenbildung bezwecken“ will, sollen „die Kräfte, d. h. der Mensch selbst gestärkt, geläutert und geregelt werden“. Alle auf die beruflich-wirtschaftliche Existenz abzweckende (Aus-)Bildung soll demgegenüber sekundär bleiben. Auf dieses Prinzip gründet Humboldt seine Bildungs-und Schulkonzeption. In ihr vereinen sich drei interdependente Aspekte zu einem Ganzen: die freie Entfaltung aller Kräfte jedes Einzelnen als Methode und als Ziel (1), ein in sich gestufter Schulaufbau, der „die Einheit und Continuität des Unterrichts in seinen natürlichen Stadien“ bewahrt (2) und schließlich die Gestaltung des Unterrichts nach Inhalt und Verfahren in einer Weise, „wie [sie] am meisten und besten auf das Gemüth zurückwirkt“ (3). Dadurch soll jedes Individuum, trotz der Vielfalt aller, „in seinem Gemüth ursprünglich gleich gestimmt“ werden und „eine ziemliche Gleichheit [im Sinne von consensus] herauskommen“. Das ist ein ebenso pädagogisches wie politisches Programm: Alle Individuen sollen durch Erziehung gefördert und zugleich als „Nation“ an eine geistig-ethische Gemeinsamkeit gebunden werden. So gesehen ist die Nation für Humboldt eine Bildungs- und Wertegemeinschaft. Sie soll sich als solche empfinden und wissen, d. h. sich als politisches Gemeinwesen verstehen.

W. v. Humboldt scheidet schon nach 16 Monaten aus dem Ministerium aus. Unter J. W. Süvern, seinem Mitarbeiter, entsteht ein Gesetzentwurf, der Humboldts Konzept für die Reform des Schulwesens im preußischen Staate umzusetzen versucht (Dok. III,3. S. 108). Schärfer noch als im „Litauischen Schulplan“ wird in diesem Entwurf die politisch-nationale Dimension der Jugenderziehung formuliert. Im Begriff der „Nationalerziehung“ sind für Süvern (Selbst-)Bildung und gemeinsinniger Staatszweck aufgehoben. Aus diesem Ansatz leitet er die Gliederung der Schule als in sich gestufter Einheit ab. Sie soll im Aufbau so weit differenziert sein, daß jeder die ihm gemäße Bildung und den ihm gemäßen Abschluß finden kann, auch Mädchen und auch Kinder aus Minderheiten fremder Muttersprachen. Mittelpunkt der über die Elementarschule und die Stadtschule hinausführenden Bildung bleiben weiterhin die alten Sprachen, wie sie im neuhumanistischen Gymnasium gelehrt werden (vgl. Dok. IV,11. S. 207). Ergänzt wird der Lehrplan – um der Allgemeinbildung willen – durch Mathematik und Realien sowie durch wahlfreien außerplanmäßigen Unterricht in Französisch. Seiner Zeit weit vorauseilend fordert Süvern im Hinblick auf die politische Aktivierung aller Bürger eine Beteiligung der Schüler an Ordnung und Leben der Schule, eine Mitbestimmung für die Lehrer und auch eine Institutionalisierung der Zusammenarbeit der Schule mit den Eltern.

Insgesamt gesehen formulieren die Reformer das politisch-gesellschaftliche Leitbild des sich emanzipierenden Bürgertums: Einheit und Wohlfahrt des Ganzen gedeihen da am besten, wo der Staat auf Freiheit und Bildung vertraut und sie gewährt.

Süverns Entwurf ist nie Gesetz geworden. Nach den Einwendungen der preußischen Oberpräsidenten und der katholischen Bischöfe, auch infolge der Änderung der politischen Verhältnisse, wird er 1826 endgültig zu den Akten gelegt. Die Kräfte der Reaktion, durch die Karlsbader Beschlüsse (1819) erstarkt, leiten eine Gegenbewegung gegen alle Reformen ein. Beckedorff – im Ministerium zuständig für das Volksschulwesen und die Lehrerseminare – kritisiert in seiner „Beurteilung des Süvernschen Unterrichtsgesetzentwurfs" (Dok. III,4. S. 113) dessen zentrale Gedanken. Beckedorffs entschiedene Gegenposition gründet sich auf kirchlich-konservative Auffassungen über die „Natur" der Gesellschaft und des Menschen. Er bestreitet dem Staat die Schulhoheit, weil sie durch göttlichen Auftrag und Herkommen allein der Kirche gebühre. Er beklagt die Verweltlichung als Abfall von der Heilslehre der Kirche sowie die Emanzipation des Menschen und der Gesellschaft als „künstliches" Gleichheitsstreben und als „Auflehnen gegen die Ordnung der Natur": „Die natürliche Ungleichheit des Menschen" sei „das eigentliche Band der Gesellschaft" und begründe die Verteilung der Rechte und Pflichten auf die verschiedenen Stände. Zur Überwindung aller Reformtendenzen empfiehlt er die Restauration der vorrevolutionären statischen Ständeordnung. In ihr habe vorrangig die Kirche die Aufgabe der Volkserziehung wahrzunehmen. Dem Staat komme allenfalls zu, der Kirche darin beizustehen, „so weit und so ernstlich er es vermag".

Trotz der gegen die staatliche Vormundschaftsgewalt gerichteten liberalen Intentionen der Reformer einerseits und der kirchlich-konservativen Ablehnung der Kompetenz des Staates für das Schulwesen andererseits, baut der Staat in dieser Zeit seine Verwaltungsmacht weiter aus. Im Schulbereich verfügt er u. a. eine Zentralisierung und Vereinheitlichung der höheren Schulen: 1825 wird die Schulaufsicht über die Gymnasien endgültig aus den Konsistorien herausgelöst und selbständigen Provinzialschulkollegien, rein staatlichen Fachbehörden, übertragen. Als weiterer Schritt erfolgt eine allgemeine Regelung des Zugangs zu den Universitäten: Preußen schreibt 1834 die Abiturprüfung generell als Gymnasialabschluß sowie als verbindliche Voraussetzung für die Zulassung zum Studium vor. 1837 erhalten dann die Gymnasien eine veränderte Gestalt durch einen neuen Lehrplan, den J. Schulze - erst Mitarbeiter, dann Nachfolger Süverns im Ministerium - erarbeitet hat (Dok. III,5. S. 124). Damit gibt Schulze dem Gymnasium eine im ganzen Staatsgebiet einheitliche Lehrverfassung. Es ist die primär altsprachlich orientierte curriculare Ausrichtung, deren Monopol für die Zulassung zum Universitätsstudium erst am Ende des Jahrhunderts durch die Gleichstellung der Realanstalten mit den Gymnasien überwunden wird.

Gegenüber den Reformvorhaben aus der Zeit Humboldts und Süverns beschränkt sich die schulpolitische Neuordnung Schulzes allein auf das Gymnasium. Dadurch wird es vom übrigen Schulwesen, das noch in der Mannigfaltigkeit der lokalen oder regionalen rechtlichen Regelungen verbleibt, abgesondert. Im Insgesamt der Schulen bilden die Gymnasien fortan einen in sich geschlossenen Aufbau mit einem durchgängigen Lehrgang von 12 Jahren. Am Beispiel der Beschränkung auf die Neugestaltung des Gymnasiums wird exemplarisch deutlich, daß den gesamtgesellschaftlich orientierten Reformen der Aufbruchszeit in Preußen der Erfolg versagt blieb.

Die Gedanken Friedrich Wilhelms III. „Über Volksbildung und Schule" spiegeln die große Unsicherheit wider, welche die in der Gesellschaft artikulierten (schul-)politischen Forderungen bei Monarch und Regierung hervorrufen (Dok. III,6. S. 132). Weder durchschaut der König die Ursprünge und die Dynamik der auf Veränderung drängenden Kräfte, noch findet er ein überzeugendes Gegenkonzept. Er fühlt sich „inquietiert" und fürchtet die „Explosion" des „Gärstoffes von unten herauf", die er „nicht erleben" möchte.

III.2. Verfassungs- und Schulkämpfe in der bürgerlichen Revolution 1848

Die Jahre der politischen Reaktion bringen für die wiedererstarkten herrschenden Kräfte nur scheinbar die Wiederherstellung der alten Verhältnisse. Gegenüber den neuen Ideen von Freiheit, Gleichheit und Volkssouveränität geraten sie zunehmend sowohl theoretisch wie auch praktisch in eine Legitimationskrise. Die geistigen Fundamente der alten Herrschafts-und Ständeordnung verlieren durch die Aufklärung und die Prinzipien der „Erklärung der Menschen- und Bürgerrechte" ihre Glaubwürdigkeit. Die wirtschaftlich erstarkte und politisch ihrer selbst bewußt gewordene Bürgerliche Gesellschaft fordert rational überzeugende Gründe, die Herrschaft rechtfertigen.

In der Serie der Revolutionen der 30er Jahre mahnt der „Dritte Stand" in mehreren deutschen Staaten dies unmißverständlich an. Im Zuge dieser Entwicklung machen einige Landesfürsten Zugeständnisse und gewähren ihren Bürgern Verfassungen. Diese fußen jedoch nicht auf dem demokratischen Prinzip der pouvoir constituante des Volkes, sondern gehen auf eine Selbstbegrenzung des Monarchen zurück, der dem „Volk" bestimmte Grund- und Mitwirkungsrechte einräumt. Dieses „monarchische Prinzip" ist in der Schlußakte des „Wiener Kongresses" (1815) verankert und bleibt unangetastet. Durch die „Konstitution" aber wird der Fürst in seiner Machtausübung an die Mitwirkung von gewählten Vertretungen gebunden:

In den konstitutionell verfaßten Staaten nimmt fortan das Parlament eine wichtige politische Stellung ein. Seine Tätigkeit als mitbestimmendes Gremium läßt bei den Beratungen im Gegeneinander der Interessen und Meinungen unter den Abgeordneten bestimmte Gruppierungen politisch Gleichgesinnter entstehen, die im gemeinsamen Handeln bessere Durchsetzungsmöglichkeiten suchen. Eine ähnliche Entwicklung vollzieht sich auch außerhalb des Parlaments im Hinblick auf die Wahl der Abgeordneten. Aus diesen Ansätzen entstehen die politischen Parteien. Sie sind freie Organisationen der Gesellschaft, die bestimmte Interessen artikulieren, für die sie werben, Abgeordnete unterstützen usw. Mit der Zeit nehmen sie feste Formen an und bestimmen zunehmend die politischen Auseinandersetzungen.

Die Parteien unterscheiden sich in ihren politischen Überzeugungen und Zielen im wesentlichen durch ihre Einstellungen zu den Prinzipien der Menschen- und Bürgerrechte und den daraus abgeleiteten Forderungen. Ein bestimmender Einfluß auf ihre Haltung geht außerdem von der sozialen Lage aus, in der sich ihre Mitglieder, Wähler und Adressaten befinden. Denn deren rechtliche und wirtschaftliche Verhältnisse haben entscheidenden Einfluß auf die programmatischen Aussagen der Parteien.

Vor diesem Hintergrund scheiden sich die Positionen der Parteien im wesentlichen in drei politisch-ideologische Grundrichtungen, die sich zum Teil bis heute wiederfinden: konservativ, liberal, sozialistisch.

Im Zentrum der konservativen Politik steht die Bewahrung der überkommenen Verhältnisse und Ordnungen. Ihre Anhänger gehören den monarchisch gesinnten, staatstragenden Kreisen an, zum großen Teil dem Adel, der sich seine privilegierte Stellung erhalten will, vielfach auch der evangelischen Geistlichkeit, die sich eng an die Krone gebunden fühlt. Als theoretische Basis ihrer Ideologie kann die in dieser Zeit entwickelte „Legitimitätslehre" gelten.

Die Liberalen stehen auf dem Boden der Menschen- und Bürgerrechte. Ihr politisches Hauptanliegen ist deren allgemeine Durchsetzung mit dem Schwergewicht auf dem Prinzip der Freiheit, besonders in Wirtschaft, Wissenschaft, Kultur, Erziehung, Religion. Sie vertrauen auf das „freie Spiel der Kräfte" in der Gesellschaft, durch das sich die Gegensätze selbst ausgleichen. Dem Staat fällt die Aufgabe zu, die Bürger durch sein Gewaltmonopol vor „auswärtigen Feinden" und voreinander zu schützen, d. h. ihnen die „Gewißheit der gesetzmäßigen Freiheit" (W. v. Humboldt) zu geben. Die Anhänger der liberalen Position gehören zumeist dem Bürgertum an, der Schicht von Bildung und Besitz.

Auch die Sozialisten bejahen im Prinzip die Postulate der „Erklärung der Menschen- und Bürgerrechte". Im Unterschied zu den Liberalen fordern sie jedoch vorrangig die Einlösung der Maximen der Gleichheit und der Brüderlichkeit (Solidarität). Ihr Ziel ist eine radikale Verbesserung der sozialen Verhältnisse für diejenigen, die durch ihre Lage von der Wahrnehmung ihrer Freiheitsrechte und politischen Mitwirkung ausgeschlossen sind. Das gilt generell für alle Lohnabhängigen, die sich größtenteils zu den Sozialisten bekennen. Ihre politischen Forderungen richten die Sozialisten – darin konsequent der „Erklärung der Menschen- und Bürgerrechte" folgend – an den Staat. Er ist es, von dem sie zuvörderst die Erfüllung ihrer Forderungen erwarten.

Zwischen dem liberalen und dem sozialistischen Lager sucht auch das Kleinbürgertum seinen politischen Standort. Sein Hauptanliegen ist die Durchsetzung des allgemeinen Wahlrechts. Sein Ziel ist eine republikanische Verfassung, die ihm Mitbestimmung garantiert. In diesem Sinne versteht sich das Kleinbürgertum als demokratisch und republikanisch.

Zum Spektrum der politischen Grundströmungen gehört auch die Position des Klerikalismus. Sie wird im wesentlichen von der Katholischen Kirche vertreten, die angesichts der tiefgreifenden Veränderungen in Gesellschaft und Staat um die Mitte des 19. Jahrhunderts politisch aktiv wird. Ihre Ziele stehen im Zusammenhang mit ihrer kirchlichen Arbeit, für die sie sich ihre traditionellen Rechte erhalten möchte: Unabhängigkeit vom Staat, ungehinderte Ausübung der Glaubenslehre, Sicherung der Religion in Erziehung und Unterricht, Primat des Elternrechts, Freiheit für ihre soziale Fürsorge u. a. m. Ihre Ziele versucht die Kirche durch Werbung für Vertreter ihrer Position im Parlament zu erreichen. Dazu gründen ihre Gemeinden Wahlkomitees bzw. „Katholische Vereine". Als eigene Partei etabliert sich diese politische Richtung erst 1870 unter dem Namen „Zentrum“.

Neben den Parteien organisieren sich in der Gesellschaft weitere Verbände, um die Öffentlichkeit, die Parteien und das Parlament über ihre spezifischen Anliegen politischer, rechtlicher, beruflicher oder wirtschaftlicher Art wirksam zu informieren und sie für sich zu gewinnen. Unter diesen Gruppierungen interessieren bezüglich der Schulpolitik vor allem die Lehrerverbände, z. B. der „Allgemeine Deutsche Lehrerverein“.

Die „Bürgerliche Revolution“ von 1848 hat insoweit Erfolg, als in allen deutschen Staaten Wahlen für die Einberufung einer „Nationalversammlung“ nach Frankfurt stattfinden. Diese erhält den Auftrag, eine Verfassung für ganz Deutschland vorzubereiten. In den parlamentarischen Beratungen kommen dabei alle oben erwähnten politischen Strömungen zum Zuge, sowohl innerhalb des Parlaments auf Grund der Gruppierungen der Abgeordneten als auch von außerhalb in der Form von Resolutionen („Adressen“). In den Beratungen über schulpolitische Probleme spiegeln sich die unterschiedlichen Einstellungen und Motive der Parteien wie der Verbände wider (vgl. die Auswahl aus der Fülle der Eingaben, Denkschriften, Aufrufe, Presseartikel, Flugschriften usw.: Dok. III,7–12. S. 141–159).

Die am 28. März 1849 verabschiedete Reichsverfassung zeigt deutlich liberale Züge, darin den Mehrheitsverhältnissen in der Nationalversammlung entsprechend. Im Vordergrund stehen die verfassungsmäßig garantierten Grundrechte. Ihrer Formulierung nach beziehen sie sich mehr auf die Gewährung formaler Freiheiten als auf soziale Gleichheitsansprüche. Ein anschauliches Beispiel stellen die Schulartikel dar: es dominieren in ihnen die liberalen Grundsätze (Dok. III,13. S. 161).

Zwar verfällt die Verfassung der Ablehnung. Dennoch gehen von ihr Signale aus, die die von der Französischen Revolution ausgehenden politischen, gesellschaftlichen und sozialen Bewegungen vorantreiben.

III.3. Die politische Restauration

Nach dem Mißlingen der Gründung eines konstitutionellen Nationalstaates und der Niederschlagung revolutionärer Aufstände in einigen deutschen Staaten gewinnen die konservativ-restaurativen Kräfte ihre politische Vormachtstellung zurück. Vordringlich ist ihnen die Wiederherstellung der vorrevolutionären Verhältnisse.

Wesentlichen Einfluß auf den preußischen König und die einflußreichen monarchisch-kirchlichen Kreise gewinnen die staatstheoretischen Abhandlungen von F. J. Stahl. Als schroffer Gegner der revolutionären Prinzipien fordert er die Rückkehr zur ständestaatlichen Ordnung. Seine Analyse der geistigen Antriebskräfte der Revolutionsbewegungen vermittelt scharfsinnig deren fundamentale Unterschiede zur christlich-konservativen Legitimitätslehre (Dok. III,14. S. 162).

Ein charakteristisches Zeugnis für die Umkehr der Verhältnisse ist die Ansprache des preußischen Königs an die Seminardirektoren. Mit Vehemenz greift der König den Fortschritt in der Volksbildung und Lehrerausbildung an. Er macht die Schulen für das Umsichgreifen des liberalen Gedankengutes verantwortlich (Dok. III,15. S. 167). Wenige Jahre später folgen die entsprechenden Richtlinien für die Lehrerbildung und den Unterricht in den Volksschulen, nach ihrem Verfasser „Stiehlsche Regulative" benannt. Sie beschränken das Niveau von Erziehung und Unterricht auf einen sehr elementaren Kenntnisstand, weiten den Anteil der Religion um so mehr aus und machen die Erziehung zu christlich-vaterländischer Gesinnung zum Richtmaß für alle Arbeit (Dok. III,17. S. 169). Die Regulative sind nicht nur ein „dunkler Fleck in der Geschichte der Volksschule" (Spranger), sondern haben auch das Verhältnis großer Teile der Volksschullehrerschaft zum Staat traumatisch bis in das 20. Jahrhundert hinein belastet.

Indessen gelingt es nicht ganz, die Entwicklung zurückzuschrauben. Die in Preußen 1850 in Kraft gesetzte Verfassung enthält z. B. trotz ihrer konservativen Grundzüge weiterhin liberale Momente. Ein Vergleich ihrer Schulartikel mit denen der Reichsverfassung von 1849 bestätigt die Ambivalenz (Dok. III,16. S. 168). Das in Artikel 26 in Aussicht gestellte Schulgesetz ergeht trotz mehrfacher Bemühungen bis 1918 nicht. Dadurch bleiben die veralteten, kirchlichen-konservativen Schulgesetze der einzelnen preußischen Landesteile weitgehend in Kraft. Sie werden nur durch zwei gesamtstaatliche Gesetze – das Schulaufsichtsgesetz (1872) und das Volksschulunterhaltungsgesetz (1906) – in ihrer Geltung eingeschränkt (vgl. Dok. IV,1. S. 177; IV,6. S. 190).

Die Spannung zwischen konservativ-restaurativen und liberal-fortschrittlichen Tendenzen in der Schulpolitik wird verstärkt durch neue Forderungen des Bürgertums an Staat und Schule. Der ökonomisch erstarkte „Dritte Stand" findet im Hinblick auf Kenntnisse, die von seinem Nachwuchs benötigt werden, keine geeigneten Schulen. Die niedergehaltene Elementarbildung genügt seinen spezifischen Ansprüchen nicht, die höhere Bildung steht den Interessen der Arbeits- und Wirtschaftswelt fremd gegenüber. In dieser Situation bilden sich, von den Städten unterstützt, lateinlose mittlere und höhere Schulen, die mit ihrem Angebot an modernen Fremdsprachen, Mathematik und Naturwissenschaften den Interessen des wirtschaftenden Bürgertums entgegenkommen. Sie bereiten gezielt auf den Besuch höherer Gewerbeschulen, Polytechnischer Akademien, Handelsakademien, Bergakademien u. a. hochschulähnlicher Institute vor. Mit dem Namen „Bürgerschulen", „Realanstalten" o. ä. treten diese Schulen bewußt in Konkurrenz zu den altsprachlich-orientierten höheren Schulen und gehen eigene Wege anspruchsvoller Vorbildung. Diese Entwicklung kann der Staat nicht übersehen. In Preußen z. B. zieht er 1852 die Initiative an sich, um in die unübersichtlich werdende Vielfalt neuer Schulformen regelnd einzugreifen. Er kann sich der Notwendigkeit einer gehobenen bzw. höheren Schulbildung, die nicht auf ein Universitätsstudium vorbereiten soll, nicht länger verschließen. Er sanktioniert daher im Prinzip diese neuen Formen durch deren Anerkennung, wobei er sie zugleich in seine Verwaltungsreglements einbezieht (Dok. III,18. S. 173). Der Staat bewahrt nicht nur, sondern verstärkt seine Schulhoheit.

IV. Staat, Klassengesellschaft und Schule im Kaiserreich

IV.1. Zu den Begriffen „Klassengesellschaft" und „Klassenstaat"

Die 1870 von seiten der Fürsten bewirkte nationale Einigung zum Deutschen Reich markiert zwar einen sichtbaren Höhepunkt im historisch-politischen Ablauf, aber sie bedeutet keine eigentliche Zäsur in den die Zeitverhältnisse prägenden politisch-gesellschaftlichen Grundströmungen: Der Staat behauptet im Reich und in den Ländern seine Machtstellung als konstitutionelle Monarchie. In der Gesellschaft wachsen die sozialen Spannungen. Der zunehmende Wohlstand für die einen, bei steigender Abhängigkeit hinsichtlich Arbeit und Verdienst und fortschreitender Verarmung bei den anderen, verschärft die Interessengegensätze. Das nationale Einigungswerk lenkt nur vorübergehend die Aufmerksamkeit von den Wandlungen der „Bürgerlichen Gesellschaft" zur „Klassengesellschaft" ab.

Das Bewußtwerden der Zugehörigkeit zu unterschiedlichen Klassen fördert, besonders beim Kleinbürgertum und dem jetzt entstehenden Proletariat, die Erkenntnis, daß ihre soziale Lage ihnen den Zugang zu den leitenden Vorstellungen des Jahrhunderts – Freiheit, Gleichheit, Volkssouveränität, Wahlrecht, Parlament, Bildung, Kultur, Solidarität, Nation – erschwert oder gar verwehrt. Dementsprechend binden sie sich an jene Parteien, von denen sie eine Verbesserung ihrer Lage erwarten. Die Klassen identifizieren sich mit den ihnen nahestehenden Parteien. In den Parteiprogrammen spiegeln sich die Gegensätze zwischen den Klassen wider. Auch der Staat bleibt von diesen Wandlungen nicht unberührt. Er tritt – in verschiedenen Übergangsformen – in ein funktionales Auftragsverhältnis zu den Kräften der Gesellschaft: er entwickelt sich zum „Klassenstaat": „Seine wirkliche Verfassung ist die Konsequenz oder die Erscheinung der Gesellschaftsordnung im Organismus der Staatsgewalt", d. h. daß „eine bestimmte Klasse der Gesellschaft die Herrschaft über die Staatsgewalt ausschließlich in Händen hat" (L. v. Stein).

IV.2. Staatliche Schulpolitik

In den fünf Jahrzehnten der Existenz des Kaiserreichs ist es nicht das Reich, dem die Reichsverfassung die Schulhoheit zuerkennt: Träger der Schulhoheit sind die Einzelstaaten. Unter ihnen übernimmt Preußen wiederum die führende Rolle. Es prägt weitgehend auch für die anderen Staaten die Gestalt der Schule und ihre gesellschaftlich-politischen Funktionen.

Die staatliche Schulpolitik sieht sich in dreifacher Weise herausgefordert: Erstens muß sie die Schule modernisieren, weil – abgesehen von den wenigen Realanstalten – weder die alte Elementarschule noch das neuhumanistische Gymnasium den Ansprüchen der sich formierenden Industriegesellschaft genügen. Zweitens ist damit untrennbar die soziale Frage insoweit verbunden, als eklatante Bildungsbenachteiligungen der unteren Klassen abgebaut werden müssen. Schließlich wird der Staat von mehreren Seiten bedrängt, die ihm seinen Monopolanspruch auf die Schulhoheit bestreiten, vor allem von der Katholischen Kirche und von den Kommunen.

Die erste Herausforderung, die Modernisierung der Schule, ergibt sich als Folge der Industrialisierung und des wirtschaftlichen Aufschwungs. Durch diese Entwicklung veranlaßt, zieht das Kabinett Bismarck im Bündnis mit den Liberalen aus den neuen Gegebenheiten erste schulpolitische Konsequenzen: es befreit die Bildung der breiten Volksmassen in der Elementarschule aus den engen, niederdrückenden Fesseln der „Regulative". Mit der Verfügung der „Allgemeinen Bestimmungen" werden 1872 die Volksschulen modernisiert: die mehrklassig ausgebaute Volksschule wird zur Regelschule erklärt, der Lehrplan auf ein zeitangemessenes Niveau angehoben, eine wesentlich verbesserte Mindestausstattung hinsichtlich der Lehrmittel und der Gebäude vorgeschrieben (Dok. IV,2. S. 179). Außerdem wird 1872 die Lehrerbildung reformiert und akademischen Lehr- und Lernformen angenähert.

Mit der allgemeinen Hebung der Volksbildung erfolgt als parallele Maßnahme die Neuordnung des über die Volksschule hinausführenden mittleren Schulwesens. Für die Bildungsbedürfnisse des gewerblichen Mittelstandes und der unteren Verwaltungsbehörden sind von vielen Städten Schulen eingerichtet und gefördert worden, die – unter mannigfaltigen Namen – eine gehobene Bildung vermitteln: eine moderne Fremdsprache, Mathematik, Realien. Sie sind häufig noch mit der Volksschule in einem System vereinigt, nur in den oberen Klassen getrennt und führen zu einem qualifizierten Abschluß. Das Ministerium faßt die Vielgestaltigkeit dieser

Formen zu einer einheitlichen „Mittelschule" zusammen und bestimmt einen obligatorischen Kanon der Lehrfächer. Den besonderen örtlichen Verhältnissen, die wichtige Berufszweige im Angebot der Fächer bzw. ihrer Lehrinhalte berücksichtigen müssen, geben die neuen „Allgemeinen Bestimmungen für Mittelschulen" Raum (Dok. IV,2. S. 179). Damit hat auch der Mittelstand „seine" Schule, die schnell wachsenden Zuspruch und gesellschaftliche Anerkennung findet.

Auf Grund der wirtschaftlichen Aufwärtsentwicklung und des zunehmenden Ausbaus von Verwaltungseinrichtungen seitens der öffentlichen Hand sowie in Handel, Geldverkehr und Industrie steigt der Bedarf an besser für diese Aufgaben vorgebildeten Kräften beträchtlich. Die „Neuordnung des Mittelschulwesens in Preußen" (1910) trägt diesem Wandel mit einer neuerlichen Anhebung des Niveaus des Unterrichts und der Vorbildung der Lehrer Rechnung (Dok. IV,7. S. 195). Durch eine Verselbständigung im Schulaufbau als neunstufige Lehranstalt mit eigener Vorschule und qualifiziertem Abschluß, dem „Einjährigen", erhält die Mittelschule ihre moderne Gestalt. Der Verschiedenheit der berufsbezogenen Ansprüche an die Ausbildung der Schulabgänger versucht das Ministerium durch Variationen des Lehrplans zu entsprechen, u. a. auch mit einem besonderen Plan für die Mädchenbildung.

Eine schulpolitische Initiative Kaiser Wilhelms II. löst eine besonders auffallende Veränderung im Schulwesen aus: die Gleichstellung der beiden Realanstalten mit dem Gymnasium und die inhaltliche Reform der Lehrverfassung aller drei höheren Schulen. In der Eröffnungsrede zur Schulkonferenz, die 1890 zur Beratung der Ausgestaltung der höheren Schulen einberufen wird, fordert der Kaiser außerdem eine eingreifende Revision der Lehrpläne: allgemeine Verminderung des Lehrstoffs, mehr Lebensnähe, Vorrang des Könnens vor dem Wissen, Reduktion der alten Sprachen, Ausweitung des Deutschunterrichts, Betonung des „Nationalen" in Literatur, Geschichte, Geographie, Stärkung der Naturwissenschaften, Vermehrung der Leibesübungen (Dok. IV,4. S. 186). Diese Vorgaben des Kaisers für die Konferenz sind ambivalent: einerseits nehmen sie Strömungen in der Gesellschaft auf, die – der wirtschaftlich-technischen Entwicklung Deutschlands entsprechend – die höhere Bildung zu modernisieren suchen, andererseits versucht sein Appell, Erziehung und Bildung betont auf das „Nationale" auszurichten, inzwischen fragwürdig gewordene politisch-soziale Traditionen neu zu beleben. Diese Rückwendung richtet sich vor allem gegen die Sozialdemokratie, von deren „revolutionären" Ideen und Forderungen der Kaiser die Stabilität der politisch-sozialen Verhältnisse bedroht sieht. Er reagiert mit Abwehr, weil er – wie Staat und Oberschicht überhaupt – den Zusammenhang der epochalen

Prozesse von Industrialisierung und Demokratisierung verkennen (vgl. Dok. IV,3. S. 184).

Das bleibende schulpolitische Ergebnis dieser vom Kaiser initiierten Reform stellt sich jedoch erst nach der nächsten Konferenz (1900) ein. Der „Kieler Erlaß" des Kaisers beseitigt das Bildungsmonopol des Gymnasiums und ordnet die Gleichstellung des Realgymnasiums und der Oberrealschule an. Er schreibt außerdem die Grundlinien für die Neugestaltung der Lehrpläne vor. Diese werden 1902 erlassen und bestimmen die Form der höheren Schule bis zum Ende des Kaiserreichs (Dok. IV,5. S. 189; Dok. IV,10/11. S. 206/207).

Der zweiten Herausforderung seiner Schulpolitik begegnet der Staat teils indirekt durch die Hebung und Erweiterung der Volksschulbildung, teils direkt durch soziale Maßnahmen: Abschaffung des Schulgeldes für die Volksschulen (1888), Vorschriften für Schulgeldermäßigungen an den weiterführenden Schulen, Freistellen usw. F. Paulsen hat diese Maßnahmen als „Demokratisierung der Bildung mit zunehmender Sozialisierung der Bildungsfürsorge" bezeichnet. Sie werden außerdem begleitet und verstärkt durch soziale Initiativen des Staates: Kinderarbeitsschutz, Sozialgesetzgebung, Vermehrung von Fürsorgeeinrichtungen (Warteschulen, Nähstuben für Mädchen usw.). Eine Verbesserung der Bildungschancen wird auch erreicht mit der zunehmenden Vereinheitlichung der Schulformen, durch die die Übergangsmöglichkeiten zu den höheren Schulen erleichtert werden.

Zu den sozialen Fortschritten muß auch der Abbau der Bildungsbenachteiligungen der Mädchen gerechnet werden. Hiervon profitieren in erster Linie jene Mädchen, die eine über die Volksschule hinausführende Bildung anstreben. Zwar eröffnen schon die „Allgemeinen Bestimmungen" von 1872 auch den Mädchen die Mittelschulbildung (Dok. IV,2. S. 179). In der Folgezeit werden auf dieser Grundlage hauswirtschaftlich-sozialpflegerisch gerichtete „Frauenschulen" und spezifische zehnstufige „höhere Mädchenschulen" errichtet. Aber der Zugang zum Abitur und zum Studium bleibt den Mädchen verwehrt. Noch 1898 lehnt der preußische Kultusminister den Antrag auf „Errichtung eines Mädchengymnasiums in Breslau" entschieden ab: die „Natur" der Frau und ihre Aufgabe in der Gesellschaft würden die Mädchen nicht für eine gelehrte Bildung und ein Studium bestimmen (Dok. IV,8. S. 199). Zehn Jahre später hat sich die Einstellung geändert: die „gegebene Verschiebung der Gesellschafts-, Erwerbs- und Bildungsverhältnisse" lege es nahe, ebenso wie den Jungen auch „Mädchen der mittleren und höheren Stände" den Weg in das Studium und in eine anspruchsvollere Berufstätigkeit zu öffnen. Die „Allgemeinen Bestimmungen über die Neuordnung des höheren Mädchenschulwesens" von

1908 gewähren den Mädchen die Gleichberechtigung in der höheren Bildung durch Zulassung von „Studienanstalten für Mädchen“, die zum Abitur führen (Dok. IV,9. S. 202). Die „Frauen(emanzipations)bewegung“ hat eines ihrer (schul-)politischen Ziele im Ansatz erreicht: mehr Gleichheit und gesellschaftliche Freiheit, d. h. Anerkennung und Selbstbestimmung für die Mädchen und Frauen.

IV.3. Schulpolitische Forderungen der Parteien, Kirchen und Verbände

Für die Entwicklung der Schulpolitik im 19. Jahrhundert insgesamt ist es charakteristisch, daß der Staat die Schulhoheit als eines seiner Souveränitätsrechte konsequent verfolgt. Auch weiterhin zeigt sich die Ambivalenz dieses Vorgangs: Einerseits führt der Staat seinen aus dem Absolutismus tradierten Verwaltungsdirigismus fort. Andererseits nimmt er – wenn auch reaktiv und zögernd – die von der „Erklärung der Menschen- und Bürgerrechte“ ausgehenden Intentionen auf. Dies ist die Konstellation, aus der heraus die Parteien, Kirchen und Verbände ihre schulpolitischen Forderungen an den Staat richten. Hier formiert sich die dritte Herausforderung, der sich der Staat gegenübersieht:

Der schulpolitische Streit mit der Katholischen Kirche entzündet sich am sogenannten „Kulturkampf“. Gegenüber der sich verstärkenden Schulhoheit des Staates sucht die Kirche ihre traditionellen Rechte an der Schule zu bewahren. Die kirchliche Position wird gestärkt durch die Parteinahme des Papstes und die Formierung des politischen Katholizismus 1870 als Partei im „Zentrum“ (Dok. IV,15. S. 219). Unter den von der Regierung ergriffenen Gegenmaßnahmen kommt dem 1872 ergangenen „Schulaufsichtsgesetz“ besondere Bedeutung zu: es manifestiert den ausschließlichen Anspruch des Staates auf seine Schulhoheit durch die Monopolisierung der staatlichen Schulaufsicht (Dok. IV,1. S. 177). Ein Erlaß über den „Religionsunterricht“ (1876) dehnt die Staatsaufsicht auch auf die Bestellung der Religionslehrer und ihre Unterrichtsführung aus. Erst 1904 beendet ein Kompromiß die schulpolitische Kontroverse. Er führt 1906 zur gesetzlichen Regelung der konfessionellen Verhältnisse im „Volksschulunterhaltungsgesetz“ (Dok. IV,6. S. 190). Doch die staatliche Schulaufsicht durch beamtete Kreisschulräte bzw. staatlich beauftragte Lokalschulinspektoren, meist Geistliche, wird nicht wieder zurückgenommen. Auch die Evangelische Kirche protestiert gegen das „Schulaufsichtsgesetz“. Sie fühlt sich – wie die Katholische Kirche – in ihren überlieferten Rechten beeinträchtigt. Um diesem Protest Ausdruck zu geben, legt eine große Gruppe hannoverscher Geistlicher spontan ihr Aufsichtsamt über die Schule nieder (Dok. IV,16. S. 224).

Unter den Gegnern des Staates im Spektrum der Parteien geht von der Sozialdemokratie der entschiedenste Widerstand aus. Trotz der sozialen Maßnahmen der Regierung verlieren große Teile der Arbeiterschaft die Hoffnung auf eine Verbesserung ihrer sozialen und politischen Situation. In weitgehendem Unverständnis gegenüber dieser Not sucht der Staat den „sozialistischen und kommunistischen Ideen" auch mit Hilfe der Schule entgegenzuwirken (Dok. IV,3. S. 184). In der Folge davon versteht sich die SPD stärker als andere Parteien als „Klassenkampf-Partei". Die (schul-)politischen „Leitsätze" der Sozialdemokratischen Partei (1906) bezeugen die klassenbewußte Haltung dieser von unten wachsenden Emanzipationsbewegung (Dok. IV,14. S. 215).

Die übrigen Parteien konservativer wie liberaler Richtung folgen in ihren schulpolitischen Programmpunkten ihren allgemeinpolitischen Einstellungen: Die konservative Partei bekennt sich unverändert zur Erhaltung der konstitutionellen Monarchie auf der Grundlage von „Thron und Altar" und ordnet die Erziehung diesem Zweck unter (Dok. IV,12. S. 208). – Die liberalen Parteien betonen dagegen in ihren Programmen den gesellschaftlichen Fortschritt, den sie primär als wirtschaftlichen Aufschwung im Schutze eines starken Staates interpretieren. In diesem Zusammenhang fordern sie mehr demokratische und soziale Rechte auch für die abhängigen Schichten sowie für die Frauen (Dok. IV,13. S. 210).

Kritik an der Schulhoheit des Staates wird auch von den kommunalen Schulträgern geübt. Sie gilt dem „Volksschulunterhaltungsgesetz" (1906), mit dem der Staat in die bisherigen Rechte der Kommunen eingreift (Dok. IV,6, S. 190). Es ist zwar ein wichtiges Ziel des Gesetzes, die finanziellen Belastungen der Schulträger – Schulgebäude, Lehrmittel, Besoldung der Lehrkräfte usw. – gerechter zu verteilen, weil diese durch die überkommenen Rechtsverhältnisse sehr unterschiedlich geregelt sind. Die vereinheitlichenden Vorschriften des Gesetzes haben aber auch zur Folge, daß besonders die Städte sich in vieler Hinsicht benachteiligt fühlen. Sie beklagen vor allem den weitgehenden Verlust ihrer bisherigen Selbständigkeit in der Wahrnehmung der Schulangelegenheiten: Art und Umfang der Aufbringung der Schullasten, Einrichtung der Schulen, Wahl der Lehrkräfte, Leitungs- und Aufsichtsrechte usw. Diese Zusammenhänge zeigen wiederum die Ambivalenz der staatlichen Schulhoheit: den Verbesserungen des Schulwesens durch die Zentralisierung und Vereinheitlichung der Schulverwaltung – Ausgleich der Schullasten, Ausstattung der Schulen, Lehrereinstellung und -besoldung, staatliche Aufsicht – und den dadurch bewirkten Vorteilen für die Volksbildung, insbesondere auf dem Lande, stehen die Einschränkungen der Rechte und Freiheiten der kommunalen Schulträger gegenüber.

Die schulpolitischen Forderungen des Deutschen Lehrervereins, der sich als Sprecher der Volksschullehrerschaft versteht, zielen auf eine Hebung der Bildung und des sozialen Ansehens der Lehrer sowie auf die Verbesserung ihrer wirtschaftlichen Lage (Dok. IV,17. S. 227). Die pädagogischen Forderungen des DLV richten sich besonders auf eine Verbesserung der Volkserziehung und der sozialen Situation der Kinder aus einfachen Verhältnissen. Zum Leitziel für die künftige Gestalt der Schule erklärt der DLV die „Nationale Einheitsschule", deren Konzeption von Kerschensteiner entworfen ist und von ihm der Deutschen Lehrerversammlung 1914 in Kiel vorgestellt wird (Dok. IV,17. S. 227). Alle späteren Programme bis zur Gegenwart nehmen die in diesem Entwurf erhobenen schulpolitischen Grundforderungen wieder auf.

V. Weimarer Republik: Schulpolitik im Kontext ambivalenter demokratischer Prinzipien

V.1. Zu den Begriffen „Demokratie" und „Repräsentation"

Die Ausrufung der Republik in der „November-Revolution" 1918 in Deutschland und der Herrschaftsverzicht der regierenden Fürstenhäuser im Reich und in den Ländern stellt die politischen Verhältnisse auf sichtlich veränderte Grundlagen. Die neue „Weimarer Reichsverfassung" wird von vielen Seiten als Durchbruch zum demokratischen Staat begrüßt. Daß dieser Neuanfang auch erhebliche politisch-rechtliche und praktische Schwierigkeiten mit sich bringt, zeigen die Stichwortartikel „Demokratie" und „Repräsentation" auf (vgl. S. 232).

V.2. Staatliche Schulpolitik

Die Schulartikel der neuen Verfassung (Dok. V,1. S. 234) nehmen weitgehend die Grundtendenzen zur Demokratisierung aller politisch-gesellschaftlichen Verhältnisse auf und setzen sie für die Schule durch eine Verstärkung der Kompetenzen des Staates um: Endgültig beseitigt werden die herkömmlichen sozialschichtbezogenen Vorschulen der mittleren und höheren Lehranstalten, die Reste der geistlichen Schulaufsicht und die Abhängigkeit der Lehrer aller Schulformen von den jeweiligen kommunalen Schulträgern. Weiterhin bestimmt die Verfassung für das ganze Reich einen einheitlichen Schulaufbau mit einer gemeinsamen Grundstufe. Alle Kinder müssen in den ersten vier Schuljahren die allgemeine Grundschule besuchen (Dok. V,4. S. 242). Die Volks-, Mittel- und höheren Schulen bauen darauf auf als „organische" Differenzierung der verschiedenen Bildungswege mit gestuften Abschlüssen. Allgemeine Berufsschulpflicht, Unentgeltlichkeit des Unterrichts und der Lehrmittel in den Volks- und Berufsschulen, Erziehungsbeihilfen für Minderbemittelte, Verbesserung der Volksbildung durch hochschulmäßige Lehrerbildung für das Lehramt an Volksschulen sind weitere schulpolitische Festlegungen der Verfassung. Emanzipativ im Sinne der Freiheitsrechte sind die Garantie der Religionsfreiheit für Schüler und Lehrer, die Verbindlichkeit der politischen Bildung durch „Staatsbürgerkunde" und die Erziehung zur Selbständigkeit durch die Verpflichtung zum „Arbeitsunterricht" als neuem didaktischem Prinzip. Nicht durchgesetzt hat sich das Konzept der Simultanschule mit der strikten Trennung von Kirche und Staat, es scheitert am Widerstand der Zentrumspartei. Auch die politisch-pädagogische Hoffnung, die junge Demokratie durch eine Erziehung zu Toleranz und zu politischem Zusammengehörigkeitsbewußtsein zu stärken, erfüllt sich nicht, obgleich die Reichsregierung mehrere Versuche unternimmt, auch die Schulen zur „Mitwirkung an der inneren Festigung der Republik" aufzurufen (vgl. Dok. V,5. S. 243; Dok. V,11. S. 259).

In der Anfangsphase der Weimarer Republik treten die Länder in ihrer schulpolitischen Bedeutung gegenüber dem Reich zurück. Aber im Fortgang der Entwicklung verliert das Reich auf Grund der gegenseitigen Paralysierung der Parteien im Reichstag an Durchsetzungsvermögen. Dies hat zur Folge, daß die Länder die Initiative in der Schulpolitik übernehmen. Unter ihnen ist Preußen wieder führend. In den Jahren 1921–25 werden für die allgemeinbildenden Schulen neue Richtlinien und Bestimmungen erlassen, die der Neugliederung des Schulaufbaus und einem zeitgemäßen Erziehungsverständnis Rechnung zu tragen suchen. Grundlegend für die gesamte Neugestaltung von Schule und Unterricht sind die Richtlinien von 1921 für die neugeschaffene allgemeine Grundschule (Dok. V,6. S. 245). Sie wenden sich betont gegen die Lernschule alten Stils. Die Grundgedanken dieses reformpädagogischen Ansatzes kehren, dem zunehmenden Alter der Schüler entsprechend modifiziert, in allen Richtlinien für die nachfolgenden Schulstufen wieder. Die Bestimmungen verfolgen zwei schulpolitisch wie didaktisch wichtige Prinzipien: das Prinzip der Freiheit zur Förderung der individuellen Begabung und das Prinzip der Chancengleichheit durch die Eröffnung besserer Bildungsmöglichkeiten (Dok. V,6. S. 245; V,7. S. 251).

Die Reichsverfassung schreibt einen „organischen Aufbau" des Schulwesens vor. In dieser Forderung ist die Frage nach dem Beitrag zur Festigung der inneren Einheit des Gemeinwesens angesprochen. Die Schulpolitik im Reich und in den Ländern sucht diesem Anspruch in mehrfacher Hinsicht gerecht zu werden: Das Zusammenleben in der Grundschule soll einen hinreichend breiten Grund für das gegenseitige Verstehen und spätere Miteinander legen. In allen weiterführenden Schularten sollen die

„deutschkundlichen Fächer" – deutsche Literatur, Geschichte, Erdkunde, Staatsbürgerkunde, Religion, Kunst, Musik – den Kern allen Unterrichts, seine gemeinsame kulturelle Mitte, bilden, besonders in der in Typen aufgespaltenen höheren Schule. Zwar soll jeder Schultyp sein spezifisches Profil behalten, zugleich aber durch den Rekurs auf den verbindlichen Kern die Einheit in der Vielgestaltigkeit bewahren (Dok. V,7. S. 251). Die Stundentafeln und das Schema des Schulaufbaus spiegeln die organisatorischen Konsequenzen (Dok. V,9/10. S. 257/258).

Die durch die Verfassung garantierte Gleichstellung der Geschlechter ist bei den Volks- und mittleren Schulen in der Regel der Fall gewesen. Bei den höheren Schulen löst diese Forderung nunmehr die Öffnung aller Schulformen für die Mädchen endgültig ein, einerseits durch die Errichtung eigener höherer Lehranstalten, andererseits durch die Möglichkeit der Koedukation. Den Mädchen werden dadurch dieselbe Bildung und dieselben Berechtigungen zuteil wie den Jungen. Am Ende der Weimarer Republik entwickelt Preußen angesichts der Wirtschaftsdepression und der Verwerfungen am Arbeitsmarkt, durch die besonders die Frauen betroffen werden, einen neuen Schultyp: die dreistufige „Frauenoberschule" als neuen Oberstufenzweig in der höheren Schule. Die neuen Ausbildungsmöglichkeiten eröffnen den Frauen eine Erweiterung ihrer beruflichen Chancen (Dok. V,8. S. 255).

V.3. Schulpolitische Forderungen der Parteien, Kirchen und Verbände

Die Demokratisierung aller Lebensverhältnisse übt in der Weimarer Republik einen starken Sog auf die gesellschaftlichen Kräfte aus, sich in Parteien zu formieren, um auf dem Wege über Parlamentssitze und Regierungsämter ihre organisierten Interessen in politische Führungsanteile umzusetzen. Teils leben die Vorkriegsparteien wieder auf, z. B. die Sozialdemokratische Partei (SPD) und das Zentrum, teils versammeln sich die alten Interessengruppen unter neuen Namen, z. B. die Konservativen in der Deutschnationalen Volkspartei (DNVP), die Liberalen in der Deutschen Volkspartei (DVP). Daneben entstehen auch ganz neue Parteiorganisationen, darunter – mit besonders radikalem Zuschnitt – die Kommunistische Partei (KPD) und die Nationalsozialistische Deutsche Arbeiterpartei (NSDAP). In den Parteiprogrammen kommen die unterschiedlichen Einstellungen der Parteien zur Demokratie als Staatsform zum Ausdruck.

Als anfänglich ausschlaggebende staatstragende Partei setzt die SPD in der Nationalversammlung einige ihrer schulpolitischen Programmpunkte durch und sieht diese in der Reichsverfassung formalrechtlich garantiert (Dok. V,1. S. 234). Die sozial-substantielle Einlösung dieser Zusagen bleibt jedoch marginal. Das Heidelberger Programm der SPD (1925) stellt diese Diskrepanzen nachdrücklich heraus (Dok. V,14. S. 267). Ein weiterer Programmpunkt bleibt auch die Einführung der differenzierenden Einheitsschule, weil der Schulaufbau – nach den Vorgaben der Verfassung – oberhalb der Grundschule noch die überkommenen Formen der Dreigliedrigkeit bewahrt. Schließlich beharrt die Partei nach wie vor auf dem Postulat der weltlichen Schule mit strikter Trennung von den Kirchen und anderen Glaubensgemeinschaften.

Eine scharfe Gegenposition, sowohl gegenüber der Demokratie als Staatsform wie auch gegenüber der schulpolitischen Linie der Verfassung, vertritt die DNVP in ihren „Grundsätzen" von 1920 (Dok. V,12. S. 262). Als national-konservatives Sammelbecken vereinigt sie die monarchischen, nationalen und christlich-sozial rechtsgerichteten Kräfte der Vorkriegszeit. Demgemäß versucht sie, gegenüber dem demokratisch gewordenen Staat die Traditionslinien der Kaiserzeit, sowohl der staatskirchlich-konfessionellen als auch der restaurativ-nationalistischen Richtung, festzuhalten. Diese Forderungen dominieren in ihrem Programm auch bei den Fragen zur Erziehung, zur Schule und Lehrerbildung, trotz einiger Zugeständnisse an die in der Verfassung vorgegebenen Veränderungen des Schulwesens.

In der DVP verbinden sich ältere politische Gruppierungen der rechtsliberalen Richtung ebenfalls zu einer neuen Partei. Sie vertritt maßgeblich die großbürgerlichen Kreise des Unternehmertums von Handel, Banken und Industrie. Ihr Programm trägt deshalb typisch liberale Züge. Ihre Schulpolitik nimmt die Vorgaben der Verfassung auf, prägt sie aber im Sinne ihrer Auffassung von liberaler Freiheit um. Auf die im Programm versicherte „Aussöhnung der liberalen mit den sozialen Gedanken" findet sich jedoch in den Grundsätzen für die Bildungspolitik kaum ein Hinweis. Von einer gesellschaftlichen oder staatlichen Verpflichtung zu konkreter Hilfeleistung ist nicht die Rede (Dok. V,13. S. 265).

Die KPD vertritt zwar eine sozialistische Politik. Mit ihrem radikalen Klassenkampfprogramm distanziert sie sich aber scharf von der sozialistisch-reformerischen Linie der Sozialdemokratie. Die KPD trägt weder den Staat noch die Verfassung mit. Sie verficht auch eine eigene Schulpolitik, die von linksradikalen reformerischen deutschen sowie von sowjetischen Arbeits-/Produktionsschulideen geprägt ist (Dok. V,15. S. 272). Im Zentrum ihres Konzepts steht „die werktägige Arbeit in den Schulen", doch nicht nur um „der Erzeugung von gesellschaftlichen Gütern" willen, sondern sie soll „in erster Linie den Gesichtspunkten der Belehrung, der sozialen Erziehung und der Berufsbildung" dienen. Bezüge zu Lepeletiers „Plan einer Nationalerziehung" sind unverkennbar (vgl. Dok. II,4. S. 30).

Die Aussagen im Programm der NSDAP zur Schulpolitik sind dürftig. (Dok. V,16. S. 275). Im Zusammenhang mit den allgemeinen politischen Forderungen offenbaren sie jedoch massive staatsautoritäre Züge: Reduktion der Bildung auf „die Erfordernisse des praktischen Lebens“ in allen Schulen und auf allen Stufen, Intensivierung der Erziehung zur Einordnung in den Führerstaat u. a. m. Die Schulhoheit soll ausschließlich einer „starken Zentralgewalt des Reiches“ mit „unbedingter Autorität“, die ihren „Nutzen“ über alles stellt, vorbehalten bleiben. Der Bruch der Verfassung und des Völkerrechts durch die rassische Diskriminierung der Juden ist schon damals unübersehbar programmiert.

Die Zentrumspartei vertritt in ihrer Schulpolitik – ihrem Ursprung als Organisation klerikaler politischer Interessen gemäß – vorwiegend die Ziele der katholischen Kirche: Ablehnung des staatlichen Schulmonopols, Primat des Elternrechts und der Bekenntnisschule. Die Forderung, „die Grundsätze des Christentums in Staat und Gesellschaft, in Wirtschaft und Kultur zu verwirklichen“, ist zum leitenden Prinzip erhoben (Dok. V,17. S. 277). Im einzelnen nehmen die Programmpunkte in großem Umfang die von der Verfassung garantierten Rechte und Vorgaben auf, legen sie aber so weit wie möglich in einem Sinne aus, der die Interessen und Mitwirkungsrechte der Kirche genauestens einfordert.

In der Schulpolitik der katholischen Kirche hat in der Weimarer Republik die Enzyklika „Die christliche Erziehung der Jugend“ (1929) einen besonderen Stellenwert (Dok. V,18. S. 280). Sie richtet sich vor allem gegen die umsichgreifende Säkularisierung. Die Kirche sieht durch diese Entwicklung ihre Rechte auf christliche Erziehung und Einflußnahme auf die Schule nachhaltig bedroht. Deshalb behandelt die Enzyklika ausführlich die Stellung und Aufgaben der Erziehungsberechtigten und -träger in der Reihenfolge Kirche, Familie, Staat. Sie fordert grundsätzlich die Bekenntnisschule, weil nur diese gewährleiste, daß „der ganze Unterricht und Aufbau der Schule . . . unter Leitung und mütterlicher Aufsicht der Kirche von christlichem Geiste beherrscht“ sei. Alle Katholiken werden durch die Enzyklika verpflichtet, für diese Ziele immer und überall aus Gewissensgründen einzutreten.

Von den Verbänden meldet sich schon 1919 mit Nachdruck der Deutsche Lehrerverein mit schulpolitischen Forderungen zu Wort (Dok. V,19. S. 283). Sie enthalten ein entschiedenes Bekenntnis zur „demokratischen“ Schule nach dem Modell der „Nationalen Einheitsschule“, das die Deutsche Lehrerversammlung 1914 in Kiel für die weitere Ausgestaltung des Schulwesens beschlossen hat. Die Vorstellungen des DLV finden großenteils Eingang in die Schulartikel der Reichsverfassung (vgl. Dok. V,1. S. 234).

VI. Die Gleichschaltung von Staat, Gesellschaft und Schule durch das totalitäre NS-Regime

VI.1. Zum Begriff „Totalitärer Staat“

Die NSDAP übernimmt 1933 die Regierungsgewalt. Sie verfolgt, wie alle totalitären Regimes, das Ziel, die absolute Verfügungsgewalt über den Staat und die Gesellschaft zu erlangen und die für die Demokratie konstitutive Polarität von Staat und Gesellschaft zu annullieren. Das Mittel dazu ist die Errichtung eines Einparteienstaates, in dem die Staatspartei die Sphäre der freien Initiative, den ureigenen Raum der Gesellschaft, für sich als Alleinbesitz reklamiert und jede von ihr nicht veranlaßte oder kontrollierte Regung der Kräfte ausschaltet. Der Staat wird vollends zum Instrument der Administration reduziert und in allen seinen Funktionen dem Willen der mit absoluter Vollmacht herrschenden Partei- und Staatsspitze unterworfen. Das „Führerprinzip“ beseitigt alle Gewaltenteilung und unterbindet jede andere Willensbildung. Staat und Gesellschaft gehen beide in der totalen Einheit von Partei und Staat auf (vgl. Stichwort „Totalitarismus“. S. 286).

VI.2. Zentralisierung und Ideologisierung

Die Durchsetzung des „Führerprinzips“ kündigt Hitler schon 1925/27 als Ziel seiner Partei an (Dok. VI,1. S. 287). Die Verwirklichung erfolgt im März 1933 durch das „Ermächtigungsgesetz“ (Dok. VI,2. S. 289). Die weiteren Maßnahmen zur Konzentration aller Macht bei der Führungsspitze des Reiches sowie zur Ausschaltung aller konkurrierenden oder entgegenstehenden Parteiorganisationen und der Eigenrechte der Länder schließen sich Zug um Zug binnen des ersten Regierungsjahres an (Dok. VI,3; 4; 5. S. 290–292). Es ist nur konsequent, daß auch die Partei als Organisation in die Regierung einbezogen wird und der „Stellvertreter des Führers“ mit Rang und Amt eines Reichsministers dem Kabinett angehört, obgleich die Weimarer Verfassung nicht aufgehoben ist.

Auf dem Gebiet des Bildungswesens bietet die Rahmenrechtskompetenz des Reiches nach Art. 10 der Weimarer Verfassung der Reichsregierung die Handhabe, über die Rechte der Länder hinweg das Bildungswesen im ganzen Reich zu vereinheitlichen. 1934 werden die damit verbundenen Zuständigkeiten aus dem Reichsinnenministerium ausgegliedert und dem neugeschaffenen „Reichserziehungsministerium“ übertragen (Dok. VI,6. S. 293). Daß die Nationalsozialisten beabsichtigen, das gesamte Erziehungswesen künftig für ihre Zwecke in Dienst zu nehmen, wird von Hitler bereits in seinem Buch „Mein Kampf“ als Konsequenz der von ihm entwickelten Leitziele künftiger Erziehung – Wehrhaftigkeit, Rassereinheit, „neue Weltanschauung“ – ausführlich dargestellt (Dok. VI,7. S. 294). Nach der Regierungsübernahme verkündet der Reichsinnenminister in einer Rede vor den Unterrichtsministern der Länder als „neues Gesetz“ aller Erziehungsarbeit die „Kampfziele der Schule“: Ideologisierung der Jugend und Erziehung zu unbedingter Hingabe an Führer, Volk und Vaterland. Dagegen soll wissenschaftlicher Unterricht dahinter zurücktreten. Die Bildung zur Individualität und zur persönlichen Selbstbestimmung werden verächtlich gemacht (Dok. VI,8. S. 300).

Diese inhaltliche Umstellung der Schularbeit wird von den staatlichen Stellen vehement vorangetrieben. In rascher Folge werden neue Richtlinien herausgegeben, die Schulbibliotheken ideologisch „gesäubert“, aus der Lehrerschaft die „unerwünschten Elemente“ ausgeschieden, der Zugang jüdischer Schüler zu den höheren Schulen rigoros begrenzt u. a. m. Organisatorische Veränderung folgen erst nach mehreren Jahren, dann aber in allen Schulformen, von der Grundschule bis zur Oberstufe der höheren Schulen. Beispielhaft sind die „Richtlinien“ für die „Neuordnung der höheren Schulen“ von 1938, weil sie Begründungen für die z. T. sehr tiefen Eingriffe in die gewachsene Struktur des Schulwesens enthalten (Dok. VI,10. S. 306). Äußere Merkmale sind die allgemeine Verkürzung des Curriculums von neun auf acht Jahre sowie die radikale Reduktion der Typen der höheren Schule auf die Standardform der „Oberschule“. Diese wird aus ideologischen Gründen nach Geschlechtern streng getrennt. Jede Oberschule ist in der Oberstufe wieder in sich gegabelt, in den Oberschulen für Jungen in einen neusprachlichen und einen mathematisch-naturwissenschaftlichen Zweig bzw. in den Mädchenoberschulen in einen sprachlichen und einen hauswirtschaftlichen Zweig. Allein das Gymnasium bleibt als Sonderform an wenigen Standorten erhalten, wird aber ebenfalls auf acht Jahre verkürzt. Die Reduktion der Schultypen und der Schulzeit erfolgt, wie der Erlaß angibt, aus „wichtigen bevölkerungspolitischen Gründen“ (u. a. Mangel an Nachwuchs für die Wehrwirtschaft, den Offiziersberuf). Parallel zu diesen inhaltlichen und organisatorischen Eingriffen in das öffentliche Schulwesen beginnt die Partei, den Nachwuchs für ihre Führungspositionen in eigenen Schulen, die der staatlichen Aufsicht entzogen sind, heranzubilden. 1937 wird der Partei vom „Führer“ genehmigt, „Adolf-Hitler-Schulen“ zu errichten (Dok. VI,11/12. S. 313/314).

In seiner Rede auf dem Reichsparteitag in Nürnberg (1935) verdeutlicht Hitler, wie er die Erziehung der Jugend bis ins Erwachsenenalter als einen geschlossenen Kreis sieht, der jeden einbindet und prägt (Dok. VI,13. S. 314). Die konkrete Umsetzung beginnt schon 1934, als der Erziehungsminister und der Reichs-Jugendführer eine Vereinbarung über die Abgrenzung der Verfügungszeiten für Schule und Hitler-Jugend treffen. 1936 erfolgt die gesetzliche Verpflichtung zum Dienst in der Hitler-Jugend für alle 10- bis 18-jährigen (Dok. VI,14. S. 316). Im März 1939 werden zwei Durchführungsverordnungen erlassen, die eine rigorose Verschärfung der Dienstpflicht zur Folge haben (ebd.). Sie ermöglichen, in Verbindung mit der Notdienstverordnung (1938) und weiteren kriegsbedingten Verordnungen, die Heranziehung der Kinder und Jugendlichen zum Kriegs- und Kriegshilfsdienst.

Das Verhältnis des NS-Regimes zu den Kirchen scheint anfänglich eine Zusammenarbeit nicht auszuschließen. Darauf deuten das Reichskonkordat mit dem Heiligen Stuhl (1933) und der Versuch, eine evangelische „Reichskirche“ zu gründen, hin. Das Bemühen um die Reichskirche hat vor allem innenpolitische Gründe. Auch das Konkordat geht aus einem politischen Kalkül der neuen Reichsregierung, die um ihre internationale Reputation besorgt ist, hervor. Die katholische Kirche und das Reich einigen sich auf eine völkerrechtliche Abgrenzung ihrer Rechte (Dok. VI,9. S. 304). Aber mehr und mehr zeigt sich in ideologisch fanatisierten Parteikreisen eine unversöhnliche Gegnerschaft gegenüber den Kirchen. Durch gezielte Verwaltungsmaßnahmen versucht der NS-Staat, die Kirchen von jeglicher Einflußnahme auf Schule und Unterricht auszuschließen. Die Einführung der „Deutschen Gemeinschaftsschule“ als Regelschule (von 1936 an) beseitigt die Konfessionsschulen vollständig. Der Religionsunterricht wird weitgehend aus dem ordentlichen Unterricht verdrängt. Trotz dieser Zurückweisung der Kirchen durch das NS-Regime kommt es in beiden Kirchen nicht zu einem nachdrücklichen Widerstand, der größere Teile ihrer Mitglieder erfaßt.

Auf Grund der rassistisch ausgerichteten Schulpolitik werden von 1933 an jüdische Kinder und Jugendliche zunehmend ausgegrenzt. Den anfänglichen Zulassungsbeschränkungen für den Besuch der höheren Schulen und für das Studium folgt im September 1935 ein Erlaß zur „Errichtung gesonderter jüdischer Schulen“. Er verfügt eine schärfere Absonderung der jüdischen Kinder und Jugendlichen in eigenen Schulen und Internaten (Dok. VI,15. S. 320). Am Ende steht die fast vollständige Vernichtung der Juden.

VI.3. Dokumente des Widerstandes

Der „Aufstand des Gewissens“ hat zwar nicht den Erfolg, das Regime zu stürzen. Aber unabhängig von seinem Ausgang bezeugen die Widerstandsbewegungen die Geltung eines höheren Rechts gegenüber der totalitären Diktatur. Der für den Fall des Gelingens des Attentats auf Hitler vorbereitete „Aufruf an das deutsche Volk“ und der „Entwurf einer Regierungserklärung“ sind von diesem sittlichen Imperativ geprägt (Dok. VI,16. S. 321). – Stärker politisch argumentierend drängt der „Kreisauer Kreis“ in seinen „Grundsätzen für die Neuordnung Deutschlands“ auf Wiederherstellung der Rechtlichkeit und auf Selbst- und Mitverantwortung sowie auf die Erneuerung christlicher Werte (Dok. IV,17. S. 325). Seine Empfehlungen für „Kirche, Kultur, Bildungswesen“ gründen sich auf diese Intentionen.

VII. Militärregierung in Deutschland

VII.1. Reeducation

Nach dem Zusammenbruch des Deutschen Reiches übernehmen die Siegermächte die Regierungsgewalt in Deutschland und setzen für ganz Deutschland einen „Alliierten Kontrollrat“ ein. In den vier Besatzungszonen übernehmen jeweils eigene Militärregierungen als oberste Behörden die Verwaltung. Sie handeln zunächst in gegenseitiger Abstimmung, später aber verstärkt nach den Weisungen ihrer Staatsregierungen. Nur Berlin wird einer gemeinsamen Administration unterstellt: der „Alliierten Hohen Kommandantur“. Diese Regelungen folgen den Plänen der Vier-Mächte-Konferenz von Jalta (Februar 1945). Das „Potsdamer Abkommen“ vom August 1945 legt die Leitlinien der gemeinsamen Deutschlandpolitik endgültig fest. Oberstes Ziel ist die Entmilitarisierung und Entnazifizierung Deutschlands sowie die Umerziehung des deutschen Volkes zur Demokratie: „Reeducation“ (Dok. VII,1. S. 329). Besonderes Augenmerk richten die Militärregierungen auf die Erziehung der Jugend. Dementsprechend ergehen von den zuständigen Zonenbefehlshabern Direktiven zur Wiedereröffnung der Schulen und zu Vorkehrungen gegen die Wiederbelebung nazistischer oder militaristischer Erziehungsmaximen. Trotz gleicher Grundsätze und gleicher Zielsetzungen lassen sich jedoch erhebliche Abweichungen zwischen den westlichen Interpretationen – vor allem der amerikanischen – und der sowjetischen Auslegung feststellen (Dok. VII,2/3. S. 331/335). Obgleich die Auseinanderentwicklung fortschreitet, gelingt es den vier Mächten 1947 noch einmal, sich auf eine gemeinsame Direktive, „Grundsätze für die Demokratisierung des deutschen Bildungswesens“, zu einigen (Dok. VII,4. S. 337).

Auf der Jalta-Konferenz wird von den Großmächten außerdem die Gründung der UNO – „United Nations Organization“ – vereinbart. In der „Charta“ der Vereinten Nationen vom 26. Juni 1945 verpflichten sich alle Mitglieder der neuen Weltorganisation auf Grundsätze für eine neue Friedensordnung, darunter auch auf die Gewährleistung und Sicherung der „Menschenrechte“. Der Wortlaut der „Allgemeinen Erklärung der Menschenrechte“ enthält Prinzipien, wie sie in der Französischen Revolution formuliert wurden, u. a. auch das „Recht auf Bildung“ (Dok. VIII,5. S. 339; vgl. Dok. II,2. S. 83).

VII.2. Anfänge der Schulpolitik in den deutschen Ländern

Die sowjetische Führung hat für die Übernahme der Regierungsgewalt in ihrer Besatzungzone frühzeitig Vorsorge getroffen. Noch während der Kriegsjahre bildet sie unter den deutschen Emigranten verschiedene Expertengruppen, die sofort nach Inkrafttreten des Potsdamer Abkommens in der sowjetischen Besatzungszone als „Deutsche Zentralverwaltung" eingesetzt werden. Diese soll den Wiederaufbau einheitlich nach Plänen steuern, die schon im Exil vorbereitet worden sind. Bereits im Frühjahr 1946 liegt u. a. ein Gesetzentwurf für die „Demokratisierung der deutschen Schule" vor, der die „antifaschistisch-demokratische" Schulreform einleitet (Dok. VII,6. S. 341). Primäre Ziele sind die Abschaffung der herkömmlichen sozialschichtverhafteten Dreigliedrigkeit des Schulsystems und die Überwindung bisheriger Bildungsbenachteiligungen der unteren Schichten. Der neue Schulaufbau lehnt sich nach Inhalt und Form an das Modell der sozialistischen Einheitsschule etwa im Sinne der „Entschiedenen Schulreformer" der 20er-Jahre an.

In den drei westlichen Besatzungszonen erfolgt die Wiederaufnahme des Schulunterrichts ebenfalls im Sommer 1945. Die Entwicklung verläuft hier anders, weil die westlichen Besatzungsmächte – im Unterschied zur SBZ – in ihren Zonen nachhaltig auf die Einhaltung der inhaltlichen Vorgaben des Potsdamer Abkommens drängen. Im übrigen überlassen sie den teils neugeschaffenen, teils wiederhergestellten Ländern die Gestaltung ihres Schulwesens in eigener Verantwortung. Die Länder knüpfen mit ihren schulorganisatorischen Regelungen – von einigen Abweichungen abgesehen – weitgehend an das dreigliedrige Schulwesen der Weimarer Republik an. Bei den curricularen und schulrechtlichen Einzelbestimmungen gehen sie jedoch meist eigene Wege. Dies hat zur Folge, daß die Vergleichbarkeit des Schulwesens zwischen den Ländern mangels gegenseitiger Abstimmung immer schwieriger wird, ganz abgesehen von den großen Unterschieden zur SBZ. Um der weiteren Auseinanderentwicklung zu begegnen, versuchen die Kultusminister der Länder innerhalb der drei Westzonen, und dann zonenübergreifend, gemeinsame Grundstrukturen zu vereinbaren. Einen Versuch, grundsätzliche Übereinstimmung auch mit der SBZ zu erzielen, unternimmt eine „Konferenz der Deutschen Erziehungsminister" aus allen Ländern in West und Ost im Februar 1948 in Hohenheim bei Stuttgart. Ihre Beratungen führen zu keinem greifbaren Ergebnis. Alle Versuche, zu tragfähigen Vereinbarungen zu kommen, scheitern einerseits an der geschlossenen Haltung der Vertreter aus der SBZ, die auf der Durchsetzung ihrer Schulreform von 1946 in allen deutschen Ländern beharren, andererseits an der fehlenden Verständigung der westdeutschen Kultusminister, angesichts unterschiedlicher schulpolitischer Traditionen sich auf neue Lösungen zu einigen (Dok. VII,7. S. 347).

Als die gemeinsame Deutschlandpolitik der Alliierten an den zunehmenden Spannungen zwischen den Vereinigten Staaten und der Sowjetunion 1947 endgültig zerbricht, leiten die drei Westmächte – wie auch die UdSSR – eine Wende ihrer Deutschlandpolitik ein. Jede Seite verfolgt als Ziel die Gründung eines deutschen Teilstaates. Die Vorbereitungen führen auf westlicher Seite 1948 zur Berufung eines „Parlamentarischen Rates". Er erhält den Auftrag, eine vorläufige Verfassung für einen Bundesstaat auszuarbeiten. In die Beratungen greifen die Westmächte und die mit ihnen verbündeten Benelux-Staaten mehrmals ein. Ihre Einsprüche betreffen u. a. die Verteilung der Kompetenzen zwischen Bund und Ländern in bezug auf die Regelung der Finanzen und der Gesetzgebung. Darunter fällt auch die für die Bildungspolitik wichtige Weisung, dem Bund – anders als dem Reich in der Weimarer Verfassung (Art. 10) – keine Befugnis auf dem Gebiet des Erziehungswesens einzuräumen (Dok. VII,8. S. 348). Die Kulturautonomie der Länder hat hier ihren Ursprung.

Der Neuanfang nach 1945 bietet – trotz aller äußeren Nöte – die einmalige Chance, das vom NS-Regime zerrüttete Schulsystem im Sinne einer offenen, demokratischen Schule umzubauen. An Plänen fehlt es dafür nicht. Einen bemerkenswerten Entwurf für einen neuen Schulaufbau, der die Einführung der allgemeinen Grundschule zeitgemäß weiterführt, stellen die wiedergegründeten Lehrerverbände (AGDL/GEW) in ihrer „Entschließung zur Schulfrage" 1948 zur Diskussion. Er sieht im Anschluß an die Grundschule einen „differenzierenden Mittelbau" vor, der bessere Bildungschancen und mehr Leistungsgerechtigkeit für alle Kinder ermöglichen soll (Dok. VII,9. S. 350).

VIII. Die Schule in der Deutschen Demokratischen Republik

VIII.1. Die Schule unter dem Primat der sozialistischen Einheitspartei Deutschlands (SED)

Der Zusammenschluß der fünf Länder der Sowjetischen Besatzungszone zur „Deutschen Demokratischen Republik" erfolgt am 7. Oktober 1949. Die Verfassung der DDR nimmt in ihre Bestimmungen über Erziehung und Bildung (Art. 34–40) die Grundzüge des Schulgesetzes von 1946 auf. Doch zeichnet sich bald eine Umorientierung ab, als in der DDR die Sozialistische Einheitspartei den „Aufbau des Sozialismus" zur grundlegenden Aufgabe erklärt. Die SED übernimmt auf allen Gebieten die ideologische Führung. Mit dem Beschluß ihrer 2. Parteikonferenz vom 29. Juli 1952 erteilt sie der Schule den Auftrag, die Jugend zu einem sozialistischen

Bewußtsein zu erziehen und ihr systematisch die Grundlagen der Wissenschaften sowie der Produktion zu vermitteln (Dok. VIII,1. S. 352). Der Beschluß rechnet in scharfer Weise mit den bisherigen Ergebnissen der Schularbeit, die hinter den Erwartungen zurückgeblieben sind, ab. Zur Überwindung dieser Defizite werden Anweisungen zur Verbesserung der Unterrichtsleistungen, der Lehrerbildung und der Schulverwaltung gegeben. Nachdrücklich wird in diesem Zusammenhang gefordert, die Parteiarbeit an den Schulen zu verstärken.

In Weiterführung dieser Entwicklung erfolgt ein enger Anschluß an die sowjetische Pädagogik und Schulreform der 50er-Jahre, wobei Grundzüge der Schule der UdSSR übernommen werden. Mit der Einführung der zehnjährigen Schulpflicht, des polytechnischen Unterrichts und der Neuorganisation der Schule als „zehnklassige allgemeinbildende polytechnische Oberschule" (1959) gelangt die organisatorische Umgestaltung der Schule der DDR zu einem vorläufigen Abschluß. Wie auch andere Industriestaaten versucht die DDR, mit der Schulreform eine Antwort auf neue Erfordernisse der technisch-wirtschaftlichen Entwicklung zu geben: Hebung des Bildungsniveaus, neue Definition der Allgemeinbildung im Zusammenhang mit der Berufsbildung, „Verbindung der Schule mit dem Leben", vor allem mit der Produktion, Verlängerung der Pflichtschulzeit, horizontale Stufung der Schulorganisation u. a. m. Da diese internationalen Entwicklungstendenzen in der DDR jedoch sowohl in den Kontext der ideologischen Erziehung als auch der einseitigen Ausrichtung auf die Produktion eingebunden bleiben, kommen ihre auf die Zukunft gerichteten Intentionen nur bedingt zur Entfaltung.

Das auf dem VI. Parteitag der SED im Januar 1963 in Berlin verabschiedete Parteiprogramm bringt diese doppelte Einengung zum Ausdruck. Es hält am Kommunismus sowjetischer Prägung als Hauptziel der Parteiarbeit fest und verkündet den Sozialismus als die Zukunftsperspektive des ganzen deutschen Volkes. Auch bleibt das Leitziel, die „Heranbildung des allseitig entwickelten Menschen, der bewußt das gesellschaftliche Leben gestaltet und die Natur verändert", formal bestehen. Es wird aber nunmehr stärker interpretiert im Sinne des „Neuen ökonomischen Systems der Planung und Leitung" als Verpflichtung, ständig zur Steigerung der Arbeitsproduktivität und zum wissenschaftlich-technischen Fortschritt beizutragen. In diesem Zusammenhang wird eine durchgehende Straffung der Schulorganisation und eine Rationalisierung des Unterrichts gefordert: „ein einheitliches System des Bildungswesens, dessen einzelne Stufen vom Kindergarten ... bis zu den Universitäten ... aufeinander abgestimmt sind" (Dok. VIII,2. S. 360). Die Direktiven des SED-Programms führen 1965 zum „Gesetz über das einheitliche sozialistische Bildungssystem" (Dok. VIII,3. S. 364). Es bleibt die Basis der Schulpolitik bis zum Ende des SED-Regimes.

Im Mai 1971 leitet der Wechsel an der Spitze der SED (von Ulbricht zu Honecker) eine neue Periode in der Entwicklung der Partei und des Staates ein. Angesichts vermehrter innenpolitischer Schwierigkeiten wird die ideologische Arbeit verstärkt. Ein neues Programm der SED, verabschiedet auf dem IX. Parteitag (1976), fordert die Partei auf, ihren Einfluß auf allen Gebieten in Staat und Gesellschaft zu intensivieren und ihre führende Rolle auszubauen. Die Sachaussagen des Programms zur Schulpolitik enthalten kaum neue Aspekte (Dok. VIII,4. S. 379).

VIII.2. Ansätze zur Neugestaltung des Schulwesens nach dem Zusammenbruch der SED-Herrschaft

Als im November 1989 die Bürger der DDR ihre „souveränen Rechte" als „Volk" wahrnehmen und das Ende des „demokratischen Zentralismus" erzwingen, bildet sich noch auf dem Boden der alten Institutionen eine Übergangsregierung. Ihr Ministerpräsident Modrow verspricht eine „demokratische Erneuerung des gesamten öffentlichen Lebens" und Neuwahlen. Der Bundesrepublik schlägt er eine „Vertragsgemeinschaft in friedlicher Koexistenz" vor. Der Führungsanspruch der SED wird aus der Verfassung getilgt, Politbüro und Zentralkommitee treten zurück, die SED erweitert ihren Namen durch den Zusatz „Partei des demokratischen Sozialismus" (PDS). In das Kabinett werden Mitglieder aus den Oppositionsgruppen als Minister aufgenommen. Im Zuge der politischen Veränderungen veröffentlich das Ministerium für Volksbildung „Thesen zur Bildungsreform", die zur Diskussion über die Demokratisierung des Bildungswesens auffordern. Es hält eine „tiefgreifende politische, theoretische und praktische Kritik des alten Bildungssystems und die radikale Überwindung der über Jahrzehnte bestehenden Bildungspolitik und Bildungspraxis in der DDR" für unumgänglich. In den Thesen wird aber zugleich auf „die positive Aufhebung des Bewahrenswerten, das mit der Bildungsreform in der DDR in den Prozeß der Einigung Deutschlands einzubringen ist", gedrungen (Dok. VIII,5. S. 381). In diesem Sinne sollen auch Gespräche mit der Bundesrepublik geführt werden, um eine Ausgewogenheit zwischen Erneuern und Bewahren zu erreichen.

Die ersten freien Wahlen in der DDR ergeben eine Koalitionsregierung unter Führung der CDU, die über eine verfassungsändernde Mehrheit verfügt. Im Koalitionsvertrag wird bereits der Anschluß an die Bundesrepublik vereinbart. Die Regierungserklärung des Ministerpräsidenten de Maizière vor der Volkskammer am 12. April 1990 kündigt die Vereinigung mit der Bundesrepublik nach Art. 23 GG als Vollziehung des Wählerauftrags an. In

Erwartung bevorstehender schwieriger Jahre des Zusammenwachsens beider deutscher Staaten fordert er alle Deutschen zu „Gemeinsamkeit und Solidarität“ auf: „Die Teilung kann tatsächlich nur durch Teilen aufgehoben werden.“ Die Neugestaltung des Bildungswesens spricht er unter drei Perspektiven an: Das „bürokratisch-zentralistische System staatlicher Leitung“ soll beseitigt werden. – Das Schulwesen soll unter „staatlicher Verantwortung“ für „gesellschaftliche Initiativen“ geöffnet werden. – Die Übernahme der Kulturhoheit durch die Länder soll im Rahmen der durch die Kultusministerkonferenz gegebenen Vorgaben mehr Freiheit und Vielgestaltigkeit als bisher ermöglichen (Dok. VIII,6. S. 391).

Der Ministerrat der neuen Koalitionsregierung verabschiedet noch vor der Vereinigung eine „Verordnung über Grundsätze und Regelungen für allgemeinbildende Schulen und berufsbildende Schulen“, um bis zum Inkrafttreten landesgesetzlicher Regelungen die rechtliche Basis des Schulwesens zu sichern. Die „Verordnung“ vom 26. September 1990 beschränkt sich darum bewußt auf allgemeine Grundzüge: sie beläßt es bei der bestehenden Schulstruktur, für die Unterrichtsführung sowie für die Leitung und Verwaltung legt sie jedoch den Nachdruck auf die Öffnung der Schule für mehr Demokratie (Dok. VIII,7. S. 394).

IX. Bundesrepublik Deutschland – Demokratisierung im Spannungsfeld zwischen Bewahrung und Erneuerung

IX.1. Staat: Verfassung und Schulpolitik

IX.1.1. Die Bundesrepublik bis 1990

Mit Zustimmung der drei Westalliierten schließen sich die nach dem Kriege wiederentstandenen bzw. neugebildeten deutschen Länder der drei Besatzungszonen zunächst zu einem „vereinigten Wirtschaftsgebiet“, dann 1949 zur Bundesrepublik Deutschland zusammen (nur West-Berlin bleibt unter Vier-Mächte-Kontrolle). Als vorläufige Verfassung dieses Bundesstaates tritt am 23. Mai 1949 das Grundgesetz in Kraft (Dok. IX,1. S. 405). Nach Artikel 20 ist die Bundesrepublik „ein demokratischer und sozialer Rechtsstaat“. Konstitutiv für seine „freiheitlich-demokratische Grundordnung“ sind u. a. die Prinzipien Volkssouveränität, Gewaltenteilung, Mehrparteiensystem. Dem Regelwerk des Staatsaufbaus und der Prozeduren für die politische Willensbildung sowie für die Verfahren der Administration vorgeordnet sind die „Grundrechte“, die in ihrem „Wesensgehalt“ nicht angetastet werden dürfen (Artikel 19).

Da nach dem Willen der Alliierten dem Bund die Befugnis zur gesamtstaatlichen Regelung schulpolitischer Angelegenheiten vorenthalten ist

(Dok. VII,8. S. 348), sind in der Bundesrepublik die Länder die Träger der staatlichen Schulhoheit. Zum Zwecke gegenseitiger Abstimmung ihrer schulpolitischen Maßnahmen institutionalisieren die Kultusminister ihre periodischen Beratungen als „Ständige Konferenz der Kultusminister der Länder in der Bundesrepublik Deutschland“ (Dok. IX,2. S. 410). Die KMK arbeitet dem Bundesrat, der Länderkammer des Bundesparlaments, zu. Bundeseinheitliche Regelungen mit Gesetzeskraft können jedoch nur aus Ländervereinbarungen hervorgehen, d. h. sie erfordern gegenseitige Staatsverträge. Dennoch ist die KMK nicht ohne Kompetenz: im Bereich ministerialer Zuständigkeiten kann sie verbindliche Beschlüsse fassen. In beiden Fällen, sowohl bei Länderabkommen als auch bei KMK-Beschlüssen, ist Einstimmigkeit erforderlich. Die Kulturhoheit entwickelt sich zu einem wichtigen Bestandteil der eigenstaatlichen Identität der Länder. Vor- bzw. Nachteile dieser verfassungsrechtlichen Lösung sind von Anfang an umstritten.

Die Wiederbelebung der überkommenen Strukturen des Bildungswesens, die Verschiedenheit der schulpolitischen Leitlinien in den Ländern und das Festhalten an traditionalen Bildungsvorstellungen führen im Laufe der Jahre in der Bundesrepublik zu einer erheblichen Auseinanderentwicklung und einem bedrohlichen Modernitätsrückstand des Schulwesens. Die unüberhörbare Kritik am „Schulchaos“ in der Öffentlichkeit und mehrere Interpellationen im Bundestag bewirken schließlich 1953 die Berufung eines unabhängigen „Deutschen Ausschusses für das Erziehungs- und Bildungswesen“. Nach verschiedenen Gutachten und Empfehlungen zu aktuellen Problemen legt der Ausschuß 1959 seinem Auftrag entsprechend einen „Rahmenplan zur Umgestaltung und Vereinheitlichung des allgemeinbildenden öffentlichen Schulwesen“ vor (Dok. IX,3. S. 412). Er wird vom Ausschuß als Versuch angesehen, zwischen bewahrenswerten Strukturen und unabdingbarer Erneuerung zu vermitteln. Der Vorschlag des Ausschusses zielt auf eine Neustrukturierung des gesamten Schulaufbaus und auf eine Neubestimmung der Lehrinhalte aller Schulstufen und -zweige. Seine Begründung faßt der Deutsche Ausschuß in drei „Hauptthesen“ zusammen: (1) Die „arbeitsteilig entfaltete Gesellschaft“ und die „Unterschiede in der Bildungsfähigkeit“ der Kinder und Jugendlichen „zwingen dazu, an drei Bildungszielen unseres Schulsystems festzuhalten“ – Hauptschule, Realschule, Gymnasium –. (2) „Der Schulaufbau muß gestatten, alle kindlichen Begabungen zu wecken und . . . zu erproben.“ (3) „Der Schulaufbau muß . . . dazu beitragen, die geistige Einheit des Volkes in den elementaren Grunderfahrungen, Übungen und Einsichten kräftig zu erhalten.“ Als wichtigste Konsequenz aus diesen „Hauptthesen“ fordert der Ausschuß die Einführung einer differenzierenden Mittelstufe

(„Förderstufe"). In Ergänzung zum Rahmenplan veröffentlicht der Deutsche Ausschuß in der Folgezeit Empfehlungen für die didaktische und methodische Ausgestaltung der verschiedenen Schulstufen und -formen.

Die durch die Veröffentlichung des Rahmenplans ausgelöste intensive Diskussion der Bildungsfragen veranlaßt 1964 die Ministerpräsidenten der Länder, eine neue Vereinbarung zur „Vereinheitlichung auf dem Gebiete des Schulwesens" zu treffen („Hamburger Abkommen"). Es löst das „Düsseldorfer Abkommen" von 1955 ab (Dok. IX,4. S. 418). Im Zentrum dieser neuen Übereinkunft stehen organisatorische und terminologische Angleichungen des Schulwesens in den Ländern (neunjährige Schulpflicht; einheitliche Bezeichnungen: „Hauptschule", „Realschule", „Gymnasium"; Fremdsprachenregelungen u. a. m.). Die Öffnung bestehender Strukturen für eine Weiterentwicklung wird ermöglicht (Orientierungsstufe, Zehntes Hauptschuljahr). Seitdem sind außer der Ergänzung der Schulformen durch eine „Fachoberschule" (1968) und der Erweiterung des Fremdsprachenangebots auf andere lebende Fremdsprachen (als Erstsprache neben Englisch) keine grundsätzlichen staatsvertraglichen Abmachungen zur Modernisierung des Schulwesen mehr erfolgt. Neuerungen im Rahmen der Kompetenzen der KMK beziehen sich u. a. auf die Hauptschule und die Einführung der Arbeitslehre, auf die Umgestaltung der Oberstufe der Gymnasien, auf die Einführung der Orientierungsstufe in unterschiedlichen Organisationsformen (Dok. IX,7–9. S. 436-443). Das Hamburger Abkommen bindet die Schulpolitik der alten und der neuen Bundesländer bis heute (Dok. IX,14. S. 474). Eine grundlegende Neufassung, die den gegenwärtigen Entwicklungsstand des Schulwesens in den alten und den neuen Bundesländern berücksichtigen soll, wird vorbereitet.

In der Nachfolge des Deutschen Ausschusses wird 1965 der „Deutsche Bildungsrat" als neues Beratungsgremium für die Schulpolitik in der Bundesrepublik berufen. Der Bildungsrat besteht aus zwei Kommissionen: einer von Bundes- und Ländervertretern beschickten „Regierungskommission", der auch drei Vertreter der kommunalen Spitzenverbände angehören, und der „Bildungskommission". Deren Mitglieder vertreten Wissenschaft, Parteien und Verbände und werden vom Bundespräsidenten berufen. Diese Doppelbesetzung mit zwei Kommissionen soll den Planungen die Durchführbarkeit in Bund und Ländern sichern. – Von 1967 an veröffentlicht der Deutsche Bildungsrat verschiedene Vorschläge für den Ausbau und die Umgestaltung des Schulwesens, darunter 1969 die Empfehlung zur „Einrichtung von Schulversuchen mit Gesamtschulen" (Dok. IX,5. S. 423). Er greift damit in die kontrovers geführte Diskussion über eine Modernisierung der Schulorganisation (Dreigliedrigkeit oder Gesamtschule) ein. Der Bildungsrat empfiehlt Erprobungen durch Schulversuche, damit die künftigen schulpolitischen Entscheidungen sich auf wissenschaftlich gesicherte Erfahrungen stützen können.

Schon im Vorfeld der Beratungen über die Berufung des Deutschen Bildungsrates zeigt sich, daß es in der Bildungspolitik überregionale Aufgaben gibt, die nur in Kooperation der Länder mit dem Bund gelöst werden können. Als Folge davon wird 1969 in das Grundgesetz ein neuer Abschnitt VIII a „Gemeinschaftsaufgaben“ eingefügt (Dok. IX,1. S. 410).

Als bedeutendste Empfehlung veröffentlicht der Deutsche Bildungsrat 1970 einen „Strukturplan für das Bildungswesen“ (Dok. IX,6. S. 427). Von Grundsätzen der Verfassung und von Prognosen der gesellschaftlichen Entwicklungen ausgehend leitet der Bildungsrat für seinen Reformvorschlag strukturierende Prinzipien ab: Chancengleichheit, soziales Lernen, qualitative und quantitative Hebung des Bildungsniveaus, wissenschaftsbestimmtes Lernen, Verbindung von allgemeiner und beruflicher Bildung, Mitwirkung im Bildungswesen u. a. m. Der Plan sieht einen langfristig einzuleitenden Umbau der Schulorganisation mit horizontaler Stufung vor. Gegenüber dem dreigliedrigen System soll sich eine verbesserte innere Durchlässigkeit ergeben, die eine Individualisierung des Bildungsganges mit selbstgewählten Abschlußprofilen ermöglicht. Die Reform soll außerdem die Anpassung der Curricula an zeitbedingte neue Anforderungen erleichtern. Auf diese Weise soll sowohl individuellen Interessen als auch gesellschaftlichen Erfordernissen bei der Gestaltung des Bildungsangebots Rechnung getragen werden.

Dieser allgemeinen Erwartung einer weitergehenden Demokratisierung des Schulwesens, die den Strukturplan bestimmt, versucht auch die Kultusministerkonferenz 1972 mit ihrer „Erklärung zur Stellung des Schülers in der Schule“ zu entsprechen (Dok. IX,10. S. 448). Die darin zum Ausdruck gebrachten politisch-pädagogischen und rechtlichen Grundsätze verstärken die Mitbestimmungsrechte der Schüler im Unterricht und im Schulleben. Das „besondere Gewaltverhältnis“, das die Stellung des Schülers in der Schule bisher bestimmt hat, wird durch ein spezifisches „Schulverhältnis“ abgelöst. Es stellt die Beziehungen des Schülers zur Schule auf rechtsstaatliche Grundlagen: Freiheit und Verantwortung werden neu aufeinander verwiesen.

IX.1.2. Die Bundesrepublik nach der Vereinigung der beiden deutschen Staaten 1990

Noch vor der Vereinigung der beiden deutschen Staaten – zur Zeit der Regierung Modrow – wird das Problem der Zusammenarbeit auf dem Gebiet des Bildungswesens, besonders das der gegenseitigen Anerkennung der Schul- und Hochschulabschlüsse, akut (Dok. VIII,5. S. 381). Für die

Bundesrepublik beauftragt der Bundesminister für Bildung und Wissenschaft die Bund-Länder-Kommission mit der Ausarbeitung von Leitlinien für die Verhandlungen. Der von ihr vorgelegte Aufgaben- und Problemkatalog „Konsequenzen aus den Entwicklungen in der DDR" gibt einen detaillierten Überblick über die zu lösenden Fragen, die infolge der Auseinanderentwicklung der beiden Staaten und ihrer Schulsysteme bestehen (Dok. IX,11. S. 458).

Die Wahlen in der DDR (März 1990) verändern die Ausgangssituation jedoch grundlegend, da die neue Regierung de Maizière zielstrebig die Vereinigung vorbereitet. Um die Angleichung der Bildungssysteme und der rechtlichen Verhältnisse bei der Zusammenführung der beiden deutschen Staaten zu erleichtern, wird eine „Gemeinsame Bildungskommission" konstituiert. Sie übernimmt zunächst wichtige Vorarbeiten für den „Einigungsvertrag" (31. August 1990), in den die vordringlichen rechtlichen Regelungen zur gegenseitigen Anerkennung der Schulabschlüsse und Berechtigungen aufgenommen werden. Mit der Vereinigung der beiden deutschen Staaten tritt auch für die Länder der ehemaligen DDR die Kulturautonomie in Kraft. Sie werden Mitglieder der „Kultusministerkonferenz" und der „Bund-Länder-Kommission für Bildungsplanung und Forschungsförderung" (Dok. IX,12. S. 465).

Ihren abschließenden Bericht legt die „Gemeinsame Bildungskommission" im September 1990 vor: „Grundsätze und Empfehlungen zur Neugestaltung des allgemeinbildenden Schulwesens in den Ländern Brandenburg, Mecklenburg-Vorpommern, Sachsen, Sachsen-Anhalt, Thüringen sowie Berlin (Ost)" (Dok. IX,13. S. 469). In diesem Bericht wird die Geltung des „Hamburger Abkommens" und der weiteren Beschlüsse der KMK auch für die Umgestaltung des Bildungswesens in den neuen Bundesländern als Rechtsbasis hervorgehoben. Die Frage, ob eine eingehende Erörterung der Vor- und Nachteile beider Schulsysteme in Ost und West die Schaffung eines gemeinsamen zeitgemäßen Bildungssystems erleichtern könnte, wird nicht angesprochen.

Nach Übernahme der Schulhoheit erlassen die neuen Bundesländer in eigener Verantwortung Schulgesetze. Alle Länder ändern ihren Schulaufbau und gliedern ihn zumeist nach einem zweigliedrigen Modell: Hauptschule und Realschule werden zur neuen „Sekundarschule" zusammengefaßt, das Gymnasium bildet einen eigenen Schultyp. Nur Brandenburg führt außerdem die Gesamtschule als Regelschule ein. In Thüringen können nach dem neuen Schulgesetz vom 16. 7. 1993 Gesamtschulen „nach Bedarf" errichtet werden, doch hat das gegliederte Schulsystem Vorrang. Mecklenburg-Vorpommern übernimmt die Dreigliedrigkeit. Die Kultusministerkonferenz prüft diese Veränderungen und stellt die Vereinbarkeit mit den geltenden rechtlichen Grundlagen fest. Damit ist die Eingliederung des Schulwesens der neuen Bundesländer in die für die gesamte Bundesrepublik bestehenden Rechtsverhältnisse vollzogen. Zur Förderung der weiteren schulpolitischen Entwicklung beschließt die KMK, einen einheitlichen „Orientierungsrahmen" zu erarbeiten. Auf der Basis „wechselseitigen Vertrauens und der Toleranz" sollen Lösungen für die „noch nicht geregelten Probleme" gesucht werden (Dok. IX,14. S. 474). Die Übersicht über den Schulaufbau in den neuen Ländern veranschaulicht den gegenwärtigen Stand der Entwicklung (Dok. IX,15. S. 475).

Als Dok. IX,33/34 sind eine Übersicht über die Ergebnisse der Wahlen zum deutschen Bundestag und zum Europaparlament für die Jahre 1949–1990 bzw. 1979–1989 beigefügt sowie eine Aufstellung über die Abfolge der Bundesregierungen von 1949–1990 (S. 599; S. 600). Sie sollen die Interpretation der Dokumente der staatlichen Schulpolitik und der Parteiprogramme sowie der Stellungnahmen der Verbände und Kirchen mit Hilfe der Wiedergabe der jeweiligen Parteienkonstellationen unterstützen.

IX.2. Schulpolitische Positionen der Parteien, Verbände und Kirchen

Die in diesem letzten Kapitel vorgelegten neueren und neuesten Dokumente aus dem Umfeld der gesellschaftlichen Kräfte geben – mehr noch als die staatlichen oder vom Staat veranlaßten Verlautbarungen – einen Einblick in die Zusammenhänge und in die Inhalte der gegenwärtigen Diskussion über Strukturfragen der Bildungspolitik im vereinten Deutschland. Vergegenwärtigt man sich die Positionen der Parteien, Verbände und Kirchen – die hier nicht im Detail wiedergegeben werden können – im Kontext der geschichtlichen Entwicklung des Verhältnisses von Staat, Gesellschaft und Schule, so treten drei Sachverhalte – wenn auch mit abweichenden Akzentuierungen – hervor:

1. Im Vergleich zur Schulpolitik in der Klassengesellschaft des 19. Jahrhunderts und in der Weimarer Republik haben sich die schulpolitischen Gegensätze abgeschwächt. Die Vorgaben des Grundgesetzes – Unantastbarkeit der Würde des Menschen, Recht auf freie Entfaltung der Persönlichkeit, Elternrecht, Gleichberechtigung der Geschlechter, Chancengerechtigkeit, Staatliche Schulaufsicht, Kulturhoheit der Länder, Recht auf Privatschulen u. a. – sind als regulative Prinzipien der Schulverfassung unbestritten. Mit anderen Worten: die von Condorcet aus den Postulaten der „Erklärung der Menschen- und Bürgerrechte" abgeleiteten „demokratischen" Grundsätze für eine neue „allgemeine Organisation des öffentlichen Unterrichtswesens" sind für die Schulpolitik von Staat und Gesellschaft konstitutiv geworden. Das gilt auch für die im Grundgesetz nur mittelbar genannten, von Condorcet aber (zusätzlich) hervorgehobenen For-

derungen der Trennung von Staat und Kirche, der Durchlässigkeit zwischen den Schulformen, des Vorranges der allgemeinen Bildung als Basis für die Berufsbildung, der Wissenschaftsorientierung des Unterrichts sowie der Bedeutung von Begabung und Leistung als primärer Kriterien für den Verlauf der „Schullaufbahn". Insgesamt läßt sich sagen: Die von Friedrich Paulsen um die Jahrhundertwende analysierten „durchgehenden Grundzüge" der neueren Schulgeschichte - Verstaatlichung, Säkularisierung und Demokratisierung des Bildungswesens - sind bis in unsere Gegenwart wirksam. Die von der Französischen Revolution ausgehenden Imperative verändern das Bildungswesen bis auf den heutigen Tag.

2. Dennoch bedeutet diese Übereinstimmung in den durch die Verfassung gegebenen schulpolitischen Grundbestimmungen nicht notwendig auch einen Konsens im Detail. Es gibt Spielräume für unterschiedliche Auslegungen, wobei dahingestellt sein mag, in welchem Umfang einzelne Parteien und Verbände - um ihrer Profilierung willen - ihre Positionen überhöhen. Die in den Programmen, Leitsätzen und Beschlüssen erkennbaren Kontroversen beziehen sich vor allem auf Fragen der Schulorganisation (Orientierungsstufe, Dreigliedrigkeit, Zweigliedrigkeit, Gesamtschule, Übergänge), auf die Länge der Schulzeit, auf die Vergleichbarkeit der Abschlüsse, auf das Leistungsverständnis im Kontext sozialen Lernens, auf das Verhältnis von Allgemeinbildung und Berufsbildung, auf die innerschulische Demokratisierung, auf die Bedeutung der „multikulturellen Gesellschaft" für Erziehung und Bildung sowie auf die Frage, ob und in welchem Umfang Elemente der Schule der ehemaligen DDR in veränderter Form erhalten werden sollen.

3. Neben dieser Übereinstimmung im Blick auf die schulpolitischen Bestimmungen des Grundgesetzes und die Kontroversen um Strukturfragen zeichnen sich aber auch neue Aufgaben ab, die von den Parteien, Verbänden und Kirchen übereinstimmmend, wenn auch unterschiedlich gewichtet, für die Bemeisterung der Gegenwart und der Zukunft hervorgehoben werden: die Mitarbeit der Schule an der inneren Einheit Deutschlands, der Beitrag der Schule für die europäische Integration, die Ökologie und die Informationstechnik sowie den Umgang mit den Medien als neue Lehrinhalte, die Integration ausländischer Schüler, die Bedeutung des Schullebens und der Schulsozialarbeit u. a. m.

Versucht man - mit aller Vorsicht - ein Fazit aus der komplexen Entwicklungsgeschichte der Beziehungen zwischen Staat, Gesellschaft und Schule zu ziehen, so ergibt sich: der Prozeß der wechselseitigen Durchdringung von Staat und Gesellschaft - schon im absolutistischen Staat und in der „Erklärung der Menschen- und Bürgerrechte" angelegt - schreitet voran. Dieser Vorgang läßt sich ebenso als „Verstaatlichung der Gesellschaft“ wie als „Vergesellschaftung des Staates“ deuten.

Zu Beginn dieser Einführung wurde – unter Rückgriff auf die Analysen Tocquevilles – auf die Ambivalenz dieses Vorgangs, auf seine Chancen und Gefahren, ausführlich hingewiesen (vgl. S. 19; 32). Die Strukturwidersprüche, die im Prozeß der Demokratisierung von Anfang an angelegt sind und im Laufe der Geschichte zu unterschiedlichen Ausprägungen demokratischer Verfassungen und Schulsysteme geführt haben, wirken latent in der Gegenwart weiter, auch im liberalen Rechtsstaat. Welche Richtungen die staatlich-gesellschaftlichen und schulpolitischen Entscheidungen letztlich einschlagen werden, bleibt offen.

Es ist die Absicht dieser Dokumentation, einen interdisziplinären Beitrag zu leisten für ein umfassenderes Verständnis der modernen Schulpolitik, für ihre geschichtlichen Ursprünge, ihre Entwicklung und die ihr inhärenten Möglichkeiten und Probleme. Die im Begriff der Demokratie und im Prozeß der Demokratisierung angelegten Spannungen bestimmen unsere Wirklichkeit und fordern die wissenschaftliche Vergegenwärtigung permanent heraus. Demokratie verweist auf immer neues Fragen. Solange sich das Denken fragend offen hält, entgeht es der ideologischen Versuchung und bewahrt die Bedingungen seiner Möglichkeit.

I.
Die Anfänge des modernen Staates und der modernen Schule im Absolutismus

1. Zum Begriff „Moderner Staat“

SIEGFRIED LANDSHUT

Staat - Souveränität - Absolutismus

S. Landshut (1897–1968) studierte nach der Rückkehr aus dem Ersten Weltkrieg zuerst Jura, dann Nationalökonomie, wandte sich jedoch daneben mehr der Philosophie und soziologisch-politischen Fragen zu. Er wurde 1921 mit einer Arbeit „Betrachtungen über eine abstrakte und formale Auffassung des Wirtschaftlichen und seine Beziehung zum Gesellschaftlichen“ promoviert. 1925 wechselte er nach Hamburg, war dort Mitarbeiter im Institut für Auswärtige Politik, Sachbearbeiter beim Enquete-Ausschuß des Reichstags, Dozent beim Allgemeinen Bildungswerk Hamburg-Altona. Die Habilitation für eine venia legendi im Fach Politik wurde ihm 1933 aus politischen Gründen verwehrt. Er wurde entlassen und emigrierte über Ägypten nach Palästina. Während des Zweiten Weltkrieges war er in der englischen Armee Betreuer deutscher Kriegsgefangener. 1951 kehrte er nach Deutschland zurück.
Landshut war in Deutschland nach dem Zweiten Weltkrieg einer der Wiederbegründer der Politik als wissenschaftlicher Disziplin. Er erhielt in Hamburg einen der ersten deutschen Lehrstühle für die „Wissenschaft von der Politik“. Als sein „eigentliches Arbeitsgebiet“ bezeichnete er „die Aufdeckung der tatsächlich wirksamen Motive, die die Ordnungen des Miteinanderlebens beherrschen, ihre geschichtlichen Voraussetzungen, mit dem Hinblick, aus ihrer Aufklärung einen Zugang zur heutigen Problematik in einem genügend weit gelegten Horizont zu gewinnen“. Davon zeugen besonders seine Analysen wichtiger Grundbegriffe, seine Auseinandersetzungen mit politischen Gegenwartsproblemen sowie seine Interpretationen von Werken der Klassiker der Politik.
Landshuts Stichwortartikel zu den politisch-gesellschaftlichen Strukturmerkmalen der einzelnen geschichtlichen Epochen sind einigen Kapiteln der Quellensammlung vorangestellt worden. Sie empfehlen sich durch ihre Kürze und Klarheit für die Einführung in die jeweiligen Problemzusammenhänge.

Quelle: S. Landhut/W. Gaebler, Politisches Wörterbuch. Tübingen 1958. S. 214 f.; S. 209 f.; S. 4 f.

Staat. Heute meist als Sammelbegriff für jede Art politischer Gemeinschaft, d. h. für jede Herrschaftsordnung gebraucht, obwohl das Wort erst im 17. Jh. in diesem Sinne üblich wird (état; stato), und zwar als Name für eine ganz bestimmte Art der Organisation öffentlicher Angelegenheiten.

Staat bedeutet also eigentlich moderner Staat, wie er zum Modell für die ganze Welt geworden ist. Sein eigentümliches Merkmal ist die Souveränität, d. h. die Konzentration aller Entscheidungs- und Verfügungsgewalt an einer Stelle. Daher legt die Theorie des modernen Staates (Hobbes, Rousseau) der Entstehung des Staates einen Totalverzicht der freien Einzelnen auf alle Rechte zugunsten des Souveräns zugrunde, gleichgültig, ob der Souverän als eine Person (Monarch) oder als das Volk (Volkssouveränität) verstanden wird. Dies Prinzip der Resorption aller Verfügungsgewalt an einer Stelle schließt drei für den Staat charakteristische Konsequenzen ein: 1. Verfügungsgewalt ist pauschal und inhaltlich unbestimmt; 2. ihr gegenüber sind alle ihr Unterworfenen gleich (sujets) und sie ist 3. nur räumlich begrenzt durch das Gebiet, das ihr zugeordnet ist, das Staatsgebiet. Das Monopol der Entscheidungs- und Verfügungsgewalt innerhalb eines abgegrenzten Gebietes einerseits, die gleiche Unterworfenheit aller ihr Unterstellten andererseits, kommen zum Ausdruck in einem ausnahmslos verbindlichen, vom Staat gesetzten System genereller Normen: den Gesetzen. Diese werden angewendet und ausgeführt durch vom Staat bezahlte Beamte. Die im Begriff des Staates und seiner Souveränität vorausgesetzte Verfügungsgewalt über alle Leistungen, Kräfte und Materialien innerhalb seines Gebietes, die von Beamten auf Grund allgemeiner Anweisungen ausgeübt wird, ist organisiert in der Verwaltung. Der Staat ist wesentlich Verwaltung. Sie ist nach bestimmten Sachgebieten aufgeteilt und wird durch Minister geleitet. Schon früh haben sich fünf Hauptgebiete der Verwaltung herausgebildet: Auswärtige Beziehungen, innere Ordnung, Justiz, Finanzen und Verteidigung. In neuerer Zeit gibt es kaum noch ein Gebiet menschlicher Tätigkeit und Fürsorge, das nicht durch eine Verwaltung geregelt wäre (Wohlfahrtsstaat). So haben sich die Ministerien ständig überall vermehrt.

Souveränität. Die höchste, jede andere Herrschaftsgewalt oder Autorität ausschließende letzte Entscheidungsgewalt.

Die Souveränität gilt als das wesentliche Merkmal des Staates. Schon in der ersten Bestimmung des Begriffs durch Jean Bodin (1576) wird die zweifache Abwehr deutlich, die dem Begriff der Souveränität eigentümlich ist: die Zurückweisung jeder dem Souverän übergeordneten Instanz (Papst, Kaiser) und die Verneinung jeder eigenständigen Herrschaftsgewalt innerhalb seines Bereichs. Diese Konzentration aller Entscheidungsgewalt in einem Organ, ein geschichtlicher Vorgang, der sich in Europa im 17. Jh. vollzieht, stiftet zugleich auch das Territorium, das Gebiet, dessen Grenze den geschlossenen Herrschaftsbereich gegen andere abgrenzt. Völkerrechtlich ist daher jede Souveränität der anderen gleich (Art. 2, Abs. 1 der Satzung der Vereinten Nationen). Als Träger der Souveränität galt bis zum 19. Jh. der „absolute" Monarch, heute das Volk (Volkssouveränität). Absolutheit ist aber überhaupt ein Merkmal des Begriffes Souveränität insofern, als die Verbindlichkeit der Entscheidungen und Gesetze des Souveräns sich aus nichts anderem herleitet, als aus der Tatsache des souveränen Willens selbst; nicht also aus seiner sittlichen Verpflichtungskraft. – Während seit Ende des 2. Weltkrieges der Anspruch auf volle Souveränität das Stichwort für die Emanzipationsbestrebungen in der ganzen Welt geworden ist, hat unter den europäischen Staaten eine Entwicklung begonnen, die auf eine Auflockerung des Prinzips der Souveränität hinausläuft. In zunehmendem Umfang werden ausschließliche Hoheitsrechte der souveränen Staaten an überstaatliche Organisationen abgetreten, allerdings ohne daß bis jetzt das Prinzip der Souveränität wirklich durchbrochen worden wäre.

Absolutismus. Die erste Erscheinungsform des (modernen) Staates, vornehmlich im 17. und 18. Jh.

Die Epoche des Absolutismus ist gekennzeichnet durch die Vereinigung aller Gewalt (summa potestas, Souveränität) in der Person des Monarchen, d. h. den Ausschluß jeder anderen eigenständigen politischen Gewalt. Damit wird die nach dem persönlichen Stand gestufte politische Hierarchie früherer Zeit aufgehoben und im Prinzip die Gleichheit aller „Untertanen" im Verhältnis zum Souverän hergestellt. Es entsteht die einheitliche Gewalt über eine „Bevölkerung" in einem geschlossenen „Territorium", das nach einheitlichen Normen durch geschulte Beamte verwaltet wird. Zentralisierte Gewalt, einheitliche Beamtenverwaltung und Justiz nach generellen Normen, uniformierte und nach Reglement exerzierte Armee bedingen auch zentralistische Finanzverwaltung und Wirtschaftspolitik (Merkantilismus). Der Staat wird zu einem eigengesetzlichen Mechanismus mit einer eigenen „Raison" (Staatsraison), der obersten Maxime aller Politik, der schließlich auch die Person des Fürsten dienstbar wird. Der Monarch wird zum „ersten Diener seines Staates" (Friedrich der Große) und die Steigerung und Sicherung der Macht des Fürsten fällt zusammen mit der allgemeinen Hebung der Wohlfahrt: „aufgeklärter" Absolutismus. Wo sich beides widerspricht, wie z. B. in Frankreich, fällt die Monarchie in der Revolution von 1789 dem Absolutismus des Staates zum Opfer. Der Begriff Absolutismus wird heute auch auf Staaten angewendet, in denen die Gewaltenteilung beseitigt und alle politische Gewalt in einem Organ oder einer Person vereinigt ist.

2. Staatliche Schulpolitik

[1]

Schulrechtliche Vorschriften des Allgemeinen Landrechts (1794)

Die Ausarbeitung des Allgemeinen Landrechts für die Preußischen Staaten wurde 1780 von Friedrich II. als Kodifikation des gesamten in Preußen geltenden Rechts befohlen. Es trat 1794 unter seinem Nachfolger in Kraft und bezog sich auf Staats-, Stände-, Lehns-, Kirchen-, Schul-, Straf- und Privatrecht. Vom Prinzip her manifestierte es den alle Eigenrechte und -gewalten von Personen und Institutionen ausschließenden Souveränitätsanspruch des modernen absoluten Staates und verwies sie in die Gleichheit der Abhängigkeit als Untertanen. Die Geltung des Gesetzeswerkes erlosch mit dem Inkrafttreten des Bürgerlichen Gesetzbuches (1. 1. 1900).
Im Zweiten Teil des Landrechts betraf Titel XII die „niederen und höheren Schulen" von den kleinen Landschulen bis zu den Universitäten. Seine Bestimmungen wurden nur z. T. durch die Verfassung von 1850 und weitere Verordnungen überholt.

Quelle: Allgemeines Landrecht für die Preußischen Staaten vom 5. 2. 1794. Neue Ausgabe. Zweiter Teil. Band II. Berlin 1806. S. 181 ff.

Von niederen und höheren Schulen.

§ 1. Schulen und Universitäten sind Veranstaltungen des Staats, welche den Unterricht der Jugend in nützlichen Kenntnissen und Wissenschaften zur Absicht haben.

§ 2. Dergleichen Anstalten sollen nur mit Vorwissen und Genehmigung des Staats errichtet werden.

§ 3. Wer eine Privaterziehungs- oder sogenannte Pensionsanstalt errichten will, muß bey derjenigen Behörde, welcher die Aufsicht über das Schul- und Erziehungswesen des Orts aufgetragen ist, seine Tüchtigkeit zu diesem Geschäfte nachweisen, und seinen Plan, sowohl in Ansehung der Erziehung, als des Unterrichts, zur Genehmigung vorlegen.

Laut §§ 4 und 5 werden auch diese der Aufsicht des Staates unterstellt.

§ 6. Auf dem Lande und in kleineren Städten, wo öffentliche Schulanstalten sind, sollen keine Neben- oder sogenannte Winkelschulen, ohne besondere Erlaubniß, geduldet werden.

§ 7. Aeltern steht zwar frey, nach den im Zweiten Titel enthaltenen Bestimmungen, den Unterricht und die Erziehung ihrer Kinder auch in ihren Häusern zu besorgen.

§ 8. Diejenigen aber, welche ein Gewerbe daraus machen, daß sie Lehrstunden in den Häusern geben, müssen sich wegen ihrer Tüchtigkeit dazu, bey der § 3. bezeichneten Behörde ausweisen, und sich von derselben mit einem Zeugnisse darüber versehen lassen.

§ 9. Alle öffentliche Schul- und Erziehungsanstalten stehen unter der Aufsicht des Staats, und müssen sich den Prüfungen und Visitationen desselben zu allen Zeiten unterwerfen.

§ 10. Niemand soll, wegen Verschiedenheit des Glaubensbekenntnisses, der Zutritt in öffentliche Schulen versagt werden.

§ 11. Kinder, die in einer anderen Religion, als welche in der öffentlichen Schule gelehrt wird, nach den Gesetzen des Staats erzogen werden sollen, können dem Religionsunterrichte in derselben beizuwohnen nicht angehalten werden.

I. Von gemeinen Schulen.

§ 12. Gemeine Schulen, die dem ersten Unterrichte der Jugend gewidmet sind, stehen unter der Direction der Gerichtsobrigkeit eines jeden Orts, welche dabey die Geistlichkeit der Gemeine, zu welcher die Schule gehört, zuziehen muß.

§ 13. Die Kirchenvorsteher einer jeden Gemeine, auf dem Lande und in kleinen Städten, so wie in Ermangelung derselben, Schulzen und Gerichte, ingleichen die Polizeimagisträte, sind schuldig, unter Direction der Obrigkeit und der Geistlichen, die Aufsicht über die äußere Verfassung der Schulanstalt, und über die Aufrechterhaltung der dabey eingeführten Ordnung zu übernehmen.

§ 14. Alle dabey bemerkten Mängel, Versäumnisse und Unordnungen, müssen sie der Obrigkeit und dem Geistlichen, zur nähern Untersuchung und Abstellung anzeigen.

§ 15. Die Obrigkeit und der Geistliche müssen sich nach den vom Staate ertheilten oder genehmigten Schulordnungen achten; und nichts, was denselben zuwider ist, eigenmächtig vornehmen und einführen.

Die §§ 16–21 beziehen sich auf Einzelfragen der Aufsicht sowie den Rechtsstatus der Schulgebäude und -grundstücke sowie des übrigen Vermögens der Schule.
In den §§ 22 und 23 werden die für die Bestellung der Lehrer zuständigen Behörden genannt.

§ 24. Ueberall aber soll kein Schulmeister bestellt und angenommen werden, der nicht zuvor, nach angestellter Prüfung, ein Zeugniß der Tüchtigkeit zu einem solchen Amte erhalten hat.

§ 25. Es muß also jeder neu anzunehmende Schullehrer dem Kreisinspector oder Erzpriester angezeigt, und wenn er noch mit keinem Zeugnisse seiner Tüchtigkeit versehen ist, demselben zur Prüfung vorgestellt werden.

§ 26. Gemeine Schullehrer haben keinen privilegirten Gerichtsstand, sondern sind der ordentlichen Gerichtsobrigkeit des Orts unterworfen.

§ 27. Dieser gebührt, mit Zuziehung des geistlichen Schulvorstehers, auch die Aufsicht über ihre Amtsführung; und sie hat, wegen Ahndung der solchen gemeinen Schullehrern in ihrem Amte zur Last fallenden Vergehungen, eben die Rechte, welche in Ansehung der Kirchenbedienten den geistlichen Obern beigelegt sind.

§ 28. Dagegen finden auch in Ansehung der Schullehrer, wenn dieselben ihres Amts entsetzt werden sollen, die Vorschriften des vorhergehenden Titels Anwendung.

§ 29. Wo keine Stiftungen für die gemeinen Schulen vorhanden sind, liegt die Unterhaltung der Lehrer den sämmtlichen Hausvätern jedes Orts, ohne Unterschied, ob sie Kinder haben, oder nicht, und ohne Unterschied des Glaubensbekenntnisses ob.

Die §§ 30–33 regeln Einzelheiten, 34–42 die Unterhaltung der Schulgebäude und Übernahme der Kosten für den Umzug des Lehrers und seiner Familie.

§ 43. Jeder Einwohner, welcher den nöthigen Unterricht für seine Kinder in seinem Hause nicht besorgen kann, oder will, ist schuldig, dieselben nach zurückgelegtem Fünften Jahre zur Schule zu schicken.

§ 44. Nur unter Genehmigung der Obrigkeit, und des geistlichen Schulvorstehers, kann ein Kind länger von der Schule zurückgehalten, oder der Schulunterricht desselben, wegen vorkommender Hindernisse, für einige Zeit ausgesetzt werden.

§ 45. Zum Besten derjenigen Kinder, welche wegen häuslicher Geschäfte die ordinairen Schulstunden, zu gewissen nothwendiger Arbeit gewidmeten Jahreszeiten, nicht mehr ununterbrochen besuchen können, soll am Sonntage, in den Feierstunden zwischen der Arbeit, und zu andern schicklichen Zeiten, besonderer Unterricht gegeben werden.

§ 46. Der Schulunterricht muß so lange fortgesetzt werden, bis ein Kind, nach dem Befunde seines Seelsorgers, die einem jeden vernünftigen Menschen seines Standes nothwendigen Kenntnisse gefaßt hat.

§ 47. Die Schulaufseher müssen darauf Acht haben, daß der Schulmeister sein Amt mit Treue und Fleiß abwarte.

Die §§ 48–53 verpflichten die Schulaufseher zur Aufsicht über die Amtsführung des Lehrers und den Schulbesuch und die Schulzucht.

II. Von gelehrten Schulen und Gymnasien.

§ 54. Schulen und Gymnasia, in welchen die Jugend zu höhern Wissenschaften, oder auch zu Künsten und bürgerlichen Gewerben, durch Beibringung der dabey nöthigen oder nützlichen wissenschaftlichen Kenntnisse vorbereitet werden soll, haben die äußern Rechte der Corporationen.

§ 55. Diese Rechte werden durch die Schulcollegia, nach der eingeführten Schulordnung jedes Orts, ausgeübt.

§ 56. Dergleichen Schulen stehen unter der näheren Direction der dem Schul- und Erziehungswesen vom Staate vorgesetzten Behörde; welche besonders darauf sehen muß, daß der Unterricht zweckmäßig eingerichtet, und die Schule unter beständiger Aufsicht gehalten werde.

§ 57. Von den Gebäuden, Grundstücken, und Vermögen solcher Anstalten gilt alles, was in Ansehung der Kirchen und deren Vermögen im vorigen Titel verordnet ist.

In den §§ 58–64 folgen nähere Bestimmungen über das Vermögen der höheren Schulen, Anstellung der Lehrer, Aufsicht über die Schulen und Beschränkung des Schulbesuchs durch Abweisung der zum Erwerb der Hochschulreife Ungeeigneten. Die Befähigten sollen ein entsprechendes Zeugnis erhalten.

§. 65. Die Lehrer bey den Gymnasiis und andern höhern Schulen, werden als Beamte des Staats angesehen, und genießen der Regel nach einen privilegirten Gerichtsstand.

§ 66. Rückständig gebliebenes Schulgeld, so wie bey gemeinen Schulen, der zum Unterhalte des Schullehrers zu leistende Beitrag, genießen, bey einem über das Vermögen der Aeltern entstandenen Concurse, das in der Concursordnung näher bestimmte Vorrecht.

III. Von Universitäten

Die §§ 67–129 handeln »von Universitäten« (innere Verfassung; Gerichtsbarkeit; Rechte der Lehrer; akademische Disziplin; akademische Zeugnisse).

[2]

KARL ABRAHAM FREIHERR VON ZEDLITZ

Vorschläge zur Verbesserung des Schulwesens in den Königlichen Landen (1787)

K. A. v. Zedlitz (1731–1793), von Friedrich dem Großen 1770 zum Justizminister berufen, übernahm 1771 in Personalunion das Departement für Kirchen- und Schulsachen. Als Anhänger der Aufklärung förderte er wesentlich die Reform des Bildungswesens: die Leistungen der höheren Schulen suchte er zu verbessern durch neue Lehrpläne und Hebung der Lehrerausbildung (Universitäten Halle, Königsberg), die Bildung der Masse der Bevölkerung durch kräftige Vermehrung der niederen Schulen in den Städten und auf dem Lande sowie durch Gründung von Lehrerseminaren. Zur Stärkung der Schulhoheit des Staates richtete er ein zentrales Oberschulkollegium mit Zuständigkeit für das gesamte Schulwesen ein (1787). – In seiner Denkschrift für König Friedrich Wilhelm II. schlug er außer dieser Neuordnung eine Vereinheitlichung des Schulwesens im gesamten Staatsgebiet vor. Damit waren besonders für die ländliche und städtische Bevölkerung zwar wesentliche Verbesserungen ihrer Bildungsmöglichkeiten verbunden, aber die Pläne waren noch ganz an der ständisch/beruflichen Schichtung der Gesellschaft orientiert. 1788 wurde Zedlitz als Minister abgelöst. Sein Nachfolger Wöllner leitete eine christlich-konservative Wende in der Schulpolitik ein.

Quelle: Berlinische Monatsschrift. Hrsg. von F. Gedike und J. E. Biester. Bd. 10. 1787. S. 97 ff. – Wiederabdruck in: Staat und Schule oder Staatsschule? Hrsg. von Chr. Berg. Athenäum Taschenbuch 3158. Königsstein/Ts. 1980. S. 1 ff.

Wenn das Schulwesen in hiesigen Landen auf einen guten Fuß kommen soll, so müssen Hauptveränderungen vorgenommen werden:

I. in dessen Direktion,
II. in der Einrichtung der Schulen selbst.

Abschnitt I umfaßt die Begründung für die Errichtung eines staatlichen Oberschulkollegiums als ständige Behörde, Personalvorschläge für die Berufung ihrer Mitglieder und die Aufgaben dieser Behörde als zentrales Aufsichtsorgan.

II. Die Einrichtung der Schulen selbst.

Wenn der Schulunterricht den Endzweck haben soll, die Menschen besser und für ihr bürgerliches Leben brauchbar zu machen, so ist es ungerecht, den Bauer wie ein Tier aufwachsen, ihn einige Redensarten, die ihm nie erklärt werden, auswendig lernen zu lassen; und es ist eine Torheit, den künftigen Schneider, Tischler, Krämer wie einen künftigen Konsistorialrat oder Schulrektor zu erziehen, sie alle Lateinisch, Griechisch, Hebräisch zu lehren und den Unterricht in Kenntnissen, die jene nötig haben, ganz zu übergehen oder diese Kenntnisse für sie unverständlich und unanwendbar vorzutragen. Darauf folgt also, daß der Bauer anders als der künftige Gewerbe oder mechanische Handwerke treibende Bürger und dieser wiederum anders als der künftige Gelehrte oder zu höheren Ämtern des Staates bestimmte Jüngling unterrichtet werden muß. Folglich ergeben sich drei Abteilungen aller Schulen des Staates, nämlich: 1) Bauern-, 2) Bürger- und 3) Gelehrte Schulen. Und also

Erstlich: die Land- oder Bauern-Schulen.

Gelehrt muß der Bauer durchaus nicht sein; denn ein solcher Unterricht würde dem oben angegebenen Grundsatz aller Erziehung widersprechen. Der Bauer soll ein guter und in seinem Stande verständiger, brauchbarer und tätiger Mann werden. Hierzu gehört:

a) Religion im eigentlichen Verstande; folglich außer den Glaubenslehren lautre christliche Moral des Evangeliums; das ist innige tiefe Verehrung

Gottes und seiner Regierung, Liebe des Nächsten und Liebe zu den Pflichten des uns angewiesenen Standes ohne Herabwürdigung oder Verachtung anderer Stände; und dieses alles auch in Rücksicht auf göttliche Befehle und auf die durch die Lehre Christi darauf verheißene Folgen noch jenseits des Grabes.

b) Lesen; etwas Übung im Schreiben und Rechnen, das letzte vornehmlich aus dem Kopf.

c) Einige Erfahrungssätze aus der Mechanik, vom Hebel, von der Winde, vom Keil usw.; die leichteste Art, Flächen ohne Instrumente abzumessen und gegeneinander zu vergleichen; Kenntnis der gangbaren Maße und Münzen des Landes.

d) Etwas Naturgeschichte und Naturkenntnis, um ihm anzugewöhnen, bei ihm mißlungenen Ernten oder Pflanzungen, beim Sterben seines Viehes, beim Verseigen seiner Kühe usw. die Ursachen anderswo als in der vermeintlichen Hexerei zu suchen und zweckmäßige Mittel, dergleichen Unfälle inskünftige zu vermeiden, aufzufinden.

e) Wenige diätetisch-medizinische Regeln, damit er den ihm oft tödlich werdenden Branntwein nicht für Universalmedizin ansehe und damit er mit Vorbeigehung der Quacksalber die Fälle kennenlerne, wo er die Hilfe eines Arztes suchen muß oder durch geänderte Lebensordnung sich und den seinigen selbst helfen könne.

f) Einige Kenntnis der Landesverfassung, insoweit er deren bedarf, folglich der auf ihn Bezug habenden Gesetze und der Landesdikasterien *[Appellationsgerichte]*, bei denen er in vorkommenden Fällen Belehrung, Schutz und Hilfe suchen muß.

In allen diesen Schulen muß aber auch

g) Industrie getrieben werden, sie bestehe nun im Spinnen, im Flechten von Strohhüten oder Körben usw. – kurz: Beschäftigung außer den eigentlichen Schul- und Unterrichtsstunden. Die bewahrt vor manchem Laster, gewöhnt die Jugend, sich nützlich zu beschäftigen, und macht den Körper zu Handarbeiten geschickt. Daß solcher Unterricht zweckmäßig für den Bauernstand sei, scheint schon theoretisch richtig; und daß er es auch in der Tat ist, beweiset die Praxis.

Es folgen Nennungen bespielhafter Schulen, danach Vorschläge zur Errichtung von Lehrerseminaren und Angabe der Standorte, schließlich Hinweise auf eine angemessene Dotierung der Lehrer.

Ich komme nun zur zweiten Klasse von Schulen, nämlich: den Bürgerschulen in den kleinen Städten und überhaupt Schulen für den eigentlichen gemeinen Bürgerstand.

Zunächst klagt Zedlitz über Mißstände in den mancherorts bestehenden Bürgerschulen.

Und ich bin überzeugt, daß alle diese traurigen Folgen wegfallen müssen, wenn der Hauptgrundsatz aller Erziehung auch hier beobachtet und des gemeinen Bürgers Kinder für ihren Stand brauchbar erzogen und unterrichtet werden.

Und dazu gehört ungekünstelter populärer, mit Vermeidung aller scholastischen Theologie hauptsächlich auf das Praktische gehender Unterricht in der Religion und christlichen Moral, wie er oben bei den Landschulen angegeben ist; Lesen, Rechnen, Schreiben und Anfertigung eigener Aufsätze, von Rechnungen, Quittungen usw.; hauptsächlich Übung im Denken durch Vorlesung und Beurteilung der Stücke aus dem dazu eingerichteten Lesebuch; Begriffe von Naturgeschichte zur Anwendung auf die Produkte, die in unserem gemeinen Leben vorkommen; etwas praktische Meßkunst; wenige, aber ganz praktische Mechanik; etwas Physik, insoweit solche zur Einsicht der Naturbegebenheiten, von Witterung, Gewittern usw. erforderlich ist; geographische Beschreibung des Vaterlandes und der mit ihm in Verbindung stehenden Länder; eine Kenntnis von den mit diesem Stande relativen Gesetzen und von der Landesverfassung, welches ohne alle andere Rücksicht schon den Vorteil haben würde, Vaterlandsliebe zu erwecken und diese Klasse von Menschen, welche so gerne die Landeseinrichtungen tadelt, zufriedener und zu deren Befolgung geneigter zu machen; Historie, hauptsächlich des Vaterlandes, und zwar nicht weiter zurück als vom Westfälischen Frieden an; Kenntnis der Handwerke, der dazu erforderlichen Werkzeuge und der Produkte, die verarbeitet werden; Zeichnen, soweit der künftige gemeine Sattler, Maurer, Tischler, Töpfer usw. dessen als Anleitung bedarf. – Auch bei diesen Schulen muß für Arbeit der Kinder außer den Unterrichtsstunden gesorgt werden, sie bestehe in Kultur der Seide oder Wollespinnen usw.

Und solche Schulen müßten in allen Städten eingerichtet werden und würden in kleinen Städten weit nützlicher sein, als lateinische Schulen sein können. Es würden sich auch Fonds zur Bezahlung der Lehrer finden, wenn nach Abgang der in den kleinen Städten befindlichen Rektoren, Konrektoren und Kollegen deren Gehalt zur Salarierung solcher Lehrer angewendet wird und etwa, wo ein Mann allein nicht zureicht, ein vorzüglich zu befördernder Kandidat der Theologie zu Hilfe gegeben würde.

Zedlitz nennt wiederum eine vorbildliche Schule.

Drittens endlich: die höheren Schulen, als: lateinische Schulen, Gymnasien, Pädagogien, Ritterakademien, wozu endlich noch die Universitäten kommen.

Diese Schulen sind für den Edelmann, den künftigen Offizier, den Geschäftsmann, den Gelehrten, den Prediger, den Arzt usw. So gern ich zugebe, daß manche der zuerstgenannten Schulen noch in sehr schlechter Verfassung ist, da es sogar eine angesehene Schule gibt, die durch Urkunden beweisen will, daß sie nie verbessert werden darf, so können wir uns doch gewiß auch in Ansehung vieler dieser Schulen mit allen unsern Nachbarn messen. Nur sollten der in dieser Rubrik aufgeführten Schulen in unseren Landen weit weniger an der Zahl sein, weil sie den gemeinnützigen Bürgerschulen Fonds und Schüler entziehen, und weil die etwa auf dem Lande oder in kleinen Städten sich ganz besonders hervortuenden Genies gar füglich das Gymnasium der Provinz besuchen können. Die dem Staat lästige Zahl der Halbgelehrten wird gewiß sehr vermindert werden, wenn in den Bürgerschulen die Leute ihrem Stande gemäß erzogen werden und dort Erwerbungswege kennenlernen, die ihnen bei zweckmäßiger Anwendung ihres besser kultivierten Verstandes Aussichten eröffnen, für die mancher jetzt gar keinen Sinn hat. Was in diesen für Gelehrte, Geschäftsmänner und den Adel bestimmten Schulen gelehrt wird, zeigen die halbjährigen Lektionsverzeichnisse und Programme; und des Oberschulkollegiums Sache wird es sein, die schlechten zu verbessern und auch bei den gut eingerichteten mancherlei Bemerkungen kluger Köpfe in Anwendung zu bringen. Wir haben Anlagen und Fonds zu dergleichen Schulen.

Auch hier verweist Zedlitz auf Städte mit musterhaften Anstalten und schließt:

Es käme nur darauf an, einigen dieser Schulen mit einer Unterstützung nach Maßgabe der Bedürfnisse zu helfen. Auch darüber sind in der Beilage die Summen nach Maßgabe der Verhältnisse in untertänigsten Vorschlag gebracht.

II.
Die Französische Revolution Politisches und Pädagogisches Programm

1. Zu den Begriffen „Menschenrechte" - „Gesellschaft"

SIEGFRIED LANDSHUT

Menschenrechte - Gesellschaft

Die Lexikonartikel geben eine kurze Übersicht über den zeitgeschichtlichen Hintergrund der „Erklärung der Menschen- und Bürgerrechte" von 1789 sowie über die weitere Entwicklung der Menschenrechte bis in die Gegenwart. Die Aufnahme „sozialer" Rechte in den überlieferten Menschenrechtskatalog verändert das Verhältnis von Gesellschaft und Staat grundlegend. Auch die Schule wird von dieser Entwicklung nachhaltig beeinflußt.

Quelle: S. Landshut/W. Gaebler: Politisches Wörterbuch. Tübingen 1958, S.135 ff.; S. 90.

Menschenrechte. Die Summe von Rechten, die dem Menschen von Natur aus, d. h. nicht durch Tradition oder positive Satzung innerhalb eines politischen Gemeinwesens als unantastbar und unveräußerlich zukommen. Von Menschenrechten spricht man seit der Erklärung der Menschen- und Bürgerrechte vom 26. 8. 1789 (Déclaration des Droits de l'Homme et du Citoyen) durch die französische Nationalversammlung. Diese Erklärung hat ihren direkten Vorläufer in der Virginia Declaration of Rights vom 12. 6. 1776, mit der sie in vielen einzelnen Formulierungen übereinstimmt, sinngemäß aber auch in der amerikanischen Unabhängigkeitserklärung vom 4. 7. 1776 (Declaration of Independence). In Artikel 2 der französischen Erklärung sind die Rechte aufgezählt: Freiheit, Eigentum, Sicherheit und Widerstand gegen Unterdrückung. Schon in dieser Erklärung sind noch andere genannt (Meinungsfreiheit, Gleichheit vor dem Gesetz), denen im Laufe des 19. Jahrhunderts weitere hinzugefügt wurden (Versammlungsfreiheit, Freizügigkeit, Gewerbefreiheit). Die Erklärung der Menschenrechte stellt das Modell für die in späteren Verfassungen formulierten Grundrechte und die „Universal Declaration of Human Rights" der Generalversammlung der Vereinten Nationen vom 10. 12. 1948 dar. Im Unterschied zu den Grundrechten besteht das Charakteristische der Menschenrechte in der Erklärung von 1789, daß sie weder von einem Souverän gewährt sind, noch einen Bestandteil einer Verfassung bilden bzw. Gesetze sind, die die Legitimität eines Gesetzgebers verbindlich macht und daß sie deshalb auch nicht von einem Gesetzgeber geändert oder aufgehoben werden können. Sie werden nicht gegeben, sondern nur konstatiert. Von den Menschenrechten aus gesehen, wird die zu einer allgemein verbindlichen Gewalt organisierte Gesellschaft - der Staat - zu einem Nachträglichen und daher prinzipiell Beschränktem, während die Freiheit des Einzelnen als prinzipiell unbegrenzt gilt. Die ursprüngliche Trennung der Erklärung der Menschenrechte von der Verfassung ist in den folgenden Verfassungen des 19. und 20. Jahrhunderts verschwunden. Die Menschenrechte werden zu „Staatsrechten der Franzosen" (Charte von 1814), „Rechten der Belgier" (belgische Verfassung von 1831) oder „Grundrechten des deutschen Volkes" (Deutsche Nationalversammlung von 1848). Sie sind deshalb auch vom Gesetzgeber einschränkbar, was ausdrücklich in 9 der 17 Grundrechte-Artikel des Grundgesetzes der Bundesrepublik Deutschland erklärt wird. Die Form einer von der Verfassung eines Staates unabhängigen Erklärung haben die Menschenrechte erst wieder durch die Erklärung der Vereinten Nationen von 1948 und durch die Konvention zum Schutze der Menschen- und Grundrechte des Europarates vom 4. 11. 1950 bekommen. Doch ist auch in dieser Erklärung das Übergewicht des Staates zum Ausdruck gekommen. In den Artikeln 23, 24, 25 und 26 der Erklärung der Vereinten Nationen wird jedermann ebenso wie die Freiheit, Leben und Eigentum das „Recht" auf günstige Arbeitsbedingungen, auf Schutz vor Arbeitslosigkeit, auf gleiche Bezahlung für gleiche Arbeit, auf Urlaub und Freizeit, ausreichende Nahrung, Kleidung und ärztliche Versorgung und auf Unterricht zugesprochen. Der Begriff des Rechts erfährt dadurch eine Umkehrung seiner Bedeutung: aus dem Anspruch auf Unterlassung jeder Beeinträchtigung wird es zu einem Anspruch auf eine Leistung seitens des Staates. Um alle diese Dinge erfüllen zu können, muß der Staat sich eine umfassende Verfügungsgewalt über alle Tätigkeit, Güter und Reserven der Gesellschaft verschaffen. Auch die ursprünglichen Menschenrechte werden dadurch zu Zugeständnissen des Staates (des Souveräns) an den Bürger.

Gesellschaft. a) Ein Generaltitel für alles gesellige Leben überhaupt. b) Die Gesellschaft in dem spezifischen, durch die Erklärung der Menschen- und Bürgerrechte geschaffenen Sinn; in diesem Sinne bedeutet Gesellschaft die vom Staate dem „Menschen" anheimgegebene freie Sphäre des Handelns, Unterlassens und Sich-Verhaltens. Staat und Gesellschaft werden so zu zwei getrennten aber sich ergänzenden Bereichen: Der Staat als Bereich der gesetzlichen Normierung, die den einzelnen zum

„Bürger" macht, die Gesellschaft als das vom Staat unbeeinflußte „freie Spiel der Kräfte". Die Gesellschaft in diesem Sinne bildet den eigentlichen Gegenstand der Soziologie, die von der Frage nach den die Ordnung oder Gliederung der Gesellschaft bestimmenden Faktoren ausgeht.

2. Die Revolution und ihre Folgen für Staat und Schule

[1]

Aufklärung – Anonymes Dokument der Zeit (1784)

Gedächtnisurkunde aus dem Jahre 1784, gefunden am 3. 11. 1856 im Turmknopf der Margaretenkirche zu Gotha. Im Text kommt die freiheitliche, optimistische und fortschrittliche Selbstdeutung der Aufklärung zum Ausdruck.

Quelle: Die Aufklärung, in ausgewählten Texten dargestellt und eingeleitet von G. Funke. Stuttgart 1967.

Unsere Tage füllten den glücklichsten Zeitraum des 18. Jahrhunderts. Kaiser, Könige, Fürsten steigen von ihrer gefürchteten Höhe menschenfreundlich herab, verachten Pracht und Schimmer, werden Väter, Freunde und Vertraute ihres Volks. Die Religion zerreißt das Pfaffengewand und tritt in ihrer Göttlichkeit hervor. Aufklärung geht mit Riesenschritten. Tausende unserer Brüder und Schwestern, die in geheiligter Untätigkeit lebten, werden dem Staate geschenkt. Glaubenshaß und Gewissenszwang sinken dahin; Menschenliebe und Freiheit im Denken gewinnen die Oberhand. Künste und Wissenschaften blühen, und tief dringen unsere Blicke in die Werkstatt der Natur. Handwerker nähern sich gleich den Künstlern ihrer Vollkommenheit, nützliche Kenntnisse keimen in allen Ständen. Hier habt ihr eine getreue Schilderung unserer Zeit. Blickt nicht stolz auf uns herab, wenn ihr höher steht und weiter seht, als wir; erkennt vielmehr aus dem gegebenen Gemälde, wie sehr wir mit Mut und Kraft euren Standort emporhoben und stützten. Tut für eure Nachkommen ein Gleiches und seid glücklich.

[2]

Erklärung der Rechte des Menschen und des Bürgers (1789)

Die »Déclaration des droits de l'homme et du citoyen« wurde am 26. 8. 1789 von der französischen Nationalversammlung angenommen und als separater Teil mit eigener Numerierung der ersten französischen Verfassung von 1791 vorangestellt. Die in der »Déclaration«

verkündeten Grundsätze gehören zu den regulativen Prinzipien von Staat und Gesellschaft. Sie haben seither Eingang in fast alle modernen demokratischen Verfassungen gefunden.

Quelle: Propyläen Weltgeschichte. Hrsg. v. W. Goetz. Bd. 7. Berlin 1929. S. 46.

Präambel

Die als Nationalversammlung vereinigten Vertreter des Französischen Volkes betrachten die Unkenntnis der Menschenrechte, die Vergessenheit oder Mißachtung, in die sie geraten sind, als die einzigen Ursachen der öffentlichen Mißstände und der Verderbtheit der Regierungen. Daher haben sie beschlossen, in einer feierlichen Erklärung die angestammten, unveränderlichen und heiligen Rechte des Menschen darzutun, auf daß diese Erklärung jeglichem Gliede der menschlichen Gesellschaft ständig vor Augen sei und ihm seine Rechte und Pflichten für und für ins Gedächtnis rufe; auf daß die Handlungen der gesetzgebenden sowie die der ausübenden Gewalt jederzeit am Endzweck jeder politischen Einrichtung gemessen werden können und um so mehr Achtung finden mögen; auf daß die Forderungen der Bürger, nunmehr auf klare und unerschütterliche Prinzipien gegründet, stets der Aufrechterhaltung der Verfassung und dem Wohle aller dienen.

So erkennt und verkündigt die Nationalversammlung, angesichts des Höchsten Wesens und unter seinen Auspizien, die Rechte des Menschen und des Bürgers wie folgt:

I.

Frei und gleich an Rechten werden die Menschen geboren und bleiben es. Die sozialen Unterschiede können sich nur auf das gemeine Wohl gründen.

II.

Der Zweck jeden politischen Zusammenschlusses ist die Bewahrung der natürlichen und unverlierbaren Menschenrechte. Diese Rechte sind Freiheit, Eigentum, Sicherheit und Widerstand gegen Bedrückung.

III.

Jegliche Souveränität liegt im Prinzip und ihrem Wesen nach in der Nation; keine Körperschaft und kein einzelner kann eine Autorität ausüben, die sich nicht ausdrücklich von ihr herleitet.

IV.

Die Freiheit besteht darin, alles tun zu können, was anderen nicht schadet. Also hat die Ausübung der natürlichen Rechte bei jedem Menschen keine anderen Grenzen als die, den andern Mitgliedern der Gesellschaft den Genuß der gleichen Rechte zu sichern. Diese Grenzen können nur durch das Gesetz bestimmt werden.

V.

Das Gesetz hat nur das Recht, Handlungen zu verbieten, die der Gesellschaft schädlich sind. Was nicht durch Gesetz verboten ist, darf nicht verhindert werden, und niemand kann gezwungen werden, etwas zu tun, was das Gesetz nicht befiehlt.

VI.

Das Gesetz ist der Ausdruck des allgemeinen Willens; alle Bürger haben das Recht, persönlich oder durch ihre Vertreter an seiner Schaffung mitzuwirken. Es muß für alle das gleiche sein, mag es nun beschützen oder bestrafen. Alle Bürger sind vor seinen Augen gleich. Sie sind in der gleichen Weise zu allen Würden, Stellungen und öffentlichen Ämtern zugelassen, je nach ihrer Fähigkeit und ohne andere Unterschiede als ihre Tüchtigkeit und Begabung.

VII.

Niemand kann angeklagt, verhaftet und gefangen gehalten werden in anderen als den vom Gesetz festgelegten Fällen und in den Formen, die es vorschreibt. Wer Willkürakte anstrebt, befördert, ausführt oder ausführen läßt, ist zu bestrafen; aber jeder Bürger, der durch ein Gesetz gerufen oder erfaßt wird, muß augenblicklich gehorchen; durch Widerstand macht er sich schuldig.

VIII.

Das Gesetz darf nur unbedingt und offensichtlich notwendige Strafen festsetzen, und niemand darf bestraft werden, es sei denn kraft eines bereits vor seinem Delikt erlassenen, veröffentlichten und legal angewandten Gesetzes.

IX.

Jeder wird so lange als unschuldig angesehen, bis er als schuldig erklärt worden ist; daher ist, wenn seine Verhaftung als unerläßlich gilt, jede Härte, die nicht dazu dient, sich seiner Person zu versichern, auf dem Gesetzeswege streng zu unterdrücken.

X.

Niemand darf wegen seiner Überzeugungen, auch nicht der religiösen, behelligt werden, vorausgestzt, daß ihre Betätigung die durch das Gesetz gewährleistete öffentliche Ordnung nicht stört.

XI.

Die freie Mitteilung seiner Gedanken und Meinungen ist eines der kostbarsten Rechte des Menschen. Jeder Büger darf sich also durch Wort,

Schrift und Druck frei äußern; für den Mißbrauch dieser Freiheit hat er sich in allen durch das Gesetz bestimmten Fällen zu verantworten.

XII.

Die Sicherung der Menschen- und Bürgerrechte macht eine öffentliche Gewalt notwendig; diese Gewalt wird demnach zum Nutzen aller eingesetzt, nicht aber zum Sondervorteil derjenigen, denen sie anvertraut ist.

XIII.

Für den Unterhalt der öffentlichen Gewalt und für die Ausgaben der Verwaltung ist eine allgemeine Steuer vonnöten; sie ist gleichmäßig auf alle Bürger zu verteilen nach Maßgabe ihres Vermögens.

XIV.

Die Bürger haben das Recht, selbst oder durch ihre Vertreter die Notwendigkeit einer öffentlichen Auflage zu prüfen, sie zu bewilligen, ihren Gebrauch zu überwachen und ihre Teilbeträge, Anlage, Eintreibung und Dauer zu bestimmen.

XV.

Die Gesellschaft hat das Recht, von jedem öffentlichen Beauftragten ihrer Verwaltung Rechenschaft zu fordern.

XVI.

Eine Gesellschaft, deren Rechte nicht sicher verbürgt sind und bei der die Teilung der Gewalten nicht durchgeführt ist, hat keine Verfassung.

XVII.

Da das Eigentum ein unverletzliches und heiliges Recht ist, darf es niemandem genommen werden, es sei denn, daß die gesetzlich festgestellte öffentliche Notwendigkeit es augenscheinlich verlangt, und nur unter der Bedingung einer gerechten und im voraus zu entrichtenden Entschädigung.

In der Verfassung der Französischen Republik vom 24. Juni 1793 wird in der „Erklärung der Rechte des Menschen und des Bürgers" das Recht auf Unterricht und Bildung erstmals besonders genannt: „Art. 22. Unterricht ist das Bedürfnis aller. Die Gesellschaft soll mit ihrer ganzen Macht die Fortschritte der öffentlichen Bildung fördern und den Unterricht nach dem Leistungsvermögen aller Bürger anordnen."

Quelle: F. Hartung: Die Entwicklung der Menschen- und Bürgerrechte von 1776 bis zur Gegenwart. Göttingen 1964. S. 51.

[3]

JEAN MARIE DE CONDORCET

Bericht und Entwurf einer Verordnung über die allgemeine Organisation des öffentlichen Unterrichtswesens (1792)

Marie Jean Antoine Nicolas Marquis de Condorcet (1743–1794), französischer Gelehrter, Enzyklopädist, Mitglied der Pariser Akademie der Wissenschaften und der Académie Française. Condorcet schloß sich als Mitglied der Gironde 1789 der Revolution an. Er gründete mit Siéyès die „Société de 1789", wurde Abgeordneter und Vizepräsident des Konvents sowie Sprecher des Komitees für öffentlichen Unterricht. Verfolgt von den Jakobinern, starb er 1794 auf der Flucht. Der Schulplan wurde am 20. und 21. April 1792 der Gesetzgebenden Versammlung durch Condorcet vorgetragen. Der Plan gilt als Gründungsurkunde einer „liberalen" modernen Schulorganisation und Bildungsplanung.

Quelle: J. M. de Condorcet: Allgemeine Organisation des öffentlichen Unterrichtswesens. Kleine Päd. Texte. Bd. 36. Hrsg. von G. L. Furck, G. Geißler, W. Klafki und E. Siegel. Mit einer Einleitung von H.-H. Schepp. Weinheim 1966. S. 20 ff. Übersetzung: R. Schepp.

Meine Herren,
allen Angehörigen des Menschengeschlechts die Mittel zugänglich zu machen, daß sie für ihre Bedürfnisse sorgen, ihr Wohlergehen sichern, ihre Rechte erkennen und ausüben, ihre Pflichten begreifen und erfüllen können;

jedem die Möglichkeit zu sichern, seine berufliche Geschicklichkeit zu vervollkommnen, sich für gesellschaftliche Funktionen vorzubereiten, zu denen berufen zu werden er berechtigt ist, den ganzen Umfang seiner Talente, die er von der Natur empfangen hat, zu entfalten und dadurch unter den Bürgern eine tatsächliche Gleichheit herzustellen und die politische Gleichheit, die das Gesetz als berechtigt anerkannt hat, zu einer wirklichen zu machen:

das muß das erste Ziel eines nationalen Unterrichtswesens sein; und unter diesem Gesichtspunkt ist es für die öffentliche Gewalt ein Gebot der Gerechtigkeit;

den Unterricht so zu lenken, daß die Vervollkommnung der Kunstfertigkeiten den Lebensgenuß der Allgemeinheit der Bürger erhöht und den Wohlstand derer, die sie betreiben, steigert;

daß eine immer größere Zahl von Menschen fähig wird, die für die Gesellschaft notwendigen Funktionen gut zu erfüllen; und daß die ständig wachsenden Fortschritte der Erkenntnisse eine unerschöpfliche Quelle erschließen, die unseren Bedürfnissen hilft, die unsere Schmerzen heilt, die uns Mittel gibt für das individuelle Glück und den allgemeinen Wohlstand;

schließlich in jeder Generation die physischen, intellektuellen und moralischen Fähigkeiten auszubilden und dadurch zu jener allgemeinen und stufenweise fortschreitenden Vervollkommung des Menschengeschlechts beizutragen, von der jede gesellschaftliche Institution als ihrem letzten Ziel geleitet werden soll:

das muß außerdem der Zweck des Unterrichts sein; und der öffentlichen Gewalt ist diese Pflicht durch das allgemeine Interesse der Gesellschaft, ja durch das Interesse der ganzen Menschheit auferlegt.

Es folgt eine Begründung, warum der Schulplan vor allem die „gesetzliche Entscheidung“ über die künftige Schulorganisation vorbereiten will.

Wir dachten, daß es in diesem allgemeinen Organisationsplan unsere erste Sorge sein müßte, die Erziehung einerseits so gleich und so allgemein zu verbreiten, andererseits so vollständig zu gestalten, wie die Umstände es erlauben; daß allen in gleicher Weise der Unterricht gegeben werden müsse, den auf alle auszudehnen möglich ist, aber keinem Teil der Bürger der höhere Unterricht verweigert werden dürfe, den man unmöglich der großen Masse der Individuen zuteil werden lassen kann; den einen Unterricht einzurichten, weil er für die nützlich ist, die ihn erhalten, und den anderen, weil er sogar denen nützt, die ihn nicht erhalten.

Da es die erste Bedingung jeden Unterrichts ist, nur Wahrheiten zu lehren, müssen die Anstalten, die die öffentliche Gewalt dafür weiht, so unabhängig wie möglich von aller politischen Autorität sein; da aber diese Unabhängigkeit nichtsdestoweniger nicht absolut sein kann, folgt aus demselben Prinzip, daß das Unterrichtswesen nur von der Versammlung der Repräsentanten des Volkes abhängig zu machen ist; denn da diese von allen Gewalten die unbestechlichste ist, am weitesten davon entfernt, von Sonderinteressen geleitet zu werden, da sie am meisten unter dem Einfluß der allgemeinen Meinung aufgeklärter Personen steht und weil von ihr überhaupt ihrem Wesen nach alle Veränderungen ausgehen, ist sie folglich der geringste Feind des Fortschritts der Erkenntnisse, widerspricht sie am wenigsten den Verbesserungen, die dieser Fortschritt herbeiführen soll.

Wir haben schließlich darauf geachtet, daß der Unterricht die Individuen nicht in dem Augenblick preisgeben darf, in dem sie die Schule verlassen; daß er vielmehr alle Altersstufen umfassen muß, daß es keine gibt, in der zu lernen nicht nützlich und möglich ist; und daß dieser Sekundär-Unterricht um so notwendiger ist, je engere Grenzen dem Unterricht in der Kindheit gezogen waren. Gerade hier liegt einer der Hauptgründe für die Unwissenheit, in die die armen Klassen der Gesellschaft heute gestoßen sind; die Möglichkeit, einen Anfangsunterricht zu erhalten, fehlt ihnen nicht weniger als die, seine Vorteile zu bewahren.

Wir wollten nicht, daß in Zukunft auch nur ein einziger Mensch im Reich sagen könnte: das Gesetz sichert mir vollständige Gleichheit der

Rechte zu, aber man verweigert mir die Mittel, sie zu kennen. Ich soll nur vom Gesetz abhängig sein, aber meine Unwissenheit macht mich von allem abhängig, was mich umgibt. In meiner Kindheit hat man mich wohl gelehrt, was ich zu wissen bedurfte, aber da ich gezwungen war zu arbeiten, um zu leben, sind diese ersten Kenntnisse bald verblaßt, und es blieb mir nur der Schmerz, in meiner Unwissenheit nicht den Willen der Natur zu fühlen, sondern die Ungerechtigkeit der Gesellschaft. Wir glaubten, daß die öffentliche Gewalt den armen Bürgern sagen muß: das Vermögen eurer Eltern hat euch nur mit den unentbehrlichsten Kenntnissen versehen können; aber man sichert euch leicht zugängliche Mittel zu, diese zu bewahren und zu erweitern. Wenn die Natur euch Talente geschenkt hat: ihr sollt sie entwickeln können, und sie sollen nicht verlorengehen, weder für euch noch für das Vaterland.

Der Unterricht muß also universell sein, das heißt, er muß sich auf alle Bürger erstrecken. Er muß so gleichmäßig jedem zugute kommen, wie es die notwendige Begrenzung der Kosten, die Verteilung der Menschen auf dem Territorium und die mehr oder weniger lange Zeit, die die Kinder ihm widmen können, erlauben. Er muß auf seinen verschiedenen Stufen das ganze System menschlicher Kenntnisse umfassen und den Menschen in allen Lebensaltern die Möglichkeit sichern, ihre Kenntnisse zu bewahren oder neue zu erwerben.

Schließlich darf keine öffentliche Gewalt die Autorität, ja nicht einmal die Kompetenz besitzen, die Entwicklung neuer Wahrheiten und die Lehre neuer Theorien zu verhindern, die ihrer besonderen Politik oder ihren augenblicklichen Interessen widersprechen.

Dies sind die Prinzipien gewesen, die uns bei unserer Arbeit leiteten.

Wir haben fünf Stufen des Unterrichts unterschieden, und zwar unter dem Namen: 1. Primärschulen; 2. Sekundärschulen; 3. Institute; 4. Lyzeen; 5. Nationale Gesellschaft der Wissenschaft und Künste.

In den folgenden Kapiteln beschreibt Condorcet Lage, Einrichtung, Lehrpläne und Unterrichtsweisen der verschiedenen Schulstufen. Er kritisiert das überkommene Unterrichtswesen und die überlieferten Inhalte des Unterrichts und plädiert für eine bevorzugte Stellung der Mathematik, der Naturwissenschaften, der politischen Wissenschaft und einer nationalen Morallehre. Er fordert den Abbau aller Bildungsprivilegien; den Aufbau einer einheitlichen und horizontal gegliederten Schulorganisation; eine allgemeine Bildung für alle, die auf den ihren verschiedenen Stufen „das ganze System menschlicher Kenntnisse" umfassen soll; die Einführung wissenschaftlich-rationaler Lehr- und Lernweisen; die Trennung von Staat und Kirche; Begabung und Leistung sollen die alleinigen Maßstäbe für die Zuordnung sozialer Positionen sein.

[4]

MICHEL LEPELETIER

Plan einer Nationalerziehung (1794)

Louis-Michel Lepeletier de Saint-Fargeau (1760–1793), vom Adel für die Generalstände gewählt, wechselte er zu den Jakobinern. 1790 war er Präsident der Assemblée constituante und Mitglied des Konvents. Der von ihm konzipierte „Plan einer Nationalerziehung“ wurde 1793 von Robespierre während der Schreckensherrschaft dem Konvent vorgetragen. Er stellte die „liberale“ Schulkonzeption Condorcets durch radikale Betonung des Gleichheitsprinzips in Frage. Damit ein Aufwachsen im Medium der reinen Prinzipien möglich ist, forderte Lepeletier eine die gesamte Existenz der Kinder umfassende Erziehung in staatlichen Internaten.
Die Schulpläne Condorcets und Lepeletiers enthalten in nuce bereits das ganze Konfliktpotential, das in der Folgezeit in der Auseinandersetzung zwischen den verschiedenen politisch-pädagogischen Grundströmungen aufbricht.

Quelle: R. Alt (Hrsg.): Erziehungsprogramme der Französischen Revolution. Mirabeau - Condorcet - Lepeletier. Berlin/Leipzig 1949. S. 121 ff.

Lepeletier geht davon aus, daß die drei vorrangig in der Nationalversammlung erörterten Gegenstände - Verfassung, Zivilgesetze, öffentliche Erziehung - auf der „gleiche(n) Stufe der Bedeutung und Schwierigkeit“ stehen. Er bezieht sich zunächst auf den von Condorcet vorgetragenen Schulplan.

Der öffentliche Unterricht ist schon der Gegenstand einer interessanten Diskussion gewesen, und die Art und Weise, wie man diesen Gegenstand behandelt hat, macht der Versammlung Ehre und verspricht Frankreich schöne Früchte. Dennoch aber gestehe ich, daß das, was bisher über diesen Gegenstand gesagt worden ist, nicht der Idee entspricht, die ich mir von einem vollendeten Erziehungsplan gebildet habe. Ich habe gewagt, einen umfassenderen Gedanken zu fassen, und habe mich bei dem Anblick, bis zu welchem Grade das Menschengeschlecht durch das Laster unseres alten sozialen Systems herabgesunken ist, von der Notwendigkeit überzeugt, daß wir eine gänzliche Regeneration hervorrufen und, wenn ich mich so ausdrücken darf, ein ganz neues Volk schaffen müssen.

Menschen zu formen und die menschlichen Kenntnisse zu verbreiten, das sind die beiden Teile des Problems, welches wir zu lösen haben. Das erste macht das Wesen der Erziehung aus, das zweite das des Unterrichts. Wenn letzterer, obwohl er allen angeboten wird, dennoch durch die Natur der Dinge das exklusive Eigentum eines kleinen Teils der Gesellschaft wird, infolge der Verschiedenheit der Berufe und Talente, so muß dagegen die Erziehung ein Gemeingut aller sein und über alle ihre Wohltaten verbreiten.

Lepeletier setzt sich mit den vorliegenden Schulplänen kritisch auseinander. Er bedauert den nur partiellen Einfluß dieser Pläne auf die Erziehung der Kinder und verweist auf die bestehenden Ungleichheiten zwischen vermögenden und armen Eltern, Stadt und Land, die gleiche Bildungschancen für alle Kinder verhindern. An den vorliegenden Plänen zur Primarerziehung kritisiert Lepeletier die Vernachlässigung der Leibeserziehung und Gesundheitspflege sowie die nur auf die Schule beschränkte moralische Erziehung. Er will „für das Heil der Republik eine größere Bestimmung fassen“:

Laßt uns wagen, ein Gesetz zu machen, welches alle diese Hemmnisse aus dem Wege räumt, welches die vollendetsten Erziehungspläne leicht macht, welches alle diese schönen Institutionen ins Leben ruft, ein Gesetz, welches doch gemacht sein wird binnen zehn Jahren, wenn wir uns der Ehre berauben, es gemacht zu haben, ein Gesetz ganz zugunsten des Armen, weil es ihm mitteilt vom Überfluß des Reichtums, welches der Reiche selbst billigen muß, sobald er nur nachdenkt, welches er lieben muß, sobald er Gefühl hat. Dieses Gesetz besteht darin, eine Erziehung zu gründen, die wahrhaft national, republikanisch, in Form und Wirkung gemein für alle und allein imstande ist, das Menschengeschlecht zu regenerieren, sowohl am Leibe wie an der Seele; mit einem Wort, es ist dieses Gesetz die Errichtung der öffentlichen Erziehung. Laßt uns das heilbringende Prinzip einer solchen heilig halten; aber zugleich verstehen, diejenigen Modifikationen an dasselbe heranzubringen, welche der gegenwärtige Stand der Geister und das industrielle Interesse der Republik erheischen möchten!

Ich verlange, daß Ihr dekretiert, daß vom fünften bis zwölften Jahre für die Knaben, vom fünften bis elften für die Mädchen, alle Kinder, ohne Unterschied und Ausnahme, gemeinschaftlich erzogen werden sollen auf Kosten der Republik und daß alle unter dem heiligen Gesetz der Gleichheit dieselbe Kleidung, dieselbe Nahrung, denselben Unterricht, dieselbe Sorgfalt erhalten.

Es folgen Vorschläge für die Einrichtung und Finanzierung von Internaten durch eine progressiv zu erhebende Steuer sowie Angaben über die Beschaffung der Gebäude, die Zahl der Kinder und Lehrer. Grundsätzliche Überlegungen über eine „gute Methode“, die „allgemeine Wirkungen“ „massenhaft“ erzeugt, schließen sich an.

Laßt uns nicht vergessen, was der Gegenstand dieser ersten für alle gemeinschaftlichen und für alle gleichen Erziehung ist. Wir wollen den Kindern diejenigen physischen und moralischen Geschicklichkeiten geben, die für jeden notwendig sind, wie auch seine besondere Stellung sein mag.

Wir bilden die Kinder nicht für diese oder jene Bestimmung; man muß sie ausrüsten mit den Vorteilen, deren Nützlichkeit den Menschen aller Stände gemein ist. – Kurz, wir präparieren, um so zu sprechen, einen ersten Stoff, den wir wesentlich gutzumachen beabsichtigen, bei dem wir die Elemente dergestalt herausarbeiten, daß er, wenn er aus unsern Händen hervorgegangen ist, die besonderen Modifikationen der verschiedenartigen Berufe, aus denen die Republik besteht, anzunehmen imstande ist. Das ist das Problem, welches wir zu lösen haben, und hier teile ich die Art und Weise mit, wie ich glaube, daß wir mit Nutzen vorwärtsschreiten können.

Es folgen Angaben über die Gesundheitserziehung. Lepeletier hebt dann die Bedeutung der Arbeitserziehung hervor.

Nächst der Kraft und der Gesundheit ist dasjenige Gut, welches die öffentliche Erziehung allen schuldig ist, weil es für alle von unschätzbarem Nutzen ist, die Gewöhnung an die Arbeit. Ich spreche hier nicht von dieser oder jener Industrie, sondern ich verstehe darunter im allgemeinen den Mut, eine beschwerliche Arbeit zu unternehmen, jene Tätigkeit bei der Ausführung, jene Beharrlichkeit in der Verfolgung der Sache, jene Ausdauer bis zum Ziele, welche den tätigen Menschen charakterisiert. Bildet solche Menschen, und die Republik, bald zusammengesetzt aus diesen kräftigen Elementen, wird in ihrem Busen die Früchte des Ackerbaus und der Industrie um das Doppelte wachsen sehen. Bildet solche Menschen, und Ihr werdet beinahe alle Verbrecher verschwinden sehen. Bildet solche Menschen, und der abscheuliche Anblick des Elends wird Eure Blicke nicht mehr treffen. Erzeugt in Euren jungen Zöglingen diesen Geschmack, dieses Bedürfnis, dieses Gewohntsein an Arbeit, und ihre Existenz ist gesichert, sie hängen dann nur von sich selber ab.

Lepeletier beschreibt die verschiedenen Tätigkeiten der Kinder in der Landwirtschaft und in den Manufakturen. Er lobt dann die Vorteile einer „exakten Disziplin“ „für das Glück unseres sozialen Lebens“.

Laßt uns eingedenk sein, daß wir Menschen erziehen, welche bestimmt sind, die Freiheit zu genießen, und daß es keine Freiheit gibt ohne Gehorsam gegen die Gesetze. Alle Tage und jeden Augenblick gebeugt unter das Joch einer bestimmten Regel, werden alle Zöglinge des Vaterlandes sich ausgebildet finden zur heiligen Abhängigkeit von den Gesetzen und den legitimen Gewalten. Betrachtet den jungen Soldaten, ehe er diente, und dann, wenn er nur einige Zeit gedient hat. Er ist nicht mehr derselbe Mensch, und dennoch ist diese Veränderung das Werk einiger Monate militärischer Disziplin. Wie sollte dieses Mittel nicht noch wirksamer sein, wenn man es auf die zarten und biegsamen Organe der Kindheit anwendet, mit Weisheit handhabt und mit Geschick und Verstand in Tätigkeit treten läßt.

Ohne eine gemeinschaftliche und nationale Erziehung ist es unmöglich, die beiden wichtigen Gewohnheiten hervorzurufen, die ich soeben entwickelt habe. Zwei Stunden in der Schule würden kaum das Werk beginnen, und die Unabhängigkeit am übrigen Tage würde jede Wirkung verwischen. Ohne Nationalerziehung müßt Ihr darauf verzichten, das zu bilden, was ich die Sitten der Kindheit nenne, welche nach meinem Plan bald die Sitten der Nation ausmachen werden; und ich verstehe darunter die Soziabilität, den Charakter, eine Sprache, welche nicht roh ist, die Haltung und Führung eines freien Menschen, endlich die freimütigen Manieren, welche gleich entfernt sind von Verfeinerung und bäuerischem Wesen. Es ist notwendig, daß unter gleichen Bürgern derselben Republik diese verschiedenen Vorteile der Erziehung über alle verteilt werden; denn man hat gut reden, diese Nuancen, wenn sie existieren, erzeugen unberechenbare Unterschiede und rufen zu harte Ungleichheiten unter den Menschen hervor.

Ich weiß nicht, ob ich mich irre; aber es scheint mir, als ob alle diese Eigenschaften, die ich bisher aufgezählt habe, eine reiche Quelle von Vorteilen für die Kinder und den Staat sind; es sind die wahren Fundamente einer heilbringenden Erziehung; ohne sie gibt es keine Erziehung. Wenn wir sie nicht in der Kindheit allen Bürgern verschaffen, dann wird die Nation niemals neu geboren werden. Und von allen diesen angegebenen Eigenschaften und Gewöhnungen finde ich keine einzige in dem System des Komitees angegeben. Es ist diesem Plan ganz fremd, Gewöhnungen zu erzeugen. Nützlichen Unterricht bietet er allen an; aber Unterricht reicht nicht aus, um „Menschen" zu machen.

Es folgen Hinweise auf die Inhalte des Unterrichts und auf die notwendige Trennung von allgemeiner Morallehre und spezieller religiöser Unterweisung. Erneute Überlegungen über die Verteilung der Schullasten, „damit alle den Beitrag liefern in einem gerechten Verhältnis", schließen sich an. Zum Schluß gibt Lepeletier eine Zusammenfassung seines Plans:

Es soll also von dem fünften bis zum zwölften Jahre, das heißt in dieser Lebenszeit, welche so entscheidend ist für die physische und moralische Natur des Menschen, der Eindruck, die Gewöhnung, alles, was die Republik ausmachen muß, in eine wahrhaft republikanische Form getan werden. Dort in gleicher Weise behandelt und ernährt, gekleidet und belehrt, soll die Gleichheit für die jungen Zöglinge nicht eine besondere Theorie, sondern eine fortwährend tätige Praxis sein. Eine ganz neue, arbeitsame, geregelte, disziplinierte Masse soll sich also bilden und welche eine undurchdringliche Mauer von der unreinen Berührung mit den Vorurteilen unseres alten Geschlechts ferngehalten hat. Also alle gemeinschaftlich und ohne äußere Sorgen sollen sie durch die Munifizenz der Nation denselben Unterricht, dieselben Kenntnisse empfangen, und die zufälligen Umstände der Entfernung der Heimat und der Armut der Eltern sollen keinem die Wohltat des Vaterlandes vereiteln. Der Armut wird also das gegeben, was ihr fehlt, der Reichtum eines Teiles seines Überflusses beraubt, und ohne Krisis und große Erschütterung werden, ohne daß man es merkt, diese zwei Krankheiten des Staatskörpers verschwinden.

Lepeletier beendet seinen Plan mit einer kurzen Skizze der Möglichkeiten einer nachschulischen Weiterbildung.

[5]

ALEXIS DE TOCQUEVILLE

Über Freiheit, Gleichheit und Herrschaft (1835)

Alexis de Tocqueville (1805–1859), Richter, Historiker und Politiker, Mitglied der Akademie der moralischen und politischen Wissenschaften sowie der Académie française; 1831/32 ausgedehnte Reise durch die Vereinigten Staaten von Amerika zum Studium der dort entstehenden demokratischen Gesellschaftsverfassung, 1839 Mitglied der Deputiertenkammer, nach der Februarrevolution von 1848 Mitglied der Konstituante und der Legislative (gemäßigt liberal), 1849 Außenminister. Nach dem Staatsstreich Louis Napoleons vorübergehend verhaftet; zog sich dann ins Privatleben zurück.
Tocqueville bemühte sich als einer der ersten, die von der Französischen Revolution ausgehenden Bewegungen in ihrem Woher und Wohin als Gesamtvorgang zu begreifen. Im Zentrum seiner Analyse steht die Erkenntnis, daß die von der Französischen Revolution verkündete politische Gleichheit unaufhaltsam auf dem Wege ist, auch zu einem Gestaltungsprinzip der Gesellschaft zu werden. Die moderne, egalitäre Demokratie, die er heraufkommen sieht, ist für ihn das Ergebnis einer vielschichtigen Entwicklung, die auch die absolute Monarchie einschließt. Tocqueville versucht, die egalitäre Demokratie als eine neue Daseinsbedingung des Menschen in ihren Möglichkeiten und Gefahren zu beschreiben. Als bedrohlich erscheint ihm die fortschreitende Stärkung der normierenden und reglementierenden Zentralgewalt des Staates. So stellt sich für ihn die weit in die Zukunft weisende Frage, wie eine demokratische Gesellschaft ihre Freiheit und Würde bewahren kann, um nicht der Hörigkeit gegenüber der staatlichen Vormundschaftsgewalt zu verfallen. Die von Tocqueville aufgezeigte Problematik ist bis in die Gegenwart auch für die Schulpolitik von grundlegender Bedeutung.

Quelle: A. d. Tocqueville: Das Zeitalter der Gleichheit. Auswahl aus Werken und Briefen. Übersetzt und herausgegeben von S. Landshut. Köln und Opladen 1967. S. 3 ff.

Tocqueville beginnt mit einer Rückschau auf seinen Aufenthalt in den Vereinigten Staaten. Die „Gleichheit der gesellschaftlichen Verhältnisse", die er dort vorfindet, sieht er auch in Europa heraufkommen.

Da faßte ich die Idee zu dem vorliegenden Buch.

Eine große demokratische Revolution vollzieht sich in unserer Mitte; jedermann bemerkt sie, aber nicht jeder beurteilt sie in der gleichen Weise. Die einen betrachten sie als etwas Neues und hoffen, da sie sie für etwas Zufälliges halten, sie noch aufhalten zu können. Anderen aber erscheint sie als unwiderstehlich, weil sie sie als die beständigste, die älteste und die dauerhafteste Tatsache ansehen, die in der Geschichte bekannt ist.

Es folgen Ausführungen über die geschichtlichen Ursprünge der demokratischen Revolution, unter denen Tocqueville die katholische Kirche, die Jurisprudenz, das Geld- und Handelswesen, Literatur und Bildung und die absolute Monarchie hervorhebt.

Überall sieht man, wie die verschiedensten Ereignisse im Leben der Völker sich zugunsten der Demokratie ausgewirkt haben; alle Menschen haben ihr durch ihre Handlungen den Weg bereitet: die einen, deren Absicht es war, ihren Erfolg zu fördern; aber auch die anderen, die keineswegs daran dachten, ihr dienlich zu sein; diejenigen, die für sie kämpften, und selbst diejenigen, die sich als ihre Feinde erklärten; alle miteinander wurden in dieselbe Bahn getrieben, und alle haben zusammengearbeitet, die einen wider Willen, die anderen unbewußt, blinde Werkzeuge in den Händen Gottes.

Die allmähliche Entwicklung zur Gleichheit der gesellschaftlichen Verhältnisse ist also ein Faktum der Vorsehung, dafür zeugen ihre wesentlichen Merkmale: sie ist universal, sie ist beständig, sie entzieht sich täglich der menschlichen Macht; alle Ereignisse und alle Menschen dienen dieser Entwicklung.

Tocqueville betont, daß „das ganze vorliegende Buch unter der Wirkung einer Art religiösen Erschreckens" geschrieben worden ist. Er weist erneut auf die unwiderstehliche Gewalt des Gleichheitspostulats in Vergangenheit und Zukunft hin. In den dann folgenden Ausführungen gibt er einen Rückblick auf die aristokratische, gegliederte Gesellschaft und fragt, wie eine demokratische Gesellschaft aussehen könnte.

So stelle ich mir eine Gesellschaft vor, in der alle das Gesetz als ihr eigenes Werk ansehen, es lieben und sich ihm ohne Sträuben unterwerfen, eine Gesellschaft, in der die Autorität der Regierung als notwendig, aber nicht als göttlich geachtet wird, in der die Liebe zum Oberhaupt des Staates nicht eine leidenschaftliche Ergebenheit des Gemütes, sondern ein abgewogenes und vernünftiges Gefühl ist. Da jeder seine Rechte hat und sicher ist, daß sie gewahrt werden, so würde sich zwischen allen Klassen ein männliches Vertrauen und eine Art gegenseitiger Gutwilligkeit befestigen, ebenso fern von allem Ehrgeiz wie von aller Niedrigkeit.

Über seine wahren Interessen aufgeklärt, würde das Volk verstehen, daß man, um die Wohltaten der Gesellschaft zu genießen, sich ihren Anforderungen unterwerfen muß. Die freie Vereinigung der Bürger würde dann an die Stelle der persönlichen Macht der Adeligen treten, und der Staat wäre vor Tyrannei und Willkür geschützt.

Es ist mir klar, daß in einem demokratischen Staat von solcher Verfassung die Gesellschaft keineswegs ohne Bewegung sein wird; doch können die Bewegungen des gesellschaftlichen Ganzen geregelt und fortschrittlich sein; wenn man hier weniger Glanz antrifft als unter der Aristokratie, so wird man auch weniger Elend finden; die Genüsse werden hier weniger verfeinert und das Wohlergehen allgemeiner sein, das Wissen weniger großartig und die Unwissenheit seltener; die Gefühle weniger kraftvoll und die Gewohnheiten milder; man wird hier mehr Untugenden und weniger Verbrechen begegnen.

Bei allem Mangel an Enthusiasmus und Glaubenseifer werden Wissenschaft und Erfahrung den Bürger manchmal zu großen Opfern veranlassen; da jeder so schwach ist wie der andere, ist er in gleicher Weise auf seinen Nachbarn angewiesen; und da er weiß, daß er dessen Unterstützung nur erhalten kann, wenn er ihm selbst seine Hilfe leiht, so wird er mühelos begreifen, daß sein besonderes Interesse mit dem allgemeinen Interesse zusammenfällt.

Die Nation als Ganzes wird weniger großartig, weniger glanzvoll, vielleicht weniger stark sein; aber die Mehrzahl der Bürger wird sich größerer Wohlhabenheit erfreuen und das Volk sich friedlich erweisen, nicht, weil es keine Besserung erhofft, sondern weil es sich des Guten zu erfreuen weiß.

Wenn in einer solchen Ordnung der Dinge auch nicht alles gut und sinnvoll wäre, so hätte sich die Gesellschaft doch wenigstens alles zu eigen gemacht, was sie an Sinnvollem und Gutem zu bieten hat, und die Menschen hätten, wenn sie schon die gesellschaftlichen Vorteile, die die Aristokratie aufzuweisen hat, für immer aufgeben, aus der Demokratie alle Vorzüge übernommen, die diese für sie bereithaben kann.

Was aber haben wir, als wir die gesellschaftliche Verfassung unserer Vorfahren aufgaben, als wir ihre Institutionen, ihre Ideen und ihre Sitten über den Haufen warfen, statt dessen eingeführt?

In den folgenden Kapiteln gibt Tocqueville eine kritische Analyse der möglichen Auswirkungen der Gleichheit. Er hebt hervor: Mangel an Vertrauen; „geistiger Druck durch die Dominanz der Öffentlichkeit“ und den „Gemeinwillen der großen Zahl“; Übergewicht der Gleichheit gegenüber der Freiheit.

Das Gefallen, das die Menschen an der Freiheit haben, und das, welches sie an der Gleichheit empfinden, sind, genau betrachtet, getrennte Dinge, und ich scheue mich nicht, hinzuzufügen, daß sie bei den demokratischen Völkern zwei grundverschiedene Dinge sind.

Die Freiheit hat sich den Menschen in verschiedenen Zeiten und unter verschiedenen Formen offenbart; sie war nie ausschließlich an eine bestimmte gesellschaftliche Ordnung gebunden, und man begegnet ihr auch außerhalb der Demokratien. Sie kann also nicht das besondere Wesen der demokratischen Jahrhunderte ausmachen.

Die besondere und beherrschende Tatsache, die diese Jahrhunderte kennzeichnet, ist die Gleichheit des gesellschaftlichen Standes; die entscheidende Leidenschaft, die die Menschen in diesen Zeiten bewegt, ist die Liebe zu dieser Gleichheit.

Die Wohltaten, welche die Freiheit verschafft, zeigen sich nur im Lauf der Zeit, und die Ursache, aus der sie entstanden sind, wird leicht übersehen.

Die Vorteile der Gleichheit sind sofort spürbar, und man sieht sie täglich aus ihrer Quelle entspringen.

Die politische Freiheit bereitet einer gewissen Anzahl von Bürgern von Zeit zu Zeit erhabene Genugtuung.

Die Gleichheit verschafft jedem Menschen täglich eine Menge bescheidener Befriedigungen. Die Reize der Gleichheit werden in jedem Augenblick empfunden und sind allen zugänglich; die edelsten Herzen sind nicht unempfindlich für sie, und die vulgärste Seele genießt sie. Die Leidenschaft, welche die Gleichheit entzündet, muß also heftig und zugleich allgemein sein.

Die Menschen könnten sich der politischen Freiheit nicht erfreuen, ohne sie mit einigen Opfern zu erkaufen, und sie erwerben sie sich immer nur durch große Anstrengungen. Aber die Freuden, welche die Gleichheit verschafft, bieten sich von selbst an. Jedes der kleinen Ereignisse des persönlichen Lebens scheint sie auszulösen, und um sie zu kosten, braucht man nur zu leben.

Es folgen Hinweise auf den Absolutismus in Europa, der die Freiheit beseitigte und die Gleichheit herbeiführte, während es Absolutismus in den Vereinigten Staaten nicht gab und die Freiheit sich aus der Ungebundenheit der ersten Siedler ergab. Im Unterschied zum Freiheitsverständnis der Amerikaner, dem immer auch eine soziale Dimension eigentümlich ist, fördert der abstrakte Freiheitsbegriff der Französischen Revolution den Individualismus und die Isolierung der einzelnen. In den folgenden Abschnitten analysiert Tocqueville die Zusammenhänge zwischen „Gleichheit und Konzentration der Macht".

Die Gleichheit löst nämlich zwei Bestrebungen aus: Die eine führt die Menschen unmittelbar in die Unabhängigkeit und kann sie plötzlich bis zur Anarchie treiben, die andere bringt sie auf einem längeren, verborgeneren, aber sicheren Weg in die Knechtschaft.

Die erste erkennen die Völker leicht und wehren sich gegen sie; von der anderen lassen sie sich mitziehen, ohne sie zu bemerken; auf sie hinzuweisen, ist besonders wichtig.

In Frankreich, wo die Revolution, von der ich spreche, weiter gediehen ist als bei irgendeinem anderen Volk Europas, haben sich diese Ansichten die gesamte Intelligenz erobert. Wer aufmerksam auf die Stimme unserer verschiedenen Parteien hört, wird feststellen, daß es keine gibt, die sich ihrer nicht angenommen hätte. Die meisten finden, daß die Regierung nicht richtig handele; alle aber sind der Meinung, daß sie ununterbrochen tätig sein und alles in die Hand nehmen müsse. Selbst diejenigen, die sich am wildesten befehden, sind sich doch immer noch in diesem Punkt einig. Die Einheit, die Allgegenwart, die Allmacht der gesellschaftlichen Gewalt, die Einheitlichkeit ihrer Gesetze bilden den hervorstechenden Zug, der alle in unserer Zeit entstandenen politischen Systeme charakterisiert. Man entdeckt sie noch auf dem Grund der abseitigsten Utopien. Auch im Traum noch jagt der menschliche Geist diesen Bildern nach.

So bin ich auf zwei verschiedenen Wegen an dasselbe Ziel gelangt. Ich habe gezeigt, daß die Gleichheit den Menschen den Gedanken einer einzigen einheitlichen und starken Regierung nahelegt. Eben habe ich dargestellt, daß sie ihnen den Geschmack daran vermittelt; nach einer solchen Regierung verlangen also die Nationen unserer Zeit. Die natürliche Neigung ihres Geistes und ihres Herzens treibt sie dazu, und es genügt schon, daß sie dieser Neigung nachgeben, um das Ziel ihres Verlangens zu erreichen.

Ich bin der Überzeugung, daß die individuelle Unabhängigkeit und die lokalen Freiheiten in den kommenden demokratischen Zeiten immer ein künstliches Produkt sein werden. Die natürliche Regierungsform wird die Zentralisation sein.

Angesichts dieser, aus dem Selbstverständnis der egalitären Demokratie hervorgehenden Tendenz zur Zentralisation der politischen Macht fragt Tocqueville genauer nach den Gefahren dieser Entwicklung. Er beginnt mit einer Rückschau auf ältere Formen despotischer Herrschaft und fragt dann, ob es auch in demokratischen Nationen Despotismus geben kann.

Ich glaube also, daß die Art von Unterdrückung, die den demokratischen Völkern droht, in nichts der Unterdrückung gleichen wird, die es früher in der Welt gegeben hat; noch nicht einmal die Vorstellung davon könnten unsere Zeitgenossen in ihrer Erinnerung finden. Ich suche vergeblich nach einem Ausdruck, der die Vorstellung, die ich mir davon bilde, genau wiedergibt, und sehe davon ab. Die alten Begriffe Despotismus, Tyrannei passen nicht. Die Sache ist neu, ich muß also versuchen, sie zu umschreiben, da ich sie nicht benennen kann.

Ich will mir also vorstellen, mit welch neuen Merkmalen der Despotismus in der Welt auftreten könnte: Ich sehe eine zahllose Menge einander ähnlicher und gleicher Menschen, die sich ohne Unterlaß um sich selbst bewegen, um sich kleine und vulgäre Freuden zu verschaffen, die ihre Seele ausfüllen. Jeder von ihnen sondert sich ab und verhält sich dem Schicksal aller anderen gegenüber wie ein Fremder. Seine Kinder und seine persönlichen Freunde sind für ihn die ganze Menschheit. Was seine übrigen Mitbürger anbetrifft, so befindet er sich zwar neben ihnen, aber er sieht sie nicht. Er berührt sie, aber er empfindet sie nicht. Er existiert nur in sich und für sich allein, und wenn ihm auch noch eine Familie geblieben ist, so kann man doch sagen, daß er kein Vaterland mehr hat.

Über ihnen allen aber erhebt sich eine ungeheure Vormundschaftsgewalt, die allein sich damit befaßt, ihre Annehmlichkeiten zu sichern und über ihr Ergehen zu wachen. Sie ist absolut, ins einzelne gehend, regelmäßig, vorausschauend und milde. Sie wäre der väterlichen Gewalt zu vergleichen, wenn wie bei dieser das Ziel die Erziehung zum erwachsenen Menschen wäre; aber sie sucht im Gegenteil, den Menschen unabänderlich im Zustand der Kindheit zu halten. Sie sieht es gern, wenn die Bürger es sich gut gehen lassen, vorausgesetzt, daß sie an nichts anderes denken. Sie arbeitet gern für ihr Wohlergehen; aber sie will allein dafür tätig sein und allein darüber befinden. Sie sorgt für ihre Sicherheit, sieht ihre Bedürfnisse voraus und sichert sie, fördert ihre Vergnügungen, führt ihre wichtigsten Angelegenheiten, leitet ihre Arbeit, regelt ihre Nachfolge, verteilt ihre Erbschaften; könnte sie ihnen nicht völlig die Last zu denken und die Mühe zu leben abnehmen?

Auf diese Weise macht sie mit jedem Tag den Gebrauch des freien Willens sinnloser und seltener, verengt sie den Spielraum der eigenen Betätigung des Willens, entzieht sie jedem Bürger Stück auf Stück und schließlich die Verfügung über sich selbst. Auf all dies hat die Gleichheit die Menschen vorbereitet: Sie hat sie geneigt gemacht, es hinzunehmen und oft sogar, es als eine Wohltat zu betrachten.

Wenn so die souveräne Gewalt jeden einzelnen der Reihe nach in ihre mächtigen Hände genommen und ihn nach ihrem Belieben geknetet hat, breitet sie ihre Arme über die ganze Gesellschaft aus. Sie bedeckt sie in ihrer ganzen Ausdehnung mit einem Netz kleiner und verwickelter Regeln von peinlicher Genauigkeit und Einförmigkeit, durch das hindurch selbst die originellsten und kräftigsten Geister sich nicht mehr Luft verschaffen können, um aus der Menge herauszutreten. Sie bricht den Willen nicht mit Gewalt, sondern weicht ihn auf, macht ihn biegsam und lenkt ihn. Selten zwingt sie zu einer Handlung, aber sie steht ständig dem Handeln im Wege; sie zerstört nicht, aber sie hindert, daß etwas entsteht; sie tyrannisiert nicht, aber sie stört, sie engt ein, sie höhlt aus, sie erstickt, sie stumpft ab und bringt schließlich jede Nation dazu, nur noch eine Herde furchtsamer und fleißiger Tiere zu sein, deren Hirt die Regierung ist.

Ich war immer davon überzeugt, daß diese Art der geregelten, milden und friedlichen Knechtschaft, die ich soeben beschrieben habe, sich besser, als man glaubt, mit einigen äußeren Formen der Freiheit vertragen könnte, und daß es nicht unmöglich sein sollte, diese Freiheit selbst im Schatten der Volkssouveränität herzustellen.

Unsere Zeitgenossen stehen ständig unter der Wirkung zweier einander feindlicher Vorlieben: Sie haben den Wunsch, geführt zu werden, und das Verlangen, frei zu bleiben. Unfähig, eine dieser entgegengesetzten Neigungen zu unterdrücken, bemühen sie sich, beide zugleich zu befriedigen. Sie stellen sich eine einheitliche, vormundschaftliche, allmächtige Gewalt vor, die aber von den Bürgern gewählt wird. Sie wollen die Zentralisation mit der Volkssouveränität verbinden. Das verschafft ihnen einige Beruhigung. Der Gedanke, daß sie selbst ihren Vormund gewählt haben, tröstet sie über die Vormundschaft. Jeder läßt es sich nun gefallen, daß er gebunden wird, denn er sieht ja, daß es weder ein Mensch noch eine Klasse ist, sondern das Volk selbst, das das Ende der Fessel hält.

In diesem System treten die Bürger für einen Augenblick aus ihrer Abhängigkeit heraus, um ihren Herrn zu bestimmen und wieder zurückzutreten. Es gibt heute viele Leute, die sich leicht mit dieser Art Kompromiß zwischen Volkssouveränität und Verwaltungs-Despotismus abfinden, und die glauben, die Freiheit der Person genügend gesichert zu haben, wenn sie sie der allgemeinen Gewalt ausliefern. Mir genügt das nicht. Die Natur des Herrn bekümmert mich weniger als der Gehorsam.

Ich bestreite indessen nicht, daß eine solche Verfassung nicht unendlich derjenigen vorzuziehen wäre, die alle konzentrierte Gewalt in die Hände eines Mannes oder einer unverantwortlichen Körperschaft legte. Von allen verschiedenen Formen, die der demokratische Despotismus annehmen könnte, wäre diese sicher die schlimmste.

In den nächsten Abschnitten fragt Tocqueville nach den Möglichkeiten der Demokratie, ihre despotischen Gefahren einzuschränken.

Ich glaube, daß es leichter ist, ein absolutes und despotisches Regime bei einem Volk einzuführen, in dem Gleichheit des gesellschaftlichen Standes herrscht, als bei jedem anderen, und ich denke, daß, wenn einmal ein solches Regime bei einem solchen Volk eingeführt ist, es nicht nur die Menschen unterdrücken, sondern auf die Dauer auch einem jeden einige der wesentlich zum Menschen gehörenden Attribute entreißen würde.

So scheint mir der Despotismus in einem demokratischen Zeitalter besonders bedrohlich.

Ich glaube, ich hätte die Freiheit zu allen Zeiten geliebt, aber in unserer Zeit empfinde ich eine besondere Neigung, sie zu verehren.

Andererseits bin ich überzeugt, daß alle die Schiffbruch erleiden werden, die in den kommenden Jahrhunderten versuchen sollten, die Autoritäten auf Privilegien und Aristokratie zu gründen. Alle, die die Autorität in die Reihen einer einzigen Klasse ziehen und dort festhalten wollen, werden scheitern. Es gibt in unseren Tagen keinen Souverän, der geschickt und stark genug wäre, den Despotismus durch die Wiederherstellung dauernder Unterscheidungen unter den Untertanen zu begründen; es gibt auch keinen so weisen und so mächtigen Gesetzgeber, der imstande wäre, freie Einrichtungen aufrechtzuerhalten, wenn er sich nicht an die Gleichheit als oberstes Prinzip und Symbol hält. Es ist daher unumgänglich, daß alle unsere Zeitgenossen, die die Unabhängigkeit und die Würde ihrer Mitmenschen herstellen und sichern wollen, sich als Freunde der Gleichheit erweisen, und das einzig taugliche Mittel, sich als dieser Freund zu erweisen, ist es, ein solcher zu sein: Davon hängt der Erfolg ihres erhabenen Unternehmens ab.

So handelt es sich nicht darum, eine aristokratische Gesellschaft wiederherzustellen, sondern die Freiheit aus dem Schoß der demokratischen Gesellschaft, in der zu leben Gott uns bestimmt hat, hervorgehen zu lassen.

Vor dem Hintergrund dieser grundsätzlichen Bejahung der Gleichheit als „oberstes Prinzip und Symbol", kommt Tocqueville zu der „Überlegung, welche Art von freier Regierung sich bei einem Volk mit Gleichheit des gesellschaftlichen Standes einrichten läßt". Er hebt hervor: Freie Körperschaften der Bürger, die auch Verwaltungsbefugnisse übernehmen; Wahlbeamte anstelle eines erblichen Beamtentums; politische, industrielle, kommerzielle, wissenschaftliche und literarische Vereinigungen, die in der „Verteidigung [ihrer] eigenen Rechte gegen die Zumutungen der Gewalt die Freiheit der Gemeinschaft bewahren"; Freiheit der Presse; Unabhängigkeit der rechtsprechenden Gewalt; strikte Beachtung der Formen im Umgang und Rücksicht auf die persönlichen Rechte. Tocqueville kommt zu dem Ergebnis:

Der öffentlichen Gewalt nicht zu enge, aber sichtbare und unverrückbare Grenzen zu stecken; der einzelnen Person bestimmte Rechte zu geben und ihr den unbestrittenen Genuß dieser Rechte zu garantieren; dem einzelnen das wenige an Unabhängigkeit, Kraft und Originalität zu erhalten, was ihm noch geblieben ist; ihm in der Gesamtheit einen Stand zu geben und ihn ihr gegenüber zu stützen: Das scheint mir die vornehmste Aufgabe des Gesetzgebers in der kommenden Zeit zu sein.

Abschließend faßt Tocqueville die Grundgedanken seiner Analyse und Vorausschau zusammen:

Bevor ich endgültig den Gang der Beobachtungen abschließe, den ich durchmessen habe, möchte ich mit einem letzten Blick all die verschiedenen Züge umfassen können, die das Gesicht der Neuen Welt kennzeichnen, und mir schließlich ein Urteil über den allgemeinen Einfluß bilden, den die Gleichheit auf das menschliche Schicksal ausüben muß. Aber die Schwierigkeit eines solchen Unternehmens läßt mich zögern. Angesichts der Größe eines solchen Gegenstandes fühle ich, wie mein Blick sich trübt und mein Gedanke unsicher wird.

Diese neue Gesellschaft, die ich zu zeichnen versucht habe, und über die ich mir ein Urteil bilden möchte, ist erst im Begriff zu entstehen. Noch hat sie nicht Zeit gehabt, eine bestimmte Form anzunehmen. Die große Revolution, durch die sie geschaffen wurde, dauert noch fort, und in den Ereignissen unserer Tage ist es fast unmöglich, zu entscheiden zwischen dem, was mit der Revolution selbst vorübergehen, und dem, was nach ihr bleiben wird.

Die Welt, die sich herausbildet, ist noch zur Hälfte den Trümmern der Welt verhaftet, die versinkt, und inmitten der ungeheuren Verwirrung, in der die menschlichen Angelegenheiten sich darbieten, könnte niemand sagen, was von den alten Einrichtungen und überkommenen Sitten sich erhalten, und was schließlich verschwinden wird.

Wenn auch die Revolution, die sich in den gesellschaftlichen Verhältnissen, den Gesetzen, den Vorstellungen, den Empfindungen der Menschen vollzieht, noch weit von ihrem Abschluß entfernt ist, so könnte man doch schon jetzt ihr Werk mit nichts vergleichen, was die Welt bisher gesehen hat.

Ich gehe Jahrhundert um Jahrhundert zurück, bis in das entfernteste Altertum: Ich finde nichts, was dem ähnlich wäre, was sich unter meinen Augen vollzieht. Da die Vergangenheit die Zukunft nicht mehr zu erhellen vermag, so bewegt sich der Geist in der Finsternis.

Indessen, mitten in diesem so weitläufigen, so neuen, so verworrenen Bild erkenne ich schon einige Grundzüge, die sich abzeichnen. Ich will sie andeuten:

Ich sehe, daß das Gute und das Schlechte sich einigermaßen gleichmäßig in der Welt verteilen. Die großen Reichtümer verschwinden, die Zahl der kleinen Vermögen wächst. Die Wünsche und die Genüsse vervielfältigen sich. Es gibt keine außerordentliche Wohlhabenheit mehr, aber auch kein unheilbares Elend. Ehrgeiz ist eine allgemeine Regung, aber es gibt wenig großen Ehrgeiz mehr. Jeder einzelne ist für sich und schwach. Die Gesellschaft ist unternehmend, vorsorgend und stark. Die einzelnen vollbringen nur kleine Dinge, der Staat ungeheure.

Kraftvolle Persönlichkeiten findet man nicht, aber angenehme Sitten und humane Gesetze. Trifft man auch leidenschaftliche Ergebenheit, höchste, strahlende und reine Tugend wenig an, so sind doch die Gewohnheiten gesetzt, Gewalttätigkeit ist selten und Grausamheit fast unbekannt. Das Leben der Menschen verlängert sich und ihr Besitz wird sicherer. Es ist zwar schmucklos, aber auch sehr reibungslos und friedlich. Es gibt wenig sehr feine oder sehr grobe Freuden, wenig Geschliffenheit der Umgangsformen und wenig Grobschlächtigkeit des Geschmacks. Man begegnet kaum einem umfassend gebildeten Menschen, aber auch keiner ganz unwissenden Bevölkerung. Die großen Geister werden seltener, aber die Aufklärung wird allgemeiner. Der menschliche Geist entwickelt sich durch die kleinen vereinigten Bemühungen aller und nicht durch den mächtigen Antrieb einiger weniger. Das Geschaffene ist weniger vollendet, aber reicher an Früchten. Alle Bindungen der Rasse, der Klasse, des Vaterlandes lassen nach, aber der große Verband der allgemeinen Menschheit wird enger.

Wenn ich unter all diesen verschiedenen Zügen nach demjenigen Ausschau halte, der mir als der allgemeinste und treffendste erscheint, so sehe ich, daß das gleiche, was an den Vermögen zu bemerken ist, sich ebenso in tausend anderen Formen darstellt. Alle Extreme mildern sich und gleichen sich aus. Alles, was herausragt, macht irgendeinem Mittleren Platz, das zugleich weniger groß und weniger klein, weniger glänzend und weniger finster ist, als was die Welt bisher sah.

Es folgen Hinweise für die gänzliche Neuartigkeit der sich entwickelnden demokratischen Gesellschaft.

Man muß sich also hüten, die Gesellschaft, die in der Entstehung begriffen ist, nach den Vorstellungen zu beurteilen, die man aus der vergangenen geschöpft hat. Das wäre ungerecht, denn die beiden Gesellschaften, die so vielfach voneinander verschieden sind, sind unvergleichbar.

Ich weiß wohl, daß einige meiner Zeitgenossen den Gedanken geäußert haben, die Völker seien auf dieser Welt niemals die Meister ihres Schicksals, sie seien zwangsläufig irgendeiner unüberwindlichen und vernunftlosen Macht unterworfen, dem Resultat früherer Ereignisse, der Rasse, dem Boden, dem Klima.

Das sind falsche und kraftlose Lehren, die nur geeignet sind, schwache Menschen und kleinmütige Nationen zu erzeugen. Die Weisheit Gottes hat das menschliche Geschlecht weder ganz unabhängig noch ganz sklavisch geschaffen. Es ist wahr, daß sie um jeden Menschen einen Ring zieht, den er nicht zu überschreiten vermag; aber in seinem weiten Umkreis ist der Mensch machtvoll und frei; so auch die Völker.

Die Nationen unserer Zeit können die Gleichheit in ihrer Mitte nicht verhindern; aber es hängt von ihnen ab, ob die Gleichheit sie zur Knechtschaft oder zur Freiheit, zur Bildung oder zur Barbarei, zum Wohlstand oder zum Elend führt.

III.
Der Kampf der Bürgerlichen Gesellschaft um Staat und Schule

1. Versuche zur Staats- und Bildungsreform und Gegenwirkungen der politischen Reaktion

[1]

STEIN / SÜVERN

Entwurf einer „Proklamation an sämtliche Bewohner des preußischen Staates" (1808)

Heinrich Friedrich Karl Reichsfreiherr vom und zum Stein (1757–1831), seit 1780 im preußischen Staatsdienst, stieg bis 1796 zum Oberpräsidenten aller westfälischen Kammern auf. 1804 berief ihn der König zum Wirtschafts- und Finanzminister, entließ ihn 1807 in Ungnaden, berief ihn erneut nach dem Tilsiter Frieden zum Leitenden Minister. 1808 mußte er auf Drängen Napoleons wiederum weichen und floh vor seinen Verfolgern nach Österreich. 1812 holte ihn der Zar als Berater zu sich. Stein war 1813–1814 Präsident der Zentralverwaltung im Hauptquartier der verbündeten Truppen. Auf dem Wiener Kongreß beriet er die russische Delegation, zog sich dann ins Privatleben zurück. 1826–31 war Stein mehrmals Präsident der ersten westfälischen Provinzial-Landtage, ab 1827 auch Mitglied im Staatsrat, dem obersten Beratungsgremium seit 1817. Mit Steins Namen verbinden sich weitausgreifende politische Reformen: Bauernbefreiung, Gewerbefreiheit, Städteordnung, Neuordnung der Verwaltungsbehörden u. a. m., die aber durch die Gegenwirkung der politischen Reaktion unvollendet blieben.
Johann Wilhelm Süvern (1775–1829), Gymnasialdirektor in Thorn und Elbing, Professor für Philologie und Geschichte in Königsberg, 1809–1818 Geheimer Staatsrat in der Sektion für Kultus und Unterricht des preußischen Innenministeriums. Er versuchte, auf dem Wege der Schulgesetzgebung die Humboldtsche Bildungsreform zu vollenden und dem Bildungswesen neue Inhalte und Gestalt zu geben.
Die Proklamation wurde von Süvern entworfen und von Stein überarbeitet.

Quelle: Staat und Erziehung in der preußischen Reform 1806–1819, ausgew. u. eingel. von K. E. Jeismann. Historische Texte, H. 7 – Neuzeit. Hrsg. R. Koselleck und R. Vierhaus. Göttingen 1969. S. 26 ff.

Ein Jahr ist bereits verflossen, treue und geliebte Untertanen, seit Eure Erwartungen und Hoffnungen auf die Verbesserung der Staatsverfassung und Verwaltung gespannt sind. Umstände, die ihr kennt, haben schleunige

Erfüllung dieser Hoffnungen, unserer aller Wünsche zuwider, gehindert. Daß sie aber nicht leer und grundlos sind, mag eine kurze Übersicht dessen, was schon geschehen ist und noch geschehen soll, Euch dartun.

Es ist mein aufrichtiger Wunsch und ernstliches Bestreben, die vom Kriege und seinen Folgen Eurem Wohlstande geschlagenen Wunden zu heilen und Euch wieder zu beglücken, auch in den Stand zu setzen, ungehindert und frei, obgleich in gesetzlicher Ordnung, tun zu können alles, was Eure Wohlfahrt gründet und fördert, damit ihr, von Liebe und Dank durchdrungen, dem Staate innig Euch anschließt, welcher dies Glück Euch gewährt und sichert.

Es folgen Hinweise auf die Gewerbe- und Verkehrsfreiheit (1807), die Aufhebung des Mühlenregals (1808) und des Zunftzwanges (1808), die Aufhebung der Erbuntertänigkeit (1807) und der Eigentumsübertragung an die Domänenbauern (1808), schließlich auf die Verkündung der Freiheit der Person:

Und aller Rechte, die freien Männern zustehn, soll nunmehr der Landmann, soll jeder Bürger Meines Staats genießen. – Damit Ihr selbst an der Verwaltung Eurer Angelegenheiten durch Beratung fortan teilhaben mögt, soll die ständische Verfassung erweitert und vervollkommnet werden.

Wackere Männer aus Eurer Mitte sollen zugeordnet werden den Behörden jeder Provinz und Euch insgesamt vertreten, und Gelehrte, Sachkundige und Künstler aller Art Ratgeber sein in jedem Zweige der Verwaltung. In Eure eigenen Hände, Bürger der Städte, wird man Euer Gemeinwesen geben und lossprechen Eure Obrigkeiten von der beschwerlichen Vormundschaft der Kammern. Ihr selbst werdet Eure Obrigkeiten wählen, die Verwaltung des Vermögens Eurer Städte wird Eurer Leitung und Aufsicht mit anvertraut werden, damit ihr Euch freuet ihres durch Eure eigene Tätigkeit erhöhten Flors.

Wo nur ein Unterschied der Rechte zwischen Bürgern und Bauern obwaltet – er soll fallen!

Keinen mehr soll seine Religion ausschließen von Ämtern und Würden, sondern überall werden gleich sein alle christlichen Religionsverwandten, in ihren Ansprüchen auf Ämter im Staat.

Ausgeglichen werden soll jede Unebenheit der Gesetze und Rechtspflege, aufhören jede besondere Gerichtsbarkeit; denn die Gerichtsbarkeit ist Ausfluß der obersten Gewalt, nicht der Grundherrschaft, und alle Bürger des Staats sollen gleich stehen vor dem Recht und Gesetz.

Es schließen sich der Hinweis auf die Neuregelung der Verhältnisse in der Armee an und das Versprechen künftiger Verwaltungsvereinfachung.

Um aber zu verhüten, daß Ihr über dem Zeitlichen und seiner Besorgung das Ewige nicht aus den Augen verliert, wird Mein besonderes und vornehmstes Augenmerk sein die Religion und ihre Übung. Damit dieser innerste Lebensquell, aus welchem Kraft zu allen Menschen- und Bürgerpflichten entspringt, nie in Euch versiege, wird man sorgsam wachen über die Heiligkeit des Gottesdienstes, gleichwie über des Standes Reinigkeit und Unsträflichkeit, welche dem Dienste der Religion ausschließlich sich widmet und durch Lehre und Beispiel Vorgänger und Erzieher der Erwachsenen sein soll, und sein Ansehen und Würde, ohne Unterschied der Konfessionen, schützen und mehren.

Und die Erziehung der Jugend zu einem kräftigen Geschlechte, worin die erhabenen Zwecke des Staats sich erhalten und fortentwickeln, ist bereits Gegenstand ernsthafter Beschäftigungen der dazu angeordneten Behörde und wird es ferner sein. Der schon längst vorbereiteten gleichmäßigen Nationalbildung, auf einen neuen und sichern Grund gestützt, soll endlich die preußische Jugend sich zu erfreuen haben. Den Mut und Eifer der zu diesem ehrwürdigen Geschäft berufenen Männer soll Meine teilnehmendste Fürsorge auch für ihr äußeres Wohl beleben. Aus dem Allen wird Euer Glück, mit dem Euren das Glück des Staats und in der Erfüllung Meiner sehnlichsten Wünsche zugleich das Meine verjüngt aufblühn.

Der Entwurf endet mit der Ankündigung der Rückkehr des Königs und der Bitte um Vertrauen zu ihm.

[2]

WILHELM VON HUMBOLDT

Unmaßgebliche Gedanken über den Plan zur Einrichtung des Litauischen Stadtschulwesens („Litauischer Schulplan") (1809)

W. v. Humboldt (1767–1835) studierte u. a. in Göttingen Jura, wandte sich aber bald mehr der Philosophie Kants, der englisch-montesquieuschen Staatslehre und philologischen Studien zu. In diese Zeit fielen Reisen nach Paris, Spanien, in die Schweiz. 1790/91 war Humboldt am Kammergericht in Berlin tätig, 1802–08 preußischer Gesandter beim Vatikan, wurde 1809 auf Vorschlag Steins zum Leiter der Sektion für Kultus und Unterricht im Innenministerium berufen. Sein Denken über Staat, Religion, Bildung bestimmte die Grundlinien der von ihm eingeleiteten Reformen des Schul- und Universitätswesens in Preußen, die zum Vorbild aller modernen Bildungsreformen wurden. Nach 16 Monaten trat er zurück und übernahm diplomatische Aufgaben in Wien, Frankfurt, London. 1819 wurde er noch einmal zum Minister für Ständische und Kommunalangelegenheiten berufen, doch sein Eintreten für eine Verfassunggebung und sein Mißbilligen der Karlsbader Beschlüsse führten zur Ent-

lassung aus dem Staatsdienst. Fortan widmete er sich weit auf Philosophie, Anthropologie, Sprachwissenschaften und Bildungstheorie ausgreifenden Sprachstudien, deren Ergebnisse noch heute bedeutsam sind.
Das Gutachten entstand auf einer Inspektionsreise nach Litauen. Es stellte den dortigen Plänen zur Umorganisation der verschiedenen Schulen ein Reformkonzept mit einer durchgehenden Stufung des ganzen Schulwesens entgegen, entwickelt aus der übergreifenden Einheit einer Bildungsidee, wie sie auch die preußische Schulreform bestimmen sollte.

Quelle: W. v. Humboldt: Werke in fünf Bänden. Bd. IV. Schriften zur Politik und zum Bildungswesen. Darmstadt 1964. S. 187 ff.

Wenn ich, mit Vorbeilassung alles Details, gleich auf das Wesentliche des Plans gehe, so weicht er in den Hauptgesichtspunkten weit von den bisherigen Grundsätzen der Section ab; in der Ausführung nach der örtlichen Lage würde diese Abweichung grösstentheils wieder verschwinden. Allein es ist dennoch ebenso nothwendig, als mit denkenden Männern erfreulich, auch über die Grundsätze zu discutiren. Von ihnen hängt der Geist ab, in dem auch auf demselben Wege gewirkt wird, und dieser macht offenbar durch seine innere Kraft durchaus verschieden, was den äussren Einrichtungen nach, Eins und dasselbe scheint.

Die Abweichung nun liegt in dem Begriffe der Bürgerschulen, welche in dem Plane als eine eigne, ihrem Begriff und Zweck nach abgegränzte Gattung von Schulen, und selbst wo sie das nicht sind, (für den Gelehrten) als ein besonderes Stadium des Unterrichts betrachtet werden.

Die durch die wirkliche Ausführung wieder herbeigeführte Uebereinstimmung würde daraus entstehen, dass doch nur in Lyk Bürger- und Gelehrtenschule getrennt seyn sollten, sonst aber nah und enge verbunden wären.

Die Frage über die Zulässigkeit abgesonderter Bürger- oder Realschulen scheint weitläufig und schwierig zu erörtern. Sie hat zwei verschiedene Systeme hervorgebracht, wovon man das realistische neulich, in Baiern, so weit getrieben hat, dass man beinahe RealUniversitäten aufstellt.

Alle Schulen aber, deren sich nicht ein einzelner Stand, sondern die ganze Nation, oder der Staat für diese annimmt, müssen nur allgemeine Menschenbildung bezwecken. – Was das Bedürfniss des Lebens oder eines einzelnen seiner Gewerbe erheischt, muss abgesondert, und nach vollendetem allgemeinen Unterricht erworben werden. Wird beides vermischt, so wird die Bildung unrein, und man erhält weder vollständige Menschen, noch vollständige Bürger einzelner Klassen.

Denn beide Bildungen – die allgemeine und die specielle – werden durch verschiedene Grundsätze geleitet. Durch die allgemeine sollen die Kräfte, d. h. der Mensch selbst gestärkt, geläutert und geregelt werden; durch die specielle soll er nur Fertigkeiten zur Anwendung erhalten. Für jene ist also jede Kenntniss, jede Fertigkeit, die nicht durch vollständige Einsicht der streng aufgezählten Gründe, oder durch Erhebung zu einer allgemeingültigen Anschauung (wie die mathematische und ästhetische) die Denk- und Einbildungskraft, und durch beide das Gemüth erhöht, todt und unfruchtbar. Für diese muss man sich sehr oft auf in ihren Gründen unverstandene Resultate beschränken, weil die Fertigkeit da seyn muss, und Zeit oder Talent zur Einsicht fehlt. So bei unwissenschaftlichen Chirurgen, vielen Fabrikanten u. s. f. Ein Hauptzweck der allgemeinen Bildung ist, so vorzubereiten, dass nur für wenige Gewerbe noch unverstandene, und also nie auf den Menschen zurück wirkende Fertigkeit übrigbleibe.

Die Organisation der Schulen bekümmert sich daher um keine Kaste, kein einzelnes Gewerbe, allein auch nicht um die gelehrte – ein Fehler der vorigen Zeit, wo dem Sprachunterricht der übrige geopfert, und auch dieser – mehr der Qualität, als Quantität nach – zum äussern Bedarf (in Erlangung der Fertigkeit des Exponirens und Schreibens) nicht zur wahren Bildung (in Kenntniss der Sprache und des Alterthums) getrieben wurde.

Der allgemeine Schulunterricht geht auf den Menschen überhaupt, und zwar

als gymnastischer
  ästhetischer
  didaktischer und in dieser letzteren Hinsicht wieder
    als mathematischer
      philosophischer, der in dem Schulunterricht nur durch die Form der Sprache rein, sonst immer historisch-philosophisch ist, und
      historischer

auf die Hauptfunktionen seines Wesens.

Dieser gesammte Unterricht kennt daher auch nur Ein und dasselbe Fundament. Denn der gemeinste Tagelöhner, und der am feinsten Ausgebildete muss in seinem Gemüth ursprünglich gleich gestimmt werden, wenn jener nicht unter der Menschenwürde roh, und dieser nicht unter der Menschenkraft sentimental, chimärisch, und verschroben werden soll.

Eher könnte es scheinen, dass bei der allmählig fortschreitenden Bildung die Methode insofern verschieden seyn müsste, als sich das Ziel derselben durch Unterricht als weit oder nahe gesteckt voraussehen lässt. Allein auch hier scheint mir der Unterschied nicht bedeutend. Bleibt man fest dabei stehen, Zahl und Beschaffenheit der Unterrichtsgegenstände nach der Möglichkeit der allgemeinen Bildung des Gemüths in jeder Epoche zu bestimmen, und jeden Gegenstand immer so zu behandeln, wie er am meisten und besten auf das Gemüth zurückwirkt, so muss eine ziemliche Gleichheit herauskommen. Auch Griechisch gelernt zu haben könnte auf diese Weise dem Tischler ebenso wenig unnütz seyn, als Tische zu machen dem Gelehrten. Indess lässt kleine Verschiedenheiten allerdings die Wahl des Stoffes, da jede Form nur an einem Stoffe geübt werden kann, zu und auf diese wird in der Folge auch Rücksicht genommen werden. Auch können die grellen Contraste immer vermieden werden, und es braucht nie dahin zu kommen, dass ein Handwerker Griechisch, kaum Lateinisch gelernt habe.

Die Gränze des Unterrichts, da wo derselbe nicht seinen Endpunkt, die Universität, als die Emancipation vom eigentlichen Lehren (da der UniversitätsLehrer nur von fern das eigene Lernen leitet) erreicht, kann nun durch nichts andres bestimmt werden, als durch die zu allem Unterricht nöthigen Bedingungen Kraft und Zeit. Soweit der Schüler das eine hergiebt, und zum andern Mittel hat, so weit kann der Lehrer ihn führen, und soweit muss der Staat dafür sorgen, dass er gebracht werden könne.

Die Pflicht der Schulbehörde bei der Organisation des Schulwesens ist nun, zu verhüten, dass der Schüler einen Weg mache der ihm unnütz seyn würde, wenn er ihn nun nicht auch noch weiter verfolgte. Leider aber ist dies fast immer jetzt bei unsern Schulen der Fall, wenn einer in tertia oder secunda stecken bleibt. Es wird aber nie Statt haben, wenn man (wie auf den sehr guten Schulen schon jetzt geschieht) beim Unterricht nicht auf das Bedürfniss des Lebens, sondern rein auf ihn selbst, auf die Kenntniss, als Kenntniss, auf die Bildung des Gemüths und im Hintergrunde auf die Wissenschaft sieht. Denn im Gemüth und in der Wissenschaft (die nur sein von allen Seiten vollständig gedachtes Object ist) steht jeder einzelne Punkt mit allen vorigen und künftigen in Contact, ist kein Anfang und kein Ende, ist alles Mittel und Zweck zugleich, und also jeder Schritt weiter Gewinn, auch wenn unmittelbar dahinter eherne Mauern gezogen würden.

Sind diese Grundsätze richtig und kommt man nun von ihnen auf die verschiedenen Gattungen der Schulen (Spezialschulen immer ganz abgesondert), so ist wieder das erste und wichtigste Princip
die Einheit und Continuität des Unterrichts in seinen natürlichen Stadien, da jede Theilung der Anstalt da, wo der Unterricht keine natürliche Theilung kennt, seine Folge zerreisst, Verschiedenheit in der Behandlung und dem Geiste derselben hervorbringt, und selbst die Lehrer, die nur bis zu einem willkührlich angenommenen Punkt führen sollen, ungewiss und verwirrt macht.

Als natürliche Stadien aber kann ich nur anerkennen:

den Elementarunterricht
den Schulunterricht
den Universitätsunterricht.

Der Elementarunterricht umfasst bloss die Bezeichnung der Ideen nach allen Arten, und ihre erste und ursprüngliche Classification, kann aber, ohne Nachtheil, in dem Stoff zu dieser Form in Natur- und Erdkenntniss mehr oder minder Gegenstände mit aufnehmen. Er macht es erst möglich, eigentlich Dinge zu lernen, und einem Lehrer zu folgen.

Der Schulunterricht führt den Schüler nun in Mathematik, Sprach- und Geschichtskenntniss bis zu dem Punkte wo es unnütz seyn würde, ihn noch ferner an einen Lehrer und eigentlichen Unterricht zu binden, er macht ihn nach und nach vom Lehrer frei, bringt ihm aber alles bei, was ein Lehrer beibringen kann.

Der Universität ist vorbehalten, was nur der Mensch durch und in sich selbst finden kann, die Einsicht in die reine Wissenschaft. Zu diesem Selbst-Actus im eigentlichsten Verstand ist nothwendig Freiheit, und hülfereich Einsamkeit, und aus diesen beiden Punkten fliesst zugleich die ganze äussere Organisation der Universitäten. Das Kollegienhören ist nur Nebensache, das Wesentliche, dass man in enger Gemeinschaft mit Gleichgestimmten und Gleichaltrigen, und dem Bewusstseyn, dass es am gleichen Ort eine Zahl schon vollendet Gebildeter gebe, die sich nur der Erhöhung und Verbreitung der Wissenschaft widmen, eine Reihe von Jahren sich und der Wissenschaft lebe.

Uebersieht man diese Laufbahn von den ersten Elementen bis zum Abgang von der Universität, so findet man, dass, von der intellectuellen Seite betrachtet, der höchste Grundsatz der Schulbehörde (den man aber selten aussprechen muss) der ist: die tiefste und reinste Ansicht der Wissenschaft an sich hervorzubringen, indem man die ganze Nation möglichst, mit Beibehaltung aller individuellen Verschiedenheiten, auf den Weg bringt, der, weiter verfolgt, zu ihr führt, und zu dem Punkte, wo sie und ihre Resultate nach Verschiedenheit der Talente und Lagen, verschieden geahndet, begriffen, angeschaut, und geübt werden können, und also den Einzelnen durch die Begeisterung, die durch die reine Gesammtstimmung geweckt wird, zu Hülfe kommt.

Es folgen kritische Einwände gegen den Plan der litauischen Behörden.

[3]

Johann Wilhelm Süvern

Entwurf eines allgemeinen Gesetzes über die Verfassung des Schulwesens im preußischen Staate (1817–1819)

Unter Süverns Leitung entstand – noch ganz im Geiste Humboldts – der Entwurf eines allgemeinen Schulgesetzes, das dem gesamten Schulwesen in Preußen eine einheitliche Verfassung gegen sollte. Die organisierende Idee des Ganzen war die Verbindung des Prinzips der allgemeinen Menschenbildung mit dem der National-Jugendbildung. Der Schulaufbau sollte durchgehend drei aufeinander aufbauende Stufen umfassen, aber jede Stufe zugleich einen eigenen Bildungsabschluß ermöglichen. – Süverns Entwurf erlangte keine Gesetzeskraft. Er scheiterte am Widerstand der wiedererwachenden restaurativen Kräfte, besonders des katholischen Episkopats. Dennoch blieb er nicht ohne Wirkung auf die schulgeschichtliche Entwicklung in Preußen und anderen deutschen Staaten sowie im Ausland (Schweden).

Quelle: Die Gesetzgebung auf dem Gebiete des Unterrichtswesens in Preußen. Vom Jahre 1817 bis 1868. Actenstücke mit Erläuterungen aus dem Ministerium der geistlichen, Unterrichts- und Medicinal-Angelegenheiten. Berlin 1869. S. 15ff.

Wir Friedrich Wilhelm, von Gottes Gnaden, König von Preußen etc. haben Unsere Absicht, das ganze öffentliche Unterrichts- und Bildungswesen im preußischen Staate nach einem umfassenden Plan zu ordnen ... bereits an den Tag gelegt. ... Wir setzen demnach fest und verordnen wie folget:

Erster Teil.
Die öffentlichen allgemeinen Schulen betreffend.

I. Allgemeine Grundbestimmungen

§ 1. Als öffentliche und allgemeine werden diejenigen Schulen und Erziehungsanstalten anerkannt, welche die allgemeine Bildung des Menschen an sich, und nicht seine unmittelbare Vorbereitung zu besondern einzelnen Berufsarten bezwecken, aus öffentlichen oder von ihren Stiftern der öffentlichen Aufsicht und Verwaltung übergebenen Mitteln, entweder vom Staate unmittelbar, oder von öffentlichen Genossenschaften, Instituten oder einzelnen Personen gegründet sind und unterhalten werden, unter öffentlicher Aufsicht und Leitung, und jedem nach bestimmten allgemeinen und besonderen Bedingungen zur Benutzung offen stehen.

§ 2. Die öffentlichen allgemeinen Schulen sollen mit dem Staate und seinem Endzwecke in dem Verhältnisse stehen, daß sie, als Stamm und Mittelpunkt für die Jugenderziehung des Volks, die Grundlage der gesamten Nationalerziehung bilden. Die Erziehung der Jugend für ihre bürgerliche Bestimmung auf ihre möglichste allgemein-menschliche Ausbildung zu gründen, sie dadurch zum Eintritt in die Staatsgemeinschaft zweckmäßig vorzubereiten und ihr treue Liebe für König und Staat einzuflößen, muß ihr durchgängiges eifriges Bestreben sein.

§ 3. Dieser Aufgabe zu entsprechen, sollen sie die allgemeine Jugendbildung vom Anfange des Schulunterrichts bis zu der Grenze, wo die Universität sie aufnimmt, durch drei wesentliche Stufen durchführen.

Auf der ersten dieser Stufen soll sich die Schule mit der ersten methodischen Entwicklung der menschlichen Anlagen und Hervorbringung der inmittelst derselben zu gewinnenden Einsichten, Kenntnisse und Fertigkeiten beschäftigen, dem Bildungsbedürfnisse der unteren Volksklasse in den Städten und auf dem Lande genügen, und allgemeine Elementarschule heißen.

Auf der zweiten soll sie die Bildung des Knabenalters bis zu der Grenze fortführen, wo sich die Fähigkeit und Bestimmung entweder zu weiterer wissenschaftlicher Ausbildung oder zu besonderer Vorbereitung für ein bürgerliches Gewerbe zu entscheiden pflegt. Die Schulen dieser zweiten Stufe sollen allgemeine Stadtschulen heißen.

Auf der dritten Stufe soll sie jenes Geschäft so weit fortsetzen, bis der Grund allgemein-wissenschaftlicher und sittlicher Bildung, sei es für die höheren und besonderen Studien der Universität, oder unmittelbar fürs praktische Leben, gelegt ist. Jede Schule, welche bis zu diesem Ziele führt, soll Gymnasium heißen. Die höheren Bildungsanstalten, welche Ritterakademien, Pädagogien, Athenäen, Lyzeen usw. genannt werden, sollen in Ansehung des Unterrichts und der Disziplin nach denselben Grundsätzen, wie die Gymnasien, jede indes in ihren eigentümlichen Formen eingerichtet sein.

§ 4. Alle diese Stufen müssen auf ihren Endzweck so fest gerichtet sein, daß sie zusammen wie eine einzige große Anstalt für die National-Jugendbildung betrachtet werden können. Es muß daher ihre ganze Anlage auf einem in sich übereinstimmenden System der letzteren beruhen, welches sie in innerem Zusammenhange untereinander erhält, und keiner Stufe eine Abweichung von dem allgemeinen wesentlichen Charakter des Ganzen gestattet. Vermöge desselben muß jede Stufe ihren eigenen Zweck verfolgen, weil aber dieser in dem allgemeinen Endzwecke enthalten ist, zugleich auf die nächste höhere Stufe vorbereiten können.

§ 5. fordert (1) Einheitlichkeit der inneren Verfassung aller Schulen der gleichen Stufe, (2) Bildungsfähigkeit der Kinder überhaupt und (3) Reife für die jeweils zu besuchende Stufe.

§ 6. Was aber die Rücksichten anlangt, welche Geschlecht, Sprache, Religion, Stand und künftiger Beruf der Jugend zu erfordern scheinen oder wirklich erfordern, so wird darüber erklärt und bestimmt:

Es folgen Vorschriften (1) zur möglichsten Trennung der Geschlechter und Differenzierung der Unterrichtsinhalte, (2) Gewährleistung von Minderheitenschulen für Kinder fremder Nationalitäten mit zweisprachigem Unterricht, doch mit gleicher einheitlicher Schulverfassung, (3) Garantie der Religionsfreiheit durch Bekenntnisschulen bzw. in Simultanschulen.

4. Die Bestimmung besonderer höherer oder niederer Schulen und Erziehungsanstalten für einzelne Stände kann unbeschadet der eigentümli-

chen äußeren Bedingungen ihrer Stiftung doch keine wesentliche Abweichung von der inneren Verfassung sämtlicher allgemeinen Schulen und den Grundsätzen derselben begründen.

So kann auch andererseits der verschiedene Stand und künftige bürgerliche Beruf der einer allgemeinen Schule übergebenen Zöglinge deren Verfassung nicht ändern.

Die öffentliche allgemeine Schule hat auf jeder ihrer Stufen zunächst nur danach zu streben, daß sie die allgemeine Bildung ihrer Schüler innerhalb der ihr gezogenen Grenze recht gründlich fördere, um jeden derselben so weit zu führen, daß er nach Fähigkeit, Neigung und Verhältnissen zur besonderen Anleitung für irgend eine äußere Bestimmung übergehen und, je besser im allgemeinen vorbereitet, dieser mit desto mehr Selbsttätigkeit, Einsicht und Geschick sich widmen kann.

Inwiefern aber Spezialschulen für die besonderen Berufszweige des Soldaten, des Ökonomen, des Bergmanns, des Fabrikanten, des Kaufmanns, des Seefahrers, des Künstlers usw. schon bestehen oder noch zu stiften sind, ist für jede dieser Schulen besonders das Nötige bestimmt worden oder wird noch bestimmt werden; in dieser allgemeinen Verordnung sind sie nicht mitbegriffen.

II. Verfassung der öffentlichen allgemeinen Schulen.

§ 7. Nach diesen Grundbestimmungen soll die Schule als allgemeine Bildungsanstalt den ganzen Menschen umfassen, sowohl von seiten des die Bildung des Wissens und Könnens bezweckenden Unterrichts, als auch der die praktische Bildung zur sittlichen Tätigkeit in sich begreifenden Disziplin, die aber beide in der Ausübung nicht voneinander getrennt, sondern wechselseitig miteinander verflochten und am tiefsten durch die Bildung der Religiosität, welche dem ganzen Erziehungswerke der Schule den Schlußstein geben muß, vereinigt sind.

§ 8 betont den grundsätzlich christlichen Charakter aller Schulen, dann folgen Einzelbestimmungen über den Tagesablauf, sonntäglichen Gottesdienstbesuch und das Vorbild der Lehrer.
§ 9 umfaßt Grundbestimmungen für die Disziplin im Verhalten innerhalb und außerhalb der Schule, dazu die Einführung der Schülermitverantwortung in den Knabenschulen.

§ 10. Der Unterricht soll sich beziehen auf die Bildung des Denk- und Erkenntnisvermögens wie des Gemütes, der Sinne und der Kräfte des Körpers an und für sich sowohl als für bestimmte Fertigkeiten.

Glaubens- und Sittenlehre, Sprache, Form und Zahl, Natur und Menschenwelt, allgemeine Leibes- und Sinnesübungen, wie die Übungen der besonderen Organe für den Gesang, die Darstellung durch Zeichnen und das ihm verwandte Schönschreiben sollen im allgemeinen seine Gegenstände und Bestandteile sein.

In den unteren Schulen soll noch hinzutreten Anleitung zum Gewerbefleiße, deren Stelle jedoch in Fabrik- und Manufakturgegenden die unbeschadet des allgemeinen Unterrichts (s. unten § 38, 3.) zu gestattende Beschäftigung der Jugend in den Werkstätten vertreten wird.

In allen Mädchenschulen ohne Ausnahme muß in weiblichen Handarbeiten, in jeder nach Maßgabe des Bedürfnisses der Schülerinnen, Unterricht erteilt werden.

In Ansehung der allgemeinen Leibesübungen insonderheit ist zu beachten, daß sie lediglich als ein ergänzender Teil des ganzen Erziehungssystems der Schule und diesem untergeordnet gehalten, von allem bloß Künstlichen und Übertriebenen frei, dagegen einfach, in zweckmäßiger Stufenfolge, mit Rücksicht auf die allmähliche Entwicklung, auf die Gesundheit und Kraft des jugendlichen Körpers, Geistes und Gemütes gehalten werden.

§ 11. Der Kreis des Unterrichts, den die allgemeine Elementarschule beschreibt, soll den Grundriß des Unterrichtssystems vorzeichnen, welches die Schule durch alle ihre Stufen hinauf ausführt. Er umfaßt:

Es folgen in Ziffer 1–9 die allgemeinen Lehrziele der in § 10 genannten Unterrichtsgebiete, am Ende die Festsetzung von Mindestforderungen.
In den §§ 12–16 werden die Unterrichtsgegenstände und Lehrziele der allgemeinen Stadtschule und des Gymnasiums aufgeführt sowie die Bestimmungen über Versetzung und Entlassung der Schüler, Zeugnisse, Unterrichtszeiten und Lehrbücher.

§ 17. Sämtlichen Lehrern der öffentlichen allgemeinen Schulen wird hier nur im allgemeinen zur Pflicht gemacht, sich einer solchen Methode in jedem Lehr- und Übungsfache zu befleißigen, welche, an die Entwicklungsgesetze der menschlichen Natur sich anschließend, nicht sowohl ein mechanisches Können oder Wissen hervorzubringen, als inneres Leben zu wecken, an dieses jede Einsicht und Fertigkeit zu knüpfen und den Menschen selbst zu bilden vermag.

Den sachkundigen Schulvorstehern kommt es zu, auch auf die Methode der Lehrer acht zu haben, wo es nötig ist, durch Erinnerung, Belehrung und Rat zu helfen, Verkehrtheiten aber nicht zu dulden, sondern, wenn Vorstellungen dagegen nichts fruchten, den vorgesetzten Behörden zur Veranlassung ernsterer Maßregeln Anzeige davon zu machen.

In § 18 werden die Zusammenarbeit der Lehrer behandelt, die Pflichten und Rechte des Schulleiters festgelegt, durch eine Konferenzrordnung die Mitbe-

stimmung der Lehrer vorgeschrieben und die Stellung der Hilfs- und a. o. Lehrer definiert.

§ 19. Die Eltern und häuslichen Vorgesetzten sind berechtigt, von der Schule, welcher sie ihre Kinder und Pfleglinge anvertrauen, Auskunft zu verlangen, wie das Erziehungs- und Unterrichtsgeschäft an diesen wahrgenommen wird und welchen Fortgang es hat. Um aber häufigen Nachfragen zuvor zu kommen, sind Einrichtungen zu treffen, durch welche sie die nötige Auskunft von Zeit zu Zeit unaufgefordert von den Schulen erhalten können.

Beschwerden, welche sie etwa über die Schulen und ihre Lehrer zu führen haben, sollen auch von deren nächsten Aufsichtsbehörden sorgfältig untersucht und wenn sie gegründet sind, sollen die Schulen, nötigenfalls mit Zuhilfenahme der höheren Staats- und der richterlichen Behörden, ernstlich angehalten werden, der von ihnen übernommenen Verbindlichkeit gewissenhaft nachzukommen.

§ 20 legt Pflichten und Rechte der Eltern, den ordentlichen Schulbesuch ihrer Kinder betreffend, fest. Die §§ 21–22 betreffen das Verhältnis Schule – Öffentlichkeit: die Schule soll sich der Öffentlichkeit mit Prüfungen und Feier-Veranstaltungen darstellen, die Öffentlichkeit soll ihr in jeder Weise ehrerbietige Anerkennung entgegenbringen. In § 23 werden die Behörden zum Erlaß von Richtlinien und Schulordnungen gemäß Abschnitt II aufgefordert.
In den Abschnitten III und folgenden werden die schulorganisatorischen und rechtlichen Regelungen behandelt. Insgesamt hat der Entwurf 113 Paragraphen.

[4]

LUDOLPH VON BECKEDORFF

Beurteilung des Süvernschen Unterrichtsgesetzentwurfs (um 1819/1822)

L. v. Beckedorff (1778–1858) studierte zuerst Theologie, dann Medizin, wurde Arzt, war 1810–18 Prinzenerzieher und stieg zum Hofrat auf. Seinem Aufruf „An die deutsche Jugend über der Leiche Kotzebues“ (1819) folgte die Berufung in den preußischen Staatsdienst als Mitglied des Oberzensurkollegiums beim Staatskanzler. 1821 wechselte er in das Departement für Kultus und Unterricht als Leiter des Volksschulwesens und der Lehrerseminare. Nach seinem Übertritt zur katholischen Kirche wurde er 1828 aus dem Staatsdienst fristlos entlassen, jedoch 1840 durch König Friedrich Wilhelm IV. rehabilitiert, geadelt und zum

Präsidenten des Landesoekonomiekollegiums ernannt. Mitglied des Preußischen Landtags war er ab 1849.
Das Gutachten entstand im amtlichen Auftrag. Beckedorff kritisierte den Süvernschen Unterrichtsgesetzentwurf von einer grundsätzlich christlich-konservativen Position her als gesellschaftsfremdes „idealisches Formular".

Quelle: E. Quittschau: Geschichte des evangelischen Religionsunterrichts in den preußischen Lehrerseminaren unter dem Ministerium Altenstein (1817–1840). – Ein Beitrag zur Geschichte des Bildungsideals. Diss. phil. Greifswald. 1931. Anlage E. S. 305 ff.

Um dem gnädigen Vertrauen zu entsprechen, womit ich durch Mitteilung des Entwurfs eines allgemeinen Gesetzes über die Verfassung des Schulwesens im preußischen Staate beehrt worden bin, habe ich denselben mit aller Aufmerksamkeit wiederholentlich gelesen und bedacht, und bin nunmehr imstande, die mir aufgegebene Beurteilung desselben in folgender Art ehrerbietig vorzulegen.

Der ganze Entwurf ist hervorgegangen aus dem Wunsche, für die Erziehung der gesamten Jugend der Nation bestmöglichst zu sorgen.

Da nun gute Schulanstalten mit tüchtigen Lehrern allerdings zu den wirksamsten Mitteln gehören, um dieses Ziel zu erreichen, so hat der Staat den an sich lobenswerten Entschluß gefaßt, die Verbesserung oder neue Einrichtung von Schulen und Unterrichtsanstalten sich angelegen sein zu lassen.

Damit dieser Vorsatz aber auch gehörig ausgeführt werden könne, hat es vorläufig nötig geschienen:

1. daß man klar erkenne, was man wolle; also, daß man von der Bestimmung des Menschen, von seiner Bildung dazu und von seinem Verhältnisse, worin der Unterricht zu dieser Bildung steht, sich deutliche Vorstellungen mache;
2. daß man die Hilfmittel berechne, welche zu Gebote stehen, sowohl um den vorgesetzten Zweck zu erreichen, als auch um den Bestand und die fortdauernde Wirksamkeit der zu treffenden Einrichtungen zu sichern, und
3. daß man Verfügungen ausdenke, durch welche man nicht bloß in ununterbrochener Kenntnis von dem Fortgange des Unternehmens, sondern auch in beständiger Einwirkung auf dasselbe bleiben könne.

Die erkannte Notwendigkeit dieser drei Punkte hat den vorliegenden Entwurf veranlaßt und er beschäftigt sich demzufolge teils mit ganz allgemeinen Bestimmungen, teils mit bloßer Feststellung von Formen und äußeren Veranstaltungen.

Beckedorff lehnt den Entwurf Süverns von vornherein ab als zu „allgemein", nur auf die Regelung der „äußeren Verhältnisse" bedacht und wegen der Verschiedenheiten des Schulwesens in den Provinzen keiner einheitlichen Regelung zugänglich.

Und diese Erwägung führt unmittelbar zur Beleuchtung der *Grundsätze,* aus denen der ganze Entwurf hervorgegangen zu sein scheint.

Derselbe dringt auf eine „gesamte National-Erziehung“, auf eine „möglichste allgemeine menschliche Ausbildung“ der Jugend, das heißt: er will, daß dieselbe auf eine, der Art nach, ganz gleiche, und nur, dem Grade oder der „Stufe“ nach, verschiedene Weise gebildet werden solle, und zwar, damit sie dadurch „zum Eintritt in die Staatsgemeinschaft zweckmäßig vorbereitet werde“.

Er setzt mithin voraus, daß der Zweck des Staates eine Gleichförmigkeit der Bildung seiner Bürger verlange, und zwar der Bildung nicht bloß zu einer übereinstimmenden Gesinnung, sondern auch zu gleichartigen Kenntnissen und Fertigkeiten.

Verfolgt man aber diese Ansicht bis zu ihrem letzten Grunde, so trifft man am Ende notwendig auf die Meinung von einer durch die bürgerliche Gesellschaft (die Staatsgemeinschaft) herzustellenden allgemeinen Gleichheit aller Menschen. Daß Geschlecht, Alter, Kräfte, Neigungen, Talente und vor allen Dingen der einmal ungleich ausgeteilte Besitz eine natürliche Verschiedenheit unter allen einzelnen begründet, ist nicht wegzuleugnen. Nach der Ansicht des Entwurfs aber wird diese Verschiedenheit als eine Unvollkommenheit der Natur betrachtet werden müssen, welche aber durch die geselligen Verhältnisse womöglich wieder gutgemacht werden solle, und die leichteste und bequemste Art, dieses zu bewerkstelligen, wird keine andere sein können, als daß alle diese natürlich Ungleichen durch einen kurzen Beschluß als künstlich Gleiche angenommen und als solche insgesamt zu denselben Ansprüchen und Rechten, und vor allen Dingen zum Wetteifer in der für alle geöffneten Laufbahn berufen werden.

Daß aber hierin nicht bloß ein Auflehnen gegen die Ordnung der Natur liege, sondern daß dadurch auch nichts anderes als Neid, Eifersucht, Feindschaft, Hader und ewiger Kampf zwischen Gewalt und List in die Gemeinschaft der Menschen eingeführt und folglich die geselligen Verhältnisse, welche ein Band des Vertrauens und des Friedens stiften sollen, im Gegenteil in eine unaufhörliche Quelle von Mißtrauen und wahrem inneren Kriege verwandelt werden müssen, das scheint dabei nicht sowohl übersehen, als vielmehr vor dem verführerischen Klange des Wortes: Gleichheit überhört worden zu sein.

Daß die Menschen von Natur ungleich sind, dieser Satz steht fest. Er ruhet auf der Erfahrung. Diese ihre natürliche Ungleichheit ist aber keineswegs ein Nachteil für sie, sondern vielmehr das weise Mittel, dessen sich die gütige Weltordnung bedient, um sie desto fester miteinander zu verbinden. Aus dieser Ungleichheit entspringt das Gefühl ihrer Hilfsbedürftigkeit, und folglich der Trieb nach geselligem Leben. Nicht diejenigen, welche einerlei Kräfte, Wünsche, Neigungen, Gaben, Fähigkeiten und Ansprüche besitzen, bedürfen einer des anderen, und schließen sich daher aneinander; sondern diejenigen, welche durch ihre wesentliche Verschiedenheit sich gegenseitig ergänzen und aushelfen, diese suchen sich auf und verbinden sich fest und dauerhaft.

Die natürliche Ungleichheit der Menschen ist folglich kein Hindernis, sondern im Gegenteil das eigentliche Band der Gesellschaft; sie soll daher keineswegs aufgehoben, sondern vielmehr befestigt und gesichert werden. Der bürgerliche Verein, der Staat, besteht nicht dadurch, daß alle seine Mitglieder, seine Bürger, gleiche Rechte und Ansprüche besitzen, sondern dadurch, daß sie in verschiedenen Beschäftigungen, Gewerben, Betriebsamkeiten und Berufstätigkeiten leben und nach diesen auch in ganz eigentümliche Klassen und Stände abgeteilt sind, von denen jeder einzelne fühlt, daß er den anderen unmöglich entbehren könne.

Was nun aus diesen einfachen und wichtigen Sätzen für die Erziehung folgt, ist so klar, daß es kaum braucht ausgesprochen zu werden. Nicht auf eine allgemeine und gleichartige Volksbildung kommt es an, auf ein Tüchtigmachen aller und jeder zu allem Möglichen, auf ein Abrichten für alle Fälle; sondern darauf, daß ein jeder zu dem Stande oder Berufe, wozu er durch Geburt oder elterlichen Willen oder eigene Entschließung bestimmt worden ist, auch mit allem Ernste von früher Kindheit auf gründlich und vollständig auferzogen und vorgebildet werde. Durch jene erste Art der Erziehung kann in der Nation nichts anderes hervorgebracht werden, als ein seichtes und oberflächliches Wesen, ein ungründliches Halbwissen und ein dreister Fürwitz, neben einer unsteten, wirrigen und ungenügsamen Tätigkeit. Durch diese andere Art hingegen werden Tüchtigkeit, Geschick, Ordnung und Beständigkeit gegründet und eine echte, fleißige, regsame und ineinandergreifende Tätigkeit befördert.

Wenn nicht jeder einzelne von Jugend auf für seine dereinstige Bestimmung erzogen und vorbereitet, sondern statt dessen ohne irgendein bestimmtes Ziel für alles Mögliche oberflächlich zu- und abgerichtet wird, was muß die Folge davon sein, als daß er nachher zwar zu allerlei Dingen brauchbar erscheint oder vielmehr sich dünkt, es aber für keine einzige Sache in der Tat und Wahrheit ist?

Im folgenden verweist Beckedorff auf die Realität der Verschiedenheiten in der Gesellschaft nach Ständen und Berufen und befürchtet Störungen und

Zerstörung ihrer Harmonie durch die Gleichmacherei, die nur Neid, Konkurrenz und „unstetes veränderungssüchtiges Treiben“ wecke.

Dahin führt unfehlbar der Plan einer „allgemeinen menschlichen Ausbildung“, einer „sogenannten gesamten National-Erziehung“: und derselbe müßte also, wenn er ausgeführt würde und gelänge, gerade die einzige Art von Gleichheit, die allen Staatsbürgern zu wünschen wäre, nämlich die Gleichheit in der Genügsamkeit, in der Zufriedenheit mit dem beschiedenen Lose und in der gegenseitigen Achtung, Liebe und Hilfsleistung, kurz die Gleichheit der Gesinnung nicht nur einführen, sondern aufheben. Denn eine solche Gleichheit soll allerdings stattfinden im Staate, sie soll gegründet, gesichert, befördert werden, und sie kann es auch; ja, der Bildungsweg zu ihr ist seit lange geöffnet, nämlich – durch die Religion.

Daß alle Menschen empfinden, sie seien vor Gott gleich, gleiche Gegenstände seiner Gnade und Fürsorge und zu gleichem Dank, Vertrauen und Gehorsam gegen ihn verpflichtet; daß alle erkennen, ihr Wohl und Wehe bestehe nicht darin, wie hoch und niedrig, wie vornehm und gering, wie reich oder arm, wie stark oder schwach, wie schön oder häßlich, wie kräftig oder siech sie auf Erden sind, sondern darin, wie zufrieden, wie ergeben, wie gehorsam, wie demütig und folglich wie Gott wohlgefällig sie sind oder nicht; und daß endlich alle sich jederzeit als Gottes Untertanen und Kinder und folglich unter einander als Brüder betrachten, die nicht zum Hader und Streit über die vom Vater verliehenen Gnadengüter, sondern zur Duldung, zur Eintracht, zum Mitgefühl, zur Liebe, zur Aufopferung einer gegen den anderen berufen sind; darauf kommt es an, das ist die Hauptsache, und dahin führt nur das Christentum.

Bildet die Menschen zu Christen, und ihr führet die wahre Gleichheit auf Erden ein, nicht die Gleichheit der Ansprüche, des vermessenen Strebens, der eigennützigen Wünsche und der Willkür, sondern die Gleichheit der Liebe, der gegenseitigen Fürsorge, der Demut und des unerschütterlichen Vertrauens auf eine alles ausgleichende Gerechtigkeit Gottes.

Beckedorff zeichnet im folgenden das – idealisierte – Bild einer statischen, christlich-ständischen Gesellschaft.

Um aller dieser Gründe willen aber bedürfen wir in der menschlichen Gesellschaft nicht gleichartiger Stufen, sondern verschiedenartiger Berufs- und Standesschulen; nicht wie der Entwurf vorschlägt, neu eingerichteter „allgemeiner Elementarschulen, allgemeiner Stadtschulen und Gymnasien“, als Anstalten, in welchen durchaus dieselben Gegenstände, nur in unterschiedenen Graden und in geringerer oder größerer Ausführlichkeit und Vollkommenheit gelehrt werden, sondern nach bisheriger alter Weise,

2. guter Bauern-, Bürger- und Gelehrtenschulen, worin diejenigen, welche diese vier zwar verschiedenen, aber gleich ehrenwerten Ständen angehören, von Kindesbeinen an zu ihrer künftigen Bestimmung vorbereitet werden; nicht endlich einer künstlichen Gleichheit der Volkserziehung, sondern vielmehr einer naturgemäßen Ungleichheit der Standeserziehung, zwar allerdings einer übereinstimmenden Bildung zur Religion und Sittlichkeit, aber keineswegs einer gleichartigen Abrichtung in Kenntnissen und Fertigkeiten.

Für Republiken mit demokratischer Verfassung mag dergleichen vielleicht passen, allein mit monarchischen Institutionen verträgt es sich gewiß nicht.

Im folgenden verwirft Beckedorff den Grundansatz Süverns, die allgemeine Nationalerziehung der Jugend auf die Arbeit der Schulen gründen zu wollen, als unausführbar, weil alle Schulen nicht auf Erziehung, sondern auf Lehre und Unterricht ausgerichtet seien. Demgegenüber betont er die sittliche Dimension aller Erziehung. Solche Gewöhnung der Jugend an Sitte und Zucht komme aber den Familien als ihre natürliche Aufgabe zu, wobei die Kirche sie darin unterstütze.

Aus der bisherigen Erörterung hat sich ergeben, daß die Grundansichten irrig sind, aus denen der Entwurf hervorgegangen ist; es läßt sich daher schon zum voraus vermuten, daß aus so unhaltbarem Grunde auch nur ein mangelhaftes Gebäude werde haben ausgeführt werden können. Und eine nähere Prüfung des folgenden zweiten Abschnittes, welcher die beabsichtigte „Verfassung der öffentlichen allgemeinen Schulen" beschreibt, bestätigt dieses vollkommen.

Derselbe enthält zuvörderst den „Grundriß für das gesamte Bildungsgeschäft der Schule", und teilt dieses ein in: 1. Bildung der Religiosität, 2. die Disziplin und 3. den Unterricht. Wiewohl sich nun selbst gegen diese Einteilung mancherlei erinnern ließe, so soll doch bloß das Wesentliche hier berücksichtigt und überhaupt nur an den auffallenden Beispielen der Irrtum des Ganzen noch mehr aufgedeckt werden.

ad 1. Die Ausführungen im Entwurf über die „Bildung zur Religiosität" lehnt Beckedorff als unklare Inhalts- und Zielbestimmungen ab und bezweifelt deren pädagogische Wirksamkeit.

ad 2. Auch der Punkt der Disziplin ist mit nicht viel größerer Bestimmtheit und auf jeden Fall äußerst oberflächlich und kurz abgehandelt worden. Wenn aber hier (§ 9, 6) die Maxime aufgestellt wird: „Durch den steigenden Anteil, welcher den Schülern nach der Reife ihres Alters, unter mehrerer oder minderer Einmischung der Lehrer, an der Erhaltung der Ordnung und des Geschäftsganges unter sich gestattet wird, sollen die Knabenschulen eine Verfassung erhalten, die ihre Zöglinge frühzeitig gewöhnen kann, sich als uneigennützige und tätige Glieder seines größeren Ganzen zu betrachten", so möchte ein solches Verfahren wohl schwerlich zu billigen sein. Dieses Erziehungskunststückchen der neueren Zeit, nach welchem die eben Belehrten das Erlernte gleich wieder an andere weiter befördern, die Selbstbeaufsichtigten unmittelbar wieder zu Unteraufsehern ernannt werden sollen, ist ohne Zweifel von sehr nachteiligen Folgen. Denn

a) die Liebe und das Vertrauen der Schüler untereinander wird dadurch gestört,
b) Dünkel, Herrschlust und Befehlshaberei werden erweckt, anstatt eines edlen Wetteifers in Gehorsam wird nur ein eigennütziges Streben nach Vorzug und Gewalt hervorgerufen, und endlich
c) die Begriffe von Gehorsam und Herrschaft überhaupt werden in hohem Grade verwirrt. Wer nicht gehorchen kann, der kann auch nicht befehlen, ist ein altes bewährtes Sprichwort. Das Gehorchen aber muß wie jedes Ding gründlich erlernt werden. Bei der beabsichtigten Einrichtung aber ist es höchst wahrscheinlich, daß die Zöglinge sehr bald nicht das Gehorchen, sondern das Befehlen zu lernen sich berufen halten werden.

ad 3. Was nun endlich den Unterricht selbst betrifft, so sind die Bestimmungen darüber ganz nach jenen Grundsätzen einer allgemeinen Nationalbildung abgefaßt, welche bereits oben ausführlich gewürdigt worden ist. Dreierlei Klassen von Schulen, als nur dem Grade nach verschiedene Bildungsanstalten, mit einerlei Gegenständen, Methode und Ziel des Unterrichts, das ist der Hauptgedanke des ganzen Entwurfs. Demzufolge sind es, nach § 11, nichts weniger als dreizehn verschiedene Gegenstände, welche schon in den allgemeinen Elementarschulen gelehrt werden sollen.

Allein gesetzt, es würde dahin gebracht, daß wirklich in allen Dorfschulen in diesen mancherlei Dingen, also auch in jener neumodischen „Form- und Maßverhältnislehre", in „Naturkunde, Erdbeschreibung und Geschichte", so wie in „Schönschreiben und Zeichnen" Unterricht erteilt würde, wohin möchte das die Landsleute führen, als zu trauriger Halbwisserei und oberflächlichem Fürwitz? Ihre Lehrer, nämlich die in den Provinzial- Seminarien (§ 58) vorbereiteten jungen Männer würden selbst in so mannigfachen Gegenständen kaum halbgebildet sein, und daher ihrerseits nur Viertel- oder Achtelgebildete wieder hervorbringen können. Mit dergleichen Subjekten aber wäre der menschlichen Gesellschaft nur schlecht gedient.

Beckedorffs weitere Einwendungen richten sich im einzelnen gegen das Fehlen der Biblischen Geschichte im Religionsunterricht, gegen die Einfüh-

rung der Leibesübungen in den Lehrplan aller Schulen und gegen das Unterlassen konkreter Vorschriften für die Organisation des Unterrichts und des Schulbetriebs im ganzen.

Mit eben diesen Paragraphen endigt sich dasjenige kurze und wie gezeigt worden ist, ganz allgemein gefaßte Hauptstück des ersten Teiles, welches sich mit dem Wesentlichen der Sache, nämlich mit dem Unterricht und der Bildung selbst beschäftigt; das übrige dreimal stärkere Stück aber dieses Teiles handelt desto ausführlicher und detaillierter in fünf Abschnitten von den nötig erachteten äußeren Veranstaltungen und Einrichtungen in bezug auf das gesamte Schulwesen, nämlich von der „Verteilung der Schulen jeder Stufe nach örtlichen Verhältnissen", von der „Schulpflichtigkeit", von der „äußeren Ausstattung und Unterhaltung der Schulen", von der „Vorbereitung, Anstellung und weiteren Führung der Lehrer" und endlich „von der Aufsicht über die Schulen".

Ohne hier in die Einzelheiten dieser verschiedenen Gegenstände einzugehen, welche gewiß mit großer Mühsamkeit und mit möglichster Berücksichtigung vieler Umstände abgehandelt worden ist, wird es hinreichen, den Grundgedanken auszumitteln, und zu prüfen, aus welchem alle entworfenen Vorschläge hervorgegangen sind.

Derselbe aber ist kein anderer als die Meinung: daß die Obrigkeit, die Regierung, kurz dasjenige, was anjetzt mit dem unbestimmten Namen Staat genannt zu werden pflegt, die Pflicht habe, für Erziehung und Unterricht der gesamten Jugend der Nation Sorge zu tragen und zugleich das Recht, die Untertanen oder Staatsbürger zur Annahme der ihren Kindern zugedachten Wohltat durch alle möglichen Mittel und erforderlichenfalls durch wirklichen Zwang zu nötigen.

Wie irrig indessen diese Voraussetzung sei, wird eine genauere Untersuchung hinlänglich zeigen. Die göttliche Vorsehung hat die Sorge für die Erziehung der Kinder zunächst den Eltern als Pflicht und Recht zugleich übergeben und niemand kann natürlicher Weise eine stärkere Pflicht und ein näheres Recht dazu haben, als die Eltern selber. Alle geselligen Einrichtungen müssen daher dieses ursprüngliche und natürliche Verhältnis nicht nur achten und ehren, sondern auch auf jede Weise zu fördern und zu vervollkommnen suchen. Wenn also Schulen eröffnet und Erziehungsanstalten eingerichtet werden sollen, so kann dabei

1. kein anderer Zweck stattfinden, als daß den Eltern ihre Pflicht erleichtert werde, und
2. keine andere Grundbedingung vorausgesetzt werden, als daß diesen ihr natürliches Recht nicht geschmälert werden solle.

Die nächste und dringendste Aufforderung zur Anlegung von Schulen und Unterrichtsanstalten hat ohne Zweifel – die christliche Kirche. Dieses göttliche Institut, welches bestimmt ist, die Menschen mit dem ganzen Umfange ihrer Pflichten bekanntzumachen und sie zu deren Erfüllung zu ermuntern und zu stärken, ist vor allen anderen berufen, ihr ehrwürdiges Geschäft schon bei der Jugend zu beginnen. Keine andere Autorität kann außerdem auf ein größeres Zutrauen von seiten der Eltern Anspruch machen. Keinem wenigstens stehen so wirksame Mittel zu Gebote, um die Eltern sowohl zum vertrauensvollen Überlassen ihrer Kinder, als ganz besonders zur übereinstimmenden Mitwirkung zu bewegen.

Die weltliche Obrigkeit dagegen entbehrt nicht bloß jener Aufforderung, sondern vor allen Dingen dieser Hilfsmittel. Sie kann für die Schulen, welche sie auf ihre eigene Hand und unabhängig von der Kirche einzurichten unternehmen wollte, weder eine solche Bürgschaft der richtigen Lehre leisten, noch ein ähnliches Zutrauen erwecken, noch auch eine gleiche Wirksamkeit versprechen, als die Kirche vermag.

Fühlt sie sich jedoch von väterlichem Wohlwollen getrieben, auch ihrerseits zur Bildung und Veredlung der Jugend nach Kräften beizutragen, so wird sie immer am besten tun, wenn sie das Bemühen der Kirche durch die ihr zu Gebote stehenden erlaubten Mittel zu unterstützen und zu befördern sich angelegen sein lassen wird.

Da sie indessen nicht bloß ein Interesse, sondern auch das unbestreitbare Recht hat, von denjenigen, die sich ihrem Dienste widmen oder überhaupt zur öffentlichen Wirksamkeit gelangen wollen, also besonders von ihren künftigen Beamten verlangen, daß sie den von ihr vorgeschriebenen Bildungsweg betreten sollen; so ergibt sich daraus auch für sie die Pflicht, für Einrichtungen und Bildungsanstalten zu diesem Zweck die gehörige Sorge zu tragen. Und wenn sie außerdem schon mancherlei Gelegenheiten eröffnet, und überhaupt die Vervollkommnung in Gewerben, Künsten und Wissenschaften zu erleichtern und zu verbreiten, so erfüllt sie dadurch eigentlich ebensosehr eine Pflicht der Klugheit, das heißt der besondern Aufmerksamkeit auf ihren eigenen Vorteil als der allgemeinen Fürsorge.

Nach den hier aufgestellten Sätzen ergibt sich nun als Resultat für das Verhältnis des Staates, das heißt der weltlichen Obrigkeit, zu der Volkserziehung,

1. daß der Staat die Sorge für die allgemeine Volksbildung, für die sogenannte Nationalerziehung, keineswegs als eine ihm zunächst obliegende Pflicht, sondern vielmehr als die Angelegenheit der Kirche zu betrachten und nur dieser in ihrem Geschäft, so weit und so ernstlich er es vermag, beizustehen habe, und

2. daß er noch viel weniger sich das Recht anmaßen dürfe, eine von ihm etwa beabsichtigte Erziehungsweise der gesamten Nation als einen Zwang aufdringen zu wollen; wiewohl er jedoch vollständig befugt ist, seinen künftigen Beamten vorzuschreiben, auf welche Art sie ihre Ausbildung einrichten und betreiben sollen.

Nach diesen beiden Grundsätzen ist auch bisher in der christlichen Welt verfahren worden.

Gleichwie die Bildung zur Frömmigkeit und Gottesfurcht ehemals allgemein als die Hauptsache und Grundlage der Erziehung des Volkes betrachtet wurde, so haben auch die Schulen beständig zu den Kirchen, die Schullehrer zu dem geistlichen Stande gehört. Aus dem Vermögen oder den Einkünften der Kirche ist häufig auch für die Schulen gesorgt worden, einzelne Schenkungen oder freiwillige Aufbringung der Gemeinden sind zu Hilfe gekommen, und wenn die Regierungen, besonders seit einiger Zeit, freigiebiger geworden sind, so ist ihnen doch daraus auf keinen Fall ein allgemeines Recht auf die Einrichtung der Schulen selbst und noch viel weniger zu Zwangsmaßregeln gegen diejenigen, die ihrer Wohltaten sich erfreuen sollen, erwachsen.

Der vorliegende Gesetzentwurf aber geht nicht von diesen Ansichten aus: denn

– so begründet Beckedorff – der Entwurf sei (1) vom Prinzip der Verweltlichung der Schule und der Erziehung bestimmt, damit ihrer ganzen geschichtlichen Entwicklung zuwider, und (2) vom Prinzip der Verstaatlichung durch die Beanspruchung der ausschließlichen Schulhoheit seitens des Staates und die Ausschaltung der Geistlichen aus der Aufsicht über Erziehung und Unterricht sowie von der Mitwirkung in der Lehrerbildung.

Schließlich beklagt Beckedorff als durchgehenden Grundzug des Entwurfs die „Neigung des Zeitgeistes“ zu Reformen. Sie setzten an die Stelle hergebrachter Gewohnheiten, die Verhaltenssicherheit gegeben hätten, nunmehr eine „fast unglaubliche Menge von Aufsichtsmaßregeln“. Darin offenbare sich ein geradezu konstitutives „Mißtrauen gegen die Fähigkeit und Gesinnung aller, die sich etwa mit Unterricht und Erziehung abzugeben“ gedächten.

Aus der ganzen bisherigen Erörterung sind nunmehr folgende Resultate für die Beurteilung des mitgeteilten Gesetzentwurfs hervorgegangen:

1. Verfügungen über die Volkserziehung namentlich für ein Reich, wie das Preußische, sind überhaupt nicht füglich in „ein allgemeines Gesetz“ zusammenzufassen.

2. Der Grundsatz des Entwurfs von einer sogenannten „gesamten Nationalerziehung“, das heißt von einer möglichst gleichförmigen Ausbildung aller Stände, ist irrig, und seine Meinung von dem Anteile, den die Schulen und der Unterricht an dieser Erziehung nehmen sollen, ist übertrieben.

3. Daher haben die allgemeinen Bestimmungen über das Wesentliche des Gegenstandes, nämlich über die innere Einrichtung der Schulen, nicht anders als unvollkommen ausfallen können.

4. Auch die in Vorschlag gebrachten äußeren Veranstaltungen beruhen auf irrigen Ansichten über die Pflichten und Rechte der Regierung auf das allgemeine Erziehungswesen.

5. Daher ist wohl die beabsichtigte große Trennung der Schulen von der Kirche als vor allen Dingen der einzuführende Schulzwang als unstatthaft und ungerecht zu verwerfen, und endlich:

6. Auch gegen den Geist und gegen den Ton, welche in dem ganzen Entwurf herrschen, lassen sich nicht unerhebliche Einwendungen machen.

Zu allem diesem aber gesellt sich schließlich noch eine letzte Erwägung. Zu den mancherlei Gegenständen, über welche unsere Zeit entzweiet ist, gehört besonders auch das Erziehungswesen; ja, unter den praktischen Erziehern und Lehrern selbst herrscht ein lebhafter Streit über die zu befolgenden Grundsätze. Alt und neu bekämpfen sich auch hier, wie in so vielen anderen Beziehungen, mit Eifer und Erbitterung.

In einem solchen Zeitpunkte aber möchte es immer ein mißliches Unternehmen sein, das Neue durch ein allgemeines unabänderliches Gesetz begünstigen oder gar rasch einführen zu wollen. Selbst wenn dieses Neue auch zugleich das Bessere wäre, würde es jedoch geratsamer sein, eine feste, gesetzliche Bestimmung darüber bis zu der Zeit zu verschieben, wo die Ansichten übereinstimmender geworden wären oder die gegenwärtige Lebhaftigkeit der Meinungen sich mehr abgekühlt hätten.

Am Ende fragt Beckedorff, was denn die bisherigen Reformen der Aufklärungspädagogik den Menschen an Verbesserung der Sitten und Zufriedenheit mit ihren Verhältnissen gebracht hätten. Seine im Grunde negative Antwort liegt in dem Hinweis, daß Erziehung dem Gebiet der Sitten zugehöre und wie diese keiner geschriebenen Gesetze bedürfe: „Die Freiheit ist ihre Quelle und ihr Element“. Aber die gegenwärtige Gesellschaft halte es für unverzichtbar, „alles schriftlich zu ordnen, selbst ihre Sitten.“

[5]

DER MINISTER DER GEISTLICHEN-,
UNTERRICHTS- UND MEDICINAL-ANGELEGENHEITEN

Circularrescript betreffend die für den Unterricht und die Zucht auf den Gymnasien getroffenen Anordnungen (Gymnasiallehrplan von J. Schulze 1837)

Lehrordnung und Stundenplan des Gymnasiums von 1837 sind das Werk Johannes Schulzes (1786–1869). Er studierte alte Sprachen und Theologie in Halle, wurde Gymnasiallehrer, bald Direktor, später Oberschulrat, dann 1818 Referent Süverns im Unterrichtsministerium. Er blieb dessen Nachfolger im Amt bis 1858. Im Zusammenhang mit der Einführung des Staatsexamens für das Lehramt an Gymnasien 1831 und der Durchsetzung des Abiturs als Studienvoraussetzung 1834 bedeutete die Neugestaltung des Lehrplans 1837 die eigentliche didaktisch-strukturelle Ausformung des neuhumanistischen Gymnasiums. Schulze, der selbst vom Neuhumanismus geprägt war, hielt an der Vorrangstellung der alten Sprachen fest. Er reduzierte zwar die Stunden für Griechisch und Deutsch zugunsten des Latein, weitete aber die Anteile der modernen Wissenschaften im Sinne einer breit gefächerten Allgemeinen Bildung aus. In dieser Gestalt hat das Gymnasium bis zum Ende des Jahrhunderts sein Monopol als studienberechtigende Anstalt behaupten können. – Dem Zeitgeist der Reaktion opferte Schulze allerdings das Turnen und alle freieren Regungen des Jugendlebens innerhalb und außerhalb der Schule.

Quelle: L. v. Rönne: Die Verfassung und Verwaltung des preußischen Staates. Teil VIII: Das Unterrichtswesen des preußischen Staates. 2 Bde. Bd. II: Die höhern Schulen. Berlin 1855. S. 144 ff.

Der Erlaß beginnt mit einer Stellungnahme zur Frage der Überbürdung der Gymnasialschüler. Sie war seit längerem in der Öffentlichkeit kritisch erörtert worden. Neuen Auftrieb erhielt die Auseinandersetzung durch den Medizinalrat Dr. Lorinser aus Oppeln. Sein Appell „Zum Schutz der Gesundheit in den Schulen" (1836) mit konkreten Belegen über die Belastungen fand auch die Aufmerksamkeit des Königs, der auf Abhilfe drängte. Das Ministerium lehnt zu Eingang des Erlasses seine Verantwortung für die Mißstände ab, es stellt jedoch seine Neuordnung des Unterrichts als wirksame Gegenmaßnahme dar. Danach werden einige „Mängel und Gebrechen" aufgezählt und deren Ursachen. Zu ihrer Überwindung sollen die neuen Bestimmungen beitragen:

1) Nach der bisherigen Erfahrung wird den Gymnasien ihre Aufgabe, die ihnen anvertraute Jugend formell und materiell zu einem gründlichen und gedeihlichen Studium der Wissenschaften vorzubereiten und zu befähigen, ungemein dadurch erschwert, daß ihnen zur Aufnahme in die unterste Klasse fortwährend Knaben zugeführt werden, welche nicht die erforderlichen Elementarkenntnisse, oder wegen ihres noch zu zarten Alters nicht das gehörige Maaß von körperlicher und geistiger Energie besitzen.

Es folgen Einzelheiten über die Ungleichheit der Vorbildung, deren Ursache vor allem die mangelhafte Bildung in den bisherigen Elementarschulen sei.

Im Interesse der Elementarschulen wie der Gymnasien will das Ministerium daher anordnen, daß von jetzt an die Aufnahme der Knaben in die unterste Gymnasialklasse nicht vor ihrem zehnten Lebensjahre erfolgen und von ihnen gefordert werden soll:

a) Geläufigkeit nicht allein im mechanischen, sondern auch im logischrichtigen Lesen in Deutscher und lateinischer Druckschrift; Kenntniß der Redetheile und des einfachen Satzes praktisch eingeübt; Fertigkeit im orthographischen Schreiben;
b) einige Fertigkeit, etwas Diktirtes leserlich und reinlich nachzuschreiben;
c) praktische Geläufigkeit in den vier Spezies mit unbekannten Zahlen und in den Elementen der Brüche;
d) elementare Kenntniß der Geographie, namentlich Europas;
e) Bekanntschaft mit den Geschichten des alten Testaments und mit dem Leben Jesu;
f) erste Elemente des Zeichnens, verbunden mit der geometrischen Formenlehre.

Sodann wird körperlich schwachen Kindern und Jugendlichen dringend von den Anstrengungen des Gymnasialunterrichts abgeraten, ebenso minderbemittelten, damit diese nicht durch Nebenarbeiten für den Gelderwerb sich mit ihren Kräften übernehmen.

2) Die Lehrgegenstände in den Gymnasien, namentlich die Deutsche, Lateinische und Griechische Sprache, die Religionslehre, die philosophische Propädeutik, die Mathematik nebst Physik und Naturbeschreibung, die Geschichte und Geographie, sowie die technischen Fertigkeiten des Schreibens, Zeichnens und Singens, und zwar in der ordnungsmäßigen, dem jugendlichen Alter angemessenen Stufenfolge und in dem Verhältnisse, worin sie in den verschiedenen Klassen gelehrt werden, machen die Grundlage jeder höheren Bildung aus, und stehen zu dem Zwecke der Gymnasien in einem eben so natürlichen als nothwendigen Zusammenhange. Die Erfahrung von Jahrhunderten und das Urtheil der Sachverständigen, auf deren Stimme ein vorzügliches Gewicht gelegt werden muß, spricht dafür, daß gerade diese Lehrgegenstände vorzüglich geeignet sind, um durch sie und an ihnen alle geistigen Kräfte zu wecken, zu entwickeln, zu stärken, und der Jugend, wie es der Zweck der Gymnasien mit sich bringt, zu einem gründlichen und gedeihlichen Studium der Wissenschaften die erforderliche, nicht bloß formelle, sondern auch materielle Vorbereitung und Befähigung zu geben.

Hebräisch und Französisch werden prinzipiell abgelehnt. Wegen ihrer Ausrichtung auf bestimmte Verwendungsmöglichkeiten seien sie „dem allgemeinen Zweck des Gymnasiums fremd".

Wenn indessen äußere Gründe rathen, den Unterricht in der Hebräischen und Französischen Sprache auch noch ferner in den Gymnasien beizubehalten, so gehen dagegen jene oben gedachten Lehrgegenstände aus dem innern Wesen der Gymnasien nothwendig hervor. Sie sind nicht willkührlich zusammengehäuft; vielmehr haben sie sich im Laufe von Jahrhunderten als Glieder eines lebendigen Organismus entfaltet, indem sie, mehr oder minder entwickelt, in den Gymnasien immer vorhanden waren. Es kann daher von diesen Lehrgegenständen auch keiner aus dem in sich abgeschlossenen Kreise des Gymnasial-Unterrichts ohne wesentliche Gefährdung der Jugendbildung entfernt werden, und alle dahin zielenden Vorschläge sind nach näherer Prüfung unzweckmäßig und unausführbar erschienen.

Die Vielfalt der Lehrgegenstände sei zur Erreichung der inneren Einheit der Bildung und der gegenseitigen Ergänzung der Fächer unverzichtbar. Sie werde aber die Kräfte der Schüler nicht überbeanspruchen, wenn die gebotenen Grenzen eingehalten würden. Den Direktoren und Provinzial-Schulkollegien wird die Aufsicht darüber besonders eingeschärft.

3) Um ungeachtet der Mannigfaltigkeit der Lehrgegenstände in den Gymnasien die nöthige Einheit im Unterrichte und in der Methode zu bewirken, eine möglichst gleichmäßige Ausbildung der Schüler herbeizuführen, und auch ihnen das lebendige Band, welches alle Lehrgegenstände vereint, fühlbar zu machen und zur geistigen Anschauung zu bringen, hat das Ministerium schon längst für alle Gymnasien das Klassensystem und das Klassen-Ordinariat angeordnet. Bei einer sachgemäßen Durchführung dieses Systems müssen in derselben Klasse die verwandten Lehrgegenstände, nicht, wie bisher, getrennt nebeneinander in verschiedenen Stunden, sondern können in denselben Stunden mit und nach einander behandelt werden. Hiernach scheint es räthlich und thunlich, in den beiden unteren Klassen das Lateinische und Deutsche, sowie die Geschichte, Geographie und Naturbeschreibung, in den mittlern und obern Klassen die Geschichte und Geographie, sowie die Mathematik und Physik zu einander auf die angedeutete Weise in ein näheres Verhältniß zu bringen. Ferner sind zur Vermeidung der wesentlichen Nachtheile, welche für die Einheit des Unterrichts aus der Theilung der Lehrgegenstände in einer und derselben Klasse unter zu viele Lehrer erwachsen, nicht nur die Zweige eines und desselben Lehrgegenstandes und die verwandten Lehrfächer, sondern

auch die einander nahe stehenden Lehrobjekte, so viel als nur irgend möglich Einem Lehrer anzuvertrauen.

Es folgen genaue Vorschriften zur Vereinigung der Fächer in einer Hand.

Damit die Schüler mehr und mehr den wissenschaftlichen Zusammenhang ihrer Lektionen fassen und festhalten, und zum Bewußtsein von der Einheit des Unterrichts gelangen, scheint es dem Ministerium räthlich und thunlich, manche Lehrgegenstände, anstatt sie wie bisher gleichzeitig und auf die verschiedenen Wochentage vertheilt, neben einander herlaufen zu lassen, von jetzt an nach einander in der Art zu behandeln, daß z. B. in demselben Semester und in derselben Klasse zwar Geographie und Geschichte, aber jene in den ersten Monaten ausschließlich, diese allein in den letzten Monaten gelehrt werde.

Außerdem wird empfohlen, nach Art des Epochenunterrichts die Gegenstände im zeitlichen und sachlichen Zusammenhang zu behandeln. Entsprechende Konsequenzen für die Ausbildung der Lehrer werden angedeutet, ferner die Absicht, die Stellung der „Klassenordinarien" zu verbessern und sie als „Oberlehrer" einzustufen.

4) Die gesetzliche und herkömmliche Zahl wöchentlicher Lehrstunden ist, wie die ganze Gymnasial-Einrichtung, eben so wenig auf schwache, als auf vorzüglich begabte, vielmehr auf Schüler von gewöhnlichen körperlichen und geistigen Kräften berechnet. Für diese sind nach vieljähriger Erfahrung und nach dem Urtheile von Aerzten täglich vier Lehrstunden des Vormittags, und an vier Tagen der Woche zwei Stunden des Nachmittags nicht zu viel, zumal da in allen Gymnasien nach der zweiten Stunde des Vormittags und nach der ersten Stunde des Nachmittags den Schülern eine viertelstündige Erholung im Freien gegönnt wird, zwischen jeder der übrigen Lehrstunden eine Pause von wenigstens fünf Minuten erlaubt ist, und zwischen dem vor- und nachmittäglichen Unterrichte eine größere Pause von zwei Stunden eintritt, welche in der Regel nicht zu Geistesarbeiten verwandt wird. Ferner gewähren die zwei freien Nachmittage, die Sonntage und die verschiedenen Hauptferien, welche etwa den sechsten Theil des Jahres einnehmen, kleinere und größere Ruhepunkte, und lassen den Schülern zur Abspannung des Geistes und zur Uebung des Körpers Zeit genug übrig.

Es werden noch einmal die Belastungen der Schüler mit 32 Wochenstunden verteidigt, für den Unterricht regelmäßige Pausen angeordnet und im übrigen die Schulen angewiesen, jährlich genaue Lektionspläne mit Angaben der Lernziele für jede Klasse und jedes Fach einzureichen.

5) Die häuslichen Arbeiten bilden ein nothwendiges Glied in dem Organismus des Gymnasial-Unterrichts. Es reicht nicht aus, daß der Schüler in der Lehrstunde den ihm dargebotenen Stoff in sich aufnehme, sich aneigne, und dem Lehrer gegenüber in der Schule auf geeignete Weise Zeugnis ablege, ob und in wie weit ihm dieses gelungen. Vielmehr muß er die in der Schule begonnene Uebung und Thätigkeit auch außerhalb derselben fortsetzen und in zweckmäßiger Art veranlaßt werden, das in sich Aufgenommene auch wieder darzustellen und seine an den einzelnen Lehrgegenständen gewonnene Bildung durch freie häusliche Arbeiten zu bethätigen. Von Seiten der Gymnasien ist daher eine umsichtige Sorgfalt von Nöthen, daß in Hinsicht der Aufgaben zu diesen Arbeiten überall das richtige Maaß beobachtet, und von den Schülern nichts verlangt werde, was ihrem Bildungsstande unangemessen und mit der pflichtmäßigen Rücksicht auf die Erhaltung ihrer körperlichen Gesundheit unverträglich ist. Um möglichen Mißgriffen in dieser Hinsicht vorzubeugen, ist von jetzt an in allen Gymnasien, wie in mehreren bereits seit längerer Zeit geschieht, zu Anfange jedes Semesters in einer Konferenz für alle Lehrfächer und Klassen Alles, was Gegenstand des häuslichen Fleißes sein soll, nach Reihefolge und Vertheilung der Aufgaben auf die Tage, Wochen und Monate, in möglichster Bestimmtheit zu verabreden und durch Konferenz-Beschluß anzuordnen.

Den Lehrern wird aufgegeben, die Hausaufgaben angemessen vorzubereiten, sie auf ein vernünftiges Maß zu begrenzen und stets die Hausaufgaben der Schüler zu kontrollieren.

6) Bei Feststellung des von den Gymnasien zu erreichenden Ziels sind sechs gesonderte, einander untergeordnete Klassen und einjährige Lehrkurse für die drei untern, zweijährige für die drei obern Klassen in Aussicht genommen. Wie jede Klasse zu dem Gesammtzwecke des Gymnasial-Unterrichts in einem bestimmten Verhältnisse steht, so ist auch jeder ein bestimmtes Ziel gesetzt, zu dessen Erreichung das erforderliche Zeitmaaß gegönnt werden muß.

Nachfolgend wird die Kursdauer der einzelnen Klassen begründet und ein jährlicher Versetzungsturnus empfohlen.

Dem angeordneten Klassensystem gemäß, darf die Versetzung aus einer Klasse in die andere nicht nach einzelnen, sondern muß nach allen Lehrgegenständen erfolgen, es muß folglich jeder, welcher auf Versetzung Ansprüche macht, wenn auch nicht in allen Lehrobjekten durchaus gleichmäßig fortgeschritten, doch in den Haupt-Lehrgegenständen, an welchen sich seine Gesammtbildung am füglichsten prüfen läßt, zu dem für die zunächst höhere Klasse unentbehrlichen Grade der Reife gelangt sein.

7) Ob und in wie weit die Schüler der ersten Klasse die Gesammtbildung, welche den Zweck des ganzen Gymnasial-Unterrichts und das nothwendige Erforderniß zu einem gedeihlichen wissenschaftlichen Studium ist, wirklich erlangt haben, wird durch die Prüfung der zur Universität Abgehenden ermittelt.

Es folgen nähere Ausführungen über die Bedeutung und Durchführung der 1834 neueingeführten obligatorischen Abiturprüfung.

8) Mehrere sachverständige Stimmen äußern, daß die verkehrte Methode, in welcher die Lehrgegenstände nicht selten noch behandelt werden, die wunde Stelle der Gymnasien sei. Zwar wird in aufrichtiger Achtung gegen den gegenwärtigen Lehrstand anerkannt, daß die Lehrstellen an den Gymnasien dem größten Theile nach mit Männern besetzt sind, die sich durch gründliche gelehrte Bildung, durch reges wissenschaftliches Streben, durch ächte Religiösität, Sittlichkeit und Unbescholtenheit des Wandels, durch edle würdige Haltung, so wie durch Fleiß, Gewissenhaftigkeit und Treue in ihrem Berufe auszeichnen. Aber zugleich erhebt sich gegen einen Theil dieser Männer die Anklage, daß, während das Elementarschulwesen in den letzten Jahrzehnten in Hinsicht auf Didaktik und Methodik ungemein verbessert und ein Stand von Lehrern gebildet worden, die wegen ihrer pädagogischen Gewandheit und wegen ihres Geschicks, große Massen zu beleben, in ihrem Kreise sich als Meister zeigen, sehr viele und besonders die jüngeren Gymnasiallehrer das Studium der Pädagogik nicht gehörig beachten, die schwere Kunst des Unterrichtens vernachlässigen, die erfreulichen Fortschritte, welche die Elementarschule in dieser Beziehung gemacht hat, entweder gar nicht kennen, oder doch nicht benutzen, und sich gerade den wichtigsten Teil ihres Berufs, die ihnen anvertrauten Lehrfächer und Klassen in der rechten Methode zu behandeln, nicht gebührend angelegen sein lassen. Eben diesen Lehrern wird zum Vorwurfe gemacht, daß sie in verkehrter Methode aus falscher Gründlichkeit ihre Schüler mit einer erdrückenden Masse materiellen Wissens überhäufen, daß sie in Ueberschätzung des ihnen angewiesenen Lehrfachs sein Verhältnis zu dem Gesammtzwecke, dem es als untergeordnetes Mittel dienen soll, aus den Augen setzen, daß ihnen endlich, indem sie die Lehrweise der Universitäts-Professoren nachahmen, in ihrem Vortrage die belebende Frische und Regsamkeit sowie das Geschick abgehe, sich dem jugendlichen Geiste anzuschließen, seine Bedürfnisse und Kräfte richtig zu würdigen und eine größere Masse von Schülern zu durchdringen und zu

beseelen. Nicht weniger wird behauptet, daß der Erfolg ihres Unterrichts, wie es bei einer so verkehrten Methode nicht anders sein könne, wenig befriedigend sei, und besonders in den alten Sprachen, in der Deutschen Sprache und in der Geschichte zu den großen Anstrengungen, welche sie selbst machen und auch ihren Schülern zumuthen, in keinem Verhältnisse stehe, daß sie aber in großer Selbstverblendung den Grund hiervon ganz und gar nicht in sich selbst, in ihrer Unkenntnis der Methode, in ihrem zweckwidrigen Verfahren, sondern lediglich in der geistigen Stumpfheit, Gleichgültigkeit und Starrheit ihrer Schüler suchen, und deshalb auch nicht müde werden, über die Schlaffheit,den Unfleiß und die Regungslosigkeit derselben Beschwerde zu führen. Solche und ähnliche Anklagen sind nicht blos gegen diesen oder jenen, sondern gegen eine Mehrzahl der Gymnasiallehrer erhoben. Das Ministerium kann sie nach der Natur der Sache aus einer durch unmittelbare Anschauung gewonnenen Erfahrung im Ganzen weder widerlegen noch bestätigen.

Die weiteren Ausführungen legen den Lehrern dringlich nahe, durch eifriges Studium ihr methodisches Können fortzubilden und zu vervollkommnen. Die Direktoren und Aufsichtsbehörden werden angewiesen, in Zukunft stärker auf die methodische Führung des Unterrichts zu achten und die Fortschritte zu kontrollieren.

9) Endlich will das Ministerium noch der körperlichen Uebungen gedenken, deren allgemeine Einführung von der Mehrzahl der Königlichen Provinzial-Schulkollegien und von fast allen Direktoren und Lehrern der Gymnasien nicht nur lebhaft empfohlen, sondern auch als ein unabweisbares Bedürfniß der Gegenwart dargestellt wird. Gewiß verkennt das Ministerium den vielfachen Nutzen regelmäßiger, gehörig geordneter und mit Einsicht geleiteter Leibesübungen nicht, und theilt die Ansicht aller unbefangenen und erfahrenen Freunde der Jugend, daß die körperliche Ausbildung der Schüler in den Gymnasien eben so wenig als die geistige dem Zufall zu überlassen ist, und daß, wo unvermeidlich die meiste Zeit geistigen Uebungen gewidmet werden muß, es desto nothwendiger wird, die für die Körperbildung erübrigten Stunden sorgfältig auszukaufen. Auch kann für die allgemeine Einführung der Leibesübungen bei den Gymnasien geltend gemacht werden, daß der Staat, während er einerseits durch seine gesteigerten Anforderungen bei der Prüfung seiner künftigen Beamten die Jugend schon in den Gymnasien zur Gewöhnung an eine erhöhte geistige Anstrengung nöthigt, andererseits von eben dieser Jugend, um den Beschwerden während des pflichtmäßigen Dienstes im Königlichen Heere gewachsen zu sein, einen gesunden, rüstigen und wohl ausgebildeten Körper verlangt,

und daß es folglich sehr rathsam ist, diese beiderseitigen Forderungen durch eine passende Maaßregel, die allgemeine Einführung geregelter Leibesübungen, zu vermitteln und auszugleichen. Aber nicht ohne Grund kann gefragt werden, ob die körperlichen Uebungen ihrer Natur nach in den Kreis der Gymnasial-Bildung gehören, ob nach der allgemeinen bis jetzt bestehenden gesetzlichen Verfassung des öffentlichen Unterrichts den Gymnasien, und nur ihnen die Verpflichtung obliegt, wie für die geistige, ebenso für die körperliche Erziehung und Ausbildung ihrer Schüler zu sorgen, ob sie Vermögen und Mittel besitzen, die Schwierigkeiten ihrer ohnehin verwickelten Aufgabe noch durch diese neue Sorge zu steigern und zu vermehren, und endlich, ob die Behauptung sich als wahr bestätigt, daß die körperliche Ausbildung der Jugend in den Gymnasien dem Zufall überlassen ist, wenn sie auch künftig wie bisher der pflichtmäßigen Sorge der Eltern anheimgestellt bleibt. Das Ministerium nimmt keinen Anstand, diese Frage im Allgemeinen zu verneinen, und hiervon nur die Gymnasien auszunehmen, welche mit einem Alumnate verbunden, und somit verpflichtet sind, sich statt der Eltern der Sorge auch für die körperliche Ausbildung ihrer Zöglinge zu unterziehen. Von den Gymnasien kann nur verlangt werden, daß sie die körperliche Gesundheit ihrer Schüler während der Lehrstunden möglichst vor jeglichem nachtheiligen Einflusse schützen, und bei den Aufgaben für die häuslichen Arbeiten ihnen die zur Erholung und zu körperlichen Uebungen erforderliche Muße übrig lassen.

Gegen die freiwillige Teilnahme von Schülern an einem freien Turnunterricht oder gegen die Einführung des Turnens als fakultatives Fach will das Ministerium keine Bedenken erheben. Die Kosten müßten von dem Teilnehmer und zusätzlich zum Schulgeld aufgebracht werden.

Indem das Königliche Provinzial-Schulkollegium beauftragt wird, von dem Inhalte dieser Verfügung die Direktoren und Lehrer der Gymnasien seines Bereichs in Kenntnis zu setzen, und alles weiter Erforderliche zu veranlassen, giebt das Ministerium zugleich der zuversichtlichen Hoffnung Raum, daß die umsichtige Durchführung der im Obigen gegebenen Bestimmungen nicht nur manche wesentliche Gebrechen in den Gymnasien beseitigen, sondern auch in Verbindung mit einem Religionsunterrichte, welcher, den Vorschriften des Ministeriums gemäß, den ganzen Inhalt des christlichen Glaubens im rechten Geiste und in angemessener Methode lehrt, neue heilsame Bewegung und frisches Leben in diese Anstalten bringen, und so wenigstens mittelbar der gegen sie aufgeregte Kampf dennoch wohlthätige Früchte für die höhere Jugendbildung tragen werde.

Anlage a: Allgemeine Uebersicht der für die Gymnasien angeordneten Lehrgegenstände und der jedem Lehrgegenstande in jeder Klasse zu widmenden wöchentlichen Stundenzahl.

Lehrgegenstände	Sexta 1jähr.	Quinta 1jähr.	Quarta 1jähr.	Tertia 2jähr.	Secunda 2jähr.	Prima 2jähr.	Gesamt 9 Jahre
Lateinisch	10	10	10	10	10	8	86
Griechisch			6	6	6	6	42
Deutsch	4	4	2	2	2	2	22
Französisch				2	2	2	12
Religionslehre	2	2	2	2	2	2	12
Mathematik			3	3	4	4	33
Rechnen und geometrische Anschauungslehre	4	4					
Physik					1	2	6
Philosophische Propädeutik						2	4
Geschichte und Geographie	3	3	2	3	3	2	24
Naturbeschreibung	2	2	2	2			10
Zeichnen	2	2	2				6
Schönschreiben	3	3	1				7
Gesang	2	2	2	2			10
Zahl der wöchentlichen Lehrstunden	32	32	32	32	30	30	280
Hebräisch für die künftigen Theologen					2	2	+ 8
Turnen ggfs.	2	2	2	2	2	2	+ 18
	34	34	34	34	34	34	max. 306

[6]

FRIEDRICH WILHELM III.

Über Volksbildung und Schule (um 1840)

Friedrich Wilhelm III. (1770–1840), König von Preußen 1797–1840. Pflichttreu, aber unselbständig und ohne tieferes Verständnis für die Ereignisse seiner Zeit, ließ er die inneren Reformen Steins, Scharnhorsts, Humboldts u. a. geschehen, um den Reststaat

Preußen nach dem Zusammenbruch von 1806/07 zu retten, verzichtete aber nach dem Wiederaufstieg Preußens auf eine Fortführung der Reformen und schloß sich der Restaurationsbewegung an.

Quelle: R. Eylert: Charakterzüge und historische Fragmente aus dem Leben des Königs von Preußen Friedrich Wilhelm III. Magdeburg 1843. S. 372 ff.

Ich befinde mich dabei in Hinsicht auf die laut und immer lauter werdende Forderung des Zeitgeistes für die Volksbildung durch Verbesserung der Schulen in einer fatalen Lage, die mich schon oft inquietirt hat. Allerdings ist Volksbildung die Basis, auf welcher die Volkswohlfahrt ruhen muß. Ein vernachlässigtes, rohes, unwissendes Volk kann kein gutes, also auch kein glückliches Volk sein.

Darum habe ich auch in dieser Parthie gern den Zügel schießen lassen, und gegeben und bewilliget, so viel nur möglich ist und der Staatshaushalt zuläßt, – höre auch mit Vergnügen viel Rühmen von den Fortschritten in den Preußischen Landen. Es hat mich in diesen Tagen eine curiose statistische Parallele amüsirt, nach welcher, verglichen mit andern Ländern, in den meinigen die meisten Kinder Unterricht erhalten; dagegen es Gegenden in Europa geben soll, wo noch gar keine Schulen existiren.

Wo sie im besten, blühendsten Zustande sich befinden, drängen sich mir doch allerlei Zweifel und Bedenklichkeiten auf. Kann und darf man bei der Volksbildung fragen: hat dieselbe Grenzen oder nicht? Hat sie keine Grenzen, so darf man auch nicht eingreifen, aufhalten, hemmen, und muß die Sache gehen lassen, wohin und wie weit sie will und kann. Das möchte ich doch nicht unbedingt zugeben! Schwieriger aber wird noch die Antwort, wenn man Grenzen statuirt und dann fragt: Wo liegen sie? und können sie abgesteckt werden? Es ist darüber von den Herren so viel Pro und Contra geschrieben und mir auch zugeschickt, daß ich fast confus geworden bin.

Der König beklagt des weiteren den Meinungsstreit in den Fachkreisen.

Meine Meinung ist die: Jeder Mensch, ohne Ausnahme, hat in jedem Stande als Mensch eine zweifache Bestimmung: eine für den Himmel, die Ewigkeit; die andere für die Erde, seinen irdischen Beruf. Als moralisches, unsterbliches Wesen betrachtet, giebt es für seine sittliche Bildung gar keine Grenzen; die ihm geöffnete Laufbahn ist eine unendliche und ohne Aufhören soll er trachten, immer besser, das heißt: Gott immer wohlgefälliger und dem Heilande immer an reiner Gesinnung ähnlicher zu werden. Nie ist er so gut, daß er nicht noch besser werden könnte, also auch nicht sollte. Und je moralisch-besser er ist, und wachsend wird, desto ruhiger und zufriedener, desto brauchbarer und gemeinnützlicher ist er auch. Die Perfectibilität der menschlichen Natur ist mir das Höchste in ihr, und der klarste Beweis, daß sie von Gott ist, und, von ihm angezogen, wieder zu ihm will und soll. In dieser Hinsicht ist mir Stabilität, die man in unsern Tagen mit dem erschrecklichen Worte „Verdummung“ bezeichnet, in der Seele zuwider, und Alles, was hier Fortschritt heißt, ist mir willkommen, hat stets meine lebhafteste Theilnahme gefunden, und wird, so lange ich lebe und regiere, meine bereitwilligste Unterstützung finden. In dieser Hinsicht kann in Schulen und Kirchen, und durch sie, nie zuviel, nie genug geschehen. Hier zu wecken, anzuregen und zu fördern, wie und wo es nur geschehen kann, ist Verdienst. Alle Schulmänner und Geistlichen, die in dieser reinen Sphäre etwas geleistet, habe ich darum gern, und mehr wie früher geschehen, ausgezeichnet.

So weit ist Alles schön und gut. Aber in dem andern Punkte, den irdischen Beruf betreffend, da bin ich anderer Meinung und muß widersprechen. Die irdische Bestimmung des Menschen gestaltet sich nach der Lage, in welcher er geboren ist, nach den Verhältnissen, in welchen er sich befindet, nach den Anlagen und Fähigkeiten, die ihm verliehen sind, und nach den Neigungen, in welchen er einen bestimmten Beruf wählt. Für diesen Beruf soll und muß er geweckt, belehrt und gebildet werden, so daß er alle Kenntnisse und technischen Fertigkeiten besitze, und (ich habe hier vorzüglich die mittlere und untere Volksklasse im Auge) sei es als Kaufmann, als Fabrikant, als Handwerker, als Oekonom, als Bauer, als Tagelöhner, als Knecht, (ein Jeder auf seiner Stufe) das wisse, was er wissen muß, um seines Berufes froh und Andern nützlich werden zu können.

Man erzeigt aber ihm und der menschlichen Gesellschaft keine Wohlthat, wenn man über die Grenzen seines Standes und Berufes hinaus ihn belehrt, und ihm Kenntnisse beibringt, die er nicht braucht, und Ansprüche und Bedürfnisse anregt und weckt, welche zu befriedigen seine Lage nicht gestattet. Alles kann der Mensch doch nicht lernen, dazu ist des Wissenswürdigen zuviel, und das Leben zu kurz. Jeder lerne nur gründlich und ganz, was er für seinen Beruf wissen muß. Das Mehr ist für den Lebenszweck nicht förderlich, sondern störend und hinderlich. Es nimmt und verdrängt die Ruhe, Gelassenheit und Beschränktheit, die alle mechanischen Berufsarten, wenn sie gelingen sollen, verlangen und voraussetzen. Das Wissen über die Grenzen des Standes und Berufes hinaus macht vorlaut, anmaßend, raisonnirsüchtig. Es führt auf den unglücklichen Standpunkt der Vergleichung und macht, geweckt vom Gefühl gleicher Menschenrechte, unbillig im Urtheil und mißvergnügt in der Stimmung. Statt sich behaglich in seinen Grenzen abzuschließen, erweitern sich dann die Kreise der Wünsche, und das Leben wird unstät und unruhig. Man vermißt, was man nicht hat, und genießt nicht, was man hat. Keine Ordnung in der Welt kann bestehen ohne Unterordnung; verträgt man diese ungern, indem man wähnt, für etwas Höheres geschickt zu sein, so wird das Band der Vorgesetzten und Untergebenen, welches das häusliche und öffentliche Leben zusammenhält, locker, und Allen, die sich bei gesteigerten Ansprüchen ungern fügen und biegen, eine drückende Fessel.

Offenbar ist über das jetzt lebende Geschlecht ein trüber Geist der Unruhe und Aufgeregtheit, der Zerrung und das Jagens, gekommen. Ein Stand will es dem andern gleich und zuvor thun und ein jeder über seine Grenzen hinaus. Woher dieser Drang mit seinen Stacheln?

Bei der immer herrschender werdenden Neigung zum sinnlichen Lebensgenusse und der daraus nothwendig hervorgehenden, immer größer werdenden Armuth, fermentirt zugleich ein Gährungsstoff von unten herauf, der hier und da schon eine drohende Gestalt bekommt und dessen Explosion ich nicht erleben mag.

Ist das Gefühl gleicher Menschenrechte geweckt, muß da nicht in gleichem Maße auch die Kraft geweckt und augebildet werden, die wie die Rechte, so auch die Pflichten, heiliget? Geschieht Jenes, aber Dieses nicht, was wird da das Resultat sein? Die größte Gefahr unserer Zeit ist der mit der Intelligenz wachsende Pauperismus.

Die Cultur der Intelligenz nach allen Richtungen durch Volksschulen ist nicht zu tadeln; aber sie darf nicht das höchste, nicht das letzte Ziel sein. Auf Tüchtigkeit im Berufe, Charakter und Leben, darauf, und darauf allein, kommt zuletzt Alles an.

2. Verfassungs- und Schulkämpfe in der bürgerlichen Revolution 1848

2.1 Die Herausbildung politischer Positionen und Parteien

SIEGFRIED LANDSHUT

Parteien - Ideologie - Konservativismus - Liberalismus - Sozialismus - Klerikalismus

Unter den Auswirkungen der Französischen Revolution bilden sich – mit der Entwicklung der „Gesellschaft" als Gegenüber zum Staat – in ihr bestimmte Profile des politisch-gesellschaftlichen Bewußtseins heraus. Sie entsprechen in etwa den sozial-ökonomischen Interessen unterschiedlicher gesellschaftlicher Gruppen und ihren politischen Einstellungen. Daraus gehen in der Folge zunächst politische Positionen, dann – unter dem Entstehen des Parlamentarismus seit der Julirevolution 1830 – politische Grundeinstellungen hervor. Sie geben den sich allmählich herausbildenden „Parteien" ihr Profil. Abgesehen von bestimmten Modifikationen, die diese im Laufe der Zeiten vornehmen, sind die Parteien bis heute dadurch in ihren politischen Grundhaltungen charakterisiert als konservativ, liberal, sozialistisch oder klerikal. Diese Entwicklung zeichnet S. Landshut in kurzen Zügen nach und beschreibt die politischen Grundeinstellungen des Spektrums der wichtigsten unterschiedlichen Parteiformationen. Demgegenüber artikulieren die Verbände in stärkerem Maße berufs- bzw. standesspezifische Interessen, die sie in den Bereich der politischen Willensbildung einzubringen trachten.

Quelle: S. Landshut/W. Gaebler: Politisches Wörterbuch. Tübingen 1958. S. 173 ff.; 101 ff.; 119; 126 f.; 211 ff.; 114.

Parteien. Auf der Grundlage freien gesellschaftlichen Zusammenschlusses beruhende politische Institutionen, die nicht staatliche Organe sind, aber in den modernen parlamentarischen Demokratien notwendige Zwischenglieder zwischen der Wählerschaft und den Organen des Staates darstellen.

Bis zur zweiten Hälfte des 19. Jh. waren Parteien nur Zusammenschlüsse von an sich selbständigen Parlamentariern, deren Ansichten soweit übereinstimmten, daß sie sich sowohl bei Debatten und Abstimmungen im Parlament, als auch bei Wahlen gegenseitig unterstützten. Sie wurden im Zusammenhang mit der Ausdehnung des Wahlrechts auf immer weitere Kreise der Bevölkerung mehr und mehr zu außerparlamentarischen Organisationen mit einem Stab von Partei-Angestellten (Funktionären), einem festen Mitgliederstamm und einer Stufenfolge von Organen, von der Ortsgruppe bis zur Partei-Führung; denn die für den Gewinn von Parlamentssitzen nunmehr erforderliche Werbung großer Wählermassen ist nur mit Hilfe eines in dieser Weise aufgebauten leistungsfähigen Partei-Apparates zu bewältigen. Ihre Hauptaufgabe liegt also nicht mehr im Parlament, wo die Abgeordneten eine eigene, fast völlig der Partei-Leitung unterworfene Organisation bilden (Fraktion), sondern außerhalb des Parlaments in der Aufstellung von Kandidaten für die Abgeordnetensitze und in der Wählerwerbung. Da ohne Parteien das Volk kein politischer Faktor ist, haben maßgebliche Staatsrechtslehrer (z. B. G. Leibholz) schon die These aufgestellt, daß in den Verfassungen der modernen parlamentarischen Demokratien die Parteien überhaupt an die Stelle des Volkes treten: Sie sind das Volk. Dieser Tatbestand liegt der Aufnahme des Begriffes der Parteien in das Grundgesetz der Bundesrepublik zugrunde, das sie in Art. 21 als Elemente der politischen Willensbildung anerkennt. Im Hinblick auf die Struktur der Parteien unterscheidet man Massenparteien und Rahmenparteien. Die Massenparteien sind Parteien, die eine große Zahl Beiträge zahlender Mitglieder haben, während die Rahmenparteien nur wenige eingetragene Mitglieder haben, aber über eine starke Organisation mit Stab verfügen. Der Unterschied ist von der tatsächlichen Zahl der Wähler unabhängig, spielt aber in der Finanzierung eine Rolle. Die Massenparteien, die ihre Anhänger in den weniger bemittelten Schichten der Bevölkerung suchen, sind auf den regelmäßigen Beitrag zahlreicher Mitglieder angewiesen, während Rahmenparteien auch ohne viele Mitglieder sich aus einzelnen, meist anonymen Spenden finanzieren können. Es gehört zum Begriff der Partei, daß immer eine Mehrzahl von Parteien vorhanden ist. Das Mehrheitswahlsystem und die Einebnung sozialer Unterschiede begünstigen die Entwicklung zu einem Zweiparteien-System, in dem nur zwei große Parteien miteinander konkurrieren, wenn auch daneben noch eine dritte Partei sich durch einen relativ gleichbleibenden Wählerkreis behaupten kann, während das Verhältniswahlsystem zahlreichen Parteien ermöglicht, Abgeordnete ins Parlament zu schicken. Daneben bezeichnen sich aber auch jene Organisationen totalitärer Regimes als Parteien, die nicht im Wettbewerb mit anderen stehen, sondern nur gegenüber einer unzuverlässigen Bevölkerung das Gewaltmonopol einer herrschenden Gruppe sichern sollen (Totalitarismus). Diese Organisationen sind aber dem Begriffe nach keine Parteien, sondern nehmen diese Bezeichung nur aus der Zeit mit hinüber, in der sie noch im Rahmen der parlamentarischen Verfassung mit anderen Parteien konkurrierten.

Ideologie. Eine die gesamte Gesellschaft, den Menschen und die Geschichte umfassende gedankliche Konstruktion, die mit dem Anspruch auftritt, allein die Welt deuten und den Weg zur „wahren" und damit endgültigen Ordnung aufzeigen zu können.

Im engeren Sinne versteht man unter den Ideologien die politischen und sozialen Ordnungskonzeptionen, die in der Auseinandersetzung mit den Ideen der Französischen Revolution, Freiheit und Gleichheit, im ausgehenden 18. und im Laufe des 19. Jh. entwickelt wurden. Hierzu gehören vor allem die liberalistischen, konservativistischen, sozialistischen und nationalistischen Ideologien. Der Ideologie-Begriff in dieser Bedeutung stammt von Napoleon, der die Sozialphilosophen der nachrevolutionären Zeit abfällig als „Ideologen" bezeichnete. Diese Ideologen suchten durch wissenschaftliche Einsicht die Ordnungskriterien einer Gesellschaft zu finden, deren Gliederung in Stände nach den Grundsätzen des alten Rechts und Herkommens und durch Privilegien aufgehoben war. Sollte die alte Gliederung dennoch gelten, so mußte sie ebenso verstandesmäßig begründet (also konstruiert) werden wie jede zukünftige. Zunächst entstanden diese Ordnungssysteme in der Absicht des wissenschaftlichen Selbstverständnisses. Sie wurden aber bald zum Bewußtseinsinhalt je verschiedener, aus der alten ständischen Ordnung sich herleitender Bevölkerungsklassen. Politische Träger der Ideologien mit dem Ziel ihrer Verwirklichung auf dem

Wege parlamentarischer Gesetzgebung, später auch durch Vorbereitung von Revolutionen, waren die politischen Parteien im 19. und beginnenden 20. Jh., mit Ausnahme der amerikanischen Parteien. Aus den theoretischen Systemen entwickelten sich die Parteiprogramme. Mit zunehmender Einebnung der Gesellschaft (Angleichung aller Lebensbedingungen) verlieren die Ideologien heute ihre Anziehungskraft und Bedeutung. Die Parteien der parlamentarischen Demokratien sind daher bemüht, eine neue Basis für ihre Identität zu finden, indem sie die alten Programme aufgeben („Entideologisierung").

Konservativismus. Allgemein eine gegen revolutionäre Bestrebungen gerichtete Tendenz, die auf Bewahrung einer überkommenen Ordnung abzielt.

Im engeren und ursprünglichen Sinne ist der Konservativismus die Gegenposition zu den Prinzipien der Französischen Revolution von 1789. Er entsteht zu Beginn des 19. Jh. im Widerstand gegen die auf diesen Prinzipien basierenden politischen und gesellschaftlichen Bestrebungen und Theorien, die er zu bekämpfen versucht, indem er ihnen eine eigene Theorie entgegenstellt. Den Kern der konservativen Theorien bildet der sog. Legitimismus, d. h. die theoretische Rechtfertigung der monarchischen Legitimität. Mit diesem Versuch jedoch, das, was nur in der Tradition der ursprünglichen Ordnung verbindliche Kraft besaß, rational, d. h. durch gedankliche Konstruktionen zu begründen, nimmt der Konservativismus den Charakter der von ihm bekämpften, gleichfalls aus abstrakten Prinzipien abgeleiteten Theorien an und wird wie diese zur ideologischen Rechtfertigung einer politischen Richtung. Zu den einflußreichsten Theoretikern des Konservativismus gehören de Maistre (1753–1821), Gentz (1764–1832), Adam Müller (1779–1829) und F. J. Stahl (1802–1861). Gegen Ende der 20er Jahre hat sich der Begriff „konservativ" erweitert, indem er jedes Bestreben und jede Haltung in Geschichte und Gegenwart bezeichnet, die sich gegen willkürliche Veränderungen auf allen Lebensgebieten richten.

Liberalismus. Die in der zweiten Hälfte des 18. Jh. als oppositionelle Bewegung gegen die Reglementierungen und Bevormundung der absoluten Monarchie verbreitete Auffassung von der freien Selbstbestimmung des Menschen als seiner höchsten Aufgabe.

Der Liberalismus bildet noch heute die Grundlage für die Ordnung des öffentlichen Lebens in der „westlichen" Welt. Seinen repräsentativen Ausdruck hat er in Frankreich in der Erklärung der Menschen- und Bürgerrechte (1789), in England in der ökonomischen Theorie (A. Smith, Ricardo) und in der Gesellschaftsphilosophie von J. Bentham gefunden. Wesentlich ist für den Liberalismus die Auffassung, daß durch das freie

Spiel der Kräfte eine Harmonie, ein Zustand des Ausgleichs als natürliches Resultat hervorgerufen werde. Freier Wettbewerb, allgemeine Diskussion, ein von keinerlei Voraussetzungen begrenzter Geist der Kritik, freier Selbstausdruck des Individuums sind die Forderungen, die sich für Wirtschaft, öffentliche Meinung, Wissenschaft und Erziehung aus der liberalen Auffassung ergeben. Der Gesellschaft, dem an sich unbegrenzten freien Spiel der Kräfte, steht der Staat als das von allen anerkannte System der Gesetze gegenüber, dessen Aufgabe es ist, die Freiheit der Gesellschaft zu sichern. Darum gehören zum liberalen Staat 1. das Prinzip der Gewaltenteilung, 2. eine schriftlich fixierte Verfassung, 3. ein Parlament als Stätte der vernünftigen Gesetzgebung aus freier Diskussion, 4. Auslese derer, die in ihrer Person die Gesamtheit repräsentieren, durch freien Wahlkampf. Der heutige Neoliberalismus ist die mit vielen demokratischen Elementen durchsetzte Gegenbewegung gegen den modernen Staatsabsolutismus. Im Unterschied zum ursprünglichen Liberalismus billigt er auch dem Staat eigene Aufgaben des wirtschaftlichen und sozialen Ausgleichs zu. Das liberale Erbe ist aber immer noch in einer Reihe von Verfassungselementen enthalten: die Institution des Abgeordneten als eines Repräsentanten, der nicht an Aufträge und Weisungen gebunden und nur seinem Gewissen unterworfen ist (Art. 38 GG) ebenso wie der Versuch, unantastbare Menschenrechte in Form der Grundrechte wenigstens in ihrem „Wesensgehalt" (Art. 19, Abs. 2 GG) zu erhalten. In der Ökonomie findet die Richtung des Neoliberalismus in der Lehre von der „sozialen Marktwirtschaft" ihren Ausdruck.

Sozialismus. Die nach der Französischen Revolution von 1789 einsetzende Bewegung mit dem Ziel, das ursprüngliche politische Prinzip der Gleichheit (staatsbürgerliche Gleichheit) auch auf den Bereich der Gesellschaft auszudehnen.

Kennzeichnend für alle Theorien des Sozialismus ist die Vorstellung, daß die bestehende gesellschaftliche Ordnung ungerecht sei und deshalb an ihre Stelle eine gerechte Ordnung treten müsse, d. h. ein Zustand, in dem es keine Ungerechtigkeit geben könne. Während die ersten sozialistischen Theoretiker in Frankreich und England sich vor allem darum bemühten, diesen zukünftigen Zustand zu beschreiben und die Mittel zu seiner Verwirklichung zu ersinnen, hat die Lehre von Marx dem Sozialismus eine völlig neue Richtung gegeben, als sie zu beweisen versuchte, daß die Bewegung in einer geschichtlich-gesellschaftlichen Wirklichkeit ihren Ursprung hat, die sich unabhängig von menschlicher Willkür und gedanklicher Planung entwickelt (Historischer Materialismus). Marx hat den vor ihm entwickelten Theorien die Bezeichnung „kritisch-utopischer Sozialismus und Kommunismus“ verliehen und ihnen seine eigene Lehre als „wissenschaftlichen“ Sozialismus entgegengesetzt. Alle späteren Richtungen sind so wesentlich von den Marxschen Gedanken beeinflußt, daß man heute den eigentlichen Beginn des Sozialismus erst mit der Lehre von Marx datiert und alle vor Marx entwickelten Theorien unter der Bezeichnung „Frühsozialismus“ zusammenfaßt. Geht man allerdings davon aus, wie die sozialistischen Theorien und Ideen der Verwirklichung des Sozialismus sich zu der jeweilig vorhandenen politischen Verfassung bzw. zum Staat überhaupt verhalten, so kann man vier verschiedene Richtungen unterscheiden: a) den utopischen Sozialismus, der innerhalb der bestehenden politischen Verfassung aus der Bildung freier kommunistischer Gemeinschaften (Kommunismus) oder neuer Produktions- und Verteilungsformen (Genossenschaften, Tauschbank usw.) eine neue Gesellschaftsordnung bilden will, b) den revolutionären Sozialismus, der die sozialistische Gesellschaft nach einer Revolution und der darauffolgenden „Diktatur des Proletariats“ kommen sieht, c) den Staats-Sozialismus, der einen gleichmäßigen Wohlstand durch staatliche Regelungen erreichen will, wobei der Staat von sich aus die Notwendigkeit dieser Maßnahmen einsehen soll, und d) den reformistischen Sozialismus, der als politische Bewegung innerhalb der parlamentarischen Demokratie durch Gewinnung der Mehrheit der Sitze, also ohne revolutionären Umsturz, zur Aufhebung der kapitalistischen Gesellschaftsordnung kommen will. Während die auf Grund der Theorien des utopischen Sozialismus unternommenen Versuche alle nach kürzerer oder längerer Zeit gescheitert sind, haben die staatssozialistischen Gedanken schon in der Gesetzgebung der konstitutionellen Monarchie (Fabrikgesetze, Arbeitsrecht, Sozialgesetzgebung) ihren Niederschlag gefunden. Die Marxsche Lehre fand ihren Träger in der internationalen Arbeiterbewegung, die mit der von Lassalle 1862 gegründeten Internationalen Arbeiterassoziation ihre erste konkrete Organisation bildete. Bis zu Beginn des 20. Jh. verstärkt sich trotz vieler unterschiedlicher Organisationen mit verschiedenartiger Zielsetzung (Trade Unions, Labour Party, Genossenschaftsbewegung mit und ohne Staatskredite usw.) die Tendenz, alle Richtungen international zusammenzuschließen (Internationale) und im Sinne der Marxschen Lehre zu führen. So werden auch die Begriffe Sozialismus und Kommunismus unterschiedslos gebraucht. Nach der Jahrhundertwende bildete sich eine gemäßigte Richtung heraus (Revisionismus unter E. Bernstein), die nach der bolschewistischen Revolution von 1917 zu einer Trennung in den Sozialismus sozialdemokratischer Richtung (reformistisch) und Kommunismus (revolutionistisch) führte. In Deutschland hatte dies die Bildung zweier sozialistischer Parteien zur Folge (USPD, später KPD, und SPD), von denen die SPD sich in der Weimarer Republik in die

Lage versetzt sah, zusammen mit den bürgerlichen Parteien die Regierung zu bilden und für die Erhaltung der bestehenden Ordnung einzutreten. Als Folge der bedeutenden sozialen Umschichtung im zweiten Drittel unseres Jahrhunderts hat sich die Einstellung der Sozialdemokratie zu den Fragen der Wirtschaft und Gesellschaftsordnung fast in allen Ländern so stark geändert, daß die marxistische Ideologie mehr und mehr bedeutungslos wurde. Nur noch einige Programmpunkte der sozialdemokratischen Parteien (Verstaatlichung des Gesundheitswesens, Verstaatlichung der Grundstoffindustrien, Mitbestimmungsrecht der Arbeiter) lassen sich aus den ursprünglichen sozialistischen Theorien ableiten. In manchen Ländern (z. B. Frankreich, Italien, Finnland) beeinflussen die Spannung und der Wettbewerb um die Wähler zwischen der sozialdemokratischen und der kommunistischen Richtung des Sozialismus die parlamentarische Stellung der Sozialdemokratie, so daß dort die nichtkommunistischen sozialistischen Parteien mehr als in anderen Ländern wesentliche Punkte der Ideologie beibehalten haben.

Klerikalismus. Seit dem vorigen Jahrhundert als politisches Schlagwort gebrauchte abfällige Bezeichnung für eine Politik, die einseitig die Interessen der Kirche (insbesondere der katholischen) vertritt.

2.2 Die schulpolitischen Interessen unterschiedlicher politisch-gesellschaftlicher Kräfte

[7]

WILHELM JAKOB GEORG CURTMANN

Vereinfachung und Stätigkeit des äußeren Schulorganismus (1847)

W. J. G. Curtmann (1802–1871), liberal-konservativer Schulpolitiker. 1830 Gymnasialdirektor in Worms, 1833 Realschuldirektor in Offenbach, 1841 Direktor des evangelischen Lehrerseminars in Friedberg. Einflußreich durch zahlreiche Publikationen zur Mädchenbildung, zur Reform der Volksschule und zu schulorganisatorischen Grundfragen.

Quelle: W. J. G. Curtmann: Die Schule und das Leben. Eine gekrönte Preisschrift. 2. Auflage Friedberg in der Wetterau 1847. S. 172ff.

Curtmann kritisiert die Leichtfertigkeit, mit der neue Schulgesetze vom grünen Tisch aus entworfen werden. Er fordert, bei den Planungen auch „das längst erprobte Gute“ zu berücksichtigen.

Hier nur einige Hindeutungen als Erläuterungen der Behauptungen.

Hätte man es schon früher als einen Grundsatz einer guten Schulorganisation anerkannt, „jeder Schule nach ihrem Bedürfniß und ihrer Tendenz einen bestimmten äußeren Charakter aufzuprägen", so würde der leidige Streit zwischen Humanismus und Realismus niemals diese Bedeutung erlangt haben; es würden nicht Simultanschulen errichtet worden sein, wo die Konfessionsschulen ganz gut versorgt waren; man würde überhaupt eingesehen haben, daß Verallgemeinerung nicht allemal Verbesserung ist. In einander verschwimmende Tendenzen werden nicht stätig verfolgt und von den vielen Zielen zuletzt keines erreicht. Deßhalb mache man das Gymnasium nicht zur Realschule, die Realschule nicht zum Halbgymnasium und die Volksschule zu keinem von Beiden. Wo es der äußeren Bedingungen wegen angeht, da trenne man zeitig die Schüler nach dem wahrscheinlichen Lebensberuf, doch nur im Großen nach den Hauptrichtungen, nicht daß der Krämersohn von Kindheit an blos addire und Pfeffer wiege. Denn ist der Mensch gleich desto tüchtiger für seinen Beruf, je bestimmter er sich von Anfang demselben gewidmet hat, so ist ja doch das Brod-Gewerbe oder -Studium nicht der einzige Beruf, welcher ihm obliegt. Es gibt daneben auch Pflichten als Mensch, als Christ, als Bürger, als Familienglied, welche entweder jenen engeren Berufspflichten voranstehen, oder beigeordnet sind, und deren Vorbereitung und Erkenntniß um so mehr in die Schule zu verweisen ist, als das spätere Leben mit seiner materiellen Engherzigkeit eine Thätigkeit für solche Pflichten nicht leicht aufkommen läßt. Könnte man über den künftigen Lebensberuf der Knaben mit Sicherheit entscheiden, könnte man z. B. schon vom sechsten Lebensjahr an kaufmännische Schulen errichten, so müßte deshalb doch in diesen Schulen alles Das getrieben werden, was man jetzt in Realschulen treibt, weil der Kaufmann immer noch Etwas mehr sein soll, als Kaufmann.

Aber es gibt Kategorien des künftigen Berufes, welche sich von Natur aus, oder doch durch deutlich ausgeprägte Verhältnisse sehr frühzeitig scheiden, und welchen man unbedenklich besondere Schulgattungen widmen kann. So fordert die Natur frühzeitige Trennung der Geschlechter, wo es ohne andere überwiegende Nachtheile geschehen kann; nicht eben wegen der sittlichen Gefahr, welche auf dem Lande wenigstens gar nicht vorhanden ist, sondern wegen des verschiedenen Charakters und der abweichenden Bedürfnisse der Geschlechter. Es muß ein gar derb fühlender Lehrer sein, welcher Knaben und Mädchen auf die nämliche Weise behandelt, und ihnen den nämlichen Unterricht ohne Modifikation ertheilt. Schon in den niedrigsten Ständen und auf der ersten Altersstufe muß Das hervortreten, wieviel mehr in den höheren, feiner gebildeten Ständen und in den Jahren der herannahenden Reife! Ich bin überzeugt, daß die

Zeit kommen wird, wo sogar unter den Lehrern ein Unterschied gemacht, und einem und demselben nicht zu gleicher Zeit die Fähigkeit Knaben oder Mädchen zu unterrichten zugeschrieben werden wird, oder wo vielmehr die Erziehung der Mädchen größtentheils in die Hände besonders ausgebildeter Lehrerinnen übergehen muß.

Ebenso scharf und noch schärfer müssen sich die drei Hauptgattungen: Gymnasium, Realschule und Volksschule scheiden, und die vermittelnden Halbheiten unserer Zeit werden vor der Erkenntniß weichen: daß gut kultivirte Felder von festen Marksteinen umgeben sein müssen.

Es folgen Ausführungen über die Notwendigkeit der Realschulen.

Soviel sieht man aber deutlich: Die Eintheilung der Schulen in Gymnasien, Realschulen und Volksschulen ist eine Scheidung nach dem Stande und der Lebensweise, keineswegs eine willkürlich ersonnene. Man besorge deßhalb aber auch nicht sogleich die Entstehung eines neuen Kastengeistes, wenn die Stände schon in den Schulen getrennt werden. Die Trennung besteht faktisch doch, und wird nur desto fühlbarer, je weniger sie geregelt ist. Sitzt das Kind des armen Taglöhners auf derselben Schulbank mit dem des reichen Kaufmanns, so wird dadurch keine Freundschaft, sondern eher Erbitterung zwischen sie gepflanzt. Der Arme sieht mit Neid die bessere Kleidung und Nahrung des Reichen, weil er sie in der Nähe sieht, weil er täglich zu Betrachtungen darüber genöthigt ist, weil er die mangelnden inneren Vorzüge des äußerlich Bevorzugten deutlicher wahrnimmt oder wahrzunehmen glaubt. Umgekehrt wächst der Hochmuth des Wohlhabenden, indem er die Vortheile seiner äußeren Verhältnisse auf Rechnung seiner Persönlichkeit schreibt, indem er z. B. seine größere Sprechfertigkeit als den Beweis eines höheren Verstandes, die äußerliche Plumpheit des Armen für Dummheit auslegt. Auch der Lehrer befindet sich bei solcher Stände-Mengung in Verlegenheit; er muß besorgen ungerecht zu erscheinen, wenn er die größere Gewandtheit des wohlhabenden Kindes anerkennt, oder die Rohheit des ärmeren, so unverschuldet sie auch sein mag, tadelt; er weiß nicht, soll er rasch fortschreiten zum Vortheil der Einen, oder immer wieder auf denselben Punkt zurückkehren im Interesse der Andern. Kurz jeder Theil ist durch eine solche Zusammenpressung des Ungleichartigen verletzt, und die Schule selbst ist durch ihre naturwidrige Organisation alles günstigen Erfolges beraubt. Similia similibus gaudent haben schon die Alten gewußt, warum wollen denn ihre Verehrer, die Philologen diese Wahrheit nicht auf Schulorganisation angewandt wissen? Warum soll der künftige Zuckerfabrikant neben dem künftigen Justizrathe hinter der nämlichen Grammatik schwitzen, blos deßwegen etwa, weil es früher nicht zweierlei Grammatiken gab? Alle Schulgattungen werden gleichmäßig durch feste Gränzbestimmung und Verdeutlichung ihrer Tendenz gewinnen; wetteifern mögen sie, aber nicht in einander übergreifen, nicht einander die Sonne verdunkeln. Selbst innerhalb der weiteren Kreise des Gymnasiums, der Realschule und der Volksschule werden sich allmählich engere Kreise schattiren, wo das Bedürfniß es fordert, oder die äußeren Verhältnisse es erlauben. Nicht nur das Progymnasium wird sich von dem Gymnasium nach Ort und Personen scheiden; denn die Lehrer des Ersteren werden selten auch für das Letztere tauglich sein; es ist ja zweierlei: Konjugationen lehren und den Sophokles erklären. Auch die Realschule wird ihre eigne Vorschule erhalten und nicht länger die Volksschule dafür nehmen. Diejenigen Kinder, welche noch eine Zukunft des höheren Unterrichts haben, müssen schon in dem Elementarunterrichte rascher geführt, und in ihren Geist Keime zur weiteren Entfaltung gepflanzt werden, welche in der Schule des Elementarunterrichts ersticken würden. Kann man auch nicht allenthalben Realschulen von längerer Unterrichtszeit errichten, der Charakter einer höheren Bildung für die nicht arbeitenden und doch nicht gelehrten Klassen, wird darum doch nicht verwischt, und wenn auch die städtische Volksschule oft genug nahe an die eigentliche Realschule angränzt, sie fällt gleichwohl nicht mit derselben zusammen. Darum aber sollten auch die Lehrer der unter günstigen Verhältnissen weiter entwickelten Realschulen der Handelsstädte nicht sogleich wieder zu der kaum überwundenen Exklusivität zurückkehren, und nicht behaupten, diese oder jene Anstalt gehöre nicht zu den Realschulen, weil sie ihre Schüler früher zu entlassen genöthigt ist. Man kann in sehr verschiedenem Umfange abrunden. Der Idee nach umfaßt die Realschule alle Anstalten, welche nicht auf Handarbeit oder auf Kopfarbeit ausschließlich vorbereiten, sondern eine freiere Bildung für die Gegenwart beabsichtigen, ohne den historischen Weg durch Rom und Athen einzuschlagen. Es ist Liebe zum Volke, nicht Geringschätzung, wenn man seine kindliche Sphäre nicht durch Aufnahme allerlei fremder Fermente stören will. Die Nachwelt wird sich über den Liberalismus wundern, welcher sich scheut, jedem Stande seine eigene Elementarschule zu geben, während man im Theater und allenthalben je nach der Zahlung Logen-, Parterre- und Galerie-Plätze anweist. Dort fordert das Interesse der Bildung eine Scheidung, und man trägt Bedenken; hier das Interesse der Klasse, und man findet gar keinen Anstoß.

Für das Talent aber, für die seltene Gottbegabtheit bleibt nach wie vor der nämliche Ausweg. Es hat sich zu allen Zeiten bemerklich gemacht, und es hat zu allen Zeiten Leute gegeben, welche es erkannt und gepflegt haben. Freistellen für ausgezeichnete Kinder unbemittelter Eltern sollten an jeder höheren Schule vorbehalten bleiben, und sind gottlob auch meistens vorbehalten. Damit ist aber noch nicht Viel gethan, wenn nicht Menschenfreunde sich der Tüchtigsten noch weiter annehmen. Dies ist das Feld der Privat-Wohlthätigkeit, welches man nicht durch öffentliche Vorkehrungen allzu sehr schmälern sollte. Wo man versucht ist zu glauben, daß der Staat Alles thue und thun könne, da erschlafft die Kraft und der Gemeinsinn der Einzelnen gar zu leicht, und der theilnahmlose Egoismus wird herrschende Gesinnung. Davor bewahre uns aber der Himmel! Vielmehr wollen wir Vereine gründen, um da, wo die Kraft oder die Befugniß des Staates aufhört, uns anzuschließen und das Gute zu vollenden. Und gewiß wird durch Unterstützung der Privaten auch sicherer Talent und Pietät gepflegt als durch die Stipendien des Staates, welche weder Dank noch Berufung hervorrufen.

Es folgen Ausführungen über Lehrpläne, Ferienordnung, Repetitionen, Auswahl der Schuldirektoren.

[8]

FRIEDRICH ADOLPH DIESTERWEG

Was fordert die Zeit? (1848)

Friedrich Adolph Wilhelm Diesterweg (1790–1866), Lehrer, Seminardirektor in Moers und Berlin, gehörte zu den bedeutenden liberal-demokratischen Schulpolitikern des 19. Jahrhunderts. Er setzte sich nachhaltig für die Lehrerschaft, für bessere Ausbildung, geistige Selbständigkeit, soziale Anerkennung und wirtschaftliche Förderung ein. 1847 wurde Diesterweg wegen seiner politischen Haltung zur Disposition gestellt, 1850 in den Ruhestand versetzt. Als Abgeordneter der Fortschrittspartei trat er seit 1858 im preußischen Abgeordnetenhaus für die Lehrer und für die Volksbildung ein und bekämpfte die Raumer-Stiehlschen Regulative.

Quelle: F. A. W. Diesterweg: Sämtliche Werke. 1. Abteilung: Zeitschriftenbeiträge. VII. Band. Aus den „Rheinischen Blättern für Erziehung und Unterricht“ von 1846–1848. Bearbeitet von Ruth Hohendorf. Berlin-Ost 1964. S. 358ff.

Diesterweg geht aus von einem Rückblick auf die Jahrzehnte nach dem Wiener Kongreß, die er als eine „furchtbare Zeit“, als „System der Bevormundung“ bezeichnet. Das Jahr 1848 ist das Jahr der Wende, weil es der freien Entwicklung auf allen Lebensgebieten die Tore öffnet. An die Lehrer sind besondere Forderungen gestellt.

In dieser Zuversicht begrüßen wir die neue Zeit, weil sie offen auszusprechen erlaubt und anerkennt, was bereits war. Wir verstehen ihre Mahnung und werden sie zu würdigen wissen. –

Was fordert sie weiter vom Lehrer?

Erkenntnis der gegenwärtigen Lage, in die wir uns hineinversetzt sehen, sowohl in allgemein-bürgerlicher wie in pädagogischer Beziehung.

Unsere Lage ist eine neue; wir müssen uns an sie gewöhnen, wir müssen sie gebrauchen lernen. Dazu gehört, als erstes Erfordernis, daß wir sie richtig erkennen. Aus Untertanen sind wir freie Bürger geworden. Bisher war nur der Grundbesitz vertreten, und die Landtagsabgeordneten wurden nach Ständen gewählt. Jetzt übt jeder preußische Bürger das Wahlrecht, die Ständevertretung hat der allgemeinen Volksvertretung Platz gemacht. Jeder Mündige kann wählen, jeder Dreißigjährige kann zum Abgeordneten erwählt werden. Keine Nation der Welt besitzt ein Wahlgesetz auf so breiter Grundlage.

Diesterweg lobt in einem Exkurs die jetzt gegebene Gedankenfreiheit und das „unbeschränkte Assoziationsrecht" als „kostbarste Errungenschaften der neuen Zeit".

In diese und viele andre Verhältnisse muß man sich hineingewöhnen. Sie sind uns neu, kommen uns ungewohnt und fremd vor, der Gedanke an Polizei, Behörden, Vormünder beschleicht einen, man mag es wollen oder nicht. Von Jugend auf waren wir gewohnt, überall zu fragen, ob dies, ob das, ob jenes auch erlaubt sei; was dazu sagen möge: der Herr Bürgermeister, der Herr Prediger, der Herr Superintendent, der Herr Landrat, der Herr Regierungsrat usw. usw.; aber die Schlagbäume sind gefallen. Wir müssen uns an die Freiheit gewöhnen.

Was fordert die Zeit vom Lehrer?

Sie fordert, daß er die ihm zustehenden Rechte zur Entwickelung seiner Sache (der Schulsache) gebrauche.

Erst erkennen und einsehen, dann handeln! Jenes ist unumgänglich notwendig zu diesem, hat aber keinen Wert, wenn es nicht zu diesem führt.

Zweierlei liegt hier zunächst den Lehrern vor:

1. daß sie frei, nach gründlicher Überlegung und ohne Menschenfurcht aussprechen, was sie im allgemeinen und im besonderen für ersprießlich und heilsam erachten;

2. daß sie sich in selbständigen, freien Vereinen zusammentun, um über ihre Angelegenheiten frei zu beraten und in Gemeinschaft zu handeln.

Beide Forderungen sind untrennbar miteinander verbunden; freie Meinungsäußerung, freie Vereinigung. Durch letztere wird jene in der vorzüglichsten Weise gefördert; der freie Verein ist die Mutter und die Stätte der freien Meinungsentwicklung und Äußerung. Darum müssen die Lehrer allüberall zur Bildung freier Vereine fortschreiten. Keine Zeit verloren, die Augenblicke sind kostbar.

Mit zornigen Worten beschreibt Diesterweg „die Misere vieler sogenannter Konferenzgesellschaften" und die bisherige Unterdrückung des Lehrerstan-

des durch Obrigkeit und Geistlichkeit. Er fordert die Lehrer auf, „jetzt das Panier der Wahrhaftigkeit, Offenheit, Rechtschaffenheit, Freiheit“ zu erheben, vor allem aber „dem Pfaffentum ein Ende zu machen, es, wo möglich, mit Stumpf und Stiel auszurotten“. Der Text endet mit einer Frage an die Lehrer:

Was sollen denn die Lehrer wirken, was fordert die Zeit von ihnen?

Ich sage für diesmal nur dies:
Sie sollen für eine vollständige Organisation der Volksschule sorgen. Sie können dieselbe nur beantragen, aber dieses ist das Minimum, was von ihnen erwartet wird. Folglich müssen sie die Sachen beraten, in freien Vereinen beraten.

Zu einer vollständigen äußeren Organisation der Volksschule gehören nach meiner Auffassung folgende Stücke:

1. Die Schule ist, wie sie einen Zweck, ein Ziel hat, ein Ganzes, sie hat einen Herrn, welcher jetzt kein andrer sein kann als der Staat – die Schule ist Staatsanstalt.
2. Das Schulgesetz (Unterrichtsgesetz, Gesetz für die öffentliche Erziehung usw.) wird von den Vertretern der Nation festgestellt.
3. Die Kosten des öffentlichen Unterrichts werden aus Staatsmitteln bestritten (welche durch eine Einkommensteuer usw. zusammengebracht werden).
4. Der öffentliche allgemeine Unterricht ist für die Jugend aller Stände der eine und gleiche, der konfessionelle Unterschied der Eltern kommt in keinen Betracht, die Konfessions- oder Kirchenschulen werden aufgehoben.
5. Die Lehrer werden in Staatsanstalten und, wie sich nun von selbst versteht, volkstümlich gebildet, im Namen des Staats angestellt und aus Staatsmitteln besoldet.
6. Das den Lehrern von den Volksvertretern auszuwerfende Gehalt muß als Minimum so viel betragen, daß eine Lehrerfamilie davon leben kann. Die Lehrer steigen auf nach Alter und Verdienst, und für die dienstunfähig gewordenen wird gesorgt.
7. Die Schule wird von Sachverständigen (die aus dem Lehrerstande selbst hervorgegangen sind) geleitet.
8. Die Lehrer werden in (Schul-)Synoden vereinigt. Jeder Lehrer ist Mitglied seiner Kreis-Schulsynode, die sich jährlich einmal (oder im Anfange mehrmals) unter Leitung des Kreisschulinspektors zu gemeinsamen Beratungen und Anträgen versammelt. Die Kreissynodalen ernennen ihren Vertreter in der alle zwei oder drei Jahre sich versam-

melnden Provinzialsynode und diese ihren (oder ihre) Deputierten zur Reichs-Schulsynode.

Hiermit schließe ich. Einem von dem Hauche der Zeit angeweheten Lehrer braucht man nicht zu sagen, was er zu tun hat. Und bei dem nicht Angeweheten ist ohnehin alles verloren. Ich habe in aller Eile (wer in der Hauptstadt hat jetzt ruhige Stunden?) meine Gedanken und Vorschläge niedergeschrieben. Nur zur Überlegung, zum Bessermachen. Aber dies laßt Euch noch gesagt sein: Wer da meinen sollte, mit der allgemeinen Volksvertretung sei es genug, eines mehreren bedürfe es nicht, der befindet sich in einem traurigen Irrtum. Das Prinzip der freien Konstituierung und Organisierung muß alle Lebenskreise durchdringen, jeder muß ein lebendiges Glied sein in seinem Organisations- und Lebenskreise. Darauf folgt, daß jeder zur Herbeischaffung und Einführung dieser Lebenskreise tätig sein müsse. Die freie Volksvertretung geht von unten aus, von der breitesten Basis aus. So muß auch die Lehrerorganisation von unten ausgehen, an, mit und durch jeden einzelnen beginnen. Wohlan, die Bahn ist geöffnet, keiner ist von dem Wettkampfe ausgeschlossen; preisen wollen wir den, der am meisten leistet.

Berlin, 6. April 1848.

[9]

FRIEDRICH CHRISTIAN GEORG KAPP

Aufruf zur Umgestaltung der deutschen Nationalerziehung (1848)

F. Ch. G. Kapp (1792–1866), nach dem Studium der Theologie, Philosophie und Philologie Privatdozent an den Universitäten Erlangen und Bonn. Mitarbeit an den Erziehungsinstituten Pestalozzis in Hofwyl und Iferten. Leiter einer Privaterziehungsanstalt in Würzburg. 1821 Gymnasiallehrer, seit 1824 Direktor des Königlichen Gymnasiums zu Hamm. Frühzeitiges Eintreten für eine liberal-demokratische Schulpolitik. Enge Verbindung zu Diesterweg, Wortführer der liberalen Gymnasiallehrer in Preußen. 1848 Mitarbeit an den Schulartikeln der Reichsverfassung und Mitbegründer des Allgemeinen Deutschen Lehrervereins. 1852 vorzeitige Pensionierung wegen „offenkundiger Agitation im demokratischen Sinne" (Ministerium) und „weil ich mit unserer jetzigen höheren Schulverwaltungsmaxime nicht mehr im Einklang bin" (Kapp).

Quellen: Dr. Friedrich Kapp: Aufruf zur Umgestaltung der deutschen Nationalerziehung. 2. Auflage Arnsberg 1848. S. 7 ff. – H. Knape: Der Gymnasialpädagoge F. Ch. G. Kapp und seine Bedeutung für die westfälische Bildungsgeschichte. Gütersloh 1940.

§ 1. Man hat bisher unter dem Schein der Intelligenz die Intelligenz selbst gewaltsam auf ein beliebiges Maß zurückführen wollen. Eine solche Brutalität darf nicht wieder vorkommen. Sie hat am meisten in dem Gebiete des Volksunterrichts geschadet. Die überraschten, die bestürzten Völker verstehen den Gruß der Freiheit nicht mehr, der Mutter und zugleich der Tochter menschlicher Bildung.

§ 2. Soll aber die unfrei gewordene Bildung wieder frei werden und wahrhaft befreiend wirken, so muß sich der gesammte deutsche Lehrstand durch den einfachen Act eines autonomen Willens selbst erst befreien. Erst dadurch wird er sich zur vollen Würde und Ehre eines, den übrigen an der Staatsarbeit betheiligten Ständen durchaus gleich berechtigten und ebenbürtigen, folglich allgemeinen Standes erheben können.

§ 3. Diese gleiche Berechtigung, Ebenbürtigkeit und Allgemeinheit geht ihm ab, so lange er noch in allen Stufen seiner Wirksamkeit von Mitgliedern anderer Stände geleitet, beaufsichtigt und vertreten wird.

§ 4. Der Lehrstand fordert daher, daß die Volksschulen von der ausschließlichen Leitung der niedern Geistlichkeit, daß die Gymnasien, Schullehrer-Seminarien, höheren Bürger- und Berufsschulen aller Art von der Mitbeaufsichtigung der höheren Geistlichkeit, daß die Universitäten von den Glaubensgerichten ihrer eigenen theologischen Fakultäten, und daß das gesammte Unterrichtswesen in den höhern und höchsten Stellen von der Mitbesorgung der Juristen und Verwaltungsbeamten emancipiert werde. Oder, ich frage, würden sich die genannten Stände solche Bevormundung, solche Einflüsse, solche Verdächtigungen auch von unserer Seite gefallen lassen?

§ 5. Der gesammte deutsche Lehrstand stellt diese Forderung in dem einfachen Selbstbewußtsein, daß er an Bildung und Verdienst keinen der genannten Stände in den entsprechenden Stufen seiner Thätigkeit nachstehe, versichert, daß die Organe seiner Leitung, Beaufsichtigung und Vertretung schon längst aus ihm selbst hervorgewachsen sind, und verlangt also, daß diese Organe endlich auch von dem untersten Schulaufseher durch alle Kreis-, Bezirks-, Provinzial- und Central-Schulbehörden hindurch bis zum Unterrichts-Minister nur aus ihm selber genommen werden.

§ 6. Zu diesem Behufe ist das Unterrichts-Ministerium von dem der geistlichen Angelegenheiten ganz zu trennen, was füglich geschehen kann, da alle Lehrer, auch die Volksschul-Lehrer, Staatsdiener und die theologischen Fakultäten, auch die evangelischen, besondere, aus dem Verbande der Unversitäten auszuscheidende geistliche Seminarien werden müssen. Zum Ersatz erhalten die Universitäten vorerst eine staats-wissenschaftliche oder politische Fakultät.

§ 7. Ist diese äußere Gliederung durchgeführt, oder auch nur beschlossen, so wird sich die innere von selbst machen. Den theoretischen Prozeß haben wir bereits vollbracht. Das reichlichst vorbereitete, das reiflichst durchgearbeitete pädagogische und staatspädagogische Wissen dürstet nach Selbstgestaltung.

§ 8. Hier nur einige Grundzüge.

Kapp fordert vom Staat, die Zufälligkeiten von Geburt und Stand „mehr und mehr zu beschränken" und die Kinder „zu Menschen" zu bilden. Um dieses Ziel zu erreichen, schlägt er vor:

§ 10. Erweitere er die Volksschule durch einen allseitigen, den Forderungen der Zeit, der Würde des deutschen Volkes, den Bedürfnissen der Gesellschaft und den Entwickelungsstufen der Einzelnen angemessenen Unterricht und vervollständige er sie durch zweckmäßige Fortbildungs-Anstalten für die erwachsenere weibliche und männliche Jugend vom vierzehnten bis zum zurückgelegten achtzehnten und zwanzigsten Jahre, um die Nachhaltigkeit dieses Unterrichts für das ganze Leben besser zu sichern.

§ 11. Daraus folgt, daß auch die Bildung und Stellung der Volksschullehrer eine höhere und bessere werden muß. Statte er daher die mit den philologischen und pädagogischen Seminaren der Universitäten in organischen Zusammenhang zu setzenden und deßhalb auch eine höhere, allgemeinwissenschaftliche Vorbildung verlangenden Schullehrer-Bildungsanstalten dem angegebenen Zwecke gemäß mit aller Munificenz aus, damit er schon in den künftigen Lehrern des Volkes, um wie viel mehr also in den wirklichen Lehrern desselben, das Volk selbst ehre. Denn, wenn unsere geistigen, religiösen und politischen Errungenschaften nicht bloß bewahrt, sondern auch bewährt und durchgebildet werden sollen, so müssen gerade die edelsten Kräfte der deutschen Jugend dem Lehrstande sich zuwenden können, und zwar eben so sehr zur Weihe, als zur Uebung der Selbstentsagung, von der untersten Stufe an.

§ 12. Die höheren Bürger- und Berufsschulen fördere und begünstige der Staat auf jegliche Weise, damit das deutsche Volk, das Volk der Wissenschaftlichkeit, anderen Nationen nicht länger mehr im Praktischen aller Art nachstehe. Doch, das Nützliche befördert sich schon eher selbst, denn die Menge bringt es hervor, und Alle können's nicht entbehren; das Schöne, das Geistige aber, als wenn es nicht zuhöchst das Nützliche wäre, muß gepflegt und rein gehalten werden, denn Wenige stellen's dar und Viele bedürfen's.

§ 13. Bewahre er daher den Gymnasien das unverkümmerte, nur immer tiefer, ernster und umfassender für das Leben auszubeutende Studium der Alten, in welchem sich die Anfänge der Wissenschaften, die Grundvorstellungen eines edleren Lebens und die ewigen Vorbilder hoher, bürgerlicher Tugenden in durchaus freien Staatsverfassungen finden, und welches darum so sehr zur Vorbereitung für die Berufswissenschaften geeignet ist. Denn, wenn man den Namen Griechenland ausspricht, so wird und werde immer dem gebildeten Menschen heimathlich zu Muthe, und an dem Namen Rom lerne man die Welt jetzt sittlich überwinden.

Es folgen Vorschläge zur Umwandlung der Universitäten zu „National-Anstalten" unter der „Aegide unbedingter Lehr- und Lernfreiheit". Weitere Überlegungen beziehen sich auf didaktische Konsequenzen:

§ 16. Der Lehrplan aller genannten Anstalten spiegele und umfasse die gesammte Kultur der Welt. Denn was der ganzen Menschheit zugetheilt ist, das will der Mensch in seinem innern Selbst genießen. Die Lehrpläne der Volks- und der Mittelschulen unterscheiden sich nur nach dem Uebergewicht der Prinzipien der welthistorischen Völker, nicht nach der Mehrzahl dieser oder jener Fertigkeiten, Sprachen und Wissenschaften. Der biblische Unterricht, das Prinzip des Orients vertretend, herrsche daher in den Volksschulen vor, die Gymnasien durchdringe überwiegend das Prinzip der klassischen Welt, und die höheren Bürger- und Berufsschulen erfülle vorzugsweise das Prinzip des modernen Lebens. Die Universitäten vereinigen in sich die Ströme der Kulturen aller Zeiten, um sie im beständigen Kreislaufe des wissenschaftlichen Läuterungs-Prozesses als befruchtenden Niederschlag auf die Auen und Fluren des Lebens und seines Verkehrs immer reiner zu entsenden, und in dieser Gestalt werden sie stets unantastbar sein.

In den §§ 17–40 artikuliert Kapp Ansprüche an die sittlich-moralische Erziehung, damit nicht „die Bornirtheit, Philisterhaftigkeit und Servilität… dem Kulturfortschritt hemmend in den Weg trete". Er überlegt, wie der „furchtbaren Macht der Vorurtheile und ihrer Consequenzen" mit Hilfe des Unterrichts begegnet werden kann, und welche Inhalte in den „verschiedenen Bildungsanstalten der Nation" (Kleinkinder-Bewahrschulen, Volksschulen, Gymnasien, Berufsschulen, Universitäten, Allgemeine deutsche Akademie der freien Wissenschaften) vorrangig gelehrt werden sollen. Der Aufruf schließt mit der Feststellung:

§ 41. Der deutsche Lehrstand erklärt sich hiermit für mündig und wird sich diese seine Selbstbefreiung und demgemäß seine innere und äußere Selbständigkeit, wenn man sie ihm irgend wie und wo aus undankbarem Mißtrauen oder aus argwöhnischer Furcht streitig machen oder verkümmern wollte, auf die friedlichste Weise von der Welt zu erobern und zu sichern wissen. Mit unsern vier und zwanzig Buchstaben nämlich, die Ihr uns nicht nehmen könnt.

Hamm, den 22. Mai 1848.

[10]

Manifest des Berliner Arbeiterkongresses: An die Deutsche Nationalversammlung (1848)

In der Revolution von 1848 traten auch die Anfänge der deutschen Arbeiterbewegung hervor. Es bildeten sich, vor allem in Berlin, Frankfurt und Köln, Arbeitervereine, die in ihren Programmen die Forderungen der Arbeiterschaft artikulierten. Besonders bekannt wurde das Programm des im Spätsommer 1848 unter der Leitung von Stephan Born in Berlin tagenden Arbeiterkongresses, das staatspolitische, sozialpolitische und schulpolitische Forderungen vereinigt. Es wurde den Nationalversammlungen in Berlin und Frankfurt übermittelt.

Quellen: Dokumente zur deutschen Verfassungsgeschichte. Bd. 1. Deutsche Verfassungsdokumente 1803–1850. Hrsg. v. E. R. Huber. Stuttgart 1961. S. 370 f. – Quellen zur Geschichte der Erziehung. Ausgewählt von K. H. Günther u. a. Berlin-Ost 1968. S. 245 ff.

Hohe Nationalversammlung!

Indem der unterzeichnete Kongreß der Arbeiter sich so wie im Namen seiner Kommittenten, eines großen Theils der Arbeiter Deutschlands, Einer hohen deutschen Nationalversammlung die von ihm durch einmüthige Berathung festgestellten Grundzüge einer den Anforderungen der Zeit entsprechenden Organisation der Arbeiter überreicht und zu geneigter Berücksichtigung bei der Berathung der Grundrechte des deutschen Volks angelegentlichst empfiehlt, übernimmt er zugleich die Verpflichtung, seine Anträge durch die nachfolgenden Erläuterungen zu unterstützen.

Mit der gespanntesten Aufmerksamkeit und mit hingebender Erwartung haben die Arbeiter, nachdem die politische Bewegung Europa's auch sie in Anspruch genommen, sie zur Mitwirkung und, nach langer Zeit wieder, zum Hoffen erweckt hat, die Maaßregeln, welche die deutschen Staaten zur Begründung besserer Staatseinrichtungen ergriffen haben, namentlich den Entwurf betreffend die Grundrechte des deutschen Volks und die davon ausgehenden Berathungen der hohen deutschen National-Versammlung verfolgt.

Sie haben nunmehr leider die Ueberzeugung erlangt, daß auch in der Verfassungsurkunde für Deutschland die sociale Frage eben so wenig wie in andern Verfassungsarbeiten, eine Stelle finden könne.

Da uns aber ein solches Nichtanstehen oder Nichteingehen auf die Lebensfrage eines großen Theils der europäischen Bevölkerung Seitens der Staatsmänner und Volksvertreter fast allenthalben entgegentritt, so müssen wir uns wohl fragen, was die Augen einsichtsvoller Männer in diesem Stücke verdunkle und ihre Einsicht beschränke? Die Antwort auf diese

Frage liegt uns nahe, sie lautet: wir Arbeiter und unsre Angelegenheiten stehen den Augen der Staatsmänner, wie diese bisher durch das Staatsleben gebildet wurden, zu fern, ja für die Meisten waren die Arbeiter eigentlich gar nicht als Staatsbürger da und sichtbar, sondern nur als Ziffern in den Bevölkerungslisten und in den Berechnungen der Volksmacht.

Der Staat kennt nur den Besitz, als etwas Bleibendes, und die Besitzenden als bereits verschiedentlich organisirte und leiblich vorhandene Staatsbürger-Kasten; diese Massen liegen dem Staatsmanne, der über eine neue Konstitution verhandelt, lebendig vor Augen, sind durch spezielle Gesetze organisirt und seine neue Arbeit hat es nun blos damit zu thun, den Umständen gemäß da und dort einige Umgestaltungen anzubringen.

Die Gesammtheit der Arbeiter steht dagegen nicht als eine bestimmte Staatsbürgermasse, welche einen Besitz habe und in diesem geschützt oder besser geordnet werden müsse, vor den Augen der Gesetzgeber. Die Gesetzgebung ist gegen sie nur beschränkend und maßgebend gewesen; an die Stelle des Schutzes stellt sie bei ihnen den Grundsatz: „dem Arbeiter ist erlaubt, in aller Freiheit und aus allen Kräften zu arbeiten und von dem Lohn der Arbeit zu leben“.

Der Staat verfährt in diesem Stück gewissermaßen richtig; denn solange der Arbeiter nur als eine zerstreute Menschenmenge zu betrachten ist, läßt sich auch nichts Gesetzlichbestimmtes für ihn als Ganzes, oder für Glieder desselben, als Ganze, zur Beschützung von Rechten begründen.

Es ist also vor Allem erforderlich, daß die Arbeiter, um ihr Arbeiten als einen bestimmten Besitz in das Grundgesetz des Staates einzuführen, sich selbst als lebendige Gemeinschaften, gleichsam als politisch-beseelte Körperschaften, unter die übrigen Bürger hinstellen und den Staatsmännern bemerklich machen.

Dieses konnte nur von den Arbeitern selbst ausgehen. Es war bisher versäumt worden, ist aber von uns, soweit es der Augenblick zuläßt, nachgeholt worden, und die Organisation der Arbeiter Deutschlands, wie sie jetzt im Leben steht, liegt in den Grundzügen ihres Verfassungs-Statuts Einer hohen National-Versammlung vor Augen. Mit ihr steht in engster Verbindung das Statut über die Association der Arbeit, welches als zweiter Theil beigelegt ist.

So organisirt, in dem festen Vorsatze, an der weiteren Ausbildung unseres Organismus mit aller Macht fortzuarbeiten, und in dem uns hiemit wiedergeborenen Bewußtsein unserer Persönlichkeit und unserer Berechtigungen im Staatsleben treten wir jetzt unter unsere Mitbürger und vor den gesetzgebenden Körper unserer Wahl, mit der Bitte: in der künftigen Gesetzgebung auch uns, als Besitzer der Arbeit, anzuerkennen und solche gesetzlichen Bestimmungen eintreten zu lassen, durch welche die Existenz und Fortdauer unserer Organisation und Association für alle Zeiten geschützt und ihre weitere gedeihliche Ausbildung von Seiten des Staats begünstigt werden möge.

Schulforderungen

I. Von dem Unterricht und der Erziehung der Jugend

Von den Schulen

§ 1. Die Schule ist Staatsanstalt und wird als solche von der Kirche getrennt.

§ 2. Die Schule wird zur Volksschule erhoben, unabhängig von der Konfession, weshalb auch der konfessionelle Religionsunterricht aus den Lehrgegenständen derselben gestrichen wird.

§ 3. Die Lehrgegenstände sind so zu ordnen, daß eine möglichst vollkommene Ausbildung der Jugend zu Welt- und Staatsbürgern erzielt wird.

§ 4. Die Beaufsichtigung der Schulen wird der Geistlichkeit entzogen.

§ 5. Der Unterricht in den Volksschulen wird unentgeltlich erteilt, ohne Unterschied des Standes.

§ 6. Die Gemeinde übernimmt die Verpflichtung, für Kinder unbemittelter Eltern die zum Unterricht nötigen Bücher und Schulmaterialien frei anzuschaffen.

§ 7. Aller überflüssige Luxus ist bei der die Volksschule besuchenden Jugend zu verbieten. Die Gemeinden haben die armen Schulkinder mit solchen Kleidern unentgeltlich zu versehen, wie es die Jahreszeit erfordert.

§ 8. Der Schulbesuch der Kinder beginnt nach vollendetem 5., wenigstens aber vor Anfang des 8. Jahres und endet mit dem vollendeten 14. Jahre.

§ 9. Kein Kind darf vor dem vollendeten 14. Jahre zu irgendeiner gewerblichen Tätigkeit benutzt werden, die den regelmäßigen vollen Schulbesuch verhindert; gänzlich ausgeschlossen ist jedoch die Benutzung der Kinder in Fabriken und zum Hausierhandel vor dem vollendeten 14. Lebensjahre.

§ 10. Privatschulen, welche dieselben Lehrgegenstände wie die Volksschule lehren, sind neben denselben nicht gestattet, ohne jedoch hierdurch den Privatunterricht in einzelnen Stunden zu verbieten.

Von den Lehrern

§ 11. Die Lehrer werden durch die Wahl der ganzen Gemeinde ernannt und können nur durch den Willen der Gemeinde, welcher sich in der Majorität bekundet, abgesetzt werden.

§ 12. Wählbar sind nur diejenigen, welche die vom Staate angeordnete öffentliche Prüfung bestanden haben.

§ 13. Die Besoldung der Lehrer ist Sache der Gemeinde; diese Verpflichtung geht jedoch im Unvermögensfalle an den Staat über.

§ 14. Die Besoldung ist auf ein Durchschnittsminimum von 300 Talern festzustellen.

§ 15. Der zur Beaufsichtigung der Schulen von seiten des Staats nötige Beamte wird durch sämtliche Lehrer eines Kreises aus ihrer Mitte gewählt und erhält der Gewählte vom Staate die Sanktion.

§ 16. Kein Lehrer darf zu anderen Funktionen, als die der Schule angehören, verwendet werden, ohne ihn jedoch in der Ausübung der staatsbürgerlichen Rechte zu beschränken.

Häusliche Erziehung der Kinder

§ 17. Die Erziehung der Kinder ist im allgemeinen Sache der Eltern. Für solche Fälle jedoch, wo dieselben durch dringende Umstände an der Ausübung dieser Pflicht behindert sind, übernimmt die Gemeinde die Erziehung der Kinder.

§ 18. Zu diesem Ende werden in den Gemeinden Erziehungsanstalten gegründet.

§ 19. Die Kosten der Anstalten trägt die Gemeinde und im Unvermögensfalle der Staat.

Es folgen in den §§ 20–24 Angaben und Forderungen betr. „Bildungsanstalten für Lehrlinge und Gesellen".

[11]

Stellungnahme der Erzbischöfe und Bischöfe Deutschlands zum Verhältnis Kirche - Staat - Schule (1848)

Der katholische Episkopat Deutschlands griff unmittelbar in die Auseinandersetzung um die Verfassung ein und unterstützte mit grundsätzlichen Stellungnahmen die katholischen Gruppen und Vereine. Die im Herbst 1848 in Würzburg durchgeführte Bischofskonferenz gehörte zu den ersten ihrer Art und legte mit den Grund für den politischen Katholizismus der Folgezeit.

Quelle: Originalflugblatt. Würzburg 1848. S. 1 ff. (Im Besitz der Staats- und Universitätsbibliothek Göttingen.)

Als in den Märzstürmen dieses Jahres das auf dem Wiener Congresse im Frühling 1815 von den deutschen Fürsten und ihren Staatsmännern errichtete Gebäude der politischen Gestaltung Deutschlands in seinem Grunde erbebte und die Fürsten dem durch alle Gauen des Vaterlandes erschallenden Rufe nach Freiheit Rechnung tragen zu wollen sich geneigt erklärten; da erkannten es die katholischen Bischöfe, daß, wie entschieden und streng auch die Kirche anarchische Bestrebungen jeglicher Art verabscheue und verwerfe, doch auch sie ein lebendiges Interesse habe an der Sicherung alles desjenigen, was der allgemeine Ruf nach Freiheit von administrativer Bevormundung und Controle Wahres enthalte. Sie erkannten, daß die Kirche an den Zusagen, welche Deutschlands Fürsten ihren Völkern gegeben, den ihr gebührenden Antheil in Anspruch zu nehmen um so weniger versäumen dürfe, als die vielfach laut gewordenen ungestümen Aeußerungen falsch verstandener Freiheitsbegriffe in der Kirche nur den einen Wunsch, das eine sehnliche Verlangen erweckten, in dem drohenden Kampfe der rohen Gewalt und Willkühr gegen Throne und Verfassungen der ihr gewordenen Mission, die Hüterin zu sein des Glaubens und der nur in ihm wurzelnden Sitte, ihre volle Thätigkeit widmen und in freier selbstständiger Wirksamkeit ungehindert entwickeln zu können.

In einem Rückblick betonen die Bischöfe, daß die Kirche auch in der Vergangenheit „Ordnung und Freiheit in allen Verhältnissen des öffentlichen und bürgerlichen Lebens auf dem einzig wahren Fundament des Glaubens zu gründen gewußt hat". In diesem Sinne begründen sie auch ihre jetzige Zusammenkunft:

Ausgehend von der Ueberzeugung, daß dieser Beruf der Kirche zu allen Zeiten derselbe sei, sind daher die unterzeichneten Bischöfe Deutschlands zusammengetreten, um vereint die Stellung zu bezeichnen und auszusprechen, welche die Kirche nach ihrer uralten überlieferten Verfassung auch der neuen Ordnung der Dinge im öffentlichen Leben gegenüber einzuhalten habe; und zwar die Grundzüge der Stellung der Kirche zum Staate und zu andern Religionsgenossenschaften, und die Grundlinien der Rechte der Kirche hinsichtlich der Ordnung ihrer Angelegenheiten, des Kirchenregiments.

Die Sitte, das im Leben sich ausprägende Gewissen des Menschen, wird vom Glauben regiert, welchen die Kirche lehrt. Die Kirche ist darum die Hüterin der Sitte, wie der Staat in Wahrung des Friedens und Spendung der Gerechtigkeit der Hüter der nationalen Einheit ist. Staat und Kirche berühren sich naturnothwendig in ihren Wirkungskreisen; und deshalb erkennt der Episkopat und spricht es aus:

Eine Trennung herbeizuführen vom Staate, d. h. von der öffentlichen, nothwendig auf sittlicher und religiöser Grundlage ruhenden Ordnung, liegt nicht im Willen der Kirche. Wenn auch der Staat sich von ihr trennt, so wird die Kirche, ohne es zu billigen, geschehen lassen, was sie nicht hindern kann; sie wird jedoch die von ihr selbst und im wechselseitigen Einverständniß geknüpften Zusammenhangsfäden ihrerseits nicht trennen, wo nicht etwa die Pflicht der Selbsterhaltung dies geböte. Die Kirche, betraut mit der heilig-ernsten Mission: wie Mich der Vater gesandt hat, so sende Ich euch, nimmt für die Aus- und Durchführung dieser ihrer Sendung – wie immer die öffentliche Ordnung der Staaten gestaltet sein mag – nur die vollste Freiheit und Selbstständigkeit in Anspruch.

Kritisch setzen sich die Bischöfe mit bestehenden „Concordaten oder ähnlichen Verträgen" auseinander, die u. U. die Folge haben, daß die „Stellung der Kirche im Staate nicht ferner die einer öffentlichen, um ihrer höheren Mission willen bevorzugten Corporation" sein wird, sondern daß ihr „nur die Stellung eines blos privatrechtlich gesicherten Vereins bleibt". In diesem Fall müsse die Kirche „ungescheut zu ihrem ursprünglichen Prinzip, dem der vollen Freiheit und Selbstständigkeit in Ordnung und Verwaltung ihrer Angelegenheiten zurückkehren". Diese Feststellung gelte in besonderer Weise für das Recht der Kirche auf Lehre und Erziehung:

Unter den Rechten der Kirche steht obenan das göttliche Recht der Lehre und Erziehung. – Sie kann nimmer sich trennen von dem Bewußtsein des ihr gegebenen Auftrags: Gehet hin und lehret alle Völker; taufet sie im Namen des Vaters und des Sohnes und des heil. Geistes, und lehret sie halten Alles, was Ich euch gesagt habe. Sie kann ebenso wenig sich trennen von dem Bewußtsein der Freiheit in Erfüllung dieser Mission. Alle Jahrhunderte und alle Welttheile geben der Kirche das Zeugniß, daß die Träger und Werkzeuge ihrer großen Erziehungsmission für die freie Ausübung des von ihrem göttlichen Stifter ihr ertheilten Auftrags zu lehren und zu erziehen weder Mühen und Gefahren, noch Leiden und Tod gescheut haben. Mochte Besitzthum und Glanz und Ehre, mochte Alles ihr genommen werden: das Recht, das von Gott empfangene, zu lehren, zu erziehen, zu sittigen die Völker des Erdkreises, hat die Kirche nimmer preisgegeben. – Und indem sie den Menschen erfaßt, um ihn, lehrend und erziehend, seiner höheren Bestimmung zuzuführen, erfaßt sie denselben vom zartesten Alter an, erfaßt und begleitet ihn in der Entwicklung aller seiner geistigen Kräfte, auf daß diese durch einen alle Zweige des Wissens umfassenden Unterricht zur vollen Durchbildung gelangen, im Geiste ihrer auf die höhere, ewige Bestimmung des Menschen gerichteten Mission. – Wie der Mensch nicht getrennt gedacht werden kann in einen für seine irdischen Bedürfnisse arbeitenden Leib und einen seine höhere Bestimmung anstrebenden Geist, so weiß auch die Kirche, daß der menschliche Geist nimmer zerspalten gedacht werden kann in zwei gesonderte Richtungen. Und eben darin beurkundet sie ihr göttliches Recht zur Erziehung des Menschengeschlechts, daß sie den Geist des Menschen in der Totalität aller seiner Kräfte und Thätigkeiten erfaßt und entwickelt und durchbildet zu der höhern ewigen Bestimmung der Menschheit.

Es folgt ein kurzer geschichtlicher Rückblick, der das kirchliche Recht auf Lehre und Erziehung erhärten soll.

Dies Anrecht an die Menschheit kann die Kirche nimmer aufgeben, ohne sich selbst aufzugeben; – und es ist nur eine naturnothwendige Folge dieses ihres Rechtes, daß sie alle zur Ausübung desselben erforderlichen Mittel, die zum Lehren und Erziehen bestimmten Individuen oder Corporationen sowohl als die Lehrbücher, frei zu wählen und zu bestimmen, – daß sie insbesondere in der Heranbildung und Reiferklärung der Träger und Sendboten ihres großen Erziehungswerkes, sowie in deren Verwendung, Ueberwachung, Correktion oder, wo es nöthig, Beseitigung gänzlich und vollkommen freie Hand haben, – und daß ebenso die Bestimmung darüber, welche Vereine und Corporationen etwa hierfür zu erhalten oder zu errichten, und welche nicht mehr nützlich oder zulässig sind, der Kirche allein zustehen muß, soll anders dieselbe als die Hüterin der, im Glauben wurzelnden und die Sicherung aller öffentlichen Ordnung und Gesetzlichkeit bedingenden Sitte in dem Vollgenusse der ihr zuständigen Freiheit gedacht werden können.

Die versammelten Bischöfe erkennen deßhalb und sprechen es aus: Die Kirche durch die Kraft des Wortes unter dreihundertjähriger blutiger Verfolgung begründet, nimmt jetzt wie früher die unbeschränkte Freiheit der Lehre und des Unterrichts, sowie der Errichtung und Leitung eigener Erziehungs- und Unterrichtsanstalten im ausgedehntesten Sinne als dasjenige Mittel in Anspruch, ohne welches sie ihre göttliche Sendung wahrhaft und in vollem Umfange zu erfüllen außer Stand sein würde; und sie muß jede einengende Maßregel auf diesem Gebiete als nicht vereinbar mit den gerechten Ansprüchen der Katholiken deutscher Nation ansehen.

Die Bischöfe erkennen es als ihre Pflicht, durch Anwendung aller gesetzlich zulässigen Mittel dahin zu streben, die den Katholiken gehörenden Schulen als solche gegen jedes Verderbniß zu bewahren; alle für katholische Schulen bestimmten Fonds und Einkünfte für die katholischen Schulen festzuhalten und nöthigenfalls dort, wo sie den Katholiken bisher entzogen oder vorenthalten worden sind, zurück zu fordern. Insbesondere erklären die Bischöfe, daß sie gemäß der ihnen durch ihr Amt auferlegten und durch die Kirchensatzungen eingeschärften Verpflichtungen dem Rechte nicht entsagen können, alle Religionslehrbücher in ihren Diözesen auszuwählen und zu bestimmen.

Sie sprechen es aus, daß den Bischöfen das Recht zusteht und die Verpflichtung obliegt, den Religionsunterricht an allen öffentlichen Unterrichtsanstalten, wo katholischer Religionsunterricht ertheilt wird, zu leiten und zu visitiren; sowie auch in der Sphäre der höheren theologischen Wissenschaften die Verantwortlichkeit zu wahren, welche mit der göttlichen Vollmacht zu senden ihnen geworden ist.

Es folgen Hinweise auf das Recht der Kirche, Lehrer und Priester auszuwählen und Prüfungen in eigener Verantwortung durchzuführen. Die weiteren Ausführungen beziehen sich auf die karitativen Aufgaben der Kirche, auf die ungehinderte und selbständige Ausführung des Kultus und auf die freie Verwendung und Verwaltung des katholischen Kirchen- und Stiftungsvermögens. Die Denkschrift schließt mit einem Treuebekenntnis zum Papst und zur Wahrheit der einen katholischen Lehre.

Würzburg, den 14. November 1848.

Friedrich, Kardinal und Fürst-Erzbischof von Salzburg
(und weitere 7 Erzbischöfe und 27 Bischöfe)

[12]

Forderungen der Gründungsversammlung des Allgemeinen Deutschen Lehrervereins zur Organisation der Volksschule und zum Grundrecht auf Bildung (1848)

Die in K. F. W. Wanders (1803–1879) „Aufruf an Deutschlands Lehrer" (1848) geforderte Gründung eines „Allgemeinen Deutschen Lehrervereins" fand vom 28.–30. September 1848 in Eisenach statt. An ihr nahmen etwa 300 Lehrer, vorwiegend Volksschullehrer, aus allen Teilen Deutschlands teil. In der Folgezeit wurden in den meisten deutschen Staaten Landes- bzw. Provinzialvereine gegründet, die allerdings durch die später einsetzende Reaktion wieder verboten wurden oder ihre Tätigkeit auf soziale Fürsorge einschränken mußten. Der 1871 gegründete Deutsche Lehrerverein setzte die Tradition des Allgemeinen Deutschen Lehrervereins fort. Seit 1876 lud er in regelmäßigen Abständen zu Delegiertentagungen ein, die in Resolutionen zu schulpolitischen Fragen Stellung nahmen. Die 1848 erhobenen Schulforderungen bildeten bis zur Verfassung von 1919 in ihrem grundsätzlichen Gehalt die Leitgedanken der sich organisierenden (Volksschul-)Lehrerschaft.

Quelle: Robert Rissmann: Geschichte des Deutschen Lehrervereins. Leipzig 1908. S. 70 f.

Zur Organisation der deutschen Volksschule:

§ 1. Die einheitlich vom Kindergarten bis zur Hochschule aufwärts gegliederte, auf gemeinsamer menschlich-volkstümlicher Grundlage beruhende deutsche Volksschule tritt als eine mit den übrigen Staatsanstalten gleichberechtigte und gleichverpflichtete in den Gesamtorganismus des Staates ein.

§ 2. Die selbständige Leitung der einigen Volksschule geschieht demnach – unter gesetzlich festgestellter Berücksichtigung der Lehrervereine und Schulsynoden – durch ein besonderes Ministerium der öffentlichen

Volkserziehung, dessen Mitglieder (Erziehungsräte), sowie die Kreis- und Bezirksschulräte, nur aus wirklichen Schulmännern bestehend, die verschiedenen Arten der Volksschule vertreten.

§ 3. Unmittelbar und ausschließlich unter dem Ministerium stehen die lediglich aus der Staatskasse zu erhaltenden besonderen Volksbildungsanstalten: Realschule, Gymnasium, Fachschule, Universität, Seminar. Auf die zum Teil aus Gemeindemitteln erhaltenen allgemeinen Volksschulen (Kindergarten, Elementar-, Bürger-, Fortbildungsschule), welche das Ministerium durch die Kreis- und Bezirksschulräte leitet, übt die Gemeinde durch den aus Vertretern der Schule, des Hauses und der Kirche bestehenden Schulvorstand einen gesetzlich bestimmten Einfluß aus, namentlich was die Wahl der Lehrer und die äußere Verwaltung der Anstalt betrifft. (Nach der Abstimmung wurden von seiten der sehr starken Minorität mehrere Proteste zu Protokoll gegeben, teils gegen den ganzen Satz, teils gegen das darin festgestellte Verhältnis der Schule zu Staat, Kirche und Gemeinde.)

§ 4. Für den gesamten Unterricht auf den allgemeinen Schulen wird kein Schuldgeld entrichtet; auch der unentgeltliche Besuch der besondern Bildungsanstalten wird auf geordnete Weise Unbemittelten gewährt, welche Befähigung und Neigung dazu besitzen.

§ 5. Geeignete Vorbildung und Prüfung, geregelte Anstellung und Beförderung, gleichmäßige bürgerliche Stellung und Berechtigung, ausreichende Besoldung und Pensionierung der Lehrer, sowie Versorgung ihrer Witwen und Waisen aus Staatskassen sind die unerläßlichen Bedingungen eines den Anforderungen der Gegenwart entsprechenden Lehrerstandes, also unerläßliche Bedingungen der neuen Volksschule.

Zu den Schulparagraphen der von der Nationalversammlung aufgestellten „Grundrechte“:

§ 17. Die Wissenschaft und ihre Lehre ist frei.

§ 18. a) Unterricht zu erteilen, sowie Unterrichts- und Erziehungsanstalten zu gründen, steht jedem Deutschen frei, wenn er seine moralische und wissenschaftliche resp. technische Befähigung der betr. Behörde nachgewiesen hat. b) Der deutschen Jugend wird durch genügende öffentliche Schulanstalten das Recht auf allgemeine Menschen- und Bürgerbildung gewährleistet. c) Niemand darf die seiner Obhut anvertraute Jugend ohne den Grad von Unterricht lassen, der für die niederen Volksschulen vorgeschrieben ist. d) Das gesamte Unterrichts- und Erziehungswesen steht unter der Oberaufsicht des Staates. Alle öffentlichen Schulen sind Staatsanstalten, der Beaufsichtigung der Geistlichen enthoben und künftig nur von wirklichen Schulmännern zu beaufsichtigen. e) Alle öffentlichen Lehrer sind Staatsdiener. f) Der Staat wählt unter gesetzlich geordneter Teilnahme der Gemeinden aus den Geprüften die Lehrer der Volksschule.

§ 19. a) Für den Unterricht in Volksschulen und niedern Gewerbeschulen wird kein Schulgeld bezahlt. b) Unbemittelten, die Neigung und Befähigung haben, soll auf allen öffentlichen Bildungsanstalten freier Unterricht gewährt werden. c) Armenschulen finden nicht statt. d) Der Staat besoldet die Lehrer in angemessener Weise aus Staatskassen und hat auch für die anderweiten Bedürfnisse der Schule zu sorgen.

§ 20. Es steht einem jeden frei, seinen Beruf zu wählen und sich für denselben auszubilden, wie und wo er will.

2.3 Die parlamentarisch-politische Entscheidung

[13]

Die Schulartikel der Reichsverfassung (1849)

Am 31. März 1848 trat in Frankfurt a. M. das „Vorparlament" zusammen, das die Wahl der Frankfurter Nationalversammlung beschloß und vorbereitete. Am 18. Mai 1848 wurde die Nationalversammlung in der Paulskirche eröffnet. Die von der Nationalversammlung ausgearbeitete Reichsverfassung vom 28. März 1849 wurde von 28 deutschen Staaten angenommen, während sie von den Königreichen Bayern, Württemberg, Sachsen, Hannover und Preußen abgelehnt wurde. Infolge dieser Zurückweisung durch die größeren der deutschen Einzelstaaten erlangte sie keine Gesetzeskraft. Der am Tage der Verkündigung der Reichsverfassung zum Deutschen Kaiser gewählte König Friedrich Wilhelm IV. von Preußen lehnte am 3. April 1849 die Kaiserkrone ab, weil er sie nicht aus den Händen des Volkes, sondern nur der Regierungen annehmen wollte. Die Schulartikel spiegeln die Schulforderungen der liberalen und demokratischen gesellschaftlichen Kräfte, auch des Allgemeinen Deutschen Lehrervereins, wider.

Quelle: Dokumente zur deutschen Verfassungsgeschichte. Bd. 1: Deutsche Verfassungsdokumente 1803–1850. Hrsg. v. E. R. Huber. Stuttgart 1961. 3. Aufl. 1978. S. 392.

Artikel VI.

§ 152. Die Wissenschaft und ihre Lehre ist frei.

§ 153. Das Unterrichts- und Erziehungswesen steht unter der Oberaufsicht des Staats, und ist, abgesehen vom Religionsunterricht, der Beaufsichtigung der Geistlichkeit als solcher enthoben.

§ 154. Unterrichts- und Erziehungsanstalten zu gründen, zu leiten und an solchen Unterricht zu ertheilen, steht jedem Deutschen frei, wenn er seine Befähigung der betreffenden Staatsbehörde nachgewiesen hat.

Der häusliche Unterricht unterliegt keiner Beschränkung.

§ 155. Für die Bildung der deutschen Jugend soll durch öffentliche Schulen überall genügend gesorgt werden.

Eltern oder deren Stellvertreter dürfen ihre Kinder oder Pflegebefohlenen nicht ohne den Unterricht lassen, welcher für die unteren Volksschulen vorgeschrieben ist.

§ 156. Die öffentlichen Lehrer haben das Recht der Staatsdiener.

Der Staat stellt unter gesetzlich geordneter Betheiligung der Gemeinden aus der Zahl der Geprüften die Lehrer der Volksschulen an.

§ 157. Für den Unterricht in Volksschulen und niederen Gewerbeschulen wird kein Schulgeld bezahlt.

Unbemittelten soll auf allen öffentlichen Unterrichtsanstalten freier Unterricht gewährt werden.

§ 158. Es steht einem Jeden frei, seinen Beruf zu wählen und sich für denselben auszubilden, wie und wo er will.

3. Die politische Restauration

[14]

FRIEDRICH JULIUS STAHL

Was ist die Revolution? (1852)

Friedrich Julius Stahl (1802–1861), Professor für Staatsrecht, Kirchenrecht und Rechtsphilosophie in Würzburg und Erlangen, 1840 von Friedrich Wilhelm IV. an die Universität Berlin berufen. Konservatives Mitglied des preußischen Herrenhauses. Er gehört zu den Begründern einer konservativen Staatslehre. Die von ihm vertretene politische Philosophie steht in ausdrücklichem Gegensatz zu den Prinzipien der Französischen Revolution.

Quelle: Dr. F. J. Stahl: Was ist die Revolution? Ein Vortrag, auf der Veranstaltung des evangelischen Vereins für kirchliche Zwecke am 8. März 1852 gehalten. 3. Auflage Berlin 1852. S. 3 ff.

Stahl geht davon aus, daß Kirchen und Regierung sich in der Absicht einig sind, mit der Revolution zu brechen. Er fragt dann, ob Revolution identisch ist mit Empörung und mit dem Verlangen nach politischer Freiheit.

Wenn denn nun Revolution nicht dasselbe ist mit Empörung, und nicht dasselbe mit politischer Freiheit, was ist denn die Revolution?

Revolution bedeutet die bestimmte politische Lehre, welche seit 1789 als eine weltbewegende Macht die Denkart der Völker erfüllt und die Einrichtungen des öffentlichen Lebens bestimmt. Fragt man aber nach ihrem Begriff und Wesen, so ist es dies: Revolution ist die Gründung des ganzen öffentlichen Zustandes auf den Willen des Menschen statt auf Gottes Ordnung und Fügung: daß alle Obrigkeit und Gewalt nicht von Gott sei, sondern von den Menschen, vom Volke; und daß der ganze gesellschaftliche Zustand zu seinem Ziele nicht die Handhabung der heiligen Gebote Gottes und die Erfüllung seines Weltplanes habe, sondern allein die Befriedigung und das willkürliche Gebahren der Menschen.

Dies ist das innerste Centrum, aus welchem sich das ganze System der Revolution heraus entfaltet. Es ist der Schlüssel zum Verständniß aller ihrer Forderungen. Gestatten Sie mir zuerst diese Forderungen aufzuführen und dann sie zu commentiren:

Die Revolution fordert die Volkssouverainetät, sei es die demokratische Republik, sei es die Monarchie, in welcher der König Knecht des Parlaments, das Parlament Knecht der öffentlichen Meinung oder der Volksmasse ist.

Die Revolution fordert die Freiheit, das Gewährenlassen in allen Gebieten, unbegränzte Theilbarkeit und Veräußerlichkeit des Grundeigenthums, unbeschränkte Ansässigmachung und Gewerbefreiheit, unbegränzte Freiheit der öffentlichen Lehre, der Sectenstiftung, der Ehescheidung. Sie fordert Abschaffung der Todesstrafe, Straflosigkeit der Gotteslästerung, ehrenvolles Begräbniß des Selbstmörders.

Die Revolution fordert die Gleichheit: Aufhebung aller Stände und Klassen und Corporationen, aller gegebenen Obrigkeiten, Nivellirung der Gesellschaft.

Die Revolution fordert die Trennung von Staat und Kirche: gleiches Recht aller Religionsbekenner auf die obrigkeitlichen Aemter, Gleichstellung aller Kulte, Behandlung der christlichen Kirche als bloßer Privatgesellschaft ohne Interesse und Bedeutung für Nation und Staat, Einführung der natürlichen Religion statt des Christenthums in der Volksschule und dem öffentlichen Unterrichte.

Die Revolution forderte die Charte, d. h. die Vernichtung der ganzen naturwüchsigen, geschichtlichen Verfassung des Landes, wie sie durch Jahrhunderte sich gebildet durch Herkommen und einzelne Gesetze, um eine neue zu machen in Einem Akte, in Einer Urkunde, so daß kein Recht mehr gilt, als das in dieser Urkunde steht, und weil es in ihr steht.

Die Revolution fordert die Aufhebung aller erworbenen Rechte für das Volkswohl.

Die Revolution fordert endlich eine neue Vertheilung der Staaten nach den Nationalitäten wider das Völkerrecht: daß alle Deutschen einen Staat bilden für sich, und alle Polen einen für sich, und alle Italiener einen für sich

u. s. w., und daß alle Verträge und Herrscherrechte, die dem entgegenstehen, vernichtet seien.

Diese Forderungen, bald in der, bald in jener Gestalt, bald gesteigert, bald abgeschwächt, sind es, welche seit 1789 bis zu dieser Stunde gestellt werden.

Die innerste Triebfeder aller dieser Forderungen aber, was ist sie anders, als daß die Menschen sprechen in ihrem Herzen:

Wir wollen keinem Könige gehorchen, der durch Gottes Fügung über uns gesetzt ist, sondern nur den Deputirten, die wir selbst wählen, und nur so lange wählen, als sie unseren Willen thun; deshalb soll entweder kein König mehr sein, oder, wenn er ist, soll er dem Willen der Mehrheit unserer Deputirten gehorchen.

Wir wollen in unserem gesellschaftlichen Verbande nur uns selbst schützen, daß Keiner von uns getödtet, beraubt, ihm ein Vertrag gebrochen werde, nicht aber die Gebote Gottes in demselben handhaben.

Stahl wendet sich gegen Tendenzen zur Erleichterung der Ehescheidung, zur Abschaffung der Todesstrafe sowie der Relativierung der christlichen Glaubensüberzeugungen.

Wir unterwerfen uns nicht Gottes Weltplan, nach welchem einem Jeden von uns eine gliedliche Stellung zugewiesen ist und damit verschiedener Beruf und verschiedenes Recht, sondern wir stabiliren über Gottes Weltplan das absolute Menschenrecht als einen Felsen von Erz. Nach diesem sind alle einander gleich, und dürfen nicht besondere Rechte und nicht besondere Bande unter ihnen bestehen.

Wir erkennen keine Verfassung als bindend an, die durch Gottes Fügung geworden, die als eine höhere bindende Norm von einer Generation der andern überliefert wird, die jegliche nur an ihrem Theile fortbildet. Sondern wir wollen die ganze Verfassung neu machen, damit sie unser Werk, unsere bewußte absichtliche That sei. Wir errichten von jetzt an erst den Staat, die Gemeinde, die Königliche Gewalt, als wäre vor uns nichts da gewesen, auf das Alles ohne Zuthun Gottes und der Natur bloß die Schöpfung unserer Vernunft sei. Wir binden uns denn auch nicht an Rechte, die bereits begründet und verbürgt sind; sondern wem wir jetzt gnädig sind, dem sind wir gnädig, wir nehmen den Berechtigten und geben dem Volke.

Endlich, wir lassen die Vertheilung der Staaten nicht gelten, die Gott gefügt. Wir wollen nicht zugeben, daß er die Völker verbinde und zertheile, und ein Volk dem andern unterthan mache nach seinem Rathschlusse und seinen Strafgerichten. Sondern wir wollen alle diese Fügungen aufheben und das Siegel des Rechts, unter das er sie beschlossen, erbrechen, und wollen alle Völker in ihren ursprünglichen Zustand wieder herstellen, daß Alles sei wie von Anbeginn durch unsere Macht und unsere Weisheit.

Dies ist der Kern in allen jenen Forderungen der Revolution. Ihr letzter Schritt ist deshalb nothwendig die Aufhebung des Eigenthums, der Communismus. Denn was ist Eigenthum anders, als daß der Mensch den Vorzug im Besitze anerkenne, welchen Gottes Fügung dem Einen vor dem Andern zugetheilt und beschieden hat, durch Geburt und Erbschaft, durch frühere Ergreifung, durch gelungenere Arbeit, durch glücklichere Verwerthung; und was ist die Heiligkeit des Eigenthums anders, als die Scheu und Unterwerfung gegen Gottes Fügung? Wenn nun der Mensch überall die Fügung Gottes nicht als bindend anerkennt, nicht die Obrigkeit und die Verfassung und die Berufsstellung, welche Gott gefügt hat, warum soll er grade die Vorzüge des Besitzes anerkennen? – und wenn der Mensch Alles neu zu machen unternimmt, den Staat, die Gemeinde, die Austheilung der Völker und Staaten in Europa, – warum nicht auch eine neue Vertheilung der Güter?

Ich wiederhole jetzt meine Begriffsbestimmung der Revolution, und ich glaube sie hat sich als bestätigt erwiesen: Revolution ist die Gründung des ganzen öffentlichen Zustandes auf den Willen des Menschen statt auf Gottes Ordnung und Fügung. Die Revolution ist darum, wie schon das Wort sagt, Umwälzung; sie besteht darin, das zu oberst zu setzen, was nach ewigen Gesetzen zu unterst sein soll und umgekehrt. Sie macht den Menschen zum Ursprung und Mittelpunkt der sittlichen Weltordnung; sie macht die Unterthanen zu Herren ihrer Obrigkeit; sie verkündet die Menschenrechte ohne die Pflichten und den Beruf der Menschen; sie läßt den ganzen Sündenschlamm der Volksleidenschaft, den die obrigkeitliche Macht in der Tiefe niederhalten soll, emporsteigen zur Höhe der Gewalt. – Das ist die Revolution.

Mit Hilfe von historischen Vergleichen verweist Stahl nunmehr genauer auf die Unterschiede zwischen Revolution und Empörung oder Anarchie. Er fragt dann nach dem Ursprung der Revolution.

Der Ursprung der Revolution ist in jener Denkart, welche man jetzt durch den Ausdruck Rationalismus bezeichnet. Der Rationalismus ist dieselbe Erscheinung auf dem innerlichen religiösen Gebiete, welche die Revolution auf dem äußerlichen politischen Gebiete ist. Rationalismus ist die Emancipation des Menschen von Gott; das Heraustreten des Menschen aus Gottes Hand, um auf sich selbst zu stehen.

Aus dem Rationalismus kommt jene Vermessenheit und Zuversicht des philosophischen Systems, welches aus menschlicher Kraft die letzten Gründe des Weltzusammenhanges aufdecken will; ja, welches es unternimmt, das ganze All der Dinge als bloßen Ausfluß der Gesetze der menschlichen Vernunft zu erweisen, und er vollendet sich in seiner nothwendigen Entfaltung als pantheistische oder selbst materialistische Weltanschauung. Rationalismus ist deswegen nicht dasselbe mit Unglauben. Die Pharisäer in ihrer Selbstgerechtigkeit waren Ungläubige, aber nicht Rationalisten, die Saducäer in ihrer Leichtfertigkeit waren Ungläubige, aber nicht Rationalisten. Der Rationalismus ist nicht bloß Unglaube an Gott; er ist ein Gegenglaube an den Menschen. Darum ist auch der Rationalismus in seinen Anfängen noch verträglich mit dem Glauben an Gott und das Christentum. Aber in seiner reifen Frucht erscheint er als das, was er schon in seinem Samen war, als die Selbstvergötterung des Menschen.

Durch diesen Ursprung im Rationalismus wird das Wesen der Revolution noch klarer. Der Mensch stößt in seinem Herzen Gott vom Throne und setzt sich selbst auf seinen Stuhl. Das ist die Urumwälzung. Alle andere Umwälzung ist nur die Folge. Darum, als die Revolution auf ihren Höhepunkt gelangt war, schaffte sie auch sichtbarlich die Gottesdienste ab, und betete die menschliche Vernunft an in ihren Tempeln. Und die zweite Zukunft der Revolution, wie sie bereits angekündigt ist, die sociale Republik, zeigt im Voraus die zwei großen Inschriften: „Leugnung Gottes und Emancipation des Fleisches."

Es folgen kritische Hinweise auf die Constitutions-Urkunde und auf den Bonapartismus. Beide sind nicht geeignet, die Revolution zu überwinden.

Es giebt eine Macht, aber auch nur Eine Macht, die Revolution zu schließen. Dies ist das Christenthum.

Das Christenthum ist der äußerste Gegensatz gegen die Sünde der Revolution. Denn es gründet das ganze Menschenleben auf Gottes Ordnung und Fügung. Das Christenthum ist aber zugleich die tiefste Befriedigung der Impulse der Revolution.

Nur das Christentum vermag noch die gesellschaftliche Ordnung zu verbürgen, nachdem die Fundamente derselben, Königthum, Eigenthum, Ehe, schon von der großen Volksmasse überlegt und in Frage gestellt werden. Nur der christliche Sinn hat die freudige Hingebung an den König, den Gott uns gesetzt, an die Ehe, die Gott verbunden, an den Beruf, den Gott uns angewiesen, an die Gütervertheilung, die Gott gefügt hat. Der christliche Sinn verlangt nicht nach einer Obrigkeit, die er selbst sich gesetzt, nach einer Verfassung, die er selbst gemacht, nach einem Recht, das er selbst aus seiner Vernunft entdeckt hat. Er empfängt das Alles viel lieber von dem göttlichen Walten, und begnügt sich, an dem großen Bau der Zeiten sein bescheiden kleines Theil beizutragen, wie Gott es ihm zugewiesen.

Aber auch nur das Christenthum vermag es, die wirklichen Ziele, den wirklichen Fortschritt der Zeit zu erfüllen. Nur aus ihm kommen die gestaltenden Principien, von welchen man den befriedigenden Bau der Gesellschaft erwartet, die Freiheit, die Gleichheit, die Brüderlichkeit in ihrem wahren Wesen.

Diese These wird von Stahl genauer begründet unter erneutem Rückgriff auf theologische Argumente. Die Rede schließt mit einem nachdrücklichen Hinweis auf die Bedeutung der christlichen Treue.

[15]

FRIEDRICH WILHELM IV.

Ansprache an die Seminarlehrer (1849)

In Preußen gab es 1837 45 Lehrerseminare. Sie galten als liberal und den emanzipatorischen Bestrebungen gegenüber aufgeschlossen. Die Ansprache vor den Seminardirektoren und -lehrern hielt der König im Februar 1849 noch vor Auflösung der Deutschen Nationalversammlung anläßlich einer durch Geheimrat Stiehl einberufenen Konferenz, die den Auftrag hatte, ein Unterrichtsgesetz vorzubereiten und die Lehrerbildung neu zu regeln. Die 1854 erlassenen sog. Stiehlschen Regulative gehen auf die Beschlüsse dieser Konferenz zurück. Friedrich Wilhelm IV. (1795–1861), König von Preußen 1840–1858. Sein Regierungsantritt wurde von großen Hoffnungen begleitet. Aber er versagte sich den Wünschen der liberalen Reformer. Erst die Revolution von 1848 veranlaßte ihn zu Zugeständnissen. Die ihm vom Frankfurter Parlament angebotene Kaiserkrone lehnte er ab. Seit 1849 geriet er mehr und mehr unter konservativen und reaktionären Einfluß.

Quelle: Proklamationen, Erlasse und Ordres Sr. Majestät des Königs Friedrich Wilhelm IV. Vom Schlusse des Vereinigten Ständischen Ausschusses, am 6. März 1848, bis zur Enthüllung des Denkmals Friedrich des Großen am 31. Mai 1851. Berlin 1851. S. 52.

All' das Elend, das im verflossenen Jahre über Preußen hereingebrochen, ist Ihre, einzig Ihre Schuld, die Schuld der Afterbildung, der irreligiösen Menschenweisheit, die Sie als echte Weisheit verbreiten, mit der Sie den Glauben und die Treue in dem Gemüthe Meiner Unterthanen ausgerottet und deren Herzen von Mir abgewandt haben. Diese pfauenhaft aufgestutzte Scheinbildung habe Ich schon als Kronprinz aus innerster Seele gehaßt und als Regent Alles aufgeboten, um sie zu unterdrücken. Ich werde auf dem betretenen Wege fortgehen, ohne Mich irren zu lassen; keine Macht der Erde soll Mich davon abwendig machen. Zunächst müssen die Seminarien sämmtlich aus den großen Städten nach kleinen Orten verlegt werden, um den unheilvollen Einflüssen eines verpesteten Zeitgeistes entzogen zu werden. Sodann muß das ganze Treiben in diesen Anstalten unter die strengste Aufsicht kommen. Nicht den Pöbel fürchte Ich, aber die unheiligen Lehren einer modernen frivolen Weltweisheit vergiften und untergraben Mir Meine Bureaukratie, auf die bisher Ich stolz zu sein glauben konnte. Doch so lange Ich noch das Heft in Händen führe, werde Ich solchem Unwesen zu steuern wissen.

[16]

Die Schulartikel der (revidierten) Preußischen Verfassung (1850)

In den Monaten zwischen der Auflösung der Nationalversammlung und der Verkündung einer neuen Verfassung in Preußen gab es harte Auseinandersetzungen zwischen der christlich-konservativen Partei, die die Rückkehr zu der ständischen Monarchie vor 1848 verlangte, und den liberalen und demokratischen Parteien, die die in der Revolutionszeit errungenen Rechte bewahren wollten. Wichtigster Gegenstand des Streits war die von König Friedrich Wilhelm IV. im Dezember 1848 in Kraft gesetzte, aber relativ liberale sog. oktroyierte Verfassung. Das im Mai 1849 durch königliche Verordnung eingeführte Drei-Klassen-Wahlrecht sicherte für die 2. Kammer eine konservative Mehrheit, so daß eine Revision der oktroyierten Verfassung im Sinne der konservativen Kräfte, denen auch der König nahestand, möglich wurde. Die revidierte Verfassung trat mit der Verkündung am 2. Februar 1850 in Kraft. Sie behielt bis zur Novemberrevolution 1918 ihre Geltung. Ein Vergleich der Schulartikel der Reichsverfassung mit denen der (revidierten) Preußischen Verfassung macht den verstärkten Einfluß der konfessionellen und konservativen Bestrebungen auf die Schulpolitik in Preußen deutlich. Ein einheitliches Schulgesetz für ganz Preußen (Art. 26) kam nie mehr zustande. Darum blieben letztlich die überwiegend christlich-konservativen Schulgesetze der einzelnen Landesteile, insbesondere für das Volksschulwesen, bis zur Neufassung der Schulartikel in der Weimarer Verfassung 1919 in Kraft.

Quelle: Quellen zum Staatsrecht. Bd. 1. Deutsche Verfassungsrechte im Zeitalter des Konstitutionalismus (1806–1918). Tübingen 1949. S. 209ff.

Art. 20. Die Wissenschaft und ihre Lehre ist frei.

Art. 21. Für die Bildung der Jugend soll durch öffentliche Schulen genügend gesorgt werden.

Eltern und deren Stellvertreter dürfen ihre Kinder oder Pflegebefohlenen nicht ohne den Unterricht lassen, welcher für die öffentlichen Volksschulen vorgeschrieben ist.

Art. 22. Unterricht zu ertheilen und Unterrichtsanstalten zu gründen und zu leiten, steht Jedem frei, wenn er seine sittliche, wissenschaftliche und technische Befähigung den betreffenden Staatsbehörden nachgewiesen hat.

Art. 23. Alle öffentlichen und Privat-Unterrichts- und Erziehungs-Anstalten stehen unter der Aufsicht vom Staate ernannter Behörden.

Die öffentlichen Lehrer haben die Rechte und Pflichten der Staatsdiener.

Art. 24. Bei der Einrichtung der öffentlichen Volksschulen sind die konfessionellen Verhältnisse möglichst zu berücksichtigen.

Den religiösen Unterricht in der Volksschule leiten die betreffenden Religions-Gesellschaften.

Die Leitung der äußeren Angelegenheiten der Volksschule steht der Gemeinde zu. Der Staat stellt, unter gesetzlich geordneter Betheiligung der Gemeinden, aus der Zahl der Befähigten die Lehrer der öffentlichen Volksschulen an.

Art. 25. Die Mittel zur Errichtung, Unterhaltung und Erweiterung der öffentlichen Volksschule werden von den Gemeinden und, im Falle des nachgewiesenen Unvermögens, ergänzungsweise vom Staate aufgebracht. Die auf besonderen Rechtstiteln beruhenden Verpflichtungen Dritter bleiben bestehen.

Der Staat gewährleistet demnach den Volksschullehrern ein festes, den Lokalverhältnissen angemessenes Einkommen.

In der öffentlichen Volksschule wird der Unterricht unentgeltlich ertheilt.

Art. 26. Ein besonderes Gesetz regelt das ganze Unterrichtswesen.

Am Ende heißt es im Abschnitt „Übergangsbestimmungen" mit Bezug auf das Schulwesen:

Art. 112. Bis zum Erlaß des in Art. 26 vorgesehenen Gesetzes bewendet es hinsichtlich des Schul- und Unterrichtswesens bei den jetzt geltenden gesetzlichen Bestimmungen.

[17]

Der Minister der Geistlichen-, Unterrichts- und Medicinalangelegenheiten

Grundzüge betreffend Einrichtung und Unterricht der evangelischen einklassigen Elementarschule (Nr. 3 der „Stiehlschen Regulative" 1854)

Die zunehmend von restaurativ-christlich-orthodoxem Geist beherrschte preußische Schulpolitik in den Jahren nach dem Scheitern der Revolution fand ihren signifikanten Ausdruck in dem Erlaß der drei Regulative „über Einrichtung des evangelischen Seminar-, Präparanden- und Elementarschul-Unterrichts" vom 1., 2. und 3. Oktober 1854. Der Minister K. O. von Raumer (1850–1858) hatte schon 1852 den von seinem Vorgänger, von Ladenberg, eingebrachten moderaten Schulgesetzentwurf zu Art. 26 der Verfassung zurückgezogen. Zur Begründung hatte er auf die wieder gefestigte Stellung und bestimmende „Einwir-

kung der Behörden" verwiesen und die gesetzgeberische Kompetenz des Parlaments für unnötig erachtet.
Der Minister folgte mit dem Erlaß einer Anweisung des Königs. Das Niveau der Volksschul- und Lehrerbildung wurde nach dem Umfang des Unterrichts einer einklassigen Schule für alle Jahrgänge auf dem Dorfe bemessen. Wesentliche Aufgabe der Schule sei es, „daß die Jugend erzogen werde in christlicher, vaterländischer Gesinnung und in häuslicher Tugend". Dafür genüge ein einfacher Unterricht in Religion, Muttersprache, Rechnen, Singen sowie in Vaterlands- und Naturkunde (aus dem 1. Regulativ).
Der zuständige Referent, A. W. F. Stiehl, seit 1844 im Ministerium, verfaßte die – meist mit seinem Namen verbundenen – Regulative. Sie wurden von der Lehrerschaft und den liberalen und sozialistischen Parteien wegen ihres einengenden rückschrittlichen Geistes erbittert bekämpft. Erst 1872 wurden die Regulative durch die „Allgemeinen Bestimmungen" des liberalen Ministers Falk abgelöst.

Quelle: Die drei preußischen Regulative, vom 1., 2. und 3. October 1854 über Einrichtungen des evangelischen Seminar-, Präparanden- und Elementarschul-Unterrichts. Im amtlichen Auftrag zusammengestellt von A. W. F. Stiehl. Berlin 1868. S. 61 ff.

Durch das Regulativ vom 1. d. M. für den Unterricht in den evangelischen Schullehrer-Seminarien der Monarchie ist der Vorbildung der Lehrer, mit steter Berücksichtigung des Bedürfnisses der Elementarschule und des durch sie erreichbaren Zieles der Volkserziehung, Richtung und Maaß vorgezeichnet.

Die in diesem Regulativ ausgesprochenen Grundsätze und die zur Befolgung für den Seminar-Unterricht gegebenen Vorschriften werden in den meisten Beziehungen auch für die bereits im Amte befindlichen Lehrer Antrieb und Richtschnur sein.

Nach diesem Regulativ ergeben sich für die evangelische einklassige Elementarschule derjenige Unterrichtsbereich und diejenigen Unterrichtsziele, welche in den folgenden Grundzügen zum Anhalt für die Schulverwaltung und Schulaufsicht, sowie zur Befolgung für die Lehrer niedergelegt sind.

Es folgen Bestimmungen über äußere Einrichtungen der Schulen, Neubauten, Schülerzahl, Schulzeit.

Das aber ist im Allgemeinen als Grundsatz festzuhalten, daß die Schule auch in ihrer äußeren Einrichtung sich, soweit es ihr Hauptzweck gestattet, dem Leben und seinen Bedürfnissen anschließe. Ein starrer Mechanismus, welcher verlangte, daß das gesammte andere Leben sich nach ihm zu richten habe, würde mit den doch nicht zu beseitigenden Bedingungen und faktischen Zuständen des bürgerlichen Lebens und der Familie in einen Zwiespalt gerathen, der zuletzt immer das Gedeihen der Schule und ihre Wirksamkeit beeinträchtigte. Die Schule wird unter steter Festhaltung ihrer wesentlichen Zielpunkte der Wirklichkeit die gebührende Berücksichtigung zukommen lassen und in Festsetzung ihrer Unterrichtsstunden und

Ferien nach Ausdehnung, Tages- und Jahreszeit, soweit es irgend ihr eigener Zweck gestattet, sich den örtlichen und einzelnen Bedürfnissen und Verhältnissen nach Möglichkeit anschließen. Die umsichtige und nachhaltige Mitwirkung der Ortsbehörde, und namentlich des Pfarrers ist dabei von wesentlicher Bedeutung.

Für die innere und geistige Thätigkeit der Schule ist in der neuesten Zeit ein wichtiger Wendepunkt eingetreten. Die Gedankenbewegung, welche schon seit längerer Zeit bald in größerer bald in minderer Klarheit auf dem Gebiete der Volksbildung und Volkserziehung hervortrat, ist in vielen und wichtigen Beziehungen zu einem Abschlusse gediehen.

Es ist daher an der Zeit, das Unberechtigte, Ueberflüssige und Irreführende auszuscheiden und an seiner Stelle dasjenige nunmehr auch amtlich zur Befolgung vorzuschreiben, was von denen, welche die Bedürfnisse und den Werth einer wahrhaft christlichen Volksbildung kennen und würdigen, seit lange als nothwendig gefühlt, von treuen und erfahrenen Schulmännern als dem Volke wahrhaft frommend und als ausführbar erprobt worden ist.

Die Elementarschule war der geistigen Richtung des Jahrhunderts, von welcher sie ihre größere Ausbreitung und ihre Neugestaltung empfangen, gefolgt. Wie aber das gesammte Leben des Zeitalters an einer Grenzlinie angekommen ist, wo ein entscheidender Umschwung nöthig und wirklich geworden; so muß die Schule, wenn sie nicht in Festhaltung eines überwundenen Gegensatzes wirkungslos werden und untergehen soll, in die berechtigte neue Bewegung Leben-empfangend und fördernd eintreten.

Der Gedanke einer allgemein menschlichen Bildung durch formelle Entwickelung der Geistesvermögen an abstraktem Inhalt hat sich durch die Erfahrung als wirkungslos, oder schädlich erwiesen.

Das Leben des Volkes verlangt seine Neugestaltung auf Grundlage und im Ausbau seiner ursprünglich gegebenen und ewigen Realitäten auf dem Fundament des Christenthums, welches Familie, Berufskreis, Gemeinde und Staat in seiner kirchlich berechtigten Gestaltung durchdringen, ausbilden und stützen soll. Demgemäß hat die Elementarschule, in welcher der größte Theil des Volkes die Grundlage, wenn nicht den Abschluß seiner Bildung empfängt, nicht einem abstrakten System, oder einem Gedanken der Wissenschaft, sondern dem praktischen Leben in Kirche, Familie, Beruf, Gemeinde und Staat zu dienen, und für dieses Leben vorzubereiten, indem sie sich mit ihrem Streben auf dasselbe gründet und innerhalb seiner Kreise bewegt. Das Verständniß und die Uebung des dahin gehörenden Inhalts, und dadurch Erziehung ist Zweck; die Methode ist nur ein Mittel, welches keinen selbstständigen Werth hat; die formelle Bildung ergiebt sich durch Verständniß und Uebung des berechtigten Inhalts von selbst; ohne

Rücksicht auf den Inhalt, oder einem verkehrten Inhalt nachstrebend, wirkt sie schädlich und zerstörend.

Von diesen Gesichtspunkten aus wird es weiterhin für die Elementarschule weniger auf die Ausarbeitung und Anordnung neuer und anderer Lehrgänge ankommen, als vielmehr auf eine richtige Auswahl und feste Begränzung der Unterrichtsgegenstände, sowie auf eine zweckmäßige Einrichtung der Schule, wie sie in ihrer Bestimmung als Anstalt zur Erziehung der heranwachsenden Jugend begründet ist.

Nach beiden Richtungen hin kommen für die einzelnen Unterrichtsgegenstände folgende Grundzüge zur Anwendung.

Es folgen 1. Religion, 2. Lesen, deutsche Sprache und Schreiben, 3. Rechnen, 4. Gesang, ferner Regeln für die Stundenverteilung.

Durch den ganzen, nach diesen Grundsätzen angelegten Schul-Unterricht gehen zwei Grundsätze als unabänderlich maaßgebend; erstens, unter Lossagung von dem einseitigen Streben nach abstrakter, formeller Denkbildung dem Unterricht des Kindes einen berechtigten und würdigen Inhalt zu geben, der in steter und inniger Beziehung zu den großen Bildungsfaktoren, der Kirche, Familie, Gemeinde und dem Vaterlande ausgewählt und verarbeitet wird; und sodann an diesem keinenfalls über die Grenzen eines zu erreichenden vollen Verständnisses hinaus ausgedehnten Inhalt die Kraft bis zum Können und zur selbstständigen Fertigkeit zu üben.

Die gezogenen Kreise werden überall, auch von dem minder begabten Lehrer und unter behinderten Verhältnissen der Schüler ausgefüllt werden können; ihr Inhalt reicht für das wirkliche Bedürfniß im Allgemeinen vollständig aus, ohne daß ihre Erweiterung unter günstigeren Verhältnissen unmöglich gemacht wäre.

Der so quantitativ richtig beschränkte und qualitativ richtig ausgewählte Unterrichtsstoff ist nun überall in die nöthige und zulässige Beziehung zu setzen, daß ein Unterrichtsfach das andere ergänzt und dem Gesammtzweck dient.

Wo es aus der Kirche, dem Vaterlande und der Natur in das Leben tretenden Thatsachen gilt, da geht der Unterricht in Feier und Betrachtung über, die vorzugsweise das Gemüth, den Willen und Charakter erfaßt und die Kinder schon früh sich als Glieder einer von Gott geordneten Gemeinschaft erkennen läßt.

Die hiermit für die einklassige Elementarschule gegebenen Grundzüge werden, soweit sie Charakter, Richtung und Wesen des Elementar-Unterrichts angehen, überall unverändert auch für die in mehrere neben einander stehende oder aufsteigende Klassen getheilte Elementarschulen ihre

Anwendung finden. Für die dem Umfang nach zu erweiternden Lektionspläne der letztern werden sie Grundlage und Anhalt bieten.

Die zweckmäßige Vertheilung der einzelnen Unterrichts-Gegenstände auf die zu gleicher Zeit zu unterrichtenden Abtheilungen der einklassigen Schule hängt von örtlichen und persönlichen Verhältnissen ab.

Regel ist, daß kein Kind, auch das kleinste nicht, ohne Arbeit gelassen wird, zu deren Uebung sein Verständnis und seine Kraft angeleitet ist; und daß kein Kind in irgend einem Stück unterrichtet wird, welches nicht demnächst auch zur Uebung und selbstständigen Darstellung kommt.

Hiermit ist zugleich der Weg angedeutet, wie das für die ungetheilte Schule unentbehrliche Helfersystem von dem unzulässigen, sogenannten wechselseitigen Unterricht zu unterscheiden, von dem Charakter eines Nothbehelfs zu befreien und zu einer festgeordneten Einrichtung der Schule zu machen ist, die auch darin das Bild der Familie abspiegelt, daß unter der leitenden Auktorität des Lehrers alle Glieder in der Verfolgung eines Zieles wechselseitig geben und empfangen.

Der Lehrer aber wird am höchsten stehen, der täglich selbst in der Schule am meisten empfängt, nämlich den Geist der Demuth, des Gebets, der Liebe und der Gottesfurcht, die mit göttlicher Furcht und freudigem Zittern seine und der ihm anvertrauten Kinder Seligkeit zu schaffen sucht.

Berlin, den 3. October 1854. Der Minister der geistlichen, Unterrichts- und Medicinal-Angelegenheiten
(gez.) von Raumer

[18]

Der Minister der Geistlichen-, Unterrichts- und Medicinal-Angelegenheiten

Circularverfügung: Anderweite Organisation der Real- und höheren Bürgerschulen (1856)

Vom ersten Drittel des 19. Jh. an hatte das wirtschaftende Bürgertum einen deutlichen sozial-ökonomischen Aufschwung genommen. Die leitenden Prinzipien Freiheit und Gleichheit waren ebenso Triebkräfte wie die durch die preußischen Reformen neugewonnenen Freiheiten gesellschaftlich-wirtschaftlicher Art und nicht zuletzt die Fortschritte der Naturwissenschaften und der Technik und mit ihnen die rasche Entwicklung in Industrie, Handel, Gewerbe und Verkehr. Eine auf diese Bedürfnisse zugeschnittene Bildungsmöglichkeit fehlte im staatlichen Schulwesen. Die höhere Allgemeinbildung war ganz dem neuhumanistischen Gymnasialkonzept und dem Primat der alten Sprachen verhaftet. Darum gingen viele Kommunen dazu über, sog. Realzüge ihren Gymnasien anzugliedern oder Realanstalten bzw. höhere Bürgerschulen zu gründen. Zum Teil lateinlos, zum Teil mit verringertem Lateinanteil betonten sie die lebenden Fremdsprachen und die Naturwissenschaften als Kernfächer ihres Curriculums. Zwar trafen diese Schulen auf die massive Abwehr der Schulbehörden, Gymnasien und Universitäten, doch der Zug der Zeit war stärker. Schritt um

Schritt errang das wirtschaftende Bürgertum die Anerkennung dieser Schulen als zeitgemäße Alternative höherer Allgemeinbildung. Letztlich konnten auch die Behörden, trotz ihrer restriktiv-konservativen Schulpolitik, die Anerkennung nicht versagen. Die Circularverfügung markiert eine wichtige Station auf dem Wege der Emanzipation dieser Schulgattung und Herausbildung der Realgymnasien und der späteren Oberrealschulen. Zugleich aber bemächtigte der Staat sich ihrer, vereinheitlichte sie und band sie so in das System der staatlichen Schulen ein. 1859 folgten die entsprechenden Lehrpläne und Prüfungsordnungen.

Quelle: Centralblatt für die gesammte Unterrichtsverwaltung in Preußen. Jg. 1859. S. 73 ff.

In der bisherigen Entwickelung der Real- und höheren Bürgerschulen liegen Erfahrungen vor, welche die Herbeiführung definitiver Anordnungen auf diesem Gebiet des höheren Unterrichtswesens nunmehr als rathsam erscheinen lassen.

Nachdem die theoretische Discussion des Gegenstandes sich erschöpft zu haben scheint, bedarf es eines näheren Eingehens in die prinzipielle Verschiedenheit der Realschulen von den Gymnasien nicht; die Nothwendigkeit beider Bildungswege ist als eine faktisch vorhandene anzusehn; bei sonstiger Verschiedenheit bleibt ihnen die Gemeinsamkeit der religiösen und nationalen Bildungsaufgabe.

Die unter dem Namen von Real- und höheren Bürgerschulen jetzt bestehenden Bildungsanstalten sind, bei gleichen Berechtigungen, in ihren Einrichtungen, wie nach ihren Leistungen sehr verschieden. An nicht wenigen derselben wird eine Prima nur mit Mühe erhalten, und die Schülerzahl dieser Klasse steht oft in einem auffallenden Mißverhältniß zu den für sie aufzuwendenden Mitteln. Es fragt sich demnach, ob es nicht zweckmäßig sei, unter den bis jetzt unter gleicher Bezeichnung begriffenen Anstalten mehrere Arten zu unterscheiden. Die Anstalten erster Ordnung würden den bisherigen Umfang der vollständigen Real- oder höhern Bürgerschulen beibehalten und die Schüler bis zum 18. oder 19. Lebensjahr ausbilden. Die Anstalten zweiter Ordnung würden mit der jetzigen Secunde der Real- oder höhern Bürgerschulen d. h. durchschnittlich bei dem 16. Lebensjahr der Schüler abschließen. Beide Arten von Schulen würden durch gesonderte Benennungen von einander zu unterscheiden und für die Schüler, welche ihren Cursus vollenden, mit gesonderten Rechten auszustatten sein.

Es folgen Abgrenzungshinweise gegenüber den „niederen Bürger- und Stadtschulen" sowie den „Elementarschulen". Im Blick auf die Real- und höheren Bürgerschulen fährt der Erlaß fort:

Beide Arten von Schulen sind nicht als spezielle Fachschulen anzusehen, sie sollen vielmehr für den höheren Bürgerstand eine allgemeine Bildung vorbereiten, die ebensowohl eine Summe nothwendiger Kenntnisse und Fertigkeiten in sich schließt, wie die sicheren Wege zu einer edleren Lebensauffassung und sittlichen Willensbestimmung zeigt, und daher der realistischen Tendenz durch ethische Unterrichtsmittel das Gegengewicht hält. Durch die Rücksicht hierauf wird die anderweitige auf den späteren Beruf der Schüler in den gebührenden Grenzen gehalten, und der Unterschied jener Schulen von anderen Anstalten, z. B. von den Provinzial-Gewerbeschulen, bestimmt ausgeprägt werden.

Die Unterrichtssphäre der Real- und höheren Bürgerschulen ist, mit steter Erwägung der pädagogischen Berechtigung der einzelnen Objecte, gegen die bisher meist befolgte Praxis, eher zu beschränken, als zu erweitern, um nicht eine Mittheilung vereinzelter Bruchstücke des Wissens, die für den Schüler zu wirksamen Bildungselementen nicht werden können, zu veranlassen, und nicht durch ein verwirrendes Vielerlei die Neigung zu oberflächlichen Urtheilen und den verderblichen Schein einer vermeintlich höheren Bildung bei der Jugend zu begünstigen.

Die Aufgabe der Concentration des Lehrplans führt von selbst auf die Unterscheidung der grundlegenden und wesentlichen Lehrobjecte und derer, welche ergänzend dazu treten, wobei die Frage nach der Nothwendigkeit des Unterrichtes im Lateinischen nicht umgangen werden kann.

Eine besondere Beachtung erfordert die Thatsache, daß nur ein kleiner Theil der in die unteren Klassen aufgenommenen Schüler sämmtliche Klassen durchmacht, indem die meisten aus den mittleren in das bürgerliche Leben übergehen. Dieser Umstand nöthigt, auf das rechtzeitige Eintreten der verschiedenen Unterrichtsgegenstände Bedacht zu nehmen, so daß schon auf den mittleren Stufen ein relativer Abschluß von Kenntnissen erreicht wird, und die dort Ausscheidenden jedenfalls die allgemeine Grundlage der Bildung, wozu namentlich auch die Kenntniß der Hauptthatsachen der vaterländischen Geschichte gehört, mitnehmen.

Es folgen Hinweise auf die „Zahl der Klassen und die wesentlichen Vorkenntnisse" bei der Aufnahme in die Schule sowie auf die Notwendigkeit, einen „Organisationsplan" aufzustellen. Überlegungen über die künftige „Benennung beider Arten von Schulen zu ihrer Unterscheidung" und über die Bedeutung der „Berechtigungen" und Zeugnisse schließen sich an. Dabei soll auf die Gymnasien Rücksicht genommen werden:

Auf die Gymnasien ist in Betreff der Wirkungen der Abgangszeugnisse von Real- und höheren Bürgerschulen insofern Rücksicht zu nehmen, als es wünschenswerth ist, aus ihnen mehr und mehr diejenigen Schüler möglichst zu entfernen, welche nicht sowohl um ihrer wissenschaftlichen Ausbildung willen in dieselben eintreten, als um die mit der Aufnahme in die höheren Klassen verbundenen Rechte zu erlangen.

Der Erlaß schließt mit Vorüberlegungen über die Vorbildung der Lehrer an den Real- und höheren Bürgerschulen sowie über die Prüfung dieser Lehrer durch ein besonderes „Prüfungsreglement".

IV.
Staat, Klassengesellschaft und Schule im Kaiserreich

1. Zu den Begriffen „Klassengesellschaft" und „Klassenstaat"

SIEGFRIED LANDSHUT

Klasse

Die Kennzeichnung der gesellschaftlichen Verhältnisse in Deutschland zur Zeit des Kaiserreichs als „Klassengesellschaft" hebt ab auf die deutliche soziale Schichtung der Bevölkerung und die entsprechende Teilhabe an der politischen Willensbildung.
Im Unterschied zur Standesgesellschaft des 18. Jahrhunderts beruhte die Teilung in „Klassen" im wesentlichen auf den Besitz- und Einkommensverhältnissen und dem Zugang zu den Bildungsmöglichkeiten. Dadurch war innerhalb der Klassen eine gewisse Gleichheit der sozialen Lage gegeben, die auch eine weitgehende Übereinstimmung in Einstellungen, Verhalten und politischen Interessen, ein „Klassenbewußtsein" hervorbrachte. Insofern standen die Klassen zueinander in Spannung und Gegensatz. Verschärft wurde diese Situation durch das seit 1849 verbreitete „Drei-Klassen-Wahlrecht", besonders in Preußen. Das Recht zu wählen war an die Steuerleistungen gebunden, dementsprechend an Besitz und Einkommen. Dabei wurde das Steueraufkommen eines Wahlbezirks in drei Leistungsklassen geteilt und für jede Klasse die gleiche Anzahl Wahlmänner, die ihrerseits die Abgeordneten zu wählen hatten, vorgesehen. Abgesehen davon, daß Frauen generell und auch die abhängigen Lohnarbeiter vom Wahlrecht ausgeschlossen waren, bedeutete dieses Wahlverfahren für die unterste Klasse eine ungeheure Benachteiligung in der Wahrnehmung ihrer politischen Rechte. Denn eine zahlenmäßig geringe Oberschicht vereinigte eine unverhältnismäßig große politische Macht auf sich als faktisch „herrschende Klasse".
Das Drei-Klassen-Wahlrecht wurde erst 1918 in der „November-Revolution" beseitigt, die staatsbürgerlicher Gleichheit 1919 durch die Weimarer Verfassung hergestellt.
Die historische Entstehung des Phänomens „Klasse" und theoretische Ableitung des Begriffs behandelt S. Landshut in seinem Stichwortartikel.

Quelle: S. Landshut/W. Gaebler: Politisches Wörterbuch. Tübingen 1958. S. 113 f.

Klasse. Bezeichnung für einen im Unterschied zum Stand nicht mehr privilegierten, aber noch zusammenhaltenden, durch ein besonderes Bewußtsein, besondere wirtschaftliche Lage und besondere gesellschaftliche Bedeutung gekennzeichneten Personenkreis; heute vielfach auch ausgedehnt auf alle in der Geschichte vorkommenden Personenzusammengehörigkeiten innerhalb einer gegliederten Ordnung (so auch auf die Erscheinung des Standes).

Der Begriff ist im 19. Jh. geprägt worden, um die noch bestehenden Reste einer sich auflösenden Standesordnung zu kennzeichnen. Er bekommt eine besondere Bedeutung bei Marx, der die auf Grund der liberalen Prinzipien sich herausbildende „bürgerliche Gesellschaft" als „Klassengesellschaft" analysierte. Marx stellte die Theorie auf, daß sich die Klassen auf Grund der im kapitalistischen Produktionsprozeß wirkenden Gesetzmäßigkeit auf zwei reduzieren (Bourgeoisie und Proletariat). Beide werden durch die unterschiedliche Stellung der Menschen im Verhältnis zu den Produktionsmitteln bestimmt. Die einen - die Bourgeoisie - sind im Besitz der Produktionsmittel, die anderen, von ihnen Abhängigen - das Proletariat - verfügen nur über ihre Arbeitskraft. Daraus ergibt sich ein Gegensatz der Interessen, d. h. ein Klassengegensatz, der zum Klassenkampf und zur Aufhebung der Klassengesellschaft führen muß.

Charakteristisch ist für die sog. Klassengesellschaft des 19. Jh. die wachsende Bevölkerungsmobilität und die Möglichkeit des Auf- und Abstieges von einer Klasse zur anderen, je nach dem Erfolg oder Mißerfolg in der freien wirtschaftlichen Betätigung. Diese Mobilität der Klassengesellschaft wirkt sich auf die Dauer als allgemeine Nivellierung aus. Trotz noch bestehender Einkommens- und Eigentumsunterschiede kann man von einem Klassengegensatz und vom unterschiedlichen Klassenbewußtsein im Hinblick auf die heutige Gesellschaft kaum mehr sprechen.

2. Staatliche Schulpolitik

[1]

Gesetz betr. die Beaufsichtigung des Unterrichts- und Erziehungswesens („Schulaufsichtsgesetz" 1872)

Das vom Kabinett Bismarck erlassene Schulaufsichtsgesetz war ein weiterer Schritt auf dem Wege, das Recht des Staates auf die Schulhoheit zu sichern und das Schulwesen zu vereinheitlichen. Das Gesetz muß im engsten Zusammenhang mit dem gleich nach der Reichsgründung von 1871 beginnenden „Kulturkampf" gesehen werden und richtete sich vor allem gegen die katholische Kirche. Aber auch die evangelische Kirche wurde betroffen und reagierte zum Teil mit deutlicher Ablehnung. Obgleich Preußen mit dem Schulaufsichtsgesetz grundsätzlich die Verstaatlichung der Schulaufsicht bis in die Lokalinspektion durchsetzte, blieb in der Praxis auf der unteren Ebene die „geistliche Schulaufsicht", jedoch in der Form staatlicher Beauftragung, vielerorts bis 1918 erhalten.

Quelle: Centralblatt für die gesammte Unterrichts-Verwaltung in Preußen. Jg. 1872. S. 129 f.; ebd., S. 30 ff.

Wir Wilhelm, von Gottes Gnaden König von Preußen etc. verordnen, in Ausführung des Artikels 23 der Verfassungs-Urkunde vom 31. Januar 1850, mit Zustimmung der beiden Häuser des Landtages, für den Umfang der Monarchie, was folgt:

§ 1. Unter Aufhebung aller in einzelnen Landestheilen entgegenstehenden Bestimmungen steht die Aufsicht über alle öffentlichen und Privat-Unterrichts- und Erziehungs-Anstalten dem Staate zu.

Demgemäß handeln alle mit dieser Aufsicht betrauten Behörden und Beamten im Auftrage des Staates.

§ 2. Die Ernennung der Local- und Kreis-Schulinspectoren und die Abgrenzung ihrer Aufsichtsbezirke gebührt dem Staate allein.

Der vom Staate den Inspectoren der Volksschule ertheilte Auftrag ist, sofern sie dies Amt als Neben- oder Ehrenamt verwalten, jederzeit widerruflich.

Alle entgegenstehenden Bestimmungen sind aufgehoben.

§ 3. Unberührt durch dieses Gesetz bleibt die den Gemeinden und deren Organen zustehende Theilnahme an der Schulaufsicht, sowie der Artikel 24 der Verfassungs-Urkunde vom 31. Januar 1850.

§ 4. Der Minister der geistlichen, Unterrichts- und Medicinal-Angelegenheiten wird mit der Ausführung dieses Gesetzes beauftragt.

Urkundlich unter Unserer Höchsteigenhändigen Unterschrift und beigedrucktem Königlichen Insiegel.

Gegeben Berlin, den 11. März 1872. Wilhelm
(L. S.) Fürst v. Bismarck und Kabinettsmitglieder

Von dem vorab veröffentlichten Entwurf und den Motiven werden die letzteren beigefügt:

Motive

Im Einklange mit dem § 1. Tit. 12. Th. II. des Allgemeinen Landrechts, nach welchem die Schulen Veranstaltungen des Staates sind, bestimmt der Art. 23 der Verfassungsurkunde vom 31. Januar 1850:

alle öffentlichen und Privat-Unterrichts- und Erziehungs-Anstalten stehen unter der Aufsicht vom Staat ernannter Behörden. Die öffentlichen Lehrer haben die Rechte und Pflichten der Staatsdiener.

Zur Ausführung dieser Bestimmungen muß es dem Staate zustehen, die Organe für die Schulaufsicht zu bestellen, ohne an einschränkende Vorschriften gebunden zu sein.

Der augenblickliche Stand der Gesetzgebung entspricht, was die niederen Schulen anlangt, diesen Anforderungen nicht. Sowohl das Landrecht (§ 12 ff. Tit. 12 Th. II.), als auch die Provinzial-Gesetze geben den Ortsgeistlichen und in weiterem Kreise den Superintendenten, Erzpriestern, Decanen etc. neben der Pflicht auch das Recht zur Beaufsichtigung der niederen Schulen als resp. Local- und Kreis-Schulinspectoren.

Demgegenüber war schon in dem letzten, dem Landtage von 1869/1870 vorgelegten Entwurfe eines Unterrichts-Gesetzes die Ernennung der Kreis-Schulinspectoren ausdrücklich für den Staat in Anspruch genommen.

Gegenwärtig ist das Bedürfnis nur noch umfassender und dringender geworden.

Der Staat muß, um seine Aufgabe an der Schule lösen zu können, die Macht haben, nicht bloß auf der Stufe der Kreis-Schulinspection, sondern auch schon auf der der Lokal-Inspection mit Organen seiner eigenen freien Wahl eintreten zu können, ohne an die Wahl kirchlicher Oberen gebunden zu sein; und er muß in den Besitz dieser Machtmittel ohne Verzug und unabhängig davon, welches der Ausgang der Berathungen über das allgemeine Unterrichtsgesetz sein werde, gesetzt werden.

Dieses Ziel zu erreichen, bezweckt der vorliegende Entwurf, zu dessen Erläuterung im Einzelnen das Folgende anzuführen bleibt.

Es folgen die Ausführungsbestimmungen zu den einzelnen Paragraphen.

[2]

Der Minister der Geistlichen-, Unterrichts- und Medicinal-Angelegenheiten

Allgemeine Bestimmungen für die Volks- und Mittelschulen in Preußen (1872)

Die vom liberalen Kultusminister Falk erlassenen und von dem ehemaligen Bromberger Seminardirektor Karl Schneider, dem Nachfolger Stiehls, verfaßten „Allgemeinen Bestimmungen" befreiten die (Volks-)Schule aus der einengenden Ordnung der „Regulative" von 1854 und eröffneten die Möglichkeit für innere und äußere Reformen. Sie faßten die verschiedenen Arten der „deutschen Bürgerschulen" zur „Mittelschule" zusammen und gaben diesem neuen Schultyp grundlegende Lehrpläne.

Quelle: Centralblatt für die gesammte Unterrichts-Verwaltung in Preußen. Jg. 1872. S. 585 ff. und 598 ff.

Berlin, den 15. October 1872.

Nachdem ich unter dem heutigen Tage die im Anschlusse beigefügte Allgemeine Verfügung über Einrichtung, Aufgabe und Ziel der Volksschule erlassen habe, ist nach Maßgabe derselben überall da, wo nicht gesetzliche Bestimmungen ein Anderes verordnen, zu verfahren.

Insbesondere sind in Betreff der Ausstattung der Schulzimmer und der für den Unterricht zu beschaffenden Lehrmittel, sowie wegen Vertheilung der Stunden auf die einzelnen Lehrgegenstände die bezüglichen Bestimmungen jedenfalls im nächsten Sommersemester durchzuführen. Die Schulinspectoren haben die neuen Lehrpläne schleunigst auszuarbeiten und ebenso ihre Vorschläge rücksichtlich der neu einzuführenden Lehr- und Lernbücher baldigst einzureichen.

In dem über die Ausführung meiner Allgemeinen Verfügung zu erstattenden Berichte erwarte ich gleichzeitig eine genaue Angabe der in den einzelnen Bezirken vorkommenden verschiedenen Arten der Volksschule.

Das Regulativ vom 3. October 1854 und dessen spätere Ergänzungen, insbesondere die Erlasse vom 19. November 1859 und vom 16. Februar 1861, sind aufgehoben.

Der Minister der geistlichen, Unterrichts- und Medicinal-Angelegenheiten
Falk

Allgemeine Verfügung über Einrichtung, Aufgabe und Ziel der preußischen Volksschule.

1. Die normalen Volksschuleinrichtungen

Normale Volksschuleinrichtungen sind die mehrklassige Volksschule (5.), die Schule mit 2 Lehrern (4.), und die Schule mit einem Lehrer, welche entweder die einklassige Volksschule (2.) oder die Halbtagsschule ist (3.).

2. Die einklassige Volksschule

In der einklassigen Volksschule werden Kinder jedes schulpflichtigen Alters in ein und demselben Locale durch einen gemeinsamen Lehrer gleichzeitig unterrichtet. Die Zahl derselben soll nicht über achtzig steigen.

In der einklassigen Volksschule erhalten die Kinder der Unterstufe in der Regel wöchentlich 20, der Mittel- und Oberstufe 30 Lehrstunden, einschließlich des Turnens für die Knaben und der weiblichen Handarbeiten für die Mädchen.

3. Die Halbtagsschule

Wo die Anzahl der Kinder über achtzig steigt, oder das Schulzimmer auch für eine geringere Zahl nicht ausreicht, und die Verhältnisse die Anstellung eines zweiten Lehrers nicht gestatten; sowie da, wo andere Umstände dies nothwendig erscheinen lassen, kann mit Genehmigung der Regierung die Halbtagsschule eingerichtet werden, für deren Klassen zusammen wöchentlich 32 Stunden angesetzt werden.

4. Die Schule mit zwei Lehrern

Sind zwei Lehrer an einer Schule angestellt, so ist der Unterricht in zwei gesonderten Klassen zu ertheilen. Steigt in einer solchen Schule die Zahl der Kinder über hundert und zwanzig, so ist eine dreiklassige Schule einzurichten. In dieser kommen auf die dritte Klasse wöchentlich 12, auf die zweite Klasse wöchentlich 24, auf die erste Klasse wöchentlich 28 Lehrstunden.

5. Die mehrklassige Volksschule

In Schulen von drei und mehr Klassen, soweit dieselben nicht unter 4. fallen, erhalten die Kinder der unteren Stufe wöchentlich 22, in der mittleren 28, die der oberen 30 bis 32 Unterrichtsstunden.

6. Die Trennung der Geschlechter in der Schule

Für mehrklassige Schulen (5.) ist rücksichtlich der oberen Klassen eine Trennung der Geschlechter wünschenswerth. Wo nur zwei Lehrer angestellt sind, ist eine Einrichtung mit zwei beziehungsweise drei aufsteigenden Klassen derjenigen zweier nach den Geschlechtern getrennten einklassigen Volksschulen vorzuziehen.

7. Vereinigung kleiner Schulgemeinden zu einem gemeinsamen Schulsystem

Wo an einem Orte mehrere einklassige Schulen bestehen, ist deren Vereinigung zu einer mehrklassigen Schule anzustreben.

In Ziffer 8 – 11 folgen Einzelbestimmungen über Einrichtung und Ausstattung der Schulzimmer, die unentbehrlichen Lehrmittel, Tabellen und Listen, Schulbücher und Schulhefte.

12. Die Gliederung der Volksschule

Die Volksschule, auch die einklassige, gliedert sich in drei Abtheilungen, welche den verschiedenen Alters- und Bildungsstufen der Kinder entsprechen. Wo eine Volksschule vier Klassen hat, sind der Mittelstufe zwei, wo sie deren sechs hat, jeder Stufe zwei Klassen zuzuweisen.

13. Die Lehrgegenstände der Volksschule

Die Lehrgegenstände der Volksschule sind Religion, deutsche Sprache (Sprechen, Lesen, Schreiben), Rechnen nebst den Anfängen der Raumlehre, Zeichnen, Geschichte, Geographie, Naturkunde und für die Knaben Turnen, für die Mädchen weibliche Handarbeiten.

In der einklassigen Volksschule vertheilen sich die Stunden auf die einzelnen Gegenstände und Stufen wie folgt:

	Unter-stufe	Mittel-stufe	Ober-stufe
Religion	4	5	5
Deutsch	11	10	8
Rechnen, Raumlehre	4	4	5
Zeichnen	–	1	2
Realien	–	6	6
Singen	1	2	2
Turnen (Handarbeit)	–	2	2
	20	30	30

In der mehrklassigen Schule:

	Unter-stufe	Mittel-stufe	Ober-stufe
Religion	4	4	4
Deutsch	11	8	8
Rechnen	4	4	4
Raumlehre	–	–	2
Zeichnen	–	2	2
Realien	–	6	6(8)
Singen	1	2	2
Turnen (Handarbeit)	2	2	2
	22	28	30(32)

In der Halbtagsschule und in der Schule mit zwei Lehrern und drei Klassen (4.) treten die nöthigen Veränderungen nach Maßgabe des Bedürfnisses ein.

Es folgen Ziff. 14 – 38 mit Einzelbestimmungen zu jedem Unterrichtsfach. Die nachfolgenden Bestimmungen für die Mittelschulen schließen ohne Zwischenüberschrift an.

Berlin, den 15. October 1872.

Unter dem Namen von Bürger-, Mittel-, Rector-, höheren Knaben- oder Stadt-Schulen sind bereits gegenwärtig eine beträchtliche Anzahl von Unterrichts-Anstalten vorhanden, welche einerseits ihren Schülern eine höhere Bildung zu geben versuchen, als dies in der mehrklassigen Volksschule geschieht, andererseits aber auch die Bedürfnisse des gewerblichen Lebens und des s. g. Mittelstandes in größerem Umfange berücksichtigen, als dies in höheren Lehranstalten regelmäßig der Fall sein kann.

Es entspricht den Anforderungen der Gegenwart nicht nur, die bestehenden Anstalten dieser Art weiter zu entwickeln, sondern auch die Neuerrichtung derselben Seitens der Gemeinden thunlichst zu fördern.

Wenn solche Schulen den nachfolgenden Anforderungen entsprechen, so sind dieselben als Mittelschulen anzusehen und zu bezeichnen.

1. Die Schulen sollen neben den Volksschulen des Ortes bestehen und mindestens fünf aufsteigende Klassen mit einer Maximalzahl von je fünfzig Schülern haben. Es kann jedoch gestattet werden, daß die Oberklassen einer sechsklassigen Volksschule nach dem Lehrplane der Mittelschule arbeiten.

2. Der Unterricht in der Mittelschule ist im Anschlusse an den beifolgenden Lehrplan, welcher auf eine sechsklassige Schule berechnet ist, zu ertheilen. Bei fünf Klassen sind die Pensa der drei Unterklassen auf zwei

Klassen zu vertheilen. Bei mehr als sechs Klassen findet eine Erweiterung des Pensums statt.

Wo die localen Verhältnisse eine besondere Berücksichtigung des Ackerbaues, Fabrikwesens, Bergbaues, Handels oder der Schiffahrt in dem Lehrplane bedingen, sind die erforderlichen Aenderungen in demselben vorzunehmen. Demgemäß ist es auch je nach dem Bedürfnisse zuzulassen, nur eine der im Lehrplane bezeichneten neueren Sprachen oder statt derselben eine andere in den Lehrplan aufzunehmen.

3. Die Inventarien der Mittelschulen müssen den höheren Lehrzwecken derselben entsprechen. Insbesondere sind für den Unterricht in der Geographie und der Naturkunde die erforderlichen Lehrmittel zu beschaffen. Auch ist für eine Bibliothek Sorge zu tragen, welche diejenigen größeren wissenschaftlichen Werke enthält, deren Benutzung für die Lehrer nothwendig ist.

4. Der Unterricht ist nur von solchen Lehrern zu ertheilen, welche hierzu nach Maßgabe der Prüfungsordnung als befähigt anerkannt sind.

Die Mittelschulen ressortiren, wie die Volksschulen, von den Königlichen Regierungen, beziehungsweise in der Provinz Hannover von den Königlichen Consistorien.

In keinem Falle darf übrigens durch die Verfolgung höherer Unterrichtsziele die Volksschule benachteiligt werden. Es ist daher nur da, wo für die Letztere eine ausreichende Fürsorge stattgefunden hat, die Errichtung von Mittelschulen Seitens der Behörden anzustreben.

Der Minister der geistlichen, Unterrichts- und Medicinal-Angelegenheiten
Falk

Es folgt der Lehrplan für die grundständige Mittelschule (1.–9. Schuljahr).

Uebersicht Lehrgegenstände	Wöchentliche Stundenzahl VI.	 V. 1-jährig	 IV.	 III.	 II. 2-jährig	 I.
Religion	3	3	3	2	2	2
Deutsch, incl. Lesen und Schreiben	12	12	12	8	6	4
Rechnen	5	5	5	3	3	3
Raumlehre	–	–	–	2	2	3
Naturbeschreibung	–	–	–	2	2	2
Physik (Chemie)	–	–	–	–	2	3
Geographie	–	–	2	2	2	2
Geschichte	–	–	–	2	2	2
Französisch	–	–	–	5	5	5
Zeichnen	–	–	2	2	2	2
Gesang	2	2	2	2	2	2
Turnen	2	2	2	2	2	2
	24	24	28	32	32	32

[3]

Kabinettsordre Kaiser Wilhelms II. zur Bekämpfung sozialistischer und kommunistischer Ideen durch die Schule (1889)

Wilhelm II. (1859–1941), Deutscher Kaiser und König von Preußen von 1888–1918, geriet bald nach seinem Regierungsantritt sowohl innen- wie außenpolitisch in Gegensatz zu Bismarck und entließ ihn. Der junge Kaiser war zunächst auf sozialpolitischen Ausgleich mit der Arbeiterschaft bedacht. Dagegen blieb diese großenteils, trotz der unbestritten positiven staatlichen Sozialgesetzgebung (Bismarck), gegenüber dem Staat auf Distanz und schloß sich politisch eher der Sozialdemokratie an. Zur Bekämpfung dieser Entwicklung forderte der Kaiser, die Schule müsse zur Gegenwirkung auf allen Stufen die Jugend zu einer staatsbejahenden Gesinnung erziehen. Damit nahm der Staat gezielt Schule und Erziehung für seine einseitigen innenpolitischen Zwecke in Dienst.

Quelle: Verhandlungen über Fragen des höheren Unterrichts. Berlin, 4. bis 17. Dezember 1890. Im Auftrage des Ministers der geistlichen, Unterrichts- und Medicinal-Angelegenheiten. Berlin 1891. S. 3 ff.

Schon längere Zeit hat Mich der Gedanke beschäftigt, die Schule in ihren einzelnen Abstufungen nutzbar zu machen, um der Ausbreitung sozialistischer und kommunistischer Ideen entgegenzuwirken. In erster Linie wird die Schule durch Pflege der Gottesfurcht und der Liebe zum Vaterlande die Grundlage für eine gesunde Auffassung auch der staatlichen und gesellschaftlichen Verhältnisse zu legen haben. Aber Ich kann Mich der Erkenntniß nicht verschließen, daß in einer Zeit, in welcher die sozialdemokratischen Irrthümer und Entstellungen mit vermehrtem Eifer verbreitet werden, die Schule zur Förderung der Erkenntniß dessen, was wahr, was wirklich und was in der Welt möglich ist, erhöhte Anstrengungen zu machen hat. Sie muß bestrebt sein, schon der Jugend die Ueberzeugung zu verschaffen, daß die Lehren der Sozialdemokratie nicht nur den göttlichen Geboten und der christlichen Sittenlehre widersprechen, sondern in Wirklichkeit unausführbar und in ihren Konsequenzen dem Einzelnen und dem Ganzen gleich verderblich sind. Sie muß die neue und die neueste Zeitgeschichte mehr als bisher in den Kreis der Unterrichtsgegenstände ziehen und nachweisen, daß die Staatsgewalt allein dem Einzelnen seine Familie, seine Freiheit, seine Rechte schützen kann, und der Jugend zum Bewußtsein bringen, wie Preußens Könige bemüht gewesen sind, in fortschreitender Entwickelung die Lebensbedingungen der Arbeiter zu heben, von den gesetzlichen Reformen Friedrichs des Großen und von Aufhebung der Leibeigenschaft an bis heute. Sie muß ferner durch statistische Thatsachen nachweisen, wie wesentlich und wie konstant in diesem Jahrhundert die Lohn- und Lebensverhältnisse der arbeitenden Klassen unter diesem monarchischen Schutze sich verbessert haben.

Um diesem Ziel näher zu kommen, rechne Ich auf die volle Mitwirkung Meines Staatsministeriums. Indem Ich dasselbe auffordere, den Gegenstand in weitere Erwägung zu ziehen und Mir bestimmte Vorschläge zu machen, will Ich nicht unterlassen, nachstehende Gesichtspunkte besonderer Beachtung zu empfehlen.

1. Um den Religionsunterricht in dem angedeuteten Sinne fruchtbarer zu machen, wird es erforderlich sein, die ethische Seite desselben mehr in den Vordergrund treten zu lassen, dagegen den Memorirstoff auf das Nothwendige zu beschränken.

2. Die vaterländische Geschichte wird insonderheit auch die Geschichte unserer sozialen und wirthschaftlichen Gesetzgebung und Entwicklung seit dem Beginne dieses Jahrhunderts bis zu der gegenwärtigen sozialpolitischen Gesetzgebung zu behandeln haben, um zu zeigen, wie die Monarchen Preußens es von jeher als ihre besondere Aufgabe betrachtet haben, der auf die Arbeit ihrer Hände angewiesenen Bevölkerung den landesväterlichen Schutz angedeihen zu lassen und ihr leibliches und geistliches Wohl zu heben, und wie auch in Zukunft die Arbeiter Gerechtigkeit und Sicherheit ihres Erwerbes nur unter dem Schutze und der Fürsorge des Königs an der Spitze eines geordneten Staates zu erwarten haben. Insbesondere vom Standpunkte der Nützlichkeit, durch Darlegung einschlagender praktischer Verhältnisse, wird schon der Jugend klar gemacht werden können, daß ein geordnetes Staatswesen mit einer sicheren monarchischen Leitung die unerläßliche Vorbedingung für den Schutz und das Gedeihen des Einzelnen in seiner rechtlichen und wirthschaftlichen Existenz ist, daß dagegen die Lehren der Sozialdemokratie praktisch nicht ausführbar sind, und wenn sie es wären, die Freiheit des Einzelnen bis in seine Häuslichkeit hinein einem unerträglichen Zwange unterworfen würde. Die angeblichen Ideale der Sozialisten sind durch deren eigene Erklärung hinreichend gekennzeichnet, um den Gefühlen und dem praktischen Sinne auch der Jugend als abschreckend geschildert werden zu können.

3. Es versteht sich von selbst, daß die hiernach der Schule zufallende Aufgabe nach Umfang und Ziel für die verschiedenen Stufen der Schulen angemessen zu begrenzen ist, daß daher den Kindern in den Volksschulen nur die einfachsten und leicht faßlichen Verhältnisse dargeboten werden dürfen, während diese Aufgabe für die höheren Kategorien der Unterrichtsanstalten entsprechend zu erweitern und zu vertiefen ist. Insbesondere wird es darauf ankommen, die Lehrer zu befähigen, die neue Aufgabe mit Hingebung zu erfassen und mit praktischem Geschicke durchzuführen. Zu diesem Ende werden die Lehrerbildungsanstalten eine entsprechende Ergänzung ihrer Einrichtung erfahren müssen.

Ich verkennen nicht, welche Schwierigkeiten der Durchführung dieser Aufgabe sich entgegenstellen werden, und daß es einer längeren Erfahrung bedarf, um überall das Richtige zu treffen. Aber diese Bedenken dürfen nicht abhalten, mit Ernst und Ausdauer der Durchführung eines Zieles näher zu treten, dessen Verwirklichung nach Meiner Ueberzeugung für das Wohl des Vaterlandes von hervorragender Bedeutung ist. Das Staatsministerium wolle hiernach die nothwendigen Erörterungen in die Wege leiten und nach Abschluß derselben an Mich berichten.

Schloß zu Berlin, den 1. Mai 1889. Wilhelm R.
Fürst von Bismarck

„Das Staatsministerium hat sich darauf in seiner Berathung vom 27. Juli 1889 über bestimmte Vorschläge zur Ausführung des Allerhöchsten Befehles verständigt“, heißt es im Protokoll.

[4]

Die Schulkonferenz von 1890
Eröffnungsansprache Kaiser Wilhelms II.

Im höheren Schulwesen entstanden in der zweiten Hälfte des 19. Jahrhunderts zwei neue Schularten: das Realgymnasium und die Oberrealschule. Zwischen den Vertretern der altsprachlich-humanistischen Richtung („Gymnasialpartei“) und den Befürwortern einer realistischen Bildung („Realschulmännerverein“) kam es zu Auseinandersetzungen über Sinn und Bedeutung der altsprachlichen Bildung sowie über das „Gymnasialmonopol“ für das Studium an der Universität. Die von Kaiser Wilhelm II. einberufene und von ihm persönlich eröffnete Schulkonferenz sollte diese Fragen klären und einer zeitgemäßen Lösung zuführen.

Quelle: Wilhelm II.: Kaiserreden, Reden und Erlasse, Briefe und Telegramme Kaiser Wilhelms II. Ein Charakterbild des Deutschen Kaisers. Berlin o. J. S. 289 ff.

Der Kaiser führt zunächst eine Reihe von Problemen an, die von der Schulkonferenz berücksichtigt werden sollen: Schulhygiene, Verminderung des Lehrstoffs, Lehrpläne, Examina, Überbürdung, Revisionen. Dann geht der Kaiser auf die neuere innenpolitische Entwicklung ein, besonders auf die Ausbreitung der sozialistischen Ideen, und wirft der Schule vor, seit Jahren die patriotische Erziehung vernachlässigt zu haben.

Mit dem Jahre 1871 hat die Sache aufgehört. Das Reich ist geeint; wir haben, was wir erreichen wollten, und dabei ist die Sache stehen geblieben.

Jetzt mußte die Schule, von der neu gewonnenen Basis ausgehend, die Jugend anfeuern und ihr klar machen, daß das neue Staatswesen dazu da wäre, um erhalten zu werden. Davon ist nichts zu merken gewesen, und jetzt schon entwickeln sich in der kurzen Zeit, seit der das Reich besteht, zentrifugale Tendenzen. Ich kann das gewiß genau beurteilen, weil Ich oben stehe und an Mich alle solche Fragen herantreten.

Der Grund ist in der Erziehung der Jugend zu suchen; wo fehlt es da? Da fehlt es allerdings an manchen Stellen. Der Hauptgrund ist, daß seit dem Jahre 1870 die Philologen als beati possidentes im Gymnasium gesessen haben und hauptsächlich auf den Lernstoff, auf das Lernen und Wissen den Nachdruck gelegt haben, aber nicht auf die Bildung des Charakters und die Bedürfnisse des jetzigen Lebens. Sie, Herr Geheimrat Hinzpeter, werden verzeihen, Sie sind ein begeisterter Philologe, aber nichtsdestoweniger, die Sache ist Meiner Ansicht nach bis zu einer Höhe gekommen, daß es schließlich nicht mehr weiter geht. Es ist weniger Nachdruck auf das Können wie auf das Kennen gelegt worden; das zeigt sich auch bei den Anforderungen, die in den Examen gestellt werden. Es wird von dem Grundsatz ausgegangen, daß der Schüler vor allen Dingen so viel wie möglich wissen müsse; ob das für das Leben paßt oder nicht, das ist Nebensache. Wenn man sich mit einem der betreffenden Herren darüber unterhält und ihm klar zu machen versucht, daß der junge Mensch doch einigermaßen praktisch für das Leben und seine Fragen vorgebildet werden solle, dann wird immer gesagt, das sei nicht Aufgabe der Schule, Hauptsache sei die Gymnastik des Geistes, und wenn diese Gymnastik des Geistes ordentlich getrieben würde, so wäre der junge Mann im stande, mit dieser Gymnastik alles für das Leben Notwendige zu leisten. Ich glaube, daß nach diesem Standpunkte nicht mehr verfahren werden kann.

Wenn Ich nun zurückgreife auf die Schulen und speziell auf das Gymnasium selber, so weiß Ich sehr wohl, daß in vielen Kreisen man Mich für einen fanatischen Gegner des Gymnasiums hält und Mich auch zu Gunsten anderer Schulformen ausgespielt hat. Meine Herren, das ist nicht der Fall. Wer selber auf dem Gymnasium gewesen ist und hinter die Kulissen gesehen hat, der weiß, wo es da fehlt. Und da fehlt es vor allem an der nationalen Basis. Wir müssen als Grundlage für das Gymnasium das Deutsche nehmen; wir sollen nationale junge Deutsche erziehen und nicht junge Griechen und Römer. Wir müssen von der Basis abgehen, die jahrhundertelang bestanden hat, von der alten klösterlichen Erziehung des Mittelalters, wo das Lateinische maßgebend war und ein bißchen Griechisch dazu. Das ist nicht mehr maßgebend, wir müssen das Deutsche zur Basis machen. Der deutsche Aufsatz muß der Mittelpunkt sein, um den sich alles dreht. Wenn einer im Abiturientenexamen einen tadellosen deutschen Aufsatz liefert, so kann man daraus das Maß der Geistesbildung des jungen Mannes erkennen und beurteilen, ob er etwas taugt oder nicht.

Es folgt eine Kritik an der Überbetonung des lateinischen Aufsatzes. Der Kaiser fordert, ihn abzuschaffen, um mehr Zeit für den Deutschunterricht zu gewinnen.

Ebenso möchte Ich das Nationale bei uns weiter gefördert sehen in Fragen der Geschichte, Geographie und der Sage. Fangen wir erst einmal bei uns zu Hause an. Erst wenn wir in den verschiedenen Kammern und Stuben Bescheid wissen, dann können wir ins Museum gehen und uns auch dort umsehen. Aber vor allen Dingen müssen wir in der vaterländischen Geschichte Bescheid wissen.

Der Kaiser wiederholt die schon genannten Versäumnisse, die er besonders dem Geschichtsunterricht anlastet. Er hebt die Bedeutung der Kenntnis der Entwicklung seit der Französischen Revolution hervor, um die Gegenwartsprobleme vom Grunde her verstehen und durch ergänzende Studien vertiefen zu können.

Komme Ich nun auf die Beschäftigung unserer jungen Leute, so ist absolut notwendig, daß wir mit der Anzahl der Stunden heruntergehen.

Damit wendet sich der Kaiser gegen die Überbürdung der Schüler, dann auch gegen die Überfüllung der Gymnasien und die „starke Überproduktion an Gebildeten" und verlangt einen Stop der Vermehrung der Schülerzahl und der Anzahl der Schulen.

Nun aber handelt es sich darum: Wie kann man den Wünschen in bezug auf klassische Bildung und in bezug auf Realbildung und in bezug auf die Berechtigung zum Einjährig-Freiwilligendienst am besten beikommen? Ich halte dafür, daß die Sache ganz einfach dadurch zu erledigen ist, daß man mit einem radikalen Schritt die bisherigen Anschauungen zur Klärung bringt, daß man sagt: klassische Gymnasien mit klassischer Bildung, eine zweite Gattung Schulen mit Realbildung, aber keine Realgymnasien. Die Realgymnasien sind eine Halbheit, man erreicht mit ihnen nur Halbheit der Bildung, und das Ganze gibt Halbheit für das Leben nachher.

Unter der Maxime, die jungen Leute müßten für das jetzige praktische Leben vorgebildet werden, kritisiert der Kaiser – etwas unzusammenhängend – das Streben der Eltern und Schüler vorrangig nach Berechtigungen, die Überbetonung der formalen Forderungen in den Abschlußklassen und die Mängel in der körperlichen Ertüchtigung infolge der Überbeanspruchung der Schüler. Mit Nachdruck fordert er entsprechende Umorientierung im Schulalltag und im Curriculum und die Verstärkung der Erziehungsaufgaben und „Charakterbildung".

[5]

Allerhöchster Erlaß „Weiterführung der Reform der höheren Schulen“ (betr. Gleichberechtigung der höheren Schulen 1900)

Auf Veranlassung des Kaisers fand im Jahre 1900 eine erneute Beratung über die Reform des höheren Unterrichtswesens statt. Am 26. November 1900 erließ der Kaiser eine Kabinettsordre an den Kultus- und Unterrichtsminister Studt, in der er die „grundsätzliche Anerkennung der Gleichwertigkeit der drei höheren Lehranstalten“ ansprach und damit das Gymnasialmonopol beseitigte.

Quelle: Wilhelm II: Kaiserreden, Reden und Erlasse, Briefe und Telegramme Kaiser Wilhelms II. Ein Charakterbild des Deutschen Kaisers. Berlin o. J. S. 299 ff.

Auf den Bericht vom 20. November dieses Jahres erkläre Ich Mich damit einverstanden, daß die von Mir im Jahre 1892 eingeleitete Reform der höheren Schulen nach folgenden Gesichtspunkten weitergeführt wird:

1. Bezüglich der Berechtigungen ist davon auszugehen, daß das Gymnasium, das Realgymnasium und die Oberrealschule in der Beziehung zur allgemeinen Geistesbildung als gleichwertig anzusehen sind und nur insofern eine Ergänzung erforderlich bleibt, als es für manche Studien und Berufszweige noch besonderer Vorkenntnisse bedarf, deren Vermittelung nicht oder doch nicht in demselben Umfang zu den Aufgaben jeder Anstalt gehört. Dementsprechend ist auf die Ausdehnung der Berechtigung der realistischen Anstalten Bedacht zu nehmen. Damit ist zugleich der beste Weg gewiesen, das Ansehen und den Besuch dieser Anstalten zu fördern und so auf die größere Verallgemeinerung des realistischen Wissens hinzuwirken.

2. Durch die grundsätzliche Anerkennung der Gleichwertigkeit der drei höheren Lehranstalten wird die Möglichkeit geboten, die Eigenart einer jeden kräftiger zu betonen. Mit Rücksicht hierauf will Ich nichts dagegen erinnern, daß im Lehrplan der Gymnasien und Realgymnasien das Lateinische eine entsprechende Verstärkung erfährt. Besonderen Wert aber lege Ich darauf, daß bei der großen Bedeutung, die die Kenntnis des Englischen gewonnen hat, diese Sprache auf den Gymnasien eingehender berücksichtigt wird. Deshalb ist überall neben dem Griechischen englischer Ersatzunterricht bis Untersekunda zu gestatten, und außerdem in den drei oberen Klassen der Gymnasien, wo die örtlichen Verhältnisse dafür sprechen, das Englische an Stelle des Französischen unter Beibehaltung des letzteren als fakultativen Unterrichtsgegenstandes obligatorisch zu machen. Auch erscheint es Mir angezeigt, daß im Lehrplan der Oberrealschulen, der nach

der Stundenzahl noch Raum dazu bietet, die Erdkunde eine ausgiebigere Fürsorge findet.

In den weiteren Abschnitten regte der Kaiser die Differenzierung der fachlichen Anforderungen entsprechend „der Eigenart der verschiedenen Anstalten" an und gab Hinweise für einzelne Fächer. Des weiteren trat er für die Abschaffung der Abschlußprüfung ein, da ihre Einführung den Andrang zum Studium nicht gemindert habe. Schließlich befürwortete er die Fortführung der Versuche mit Reformanstalten „auf breiterer Grundlage" unter Hinweis auf gewisse soziale Vorteile ihres Schulaufbaus durch den gemeinsamen Unterbau mit den Realschulen.

Gegeben Kiel, den 26. November 1900. Wilhelm R.

Übersicht über die Stundentafel der verschiedenen Formen der höheren Schulen nach der Schulreform von 1901, die die Gleichberechtigung verwirklichte:

	Gymnasium	Realgymnas.	Oberrealschule	Reformgymnasium	Ref. Realgymnasium
Religion	19	19	19	19	19
Deutsch	26	28	34	31	29
Lateinisch	68	49	–	52	36
Griechisch	36	–	–	31	–
Französisch	20	29	47	31	37
Englisch	–	18	25	–	22
Geschichte	17	17	18	26 (Geschichte und Geographie)	38 (Geschichte und Geographie)
Geographie	9	11	14		
Mathematik	34	42	47	35	44
Naturwissenschaften	18	29	36	19	29
Schreiben	4	4	6	4	4
Zeichnen	8	16	16	8	16
Singen	4	4	4	4	4
Turnen	27	27	27	27	27
	290	293	293	294	287

Quelle: F. Paulsen: Das deutsche Bildungswesen in seiner geschichtlichen Entwicklung. Leipzig 1906. Nachdruck Stuttgart 1966. S. 143.

[6]

Gesetz betr. die Unterhaltung der öffentlichen Volksschulen (1906)

Seit 1850 gebot die Preußische Verfassung, das gesamte Schulwesen durch ein einheitliches Gesetz zu regeln. Trotz verschiedener Versuche mehrerer Kultusminister stand die Einlösung auch nach mehr als fünfzig Jahren noch aus. Dadurch hatten sich einige Schwierigkeiten ergeben. Sie waren u. a. durch den Kulturkampf und seine Nachwirkungen, durch die Ungleichheit der sozialen und rechtlichen Verhältnisse der Lehrer in den Landesteilen und durch unterschiedliche Belastungen bei den teils kommunalen, teils kirchlichen bzw. gutsherrschaftlichen Schulträgern hinsichtlich ihrer Pflichten eher gewachsen und verlangten nach einer umfassenden Neuordnung, besonders für die Volksschulen. Dementsprechend verabschiedete der Landtag nach längeren Verhandlungen zwischen den Parteien 1904 einen „Schulkompromiß", der ultimativ die Staatsregierung zu einer Gesetzesvorlage für das Volksschulwesen aufforderte. Er gab für die Regelung zwei Grundlinien vor: 1. die Unterhaltskosten sollten von den Gemeinden als Kommunallast aufgebracht und 2. die Volksschulen grundsätzlich als Konfessionsschulen eingerichtet werden. Das Gesetz von 1906 löste beide Vorgaben ein: Unbeschadet der staatlichen Schulhoheit wurden die Gemeinden zu Schulträgern der öffentlichen Volksschulen erklärt. Im Gegenzuge erhielten sie bestimmte Selbstverwaltungs- und Mitspracherechte. Dem zweiten Problem begegnete das Gesetz mit dem Prinzip der konfessionellen Trennung der Schulen, bei weltanschaulich gemischten Verhältnissen mit der Gewährleistung des nach Bekenntnissen getrennten Religionsunterrichts. Durch diese Regelung der konfessionellen Frage erfuhren schließlich die im Kultur- und Kirchenkampf aufgebrochenen Gegensätze zwischen dem preußischen Staat und der katholischen Kirche sowie einigen evangelischen Kreisen eine gewisse Entschärfung.

Quellen: G. Giese: Quellen zur deutschen Schulgeschichte seit 1800. Göttingen 1961. S. 179 f. – Zentralblatt für die gesamte Unterrichtsverwaltung in Preußen. Jg. 1906. S. 622 ff.

1. Das Schulkompromiß vom 13. Mai 1904

Am 13. Mai 1904 wurde im Preußischen Abgeordnetenhause folgender Antrag (Drucks. Nr. 236) angenommen:

„Die Königliche Staatsregierung aufzufordern:

I. ohne Verzug, spätestens in der nächsten Tagung, einen Gesetzentwurf, betreffend die Unterhaltung der öffentlichen Volksschulen, auf folgender Grundlage vorzulegen:

1. Die Unterhaltung der öffentlichen Volksschulen liegt den bürgerlichen Gemeinden (Gutsbezirken) oder Verbänden solcher unter ergänzungsweiser Beteiligung des Staates an den Kosten ob;

2. in Ausführung des Artikels 24 der Verfassung, wonach bei der Einrichtung der öffentlichen Volksschulen die konfessionellen Verhältnisse möglichst zu berücksichtigen sind, werden nachstehende Grundsätze festgelegt:

a) in der Regel sollen die Schüler einer Schule derselben Konfession angehören und von Lehrern ihrer Konfession unterrichtet werden,

b) Ausnahmen sind nur aus besonderen Gründen, insbesondere aus nationalen Rücksichten oder da, wo dies der historischen Entwicklung entspricht, zulässig. Lehrer, welche zur Erteilung des Religionsunterrichts für konfessionelle Minoritäten an Schulen anderer Konfession angestellt sind, dürfen voll beschäftigt werden,

c) erreicht die Zahl der schulpflichtigen Kinder einer konfessionellen Minderheit eine angemessene Höhe, so hat diese Minderheit den Anspruch auf Einrichtung einer Schule ihrer Konfession,

d) es sind zur Verwaltung der Schulangelegenheiten neben den ordentlichen Gemeindebehörden in den Städten Schuldeputationen und auf dem Lande Schulvorstände einzurichten, bei denen der Kirche, der Gemeinde und den Lehrern eine angemessene Vertretung zu gewähren ist;

II. bei Neuregelung der Schulunterhaltungspflicht zugleich für die Beseitigung unbilliger Ungleichheiten in der Belastung der verschiedenen Schulverbände und in der Höhe des Diensteinkommens der Volksschullehrer zu sorgen."

D. Hackenberg. v. Heydebrand. Frhr. v. Zedlitz.

2. Das Volksschulunterhaltungsgesetz vom 28. Juli 1906

Wir Wilhelm, von Gottes Gnaden König von Preußen etc. verordnen mit Zustimmung beider Häuser des Landtags Unserer Monarchie, was folgt:

Erster Abschnitt: Träger der Schullast.

§ 1. Die Errichtung und Unterhaltung der öffentlichen Volksschulen liegt vorbehaltlich der besonderen Vorschriften dieses Gesetzes, insbesondere der darin geordneten Beteiligung des Staates an der Aufbringung der Kosten, den bürgerlichen Gemeinden und selbständigen Gutsbezirken ob.

Gemeinden (Gutsbezirke) bilden entweder einen eigenen Schulverband oder werden behufs Unterhalt einer oder mehrerer Volksschulen zu einem gemeinsamen Schulverbande (Gesamtschulverbande) vereinigt.

Die §§ 2 und 3 legen das Verfahren der Bildung, Änderung oder Auflösung von Schulverbänden fest, die §§ 4 – 6 betreffen die Aufnahme von Schülern anderer Schulverbände und die Erhebung von Fremdenschulgeld.

Zweiter Abschnitt: Verteilung der Volksschullasten. Schulhaushalt. Baufonds. Staatsleistungen.

§ 7. In den Gemeinden werden die Schullasten als Gemeindelast aufgebracht.

Die §§ 8 – 10 enthalten die Regelungen für Gutsbezirke und Gesamtschulverbände.

§ 11. Für jeden Schulverband ist in der Regel ein Schulhaushaltsetat aufzustellen und eine Schulklasse einzurichten.

§ 12 und folgende enthalten die Vorschriften für Gutsbezirke und Gesamtschulverbände und die Verwaltungsrichtlinien, einschließlich der Ansammlung von Mitteln für den Baufonds.

Im dritten Abschnitt werden Regelungen für das Schulvermögen und die Behandlung der Leistungen von dritter Seite vorgegeben (§§ 24 – 32).

Vierter Abschnitt: Konfessionelle Verhältnisse.

§ 33. Die öffentlichen Volksschulen sind in der Regel so einzurichten, daß der Unterricht evangelischen Kindern durch evangelische Lehrkräfte, katholischen Kindern durch katholische Lehrkräfte erteilt wird.

Wo in einem Schulverbande neben drei oder mehrklassigen Schulen einklassige Schulen oder neben Schulen der im § 36 bezeichneten Art solche der in den §§ 35, 38 und 40 Abs. 1 bezeichneten Art bestehen, sollen Kinder, soweit es mit der Rücksicht auf die örtlichen Schulverhältnisse vereinbar ist, insbesondere soweit dadurch nicht der Bestand einer bereits vorhandenen Schule gefährdet oder die Errichtung einer neuen Schule erforderlich wird, nicht gegen den Willen der Eltern oder deren Stellvertreter der einen oder anderen Schulart zugewiesen werden.

§ 34. Lediglich wegen des Religionsbekenntnisses darf keinem Kinde die Aufnahme in die öffentliche Volksschule seines Wohnortes versagt werden.

Es folgen weitere Regelungen zur Wahrung der Proportionalität (§§ 35 und 36).

§ 37. Beträgt in einer öffentlichen Volksschule, die nur mit katholischen oder nur mit evangelischen Lehrkräften besetzt ist, die Zahl der einheimischen evangelischen oder katholischen Schulkinder dauernd mindestens zwölf, so ist tunlichst für diese ein besonderer Religionsunterricht einzurichten.

Gemäß § 38 muß die Besetzung der Lehrerstellen ihrerseits den konfessionellen Charakter der Schule und des Unterrichts sicherstellen, § 39 enthält Vorschriften für die Neueinrichtung von Konfessionsschulen.

§ 40. Für die Errichtung, Unterhaltung und Verwaltung der für jüdische Kinder bestimmten und mit jüdischen Lehrkräften zu besetzenden öffentlichen Volksschulen gelten bis auf weiteres die jetzt bestehenden Vorschriften mit der Maßgabe, daß der § 67 Nr. 3 des Gesetzes vom 23. Juli 1847 über die Verhältnisse der Juden (Gesetz-Samml. S. 263) für den ganzen Umfang der Monarchie zur Anwendung gelangt. Die zur Unterhaltung solcher Schulen Verpflichteten gelten als Schulverbände im Sinne dieses Gesetzes.

Werden die in den §§ 35 bis 39 erwähnten öffentlichen Volksschulen von jüdischen Kindern besucht, so finden bei Aufbringung der Kosten für die Erteilung von jüdischem Religionsunterricht und hinsichtlich der Anstellung von jüdischen Lehrkräften an diesen Schulen zum Zwecke der Erteilung von jüdischem Religionsunterricht sowie hinsichtlich der anderweiten Beschäftigung der hierfür angestellten jüdischen Lehrkräfte an diesen Schulen bis auf weiteres die jetzt bestehenden Bestimmungen Anwendung.

Im weiteren werden die Richtlinien für die Versorgung mit Lehrkräften analog in Kraft gesetzt. Für die Provinz Hannover bleibt es bei der bestehenden Rechtslage, ebenso für das Herzogtum Nassau.

Fünfter Abschnitt: Verwaltung der Volksschulangelegenheiten und Lehreranstellung.

1. Stadtgemeinden.

§ 43. Den Gemeindeorganen bleibt nach den Bestimmungen der Gemeindeverfassungsgesetze und dieses Gesetzes die Feststellung des Schulhaushalts, die Bewilligung der für die Schule erforderlichen Mittel, die Verwaltung des Schulvermögens, die vermögensrechtliche Vertretung nach außen und die Anstellung der Beamten vorbehalten.

Im übrigen wird für die Verwaltung der der Gemeinde zustehenden Angelegenheiten der Volksschule eine Stadtschuldeputation gebildet, welche Organ des Gemeindevorstandes und als solches verpflichtet ist, seinen Anordnungen Folge zu leisten.

Die Schuldeputation übt zugleich die nach dem Gesetze vom 11. März 1872 (Gesetz-Sammł. S. 183) den Gemeinden und deren Organen vorbehaltene Teilnahme an der Schulaufsicht aus. Sie handelt dabei als Organ der Schulaufsichtsbehörde und ist verpflichtet, insoweit ihren Anordnungen Folge zu leisten.

§ 44 schreibt die Anzahl, die Wahl und die Pflichten der Mitglieder der Schuldeputationen vor.

§ 45. Durch einen Gemeindebeschluß, welcher der Genehmigung der Schulaufsichtsbehörde bedarf, können als Organe der Schuldeputation für eine oder mehrere Volksschulen Schulkommissionen eingesetzt werden, welche die besonderen Interessen dieser Schulen wahrzunehmen, in Ausübung der Schulpflege die Verbindung zwischen Schule und Eltern zu fördern haben und berechtigt sind, Anträge an die Schuldeputation zu stellen, auch verpflichtet sind, deren Aufträge auszuführen.

§§ 46 – 57 enthalten entsprechende Regelungen für Landgemeinden, Gutsbezirke und Gesamtschulverbände.
Die §§ 58 – 62 kündigen ein allgemeines Gesetz über die Lehreranstellung an und ordnen vorläufige Verfahrensmodalitäten an betr. die Mitwirkung der Schulträger.

Sechster Abschnitt: Schluß- und Übergangsvorschriften.

§ 63. Alle diesem Gesetz entgegenstehenden Bestimmungen treten außer Kraft, mögen sie in allgemeinen Gesetzen, in Provinzialrechten, Bezirks-, Orts- oder Schulverfassung, Herkommen, Gewohnheitsrecht oder in allgemeinen auf Grund der Gesetze getroffenen Anordnungen beruhen. Auch werden alle bisherigen Rechte zur Ernennung, Anstellung, Berufung, Wahl oder Präsentation von Lehrern und Lehrerinnen an öffentlichen Volksschulen, soweit sie mit diesem Gesetz in Widerspruch stehen, aufgehoben ohne Unterschied, ob sie auf Gesetz, Gewohnheitsrecht, Herkommen oder auf besonderen Rechtstiteln beruhen.

Es folgen weitere Übergangsregelungen.

[7]

DER MINISTER DER GEISTLICHEN-, UNTERRICHTS- UND MEDIZINAL-ANGELEGENHEITEN

Bestimmungen über die Neuordnung des Mittelschulwesens in Preußen (1910)

Nach der Neugestaltung des höheren Schulwesens zu Beginn des Jahrhunderts und der Festigung der Schulform der Volksschule befanden sich die vielfältigen mittleren Schuleinrichtungen in einem Rückstand, auch gegenüber den neueren gesellschaftlichen Entwicklungen und Forderungen. Hier setzten 1910 die Bestimmungen zur Neuordnung der Mittelschule an, um ihr mit einer grundlegenden Reform ebenfalls eine moderne Gestalt zu geben. Im Vordergrund der Veränderungen standen die stärkere Vereinheitlichung ihres Typus, die Hebung ihres Niveaus, die Anpassung an die Bildungserwartungen des mittelständischen Bürgertums und die Aufwertung ihrer Berechtigungen. Damit schufen die neuen Bestimmungen eine eigenständige neunstufige Schulform in der Mittelstellung zwischen Pflichtschule und höheren Schulen. Sie war charakterisiert durch ein anspruchsvolleres Bildungsangebot und einen eigenen Abschluß. In der Mehrzahl bereitete sie auf die gehobenen Berufe in Wirtschaft und Verwaltung vor, in einer Variante auch auf den Übergang in die höheren Schulen.

Quelle: Zentralblatt für die gesamte Unterrichtsverwaltung in Preußen. Jg. 1910. S. 343 ff.

A. Vorbemerkungen

Die Entwicklung auf den Gebieten des Handwerks, des Kunstgewerbes, des Handels und der Industrie erfordert eine gesteigerte Ausbildung der Knaben und der Mädchen für diese Erwerbszweige. Im Zusammenhang damit macht sich das Bedürfnis nach einer geeigneten Vorbereitung auf mancherlei mittlere Stellungen im Verwaltungsdienste des Staates und der Gemeinden, wie größerer Industrie- und Handelsgeschäfte geltend.

Diesen Forderungen vermag die Volksschule auch in ihren entwickeltesten Gestaltungen wegen der mannigfachen Schwierigkeiten, unter denen sie als allgemeine Pflichtschule arbeitet, nur in geringerem Grade zu dienen. Bei der höheren Schule wieder liegen die Ziele nach der wissenschaftlichen Seite, so daß auch sie in ausreichender Weise dazu nicht imstande ist.

Daraus ergibt sich die Notwendigkeit einer zwischen der eigentlichen Volksschule und der höheren Schule stehenden Schuleinrichtung, die unter Vermeidung auch des Scheines wissenschaftlichen Betriebes die Kinder in ihrem Lebenskreise heimisch macht und sie befähigt, sich in ihrem späteren Lebensberufe zurechtzufinden. Als solche können die Mittelschuleinrichtungen, wie sie durch den Erlaß vom 15. Oktober 1872 vorgesehen wurden, nicht mehr ganz gelten. Ihr Lehrplan ist für höchstens sechs aufsteigende Klassen berechnet, und seine Anforderungen nehmen nicht ausreichende Rücksicht auf das praktische Leben; er vermag daher nicht mehr den unterrichtlichen Bedürfnissen der Gegenwart voll zu entsprechen. Wo man diese ausreichend berücksichtigte, hat die Entwicklung ganz von selbst dazu geführt, die Mittelschuleinrichtungen tunlichst neunklassig zu gestalten, weil es so allein möglich ist, daß sie ihren eigentümlichen Aufgaben gerecht werden.

Die höhere Leistungsfähigkeit dieser Form hat ihren Grund in der durch Verlängerung des Schulbesuchs um ein Jahr erheblich höheren Reife der Schüler. Die Bedeutung dieses Jahres für die geistige Ausbildung wie für die sittliche Haltung und Kräftigung der jungen Leute kann nicht leicht überschätzt werden. Durch kleinere Klassenbesuchszahlen, durch reichere Ausstattung mit Lehrmitteln und durch die der Schularbeit meist günstigeren häuslichen Verhältnisse wird die Wirkung der verlängerten Unterrichtszeit noch wesentlich unterstützt.

Ausführlich wird sodann die Bedeutung als Zubringeschule für die höheren Schulen dargestellt, womit sie sich für interessierte Eltern besser empfehle als die vielen, meist einseitig ausgerichteten Vorbereitungsanstalten.

B. Allgemeine Bestimmungen

I. Einrichtungen der Mittelschule

1. Die voll ausgestaltete Mittelschule umfaßt neun aufsteigende Jahreskurse, in der Regel in neun gesonderten Klassen, von denen je drei die Unter-, Mittel- und Oberstufe bilden.

2. Die Mittelschule darf sich auf die Volksschule in der Weise aufbauen, daß sie die Unterstufe mit ihr gemeinsam hat. Befähigten Kindern von Volksschulen, die nach dem Urteil ihrer Lehrer das Lehrziel der Unterstufe einer Mittelschule gut erreicht haben, soll gestattet sein, ohne Prüfung versuchsweise in die Mittelstufe einer Mittelschule überzutreten. Die unterste

Klasse der Mittelstufe dient dann dazu, Verschiedenheiten in der Vorbereitung der Kinder auszugleichen. Lehr- und Stundenplan dieser Klasse nehmen darauf Rücksicht.

3. Die vielfach vorhandenen Mittelschulklassen, die erst nach dem fünften Schuljahrgang von Volksschulen sich abzweigen, sind geeignet, eine über die Volksschule hinausgehende Bildung zu vermitteln, wenn sie auch das Ziel einer voll ausgestalteten Mittelschule nicht zu erreichen vermögen.

4. Es ist gestattet, Mittelschulen einzurichten, die nur Mittel- und Oberstufe enthalten.

5. Ein Zwang, neunstufige Mittelschulen einzurichten, oder vorhandene Rektorats-, Ober-, Lateinschulen usw. in Mittelschulen umzuwandeln, besteht nicht.

6. In den zu Mittelschuleinrichtungen gehörenden Klassen wird ein Schulgeld erhoben, für dessen Höhe die Genehmigung der Regierung einzuholen ist.

Um die bessere Bildung, welche die Mittelschule gewähren will, nicht lediglich von der wirtschaftlichen Lage der Eltern abhängig sein zu lassen, wird bei jeder Mittelschule eine angemessene Zahl von Freistellen für solche unterstützungsbedürftige Kinder festzusetzen sein, die für den Besuch dieser Schule geeignet sind und sich durch Fleiß und Begabung auszeichnen.

7. Das Mindestalter für den Eintritt in die Klasse IX beträgt in der Regel 6, für den Eintritt in die VI. Klasse 9 Jahre.

Ziff. 8 – 12 betreffen schulorganisatorische Ordnung, u. a. Klassenfrequenzen, Geschlechtertrennung u. a. m.

II. Lehrer und Lehrerinnen

1. In den Klassen der Mittel- und Oberstufe einer Mittelschule sind grundsätzlich als Klassenlehrer nur Lehrer und Lehrerinnen zu beschäftigen, die das Zeugnis der Befähigung zum Unterricht an Mittelschulen sich erworben oder die Prüfung für das höhere Schulamt bzw. für den Unterricht an höheren Mädchenschulen bestanden haben.

Ziff. 2 – 6 betreffen Vorbildung und Stellung der Lehrkräfte und der Leiter.

III. Stundenpläne

1. Allgemeiner Stundenplan

1. Die Stundenzahl für den Unterricht an der Mittelschule ist, abgesehen von der Unterstufe, auf durchschnittlich etwa fünf täglich zu bemessen.

2. Verbindlich wird Unterricht in einer fremden Sprache erteilt. Guten Schülern darf mit Genehmigung der Regierung die Möglichkeit geboten

werden, vom siebenten Schuljahr an unverbindlich eine zweite Sprache zu treiben.

3. Im Rechenunterricht der ersten Klasse wird die Buchführung berücksichtigt, soweit der Unterricht nicht auf Berufe vorbereitet, in denen sie einen Teil der Berufsarbeit bildet.

4. Erwünscht ist es, daß Schülern und Schülerinnen die Gelegenheit zur Tätigkeit mit der Hand gegeben wird, indem die Schule neben dem bereits bestehenden verbindlichen Handarbeitsunterricht für Mädchen auch Unterricht in Handarbeit für Knaben, in Gartenarbeit für Knaben und Mädchen und in Haushaltung für Mädchen einrichtet. Der Unterricht in diesen Fächern ist in der Regel unverbindlich.

In Ziff. 5 – 7 wird vor Überlastung der Schüler gewarnt und Freiheit gegeben für eine flexible Gestaltung der Stundenpläne innerhalb der Höchststundenzahlen.

2. Stundenplan mit Berücksichtigung des späteren Berufes.

Unter Innehaltung der Gesamtstundenzahl darf der Stundenplan der Oberstufe mit Rücksicht auf den späteren kaufmännischen oder gewerblichen Beruf der Schüler verändert werden.

In ähnlicher Weise können andere Erwerbszweige wie z. B. Landwirtschaft, Schiffahrt, Berg- und Hüttenwesen mit Genehmigung der Regierung Berücksichtigung finden.

Dafür werden Planvarianten angeboten.

Plan I.

Lfd. Nr.	Fach	Zahl der Stunden in Klasse 9	8	7	6	5	4	3	2	1	zus.
1	Religion	6/2 (3)	6/2 (3)	6/2 (3)	2	2	2	2	2	2	21
2	Deutsch	9	10	10	7	5	5	5—6	5—6	5—6	61—64
3	Englisch	—	—	—	—	{4—5	{4—5	{3—4	{3—4	{3—4	17—22
4	Französisch	—	—	—	—	—	—	(4—5)	(4—5)	(4—5)	12—15
5	Geschichte	—	—	—	—	{1	{2	{2	{2	{2	{9
6	Erdkunde (Heimatkunde in Klasse 7 u. 6)	—	—	2	2	1	2	2	2	2	13
7	Rechnen (m. Buchführung) u. Raumlehre	4	5	5	4	4—5	4—5	4-5	4—6	4-6	38—45
8	Naturkunde	—	—	—	2	2—3	2—3	3—4	3—4	3—4	15—20
9	Schreiben	—	2	2	2	1	1	—	—	—	8
10	Zeichnen	—	—	—	2	2	2	2	2	3	13
11	Singen	2/2 (1)	2/2 (1)	2/2 (1)	2	2	2	1	1	—	11
12	Turnen	2/2 (1)	2/2 (1)	2/2 (1)	3	3	3	3	3	3	21
13	Hand- oder Gartenarbeit	—	—	—	(2)	(2)	(2)	(2)	(2)	(2)	(12)
	Höchststundenzahl										
	a) verbindlich	18	22	24	26	28	30	32	32	32	244
	b) bei Teilnahme an unverbindlichen Fächern	—	—	—	28	30	32	34	34	34	256

Die Stundenzahlen der mit einer Klammer { zusammengefaßten Fächer dürfen in anderer Weise auf sie verteilt werden. Die Stunden in der zweiten Fremdsprache und in Hand- bzw. Gartenarbeit sind durch Klammer ( ) als unverbindlich gekennzeichnet.

[8]

Der Minister der Geistlichen-, Unterrichts- und Medicinal-Angelegenheiten

Stellungnahme zur Errichtung eines Mädchengymnasiums in Breslau (1898)

Die Behörden der Stadt Breslau planten, Ostern 1898 ein Gymnasium für Mädchen zu errichten, jedoch versagte ihnen der Kultusminister die Genehmigung. Daraufhin kam es zu einer Interpellation im preußischen Abgeordnetenhaus. Am 30. April 1898 beantwortete der Kultusminister die Interpellation. Seine Ausführungen spiegeln die weitverbreitete Haltung der bürgerlichen Oberschicht zur Frauenemanzipation wider.

Quelle: Hannoverscher Volksschulbote. 43. Jg. 1898. S. 184 ff.

Hätte ich den Plan, in Breslau ein öffentliches Mädchen-Gymnasium zu errichten, genehmigt, dann hätte das kleine Feuerchen, das die städtischen Behörden in Breslau angezündet haben, wohl zu einer Flamme auflodern können, die auch heilige, große Güter unseres Volkes gefährdet haben würde, aber da ich diese Sache abgelehnt habe, ist dieses Feuer in sich zusammengesunken.

Es folgt der Hinweis, daß es sich um „einen ganz konkreten Einzelfall" handelt und nicht um die Frage, ob in Preußen überhaupt Mädchen gymnasialer Unterricht erteilt werden darf.

Also, leichtfertig oder allzu leicht habe ich die Sache nicht genommen. Die Verantwortung für die Ablehnung trage ich ganz allein – und ich trage sie sehr gern, weil ich fest überzeugt bin, daß ich durchaus pflichtmäßig gehandelt habe.

Der Magistrat führte in der Eingabe aus: Eine größere Anzahl von Mädchen strebe erfahrungsmäßig schon jetzt nach einer höheren wissenschaftlichen Bildung, suche sich die Berechtigung zum Besuch der Universität durch Privatstudien und durch den Besuch mehr oder weniger fragwürdiger Privatanstalten zu verschaffen; dabei seien diese Mädchen mancherlei Fährlichkeiten und Unzuträglichkeiten ausgesetzt; andere Mädchen, zahlreiche Mädchen würden eben nur durch diese in der Unvollkommenheit der weiblichen Bildungsanstalten begründeten Härten und Gefahren von der sonst erstrebten wissenschaftlichen Bildung abgehalten; diese Mädchen vermehrten dann in beklagenswerter Weise die Zahl der geprüften, aber keine Anstellung im Schuldienst findenden Lehrerinnen, und sehr zahlreich seien die Fälle, daß Mädchen aus guten Familien in späteren Jahren, von der Not gedrängt, sich unter schweren Anstrengungen und Entbehrungen einen Teil derjenigen wissenschaftlichen Bildung zu verschaffen suchten, die sie früher ganz leicht in umfassender Weise sich hätten aneignen können, wenn sie nur Anstalten dafür gehabt hätten. Um dem abzuhelfen, namentlich zur Ermöglichung der Vorbildung für das Universitätsstudium, wolle der Magistrat das Gymnasium errichten, das sich den sogenannten Reformgymnasien in seinem Lehrplan, der natürlich nach gemachten Erfahrungen noch geändert werden könne, anschließen sollte. Vorläufig solle die Klasse III errichtet werden. Der Magistrat verpflichtet sich zum Unterhalt der Anstalt und setzt voraus, daß das volle Recht der Reifeprüfung mit der Berechtigung für das Universitätsstudium vom Minister gewährt werde. Diese Zusage konnte ich selbst beim besten Willen nicht erteilen, denn das greift doch ein in die Bestimmungen über die Vorbildung von Lehrerinnen, denn ein Zugeständnis bedeutete einen nun wieder rückwärts zu machenden Schritt, es bedeutet einen großen Vorstoß in der Frauenfrage, eine Kraftprobe, ob diese Modebewegung genehmigt werden soll. Das konnte ich nicht genehmigen. Solchen Kraftproben kann und darf eine Behörde sich nicht leicht willfährig zeigen. Wir stehen dem Bedürfnis, für das weibliche Geschlecht eine weitere Erwerbsthätigkeit zu schaffen, nicht ablehnend, sondern freundlich gegenüber, soweit das Bedürfnis es verlangt. Bis zu dieser Grenze ist das Nötige von uns auch zugestanden. In der Zugehörigkeit zum weiblichen Geschlecht erwächst an sich kein Hindernis, alle Pforten der Wissenschaft zu benutzen. Ich habe die Mädchen als Extranerinnen zum Abiturientenexamen zugelassen, auch die Ehre der Promotion ist ihnen gewährt; erst neulich promovierte ein Mädchen zum Studium der Medizin. Die Mädchen mit nachfolgender Approbation zuzulassen, wenn die persönlichen Eigenschaften derselben es gestatten, ist nicht abgelehnt, ich habe sogar selbst die Initiative bei den Reichsbehörden ergriffen, um das Abiturientenexamen und die Approbation den Damen zu ermöglichen. Dagegen lag eben kein Bedenken vor, auch nicht gegen die Abhaltung von Gymnasialkursen für Damen. Aber das that ich alles nur, wenn es sich um Mädchen handelte, die reif genug waren zu einer wohlerwogenen Entschlußfassung. Zwölfjährige Mädchen zum Gymnasialunterricht zuzulassen, lehne ich ab, denn das gäbe sozialen Unterscheidungen einen neuen Impuls. Hier kommt nicht nur wissenschaftlicher Trieb in Frage, sondern vielfach Eitelkeit; man könnte nicht wissen, ob die Mädchen die körperliche und intellektuelle Fähigkeit besitzen.

Neben diesen öffentlichen Mädchen-Gymnasien hätten wir dann ebenfalls als eine Institution die jetzige neunklassige höhere Mädchenschule, deren Ziel auf die Vermittlung einer allgemeinen, nicht berufsmäßigen weiblichen Bildung auf sittlich-religiöser Grundlage hinausgeht, Schulen, die ihre Schülerinnen nicht zu Konkurrentinnen der Männer, sondern zu deren Gehilfinnen, nicht zu Gelehrtinnen, auch nicht zu gelehrten Blaustrümpfen, sondern zu tüchtigen deutschen Hausfrauen machen wollen. Diese staatlich organisierten höhern Mädchenschulen würden eine Anstalt zweiten Ranges werden. Und wer würde die Kosten tragen? Zahlreiche Kinder, die zu frühzeitig mit einem für sie unnützen Ballast einer gelehrten Bildung belastet werden. Darin liegt aber die Gefahr einer gewaltsamen Störung und Verkümmerung unsrer gesamten jetzigen Mädchenbildung, und in diesem Sinne ist es eine Kulturfrage ersten Ranges, ob man ohne den Nachweis eines dringenden Bedürfnisses solche Gefahren durch die Zulassung öffentlicher Institutionen und Experimente heraufbeschwören soll.

Die 24 – nicht 26 – Mädchen, darunter 16 evangelische, 1 katholische, 7 jüdische, bedeuten kein wirkliches Bedürfnis. In den letzten Jahren meldeten sich zum Abiturientenexamen 8 und 4 Damen, von denen 3 nicht bestanden; aber das bedeutet doch kein Bedürfnis für ein öffentliches Gymnasium. Die Damen hatten sich privatim vorbereitet und wohl erwogen, ob sie geistig und körperlich den Anforderungen genügen. Solche Damen sind Ausnahmen, die meisten Mädchen haben nicht die Kraft und den Willen zum Studium, die große Mehrzahl der Mütter rechnet, daß die Töchter heiraten, und die meisten Mädchen wollen das auch. Die Unterrichtsverwaltung muß doch mit dieser Regel rechnen. Also, ein allgemeines Bedürfnis für gelehrte Mädchenanstalten wird zwar sehr häufig behauptet, aber bewiesen ist es bisher noch nicht. Ich weiß sehr wohl, daß es ausgezeichnete, gescheute, treffliche und in edelster Weiblichkeit dastehende Frauen gibt, die dem jetzigen modernen Rufe nach der gelehrten Frauenbildung zustimmen. Aber die Ziehung der logischen Konsequenzen ist die Stärke dieser Damen nicht, wie es überhaupt die Stärke der Frauen nicht ist, logische Konsequenzen zu ziehen.

Wollte man durch öffentliche, staatlich organisierte Institutionen die Ausnahme zur Regel machen, so ist die Konsequenz ganz unabweisbar, daß man schließlich die Frauen in allen öffentlichen Berufen und Rechten den Männern, wenigstens annähernd, gleichstellen muß, und das wollen ja auch die Vertreter und Vertreterinnen der extremern Frauenbewegung haben, das sprechen sie offen aus. Ich halte dies Verlangen für unnatürlich, ja für widernatürlich, ich halte es für ungesund und für undurchführbar, und die Unterrichtsverwaltung kann unter keinen Umständen die Hand dazu bieten, daß man diese Bahn betritt. Die ganze Idee der Frauenbewegung, wonach die Frauen als Konkurrentinnen der Männer sich nach allen Seiten hin aufspielen, ist falsch.

Es folgen Bemerkungen über den ungleichen Wettbewerb zwischen Männern und Frauen, über die Konsequenzen des Frauenstudiums für die kor-

porative Verfassung der Universitäten sowie über notwendig werdende Änderungen im Lehrplan des geplanten Gymnasiums. Anschließend streift der Minister die Frage, wie weit Frauen überhaupt auf Berufstätigkeit angewiesen seien und tut sie als „Ausnahme" und „Wirkung von Notständen in unserer bürgerlichen Gesellschaft" ab. Für diese Fälle reichten aber die Angebote zur freien Weiterbildung aus.

Die ganze Forderung öffentlicher Mädchen-Gymnasien kommt immer wieder darauf hinaus, eine Berufsvorbildung zu geben. Für die Berufsvorbildung ist die gelehrte Bildung zwar nötig, aber für die allgemeine religiös-sittliche Bildung hat sich die Bildung, wie wir sie in unseren Mädchenschulen geben, im allgemeinen bewährt, und diese allgemeine weibliche Bildung sorgt sicherer für den Nachwuchs an tüchtigen Gattinnen, Hausfrauen und Gehilfinnen der Hausfrau, als das berufsmäßige Mädchen-Gymnasium.

In der Zusammenfassung wiederholt der Minister seine Ablehnung:

Die Entscheidung über die Errichtung öffentlicher, unter staatlicher Autorität stehender Mädchen-Gymnasien ist so lange nicht spruchreif, als nicht feststeht, in welchem Umfang Mädchen zum Universitätsstudium zugelassen werden sollen und mit welchen Berechtigungen diese Zulassung verknüpft sein soll.

[9]

Der Minister der Geistlichen-, Unterrichts- und Medizinal-Angelegenheiten

Allgemeine Bestimmungen über die Neuordnung des Höheren Mädchenschulwesens und die weiter führenden Bildungsanstalten für die weibliche Jugend (1908)

Die „Allgemeinen Bestimmungen" brachten die Anfangsphase in der Entwicklung des höheren Mädchenschulwesens zu einem gewissen Abschluß. Sie beeinflußten auch die übrigen deutschen Länder, die die in Preußen festgelegten Regelungen weitgehend übernahmen. Mit der Angleichung an die höheren Schulen für die männliche Jugend erreichte die höhere Mädchenschule grundsätzlich ihre Gleichberechtigung.

Quelle: Zentralblatt für die gesamte Unterrichts-Verwaltung in Preußen. Jg. 1908. S. 703 ff.

I. Die Höhere Mädchenschule

1. Höhere Mädchenschulen sind diejenigen Schulen, die in bezug auf die Lehrfächer, Stundenzahlen und Lehrpläne den im folgenden ausgeführten Bestimmungen entsprechen, und in denen in der Regel wenigstens die

Hälfte der Stunden in den wissenschaftlichen Fächern der Mittel- und Oberstufe von akademisch gebildeten Lehrern und Lehrerinnen erteilt wird.

2. Die Höhere Mädchenschule umfaßt 10 aufsteigende Klassen. Die Klassen X bis VIII (Vorschulklassen) bilden die Unterstufe, die Klassen VII bis V die Mittel-, die Klassen IV bis I die Oberstufe. Die Unterstufe braucht, da sie als Vorschule anzusehen ist, nicht angegliedert zu sein. Abgesehen von der Unterstufe dürfen höchstens je 2 Klassen gemeinsam unterrichtet werden.

3. Mädchenschulen geringerer Gliederung sind, sofern sie nicht nach dem Plan der Mittelschule unterrichten, als „gehobene Mädchenschulen", „Privat-Mädchenschulen" u. ä. zu bezeichnen.

4. Das Mindestalter beim Eintritt in die Klasse X beträgt in der Regel 6, beim Eintritt in die Klasse VI in der Regel 9 Jahre.

Ziff. 5–9 behandeln den Übergang in höhere Klassen, Klassenfrequenz u. ä. m.

II. Das Lyzeum

10. Der Weiterführung der allgemeinen Frauenbildung dient das Lyzeum. Das Lyzeum soll neben wissenschaftlichen Fächern hauswirtschaftliche sowie praktisch-pädagogische Belehrungen und Übungen bieten, um dem Bildungsbedürfnisse der heranwachsenden Mädchen nach ihrer Wahl und Neigung entgegenzukommen und ihrem inneren Leben einen würdigen Inhalt zu geben, der sie vor Verflachung und Veräußerlichung bewahrt, und um ihnen zugleich Mittel und Wege zu zeigen, wie sie als Frauen den Anforderungen unserer Zeit entsprechen können.

11. Das Lyzeum kann zugleich die Aufgaben eines höheren Lehrerinnenseminars übernehmen. Es umfaßt in diesem Falle 2 Jahrgänge in den Frauenschulklassen, daneben 3 Jahrgänge im wissenschaftlichen Unterricht und 1 praktisches Jahr.

Zur Erlangung der Lehrbefähigung an Mittleren und Höheren Mädchenschulen (als nicht akademisch gebildete Lehrerin) waren die wissenschaftliche Schlußprüfung und am Ende des praktischen Jahres die praktisch/methodische Prüfung erforderlich. Sie berechtigten auch zur Lehrtätigkeit in Volksschulen.
Ziff. 12 und 13 regeln weitere organisatorische Ordnungen, u. a. den Seiteneinstieg.

14. Wo die örtlichen Verhältnisse es möglich und wünschenswert erscheinen lassen, wird das Lyzeum außer der Vollausbildung zur Lehrerin auch die Gelegenheit zur Ausbildung als Sprachlehrerin, Hauswirtschafts-,

Handarbeits- und Turnlehrerin in besonderen Kursen bieten können. Das Lyzeum kann zur Durchführung dieser Aufgabe auch mit andern geeigneten Veranstaltungen in Verbindung treten.

Die gleichzeitige Ausbildung als Wissenschaftliche und Technische Lehrerin ist einer Schülerin jedoch nicht gestattet.

Ziff. 15 und 16 regeln die Übergänge und Berechtigungen.

17. Mit dem Lyzeum muß in der Regel eine Übungsschule für die Lehrübungen der Seminaristinnen und ein Kindergarten für die praktische Einführung aller Schülerinnen in die Kleinkinder-Erziehung verbunden sein. Wo die Verhältnisse es erfordern, ist es gestattet, auch Klassen der Höheren Mädchenschule für den Übungsunterricht zu verwenden.

III. Die Studienanstalt

18. Die Studienanstalt für Mädchen hat die Aufgabe, die Weiterbildung der Mädchen so zu fördern, daß die Schülerinnen in einer Reifeprüfung eine Bildung nachweisen, welche der durch die neunklassigen höheren Schulen für die männliche Jugend vermittelten gleichwertig ist, wenn auch mechanische Übereinstimmung nicht besteht.

Sie gliedert sich in drei Zweige, die den drei bestehenden Arten der höheren Schulen entsprechen. Der Unterricht wird sich, je nach den örtlichen Verhältnissen, meistens auf die eine oder andere Art beschränken. Da aber bei mehreren Fächern für die drei Zweige, besonders für die realgymnasialen und gymnasialen Kurse, die gleiche Stundenzahl angesetzt werden kann, so erscheint es angängig, Kombinationen zuzulassen.

19. Eine Studienanstalt für Mädchen wird in der Regel nur dort genehmigt, wo zunächst für die allgemeine Weiterbildung durch Einrichtung der Frauenschulklassen eines Lyzeums gesorgt ist. Die Studienanstalt ist in der Regel mit der Höheren Mädchenschule unter einer Leitung zu vereinigen.

Ziff. 20 und 21 betreffen unterrichtsorganisatorische Ordnungen (vgl. Schema).

22. Die Reifeprüfung der Studienanstalt, die in ihren drei Zweigen derjenigen der verschiedenen höheren Lehranstalten für die männliche Jugend entspricht, verleiht die Berechtigungen der Oberrealschule, des Realgymnasiums oder des Gymnasiums, soweit sie für Frauen in Betracht kommen.

In Abschnitt IV folgen gemeinsame Vorschriften über die Gleichstellung als höhere Schulen: die Schulaufsicht durch das Provinzal-Schulkollegium, die Vorbildung und Stellung der Lehrkräfte und Leiter.

Übersichtsplan zu der Neuordnung des Mädchenschulwesens

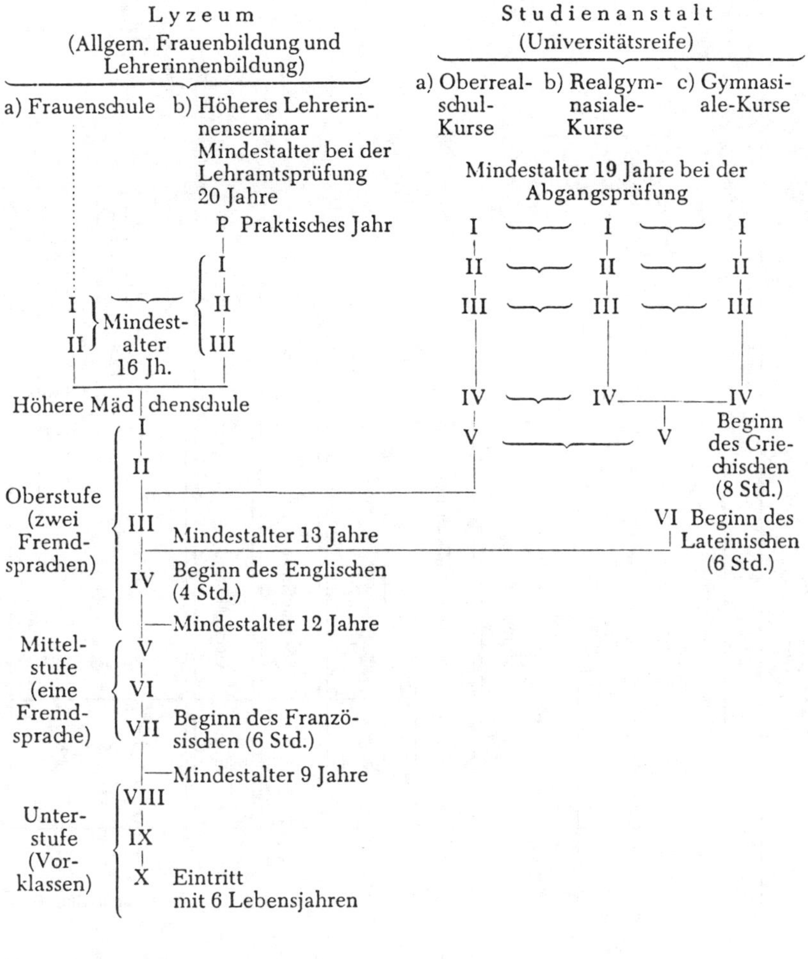

Bemerkung:
Die senkrechten Striche (|) bedeuten Aufsteigen oder Übergang in andere Klassen oder Anstalten; die waagerechten Klammern (⏟) die Möglichkeit gemeinsamen Unterrichts der Schülerinnen verschiedener Klassen in einzelnen Fächern.

[10]

Der Schulaufbau in Deutschland (Preußen um 1910)

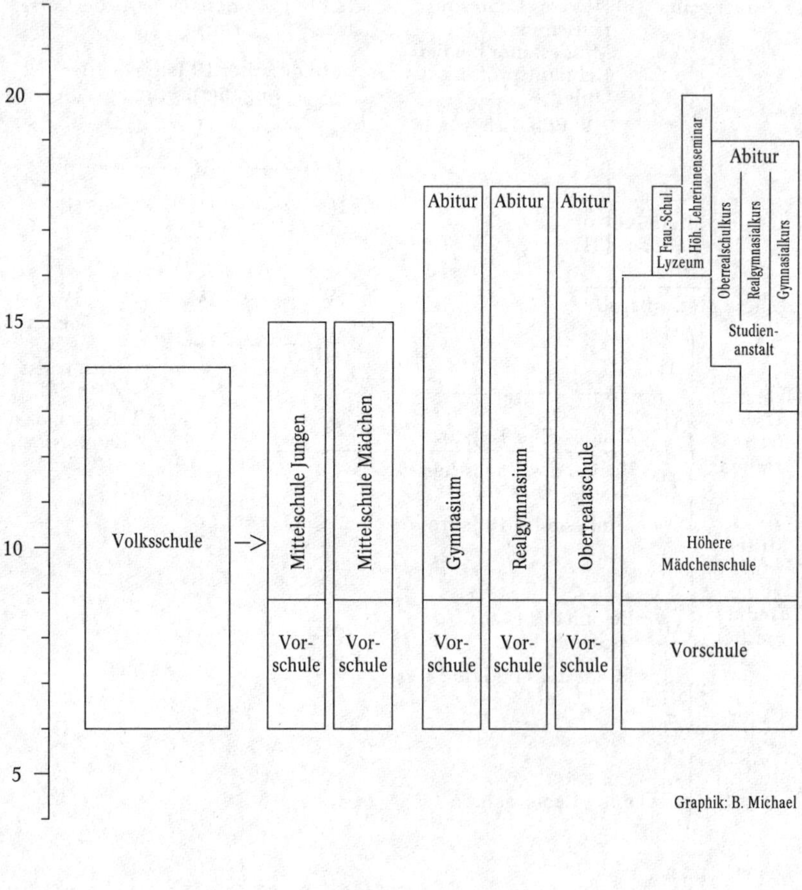

Graphik: B. Michael

[11]

Stundentafeln für die höheren Schulen in Preußen (1816 - 1908)

	Höhere Schulen (1816 - 1901)						Höhere Mädchenschulen (1908)			
	1816	1837	1859	1901	1901	1901		Studienanstalten		
	Gym	Gym	Realsch	Gym	RGym	ORsch	Lyz	ORs	RGy	Gym
	10 Jahre	9 Jahre	9 Jahre	9 Jahre	9 Jahre	9 Jahre	7 Jahre	10 Jahre	10 Jahre	10 Jahre
Religion	20	18	20	19	19	19	17	23	23	23
Deutsch	44	22	29	26	28	34	32	44	38	38
Latein	76	86	44	68	49	-	-	-	36	36
Griechisch	50	42	-	36	-	-	-	-	-	32
1. neuere Fremdsprache	-	12	34	20	29	47	32	44	38	34
2. neuere Fremdsprache	-	-	20	-	18	25	16	28	22	10
Geschichte und Staatsbürgerkunde	30 (mit Erdkunde)	24 (mit Erdkunde)	30 (mit Erdkunde)	17	17	18	13	18	18	18
Erdkunde				9	11	14	14	15	14	14
Mathematik	60	33	47	34	42	47	21	39	36	32
Naturwissenschaften	20	16	34	18	29	36	17	32	31	23
Zeichnen und Kunsterz.	10	6	20	8	16	16	14	20	20	12
+ Schreiben	8	7	7	4	4	6	3	3	3	3
Singen und Musikerz.	-	10	-	4	4	4	14	10	8	8
Leibesübungen	-	-	-	27	27	27	18	27	27	27
Arbeitsgemeinschaften	-	-	-	-	-	-	-	-	-	-
Nadelarbeit	-	-	-	-	-	-	6	6	6	6
Hauswirtschaftskunde pflegerisch-erzieherische Arbeit	-	-	-	-	-	-	-	-	-	-
Philosophie	-	4	-	-	-	-	-	-	-	-
	318	280	285	290	293	292	217	309	320	316

Quellen: F. Paulsen: Geschichte des gelehrten Unterrichts. Bd. II. Nachdruck Berlin 1965. S. 292, 354, 559. - Zentralblatt für die gesamte Unterrichtsverwaltung. Jg. 1901. S. 343, 394, 395; Jg. 1908. S. 710, 714, 715, 716.

Statistik über das höhere Schulwesen in Preußen 1835 - 1905

Es waren vorhanden:

Im Jahre	Gym-nasien	Pro-Gymn.	Real-gymn.	Realpro-gymnas.	Oberreal-schulen	Real-schulen
1835	112	24	(12)			
1855	124	28	(54)			
1875	228	33	80	91		17
1885	259	38	89	86	14	36
1895	273	45	86	74	24	73
1905	324	39	100	27	50	158

Quelle: F. Paulsen: Das deutsche Bildungswesen in seiner geschichtlichen Entwicklung. Leipzig 1906. Nachdruck Stuttgart 1966. S. 143.

3. Schulpolitische Forderungen der Parteien, Kirchen und Verbände

[12]

DEUTSCHE KONSERVATIVE PARTEI

Revidiertes Programm (1892)

Die Deutsche Konservative Partei wurde 1876 in der Nachfolge der Altkonservativen Partei gegründet. Adel, Großgrundbesitz, Heer, Geistlichkeit, Beamtenschaft, aber auch bürgerliche und bäuerliche Mittelstandsschichten bildeten den Kern ihrer Wählerschaft. Ihr politisches Übergewicht in Preußen beruhte vor allem auf dem Dreiklassenwahlrecht. 1887–1890 bildete sie im Reichstag mit Freikonservativen und Nationalliberalen eine Koalition („Kartell"), die bei den Neuwahlen von 1887 einen bedeutenden Wahlsieg errang. In den Wahlen von 1890 wurde das Kartell geschlagen. Nach 1918 gingen Deutschkonservative und Freikonservative in der Deutschnationalen Volkspartei auf. Schulpolitisch führt das Programm ältere konservative Vorstellungen weiter. Deutlich antisemitische Aussagen sind unverkennbar.

Quelle: W. Mommsen und G. Franz: Die deutschen Parteiprogramme. Heft 2. 4. Auflage. Leipzig und Berlin 1932. S. 47 ff.

Die Deutsche Konservative Partei hält es für geboten, in Anlehnung an die bewährten Grundsätze, welche in ihrem Programm von 1876 ausgesprochen sind, zu den wesentlichen Aufgaben der Gegenwart in nachstehendem Programm Stellung zu nehmen.

1. Wir wollen die Erhaltung und Kräftigung der christlichen Lebensanschauung in Volk und Staat und erachten ihre praktische Betätigung in der Gesetzgebung für die unerläßliche Grundlage jeder gesunden Entwicklung. Staat und Kirche sind von Gott verordnete Einrichtungen; ein Zusammenwirken beider ist die notwendige Vorbedingung zur Gesundung unseres Volkslebens. Wir erkennen einerseits dem Staate das Recht zu, kraft seiner Souveränität sein Verhältnis zur Kirche zu ordnen, andererseits wollen wir keinen Gewissenszwang und deshalb kein Übergreifen der staatlichen Gesetzgebung auf das Gebiet des inneren kirchlichen Lebens. In diesem Sinne werden wir auch für das gute Recht der evangelischen Kirche auf selbständige Regelung ihrer inneren Einrichtungen eintreten. Die konfessionelle christliche Volksschule erachten wir für die Grundlage der Volkserziehung und für die wichtigste Bürgschaft gegen die zunehmende Verwilderung der Massen und die fortschreitende Auflösung aller gesellschaftlichen Bande. Wir bekämpfen den vielfach sich vordrängenden und zersetzenden jüdischen Einfluß auf unser Volksleben. Wir verlangen für das christliche Volk eine christliche Obrigkeit und christliche Lehrer für christliche Schüler.

2. Wir wollen die für unser Vaterland gewonnene Einheit auf dem Boden der Reichsverfassung in nationalem Sinne stärken und ausbauen. Wir wollen, daß innerhalb dieser Einheit die berechtigte Selbständigkeit und Eigenart der einzelnen Staaten und Stämme gewahrt werde. Wir wollen in Provinz, Kreis und Gemeinde eine Selbstverwaltung erhalten, gegründet nicht auf das allgemeine Wahlrecht, sondern auf die natürlichen Gruppen und organischen Gliederungen des Volkes.

3. Wir wollen die Monarchie von Gottes Gnaden unangetastet erhalten wissen und bekämpfen, bei gesetzlich gesicherter bürgerlicher Freiheit für alle und bei wirksamer Beteiligung der Nation an der Gesetzgebung, jeden Versuch, die Monarchie zugunsten eines parlamentarischen Regimentes zu beschränken.

Es folgen Forderungen an die Rechtsprechung, die „von deutsch-nationalem Rechtsbewußtsein getragen" werden soll, sowie Hinweise auf die Stärkung der „Wehrkraft" und auf eine „maßvolle Fortführung einer zielbewußten Kolonialpolitik".

8. Wir stehen auf dem Boden der Allerhöchsten Botschaft vom 17. November 1881, welche die Grundsätze des praktischen Christentums in der Gesetzgebung zur Geltung bringt. Die auf Grund dieser Botschaft erlassenen Gesetze betreffend die Einrichtung von Krankenkassen, die Versicherung gegen Unfall und die Invaliditäts- und Altersversicherung bedürfen der Vereinfachung. Wie wir für die Besserung der Lage der Arbei-

ter, unter erheblicher Belastung der Arbeitgeber, eingetreten sind, so halten wir nach wie vor die Stärkung des Mittelstandes in Stadt und Land und die Beseitigung der Bevorzugungen des großen Geldkapitals für die dringendsten Aufgaben der Sozialpolitik. Wir fordern ein wirksames Einschreiten der Staatsgewalt gegen jede gemeinschädliche Erwerbstätigkeit und gegen die undeutsche Verletzung von Treu und Glauben im Geschäftsverkehr.

Die §§ 9 – 13 beziehen sich auf Probleme des Erb- und Familienrechts, der Landwirtschaft, der Industrie und des Handwerks.

14. Diejenigen Anhänger der Sozialdemokratie und des Anarchimus, deren vaterlandslose und auf den Umsturz gerichtete Bestrebungen weite Kreise unseres Volkes gefährden, sind als Feinde der staatlichen Ordnung zu bekämpfen.

15. Einer gewissenlosen Presse, welche durch ihre Erzeugnisse Staat, Kirche und Gesellschaft untergräbt, ist nachdrücklich entgegenzutreten.

Hochhaltung von Christentum, Monarchie und Vaterland, Schutz und Förderung jeder redlichen Arbeit, Wahrung berechtigter Autorität, das sind die obersten Grundsätze, welche die Deutsche Konservative Partei auf ihre Fahne geschrieben hat.

[13]

LIBERALE PARTEIEN

Deutsche Fortschrittspartei: Vortrag Schulze-Delitzsch (1863) Nationalliberale Partei: Berliner Erklärung (1896) Fortschrittliche Volkspartei: Einigungsprogramm (1910)

Die folgenden Dokumente geben einen Überblick über allgemein- und schulpolitische Aussagen der wichtigsten liberalen Parteien im Kaiserreich.
Beim ersten Dokument „Die vernünftigen Anforderungen an den Staat vom Standpunkt der Arbeiterfrage" handelt es sich um einen Vortrag, den Hermann Schulze-Delitzsch (1808–1883), führendes Mitglied der Deutschen Fortschrittspartei, im Jahre 1863 vor dem Berliner Arbeiterverein hielt. Schulze-Delitzsch, Patrimonialrichter, Mitglied des preußischen Abgeordnetenhauses und des Reichstages, vertrat den sozialpolitischen Flügel der Liberalen. Neben Raiffeisen war er Gründer des deutschen Genossenschaftswesens. Er war Mitarbeiter in der (bürgerlichen) „Gesellschaft für Verbreitung von Volksbildung". In der Auseinandersetzung mit Lassalle lehnte er die „Anmuthung der Staatsgarantie" ab und betonte die freie Selbstverantwortlichkeit auch der Arbeiter. Voraussetzung dafür sei „die Hebung der Volksschule, als der Hauptpflanzstätte der Bildung für den Arbeiter, ohne welche die nachhaltige Hebung des Standes selbst niemals mit Erfolg angestrebt werden wird".
Die „Berliner Erklärung" wurde von der am 28. Februar 1867 gegründeten Nationalliberalen Partei 1896 veröffentlicht. Die Nationalliberale Partei entstand aus der Spaltung der

Fortschrittspartei, deren rechten Flügel sie darstellte. Sie wurde zur Partei des gebildeten und besitzenden Bürgertums, vielfach auch des städtischen und ländlichen Mittelstandes. 1871–1881 war sie die stärkste Partei im Reichstag und unterstützte Bismarck während des Kulturkampfes. Nach 1918 ging der linke Flügel zur Deutschen Demokratischen Partei, der rechte zur Deutschen Volkspartei. Schulpolitisch stellte sie sich gegen den Ultramontanismus und forderte die Simultanschule als Regelschule.
Das „Einigungsprogramm" der Fortschrittlichen Volkspartei aus dem Jahre 1910 ist Ausdruck des Zusammenschlusses der drei linksliberalen Gruppen Freisinnige Volkspartei, Freisinnige Vereinigung und Deutsche Volkspartei. Die Fortschrittliche Volkspartei wurde stark durch Friedrich Naumann beeinflußt, dessen sozial- und kulturpolitische Vorstellungen im Einigungsprogramm zum Ausdruck kommen. Nach 1918 ging die Fortschrittliche Volkspartei in der Deutschen Demokratischen Partei auf.

Quellenangaben unter den einzelnen Texten.

1. Deutsche Fortschrittspartei: Vortrag Schulze-Delitzsch (1863)

Und hier kommen wir von selbst auf den Punkt, der den Abschluß unserer heutigen Besprechung bildet. Wir haben die Staatshülfe und Staatseinmischung in die Existenzfrage abgelehnt, und die Einzelnen deshalb auf den Gebrauch der eigenen Kraft verwiesen. Deshalb ist es am Orte, uns klar zu machen, was wir vernünftiger Weise vom Staate zur Förderung dieser Aufgabe zu erwarten haben, wie wir uns den Staat wohl wünschen und denken müssen von dem Standpunkte der Arbeiterinteressen aus. Das, was wir für den Einzelnen, behufs Durchführung der Selbstsorge für seinen Erwerb, in politischer Hinsicht forderten, Sie erinnern sich, meine Herrn, war die Freiheit im Gebrauch seiner Kräfte. Aber eben weil wir diese Freiheit nicht für Einen, sondern für Alle, als ein allgemeines Recht forderten, ergab sich auch ihre Schranke, der natürliche Rechtskreis eines Jeden: seine Kräfte nach freiem Ermessen und zu selbstgewählten Zwecken zu brauchen, dabei aber in die gleiche Befugniß der Andern nicht störend einzugreifen, vielmehr ihren Rechtskreis ebenso zu respectiren, als man es für den seinigen verlangt. Kein Mensch darf sich gebaren, als sei er allein auf der Welt, er kann ohne die Andern nicht existiren und muß sich mit ihnen vertragen. Erst die allgemeine Sicherheit ist die realisirte Freiheit Aller, derjenige Zustand, wo Jeder den freien Gebrauch seines Willens und seiner Kraft hat, ohne störende Eingriffe Anderer fürchten zu müssen, natürlich in der Voraussetzung, sich auch seinerseits keine solchen gegen Dritte zu erlauben. Und hier stehen wir vor dem Hauptzwecke des Staats, der die Gesellschaft, den menschlichen Verkehr, nicht etwa erst macht, sondern aus den Bedürfnissen derselben hervorgeht, und uns die nothwendigen äußerlichen Vorbedingungen für den Erfolg unserer humanen und wirthschaftlichen Ziele und Strebungen gewährt: Rechtsschutz, Sicherheit, Frieden. Gewiß ist der Staat, mit seiner öffentlichen Macht, gleichsam als die Executivgewalt der Gesellschaft, zur Lösung der socialen Aufgaben, besonders auch der Existenzfrage, unentbehrlich, weil ohne die genannten Vorbedingungen auch den tüchtigsten Bestrebungen die Garantie des Erfolgs fehlt. Aber die Lösung der Aufgabe ist mit dieser bloßen äußeren Möglichkeit nicht gegeben, vielmehr kommt es dabei auf andere Kräfte, auf die Privatthätigkeit der Einzelnen an für ihre Interessen, darauf: ob und wie jene Möglichkeit benutzt wird. So werthvoll also für uns die bürgerliche, die politische Freiheit ist, so wenig ich glaube, daß ohne dieselbe die Hebung des Arbeiterstandes jemals durchgeführt werden kann – gemacht ist die Sache damit noch nicht! Führen wir nicht alle wirthschaftlichen Mächte für uns in den Kampf, bilden wir nicht die gewerbliche Tüchtigkeit in uns selbst aus, benutzen wir die Freiheit nicht, so wird sie allein uns zu Nichts helfen. Die wirthschaftliche Besserung der vorhandenen Zustände verlangt wirthschaftliche Mittel, und das allgemeine Wahlrecht macht nicht satt. Ja, es wird an der rechten und fruchtbaren politischen Betheiligung der Arbeiter selbst so lange fehlen, als nicht Wohlstand und Bildung ein bescheidenes Maß unter ihnen erreicht haben, und die Sorge um die tägliche Nothdurft ihre ganze Zeit und Kraft in Anspruch nimmt.

Was also, meine Herrn, möchten die Arbeiter im Allgemeinen für Forderungen an die Staatsverfassung von ihrem Standpunkte etwa zu machen haben?

Es folgt ein Forderungskatalog: Gleichheit vor dem Gesetz; allgemeines und gleiches Wahlrecht; gerechte Verteilung der Staatslasten; Schonung der Arbeitskraft; Abbau von Bevorrechtigungen; Hebung der Volksschule; Überwindung des „Militärstaates", statt dessen Verfassungsstaat; mehr Liberalität in Preußen, in Deutschland, in Europa.

Und jetzt, meine Herren, schließe ich, indem ich vor unsern verehrten Gästen aus Ihrer Seele, ja, ich glaube nicht zu viel zu sagen, aus der Seele aller deutschen Arbeiter, eine Ueberzeugung ausspreche, wie sie sich in uns befestigt hat als Resultat unserer bisherigen Unterhaltung. Meine Herren, die deutschen Arbeiter hier und allerwärts, wo sich das rechte Leben unter ihnen regt, sie weisen die Anmuthung der Staatsgarantie, überhaupt eine Existenz durch andere als durch ihre eigene Kraft, als ihrer nicht würdig von sich zurück. Sie nehmen die volle Verantwortlichkeit dafür in Anspruch, weil sie wissen, daß nur darin die Möglichkeit der Freiheit für sie liegt. Wer die Freiheit im gewerblichen und bürgerlichen Leben verlangt, der muß die bürgerliche und wirthschaftliche Verantwortlichkeit auf sich nehmen. Nur in der Uebernahme der Pflicht liegt die Garantie des Rechts, und, meine Herren, auf die Freiheit sind Sie nicht geneigt zu verzichten, denn Sie verzichteten auf Ihr bestes Theil, auf die Möglichkeit jeder Entwickelung.

Es folgt eine nochmalige Hervorhebung der Freiheit als des Fundaments aller menschlichen Erfüllung.

Quelle: F. H. Schulze-Delitzsch: Capitel zu einem deutschen Arbeiterkatechismus. Sechs Vorträge vor dem Berliner Arbeiterverein. Leipzig 1863. S. 96 ff.

2. Nationalliberale Partei: Berliner Erklärung (1896)

Die „Berliner Erklärung“ beginnt mit Aussagen über eine liberale Wirtschaftspolitik aus der Sicht einer „Mittelpartei“. Sie setzt sich für eine „durchgreifende Reform der Arbeiterversicherungsgesetze“ ein. In den §§ 5 und 8 werden schulpolitische Forderungen gestellt:

5. Die Nationalliberale Partei bekämpft alle Übergriffe des Ultramontanismus, der neuerdings unter dem Vorwande der „Paritätsbestrebungen“ eine Besetzung der Staats- und Reichsämter nach konfessionellen Gesichtspunkten erstrebt; sie bekämpft ferner alle Zugeständnisse der Regierungen an denselben im Wege der Gesetzgebung und Verwaltung. Auf dem Gebiete der Volksschulgesetzgebung in Preußen tritt sie für konfessionellen Religionsunterricht ein, unter Beibehaltung der Simultanschule, da, wo sich diese geschichtlich entwickelt oder sich naturnotwendig aus dem Charakter einer gemischten Bevölkerung als zweckmäßigste Form der Volksschule ergibt. Die verfassungsmäßig gewährleistete Mitwirkung der Religionsgesellschaften am Religionsunterrichte ist in der Weise zu regeln, daß der Staat Herr in der Schule bleibt und jede Abhängigkeit des Lehrerstandes von der Geistlichkeit ausgeschlossen wird. Der Erlaß eines Lehrerbesoldungsgesetzes ist sofort und vor Einbringung eines allgemeinen Unterrichtsgesetzes möglich und notwendig. Die Nationalliberale Partei wird bestrebt sein, dafür zu sorgen, daß alle Richtungen innerhalb der evangelischen Kirche vom Staate als gleichberechtigt anerkannt und behandelt werden. Insbesondere wird sie es sich angelegen sein lassen, die Lehrfreiheit der evangelisch-theologischen Fakultäten mit allen ihr zu Gebote stehenden Kräften zu schützen.

8. Die hochgesteigerten Ansprüche an die wirtschaftliche Leistungsfähigkeit aller Erwerbskreise machen eine Ausrüstung der wirtschaftlichen Kräfte in Landwirtschaft, Gewerbe und Handel mit einer tüchtigen Fachbildung zur dringenden Notwendigkeit. Dem landwirtschaftlichen, gewerblichen und kaufmännischen Fortbildungsschulwesen muß deshalb nicht nur seitens der betreffenden Berufskreise, sondern auch von der Gesamtheit und dem Staate eine größere Aufmerksamkeit als seither zugewendet werden. Insbesondere muß der Staat größere Mittel für die Hebung des Fortbildungsschulwesens in Deutschland aufwenden und

die Ausbildung geeigneter und ausreichender Lehrkräfte in die Hand nehmen.

Quelle: W. Mommsen und G. Franz: Die deutschen Parteiprogramme. Heft 2, 1871–1918. 4. Auflage. Leipzig und Berlin 1932. S. 52 ff.

3. Fortschrittliche Volkspartei: Einigungsprogramm (1910)

Die drei Parteien: Freisinnige Volkspartei, Freisinnige Vereinigung und Deutsche Volkspartei haben sich zu einer einheitlichen Partei unter dem Namen Fortschrittliche Volkspartei zusammengeschlossen. Die Partei tritt ein für Schutz und Stärkung des Reiches und die Aufrechterhaltung seiner bundesstaatlichen Grundlagen. Die Partei fordert die gleichberechtigte Mitwirkung aller Staatsbürger in Gesetzgebung, Verwaltung und Rechtsprechung zur Förderung des politischen und sozialen Fortschritts, zur Hebung der Wohlfahrt und Volksbildung, sie bekämpft alle Sonderbestrebungen, die dem Gemeinwohl zuwiderlaufen, und erstrebt den friedlichen Ausgleich der sozialen Gegensätze in einer die Freiheit des einzelnen verbürgenden Gesellschaftsordnung. Die Partei verpflichtet ihre Mitglieder zu tatkräftiger Mitarbeit auf allen Gebieten des öffentlichen Lebens und erwartet von diesem gemeinsamen und planmäßigen Wirken den Ausbau der politischen Freiheit und die für die Gesamtheit unentbehrliche Steigerung des berechtigten Einflusses des deutschen Bürgertums.

Unter den Forderungen, die die Partei „auf dieser Grundlage" erhebt, werden besonders aufgeführt: Gleichberechtigung aller Staatsbürger vor dem Gesetz; Beseitigung des Klassenwahlrechts; Vereinfachung des Verwaltungsapparats. Es folgen in einem besonderen Abschnitt die schulpolitischen Forderungen:

II. Volle Gewissens- und Religionsfreiheit, Freiheit der Wissenschaft, ihrer Forschung und Lehre, Förderung der Kunst, Schutz des künstlerischen Schaffens gegen polizeiliche und kirchliche Bevormundung. Gleichberechtigung aller religiösen Bekenntnisse und Religionsgesellschaften. Beseitigung der vom Staate den Kirchen gewährten Vorrechte. Anerkennung der staatlichen Oberhoheit. Keine Einmischung der Kirchen in staatliche Angelegenheiten. Unabhängigkeit des Unterrichts von der Kirche, Beseitigung der geistlichen Schulaufsicht. Allgemeine Volksschule ohne konfessionelle Trennung. Gesetzliche Regelung des Volksschulwesens. Unentgeltlichkeit des Volksschulunterrichts. Zeitgemäße Entwicklung aller Lehranstalten unter Beseitigung veralteter Formen und Einrichtungen. Förderung des staatsbürgerlichen Unterrichts. Verbesserung der körperlichen Ausbildung der Jugend zum Besten der Volksgesundheit und der Wehrfähigkeit.

Es folgen Angaben zu Wehrpflicht, Rechtsprechung, Steuern. Abschnitt VIII hebt die Rechte der Frauen hervor:

VIII. Erweiterung der Rechte der Frauen und ihres Erwerbsgebietes, Erleichterung der Frauenbildung und Reformen im staatlichen Berechtigungswesen. Aktives und passives Wahlrecht der Frauen für die Kaufmanns- und Gewerbegerichte, Gleichberechtigung in den Einrichtungen der Reichsversicherungsgesetzgebung. Verstärkte Mitwirkung der Frauen auf dem Gebiet der sozialen Fürsorge und des Bildungswesens. Heranziehung der Frauen zur Kommunalverwaltung.

Quelle: W. Mommsen und G. Franz: Die deutschen Parteiprogramme. Heft 2. 4. Auflage. Leipzig und Berlin 1932. S. 77 ff.

[14]

SOZIALDEMOKRATISCHE PARTEI DEUTSCHLANDS

Leitsätze zum Thema „Volkserziehung und Sozialdemokratie" (1906)

1863 gründete F. Lassalle den Allgemeinen Deutschen Arbeiterverein mit einem sozialistischen und national ausgerichteten Programm. Im Gegensatz dazu gründeten W. Liebknecht und A. Bebel als Anhänger von K. Marx 1869 in Eisenach die Sozialdemokratische Arbeiterpartei. Sie bekannte sich ausdrücklich zum internationalen Sozialismus und zum Klassenkampf. 1875 vereinigten sich beide Parteien in Gotha zur Sozialistischen Arbeiterpartei Deutschlands, seit 1890 Sozialdemokratische Partei Deutschlands (SPD). 1917 gründete der radikale Flügel der SPD die Unabhängige Sozialdemokratische Partei Deutschlands (USPD). Teile der USPD schlossen sich 1920 der aus dem Spartakusbund hervorgegangenen und 1918 gegründeten Kommunistischen Partei Deutschlands an. Der Rest vereinigte sich 1922 wieder mit der SPD. Die verschiedenen Spaltungen und Zusammenschlüsse spiegeln die Auseinandersetzungen zwischen den reformerischen und den revolutionären Bestrebungen innerhalb der Arbeiterbewegung wider.
Die „Leitsätze" geben die schul- und kulturpolitischen Forderungen der Arbeiterbewegung wieder. Sie wurden auf dem Mannheimer Parteitag der Sozialdemokratischen Partei durch Referate von Heinrich Schulz und Clara Zetkin ausführlich erläutert.
Heinrich Schulz (1872–1932) war Volksschullehrer, Mitarbeiter im Arbeiterbildungswesen und führender Kulturpolitiker der SPD. Über viele Jahre war er Mitglied des Reichtstages. Als Staatssekretär im Reichsinnenministerium (1919–1927) bemühte er sich besonders um ein Reichsschulgesetz, das die Frage der Konfessionsschule reichseinheitlich regeln sollte.
Clara Zetkin (1857–1933) war Lehrerin und Schriftstellerin. 1891–1916 leitete sie die sozialdemokratische Frauenzeitschrift „Die Gleichheit". 1919 schloß sie sich der KPD an. Von 1920–1933 war sie Mitglied des Reichstages, 1932 Alterspräsidentin.

Quelle: Sozialdemokratische Partei: Protokoll über die Verhandlungen des Parteitages der SPD, abgehalten zu Mannheim 1906. Berlin 1906. S. 134 ff.

I. Das Ziel der Erziehung ist nicht ein absoluter Begriff religiöser oder moralischer Art, sondern es ist den im Flusse der gesellschaftlichen Entwicklung maßgebenden Faktoren, in letzter Linie den ökonomischen Triebkräften der betreffenden Zeit unterworfen.

Da die bisherige menschliche Geschichte sich in Form von Klassengegensätzen vollzog, so fehlte es bisher an einer einheitlich organisierten öffentlichen Erziehung für die Gesamtheit des Volkes, die öffentliche Erziehung war vielmehr stets und überall Klassenerziehung. Während die jeweilig herrschenden Klassen für sich eine verhältnismäßig gute Bildung, und zwar sowohl eine hohe Allgemeinbildung als auch eine für die Beherrschung der Produktion und des Staates notwendige technische Bildung zu monopolisieren wußten, haben sie die unterdrückten Klassen stets entweder ohne jegliche Bildung gelassen oder ihnen doch nur das bescheidenste Maß einer für die jeweilige Produktionsform unerläßlichen technischen Bildung eingeräumt.

So ist auch die Volksschule in den kapitalistisch regierten Staaten der Gegenwart weit davon entfernt, ein wirksames Organ wahrhafter Volksbildung zu sein, nur ein Hülfsmittel der kapitalistischen Produktion zum Zwecke einer elementaren technischen Abrichtung der Arbeitermassen. Eine planmäßige Hebung der Volksschule scheitert, obwohl sie im Interesse der sozialen Entwickelung liegt, fortwährend an dem durch Militarismus, Kolonialpolitik und ähnliche kostspielige Interessen der herrschenden Klasse bewirkten ständigen Geldmangel des Staates. Außerdem bewirkt die zunehmende Arbeitsteilung und die dadurch entstehende Schablonisierung und Geistlosigkeit der Arbeit in vielen Industriezweigen ein Erlahmen des kapitalistischen Interesses für die Volksschule.

Aber die Volksschule ist nicht nur ein Mittel zum Zwecke des kapitalistischen Profits, sie ist auch ein Herrschaftsinstrument zur Förderung der politischen Interessen des Kapitals. Während ein mannigfaltig gegliedertes und reichdotiertes höheres Bildungswesen der Jugend der herrschenden Klassen die Erwerbung einer auf wissenschaftlicher Basis beruhenden allgemeinen Bildung ermöglicht und den herrschenden Klassen dadurch ein geistiges Uebergewicht über die arbeitenden Klassen verschafft, wird die Arbeiterjugend in der Volksschule zum Glauben an ein künstlich zurecht gestutztes, gefälschtes Bild der Natur, der menschlichen Gesellschaft und der kulturellen Entwickelung gedrillt. Insbesondere sollen durch dogmatischen Religionsunterricht und byzantinischen Geschichtsunterricht in der Arbeiterjugend frühzeitig die Eigenschaften geistiger Demut und patriotischer Unterwürfigkeit gezüchtet werden, Tendenzen, die mit der Verschärfung der Klassengegensätze an Intensität zunehmen.

II. Der Sozialismus, der die Abschaffung der Klassenunterschiede will, beseitigt damit auch die Klassenerziehung. Er bricht zu diesem Zwecke mit den geltenden Prinzipien der gegenwärtigen öffentlichen Erziehung. Der

Sozialismus sieht in dem Kinde nicht den zukünftigen Lohnsklaven und rechtlosen Proletarier, sondern er würdigt in ihm das werdende Glied der sozialen Gemeinschaft freier Arbeiter, bei dem in seinem eigenen und zugleich im gesellschaftlichen Interesse alle geistigen und körperlichen Fähigkeiten zu möglichst hoher Vollendung zu entwickeln sind. Die öffentliche Erziehung wird dadurch zu einer der wichtigsten sozialen Aufgaben, für die die besten geistigen und materiellen Mittel der Gesellschaft nutzbar zu machen sind.

Es folgen Ausführungen über die Bedeutung der Arbeit und des Spiels im Sinne einer ganzheitlichen Menschenbildung.

III. Von diesen Grundsätzen ausgehend, fordert die deutsche Sozialdemokratie im Interesse der Hebung der öffentlichen Erziehung zunächst:

Schaffung eines Reichsschulgesetzes auf der Grundlage der Weltlichkeit und Einheitlichkeit des gesamten Schulwesens.

Organische Angliederung der höheren an die niederen Bildungsanstalten. Unentgeltlichkeit des Unterrichts, der Lehrmittel und der Verpflegung in den öffentlichen Schulen. Beihülfe des Staates für die Weiterbildung befähigter, aber unbemittelter Schüler ohne Beeinträchtigung der bürgerlichen Rechte der Eltern.

Gleichberechtigung der Geschlechter in den Lehrkörpern und der Schulverwaltung. Mitwirkung der Eltern und der Lehrerschaft bei der Schulverwaltung. Fachschulaufsicht.

Errichtung von Erziehungs- und Verpflegungsanstalten für das vorschulpflichtige Alter (Kindergärten) weltlichen Charakters. Errichtung von Schulheimen, in denen die Kinder in den unterrichtsfreien Tagesstunden leibliche und geistige Fürsorge finden. Gründung von Sanatorien für schwächliche und kränkliche Kinder.

Errichtung von Fach- und Fortbildungsanstalten für die schulentlassene Jugend ohne Unterschied des Geschlechts. Obligatorischer Besuch dieser Schulen während der Tageszeit bis zum vollendeten 18. Lebensjahr.

Einführung des Arbeitsunterrichts in alle Schulen. Errichtung von Lehrwerkstätten. Pflege der künstlerischen Bildung.

Festsetzung der Klassenfrequenz und der Unterrichtszeit, sowie Organisation des inneren Schulbetriebes ausschließlich nach pädagogischen Grundsätzen unter Mitwirkung der Lehrer und Lehrerinnen.

Errichtung von besonderen Klassen und Schulen für abnorme Kinder (schwachbegabte, viersinnige, epileptische usw.). Ueberwachung des Gesundheitszustandes der Kinder durch Schulärzte. Ferienkolonien.

Bau und Ausgestaltung von Schulgebäuden nach den Forderungen der Pädagogik, Schulhygiene und Kunst.

Errichtung von Bädern, Schwimm-, Wärme- und Speisehallen in den Schulen.

Errichtung von Volksbibliotheken, Lesehallen und Instituten für Volksbelehrung und -unterhaltung (Volkskonzerte, Volksvorstellungen usw.).

Materielle und soziale Hebung der Lage der Lehrer und Lehrerinnen, entsprechend der Bedeutung ihrer Aufgabe und zur Erzielung der höchsten persönlichen Leistungsfähigkeit. Universitätsbildung für sämtliche Lehrer und Lehrerinnen an öffentlichen Volksschulen.

IV. Der geschichtlichen Entwickelung eignet nicht die Tendenz, die Erziehung im Heim auszuschalten, sondern sie zu vertiefen. Die Erziehung im Heim hat das Wirken der öffentlichen Unterrichts- und Erziehungsanstalten zu vervollständigen. Sie soll nicht bloß Mutterwerk, sie muß gemeinsames Elternwerk sein. Die Sozialdemokratie fordert ihre Angehörigen auf, soweit sie als Eltern, Vormünder oder auf andere Weise berufen sind, die Erziehung von Kindern zu leiten oder zu beeinflussen, sich dieser wichtigen Aufgabe mit dem liebevollsten Ernst und der größten Gewissenhaftigkeit anzunehmen. Sie erklärt es für die selbstverständliche Pflicht der Parteiangehörigen, daß sie die Kinder im Geiste der sozialistischen Weltanschauung erziehen. So lange aber der Klassenstaat besteht und die Volksschule als Werkzeug der Klassenherrschaft mißbraucht wird, kann sich die häusliche Erziehung nicht harmonisch an den Schulunterricht angliedern, sie muß vielmehr im großen Umfange bewußt und planmäßig den Tendenzen entgegenwirken, welche diesen verfälschen und vergiften. Das gilt in erster Linie und im besonderen Maße von dem Religions- und Geschichtsunterricht. Die Erziehung im Geiste der sozialistischen Weltanschauung erfolgt nicht dadurch, daß man die unmündigen Kinder zum Auswendiglernen programmatischer Formeln zwingt. Sie fordert aber, daß diese durch die zweckentsprechende Geistes- und Charakterpflege für das Verständnis der sozialistischen Theorien und die Betätigung sozialistischer Gesinnung vorbereitet werden. Dazu gehört, daß man die Kinder in die Welt des natürlichen und sozialen Lebens und seiner Triebkräfte einführt, so daß sie den Menschen als ein Glied in der unendlichen Kette alles natürlichen und sozialen Seins erfassen lernen; daß man sie zum Wollen und zum Gebrauch der Freiheit erzieht; daß man in ihnen die Gefühle der Brüderlichkeit, der Liebe zur Wahrheit, Freiheit, Gerechtigkeit und Schönheit erweckt und pflegt. Das lebendige persönliche Beispiel der Erziehenden ist dabei ein Faktor von größter Wichtigkeit.

Damit die Parteigenossen ihre verantwortungsreiche Aufgabe erfüllen können, müssen sie mit Eifer auf ihre theoretisch-sozialistische Weiterbildung bedacht sein, sie müssen in strenger Selbstzucht an ihrer Charakterbildung arbeiten.

Die Partei hat die erzieherische Aufgabe der Eltern dadurch zu fördern, daß sie in ihrer Presse dem Volksschulwesen wie den pädagogischen Problemen dauernd die gebührende Beachtung schenkt und eine geeignete sozialistische Kinderliteratur schafft.

Es folgen Ausführungen über den „ausgeprägten Klassencharakter“ der „bürgerlichen Wissenschaft und Kunst“ und über die „geschichtliche Mission des Proletariats“, die „bürgerliche Geisteskultur“ seiner „eigenen Weltanschauung gemäß umzuwerten“. Voraussetzung dafür sei eine „planmäßige Einführung in die Grundsätze des wissenschaftlichen Sozialismus“.

VI. Die Sozialdemokratie erachtet es als eine ebenso dringliche wie bedeutsame Pflicht, die aus der Schule entlassene proletarische Jugend mit der Weltanschauung des Sozialismus zu erfüllen und für die aktive, zielbewußte Anteilnahme am proletarischen Emanzipationskampfe vorzubereiten.

Die Bestrebungen zur sozialistischen Erziehung der schulentwachsenen Jugend erhalten einen festen geistigen Mittelpunkt durch ein eigenes periodisches Organ, das methodisch in die Theorien des wissenschaftlichen Sozialismus einführt und neben der allgemeinen geistigen Entwickelung die Charakterbildung fördert.

[15]

Katholische Position

Enzyklika „Quanta cura“ (1864)
Zentrumspartei: Gründungsprogramm (1870)
„Antrag Windthorst“ zum Religionsunterricht (1889)

Das Verhältnis Staat – Katholische Kirche wurde in Preußen im letzten Viertel des 19. Jahrhunderts durch den Kulturkampf belastet. Im Zentrum der schulpolitischen Auseinandersetzungen stand das Schulaufsichtsgesetz, das der Preußische Landtag im März 1872 angenommen hatte. Es verstärkte das staatliche Aufsichtsrecht über alle Schularten und auch über alle Tätigkeiten, die die Katholische Kirche bisher selbständig wahrgenommen hatte. Diesem und anderen Gesetzen verweigerten die Katholiken, unter stärkster Unterstützung durch Papst Pius IX., Anerkennung und Befolgung. Nach dem Tode Pius IX. (1878) begannen Ausgleichsverhandlungen zwischen Bismarck und dem neuen, versöhnlicheren Papst Leo XIII., die zu einem allmählichen Abklingen des Kulturkampfes führten.
Pius IX. (1792–1878) war Papst von 1846–1878. Sein Pontifikat gewann gesamtkirchliche und -politische Bedeutung durch die Verkündung des Dogmas von der Unbefleckten Empfängnis (1854), durch die Veröffentlichung der Enzyklika „Quanta cura“ (1864) sowie durch

das vom Ersten Vatikanischen Konzil verkündete Dogma von der päpstlichen Infallibilität (1870). Im Kulturkampf mit Preußen vertrat Pius die – auch politische – Eigenständigkeit der Kirche gegenüber dem modernen Staat.
Die Zentrumspartei ging aus dem „Katholischen Verein" des Frankfurter Parlaments und aus der „Katholischen Fraktion" im preußischen Abgeordnetenhaus hervor. Sie wurde 1870 im Gefolge der Reichseinigung gegründet. Die Partei war zunächst vorwiegend kirchenpolitisch ausgerichtet. Nach dem Abklingen des Kulturkampfes versuchte das Zentrum, auch in außenpolitischen, wirtschaftlichen und sozialen Fragen eine eigene Position zu beziehen und sich als interkonfessionelle sowie vom Klerus unabhängige Partei auszuweisen. Trotz ihrer bürgerlichen Grundstruktur erreichte die Zentrumspartei Wähler aller sozialen Schichten. Durch ihre starke Reichstagsfraktion verfügte sie über großen politischen Einfluß.
Ludwig Windthorst (1812–1891) studierte Jura. Er wurde 1848 Rat am Oberappelationsgericht Celle, in den 50er und 60er Jahren Justizminister im Königreich Hannover. Seit 1867 Mitglied des preußischen Abgeordnetenhauses und ab 1871 des Reichstags. Im Kulturkampf Wortführer des politischen Katholizismus.

Quellenangaben unter den einzelnen Texten.

1. Enzyklika „Quanta cura": Zum Verhältnis von Staat, Kirche und Schule (1864)

In der Einleitung erinnert Pius IX. an die Weisheit und Wachsamkeit seiner Vorgänger und begründet die Notwendigkeit der Enzyklika, die neu aufgetretene Irrtümer überwinden soll.

Diese falschen und verkehrten Meinungen sind um so verabscheuungswürdiger, als sie besonders danach trachten, jene heilsame Kraft zu hemmen und abzulenken, welche die katholische Kirche kraft ihrer Einsetzung durch ihren göttlichen Stifter und kraft dessen Auftrages frei bis zum Ende der Jahrhunderte und zwar nicht allein gegen jeden einzelnen Menschen, sondern auch gegen Nationen, Völker und deren Herrscher ausüben soll, sowie die Uebereinstimmung und Eintracht zwischen Priestertum und Herrschertum zu zerstören, die stets zum Glück und Heil der religiösen und bürgerlichen Gesellschaft gereichte.

Es folgt eine Kritik am „sogenannten Naturalismus" und an einer liberalen Denkweise, die keinen „Unterschied zwischen der wahren und den falschen Religionen" zuläßt.

Aber während sie dieses vermessen behaupten, bedenken und beherzigen sie nicht, daß sie die Freiheit, sich ins Verderben zu stürzen, predigen, und daß, „wenn es den menschlichen Ueberzeugungen immer freisteht, zu streiten, es nie an Menschen fehlen wird, die es wagen, gegen die Wahrheit zu kämpfen und sich auf die Geschwätzigkeit menschlicher Weisheit zu verlassen, während der christliche Glaube und die christliche Weisheit durch die Belehrung unseres Herrn Jesu Christi selbst wissen, wie sehr sie diese sehr schädliche Eitelkeit vermeiden müssen". Und weil mit der Entfernung der Religion aus der bürgerlichen Gesellschaft und mit der Zurückweisung der Lehre und der Autorität der göttlichen Offenbarung auch die echte Idee der Gerechtigkeit und des menschlichen Rechts verdunkelt wird und zu Grunde geht, und an die Stelle der wahren Gerechtigkeit und des legitimen Rechts nun die rohe Gewalt gesetzt wird, so ist es klar, warum einige Menschen, vollkommen der zuverlässigsten Prinzipien der gesunden Vernunft vergessend, und sie hintansetzend, zu verkündigen wagen, „daß der durch die sogenannte öffentliche Meinung oder durch andere Mittel kundgegebene Volkswille das höchste, von allem göttlichen und menschlichen Recht unabhängige Gesetz bilde, und daß in der politischen Ordnung die vollendeten Tatsachen gerade dadurch, daß sie vollendet sind, zu Recht bestehen". Aber wer sollte nicht sehr wohl sehen und begreifen, daß die menschliche Gesellschaft, den Banden der Religion und der wahren Gerechtigkeit entzogen, keinen andern Zweck mehr haben kann, als Reichtümer zu sammeln und anzuhäufen, noch einem andern Gesetze bei ihren Handlungen zu gehorchen, als der ungezähmten Begierde des Herzens, nur seinen Lüsten und Interessen zu dienen.

Es folgt eine Kritik an der Aufhebung der Orden und Klöster sowie ein Plädoyer für die „christliche Wohltätigkeit".

Nicht zufrieden damit, die Religion aus der öffentlichen Gesellschaft auszurotten, wollen sie dieselbe auch aus den Familien und dem Privatleben fern halten. Lehrend und bekennend den unseligen Irrtum des Sozialismus und des Kommunismus, behaupten sie nämlich, „die häusliche Gesellschaft oder die Familie entlehne den ganzen Grund ihres Daseins nur aus dem bürgerlichen Rechte, woraus man schließen müsse, daß alle Rechte der Eltern über ihre Kinder und vor allem das Recht, sie zu unterrichten und zu erziehen, nur von dem bürgerlichen Gesetz herkomme und abhänge". Durch solche gottlosen Ansichten und Ränke beabsichtigen diese trugvollen Menschen vorzüglich, aus dem Unterricht und der Erziehung der Jugend die heilsame Lehre und den Einfluß der katholischen Kirche gänzlich zu verdrängen, um die zarten, biegsamen Gemüter der Jugend mit allen ihren verderblichen Irrtümern und Lastern anzustecken und elendiglich zu entsittlichen. Alle die, welche bestrebt sind, Kirche und Staat zu verwirren, die gute Ordnung der Gesellschaft zu vernichten und alle göttlichen und menschlichen Rechte zu Grunde zu richten, haben stets alle ihre verbrecherischen Pläne, ihre Aufmerksamkeit und ihre Sorgfalt gemeinsam darauf verwandt, wie sie vor allem, wie oben angedeutet, die unvorsichtige Jugend zu täuschen und zu verderben vermöchten. Auf die Verderbnis der Jugend stützen sie alle ihre Hoffnungen. Deshalb lassen sie auch mit ihrem Kampfe gegen die Welt- und Klostergeistlichkeit nicht nach, von welchen, wie die zuverlässigsten Denkmäler der Geschichte glänzend bezeugen, der christlichen und der bürgerlichen Gesellschaft, sowie den Wissenschaften so große Vorteile zugeflossen sind. Sie greifen dieselben in jeder Weise an und behaupten, der Klerus „müsse, als der Feind des wahren und ersprießlichen Fortschrittes der Wissenschaft und der Zivilisation, ganz von der Sorge und dem Amte des Unterrichts und der Erziehung der Jugend entfernt werden".

Eine Kritik an anderen „bösen Irrtümern" schließt sich an: Dominanz der staatlichen gegenüber der kirchlichen Rechtsprechung; Übereignung kirchlichen Eigentums an den Staat.

Sie schämen sich nicht, offen einen von den Häretikern behaupteten Grundsatz, aus dem so viele verkehrte Meinungen und Irrtümer hervorgegangen sind, aufzustellen. Sie sagen nämlich, „die kirchliche Macht sei nicht nach göttlichem Rechte von der bürgerlichen Gewalt verschieden und unabhängig, und eine Unterscheidung und Unabhängigkeit dieser Art könne nicht aufrecht erhalten werden, ohne daß die Kirche in die wesentlichen Rechte der bürgerlichen Gewalt eingreife und sie usurpiere". Wir können gleichfalls nicht die Kühnheit derjenigen mit Stillschweigen übergehen, welche, indem sie die gesunden Lehren nicht ertragen, behaupten, „daß man den Urteilssprüchen und Dekreten des apostolischen Stuhles, welche, wie ausdrücklich erklärt wird, das allgemeine Wohl der Kirche, ihre Rechte und ihre Disziplin zum Gegenstande haben, so lange als dieselben nicht die Dogmen des Glaubens und der Sitten berühren, die Zustimmung und den Gehorsam versagen könne, ohne sich zu versündigen und ohne irgendwie seine katholische Gesinnung zu beeinträchtigen". Wie sehr diese Lehre dem katholischen Dogma von der dem römischen Papste von unserm Herrn und Gott Jesus Christus übertragenen Vollgewalt, die allgemeine Kirche zu weiden, zu leiten und zu regieren, zuwiderläuft, wird jedermann deutlich einsehen und begreifen.

Inmitten einer so großen Verkehrtheit schlechter Meinungen Unserer apostolischen Pflicht eingedenk und überaus bekümmert um unsere heilige Religion, die gesunde Lehre, das Heil der Uns anvertrauten Seelen und das Wohl der menschlichen Gesellschaft selber, glauben Wir aufs neue Unsere apostolische Stimme erheben zu müssen. Darum verwerfen, ächten und verdammen Wir mit Unserer apostolischen Autorität alle und jede schlechten Meinungen und Lehren, welche in diesem Briefe einzeln erwähnt wurden, und wollen, daß sie von allen Kindern der katholischen Kirche als verworfen, geächtet und verdammt angesehen werden sollen.

Pius IX. schließt mit der Bitte, allen Gläubigen einzuprägen, „daß alles wahre Glück der Menschen aus unserer erhabenen Religion, aus deren

Lehre und Übung entspringt". Es folgen der Hinweis auf einen Jubiläumsablaß und die Erteilung des apostolischen Segens.

Quelle: Papst Pius IX.: Enzyklika und Syllabus. 1864. Leipzig 1903. Kirchliche Aktenstücke. Nr. 15. S. 3 ff.

2. Programmentwurf zur Gründung der Zentrumspartei (1870)

Der Entwurf beginnt mit einem Plädoyer für die „kirchliche Freiheit" und für die „christliche Ehe" als „Fundament der Familie".

3. Der Kampf der Parteien umwogt die Schule. Wer sie hat, der hat die Jugend und mit ihr das Volk der Zukunft. Wenn irgendwo, so gilt es deshalb hier, feste Stellung zu nehmen. Unglaube und Rationalismus haben den Grundsatz der konfessionslosen Schule aufgestellt. Die religionslose Schule würde die Folge sein. Solcher Richtung treten wir mit aller Energie entgegen. Denn die christlichen Eltern haben ein unveräußerliches Recht auf christliche Erziehung ihrer Kinder; und ebenso unveräußerlich und heilig ist das Recht an die Schule. Darum halten wir fest an der Konfessionalität der Schule, und unsere feierlichen, mit Hunderttausenden von Unterschriften versehenen, aber gleichwohl im Abgeordnetenhause mißachteten Proteste gegen jede Beeinträchtigung des teils von der Verfassung garantierten, teils geschichtlich begründeten Rechtes wollen wir beachtet wissen.

Quelle: Die deutschen Parteiprogramme. Begründet von Felix Salomon, hrsg. v. W. Mommsen und G. Franz. Heft 1. Vom Erwachen des politischen Lebens in Deutschland bis zur Reichsgründung 1871. 4. Auflage Leipzig und Berlin 1932. S. 159 ff.

3. „Antrag Windthorst" zum Religionsunterricht in den öffentlichen Schulen Preußens (1889)

Das Haus der Abgeordneten wolle beschließen: die Königliche Staatsregierung aufzufordern, dem Landtage baldigst den Entwurf eines Gesetzes vorzulegen, durch welches den Kirchen und ihren Organen in betreff des religiösen Unterrichts in den Volksschulen diejenigen Befugnisse in vollem Umfange gewährt werden, welche die Verfassungsurkunde im Artikel 24 denselben durch den Satz: „den religiösen Unterricht in der Volksschule leiten die betreffenden Religionsgesellschaften" zugesichert hat, und dabei, dem ursprünglichen Sinne dieser Zusicherung entsprechend, insbesondere auf Feststellung folgender Rechte Bedacht zu nehmen: 1. In das Amt des Volksschullehrers dürfen nur Personen berufen werden, gegen welche die kirchliche Behörde in kirchlich-religiöser Hinsicht keine Einwendung gemacht hat. Werden später solche Einwendungen erhoben, so darf der Lehrer zur Erteilung des Religionsunterrichts nicht weiter zugelassen werden. 2. Diejenigen Organe zu bestimmen, welche in den einzelnen Volksschulen den Religionsunterricht zu leiten berechtigt sind, steht ausschließlich den kirchlichen Oberen zu. 3. Das zur Leitung des Religionsunterrichts berufene kirchliche Organ ist befugt, nach eigenem Ermessen den schulplanmäßigen Religionsunterricht selbst zu erteilen oder dem Religionsunterrichte des Lehrers beizuwohnen, in diesen einzugreifen und für dessen Erteilung den Lehrer mit Weisungen zu versehen, welche von letzterem zu befolgen sind. 4. Die kirchlichen Behörden bestimmen die für den Religionsunterricht und die religiöse Übung in den Schulen dienenden Lehr- und Unterrichtsbücher, den Umfang und Inhalt des schulplanmäßigen religiösen Unterrichtsstoffes und dessen Verteilung auf die einzelnen Klassen.

Quelle: Robert Rissmann: Geschichte des Deutschen Lehrervereins. Leipzig 1908. S. 140.

[16]

EVANGELISCHE KIRCHE

Schreiben des Kgl. Preußischen Landes-Consistoriums an die Geistlichen der evangelisch-lutherischen Landeskirche Hannover zum Schulaufsichtsgesetz (1872)

Das Schreiben des Landeskonsistoriums, der obersten kirchlichen Verwaltungsbehörde, an die Geistlichen der Landeskirche zeigt die Schwierigkeiten, die das preußische Schulaufsichtsgesetz von 1872 auch für die evangelisch-lutherische Geistlichkeit und ihre Leitung im Hinblick auf das Verhältnis von Staat, Schule und Kirche mit sich brachte.

Quelle: Hannoverscher Volksschulbote. Nr. 7/1872 v. 3. April.

Das Schreiben beginnt mit einem Bezug auf die „Eingaben mehrerer hundert Geistlicher", die sich durch das Schulaufsichtsgesetz verunsichert fühlten und um „Beistand" durch das Landeskonsistorium baten. Auch das Konsistorium blickt auf das Gesetz „mit schmerzlicher Sorge".

Scheint uns doch namentlich die Gefahr auch jetzt immer noch zu drohen, es möchte sich einem Gesetze gegenüber, welches einseitig das Recht des Staates an der Schule zur schärfsten Geltung bringt, das von der Verfassung nur im Principe anerkannte Recht der Kirche an derselben nicht klar und kräftig genug erweisen, um dieser den gebührenden Einfluß zu sichern, wenn der Staat wider den Willen seiner gegenwärtigen Lenker über kurz oder lang durch den Zug der Zeit zu einer Leitung der christlichen Volksschule gedrängt werden sollte, die da rücksichtslos als deren erste, wo nicht einzige Aufgabe die Erziehung des Staatsbürgers und nicht die des Christen betrachtet.

So begreifen wir es denn sehr wohl, wenn viele Geistliche ängstlich der Frage gegenüberstehen, ob sie im Stande seien, im Auftrage des Staates die Aufsicht über die Volksschule fernerhin fortzuführen, die ihnen bis dahin kraft ihres geistlichen Amtes obgelegen hat.

Eben deshalb aber halten wir als oberste kirchliche Behörde es für unsere Pflicht, unsere Geistlichen in einem solchen Augenblicke nicht unberathen zu lassen, und im vollen Bewußtsein der schweren Verantwortlichkeit vor Gott, die wir damit übernehmen, legen wir ihnen dringend an's Herz, sich der Fortführung ihres bisherigen Dienstes an der Schule nicht entziehen zu wollen.

Zwar vertrauen wir zu unseren Geistlichen, daß bei keinem derselben die Rücksicht auf die Sorgen und Mühen solches Dienstes für dessen Ablehnung auch nur mitbestimmend sein werde. Diese Sorgen und Mühen sind uns wohl bekannt; wir verhehlen uns auch nicht, daß sie noch zunehmen werden. Wenn aber auch an die Volksschule selbst, und damit an deren Aufseher voraussichtlich immer steigende Forderungen werden gestellt werden, so ist das keineswegs die Folge des gegenwärtigen Gesetzes, sondern lediglich die der gesammten Entwickelung unserer socialen Verhältnisse, welche die Ansprüche an die Bildung des Einzelnen stetig wachsen läßt. Nur um so dringender aber wird sich jeder Geistliche dadurch aufgefordert sehen, dafür zu sorgen, daß mit der Verallgemeinerung und Verbreitung der Bildung deren Vertiefung gleichen Schritt halte, und daß über dem Streben nach dem, was gut und nützlich ist, nicht vergessen werde das Eine was Noth ist.

Dagegen können wir das Gewicht eines anderen bei dem jetzt zu fassenden Entschlusse sich aufdrängenden Bedenkens nicht verkennen.

Der Hinblick auf die oben angedeutete Gefahr, daß sich mehr und mehr eine lediglich auf das Staatliche bezogene und der Kirche, wo nicht feindliche, mindestens abgewandte Richtung der Volksschule bemächtigen werde, mag dem einzelnen Geistlichen die Besorgnis nahe legen, daß von ihm als dem Beauftragten des Staates in Zukunft einmal verlangt werden könne, was er als Diener der Kirche mit gutem Gewissen zu leisten nicht vermöchte. In solcher Besorgnis aber kann gerade der Gewissenhafte es für das Richtigere halten, der an ihn möglicherweise, und dann vermuthlich unvorbereitet und nicht in jedem Falle klar erkennbar, herantretenden Versuchung dadurch sicher auszuweichen, daß er sich von vornherein auf das beschränkt, was seines geistlichen Amtes ist, welches ihm mit der Leitung des Religionsunterrichts auch im Schulwesen ein segensreiches und an feste Normen gebundenes Wirken gestattet, nicht aber sich einer darüber hinausgreifenden, zu Gewissensconflicten Anlaß bietenden staatlichen Thätigkeit unterzieht.

Wir ehren ein solches Bedenken; für begründet halten wir es dennoch nicht. Steht doch hier dem möglichen künftigen Conflicte, dem der Geistliche ausweichen möchte, eine bestimmte gegenwärtige Pflicht gegenüber, zu deren Erfüllung ihn sein Amt beruft.

Es folgen eine Bitte um Gottes Beistand in „der Stunde der Versuchung" und eine Aufforderung zur Mäßigung.

Dann aber halten wir auch dafür, daß die Gefahr, von der wir hier reden, überschätzt wird und jedenfalls für die Geistlichen unserer Landeskirche keine naheliegende ist. Diese werden fortan ihr bisheriges Amt an der Volksschule zwar zum Theil auf Grund eines anderen Rechtstitels, aber ganz nach denselben Normen fortüben wie bisher. Dabei wird ihnen eine neue ausdrücklich oder auch nur stillschweigend zu übernehmende Verpflichtung, namentlich auch eine solche, welche sie zu dessen unter allen Umständen dauernder Führung verbände, nicht angesonnen. Insbesondere stehen sie auch hinsichtlich der nunmehr staatlichen Seite dieses Amtes unter denselben Behörden wie bisher, da in der Zuständigkeit der Consistorien in Schulsachen durch jenes Gesetz nichts geändert ist. Sie bleiben also wie bisher zunächst Behörden unterstellt, die gleich ihnen auf die Ordnungen und das Bekenntnis der Kirche verpflichtet sind, und die deshalb auch dafür Sorge zu tragen haben, daß ihnen nichts auferlegt werde, was dieser Verpflichtung widerstreitet.

Sollte dieses aber wieder Verhoffen in Zukunft dennoch geschehen, so vertrauen wir, daß der HErr jenen Behörden wie uns Einsicht und Kraft verleihen werde, klar und furchtlos die Grenze zu bezeichnen, über welche hinaus es dem Diener der Kirche im Aufblicke zu deren Herrn unmöglich ist, zu den Anordnungen des Staates auf dem Gebiete der Volksschule ferner hülfreiche Hand zu leisten.

Mögen denn unsere Geistlichen vor Gottes Angesicht mit allem Ernste erwägen, ob es das Richtige und Ihm Wohlgefällige sei, durch das schmerzliche Gefühl gefährdeten oder gekränkten Rechtes bestimmt, einer bis dahin in Segen geübten Wirksamkeit ohne Weiteres zu entsagen, ehe eine zweifellos sittliche Nothwendigkeit dazu drängt, und damit den Fortgang einer beklagenswerthen Entfremdung zwischen Staat und Kirche, Volksleben und Evangelium nur noch zu beschleunigen. Unsere Arbeit ist Dienen. Auch jetzt gilt es zu dienen, so lange Raum zu dienen da ist, und statt hoffnungslos und verzagt in die Zukunft zu blicken, vielmehr dem HErrn zu vertrauen, der da jede treue Arbeit nach Seinem Rathe mitzuverwenden weiß zur Erbauung Seiner Kirche und zur Ehre Seines heiligen Namens.

Königlich Preußisches Landes-Consistorium
Lichtenberg

[17]

DEUTSCHER LEHRERVEREIN

Stellungnahmen und Beschlüsse zur Schulpolitik (1876–1914)

Der Deutsche Lehrerverein wurde 1871, nachdem der Staat Koalitionsfreiheit gewährt hatte, gegründet. Er setzte die Tradition des 1848 in Eisenach ins Leben gerufenen Allgemeinen Deutschen Lehrervereins fort. Neben ihm entstanden, außer kleineren konfessionellen Vereinigungen, 1890 der Allgemeine Deutsche Lehrerinnenverein (Vorsitz Helene Lange) und 1903 der Deutsche Philologenverband. Der Deutsche Lehrerverein lud in regelmäßigen Abständen zu Lehrertagen bzw. Allgemeinen Deutschen Lehrerversammlungen ein, die in Resolutionen zu schulpolitischen und pädagogischen Fragen Stellung nahmen. Die ungekürzt abgedruckte Resolution der Allgemeinen Deutschen Lehrerversammlung 1914 in Kiel faßt mit der Forderung nach einer „nationalen Einheitsschule" den Stand der Diskussion vor dem Ersten Weltkrieg zusammen. Die „Leitsätze", auf die sich die Resolution bezieht, wurden von G. Kerschensteiner verfaßt.

Quellen: Robert Rissmann: Geschichte des Deutschen Lehrervereins. Leipzig 1908. S. 195 ff. – C. L. A. Pretzel: Geschichte des Deutschen Lehrervereins in den ersten fünfzig Jahren seines Bestehens. Leipzig 1921. S. 238 ff.

Auf dem 1. Deutschen Lehrertag 1876 in Erfurt: Über die unerläßlichen Erfordernisse zur Wahrung und Hebung der Bildung und Gesittung des gesamten Volkes.

Auf dem 2. Deutschen Lehrertag in Magdeburg 1878: Lehrervorbildung. – Die Stellung des Lehrers in der Gemeindeverwaltung. – Die Disziplinargewalt in der Schule.

Auf dem 3. Deutschen Lehrertag 1880 in Hamburg: Die Simultanschule.

Auf dem 4. Deutschen Lehrertag 1882 in Kassel: Die politische und bürgerliche Stellung der Volksschullehrer. – Der Handfertigkeitsunterricht in der Volksschule.

Auf dem 5. Deutschen Lehrertag in Görlitz 1884: Erweiterung der gesetzlichen Bestimmungen betreffs Zwangserziehung verwahrloster Kinder.

Auf dem 6. Deutschen Lehrertag 1886 in Hannover: Die Stellung des Lehrers zur Schulverwaltung.

Auf dem 7. Deutschen Lehrertag 1888 in Frankfurt a. M.: Die Allgemeine Volksschule.

Auf dem 8. Deutschen Lehrertag 1890 in Berlin: Die Aufgabe der Volksschule gegenüber der sozialen Frage. – Die Befreiung des Lehrers vom niederen Küstertum. – Die Schulsynode.

Auf dem 9. Deutschen Lehrertag 1892 in Halle a. S.: Die Allgemeine Volksschule in Rücksicht auf die soziale Frage. – Die Vorbildung des Volksschullehrers.

Auf der 1. Allgemeinen Deutschen Lehrerversammlung 1894 in Stuttgart: Welche Veranstaltungen sind für das nachschulpflichtige Alter zu treffen, damit die Resultate des Schulunterrichts gesichert werden und die durch die sozialen Verhältnisse der Gegenwart bedingte Ausgestaltung erfahren?

Auf der 2. Allgemeinen Deutschen Lehrerversammlung 1896 in Hamburg: Die Teilnahme des Lehrers an der Schulverwaltung. – Welche Stoffe sind nach den Forderungen der Gegenwart dem Lehrplan der Volksschule hinzuzufügen, bzw. aus demselben zu entfernen?

Auf der 3. Allgemeinen Deutschen Lehrerversammlung 1898 in Breslau: In welcher Richtung und in welchem Umfang wird die Jugenderziehung durch die gewerbliche und die landwirtschaftliche Kinderarbeit geschädigt? – Welche Forderungen stellt die Gegenwart an die Vorbildung des Lehrers?

Auf der 4. Allgemeinen Deutschen Lehrerversammlung 1900 in Köln: Die Bedeutung einer gesteigerten Volksbildung für die wirtschaftliche Entwicklung unseres Volkes. – Wie stellen wir uns zur Einführung des Handfertigkeitsunterrichts in den Lehrplan der Volksschulen?

Auf der 5. Allgemeinen Deutschen Lehrerversammlung 1902 in Chemnitz: Bedeutung der Volksbildung für die Volkssittlichkeit. – Entschließung betr. gewerblicher Kinderarbeit.

Auf der 6. Allgemeinen Deutschen Lehrerversammlung 1904 in Königsberg: Die Allgemeine Volksschule. – Universität und Volksschullehrerbildung. – Die Schulaufsichtsfrage.

Auf der 7. Allgemeinen Deutschen Lehrerversammlung 1906 in München: Die Lehrerinnenfrage. – Die Simultanschule.

Auf der Deutschen Lehrerversammlung in Dortmund 1908: Die allgemeine Volksschule. – Der Lehrermangel nach seinen Ursachen und Wirkungen.

Auf der Deutschen Lehrerversammlung in Straßburg 1910: Schulleitung und Schulaufsicht.

Auf der Deutschen Lehrerversammlung in Berlin 1912: Die Arbeitsschule. – Die rechtliche Stellung des Lehrers in Staat und Gemeinde. – Die wirtschaftliche Lage der deutschen Volksschullehrer.

Auf der Deutschen Lehrerversammlung in Kiel 1914: Droht unserer Schularbeit die Gefahr der Veräußerlichung, und wie ist ihr zu begegnen? – Die nationale Einheitsschule.

Die nationale Einheitsschule – Leitsätze.

1. Die Erziehung (im engeren Sinne) ist jener Kulturakt einer Gemeinschaft, der bestimmte Kulturgüter (der Religion, der Moral, des Wissens, der Kunst, der Technik, der gesellschaftlichen Sitten und Gebräuche) so an den Zögling heranbringt, daß sie nach Maßgabe seiner Veranlagung in ihm jene besondere Kulturenergie für die Zwecke der Gemeinschaft auslösen, deren er fähig ist. (Erziehungsbegriff.)

2. Das wesentliche Instrument, dessen sich die Kulturgemeinschaft für Durchführung der systematischen Erziehung ihrer minderjährigen Mitglieder bedient, ist die öffentliche allgemeine Schule. (Erziehungsinstrument.)

3. Die allgemeine öffentliche Schule im Rechtsstaate, d. i. in jenem Staate, der die Beziehungen seiner Mitglieder autonom nach den Grundsätzen der Gerechtigkeit und Billigkeit regelt, muß jedem Kinde ohne Ausnahme jene Erziehung ermöglichen, auf die es nach Maßgabe seiner Veranlagung Anspruch erheben kann. (Erziehungsrecht.)

4. Umgekehrt ist im Kulturstaate, d. i. in jenem Staate, der alle allgemeinen Zwecke der Kultur in seinen Zweck aufgenommen hat, jedes Kind verpflichtet, von jenen öffentlichen Erziehungseinrichtungen so lange Gebrauch zu machen, als es zur Ausbildung eines nützlichen Mitgliedes der Kulturgemeinschaft notwendig erscheint. (Erziehungspflicht.)

5. Will dieser Erziehungspflicht durch private Einrichtungen außerhalb der allgemeinen öffentlichen Schule genügt werden, so hat die Staatsgemeinschaft die Erlaubnis hierzu zu erteilen, a) solange und soweit die privaten Erziehungsabsichten nicht dem Gesamtwohle der Gesellschaft zuwiderlaufen, b) soweit die privaten Erziehungseinrichtungen mindestens das gleiche leisten, wie die öffentlichen, c) solange die Mitglieder keine öffentlichen Mittel für ihre nicht allen gleichmäßig zugänglichen Einrichtungen verlangen. (Erziehungslehre.)

6. Die Lasten der allgemeinen öffentlichen Pflichtschulen sind aus allgemeinen öffentlichen Einnahmen und nicht durch besondere Schulgelder zu decken. Muß in höheren öffentlichen Schulen für freiwilligen Besuch mangels hinreichender öffentlicher Mittel besonderes Schulgeld erhoben werden, so ist jeder mittellose Begabte hiervon zu befreien. Die Zahl der Befreiten ist nicht auf einen bestimmten Prozentsatz der Gesamtschülerzahl zu beschränken. Mittellosen Eltern besonders begabter Schüler sind Erziehungsbeiträge aus öffentlichen Mitteln zu gewähren. (Schulgeldfreiheit und Erziehungsbeihilfen.)

7. Die Gewährung von allgemeiner Lehrmittelfreiheit ist mehr eine Frage der Zweckmäßigkeit, als eine innere Notwendigkeit. Sie bringt ebenso Erziehungsnachteile mit sich, wie sie Erziehungsvorteile gewährt. In allen öffentlichen Schulen aber sind mittellosen Schülern die Lehrmittel unentgeltlich zur Verfügung zu stellen. (Lehrmittelfreiheit.)

8. Es widerspricht dem Geiste des Rechts- und Kulturstaates, parallel den Pflichtschulen andere Schulen unter dem Vorwande einer erweiterten Bildung zu unterhalten, die nur einzelne nach Maßgabe ihrer besseren wirtschaftlichen Lage auf Grund besonderen Schulgeldes an Stelle der Pflichtschule besuchen können. Jede Differenzierung der öffentlichen Schule nach ökonomischen oder sozialen Rücksichten ist eine Verletzung des Rechts- und Kulturstaates. (Soziale Differenzierung.)

9. Die allgemeine öffentliche Schule bedarf aber der Differenzierung aus psychologischen und pädagogischen Gründen. Sie ist geboten a) durch die Wachstumsreife des Zöglings, b) durch dessen Veranlagung für einzelne Kulturgebiete, c) durch die Methoden der Vermittlung der Kulturgüter nach dem Zwecke der Schule. (Psychologisch-pädagogische Differenzierung.)

10. Die Fundamentalforderung aller Differenzierung ist, daß jeder Schüler in der allgemeinen öffentlichen Schule jene Bildungswerte vorfindet, die seiner Veranlagung gemäß sind. Von diesem Standpunkte aus ist es einer der größten Fehler des öffentlichen Schulwesens, daß es heute noch keine Unterrichtseinrichtungen zur Betätigung und intellektuellen Entwicklung der besonders im Kindes- und Knabenalter vorwiegenden praktischen Interessen hat. (Fundamentalsatz der Differenzierung.)

11. Die Erziehung durch planmäßigen Unterricht soll nicht vor dem Abschluß der eigentlichen Kindheit, d. h. vor dem ersten Abschluß der physiologischen Reife der Assoziationsbahnen beginnen. Diese ist im allgemeinen nicht vor dem vollendeten sechsten Lebensjahre, also dem Beginn des siebenten Lebensjahres zu erwarten. (Beginn der Erziehung durch planmäßigen Unterricht.)

12. Die erste Differenzierung der allgemeinen öffentlichen Schule hat mit dem Zeitpunkte zu erfolgen, zu dem eine Trennung der spekulativen von den praktischen Interessen sich deutlicher bemerkbar macht, die zweite mit der deutlichen Entwicklung bestimmter durch die Einzelveranlagung bedingter Berufsinteressen. Der erste Zeitpunkt fällt im allgemeinen nicht vor das zehnte, der zweite nicht vor das vierzehnte Lebensjahr, von Ausnahmen abgesehen. (Sukzessive Differenzierung.)

13. Neben der sukzessiven Differenzierung wird aber auch eine simultane nötig, die teils durch Begabungsabteilungen, teils durch Ver-

setzungsbeschleunigung, teils durch Wahlfreiheit des Unterrichts, teils durch besondere Schultypen befriedigt werden kann. (Simultane Differenzierung.)

14. Die durch die Differenzierung des allgemeinen öffentlichen Schulwesens entstandenen Zweige wahren aber nur dann den Charakter der Einheitsschule, wenn ihre Organisation den Übergang von einem Zweige zu einem anderen dementsprechend begabten Schülern ohne allzu große Opfer (wenn nötig durch Übergangsschulen) ermöglicht. (Einheit in der Mannigfaltigkeit.)

15. Den Charakter der nationalen Einheitsschule bewahren sodann alle Zweige des Schulwesens nur dann, wenn ihr Unterricht und ihre sonstigen Erziehungseinrichtungen vom Geiste der Staatsgesinnung vollständig erfüllt sind. Nicht der Unterrichtsstoff macht die nationale Einheitsschule, sondern die soziologische Auffassung des Stoffes. (Einheit in der Staatsgesinnung.)

16. Die Gestaltung, Verwaltung und Beaufsichtigung der allgemeinen öffentlichen Schule ist ausschließlich Angelegenheit der Staatsgemeinschaft, die ihre Lasten trägt und in deren Dienst die Schule als Erziehungsinstrument arbeitet. (Staatsaufsicht.)

17. Es liegt aber im höchsten Interesse des Kultur- und Rechtsstaates, das Organisations- und Verwaltungsrecht für keine Gattung der öffentlichen Schule zu zentralisieren, sondern es in möglichst weitgehender Autonomie unter Aufstellung von Mindestforderungen den untergeordneten öffentlich rechtlichen Korporationen zu überlassen. (Dezentralisation.)

18. Es liegt weiter im Interesse des Kultur- und Rechtsstaates, in die korporativen Organisations-, Verwaltungs- und Aufsichtsorgane der Schule vollberechtigte Vertreter derjenigen Kulturgemeinschaften aufzunehmen, deren Zweck die Pflege eines der großen fünf Kulturgebiete (Religion, Moral, Wissenschaft, Kunst, Technik) ist, die in der Schule als Erziehungsmittel aufgenommen sind. (Schulbehörden.)

Die Deutsche Lehrerversammlung fordert in Übereinstimmung mit den Ausführungen und Leitsätzen des Vortragenden die organisch gegliederte nationale Einheitsschule, die einen einheitlichen Lehrerstand zur notwendigen Voraussetzung hat und in der jede Trennung nach sozialen und konfessionellen Rücksichten beseitigt ist. Sie richtet daher an alle volks- und bildungsfreundlichen Kreise des deutschen Volkes die Aufforderung, alle Kräfte daran zu setzen, daß die der Verwirklichung dieser Einheitsschule entgegenstehenden Widerstände überwunden werden.

Beschluß der Versammlung, vorgeschlagen vom Geschäftsführenden Ausschuß des D. L. V.

V.
Weimarer Republik: Schulpolitik im Kontext ambivalenter demokratischer Prinzipien

1. Zu den Begriffen „Demokratie“ und „Repräsentation“

SIEGFRIED LANDSHUT

Demokratie - Repräsentation

Die Novemberrevolution und die Ausrufung der Republik 1918 stürzten die deutschen Monarchien und führten die Demokratie ein. Die Demokratie gilt seit der Französischen Revolution als die moderne Staatsform schlechthin und hat als solche eine weltweite Verbreitung gefunden. Landshut analysiert in dem Stichwortartikel die prinzipiellen Grundlagen einer demokratischen Verfassung. Er verweist auf die dem modernen Demokratiebegriff innewohnenden Ambivalenzen, insbesondere auf die Strukturgegensätze zwischen einem plebiszitären und einem repräsentativen Demokratieverständnis.

Quelle: S. Landshut/W. Gaebler: Politisches Wörterbuch. Tübingen 1958. S. 62 ff.; S. 198 f.

Demokratie. Die heute übliche Bezeichnung für ein politisches Gemeinwesen, dessen allgemeinverbindliche Entscheidungen und Gesetze – wer auch immer sie bestimmt und verkündet – sich allein aus ihrer Übereinstimmung mit dem „Willen des Volkes“ rechtfertigen.

Diese allgemeine Definition der modernen Demokratie (denn sie trifft nur auf diese und nicht etwa auf die antike Demokratie zu, von der der Name herkommt), betrifft bis auf wenige Ausnahmen so gut wie alle Staaten der heutigen Welt. Denn mögen die sonstigen Verschiedenheiten und Gegensätze unter den Staaten noch so radikal sein, in einem Prinzip stimmt die gesamte heutige Welt überein: daß der „Wille des Volkes“ die einzige Legitimation einer Regierungsgewalt sein kann. Die Unterschiede beginnen erst da, wo es sich um die besondere Art und Weise der Identifikation des regierenden Willens mit dem Volkswillen handelt. Sie kann ein für allemal auf Grund einer bestimmten Ideologie erfolgen, nach der der „Führer“ in Person die Stimme des Volkes ist (manchmal zusätzlich unterstützt durch ein plebiszitäres Votum) oder „die Partei“ als Avantgarde den wahren Willen des Volkes, der „werktätigen Massen“ zum Ausdruck bringt (wiederum unterstützt durch ein besonderes Abstimmungsverfahren, das der Partei den Erfolg sichert). Die Übereinstimmung von Regierungswille und Volkswille kann auch in periodischen Wahlen gesucht werden, in denen konkurrierende Kandidaten oder Parteien sich um die Stimmen der Wähler bewerben. In diesem Falle erhebt sich die Frage nach dem Verhältnis zwischen Wählern und Gewählten: ob nämlich die Gewählten, d. h. die Abgeordneten, nur Beauftragte der Wähler sind und ihnen daher der Auftrag jederzeit entzogen werden kann (imperatives Mandat), oder ob sie, für eine bestimmte Periode gewählt, in ihren Entscheidungen selbständig sind. Da die Abhängigkeit eines jeden Abgeordneten von dem jeweiligen und nicht vorhersehbaren Willen seiner Wähler die Beratung und Beschlußfassung einer Versammlung, des Parlaments, unmöglich machen würde, so haben sich alle Verfassungen nach dem Muster der französischen Verfassung von 1791 zu dem Prinzip der Repräsentation, d. h. der freien Gewissensentscheidung der Abgeordneten, bekannt. Dieses Prinzip widerspricht jedoch der demokratischen Grundlage der Volkssouveränität und eröffnet die Möglichkeit eines Widerspruchs zwischen Volkswille und Parlaments- bzw. Regierungswille. Daher hatte die Weimarer Verfassung das Verfahren des Volksentscheids (Plebiszit) und des Volksbegehrens eingeführt, wodurch neben Parlament und Regierung politische Entscheidungen auch unmittelbar durch Volksabstimmung herbeigeführt werden konnten. Da damit jedoch die Tätigkeit aller politischen Organe den Charakter des nur provisorischen erhält und ihre eigentliche Verantwortung herabgemindert wird, da ferner die Auseinandersetzung über politische Kontroversen damit in die affektgeladene und jeder Demogogie ausgelieferte Atmosphäre von Volksversammlungen getragen und das Volk selbst in feindliche Lager auseinandergerissen wird, so haben die Verfassunggeber des Bonner Grundgesetzes diese plebiszitären Einrichtungen wieder entfernt. Dennoch bleibt in der Demokratie die Übereinstimmung der Entscheidung von Parlament und Regierung mit einem vorausgesetzten, aber selten eindeutigen Willes des Volkes die stets offene Frage. – In der Auseinandersetzung mit den totalitären Staaten, insbesondere den kommunistischen, werden meist Parlament, Gewaltenteilung und Grundrechte als die eigentlich demokratischen Elemente der Verfassung bezeichnet. Dies ist ein Irrtum. Alle Prinzipien, die den „freiheitlichen" Charakter der westlichen Staaten ausmachen, lassen sich nicht aus dem demokratischen Grundsatz der Souveränität des Volkes herleiten. Sie stammen alle aus einer vordemokratischen Überlieferung.

Repräsentation. Unter Repräsentation versteht man heute meist in Zusammensetzungen wie Repräsentantenhaus, Repräsentativsystem, repräsentative Demokratie usw. die Vertretung des Volkes durch Abgeordnete, die in periodischer Versammlung (Parlament) selbständige, allgemeinverbindliche Entscheidungen (Gesetze) treffen.

Als Repräsentant ist der Abgeordnete an keinen Auftrag gebunden (Art. 38 des Grundgesetzes); er trifft seine Entscheidungen selbständig und nach eigenem Ermessen. Das Prinzip der Repräsentation steht im Gegensatz zur unmittelbaren oder plebiszitären Demokratie. Sowohl der geschichtlichen Herkunft als auch dem Prinzip der Sache nach hat aber Repräsentation überhaupt keinen Zusammenhang mit Demokratie. Die Unabhängigkeit des Abgeordneten kann ihren Grund nicht in seiner Eigenschaft als Stellvertreter von Wählern haben, sondern nur in der besonderen Qualifikation seiner Person, das Allgemeine präsent zu machen. Diese Repräsentation des Allgemeinen ist aber schlechthin eine Notwendigkeit politischer Gemeinschaft. Diese wird zu einer solchen dadurch, daß die Handlungen bestimmter Personen in Ämtern (Institutionen) Handlungen der Gesamtheit sind. Repräsentation bedingt gegenseitige Angemessenheit von Amt (potestas) und Person (auctoritas). Der Begriff der Repräsentation schließt aus, daß dabei Personen oder eine Summe von Personen „vertreten" wird. Man kann unmittelbare und mittelbare Repräsentation unterscheiden, je nachdem der Repräsentant selbständig für die Gesamtheit handelt und entscheidet oder im Rahmen solcher allgemeinen Entscheidungen besondere Amtshandlungen vollzieht (Richter, Beamte).

2. Staatliche Schulpolitik

[1]

Die Schulartikel der Verfassung des Deutschen Reiches (1919)

Die militärische Niederlage Deutschlands im Ersten Weltkrieg und die „November-Revolution" bewirkten 1918 den Zusammenbruch des Kaiserreiches. Der Kaiser und alle deutschen Fürsten verzichteten auf ihre Thronrechte, Deutschland wurde Republik. Die Regierungsgewalt übertrug der letzte kaiserliche Reichskanzler dem SPD-Politiker Fr. Ebert (1871–1925). Über die künftige Verfassung sollte eine Nationalversammlung entscheiden. Diesen Auftrag löste die SPD aus ihrer demokratischen Verantwortung gegen alle Widerstände linksradikaler Kräfte und rechtsextremistischer Gruppen loyal ein. Die Wahlen zur Nationalversammlung fanden am 19. Januar 1919 statt, die konstituierende Sitzung – wegen der Unruhen in Berlin – am 6. Februar in Weimar. Die am 11. August 1919 verabschiedete „Weimarer Verfassung" gab der Republik eine demokratisch-parlamentarische Grundlage. Die Schulartikel wurden im Zweiten Hauptteil unter den „Grundrechten und Grundpflichten der Deutschen" aufgeführt. Die staatliche Schulhoheit blieb Recht der Länder, doch erhielt das Reich in Art. 10 der Verfassung, u. a. für das Schulwesen, eine Rahmenrechtskompetenz.

Quelle: Quellen zum Staatsrecht der Neuzeit. 2 Bde. Hrsg. v. E. R. Huber. Bd. 2: Deutsche Verfassungsdokumente der Gegenwart (1919–1951). Tübingen 1951. S. 26 ff.

Vierter Abschnitt: Bildung und Schule

Art. 142. Die Kunst, die Wissenschaft und ihre Lehre sind frei. Der Staat gewährt ihnen Schutz und nimmt an ihrer Pflege teil.

Art. 143. Für die Bildung der Jugend ist durch öffentliche Anstalten zu sorgen. Bei ihrer Einrichtung wirken Reich, Länder und Gemeinden zusammen.

Die Lehrerbildung ist nach den Grundsätzen, die für die höhere Bildung allgemein gelten, für das Reich einheitlich zu regeln.

Die Lehrer an öffentlichen Schulen haben die Rechte und Pflichten der Staatsbeamten.

Art. 144. Das gesamte Schulwesen steht unter der Aufsicht des Staates; er kann die Gemeinden daran beteiligen. Die Schulaufsicht wird durch hauptamtlich tätige, fachmännisch vorgebildete Beamte ausgeübt.

Art. 145. Es besteht allgemeine Schulpflicht. Ihrer Erfüllung dient grundsätzlich die Volksschule mit mindestens acht Schuljahren und die anschließende Fortbildungsschule bis zum vollendeten achtzehnten Lebensjahre. Der Unterricht und die Lernmittel in den Volksschulen und Fortbildungsschulen sind unentgeltlich.

Art. 146. Das öffentliche Schulwesen ist organisch auszugestalten. Auf einer für alle gemeinsamen Grundschule baut sich das mittlere und höhere Schulwesen auf. Für diesen Aufbau ist die Mannigfaltigkeit der Lebensberufe, für die Aufnahme eines Kindes in eine bestimmte Schule sind seine Anlage und Neigung, nicht die wirtschaftliche und gesellschaftliche Stellung oder das Religionsbekenntnis seiner Eltern maßgebend.

Innerhalb der Gemeinden sind indes auf Antrag von Erziehungsberechtigten Volksschulen ihres Bekenntnisses oder ihrer Weltanschauung einzurichten, soweit hierdurch ein geordneter Schulbetrieb, auch im Sinne des Abs. 1, nicht beeinträchtigt wird. Der Wille der Erziehungsberechtigten ist möglichst zu berücksichtigen. Das Nähere bestimmt die Landesgesetzgebung nach den Grundsätzen eines Reichsgesetzes.

Für den Zugang Minderbemittelter zu den mittleren und höheren Schulen sind durch Reich, Länder und Gemeinden öffentliche Mittel bereitzustellen, insbesondere Erziehungsbeihilfen für die Eltern von Kindern, die zur Ausbildung auf mittleren und höheren Schulen für geeignet erachtet werden, bis zur Beendigung ihrer Ausbildung.

Art. 147. Private Schulen als Ersatz für öffentliche Schulen bedürfen der Genehmigung des Staates und unterstehen den Landesgesetzen.

Es folgen Einzelheiten zur Beantragung und Genehmigung.

Art. 148. In allen Schulen ist sittliche Bildung, staatsbürgerliche Gesinnung, persönliche und berufliche Tüchtigkeit im Geiste des deutschen Volkstums und der Völkerversöhnung zu erstreben.

Beim Unterricht in öffentlichen Schulen ist Bedacht zu nehmen, daß die Empfindungen Andersdenkender nicht verletzt werden.

Staatsbürgerkunde und Arbeitsunterricht sind Lehrfächer der Schulen. Jeder Schüler erhält bei Beendigung der Schulpflicht einen Abdruck der Verfassung.

Das Volksbildungswesen, einschließlich der Volkshochschulen, soll von Reich, Ländern und Gemeinden gefördert werden.

Art. 149. Der Religionsunterricht ist ordentliches Lehrfach der Schulen mit Ausnahme der bekenntnisfreien (weltlichen) Schulen. Seine Erteilung wird im Rahmen der Schulgesetzgebung geregelt. Der Religionsunterricht wird in Übereinstimmung mit den Grundsätzen der betreffenden Religionsgesellschaft unbeschadet des Aufsichtsrechts des Staates erteilt.

Die Erteilung religiösen Unterrichts und die Vornahme kirchlicher Verrichtungen bleibt der Willenserklärung der Lehrer, die Teilnahme an religiösen Unterrichtsfächern und an kirchlichen Feiern und Handlungen der Willenserklärung desjenigen überlassen, der über die religiöse Erziehung des Kindes zu bestimmen hat.

Die theologischen Fakultäten an den Hochschulen bleiben erhalten.

Art. 150 gilt dem Denkmal- und Landschaftsschutz. Im Fünften Abschnitt (Art. 151–165) wird das Wirtschaftsleben behandelt.
Es folgen Übergangs- und Schlußbestimmungen (Art. 166–180), unter denen für das Bildungswesen Art. 174 bedeutsam ist:

Art. 174. Bis zum Erlaß des in Artikel 146 Abs. 2 vorgesehenen Reichsgesetzes bleibt es bei der bestehenden Rechtslage. Das Gesetz hat Gebiete des Reichs, in denen eine nach Bekenntnissen nicht getrennte Schule gesetzlich besteht, besonders zu berücksichtigen.

Art. 181. Das deutsche Volk hat durch seine Nationalversammlung diese Verfassung beschlossen und verabschiedet. Sie tritt mit dem Tage ihrer Verkündung in Kraft.

Schwarzburg, den 11. August 1919.

Der Reichspräsident:
Ebert

Das Reichsministerium:
Bauer, Erzberger u. a.

[2]

Der preussische Minister für Wissenschaft, Kunst und Volksbildung

Aufruf: An die Lehrer und Lehrerinnen der höheren Lehranstalten für die männliche Jugend, der Lehrer- und Lehrerinnenseminare, Präparandenanstalten, Studienanstalten und Oberlyzeen Preußens (1918)

In der Übergangszeit zwischen dem Sturz des Kaiserreichs und der Errichtung der Weimarer Republik amtierten im Reich und in den Ländern provisorische Regierungen. Die Geschäfte im preußischen Kultusministerium führten gemeinsam Konrad Hänisch von der SPD und Adolph Hoffmann von der USPD, beide langjährige Parlamentarier. Mit einer Reihe von Erlassen versuchten sie, Geist und Strukturen der Schule zu demokratisieren. Als Berater und Verfasser zogen sie Gustav Wyneken, den Gründer der „Freien Schulgemeinde Wickersdorf" und Pädagogen aus dem Geiste der Jugendbewegung, hinzu. Hänisch hatte wesentlichen Einfluß auf die Schulartikel der Reichverfassung von 1919; er war zusammen mit H. Schulz der Initiator der Reichsschulkonferenz von 1920. Hoffmann demissionierte bereits im Januar 1919.
Der Erlaß vom 27. November 1918 war begleitet von einem Aufruf an die Schüler und Schülerinnen der höheren Schulen Preußens mit gleichen Zielsetzungen. „Um ihr [der Jugend] eine Möglichkeit zu eröffnen, aus innerer Wahrhaftigkeit und unter eigener Verantwortung an der Gestaltung ihres Lebens mitzuwirken", schuf dieser Erlaß die Anfänge einer Schülermitverantwortung durch Institutionalisierung einer „Schulgemeinde" und eines „Schülerrats".

Quelle: Zentralblatt für die gesamte Unterrichtsverwaltung in Preußen. Jg. 1918. S. 711 ff.

An die Lehrer und Lehrerinnen der höheren Lehranstalten für die männliche Jugend, der Lehrer- und Lehrerinnenseminare, Präparandenanstalten, Studienanstalten und Oberlyzeen Preußens.

Die weltgeschichtlichen Ereignisse dieser Zeit können und dürfen an der höheren Schule nicht spurlos vorübergehen. Sie stellen die Lehrerschaft vor neue erzieherische Aufgaben, für deren Lösung wir einige Richtlinien geben wollen.

Im neuen freien Staat hat ein jeder völlige Freiheit der Überzeugung und Meinungsäußerung, auch der staatliche Beamte, und es liegt uns fern, diese Freiheit den Lehrern der uns unterstellten Schulen in irgendeiner Weise beschränken zu wollen. Wegen seiner politischen Überzeugung und ihrer Betätigung außerhalb seines Dienstes wird niemand von uns angefochten werden. Dagegen müssen wir selbstverständlich verlangen, daß die genau umschriebenen Pflichten seiner beruflichen Tätigkeit von dem Beamten treu erfüllt werden ohne Einmischung persönlicher politischer Leidenschaften. Es ist uns nicht unbekannt geblieben, daß hier und da in letzter

Zeit von dieser Richtschnur abgewichen worden ist, und daß auch im Unterricht von einzelnen Lehrern die politischen Fragen der Zeit zum Gegenstand der Erörterung und einseitiger, leidenschaftlicher Entscheidung gemacht worden sind. Wir begreifen solche Entgleisungen aus der Aufregung dieser Tage und werden ihnen nicht weiter nachgehen. Wir müssen jedoch die Erwartung aussprechen, daß fortan der Unterricht wieder durchaus im Geist wissenschaftlicher Objektivität erteilt und nicht dazu mißbraucht werde, um vor einer leider nur allzuwenig zum politischen Urteilen ausgerüsteten und zum Schweigen gezwungenen Schülerschaft Streitfragen des Tages zum Austrag zu bringen, und dies obendrein mit der Autorität des Lehrers.

Deutschlands furchtbare Niederlage stellt auch den Erzieher vor eine schwere Probe der Einsicht und des Charakters. Es liegt nahe, nunmehr in der Jugend das Gefühl von Haß und Rachsucht gegen unsere Feinde zu nähren und dabei des Glaubens zu sein, daß man lediglich ein hochgesteigertes vaterländisches Empfinden in der Jugend zu wecken suche. Wir müssen uns aufs ernsteste gegen diesen billigsten und mit ungeläuterten Trieben arbeitenden Patriotismus wenden. Haß und Rache gegen die Feinde darf auf keinen Fall der Jugend gepredigt werden. Mit dem Gedanken eines Rachekrieges darf nicht gespielt werden, auch dann nicht, wenn die Feinde uns offensichtlich Unrecht tun. Unser Wille zur Herrschaft von Recht und Gerechtigkeit im Völkerleben darf nicht abhängig sein von der Moral unserer Feinde. Und immer müssen wir an der Hoffnung und an dem Willen festhalten, daß einstmals Völkerhaß auf der Erde ganz aussterbe und daß dieser Krieg der letzte gewesen sei. Wir können niemanden zu dieser Überzeugung zwingen, wir bestehen aber unverbrüchlich darauf, daß jedenfalls die Schule nie wieder zur Stätte der Völkerverhetzung und Kriegsverherrlichung werde.

Wie sich ein jeder mit der innerpolitischen Umwälzung auseinandersetzen will, überlassen wir ihm selber, und wir verstehen es, wenn nicht jeder ohne weiteres alte und liebgewordene Anschauungen aufzugeben vermag. Wir möchten aber darauf hinweisen, daß unserem Volk in seiner gegenwärtigen schweren Lage nicht damit gedient ist, wenn man nur dem Vergangenen nachtrauert und am Gegenwärtigen und Werdenden nur zweifelt und verzweifelt. Wir erkennen gern an, daß auch in der Vergangenheit seitens der Lehrerschaft der höheren Lehranstalten viel treue, hingebende und gewiß auch fruchtbare Arbeit geleistet worden ist. Jetzt aber gilt es, diese Arbeit mit einem neuen Geist der Freiheit zu durchdringen. Es gilt jetzt, alle positiven Kräfte in unserem Volksleben aufzurufen, alle schlummernden zu wecken, alle gefesselten zu entbinden. Hier wartet gerade der Schule eine schöne und große Aufgabe, nämlich die Heranbildung eines neugearteten Geschlechts, eines Geschlechts von hohem Opfermut und Adel der Gesinnung, von unbestechlicher Wahrhaftigkeit und Gerechtigkeit, von unerschütterlichem sittlichen Mut und Idealismus. Für die Entfaltung eines solchen neuen Geistes in unserer Jugend ist die Voraussetzung größere Freiheit. Eine wertvolle sittliche Entscheidung kann nur in Freiheit gefällt werden, Ehrlichkeit und Wahrhaftigkeit können nur in der Freiheit gedeihen. Durch unser ganzes Erziehungssystem muß ein neuer Geist von Freiheit wehen. Schon längst verlangten die edelsten Kräfte der Lehrerschaft nach der Möglichkeit freierer, vom bürokratischen Schematismus weniger beengter Tätigkeit, nach einem Einsetzenkönnen ihrer ganzen Person, ihres besten, persönlichen Könnens. Wir wollen diesem Streben fortan weitgehend Rechnung tragen. Aus unserem Aufruf an die Schülerschaft geht hervor, wie wir uns diesen Geist der Freiheit auch in Einrichtungen der Schule ausgedrückt denken. Wir sind uns aber dessen bewußt, daß äußere Einrichtungen allein nicht imstande sind, solch eine neue Freiheit zu schaffen. Es wird darauf ankommen, ob sich Erzieher finden, deren innerstem Gefühl diese Freiheit entspricht, Erzieher, die gewillt und befähigt sind, sich nicht als die Vorgesetzten, sondern wesentlich als die älteren, helfenden und führenden Kameraden ihrer Schüler zu betrachten. Wir machen es niemandem zum Vorwurf, wenn sein Gefühl hier nicht mitkann und verlangen von einem solchen dann nur, daß er in seinem amtlichen Verkehr mit den Schülern diesen eine Freiheit des Wortes und der Überzeugung einräume, wie sie in gebildeter Gesellschaft selbstverständlich ist. Wir rufen aber alle diejenigen Kräfte in unserer Lehrerschaft auf, junge und alte, die freudig bereit sind, den von uns neu gewiesenen Weg der Freiheit in Unterricht, Verkehr und Erziehung zu wagen und zu erproben. Sie erst werden die neuen Einrichtungen mit Leben erfüllen und sich auch durch einzelne anfängliche Fehlschläge nicht beirren lassen, die fast unvermeidlich sind bei einer bisher noch so wenig zur Freiheit erzogenen Jugend. Ihnen wird aber auch, dessen sind wir sicher, als schönster Lohn ihrer Hingebung zuteil werden, ein ungeahntes Erblühen jugendlicher Kräfte zu schauen. Und wenn manche von ihnen vielleicht jetzt noch nicht imstande sein sollten, die Formen ganz zu bejahen, in denen sich die Wende unseres öffentlichen Lebens vollzieht, so werden sie doch durch die Tätigkeit am inneren Aufbau der neuen Freiheit Anteil haben und neue edelste Kräfte unserem Volksleben zuführen. Es möge sie mit der politischen Neuordnung der Dinge dann der Gedanke versöhnen, daß diese innere Befreiung und Belebung ohne die neu errungene politische Freiheit nicht möglich gewesen wäre.

Ministerium für Wissenschaft, Kunst und Volksbildung
Konrad Haenisch

[3]

DER PREUSSISCHE MINISTER FÜR WISSENSCHAFT, KUNST UND VOLKSBILDUNG

Bestimmungen und Richtlinien für die Schüler-Selbstverwaltung (1920)

Mit Hilfe verschiedener Erlasse, Bestimmungen und Dienstanweisungen versuchte der preußische Kultusminister mit seinen Mitarbeitern, die Schüler zur aktiven Mitarbeit am gesamten Leben der Schule zu veranlassen und dadurch die Selbständigkeit und das Verantwortungsbewußtsein zu stärken.
Die 1920 veröffentlichten „Bestimmungen und Richtlinien für die Schüler-Selbstverwaltung" gehören zu den frühesten Dokumenten einer institutionalisierten Schüler-Selbstverwaltung in den öffentlichen Schulen.

Quelle: Zentralblatt für die gesamte Unterrichtsverwaltung in Preußen. Jg. 1920. S. 317 ff.

Die Bestimmungen beginnen mit einer Würdigung der bisherigen Erfahrungen mit der Schüler-Selbstverwaltung.

Eine Rundfrage hat ergeben, daß mit der Schüler-Selbstverwaltung überwiegend günstige Erfahrungen gemacht worden sind. Demnach ist eine sichere Grundlage für ihren weiteren Ausbau gegeben. Um vielfach ausgesprochenen Wünschen entgegenzukommen, soll den einzelnen Anstalten unter Berücksichtigung der besonderen Verhältnisse größere Bewegungsfreiheit gelassen werden. Die Einrichtungen, die entsprechend den früheren Erlassen geschaffen worden sind, können fortbestehen. Im übrigen ist künftig nach den folgenden Bestimmungen und Richtlinien zu verfahren.

Bestimmungen und Richtlinien für die Schüler-Selbstverwaltung

I. Selbstverwaltung im engeren Sinne

1. Die Schüler (Schülerinnen) aller Klassen haben am Anfang jedes Schulhalbjahres „Sprecher" („Sprecherinnen") in geheimer Wahl zu wählen. Im ersten Halbjahr der Sexta (7. Klasse des Lyzeums) können die Sprecher vom Klassenleiter ernannt werden. Die Zahl der Sprecher und ihre Amtsdauer wird von der Lehrerkonferenz bestimmt.

Auch die übrigen Klassenämter werden durch Wahl besetzt. Über die Geltungsdauer der Wahlen entscheidet die Lehrerkonferenz.

2. Die Sprecher der Klasse bilden mit den übrigen Klassenbeamten den Klassenausschuß.

3. Bei Vollanstalten bilden die Sprecher der Klassen von U II (Lyzeum I), bei Nichtvollanstalten von U III (Lyzeum III) an aufwärts, bei

den Lehrer- und Lehrerinnenbildungsanstalten die sämtlicher Klassen den Schülerausschuß, der sich einen „Berater“ aus den Mitgliedern des Lehrkörpers wählt. Dieser stellt zugleich das Bindeglied zwischen Schülerausschuß und Lehrerkonferenz dar. Eine Ergänzung des Schülerausschusses durch je einen Vertreter der in der Schule bestehenden Vereine ist zu empfehlen.

II. Klassen- und Schulgemeinde

a) Klassengemeinde

Wenigstens einmal im Monat benutzt der Klassenleiter oder im Einvernehmen mit ihm ein anderer Lehrer der Klasse eine lehrplanmäßige Stunde zur Aussprache über Angelegenheiten der Klassengemeinschaft oder andere von den Schülern vorgeschlagene Fragen. Die übrigen in der Klasse unterrichtenden Lehrer können, soweit sie unterrichtsfrei sind, an dieser Klassengemeinde teilnehmen. Auf Wunsch des Klassenausschusses tagt die Klassengemeinde auch selbständig; innerhalb des lehrplanmäßigen Unterrichts höchstens alle zwei Wochen, außerhalb der Schulzeit auch öfter.

Die Vereinigung mehrerer Klassen zu gemeinsamen Besprechungen ist zulässig.

b) Schulgemeinde

1. Die unter I. 3 genannten Klassen können sich zur Schulgemeinde zusammenschließen. Ob weitere Klassen dauernd oder für bestimmte Fälle zugelassen werden sollen, darüber entscheidet die Schulgemeinde selbst.

2. Die Schulgemeinde soll den Schülern Verständnis für die große Gemeinschaft geben, in die sie gestellt sind, und Gelegenheit bieten, selbst an deren Ausbau und Weiterentwicklung mitzuarbeiten. Sie pflegt daher die freie Aussprache über Fragen der Schule und des Lebens. Erörterungen über einzelne Mitglieder des Lehrkörpers sind nicht statthaft. Als Vortragende können mit Zustimmung der Lehrerkonferenz auch außerhalb der Schule stehende Persönlichkeiten zugelassen werden.

3. Wo eine Schulgemeinde noch nicht besteht, muß zu Beginn jedes Schuljahres über ihre Einführung klassenweise abgestimmt werden.

4. Die Leitung der Schulgemeinde liegt in den Händen des Vorsitzenden des Schülerausschusses oder des Beraters.

5. Ihre Geschäftsordnung gibt sich die Schulgemeinde selbst.

6. Die Mitglieder des Lehrkörpers haben das Recht, an der Schulgemeinde beratend teilzunehmen.

7. Die Schulgemeinde tritt wenigstens einmal monatlich in einer lehrplanmäßigen Stunde zusammen.

8. Die Schulgemeinde hat das Recht, Anträge durch den Schülerausschuß an die Lehrerkonferenz zu stellen.

9. Der Schülerausschuß ist der Schulgemeinde verantwortlich und hat ihr über seine Tätigkeit Bericht zu erstatten.

10. Eine Schulgemeinde darf nur am Schlusse des Schuljahres mit ¾-Mehrheit der Stimmberechtigten wieder aufgehoben werden.

Es folgt Abschnitt III mit allgemeinen Bestimmungen über Einsichtnahme und Berichterstattung der Direktoren und Schulaufsichtsbehörden.

[4]

Reichsgesetz betreffend die Grundschulen und Aufhebung der Vorschulen (1920)

Mit dem Reichsgrundschulgesetz hat das Reich zum ersten und einzigen Mal von seiner gesetzgeberischen Kompetenz für das Schulwesen Gebrauch gemacht und durch die Einführung einer allgemeinen obligatorischen Grundschule die Eingangsstufe für einen „organischen" Schulaufbau geschaffen. Die leitenden Ideen des politischen, sozialen und pädagogischen Programms haben sich in der Grundschulpädagogik bis Anfang der 70er Jahre erfolgreich behaupten können.

Quelle: Reichsgesetzblatt 1920. Teil I. S. 851.

Die verfassunggebende Deutsche Nationalversammlung hat das folgende Gesetz beschlossen, das mit Zustimmung des Reichsrats hiermit verkündet wird:

§ 1. Die Volksschule ist in den vier untersten Jahrgängen als die für alle gemeinsame Grundschule, auf der sich auch das mittlere und höhere Schulwesen aufbaut, einzurichten. Die Vorschriften der Artikel 146 Abs. 2 und 174 der Verfassung des Deutschen Reichs gelten auch für die Grundschule.

Die Grundschulklassen (-stufen) sollen unter voller Wahrung ihrer wesentlichen Aufgabe als Teile der Volksschule zugleich die ausreichende Vorbildung für den unmittelbaren Eintritt in eine mittlere oder höhere Lehranstalt gewährleisten. Auf Hilfsschulklassen findet diese Bestimmung keine Anwendung.

Für besondere Fälle könne die Landeszentralbehörden zulassen, daß noch weitere Jahrgänge einer Volksschule als Grundschulklassen eingerichtet werden.

§ 2. Die bestehenden öffentlichen Vorschulen und Vorschulklassen sind alsbald aufzuheben.

Es folgen Einzelhinweise und Überleitungsvorschriften.

Als Vorschulklassen im Sinne der Bestimmungen der Abs. 1 und 2 gelten stets die für Kinder in den ersten drei Schulpflichtsjahrgängen bestimmten Klassen an mittleren und höheren Lehranstalten sowie selbständig bestehende, zur Vorbereitung für den Eintritt in eine mittlere oder höhere Lehranstalt dienende Schulklassen.

In die Regelung können auch die nächsthöheren Klassen einbezogen werden, die Lehrer der aufgehobenen Klassen können im Interesse des Dienstes auch andernorts versetzt werden (§ 3).

§ 4. Privatunterricht für einzelne Kinder oder gemeinsamer Privatunterricht für Kinder mehrerer Familien, die sich zu diesem Zwecke zusammenschließen, darf an Stelle des Besuchs der Grundschule nur ausnahmsweise in besonderen Fällen zugelassen werden.

Gemäß § 5 finden die Vorschriften des Gesetzes keine Anwendung auf den Unterricht und die Erziehung behinderter Kinder.

Berlin, den 28. April 1920 — Der Reichspräsident Ebert
Der Reichsminister des Innern Koch

[5]

Der Reichsminister des Innern und die Unterrichtsminister der Länder

Richtlinien für die Mitwirkung der Schulen und Hochschulen zum Schutze der Republik (1922)

Die Gefährdungen des Staates und seiner inneren Sicherheit durch Terror und Gewaltanwendungen von links und rechts, namentlich aber die Morde nationalistischer Geheimbündler, hatten zum „Republikschutzgesetz“ geführt (1922). Von den allgemeinen Zuständen und den alarmierenden Ereignissen konnte auch die Schule nicht unberührt bleiben. Ihrer pädagogischen Aufgabe gemäß wurden von ihr vor allem Leistungen politischer Erziehungsarbeit erwartet. Dementsprechend erließen die Unterrichtsminister der Länder unter Hinweis auf die Verfassungsgebote Richtlinien für die Verstärkung aller Bemühungen um „staatsbürgerliche Bildung“ und die Förderung „staatsbürgerlicher Gesinnung“. Waren auch schnelle Erfolge nicht zu erwarten, so wurde doch die Bedeutung der politischen Funktion der Schule für die Erziehung zur Demokratie so hoch eingeschätzt, daß man sich einen wichtigen Beitrag zur Stabilisierung der Verhältnisse davon versprach. Dennoch lassen sich die Sorge und der Zweifel an der politischen Zuverlässigkeit der Lehrerschaft, von der die Wirksamkeit abhängen mußte, nicht übersehen.

Quelle: Zentralblatt für die gesamte Unterrichtsverwaltung in Preußen. Jg. 1922. S. 363 f.

In der Zusammenkunft der Unterrichtsminister der Länder am 19. Juli 1922 sind nachstehende Richtlinien vereinbart worden:

Die Mitwirkung der Schule an der inneren Festigung der Republik umfaßt Maßnahmen der staatsbürgerlichen Erziehung und der Disziplin.

In Abschnitt I werden Maßnahmen zur Verstärkung der Erziehung zur Demokratie gefordert und als konkrete Beiträge die Neuschaffung von Lehrbüchern besonders zur Geschichte und Staatsbürgerkunde, die Revision der Lehrpläne, die Verbesserung der Lehreraus- und -weiterbildung u. a. m. angeregt. Eine Kommission beim Reichsminister des Innern soll beratend und anregend mitwirken.

II.

Die Durchführung dieser Maßnahmen setzt einen Lehrkörper in allen Schulen, besonders auch in den Hochschulen voraus, der sich der verantwortungsvollen Aufgabe eines Jugenderziehers und der Pflichten des Beamten eines republikanischen Staatswesens in gleichem Maße bewußt ist. Der im Beamtenrecht aller Länder geltende Grundsatz, daß der Beamte das ihm übertragene Amt der Verfassung und den Gesetzen entsprechend gewissenhaft wahrzunehmen und durch sein Verhalten in und außer dem Amte sich der Achtung, die sein Beruf erfordert, würdig zu zeigen hat, legt dem Lehrer ganz besondere Pflichten auf. Es genügt nicht, daß er bei der Ausübung seiner amtlichen Tätigkeit jede Herabsetzung der geltenden Staatsform oder der verfassungsmäßigen Regierungen des Reichs oder der Länder vermeidet, sondern er hat die Jugend für die Mitarbeit am Volksstaat heranzubilden, sie zur Mitverantwortung für das Wohl des Staates zu erziehen, Staatsgesinnung zu wecken und zu pflegen.

Pflicht der Schulaufsichtsbehörden ist es, den Lehrer bei Durchführung dieser Aufgabe mit ihrer ganzen Autorität zu unterstützen, bei etwaigen Verstößen aber unnachsichtlich einzuschreiten.

Unvereinbar mit dem Geiste staatsbürgerlicher Erziehung ist jede Beeinflussung der Schüler in parteipolitischem Sinne, wie überhaupt die Fernhaltung der Parteipolitik von der Schule eine Selbstverständlichkeit ist. Dazu ist notwendig, daß die Schüler von Vereinigungen ausgeschlossen bleiben, deren Absichten den staatsbürgerlichen Aufgaben der Schule zuwiderlaufen. Die Schulverwaltungen werden daher dem Vereinsleben der Schüler erhöhte Aufmerksamkeit zu widmen, insbesondere auch geeignete Maßnahmen zur Verhinderung derartiger Vereinigungen zu ergreifen haben.

Auch das Äußere der Schule, der Wandschmuck der Klassenzimmer, die Gestaltung der Schulfeiern, hat den Anforderungen des neuen Staates Rechnung zu tragen.

Es muß der Schule gelingen, die Jugend aus der vaterländischen Not, der politischen Zerrissenheit und dem wirtschaftlichen Druck der Gegenwart innerlich zu befreien und sie auf Grund der hohen Überlieferung der deutschen Kultur zu dem Ideal des auf Selbstverantwortung und Hingabe an die Gemeinschaft beruhenden Volksstaates zu führen.

Zur Durchführung ihrer auch in wirtschaftlicher Hinsicht grundlegend wichtigen Aufgaben bedarf die Schule der anhaltenden Förderung und tatkräftigen Anteilnahme aller Bevölkerungskreise, insbesondere aber der nachhaltigen Unterstützung der Finanzverwaltungen, die für die Aufgabe des Wiederaufbaus unseres Volkes auf der Grundlage einer verbesserten Volksbildung ausreichende Mittel zur Verfügung stellen müssen.

Es folgt ein Parallelerlaß unter Nr. 393 b vom gleichen Tage (4. August 1922) mit dem Verbot politischer Schülervereine und parteipolitischer Betätigung in der Schule.

[6]

DER PREUSSISCHE MINISTER FÜR WISSENSCHAFT, KUNST UND VOLKSBILDUNG

Richtlinien und Bestimmungen für den Unterricht in den Grund-, Volks- und Mittelschulen (1921–1925)

Die Initiativen zur Neuordnung des Schulwesens aus der Revolutionszeit hielten im Gegensatz zum Reich in den Ländern im allgemeinen länger vor und führten zu wichtigen Veränderungen. Einen Versuch zur Einführung der Einheitsschule unternahm z. B. Thüringen (1922), mußte aber später mit Rücksicht auf die anderen Länder Reduktionen und Anpassungen vornehmen. Dagegen tendierte Hamburg mit einer näheren Verbindung von Volks- und Realschule in einem System und in der Lehrerausbildung zu einem zweigliedrigen Schulaufbau. Vorwiegend didaktische Auswirkungen auf Schulbildung und Unterricht hatten die Reforminitiativen in Preußen, das schon bald für die neugeschaffene Grundschule Richtlinien herausgab, die von modernen pädagogischen Prinzipien geprägt waren (1921). Auch in den übrigen bestehenden Schularten ersetzte Preußen die veralteten Lehrpläne, z. B. für die Volksschulen die Allgemeinen Bestimmungen von 1872, durch fortschrittliche Richtlinien, deren Tendenzen z. T. von anderen Ländern aufgenommen wurden. – Obgleich die Mittelschule als Schulart umstritten blieb, entschied sich Preußen für deren Beibehaltung und bestätigte ihre Stellung als eigenständiger Bildungsweg für gehobene Tätigkeiten in Wirtschaft, Verwaltung und Sozialdiensten sowie als Zubringerschule für die höheren Schulen. Durch die Einführung der vierjährigen Grundschule als Unterbau verlagerte sich ihr Curriculum auf das 5. – 10. Schuljahr. Dadurch schloß die Mittelschule mit einem höheren Bildungsniveau ab.

Quelle: Zentralblatt für die gesamte Unterrichtsverwaltung in Preußen. Jg. 1921. S. 185 ff.; Jg. 1923. S. 177 ff.; Jg. 1925. Beilage zu Heft 12. S. 1 ff.

1. Richtlinien zur Aufstellung von Lehrplänen für die Grundschule (1921)

Die neuen Richtlinien traten mit dem 16. März 1921 in Kraft. An der Neugestaltung der Lehrpläne in den einzelnen Schulen sollten die Lehrer „in weitestem Umfange" mitarbeiten.

Allgemeines

Die Grundschule als die gemeinsame Schule für alle Kinder der ersten vier Schuljahre hat die Aufgabe, den sie besuchenden Kindern eine grundlegende Bildung zu vermitteln, an die sowohl die Volksschule der vier oberen Jahrgänge, wie die mittleren und höheren Schulen mit ihrem weiterführenden Unterricht anknüpfen können. Sie muß deshalb alle geistigen und körperlichen Kräfte der Kinder wecken und schulen und die Kinder mit denjenigen Kenntnissen und Fertigkeiten ausrüsten, die als Grundlage für jede Art von weiterführender Bildung unerläßliches Erfordernis sind.

Im gesamten Unterricht der Grundschule ist der Grundsatz zur Durchführung zu bringen, daß nicht Wissensstoffe und Fertigkeiten bloß äußerlich angeeignet, sondern möglichst alles, was die Kinder lernen, von ihnen innerlich erlebt und selbsttätig erworben wird. Deshalb hat aller Unterricht die Beziehungen zur heimatlichen Umwelt der Kinder sorgsam zu pflegen und an den geistigen Besitz, den sie bereits vor dem Eintritt in die Schule erworben haben, anzuknüpfen, auch der heimischen Mundart der Schüler ihr Recht werden zu lassen. Die Selbstbetätigung der Schüler im Spiel, im Beobachten von Natur- und Lebensvorgängen, namentlich auf Lehrspaziergängen und Wanderungen, ferner in der Ausübung von Handtätigkeiten, wie Formen in Plastilin oder Ton, Stäbchenlegen, malendem Zeichnen, Ausschneiden, ist ausgiebig für die Zwecke des Unterrichts nutzbar zu machen.

Die Lehrgegenstände der Grundschule sind Religion, Heimatkunde, deutsche Sprache, Rechnen, Zeichnen, Gesang, Turnen und für Mädchen des dritten und vierten Schuljahres Nadelarbeit.

Für den Anfangsunterricht ist eine strenge Scheidung der Lehrfächer nach bestimmten Stunden nicht vorzuschreiben, statt ihrer vielmehr ein Gesamtunterricht zuzulassen, in dem die verschiedenen Unterrichtsgegenstände zwanglos abwechseln. Im Mittelpunkt dieses Gesamtunterrichts steht der heimatkundliche Anschauungsunterricht, in den sich die grundlegenden Übungen im Sprechen und Lesen, im malenden Zeichnen, Schreiben, Rechnen und Singen eingliedern. Auch die ersten Unterredungen und Belehrungen über Religiöses und Sittliches können zu ihm in Beziehung gesetzt werden. Um diesen lebensvollen Gesamtunterricht, der ein ständiges Mittätigsein des Lehrers mit den Kindern erfordert, auch für die Schulanfänger der wenig gegliederten Schulen zu ermöglichen, ist der Stundenplan dieser Schulen, wo nicht äußere Umstände (Notwendigkeit gemeinsamen Schulgangs älterer und jüngerer Kinder, Halbtagsunterricht) es unbedingt verbieten, so einzurichten, daß für die neu aufgenommenen Schüler mindestens vier Stunden in der Woche angesetzt werden, in denen der Lehrer bei Abwesenheit der anderen Schülerabteilungen sich ausschließlich mit ihnen allein beschäftigt. In den ersten Wochen des Schuljahres wird der Unterricht für die Schulneulinge in solchen Schulen, soweit nicht Teilnahme an Bewegungsspielen, Beschäftigung mit malendem Zeichnen oder Ähnliches in Frage kommt, zweckmäßig auf diese Stunden zu beschränken sein. Auf welchen Zeitraum der Gesamtunterricht auszudehnen ist, bleibt ebenso wie die Anzahl der Stoffe aus den verschiedenen Lehrfächern und ihre Verteilung nach Klassen oder Jahrgängen der Festsetzung durch die Lehrpläne für die einzelnen Orte oder Bezirke überlassen. Bei der Aufstellung der Pläne ist auch der Eigenart der Geschlechter, namentlich den besonderen Bedürfnissen der Mädchenbildung, gebührend Rechnung zu tragen.

Die Auswahl der Unterrichtsstoffe wird in erster Linie durch die Fassungskraft und das geistige Wachstumsbedürfnis der Kinder, in zweiter Linie durch ihre Bedeutung für das Leben bestimmt. Jede Verfrühung und Überbürdung, namentlich auch durch Hausaufgaben, ist streng zu vermeiden. Das Maß der zu behandelnden Stoffe wird je nach dem Aufbau der Schule verschieden sein müssen. Die voll ausgebaute Schule, in der jeder Jahrgang eine eigene Klasse bildet, wird in ihrem Lehrplan ein höheres Maß und eine größere Mannigfaltigkeit von Einzelstoffen aufweisen als die wenig gegliederte, die genötigt ist, mehrere oder alle Jahrgänge in einer Klasse zu vereinigen. Die im folgenden aufgestellten Lehrziele im ganzen aber müssen in allen Schulen erreicht werden.

Es folgen Richtlinien für die einzelnen Unterrichtsfächer.

2. Richtlinien zur Aufstellung von Lehrplänen für die vier oberen Jahrgänge der Volksschule (1922)

Allgemeines

Die vier oberen Jahrgänge der Volksschule bilden die abschließende Schule für die Kinder, die nach Vollendung der Schulpflicht in das werktätige Leben eintreten und ihre weitere Schulung vornehmlich in den Berufsschulen empfangen werden. Daraus folgt, daß die Lehrpläne mehr als die der Grundschule die Bedürfnisse des Lebens berücksichtigen müssen. In erster Linie müssen aber auch hier das Bildungsbedürfnis der Altersstufe und die Aufgabe stetiger und gleichmäßiger Förderung der kindlichen Gesamtentwicklung, besonders auch nach der Gefühls- und Willensseite hin, entscheidend sein. Der weiteren Aufgabe der oberen Volksschulklassen, besonders begabten Schülern auch die für den Übertritt in die Aufbauschule erforderliche Bildung zu vermitteln, steht die Beachtung dieser Gesichtspunkte nicht entgegen.

Wie in der Grundschule muß auch der Unterricht der oberen Jahrgänge auf der Eigentätigkeit der Schüler, der geistigen sowohl wie der körperlichen, aufgebaut werden. Die Mitarbeit der Schüler darf nicht in der Hauptsache im Aufnehmen der Bildungsstoffe bestehen, sondern die Unterrichtsergebnisse sind unter Führung des Lehrers auf dem Wege der Beobachtung, des Versuchs, des Schließens, des Forschens, des selbsttätigen Lesens zu erarbeiten.

Die Handbetätigung der Kinder ist in möglichst weitem Umfange nutzbar zu machen. Gelegenheit dazu bieten die Anfertigung von Skizzen, Zeichnungen, Lehr- und Lernmitteln (insbesondere für Raumlehre, Erdkunde und Naturkunde), die Anlegung von Sammlungen, die Anstellung von Versuchen aus dem Gebiet der Naturlehre, die Pflege von Tieren in Terrarien, Aquarien, Insektarien, die Blumenpflege und die Schulgartenarbeit sowie der Unterricht in Nadelarbeit und Hauswirtschaft.

In weitgehendem Maße sind auch Bücher als Stoffquellen von den Schülern in Anspruch zu nehmen. Für diesen Zweck eignen sich indes nur solche, die ihren Gegenstand anschaulich und ins einzelne gehend lebensvoll behandeln. Solche Bücher sind vor allem durch die Schülerbüchereien bereitzustellen. Büchereien dieser Art sind darum für alle Schulen, für die einfachen, wenig gegliederten ganz besonders, erforderlich.

Die zunächst im Dienste der leiblichen Erziehung stehenden Schulwanderungen bieten Gelegenheit zum Beobachten des Pflanzen- und Tierlebens, der Boden- und Witterungsverhältnisse, der Himmelserscheinungen, der Verkehrs- und Arbeitsverhältnisse sowie zur Übung im Schätzen von Entfernungen und in einfacher und zeichnerischer Wiedergabe (Skizzieren), und tragen so zur Erweiterung der geistigen Bildung bei. Kürzere Ausgänge, die aus bestimmten unterrichtlichen Absichten unternommen werden, Besuche landwirtschaftlicher und gewerblicher Anlagen treten nach Bedürfnis hinzu.

Die Lehrfächer sind Religion (gegebenenfalls Lebenskunde), Deutsch, Geschichte und Staatsbürgerkunde, Erdkunde, Naturkunde, Rechnen, Raumlehre, Zeichnen, Gesang, Turnen und für die Mädchen Nadelarbeit; außerdem, wo die äußeren Voraussetzungen dafür zu schaffen sind, für die Knaben Werkarbeit, für die Mädchen Hauswirtschaft.

Es folgen allgemeine Bestimmungen für die Aufstellung von Lehrplänen für die einzelnen Schulen und der Hinweis auf deren Abstimmung auf die

Grundschulpläne. Danach folgen die Richtlinien für die einzelnen Unterrichtsfächer.

3. Bestimmungen über die Mittelschule in Preußen (1925)

Vorangestellt sind „Vorbemerkungen" mit den üblichen Verwaltungs- und Rechtsvorschriften.

Allgemeine Bestimmungen

I. Einrichtung der Mittelschule

1. Die vollausgestaltete Mittelschule baut sich auf der Grundschule auf und umfaßt sechs aufsteigende Jahreskurse, in der Regel in sechs gesonderten Klassen.

2. Die Aufnahme in die unterste Klasse, insbesondere auch das für den Eintritt in diese Klasse erforderliche Mindestalter regelt sich nach den für die höheren Lehranstalten jeweils geltenden entsprechenden Bestimmungen.

3. Die den Volksschulen angegliederten „gehobenen Klassen" können die Ziele der vollausgestalteten Mittelschule erreichen, wenn sie ihr nach Einrichtung, Lehrplänen und Zusammensetzung des Lehrkörpers entsprechen.

a) Allgemeines

1. Die Stundenzahl ist einschließlich des unverbindlichen Unterrichts auf höchstens sechs Kurzstunden täglich zu bemessen. Die ungeteilte Unterrichtszeit bildet die Regel.

2. In der Mittelschule, der nicht zugleich die Vorbereitung auf höhere Lehranstalten obliegt, wird verbindlich Unterricht in einer fremden Sprache erteilt. Schülern und Schülerinnen, deren Gesamtverhalten und Leistungen die Gewähr weiteren glatten Fortschreitens bieten, darf die Möglichkeit geboten werden, unverbindlich eine zweite Fremdsprache zu treiben, und zwar Englisch von Klasse III ab, andere lebende Fremdsprachen von Klasse IV ab.

3. Im Rechenunterricht der oberen Klassen wird die Buchführung nach Maßgabe der nachfolgenden Lehrpläne berücksichtigt. In Mittelschulen, die für Handel und Verkehr vorbereiten, sind besondere Stunden für die Buchführung anzusetzen.

4. In allen Mittelschulen ist hauswirtschaftlicher Unterricht für Mädchen und Werkunterricht sowie möglichst auch Unterricht in Gartenarbeit für Knaben und Mädchen einzurichten. Der Unterricht in diesen Fächern ist in der Regel unverbindlich, jedoch kann durch Beschluß der zuständigen örtlichen Schulverwaltung die Teilnahme am hauswirtschaftlichen und am Werkunterricht für verbindlich erklärt werden.

5. Unverbindlich ist die Teilnahme am Unterricht in der Kurzschrift, für die in den Stundenplänen aller Mittelschulen Raum zu geben ist. Unterricht im Maschinenschreiben ist unverbindlich für die Abschlußklassen der Schulen zuzulassen, die nach Plan II oder IV arbeiten.

In Ziff. 6 – 8 werden Höchststundenzahlen festgesetzt. Sie sollen gewährleisten, daß die Schüler nicht überlastet werden, für Schwerpunkte des Unterrichts Raum geschaffen und eine gründlichere Durcharbeitung einzelner Gebiete ermöglicht wird.

9. Zur Anpassung an die immer verwickelter sich gestaltenden Erwerbsverhältnisse beider Geschlechter soll in den Klassen III bis I der Mittelschule möglichste Bewegungsfreiheit gegeben sein. Das wirtschaftliche Bedürfnis ist jedoch bei Gestaltung dieser Klassen sorgsam zu beachten. Für alle Gestaltungen der Schule sind die drei unteren Jahreskurse möglichst gleich einzurichten.

10. Auch wenn an einem Orte die Oberstufen der Mittelschulen lehrplanmäßig verschieden gestaltet sind, dürfen die Schüler und Schülerinnen, welche die Reife für die Oberstufe erlangt haben, in die für ihren künftigen Lebensberuf besonders bestimmten Schulen ohne weitere Prüfung übertreten (s. Einzelpläne I und II).

Es folgen Sonderregelungen für Gemeinden mit mehreren Mittelschulen.

Falls sich ein starkes Bedürfnis nach Vorbereitung auf gewisse Sondererwerbszweige, wie z. B. Landwirtschaft, Schiffahrt, Berg- und Hüttenwesen bemerkbar macht, kann dem im Rahmen des Stundenplans der Oberstufe entsprochen werden. Nur ist dann mit Sorgfalt darauf zu achten, daß die zwischen den Aufgaben der Mittelschule und der jeweils in Frage stehenden Fachschule bestehende Grenze nicht überschritten wird (s. Plan III und IV).

Für Mädchenschulen werden geringere Stundenzahlen empfohlen oder die Aufstellung eines eigenen Plans entsprechend den „andersgerichteten Bedürfnissen" der Mädchen:

Die Einstellung eines Planes für die Vorbereitung der Mädchen auf die hauswirtschaftlichen und sozialen Berufe entspricht einer mehr und mehr sich geltend machenden Notwendigkeit. Im einzelnen sei bemerkt, daß die sonst unverbindlichen Fächer – Hauswirtschaft, Werkunterricht, Gartenbau – hier als verbindlich zu gelten haben, und daß im übrigen – unter Wegfall der Raumlehre – der gesamte Unterricht dem Sonderzwecke der Klasse anzupassen ist. Ausführlichere Bestimmungen finden sich in Abschnitt D.

Die letzten Absätze nehmen Bezug auf die Möglichkeit der Vorbereitung der Jungen und Mädchen auf den Übergang in die höheren Schulen, namentlich in kleinen Orten.
Dann folgen die „Lehrpläne der einzelnen Unterrichtsfächer“.

[7]

PREUSSISCHES MINISTERIUM FÜR WISSENSCHAFT, KUNST UND VOLKSBILDUNG

Denkschrift: Die Neuordnung des preußischen höheren Schulwesens (1924)

Die schulreformerischen Bemühungen in Preußen erfaßten gleichzeitig mit den übrigen Schularten auch die höheren Schulen. Obgleich diese schon im Kampf um die Gleichberechtigung einen moderneren Zuschnitt erhalten hatten, war nach dem Umbruch im Aufbau des Schulwesens seit der Einführung der allgemeinen Grundschule die Revision der Struktur der weiterführenden Schulen überfällig. Im Zwiespalt zwischen den Trends zur demokratischen Einheitsschule und zum Festhalten an den traditionalen Formen entschied sich Preußen für eine vermittelnde Lösung. Es schuf einen neuen Typ der höheren Schule: die Deutsche Oberschule. Damit war der Versuch verbunden, die bestehenden höheren Schulen ebenfalls zu typisieren und als spezifische Ausbildungsprogramme im Rahmen einer übergreifenden Bildungseinheit, die letztlich auch Volks- und Mittelschule überspannte, zu begründen. Fortan sollten vier, dem inhaltlichen Schwerpunkt nach verschiedene, aber formal gleichrangige Wege zur Hochschulreife führen: das altsprachliche Gymnasium, das Realgymnasium, die (neusprachliche) Oberrealschule und die Deutsche Oberschule (mit dem Schwerpunkt auf den deutschkundlichen Fächern). Am nachhaltigsten hat diese Richtung der ehemalige Posener Gymnasialdirektor Hans Richert beeinflußt, der – ins Ministerium berufen – Verfasser der obengenannten Denkschrift war. Seine Anregungen fanden Eingang in die 1925 erlassenen Richtlinien für die höheren Schulen.

Quelle: Die Neuordnung des preußischen höheren Schulwesens. Denkschrift des Preußischen Ministeriums für Wissenschaft, Kunst und Volksbildung. Berlin 1924. S. 3 ff.

I.

Die Schwierigkeiten, die sich einer Neuordnung des preußischen höheren Schulwesens heute entgegenstellen, sind in den leidenschaftlichen Schulkämpfen des letzten Jahrzehnts klar erkannt worden. Die Unterrichtsverwaltung steht in der Tat vor einem Chaos der Ansichten, Richtungen, Fragen und Ideen, die alle bei der Reform Berücksichtigung verlangen. Ist es doch ein allgemeines Gesetz, daß jede Überzeugung, die sich als unbedingt wahr empfindet, sofort Geltung in der Schule fordert und von ihrem Standpunkt aus fordern muß. Solcher Überzeugungen aber haben wir in unserer zerrissenen, uneinheitlichen und zerklüfteten Kultur so unübersehbar viele, daß der Kampf um das Bildungsideal der höheren Schule mit der Leidenschaft und Inbrunst eines Religionskrieges geführt wird, daß in ihm die Weltanschauungsgegensätze unseres Zeitalters stürmisch aufeinanderstoßen. Darum sind wir heute in einer ganz anderen Lage als nach dem Zusammenbruch von 1806, wo wir in einer Gemeinsamkeit des Glaubens, in einer großen Kultureinheit deutschen Bildungswillens, in einem Bildungsideal innerlich einig waren.

Die Schwierigkeiten werden gesteigert durch die Seelenlage der Jugend selbst, die in der Jugendbewegung sich ihrer von innen her bedrohten Lage in unserer Kulturkrisis bewußt geworden ist und mit starkem Lebenswillen und zukunftsfreudiger Idealbildung ihre Forderungen an die Schule stellt.

Die Reform der höheren Schule erhält aber zugleich ihr inneres Gesetz aus der Stellung der höheren Schule innerhalb des Systems der Einheitsschule. Ihre organische Verbindung mit der Volksschule und der Hochschule verlangt ihre Einordnung in die Gesamtbewegung des deutschen Bildungswesens. Diese Einordnung darf nicht bloß organisatorischer Art sein, sie bedeutet vielmehr einen Ideenzusammenhang, eine innerliche Annäherung auch an die Volksschule, was schon in der einen Tatsache bedeutsam hervortritt, daß der künftige Volksschullehrer auf der höheren Schule seine Bildung erhalten wird.

Die preußische Unterrichtsverwaltung, bei der alle Strömungen dieses vielgestaltigen Bildungswillens zusammenlaufen, muß sich darüber klar sein, daß die Schule von sich aus Aufgaben nicht lösen kann, die das Leben und die Kulturlage selbst noch nicht gelöst haben. Kleine Bildungsbezirke mit einer besonderen Struktur der Bevölkerung mögen ohne Schaden ihr Bildungswesen auf besondere Bildungstheorien einstellen. Ein Staat wie Preußen muß sich der Realitäten seiner geschichtlichen Lage, des Gleichgewichts der in ihm vorhandenen Spannungen, Gegensätze und Verschiedenheiten bewußt sein. Er muß die großen ruhenden Kräfte seiner Landschaften und Kulturschichtungen wohl in Rechnung stellen, wenn der laute Ruf der Reformer tiefgreifende Bildungsbewegungen vortäuscht, die doch, aufs ganze gesehen, oft nur die Oberfläche kräuseln.

Darum kann die preußische Schulreform nur in der geschichtlichen Kontinuität ihrer bisherigen Entwicklung erfolgen. Die Schulverwaltung wird weitherzig und offenen Blickes auch fernerhin pädagogische Versuchsstellen schaffen, in denen sich neue Methoden, neue Ideale und eigenartige Persönlichkeiten voll auswirken sollen. Nur in der Arbeit der Schule selbst werden ja die großen Reformgedanken geboren, werden kommende Schulreformen vorbereitet.

Aber das höhere Schulwesen als Ganzes hat seine Eigengesetzlichkeit organischen Wachstums und innerer Umbildung, an der der Reformwille der Schulbehörde nichts ändern kann. Damit sind jeder Reform in Preußen ganz bestimmte, unüberschreitbare Grenzen gezogen.

Die Ausführungen in den Abschnitten II und III gehen auf diejenigen Grenzen ein, die jeder Unterrichtsverwaltung bei Schulreformen durch die vom Staat bereitgestellten Mittel gezogen sind. Danach folgt ein Rückblick auf die Entwicklung der höheren Schulen in Preußen und die Ausprägung ihrer Typen durch die jeweils leitenden „Kulturtendenzen“. Die Chancen der gegenwärtigen Schulreform werden in der Schwerpunktbildung mit vier Typen und ihrer Gleichstellung gesehen. Sie sollen Jungen und Mädchen gleichermaßen offenstehen. Einheitsschulen für den Gymnasialbereich allein werden nachdrücklich abgelehnt.

IV.

Die Schulreform geht von gewissen Voraussetzungen aus, die an dieser Stelle nur ausgesprochen werden können. Die erste Voraussetzung ist die Gleichwertigkeit und Gleichberechtigung der vier geschichtlich gewordenen Schularten. Die zweite Voraussetzung ist, daß jeder Schulart ein Kulturbezirk zur besonderen Pflege überwiesen wird, so daß erst in der Zusammenarbeit aller vier Schulformen die Gesamtheit der unserer höheren Bildung gestellten Aufgaben erfüllt wird. Die dritte Voraussetzung ist, daß die methodische Arbeit auf jedem dieser Sondergebiete zugleich eine wissenschaftliche Leistungsfähigkeit des Schülers erreicht, die ihm den Zutritt zu allen Hochschulen und höheren Berufen möglich macht. Damit ist ausgesprochen, daß keine dieser Schulen eine Vorschule für besondere Berufe oder Studienfächer ist, daß sie sich daher auch ihr inneres Gesetz weder von der Universität, noch von der Technischen Hochschule, noch von einer Berufsgruppe vorschreiben lassen darf. Es muß den von ihr gebildeten Schülern überlassen bleiben, die besonderen Vorbedingungen und Vorkenntnisse für den gewählten Beruf sich nun mit gereifter Kraft und geistiger Schulung selbst zu beschaffen. Daß endlich bei dieser Arbeitsteilung die Bildungseinheit gewahrt bleiben muß, ist eine Hauptforderung der ganzen Schulreform. Die Bildungseinheit aber wird gewahrt einmal durch die Gruppe der kulturkundlichen Fächer, die für alle Schularten im Mittelpunkt der Schularbeit stehen wird. Zweitens dadurch, daß selbstverständlich keine Schulart auf ein nationales Bildungsgut und die geschichtlichen Voraussetzungen unserer deutschen Kultur ganz verzichtet; und drittens dadurch, daß die Verbindungslinien von der für die Schulart charakteristischen Fächergruppe zur deutschen Kultur dem Lehrplan der betreffenden Schulart sein besonderes Gepräge geben werden. In diesem Sinne werden alle höheren Schulen deutsche Schulen sein. Wenn wir aber trotzdem in jeder Menschen besonderer Prägung erziehen wollen, so hat das darin seinen Grund, daß wir in jedem der höheren Berufe Männer und Frauen brauchen, die die verschiedenen Geistesmächte unserer Vergangenheit in der Tiefe durchlebt haben und die darum fähig sind, uns wieder zu einem Quellbezirk deutschen Lebens zu führen. Dies ist der tiefste Grund für die Differenzierung unserer Bildungsanstalten nach solchen Quellbezirken, in die auch die Menschen der deutschen Zukunft ganz tief eingepflanzt sein müssen, wenn uns der ganze Reichtum unseres geschichtlichen Lebens erhalten bleiben soll.

Eine tiefe Einwurzelung aber in einen besonderen Bezirk unseres Kulturlebens läßt sich nur durch den Gesamtunterricht einer Schulart erreichen. Es wird daher für jede Schulart und für alle ihre Fächer ein auf diese Sonderaufgabe eingestellter Lehrplan notwendig sein. Hierin liegt etwas wesentlich Neues für die preußische Schulgeschichte, in der bisher die Lehrpläne gerade in den kulturkundlichen Fächern für alle Anstaltsarten die gleichen waren und noch dazu ausgesprochenermaßen nach dem Gesichtspunkte der Sonderfächer aufgestellt wurden. Hierbei blieb in der Tat der immer wieder verkündete Grundsatz der inneren Konzentration eine schöne Redewendung.

Die folgenden Ausführungen enthalten das Programm der Reform: Die Basis der höheren Schulen bildet die vierstufige allgemeine Grundschule. Die höheren Schulen behalten ihren neunstufigen Aufbau und enden mit der Abiturprüfung fortan nach dem 13. Schuljahr. Die traditionellen Formen und die neugeschaffene Deutsche Oberschule werden einerseits zur Repräsentation der Ganzheit der höheren Bildung zusammengefaßt, zugleich erhalten sie jede eine besondere Funktion. Auf diese Weise versucht der Reformvorschlag, die Idee einer allgemein-verbindlichen fundamentalen Bildungseinheit mit der Notwendigkeit der Arbeitsteilung in der Pflege besonderer Kulturschwerpunkte zu verbinden. Daraus ergeben sich für das altsprachliche Gymnasium die Zuordnung zur Antike, für das Realgymnasium zur (west-)europäischen Geisteswelt, für die Oberrealschule zur Mathematik und den modernen Naturwissenschaften und für die Deutsche Oberschule zur deutschen Geistesgeschichte in Literatur, Geschichte und Philosophie. Verbindlicher Kern bleiben für alle die „kulturkundlichen Fächer" Religion, Deutsch, Geschichte, Erdkunde, Musik, Kunst und Staatsbürgerkunde.

Die „Richtlinien für die Lehrpläne der höheren Schulen Preußens" vom 6. April 1925 folgten dieser vorgeschlagenen Neuordnung. Die Lehrpläne für die höheren Mädchenschulen – ausgenommen die für die Frauenschulen – wurden dieser Gliederung angeglichen.

[8]

Der preussische Minister für Wissenschaft, Kunst und Volksbildung

Bestimmungen über die Frauenoberschule (1932)

Mit der Neuordnung des höheren Schulwesens 1925 waren die Oberstufen der höheren Mädchenschulen, soweit sie Studienanstalten waren, den übrigen höheren Schulen gleichgestellt worden. 1926 wurde auch die bisherige Sonderstellung der Stufen für das 5. - 10. Schuljahr in den höheren Mädchenschulen durch die Einführung der Lehrpläne der Mittelschulen aufgehoben und die Gleichstellung mit diesen vollzogen. Von den Veränderungen ausgenommen blieb allein der Oberstufenzweig der ein- und zweijährigen Frauenschulen. Inzwischen waren versuchsweise einzelne von ihnen zu dreijährigen Oberstufenformen ausgebaut worden. Die positiven Ergebnisse ermutigten den Kultusminister zur generellen Einführung als „Frauenoberschule" (Erlaß 1. Februar 1932). Neben den zur Reifeprüfung führenden höheren Schulen für die weibliche Jugend sollte sie spezifisch eine höhere Allgemeinbildung mit besonderer Betonung der „weiblichen Sonderaufgaben" vermitteln. Dementsprechend erhielten außer Musik und Kunst in ihrem Lehrplan Nadelarbeit, Hauswirtschaft und pflegerisch-sozialpädagogische Aufgaben die charakterisierende Stellung zugewiesen.

Quelle: Zentralblatt für die gesamte Unterrichtsverwaltung in Preußen. Jg. 1932. S. 64 ff.

Die Frauenoberschule

I. Entstehung

Die Neuordnung des preußischen Schulwesens vom Jahre 1924 hat die Frauenschule unberührt gelassen. Diese Schule, begründet bei der Reform von 1908 und erst 1917 erneuert, hatte sich allmählich einen festen Platz im Mädchenbildungswesen erobert. Sie ist als einzige Schulart von der Angleichung des höheren Mädchenschulwesens an das für Knaben ausgenommen geblieben. Ihr Grundgedanke, in die Erziehung der höheren Schule die Bildungskräfte praktischer und pflegerischer Arbeit einzubeziehen, ist in über hundert meist einjährigen Frauenschulen verwirklicht worden. Neuerdings hat sich in freien Versuchen neben der ein- und zweijährigen eine dreijährige Form der Frauenschule, die Frauenoberschule, entwickelt.

Die in staatlichen und nichtstaatlichen Versuchsschulen gewonnenen Erfahrungen machten es möglich, Lehrplan, Arbeitsweise und Ziele der Frauenoberschule generell zu regeln. Die Zubilligung einer flexiblen Handhabung der Richtlinien sollte weitere Versuche begünstigen.

II. Aufgabe.

Die Eigenart der Frauenoberschule wird dadurch gekennzeichnet, daß sie den Gedanken der Schulung durch das Werk und der Erziehung durch den Dienst in den Mittelpunkt ihrer Arbeit stellt. Das für sie Charakteristische ist somit die organische Verbindung gedanklicher und werklicher Arbeit und die wechselseitige Durchdringung wissenschaftlicher und praktischer Arbeitsgebiete. Äußerlich kennzeichnet sich die Sonderart der Frauenoberschule in der Gesamtheit des höheren Schulwesens dadurch, daß in ihr hauswirtschaftliche, pflegerisch-erzieherische und künstlerisch-technische Arbeit als charakteristische Fächer auftreten. Diese Gebiete werklicher und pflegerischer Betätigung sind in der Frauenoberschule, die für die Erziehung der weiblichen Jugend ins Leben gerufen wurde, dem Arbeitskreis und den Kulturaufgaben der Frau entnommen. Doch ist die Schule ihrem Wesen nach durch den Gedanken des Werkes als einer objektiven Gegebenheit und durch die Forderung des Dienstes als einer menschlichen Verpflichtung bestimmt. Die gedankliche Durchdringung der praktischen und pflegerischen Arbeit muß deshalb zur Beschäftigung mit dem Arbeitsleben der Volksgesamtheit und zur Auseinandersetzung mit den Aufgaben des Menschen an der Gemeinschaft führen.

Die mit der neuen Schulform gebotene Möglichkeit, die Pflege künstlerischer und praktischer Begabungen mit geistiger Schulung zu verbinden, erschließt zugleich vielen jungen Menschen eine reichere Entfaltung ihrer Anlagen und kann sie vor der Gefahr der Verbildung bewahren, die ihnen bei ihrer andersartigen Begabung aus der überwiegend wissenschaftlichen Richtung der übrigen höheren Schulen zu erwachsen droht. Durch diese Gesichtspunkte gewinnt die Frauenoberschule eine über das weibliche Bildungswesen hinausgreifende grundsätzliche Bedeutung.

Falls der Bildungsgedanke der Frauenoberschule die formende und erzieherische Kraft erweist, die von ihm erwartet wird, wird künftig zu erwägen sein, ob er nicht zu einer Rückwirkung auf die vorausgehenden Jahrgänge führen muß, so daß sich auf die Quarta gleichlaufend mit der sechsjährigen Studienanstalt eine sechsjährige Frauenoberschule aufbauen würde.

Es folgen in Abschnitt III Hinweise zur didaktisch-methodischen Arbeit, in Abschnitt IV und V Erwartungen in bezug auf die Haltung der Lehrkräfte und die Voraussetzungen bei den Schülerinnen, Abschnitt VI nennt die notwendigen äußeren Einrichtungen an Fachräumen, Schulgärten und Kooperation mit Kindergärten. Im ganzen wird Vergleichbarkeit mit den übrigen höheren Schulen gefordert.

Abschnitt VII umfaßt die Richtlinien für die Lehrplanarbeit in den einzelnen Fächern, beigegeben ist eine Stundentafel.

[9]

DER PREUSSISCHE MINISTER FÜR WISSENSCHAFT, KUNST UND VOLKSBILDUNG

Stundentafeln für die höheren Schulen in Preußen (1925/1932)

	Höhere Schulen für Jungen				Höhere Schulen für Mädchen						
	Gymn	Rgymn	ORsch	Dt. Osch	Lyz	Olyz	ORsch	Dt. Osch	Rgymn	Gymn	FOsch
					6 Jahre						ab 1932
Religion	18	18	18	18	12	20	18	18	18	18	18
Deutsch	31	31	37	44	27	39	39	43	36	35	36
Latein	53	40	–	16	–	–	–	16	28	38	–
Griechisch	36	–	–	–	–	–	–	–	–	32	–
1. neuere Fremdspr.	15	28	40	43	27	39	36	38	36	30	27
2. neuere Fremdspr.	–	20	22	–	12	24	21	–	16	–	12
Geschichte u. Staatsbürgerkunde	19	20	22	25	11	20	20	25	20	17	17
Erdkunde	12	13	14	18	12	18	18	18	12	12	15
Mathematik	33	36	43	37	24	36	39	35	36	32	33
Naturwissenschaften	18	25	35	30	14	23	28	30	21	18	24
Zeichnen u. Kunsterz.	14	18	18	18	12	18	18	18	18	10	18
Singen und Musikerz.	4	4	4	4	8	10	10	10	10	9	13
Leibesübungen	36	36	36	36	16	24	24	24	24	24	22
Arbeitsgemeinschaften	6	6	6	6	–	6	6	6	6	6	3
Nadelarbeit	–	–	–	–	14	10	10	10	6	6	23
Hauswirtschaftskunde pflegerisch-erzieher. Arbeit	–	–	–	–	–	–	–	–	–	–	12
Gesamt	295	295	295	295	185	287	287	291	291	291	273

Quellen: Zentralblatt für die gesamte Unterrichtsverwaltung. Jg. 1925. S. 286–289; Jg. 1932. S. 64.

[10]

Der Schulaufbau in der Weimarer Republik (Preußen 1925/1932)

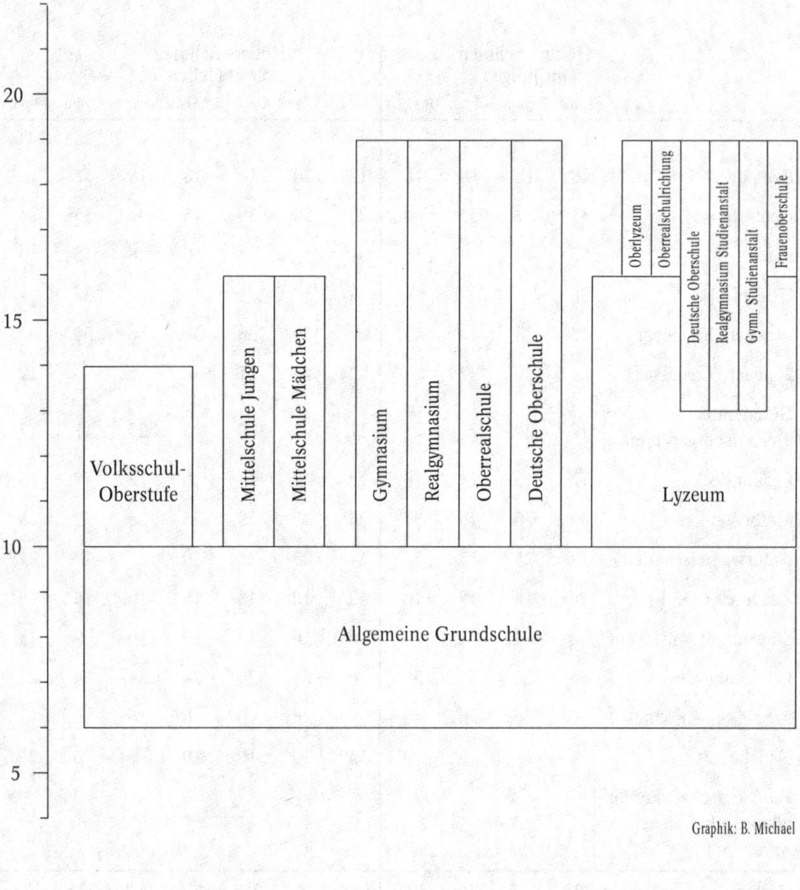

Graphik: B. Michael

[11]

Schreiben des Reichsministers des Innern von Gayl an die Unterrichtsminister der Länder über Grundsätze der Jugenderziehung (1932)

Wilhelm Freiherr von Gayl (1879–1950) wurde 1932 Innenminister im Präsidialkabinett von Papen. Er gehörte der deutschnationalen Partei an. Vorher war er Direktor der Ostpreußischen Siedlungsgesellschaft und seit 1921 als Vertreter Ostpreußens Mitglied im Preußischen Staatsrat, der parlamentarischen Vertretung der Provinzen. Im Kabinett trat er für eine Stärkung der Präsidialmacht gegenüber dem nicht konsensfähigen Parteienparlament ein und unterstützte dementsprechend den „Staatsstreich" von Papens in Preußen. Angesichts der Radikalisierung der politischen Auseinandersetzungen in der Endphase der Weimarer Republik stellte sich für die Jugenderziehung die Frage nach einem allen Gegensätzen übergeordneten Gemeinsamen, Verbindenden. Der Appell von Gayls an die Unterrichtsminister der Länder, in den Schulen der ideologischen Zerrissenheit und der Gewalt entgegenzuwirken, erwies sich aber als untauglicher Versuch. Die starke Betonung nationalistisch-völkischer Gedanken, der Ein- und Unterordnung sowie sein dezidiertes Eintreten für die Konfessionsschule trugen deutlich klerikal-konservativ-autoritäre Züge und offenbarten eine in der Tendenz antidemokratische Grundlinie. Sie widersprachen zutiefst den Erziehungsgrundsätzen der Reformpädagogik der vergangenen Jahre und entbehrten wohl auch der Glaubwürdigkeit angesichts des Autoritätsverfalls der politisch Handelnden.

Quelle: Zentralblatt für die gesamte Unterrichtsverwaltung in Preußen. Jg. 1932. S. 223 f.

Das Schreiben beginnt mit dem allgemeinen Hinweis, daß „Deutschlands Wiederaufbau nicht allein mit äußeren Mitteln gemeistert werden kann". Es komme vielmehr darauf an, die „inneren Kräfte des Volkes", vor allem den „Volks- und Staatsgedanken" zu stärken. Das sei auch die „vornehmste Aufgabe aller deutschen Schulen".

Die Jugend zu Volk und Staat zu erziehen, heißt aber Erziehung zum Dienst, zur Verantwortung und Opferfähigkeit gegenüber dem Ganzen. Die Schule hat Menschen zu bilden, die sich als Volks- und Staatsbürger in Treue und Pflicht an die Volks- und Staatsgemeinschaft gebunden fühlen und auch ihre Berufsarbeit im Dienste des Ganzen erfüllen. Deshalb muß unsere Erziehung in noch stärkerem Maße als bisher auf praktische Lebenstüchtigkeit und die künftigen Aufgaben des Staatsbürgers gerichtet werden.

Bei dieser Erziehung zu Volk und Staat werden allerdings auch die sachlichen Anforderungen künftig wieder in allen Schularten gesteigert werden müssen. Die innere Lebendigkeit und die wertvollen pädagogischen und methodischen Neuerungen, welche die deutsche Schule der pädagogischen Reform des letzten Jahrzehnts und einer arbeitsfreudigen, jugendnahen Lehrerschaft verdankt, sollen deshalb nicht preisgegeben werden. Aber Weichlichkeit und zu weit getriebene Rücksicht auf jede individuelle

Neigung sind unangebracht gegenüber einer Jugend, die vom Leben einmal hart angepackt werden wird. Nicht auf einen Ballast von Schulwissen kommt es an. Nur dann ist aber die Jugend für ihren Dienst an Volk und Staat recht vorbereitet, wenn sie gelernt hat, sachlich zu arbeiten, klar zu denken, ihre Pflicht zu erfüllen, und wenn sie auch daran gewöhnt worden ist, sich in Zucht und Gehorsam den Ordnungen der Erziehungsgemeinschaft einzufügen und sich willig echter Autorität unterzuordnen.

Diese volks- und staatspolitische Erziehungsaufgabe der deutschen Schule steht in scharfem Gegensatz zu der parteipolitischen Beeinflussung der Jugend. Ich verurteile aufs schärfste die schrankenlose Verhetzung der Jugend durch parteipolitische Organisationen. Sie ist schlimmste Versündigung an der Jugend und das Gegenteil einer Erziehung zu echter Staatsgesinnung und Volksverbundenheit. Deshalb hat schon mein Herr Amtsvorgänger in ernster Sorge um das Wohl unserer Jugend und die Zukunft unseres Volkes auf diese bedenklichen Erscheinungen hingewiesen und eine „Entpolitisierung" der Schuljugend gefordert. Alle Unterrichtsminister haben ihm seinerzeit darin zugestimmt, daß die Parteipolitik nicht in die Schule gehört. Aber die bisherigen Maßnahmen genügen nicht. Leider haben sich die Führer großer Parteien dem Ruf versagt, „angesichts der auf dem Spiel stehenden Lebensnotwendigkeiten des deutschen Volkes" auf die parteipolitische Bearbeitung der wahlunmündigen Jugend zu verzichten. Je stärker und je vorzeitiger die heranwachsende Jugend durch das Parteiwesen gefährdet ist, um so eindringlicher und verpflichtender müssen Schule und Lehrer ihr die Werte vermitteln, die den über der Parteipolitik stehenden Staat zu Geltung bringen.

Wenn sich aber in der Schulpolitik jede parlamentarische Mehrheit und jede neue Regierungskoalition rücksichtslos durchzusetzen suchen, so führt das eine dauernde innere Beunruhigung und einen Gesinnungsdruck für Lehrer und Schüler herbei, der jede Erziehung unmöglich macht. Parteiische Einseitigkeiten in der Personalpolitik, parteipolitisch gefärbte Schulversuche, Einführung parteiischer Lehrbücher und manche andere schulpolitische Fehler ähnlicher Art haben in weiten Kreisen der Elternschaft ein tiefes Mißtrauen gegen die Staatsschule erregt und innerhalb der Lehrerschaft Unsicherheit, Verbitterung und parteipolitische Gegensätze hervorgerufen. Wenn die Jugend trotz der parteipolitischen Zerrissenheit unseres Volkes überhaupt zum Staat erzogen werden soll, dann muß unbedingt die deutsche Schule von parteipolitischer Abhängigkeit freibleiben. Es ist nicht Aufgabe der Schule, als einer der Gesamtheit dienenden Staatsanstalt die einseitige politische Auffassung der jeweiligen Regierung in die Herzen der Schüler zu pflanzen. Die Lehrer stehen niemals vor der Jugend als Beauftragte einer Regierung oder gar einer Partei, sondern als Vertreter des überparteilichen Staates. Lehrer müssen deshalb keine Parteimänner, sondern Jugenderzieher sein, die in ihrer pädagogischen Haltung den überparteilichen Staatsgedanken verkörpern.

Die Erziehung zu echter Staatsgesinnung muß ergänzt und vertieft werden durch eine deutsche Bildung, die sich auf die geschichtlich-kulturelle Wertgemeinschaft des deutschen Volkes gründet und die in der Jugend ein lebendiges Volksbewußtsein entwickelt. Die Eigenart des deutschen Volkes macht es unmöglich, in der Schule von der Mannigfaltigkeit und dem Spannungsreichtum des deutschen Lebens abzusehen und eine „Bildungseinheit" künstlich herzustellen. Die Schule muß in ihrer Arbeit ständig aus den lebendigen Quellen des Volkstums schöpfen und die geistigen Werte der deutschen Kultur fruchtbar machen. Bei allen landschaftlichen und weltanschaulichen Unterschieden, die die Fülle deutschen Wesens ausmachen, und trotz der Sonderaufgaben, die den einzelnen Schularten gestellt sind, dienen doch alle deutschen Schulen dem einen Ziel der „deutschen Volksbildung", d. i. der Aufgabe, durch Versenkung in unser geschichtlich gewordenes Volkstum die Deutschen zum Volk zu bilden. Geht die Grundschule von den volkstümlichen Bildungswerten der Heimat aus, so sollen alle weiterführenden Schulen die Jugend vertraut machen mit dem Werden des deutschen Volkes und Reiches, mit der Lage und Bedeutung des Grenz- und Auslandsdeutschtums, insbesondere mit dem Schicksal des deutschen Ostens. Die oberen Stufen der wissenschaftlichen Schulen sollen ihre Schüler in die höchsten Gestaltungen des deutschen Geistes und in die Schöpfungen fremder Völker einführen, die unser Volk während seiner Geschichte mitgeformt haben. So umschließt der deutsche Bildungsgedanke alle Schulen als einigendes Band. Schulen oder Erzieher, die sich dieser deutschen Bildungsaufgabe versagen, weil sie selbst kein Verhältnis zum deutschen Volkstum haben oder unklaren Wünschen einer in ihrem deutschen Empfinden getrübten sogen. „modernen Jugend" nachgeben, sollten im deutschen Bildungswesen keinen Raum haben.

Die Erziehung zur Staatsgesinnung und zum Volksbürgertum empfängt ihre stärkste innerliche Kraft aus den Wahrheiten des Christentums. Zu sehr hat das Christentum unser Volk in seinem tiefsten Wesen bestimmt, als daß man Deutschtum und Christentum, deutsche und christliche Erziehung voneinander trennen könnte. Treue und Verantwortung gegenüber Volk und Vaterland haben ihre tiefste Verankerung im christlichen Glauben. Wo daher in unserem Volk nach geschichtlicher Überlieferung und dem Willen der Erziehungsberechtigten die christliche Schule besteht, wird eine Erziehung aus christlichem Glauben den Einzelnen auch mit seinen geistig-sittlichen Kräften an sein Volkstum binden. Deshalb wird es stets meine besondere Pflicht sein, das Recht und die freie Entfaltung der christlichen Schule und die christliche Grundlage aller Erziehung zu sichern und zu schützen.

Die Schule kann ihre Erziehungsaufgabe nicht allein aus eigener Kraft erfüllen. Sie ist auf die Unterstützung ihrer Arbeit durch Eltern, Staat und Volk angewiesen. Sie kann die Jugend zu Staat und Volk nur dann recht erziehen, wenn das gesamte Leben in Staat und Volk, von der Familie an und durch alle kulturellen Gestaltungen hindurch, die Jugend in der Entwicklung ihrer gesunden sittlichen und geistigen Kräfte anspornt und fördert. Ich werde daher über die Schulerziehung hinaus mit aller Kraft zu meinem Teile und durch Unterstützung gleicher Bestrebungen christliche Sitte und gesunde deutsche Volkskultur schützen und pflegen und alle Mittel der öffentlichen Kulturpflege dieser Aufgabe dienstbar machen. Mit der gleichen Entschiedenheit werde ich alle Sitte und Kultur zerstörenden Einflüsse bekämpfen und vor allem die Jugend vor ihnen behüten. Wo die Jugend sich selbst in ihren Bünden, in den Arbeitslagern, im freiwilligen Arbeitsdienst und ähnlichen Veranstaltungen Ansätze einer neuen sittlichen Ordnung schafft, kann sie mit meiner ganz besonderen Anteilnahme und Förderung rechnen. Die deutsche Jungmannschaft bereitet sich dort am besten für Volk und Staat vor, wo sie sich zu schlichter schweigender Tat in gemeinnütziger Arbeit und in dem sittlichen Willen zusammenfindet, sich dienend dem Staate und Volke einzugliedern. Der Staat hat ohne die Jugend keine Zukunft; aber auch die Jugend kann zu ihrer Lebensaufgabe nicht heranreifen, wenn sie nicht von dem Willen beseelt ist, am Neubau des Reiches mitzuarbeiten.

Ich hoffe mich mit Ihnen in diesen Grundsätzen der Jugenderziehung einig und erbitte Ihre vertrauensvolle Zusammenarbeit zu dem Ziele, durch die rechte Erziehung der deutschen Jugend die Zukunft Deutschlands zu sichern.

Berlin, den 28. Juli 1932. Der Reichsminister des Innern
Frhr. von Gayl

3. Schulpolitische Forderungen der Parteien, Kirchen und Verbände

[12]

DEUTSCHNATIONALE VOLKSPARTEI

Grundsätze (1920)

Am 27. Dezember 1918 gegründet, vereinigte die Deutschnationale Volkspartei ehemals monarchische und christlich-soziale Parteianhänger mit Interessengruppen aus der Landwirtschaft, aus dem Großgrundbesitz und aus der Schwerindustrie. Sie wurde zur bedeutendsten konservativen Partei der Weimarer Republik mit betont antidemokratischem Charakter. Ihr späterer langjähriger Parteivorsitzender Hugenberg (1865–1951) schloß 1931 mit Nationalsozialisten und vaterländischen Verbänden das Bündnis der „Harzburger Front" gegen das „Weimarer System". Er koalierte 1933 mit Hitler.

Quelle: Die deutschen Parteiprogramme. Quellensammlung zur deutschen Geschichte. Heft 3: Das deutsche Reich als Republik 1918–1930. 5. Auflage. Hrsg. von W. Mommsen und G. Franz. Leipzig und Berlin 1931. S. 42ff.

Zum dritten Male in unserer stolzen Geschichte hat Deutschland Volkstum, Staat, Wirtschaft und Geistesleben neu aufzubauen.

Das Kaisertum hat uns auf den Gipfel staatlicher Macht geführt. Das deutsche Volk hat seine Kraft glänzend bewährt. Durch feindliche Übermacht und eigene Schuld ist es jäh zusammengebrochen. Darin ruht die erschütternde Tragik seines Geschickes.

Die „Grundsätze" fahren fort mit einem Rückblick auf „Bismarcks Werk" der Einigung. Die Revolution von 1918 wird als „die große Verbrecherin, die Sittlichkeit, Staatsordnung und Wirtschaft zertrümmerte und uns der Verachtung der Welt preisgab", bezeichnet.

Die Kräfte, die uns groß gemacht, die Fehler, die uns niedergeworfen haben, bestimmen auch die künftige Schicksalslinie unseres Volkes. Nicht würdeloses Werben um fremde Gunst noch der Traum einer internationalen Solidarität der handarbeitenden Stände hilft uns aus der Not. Nur das ruhige Selbstvertrauen eines auch im Unglück stolzen Volkes ermöglicht die ungeheure Kraftanstrengung, für die wir alle Volksgenossen werben. Nur strenges Pflichtgefühl und hingebende Mitarbeit gründen den starken Staat, den unser Volk braucht, wenn es nicht Spielball der Fremden bleiben will. Mit kühnem Glauben an unsere Zukunft, aber auch mit nüchternem Wirklichkeitssinn und starkem Verantwortungsgefühl wollen wir an ihm bauen. Die Kraft entnehmen wir unserer Geschichte. Ihre Überlieferungen sollen immer lebendiger werden. Ihre Gestalten sollen unsere Jugend begeistern.

Sie gibt uns die Ideale, die der ideallose Staat von heute nicht entbehren kann. Millionen deutscher Männer und Frauen haben sich um unser Banner geschart. Sie kommen aus allen Lagern. Täglich wächst ihre Zahl. Die Jugend strömt uns zu. Dem nationalen Gedanken gehört die Zukunft.

Für die gewaltige Aufgabe, die vor ihm liegt, braucht unser Volk höhere Kräfte, als die sittlich verwüstete Welt sie zu geben vermag. Im Ernst des christlichen Gewissens erhält der deutsche Gedanke erst seinen tiefsten sittlichen Gehalt. Auf der unlösbaren tausendjährigen Vermählung beider beruht deutsche Sittlichkeit, ruht jedes wahrhaft deutsche Geistesleben. Nur in lebendigem Christentum findet unser Volk die aufbauenden und erhaltenden Kräfte, deren es in Staat, Schule und Haus bedarf. Je innerlicher unser Volk die Aufgabe erfaßt, in der Hingabe an das Ganze „auch das Leben für die Brüder" zu lassen, um so mehr wird es zu der inneren Versöhnung und zu dem geläuterten sozialen Empfinden gelangen, aus dem letzten Endes die Wiedergeburt erwächst.

Aus dieser Verbindung nationalen und christlichen Geistes ergibt sich unsere Stellung zu den Aufgaben der Wirtschaft.

Es folgen Ausführungen über das „große wirtschaftlich-soziale Ziel", „Arbeit und Kapital" zu „versöhnen" und auf dieser Grundlage den „nationalen Gedanken" zu erneuern.

Von diesen Leitgedanken ausgehend, fordert die Deutschnationale Volkspartei im einzelnen:

Es folgen die Kapitel Volks- und Staatsleben, Geistiges Leben, Wirtschaftsleben.
Das Kapitel „Geistiges Leben" enthält die programmatischen Aussagen zur Schulpolitik.

16. Erziehung. Die Erziehung soll zur geistigen Einheit der Nation führen. Wir können stolz sein auf die Leistungen der deutschen Schule. Nicht fest genug aber wurde der Wille, nicht sicher genug das Nationalgefühl ausgebildet. Stärker als bisher müssen wir zu bewußtem Deutschtum und lebendiger Staatsgesinnung Willen und Charakter formen. Die stärkste Grundlage der Willens- und Charakterbildung sind ein lebensvoller, wahrhaft christlicher Religionsunterricht und ein vom vaterländischen Geist erfüllter Geschichtsunterricht, die sich nur auswirken können, wenn die Schule das Gepräge einer einheitlichen Weltanschauung trägt. Deshalb ist grundsätzlich die Bekenntnisschule der Simultanschule vorzuziehen. Für das Gelingen des Erziehungswerkes ist volle Gewissensfreiheit der Lehrenden und der Erziehungsberechtigten Vorbedingung.

17. Schulwesen. Es bleibt unveräußerliches Recht der Eltern, über die Schulgattung zu bestimmen, der sie ihre Kinder zuführen wollen. Deshalb ist auch die freie Entwicklung der Privatschulen zu sichern. Für die Erziehung in den ersten Schuljahren ist eine gemeinsame Grundschule einzurichten. Auf diese bauen sich die sonstigen Schularten auf, die mit zweckmäßigen Lösungen des Übergangs und Aufstiegs zu einem innerlich verbundenen Gesamtschulwesen gestaltet werden. In diesem Sinne treten wir für die Einheitsschule ein. Es sind Einrichtungen zu treffen, die die Vorteile der Aufstiegsmöglichkeiten einschließlich des Fortbildungs- und Fachschulwesens nicht nur den großen Städten, sondern auch dem Lande und den kleineren Städten zuteil werden lassen. Diese Neugestaltung unseres

Schulwesens darf nicht zu einer Verflachung unseres Bildungswesens, zu einer Herabsetzung der Lehrziele oder zur Aufgabe der Eigenart unserer höheren Schulen führen.

18. Lehrerbildung, Schulaufsicht. Alle Lehrer sollen ihre Allgemeinbildung auf einer der höheren Schulen erwerben. Bei der Erziehung des heranwachsenden Geschlechts wirkt die Frau als gleichwertiges Glied der Volksgemeinschaft mit. Die staatliche Schulaufsicht ist Sache von Fachleuten.

[13]

Deutsche Volkspartei

Grundsätze (1919)

In der 1918 unter Führung G. Stresemanns (1878–1929) gegründeten rechtsliberalen Deutschen Volkspartei schlossen sich der rechte Flügel der bisherigen Nationalliberalen Partei und Mitglieder der bisherigen Fortschrittlichen Volkspartei zusammen. Die DVP betonte eine nationale und antirevolutionäre Haltung, mit der sie starken Rückhalt in der Bildungsschicht und vor allem beim wirtschaftlich interessierten Großbürgertum fand. Zwischen 1920 und 1930 fast ununterbrochen in der Regierung, bestimmte sie maßgeblich den sog. realpolitischen Kurs der Weimarer Republik, besonders in den internationalen Fragen.

Quelle: Die deutschen Parteiprogramme. Quellensammlung zur deutschen Geschichte. Heft 3: Das deutsche Reich als Republik 1918–1930. 5. Aufl. Hrsg. von W. Mommsen und G. Franz. Leipzig und Berlin 1931. S. 60 ff.

Deutsches Wesen besteht von Alters her in dem Streben nach freier Entfaltung des einzelnen und seiner Eigenart im Rahmen der vom Gemeinsinn beherrschten Volksgesamtheit. Deutsches Wesen zu pflegen und ihm Geltung und Achtung in der Welt zu erringen, ist das Bestreben der Deutschen Volkspartei.

Die Deutsche Volkspartei vertritt daher auf der Grundlage nationaler Staatsgesinnung die Vertiefung und Aussöhnung der liberalen und sozialen Gedanken. Sie ruft alle geistigen und sittlichen Kräfte des deutschen Volkes auf zur Mitarbeit an einer inneren Erneuerung von Volksleben und Staat auf Grund voller Gleichberechtigung, ernster Pflichterfüllung und echter Liebe zum Vaterlande.

Es folgen die Kapitel Staatswesen und Volkswirtschaft. Das Kapitel „Vom Staatswesen" enthält die programmatischen Aussagen zur Schulpolitik:

10. Schule und Volksbildung. Die Deutsche Volkspartei fordert die nationale Einheitsschule. Auf einer allgemeinen Grundschule soll sich ein reichgegliederter und vielgestaltiger Aufbau des deutschen Schulwesens

erheben, dessen einzelne Teile unter sich eng verbunden sind, so daß sich dem Tüchtigen ohne Unterschied des Geschlechts, des Standes und des Besitzes vielfache Aufstiegsmöglichkeiten bieten und deutsches Geistesleben sich in seiner ganzen Mannigfaltigkeit entfalten kann. Dabei ist der Zusammenhang mit den Grundlagen deutscher Kultur, insbesondere dem Christentum, zu bewahren. Die Deutsche Volkspartei fordert deshalb auch die Beibehaltung des Religionsunterrichts in den öffentlichen Schulen nach den Grundsätzen der Religionsgemeinschaften unter Wahrung voller Gewissensfreiheit.

Bei der Einrichtung der Volksschule ist auf die geschichtliche Entwicklung und auf den Willen der Erziehungsberechtigten Rücksicht zu nehmen. Je nachdem diese es fordern, ist sie simultan oder konfessionell zu gestalten. Das höhere Schulwesen ist unter Berücksichtigung der neueren Bildungsaufgaben im Anschluß an die geschichtlich gewordenen Formen zu entwickeln. In diesen Aufbau des nationalen Bildungswesens sind alle Fach- und Fortbildungsschulen einzugliedern. Den privaten Schulen ist unter staatlicher Aufsicht freie Betätigung zu gewährleisten. Einschließlich des Besuches der Berufs- und Fortbildungsschulen dauert die Schulpflicht bis zum 18. Lebensjahr. Das gesamte Schulwesen steht unter staatlicher Aufsicht, die von Fachleuten ausgeübt wird.

In allen Schulen soll ein Geist der Freiheit, der Arbeitsfreude und der Selbstverantwortlichkeit walten, soll den Lehrern und Eltern ein Mitbestimmungsrecht gewährt und die Gewissensfreiheit geachtet, zugleich aber die nationale Bildungseinheit und das nationale Bildungsziel gesichert werden. Staatsbürgerliche Gesinnung zu erwecken, echte Vaterlandsliebe und den Stolz auf die geschichtliche Größe des deutschen Volkes zu pflegen, ist eine der höchsten Aufgaben aller deutschen Schulen. Die Lehrerbildung ist aus ihrer Sonderstellung zu lösen und in den großen Zusammenhang des gesamten nationalen Bildungs- und Erziehungswesens einzufügen.

Den Abschluß der verschiedenen Bildungswege sollen mannigfache Arten von Hochschulen bilden, zu deren Besuch ein entsprechender Befähigungsnachweis Vorbedingung ist. Die deutschen Hochschulen stehen in erster Linie Studierenden deutscher Abstammung und deutscher Muttersprache offen. Die Freiheit der Wissenschaft und ihrer Erforscher und Lehrer muß gewährleistet bleiben, eine ausreichende wirtschaftliche Sicherstellung für alle Diener der Wissenschaft und soziale Fürsorge für die Studenten durchgeführt werden. Der innere Aufbau der Hochschulen ist unter verantwortlicher Mitwirkung der akademischen Körperschaften und Vertretungen auszugestalten.

Volkshochschulen und Hochschulkurse sind mit dem Ziel vertiefter Herzens- und Verstandesbildung auf der Grundlage deutscher Volks- und

Stammesart einzurichten. Bildungs- und Unterhaltungseinrichtungen (Volksheime, Volksbüchereien, Sammlungen, Lichtbild-, literarische und musikalische Darbietungen) sollen unter Verwendung öffentlicher Mittel mehr als bisher in den Dienst der Veredlung, der Erholung und Geselligkeit gestellt werden.

[14]

VEREINIGTE SOZIALDEMOKRATISCHE PARTEI DEUTSCHLANDS

Heidelberger Programm (1925)

Im Gegensatz zu den bürgerlichen Parteien konnte die SPD ihre Organisationsstruktur aus der Kriegs- und Vorkriegszeit weiterführen, hatte aber 1917 die radikalen Kräfte ihres linken Flügels durch Abspaltung einer „Unabhängigen Sozialdemokratischen Partei" (USPD) verloren. Beide sozialistischen Parteien trugen nach dem Zusammenbruch des Kaiserreichs die Regierungsgewalt im „Rat der Volksbeauftragten" zunächst gemeinsam, bis sich die USPD auf Grund ideologischer Differenzen lossagte. Die gemäßigten „Mehrheitssozialisten" um Ebert und Scheidemann prägten in Nationalversammlung, Reichstag, Reichsregierung und -präsidentenamt sowie in den meisten Ländern die parlamentarisch-demokratische Verfassung der Weimarer Republik und verteidigten sie loyal gegen alle Bedrohungen durch links- und rechtsextremistische Kräfte. Nachdem die USPD die Mehrheit ihrer Mitglieder 1920 an die Kommunisten verloren hatte, schlossen sich die übrigen bis auf eine Splittergruppe wieder der SPD an. Mit dem Heidelberger Programm schuf sich die vereinigte deutsche Sozialdemokratie ihre verbindliche Leitlinie für die zwanziger Jahre. Der Vorstand der SPD veranlaßte nach der Verabschiedung des Programms die Herausgabe einer kommentierten Fassung. Die schul- und kulturpolitischen Zielsetzungen erläuterte Heinrich Schulz.

Quelle: Das Heidelberger Programm. Grundsätze und Forderungen der Sozialdemokratie. Neuausgabe München 1947. S. 60 f. bzw. 41 ff.

Die ökonomische Entwicklung hat mit innerer Gesetzmäßigkeit zum Erstarken des kapitalistischen Großbetriebes geführt, der in Industrie, Handel und Verkehr immer mehr den Kleinbetrieb zurückdrängt und seine soziale Bedeutung verringert. Mit der immer stärker werdenden Entfaltung der Industrie wächst die industrielle Bevölkerung ständig im Verhältnis zur landwirtschaftlichen. Das Kapital hat die Massen der Produzenten von dem Eigentum an ihren Produktionsmitteln getrennt und den Arbeiter in einen besitzlosen Proletarier verwandelt. Ein großer Teil des Grund und Bodens befindet sich in den Händen des Großgrundbesitzes, des natürlichen Verbündeten des Großkapitals. So sind die ökonomisch entscheidenden Produktionsmittel zum Monopol einer verhältnismäßig kleinen Zahl von Kapitalisten geworden, die damit die wirtschaftliche Herrschaft über die Gesellschaft erhalten.

Es folgen Analysen der Auswirkungen der „kapitalistischen Produktionsweise“ auf die Lebenssituation des Proletariats mit dem Fazit: „Immer größer wird die Zahl der Proletarier, immer schroffer der Gegensatz zwischen Ausbeutern und Ausgebeuteten, immer erbitterter der Klassenkampf zwischen den kapitalistischen Beherrschern der Wirtschaft und den Beherrschten.“

Indem die Arbeiterklasse für ihre eigene Befreiung kämpft, vertritt sie das Gesamtinteresse der Gesellschaft gegenüber dem kapitalistischen Monopol. Eine gewaltig erstarkte Arbeiterbewegung, groß geworden durch die opferreiche Arbeit von Generationen, stellt sich dem Kapitalismus als ebenbürtiger Gegner gegenüber. Mächtiger denn je ersteht der Wille, das kapitalistische System zu überwinden und durch internationalen Zusammenschluß des Proletariats, durch Schaffung einer internationalen Rechtsordnung, eines wahren Bundes gleichberechtigter Völker, die Menschheit vor kriegerischer Vernichtung zu schützen.

Das Ziel der Arbeiterklasse kann nur erreicht werden durch die Verwandlung des kapitalistischen Privateigentums an den Produktionsmitteln in gesellschaftliches Eigentum. Die Umwandlung der kapitalistischen Produktion in sozialistische für und durch die Gesellschaft betriebene Produktion wird bewirken, daß die Entfaltung und Steigerung der Produktivkräfte zu einer Quelle der höchsten Wohlfahrt und allseitiger Vervollkommnung wird. Dann erst wird die Gesellschaft aus der Unterwerfung unter blinde Wirtschaftsmacht und aus allgemeiner Zerrissenheit zu freier Selbstverwaltung in harmonischer Solidarität emporsteigen.

Es folgt eine Interpretation der These, daß der „Kampf der Arbeiterklasse gegen die kapitalistische Ausbeutung nicht nur ein wirtschaftlicher, sondern notwendigerweise ein politischer Kampf ist“.

Die Sozialdemokratische Partei kämpft nicht für neue Klassenprivilegien und Vorrechte, sondern für die Abschaffung der Klassenherrschaft und der Klassen selbst, für gleiche Rechte und Pflichten aller, ohne Unterschied des Geschlechts und der Abstammung. Von dieser Anschauung ausgehend, bekämpft sie nicht bloß die Ausbeutung und Unterdrückung der Lohnarbeiter, sondern jede Art der Ausbeutung und Unterdrückung, richte sie sich gegen ein Volk, eine Klasse, eine Partei, ein Geschlecht oder eine Rasse. Den Befreiungskampf der Arbeiterklasse zu einem bewußten und einheitlichen zu gestalten und ihm sein notwendiges Ziel zu weisen, ist die Aufgabe der Sozialdemokratischen Partei. In ständigem Ringen und Wirken auf politischem, wirtschaftlichem, sozialem und kulturellem Gebiet strebt sie zu ihrem Endziel.

Es folgt das „Aktionsprogramm“ mit den Abschnitten Verfassung, Verwaltung, Justiz, Sozialpolitik, Finanzen, Steuern, Wirtschaftspolitik, Internationale Politik. Der Abschnitt „Kultur- und Schulpolitik“ enthält folgende Leitlinien:

Kultur- und Schulpolitik.

Die Sozialdemokratische Partei erstrebt die Aufhebung des Bildungsprivilegs der Besitzenden.

Erziehung, Schulung und Forschung sind öffentliche Angelegenheiten; ihre Durchführunug ist durch öffentliche Mittel und Einrichtungen sicherzustellen. Unentgeltlichkeit des Unterrichts, Unentgeltlichkeit der Lehr- und Lernmittel, wirtschaftliche Versorgung der Lernenden.

Die öffentlichen Einrichtungen für Erziehung, Schulung, Bildung und Forschung sind weltlich. Jede öffentlich-rechtliche Einflußnahme von Kirche, Religions- und Weltanschauungsgemeinschaften auf diese Einrichtungen ist zu bekämpfen, Trennung von Staat und Kirche, Trennung von Schule und Kirche, weltliche Volks-, Berufs- und Hochschulen. Keine Aufwendung aus öffentlichen Mitteln für kirchliche und religiöse Zwecke.

Einheitlicher Aufbau des Schulwesens, Herstellung engster Beziehungen zwischen Werkarbeit und geistiger Arbeit auf allen Stufen. Gemeinsame Erziehung beider Geschlechter durch beide Geschlechter. Einheitliche Lehrerbildung auf Hochschulen.

Es folgt die Erläuterung dieser schulpolitischen Forderungen durch Heinrich Schulz. Er beginnt mit einem ausführlichen historischen Rückblick auf das Verhältnis Macht und Bildung und kommt zu der Feststellung, daß nur der „demokratische Volksstaat“ allen Kindern alle Bildungsmöglichkeiten öffnen kann. Besondere Überlegungen gelten dem „Grundsatz der Weltlichkeit für alle Schulen“. Eingehend erörtert Schulz die äußere und innere Schulverfassung:

Das Wort Einheitsschule ist oft mißverstanden worden, als handele es sich dabei um eine Schule, die die Kinder in ein Prokrustesbett zwingen und alle mit einer gleichartigen Durchschnittsbildung abspeisen will. Die Einheitsschule im sozialdemokratischen Sinne sieht in dem gesamten Schulwesen des Staates eine organisatorische Einheit, die aber innerlich auf das mannigfaltigste gegliedert ist und dadurch allen individuellen Begabungen einerseits und allen sozialen Notwendigkeiten andererseits gerecht werden kann. Die verschiedenen Aufgaben der Volkswirtschaft haben im Laufe der Zeiten die mannigfachsten Berufe entwickelt, für die verschiedene Vor-und Ausbildung nötig ist. Diese Berufsbildung muß sich auf einer Allgemeinbildung aufbauen, die allen Kindern ein Mindestmaß von Kenntnissen und Fertigkeiten vermittelt. Die Allgemeinbildung wird auf der Grundschule erworben, die nicht wie heute nur die vier ersten Schuljahre, sondern mindestens sechs Jahre, möglichst aber acht Jahre umfassen soll. Die Grundschule müssen alle Kinder gleichmäßig besuchen. Nach sechs Jahren findet die erste Gliederung statt; der größere Teil der Kinder besucht auf weitere drei Jahre die Volksschule, die dann bereits in das Berufsleben in Verbindung mit Fortbildungs- und Fachschulunterricht überleitet; die für geistige Arbeit besonders begabten Kinder werden entweder (in der achtjährigen Grundschule) besonderen Klassen oder (bei der sechsjährigen Grundschule) besonderen Schulen zugeleitet, die wir heute die „höheren“ nennen, die eine spätere Schulreform besser die Mittelschulen nennen wird. Dem bisherigen allgemeinen Unterricht treten Lehrgegenstände hinzu, die für eine gesteigerte geistige Tätigkeit sowohl auf dem Gebiete des künstlerischen Schaffens, der Technik und der Naturwissenschaft, als auch der Geisteswissenschaft im engeren Sinne notwendig sind, darunter insbesondere auch fremdsprachlicher Unterricht. Nach weiteren drei Jahren tritt wiederum eine Scheidung der Kinder ein, die sich nach den inzwischen erkennbar gewordenen besonderen Begabungen und Neigungen der Kinder richtet. Der größere Teil der Kinder wird in das Berufsleben eintreten und sich sofort oder später auf Fachschulen weiterbilden. Der kleinere Teil wird noch weitere drei Jahre auf der vielfach gegliederten Mittelschule bleiben und sich dort die Reife für Hochschulstudium und wissenschaftliche Berufsarbeit erwerben. Aber die verschiedenen Schularten laufen nicht wie heute fremd oder gar feindlich nebeneinander her, sondern sie sind Organe derselben Einheit, es führen Brücken und Übergänge von der einen Schule zur anderen, so daß sowohl später durchbrechende besondere Begabungen noch die Möglichkeit zur Erreichung der für sie geeigneten Ausbildungsmöglichkeiten erhalten, als auch nachlassende Begabungen oder später auftretende Neigungen zu handarbeitenden Berufen zwanglos den Weg zurückfinden, ohne daß solch einem Übergang ein Makel für das betreffende Kind anhaftet. Denn das geistig besonders begabte Kind ist nicht besser, sondern nur anders geartet als das geistig weniger differenzierte Kind. Die menschliche Gemeinschaft braucht für ihre Funktionen die einen wie die anderen. In allen Schulen sind die besten Erziehungs- und Lehrmethoden nach den Maßstäben der wissenschaftlichen Pädagogik anzuwenden. Durch öffentliche Kontrolle, auch durch die Teilnahme der Eltern am Unterricht, ohne daß dies zu Störungen führen darf, ist für einen guten Geist des öffentlichen Schulwesens im Sinne der staatsbürgerlichen Erziehung und des Zusammenwirkens zwischen Schule und Haus Gewähr zu schaffen.

Auf allen Schulen bildet die Arbeit, und zwar die Handarbeit, einen wesentlichen Bestandteil des Unterrichts. Die sozialdemokratische Schulreform begnügt sich nicht mit der sogenannten „Arbeitsschule“, einem Schlagwort, das neuerdings in Lehrerkreisen viel angewendet und häufig genug als Erfüllung der sozialistischen Schulforderung angesehen wird. Der Sozialismus sieht in der Arbeit die Schöpferin, Erhalterin und Förderin aller Kultur. Von der körperlichen Arbeit, der Praxis, hat sich in der kulturellen Entwicklung erst allmählich die geistige Arbeit, die Theorie getrennt. In der Wechselwirkung und gegenseitigen Befruchtung von körperlicher und geistiger Arbeit liegt der Schlüssel allen Fortschritts. Die Kinder müssen daher von klein an, ausgehend vom kindlichen Spiel, mit dem Gebrauch aller elementaren Werkzeuge vertraut gemacht, fortschreitend darüber hinaus aber auch zum Verständnis des Ineinandergreifens der verschiedenen Werkzeuge zu den Berufen und Berufsgruppen bis zum gesamten nationalen und weltwirtschaftlichen Produktionsprozeß erzogen werden. Im Arbeitsunterricht erlernen die Kinder zugleich die Ableitung der abstrakten Wissenschaft, etwa der Mathematik, von der körperlichen Arbeit und andererseits die Erleichterung der körperlichen Arbeit durch die Anwendung wissenschaftlicher Erkenntnisse auf sie. So gewinnen sie im Laufe ihrer Schulzeit einerseits die Möglichkeit, den für sie geeignetsten Beruf kennen und ergreifen zu lernen, andererseits erhalten sie den notwendigen Überblick über den gesamten Produktionsprozeß in seiner Abhängigkeit von jedem Einzelberuf und von jeder noch so unscheinbaren Teilarbeit, zu der der einzelne Arbeiter oft jahre- und jahrezehntelang gezwungen ist. Die Arbeit wird dadurch, auch für den Teilarbeiter, wieder innerlich beseelt und vergeistigt, während sie heute für Millionen von Arbeitern zur ermüdenden und verblödenden Qual geworden ist, weil ihnen der Einblick in die innere Verbundenheit und Gesetzmäßigkeit der gesellschaftlich notwendigen Arbeitsvorgänge fehlt.

Die Sozialdemokratie ist von jeher für die Gleichberechtigung von Mann und Frau eingetreten und hat diese grundsätzliche Auffassung auch in der Novemberrevolution und durch die Weimarer Verfassung zur lebensvollen Wirklichkeit gemacht. Das bedingt auch die Gleichberechtigung in der Schul- und Berufsausbildung. Die anzustrebende Kameradschaftlichkeit zwischen Mann und Frau im Beruf und öffentlichen Leben läßt es ferner als erwünscht erscheinen, daß Knaben und Mädchen gemeinsam erzogen werden, sowie daß Männer und Frauen als Lehrer und Erzieher tätig sind. Der Knabe braucht den mildernden und anregenden Einfluß der Frau, sowohl in Gestalt der Schulkameradin auf der Bank neben ihm, als auch in Gestalt der Lehrerin vor ihm, ebenso ist für das Mädchen die ungestümere Art des Knaben und die festere Hand des Lehrers nützlich. In sittlicher Beziehung wirkt diese enge Verbindung, wie zahlreiche praktische Erfahrungen bereits erwiesen haben, für beide Teile vorteilhaft, ungesunde Erotik weicht schnell gegenseitiger Achtung. Selbstverständlich ist mit dem gemeinsamen Unterricht der beiden Geschlechter eine gelegentliche zeitweilige Trennung aus pädagogischen Gründen durchaus vereinbar, wie auch in der Arbeiterjugendbewegung bisher schon mit gegenseitigem Einverständnis nach Geschlechtern getrennte Veranstaltungen eingerichtet werden.

Es folgt die Forderung nach einer „Hochschulbildung" für alle Lehrer an den öffentlichen Schulen, „ganz besonders auch für die Volksschullehrer und -lehrerinnen".

[15]

KOMMUNISTISCHE PARTEI DEUTSCHLANDS

Proletarisches Schulprogramm (1925/1929)

Am 1. Januar 1919 konstituierte sich der Spartakusbund mit anderen sozialistischen Gruppen als selbständige Kommunistische Partei Deutschlands, die sich der III. Kommunistischen Internationale anschloß. Sie nahm Ende 1920 die linksradikale Mehrheit der USPD-Mitglieder auf und entwickelte sich unter der Führung Ernst Thälmanns (1886–1944) zu einer marxistisch-leninistischen Massenpartei. Sie wurde 1933 noch vor dem allgemeinen Parteiverbot durch die nationalsozialistische Regierung zerschlagen.
Die KPD hat von ihrer Gründung an ausführlich und entschieden zu den Schulfragen Stellung genommen und vor allem Einheitlichkeit, Weltlichkeit und Staatlichkeit der Schule gefordert. Sie bekämpfte die Weimarer Schulkompromisse und lehnte konsequent das Grundschulgesetz und die Volksschulgesetzentwürfe ab. Als Alternative zu dem Reichsschulgesetzentwurf des Kabinetts Luther 1925 legte die Fraktion der KPD dem Reichstag ihre Schulforderungen vor, die sie nach dem Scheitern der Reichsschulgesetzgebung mit unbedeutenden Abänderungen auch im preußischen Landtag einbrachte.

Quelle: Das proletarische Kind. Zur Schulpolitik und Pädagogik der Kommunistischen Partei Deutschlands in den Jahren der Weimarer Republik. Hrsg. von H. Flach und H. Londershausen. Erziehung und Gesellschaft. Materialien zur Geschichte der Erziehung. Hrsg. R. Alt. Berlin 1958. S. 219 ff.

Der Antrag lautet:

Das preußische Schulwesen spiegelt auch unter der Republik die Struktur der kapitalistischen Gesellschaft wider und dient ihren Interessen. Insbesondere ist weder die Einheitlichkeit noch die Weltlichkeit, noch die innere Gestaltung aus dem Prinzip der Arbeits-(Produktions-)Schule durchgeführt. Das Bildungsprivileg der Besitzenden besteht ungebrochen fort, und die in den öffentlichen Schulen gelehrte Staats- und Gesellschaftsauffassung und Weltanschauung bezweckt die Erhaltung und Stützung des kapitalistischen Systems.

Das Staatsministerium wird ersucht:

Die Umgestaltung des gesamten Schulwesens ist nach folgenden Gesichtspunkten durchzuführen:

1. Alle in Preußen wohnenden Kinder und Jugendlichen haben Anspruch auf volle körperliche wie geistige Ausbildung von der Kindergartenschule bis zur Produktions-Hochschule durch den Staat. Der Staat wahrt dieses Recht des Kindes auch gegenüber den Eltern und Pflegern.

2. An Stelle der bisherigen Klassen- und Standesschulen tritt die weltliche Einheits- und Arbeits-(Produktions-)Schule des werktätigen Volkes. Das Schulwesen wird über das ganze Reich einheitlich geordnet. Privatschulen jeder Art, auch private gewerbliche Schulen, sind verboten. Für Kinder und Jugendliche, die aus zwingenden Gründen die allgemeinen öffentlichen Schulen nicht besuchen können, sind vom Staate andere zweckentsprechende Einrichtungen zu schaffen. Der Staat kann einen Teil der verwaltenden Funktionen auf die Gemeinden übertragen.

3. Die Schule gliedert sich vertikal in vier Stufen: Spielschule (Kindergarten), Produktions-Grundschule, Produktions-Fachschule und Produktions-Hochschule. Die drei ersten Stufen sind für jedes Kind obligatorisch. Die Produktions-Fachschule gliedert sich horizontal in Fachgruppen, bei denen die theoretisch-wissenschaftliche Verarbeitung und Vertiefung nach einem einheitlichen Grundplan durchgeführt wird, wodurch der leichte Übertritt von einer Fachgruppe in die andere gewährleistet ist.

4. Die materielle Existenz aller Schüler sowie die Entwicklung und Erhaltung sämtlicher Schulen und ihre Belieferung mit Lehr- und Lernmitteln werden durch den Staat gewährleistet, der die besitzenden Klassen zu den Kosten heranzieht.

5. Der Grundtypus der Schulanstalt ist das Schulheim, nicht die Unterrichtsanstalt. Das Schulheim gewährt jedem Schüler unentgeltliche Behausung, Ernährung, Kleidung, Lernmittel und ärztliche Pflege, auch während der Ferien; Schüler, Lehrer und Angestellte des Schulheimes bilden die Schulgemeinschaft. Die Schulgemeinschaft ordnet ihre inneren Angelegenheiten auf dem Wege der Selbstverwaltung. Die Schulkinder nehmen entsprechend ihrer Altersstufe an der Selbstverwaltung steigenden Anteil. Schüler und Lehrer, die nicht im Schulheim wohnen, nehmen trotzdem an der Arbeit und Verwaltung des Heims teil.

6. Eine Trennung der Kinder nach Konfessionen, Nationalitäten oder Geschlechtern findet grundsätzlich nicht statt. In gemischtsprachigen Gebieten haben die Kinder Anspruch auf Sprachunterricht in beiden Sprachen.

7. Schule und Kirche sind vollkommen getrennt. Jede religiöse Unterweisung innerhalb der Unterrichtszeit und der Schulräume ist verboten.

Die Geschichte der Religionen wird im historischen Unterricht mitbehandelt. Teilnahme an religiösen Übungen und Gottesdiensten darf weder von Lehrern noch von Kindern gefordert werden. Die theologischen Fakultäten an den Universitäten sind zu beseitigen. Staatsgelder dürfen für kirchliche Unterrichtszwecke und Priesterseminare nicht verwendet werden.

8. Die weltanschauliche und soziologische Grundlage des gesamten Unterrichts und der Erziehung ist der Marxismus. Marxistische Produktions- und Gesellschaftskunde ist Unterrichtsgegenstand aller Schulgattungen und der Lehrerausbildung. Die Schule steht in engster Verbindung mit den proletarischen Klassenorganisationen und nimmt an den wirtschaftlichen, politischen und kulturellen Kämpfen und Veranstaltungen der Arbeiterklasse praktischen Anteil.

9. Körperliche Züchtigungen jeglicher Art, mechanische Strafarbeiten, Arreststrafen sind verboten.

10. Der gesamte Schulunterricht sowie alle sonstigen gemeinsamen Veranstaltungen, Übungen und Feiern der Schulgemeinschaft sind öffentlich. Die ständige örtliche Kontrolle der Schulen wird durch den von den Organisationen des arbeitenden Volkes gebildeten Ortsschulrat ausgeübt. Die Schule nimmt an den öffentlichen Veranstaltungen der Organisation des werktätigen Volkes regelmäßigen Anteil.

11. Grundlage der gesamten praktischen und theoretischen Erziehung ist die vergesellschaftete Produktion. Den Unterstufen sind zweckentsprechende, von Schülern und Angestellten veranstaltete gewerbliche Werkstätten und landwirtschaftliche Kleinbetriebe anzugliedern. Die Mittel-und Oberstufen sind nach Möglichkeit mit staatlichen oder kommunalen Großbetrieben und Domänen zu verbinden. Durch Exkursionen und durch Teilnahme an öffentlichen Arbeiten werden die Schüler in das gesellschaftliche Leben eingeführt. Die werktätige Arbeit in den Schulen dient nicht nur der Erzeugung von gesellschaftlichen Gütern, sondern untersteht in erster Linie den Gesichtspunkten der Belehrung, der sozialen Erziehung und Berufsbildung. Die gesamte Produktion und Unterweisung ist als Kollektivarbeit der Kinder, Lehrer und Schulangestellten zu organisieren.

12. Mit der praktischen und wissenschaftlichen Arbeit ist in jeder Schule die sorgfältige Pflege des Körpers sowie die hygienische und sexuelle Aufklärung zu verbinden. Gymnastik und Sport gehören zu den ständigen Einrichtungen jeder Schule. Die Anleitung zur künstlerischen Betätigung sowie zum Genuß von Kunstwerken hat in engster Verbindung mit der Selbstverwaltung des Schulheims, der gewerblichen und sportlichen Betätigung, dem wissenschaftlichen Unterricht und den öffentlichen Feiern und Festlichkeiten zu geschehen.

13. Auf Grund der Methoden der Arbeitsschule treten an Stelle der starren Jahresklassen elastische Arbeitsgruppen, die der Entwicklung der verschiedenen Begabungen und dem Übertritt des Schülers von einer Gruppe in die andere genügend Spielraum lassen. An Stelle der schriftlichen und mündlichen Prüfungen tritt das auf Grund der dauernden gegenseitigen Beobachtungen gewonnene Urteil der Schulgemeinschaft, bei den Produktionsfachschülern auch das Urteil der entsprechenden Arbeiterorganisationen über die Begabungsrichtung, Gesamtfähigkeit und gesellschaftliche Haltung des Schülers.

Es folgen Erläuterungen über die Zulassungsbedingungen zum Hochschulstudium und über die Modalitäten einer akademischen Lehrerbildung für die „Lehrkräfte aller Schulstufen".

[16]

NATIONALSOZIALISTISCHE DEUTSCHE ARBEITERPARTEI

Programm (1920)

Die NSDAP ging aus einer anfänglich kleinen, antidemokratischen und antisemitischen Gruppierung in München hervor, die sich „Deutsche Arbeiterpartei" nannte. Nach dem Eintritt des bei der Reichswehr als Agitator tätigen Adolf Hitler (1889–1945) entwickelte sie sich unter seiner Führung zur rechtsradikalen NSDAP. Mit ihrem Programm trat sie 1920 erstmals an die Öffentlichkeit. Sie gewann rasch Anhänger, auch außerhalb Bayerns. 1923 versuchte sie in einem Putsch, der aber mißlang, die Reichsregierung zu stürzen. Hitler wurde zu Festungshaft verurteilt, die Partei verboten. Vorzeitig aus der Haft entlassen, ging Hitler 1925 unmittelbar an den Neuaufbau und machte die Partei zu einer paramilitärisch organisierten, zentral geführten totalitären „Bewegung". 1926 wurde ihr Programm für unabänderlich erklärt und galt „parteiamtlich" bis zur Liquidation der NSDAP 1945 durch die Alliierten.

Quelle: Die deutschen Parteiprogramme, Quellensammlung zur deutschen Geschichte. Heft 3: Das Deutsche Reich als Republik 1918–1930. 5. Aufl. Hrsg. von W. Mommsen und G. Franz. Leipzig und Berlin 1931. S. 91 ff.

Das Programm der Deutschen Arbeiterpartei ist ein Zeitprogramm. Die Führer lehnen es ab, nach Erreichung der im Programm aufgestellten Ziele neue aufzustellen, nur zu dem Zweck, um durch künstlich gesteigerte Unzufriedenheit der Massen das Fortbestehen der Partei zu ermöglichen.

1. Wir fordern den Zusammenschluß aller Deutschen aufgrund des Selbstbestimmungsrechtes der Völker zu einem Groß-Deutschland.

2. Wir fordern die Gleichberechtigung des deutschen Volkes gegenüber den anderen Nationen, Aufhebung der Friedensverträge von Versailles und St. Germain.

3. Wir fordern Land und Boden (Kolonien) zur Ernährung unseres Volkes und Ansiedlung unseres Bevölkerungsüberschusses.

4. Staatsbürger kann nur sein, wer Volksgenosse ist. Volksgenosse kann nur sein, wer deutschen Blutes ist, ohne Rücksichtnahme auf Konfession. Kein Jude kann daher Volksgenosse sein.

5. Wer nicht Staatsbürger ist, soll nur als Gast in Deutschland leben können und muß unter Fremdengesetzgebung stehen.

6. Das Recht, über Führung und Gesetze des Staates zu bestimmen, darf nur dem Staatsbürger zustehen. Daher fordern wir, daß jedes öffentliche Amt, gleichgültig welcher Art, gleich ob im Reich, Land oder Gemeinde, nur durch Staatsbürger bekleidet werden darf.

Wir bekämpfen die korrumpierende Parlamentswirtschaft einer Stellenbesetzung nur nach Parteigesichtspunkten ohne Rücksichten auf Charakter und Fähigkeiten.

7. Wir fordern, daß sich der Staat verpflichtet, in erster Linie für die Erwerbs- und Lebensmöglichkeit der Staatsbürger zu sorgen. Wenn es nicht möglich ist, die Gesamtbevölkerung des Staates zu ernähren, so sind die Angehörigen fremder Nationen (Nicht-Staatsbürger) aus dem Reiche auszuweisen.

8. Jede weitere Einwanderung Nichtdeutscher ist zu verhindern. Wir fordern, daß alle Nichtdeutschen, die seit 2. August 1914 in Deutschland eingewandert sind, sofort zum Verlassen des Reiches gezwungen werden.

9. Alle Staatsbürger müssen gleiche Rechte und Pflichten besitzen.

10. Erste Pflicht jedes Staatsbürgers muß sein, geistig und körperlich zu schaffen. Die Tätigkeit des einzelnen darf nicht gegen die Interessen der Allgemeinheit verstoßen, sondern muß im Rahmen des Gesamten und zum Nutzen aller erfolgen.

Es folgen die Programmpunkte: „Abschaffung des arbeits- und mühelosen Einkommens"; „Brechung der Zinsknechtschaft"; „Verstaatlichung aller (bisher) bereits vergesellschafteten (Trusts)Betriebe"; Gewinnbeteiligung an Großbetrieben"; „Ausbau der Altersversorgung"; „Schaffung eines gesunden Mittelstandes"; „Bodenreform"; Todesstrafe für „gemeine Volksverbrecher"; „Ersatz für das der materialistischen Weltordnung dienende römische Recht durch ein deutsches Gemeinrecht".

20. Um jedem fähigen und fleißigen Deutschen das Erreichen höherer Bildung und damit das Einrücken in führende Stellung zu ermöglichen, hat der Staat für einen gründlichen Ausbau unseres gesamten Volksbildungswesens Sorge zu tragen. Die Lehrpläne aller Bildungsanstalten sind den Erfordernissen des praktischen Lebens anzupassen. Das Erfassen des Staatsgedankens muß bereits mit dem Beginn des Verständnisses durch die

Schule (Staatsbürgerkunde) erzielt werden. Wir fordern die Ausbildung geistig besonders veranlagter Kinder armer Eltern ohne Rücksicht auf deren Stand oder Beruf auf Staatskosten.

21. Der Staat hat für die Hebung der Volksgesundheit zu sorgen durch den Schutz der Mutter und des Kindes, durch Verbot der Jugendarbeit, durch Herbeiführung der körperlichen Ertüchtigung mittels gesetzlicher Festlegung einer Turn- und Sportpflicht, durch größte Unterstützung aller sich mit körperlicher Jugendausbildung beschäftigenden Vereine.

Es folgen die Programmpunkte: "Bildung eines Volksheeres"; „Kampf gegen die bewußte politische Lüge und ihre Verbreitung durch die Presse".

24. Wir fordern die Freiheit aller religiösen Bekenntnisse im Staat, soweit sie nicht dessen Bestand gefährden oder gegen das Sittlichkeits- und Moralgefühl der germanischen Rasse verstoßen.

Die Partei als solche vertritt den Standpunkt eines positiven Christentums, ohne sich konfessionell an ein bestimmtes Bekenntnis zu binden. Sie bekämpft den jüdisch-materialistischen Geist in und außer uns und ist überzeugt, daß eine dauernde Genesung unseres Volkes nur erfolgen kann von innen heraus auf der Grundlage: Gemeinnutz vor Eigennutz.

25. Zur Durchführung alles dessen fordern wir die Schaffung einer starken Zentralgewalt des Reiches. Unbedingte Autorität des politischen Zentralparlaments über das gesamte Reich und seine Organisationen im allgemeinen. Die Bildung von Stände- und Berufskammern zur Durchführung der vom Reich erlassenen Rahmengesetze in den einzelnen Bundesstaaten.

Die Führer der Partei versprechen, wenn nötig unter Einsatz des eigenen Lebens, für die Durchführung der vorstehenden Punkte rücksichtslos einzutreten.

[17]

DEUTSCHE ZENTRUMSPARTEI

Richtlinien (1922)

Das Zentrum bestand (wie die SPD) nach dem Zusammenbruch 1918 als aus der Vorkriegs- und Kriegszeit stammende Parteiorganisation weiter. Im schul- und kulturpolitischen Bereich setzte es seine traditionelle konfessionalistische Politik fort. Vom Beginn der Weimarer Republik an beteiligte sich das Zentrum an allen Regierungen bis 1932 (Rücktritt Kanzler Brünings). Der versuchte Durchbruch zu einer bekenntnisübergreifenden christlich-sozialen Volkspartei scheiterte schon früh. Das Zentrum blieb im wesentlichen eine katholische Partei der Mitte mit bürgerlichen Zielsetzungen, trotz eines nicht unerheblichen Anteils von Arbeitern.

Quelle: Die deutschen Parteiprogramme. Quellensammlung zur deutschen Geschichte. Heft 3: Das Deutsche Reich als Republik 1918–1930. 5. Aufl. Hrsg. von W. Mommsen und G. Franz. Leipzig und Berlin 1931. S. 48 ff.

Die Zentrumspartei ist die christliche Volkspartei, die bewußt zur deutschen Volksgemeinschaft steht und fest entschlossen ist, die Grundsätze des Christentums in Staat und Gesellschaft, in Wirtschaft und Kultur zu verwirklichen. Sie sieht in einer zielklaren christlich-nationalen Politik die sichere Gewähr für die Erneuerung und die Zukunft des deutschen Volkes.

Es folgen Erläuterungen zur „christlichen Staatsauffassung", zum „deutschen Volksstaat", zur „Reichseinheit", zur Ablehnung von „Klassenkampf und Klassenherrschaft", zu einer „vom Gemeinsinn getragenen Wirtschaftsordnung", zum „Ausbau der staatlichen Sozialpolitik".

Die deutsche Kulturpolitik muß auf die Erneuerung und Festigung der geistigen und sittlichen Volksgemeinschaft abzielen. Die Kultur des deutschen Volkes wurzelt in der christlichen Religion; die Zentrumspartei betrachtet es daher als ihre besondere Aufgabe, unter Wahrung der verfassungsmäßigen Gewissensfreiheit, Religionsfreiheit und Unterrichtsfreiheit das christlich-deutsche Geisteserbe zu schützen und die freie Auswirkung der religiösen Lebenskräfte zu sichern. Die Zentrumspartei will die Freiheit und Unabhängigkeit der kirchlichen Gemeinschaften und ihren Einfluß auf das Volksleben gewahrt wissen. Staat und Kirche sollen zum Segen der Volkskultur auf allen Gebieten einträchtig, ohne Verletzung der beiderseitigen Selbständigkeit, zusammenwirken.

Den Gefahren einer geistigen und moralischen Zersetzung des Volkslebens tritt die Zentrumspartei mit allem Nachdruck entgegen. Die Volkssittlichkeit ist die Quelle der Volksgesundheit und der Nährboden aller kulturgestaltenden Kräfte. Die Familie muß als Keimzelle der menschlichen Gemeinschaft und als wesentlichste Lebenbedingung der Kultur gesund erhalten werden. Die mütterliche und heimgestaltende Kraft der Frau in Familie und Volksleben ist als unersetzbares Volksgut zu hüten.

Die Erziehung des heranwachsenden Geschlechtes zu persönlicher, beruflicher und staatsbürgerlicher Tüchtigkeit unter voller Entfaltung der christlichen Lebenswerte ist als Daseinsfrage des deutschen Volkes eine Hauptsorge der Zentrumspartei. Sie erkennt den Anteil des Staates an der Jugenderziehung durchaus an, muß aber das staatliche Schulmonopol ablehnen und an dem Rechte der Kirche auf die religiös-sittliche Erziehung der Jugend unbedingt festhalten. Sie tritt entschieden für das natürliche, auch in der Reichsverfassung verbürgte Recht der Eltern auf die Erziehung der Kinder ein und fordert grundsätzlich die Bekenntnisschule.

Die Leitgedanken der Zentrumspartei sind also: Nationale Freiheit und Erneuerung, christliche Staatsauffassung, Volksstaat und Reichseinheit unter Wahrung des Eigenlebens der Länder, sittliche und soziale Wirtschaftsordnung, christlich-deutsche Volkskultur, christliche Völkergemeinschaft.

Es folgen Vorstellungen und Forderungen zu den Bereichen Auswärtige Angelegenheiten, Staatsordnung und Verwaltung, Finanzwesen, Steuern, Zoll-, Verkehrs-, Außenhandelspolitik, Wirtschaft und Arbeit. Das Kapitel „Volkswohlfahrt und Kultur" enthält die programmatischen Aussagen zur Schulpolitik:

7. Die Erziehungs- und Bildungsanstalten aller Art müssen auch bei den jetzigen beschränkten Mitteln des Gemeinwesens weitblickende Förderung erfahren. Ernsthaften Reformversuchen ist freie Entfaltung und Unterstützung zu gewähren. Die Verbindung zwischen Elternhaus und Schule ist durch zweckentsprechende Einrichtungen (Beiräte, Schulkommissionen u. dgl.) herzustellen und fruchtbar zu machen.

8. Das deutsche Schulwesen muß dem heranwachsenden Geschlecht die feste Grundlage für eine Lebensführung im Sinne des christlichen und deutschen Bildungsideals geben. Im Dienste von Staat, Kirche und Familie hat die Schule der Jugend einen starken sittlichen Charakter und die notwendigen Kenntnisse und Fertigkeiten für Beruf und Leben zu vermitteln. Im Mittelpunkt von Erziehung und Unterricht müssen Religion und Vaterland stehen.

9. Der Bekenntnisschule müssen Gesetzgebung und Verwaltung in weitherziger Anwendung der Reichsverfassung Raum zur Entwicklung schaffen. Die konfessionelle Vorbildung der Lehrkräfte ist ihre unentbehrliche Voraussetzung, die entsprechende Schulaufsicht ihre notwendige Ergänzung. Schulbücher und Schulbüchereien dürfen in keiner Schule das religiöse und sittliche Empfinden der Jugend verletzen; in der konfessionellen Schule müssen sie auf die Pflege des Bekenntnisses gebührend Rücksicht nehmen.

10. Die Volksschule, die den Grund zur deutschen Volksbildung legt, ist in erster Linie zu pflegen und auszubauen, damit sie nach jeder Richtung hin hochwertige Leistungen erzielen kann.

11. Für den Aufstieg begabter Kinder aus minderbemittelten Familien in die mittleren und höheren Schulen sind aus öffentlichen Mitteln Beihilfen bereitzustellen. Die Übergangsmöglichkeiten von einer Schulart zu anderen sollen vermehrt werden.

12. Die Erziehungsbedürfnisse der schwachbegabten, körperlich oder geistig zurückgebliebenen oder abgearteten Kinder sind sorgsam zu befriedigen. Die allgemeine Schulgesundheitspflege und soziale Schulkinderpflege muß weiterentwickelt werden.

13. Das mittlere und höhere Schulwesen muß in seiner Bedeutung für die berufliche und wissenschaftliche Bildung erhalten bleiben. Reformen dürfen nicht auf eine äußerliche Gleichmacherei hinauslaufen, vielmehr ist den vielgestaltigen Erfordernissen des praktischen und wissenschaftlichen Lebens Rechnung zu tragen. Auch auf die landschaftliche Eigenart ist Rücksicht zu nehmen.

14. Die Mädchenerziehung bedarf besonderer Pflege, unter anderem durch vermehrte Bildungsgelegenheiten, die sich auf der Volksschule aufbauen. Der Frau ist bestimmender Einfluß auf ihre Gestaltung einzuräumen. Die allgemeine Durchführung der Gemeinschaftserziehung der Geschlechter ist aus psychologischen, erziehlichen und sittlichen Gründen abzulehnen.

15. Der Berufserziehung beider Geschlechter muß durch planmäßige Berufsberatung und zeitgemäße Ausgestaltung der landwirtschaftlichen, gewerblichen, kaufmännischen und hauswirtschaftlichen Fortbildungs- und Fachschulen steigende Sorgfalt zugewandt werden.

16. Der Errichtung von Privatschulen gebührt vollste Freiheit. Die durch den Willen der Erziehungsberechtigten geforderten Privatschulen sind ohne Beeinträchtigung ihrer Selbständigkeit als Ergänzung und Bereicherung des öffentlichen Bildungswesens aus öffentlichen Mitteln ausreichend zu unterstützen.

Es folgen Angaben über Lehrerbildung, Universitäten, Theater, Presse.

Diese aus schwerster Volksnot, nach Weltkrieg und Umsturz, erwachsenen Richtlinien der Deutschen Zentrumspartei wollen dem Aufbau des deutschen Vaterlandes dienen und das deutsche Volk im Geiste des Christentums und der Hingabe an das Gemeinwohl einer besseren Zukunft entgegenführen.

[18]

PAPST PIUS XI.

Enzyklika „Divinus illius magistri" – „Die christliche Erziehung der Jugend" (1929)

Pius XI. (1857–1939) war nach langjähriger Tätigkeit in kirchlichen und vatikanischen Ämtern Papst von 1922–1939. Nach den politischen Veränderungen infolge des Weltkrieges festigte er die Stellung der katholischen Kirche in Mittel- und Osteuropa durch eine ausgedehnte Konkordatspolitik und durch bedeutsame Enzykliken, u. a. zur Arbeiterfrage, zur Ehe, zur Schulpolitik, gegen den Bolschewismus und gegen den Nationalsozialismus (1937). Die obengenannte Enzyklika „Divini illius magistri" (1929) gilt als verbindliche Leitlinie der Schulpolitik der katholischen Kirche.

Quelle: Die christliche Erziehung der Jugend. Enzyklika „Divini illius magistri" von Pius XI. Eingeleitet und mit textkritischen Bemerkungen versehen von Rudolf Peil. Basel, Freiburg, Wien 1959. S. 19 ff.

In der Einleitung führt Pius XI. zunächst die „Gründe zur Behandlung der Frage" an und erörtert dann „Wesen, Bedeutung und Hochwertigkeit der christlichen Erziehung". Es folgen Überlegungen zur „Einteilung des zu behandelnden Gegenstandes" sowie über „Die Erziehungsberechtigten – Im allgemeinen". Anschließend folgen: Die „überragende Vorzugsstellung" und „übernatürliche Mutterschaft" der Kirche; Umfang der kirchlichen Erziehungsrechte; Harmonie zwischen dem Rechte der Kirche und dem der Familie sowie des Staates; die Familie; der Staat; Gegenstand der Erziehung; Erziehungsumwelt, darin u. a. die Schule:

Die Schule

77. Die junge Generation muß in den Künsten und Lehrfächern zu Nutz und Frommen der Volksgemeinschaft unterrichtet werden. Da aber die Familie allein dieser Aufgabe nicht gewachsen ist, entstand das Sozialgebilde der Schule, wohlgemerkt zunächst als Schöpfung des Unternehmungsgeistes von Familie und Kirche, längst bevor der Staat an diese Aufgabe herantrat. Die Schule ist also auch, in ihren geschichtlichen Anfängen gesehen, ihrer Natur nach Ergänzung und Hilfe der Familie und der Kirche. Daraus folgt mit moralischer Notwendigkeit, daß sie diesen beiden Einflußsphären sich nicht nur nicht entgegenstellen darf, sondern mit ihnen zur denkbar vollkommensten moralischen Einheit verwachsen muß, zu so inniger Gemeinschaft, daß sie mit der Familie und der Kirche ein einziges, der christlichen Erziehung geweihtes Heiligtum bilden kann, wenn anders sie nicht ihr Ziel verfehlen und sich gerade ins Gegenteil, in ein Werk der Zerstörung, verwandeln will.

Es folgt in Ziffer 78 ein ausführliches Zitat als Beleg.

a) Die neutrale, weltliche Schule

79. Daraus gerade folgt, daß die sog. neutrale oder weltliche Schule, aus der die Religion ausgeschlossen ist, sich zu fundamentalsten Erziehungsgrundsätzen in Widerspruch setzt. Übrigens ist eine derartige Schule praktisch gar nicht möglich, da sie sich in Wirklichkeit zur religionsfeindlichen Schule entwickelt. Es braucht nicht wiederholt zu werden, was Unsere Vorgänger über sie erklärt haben, besonders Pius IX. und Leo XIII., zu deren Zeit gerade die Verweltlichung in der öffentlichen Schule ihr Unwesen zu treiben begann. Wir erneuern und bekräftigen ihre Erklärungen und gleichzeitig die Vorschriften der heiligen Kanones, wonach der Besuch der nichtkatholischen Schulen, ob weltliche oder Simultanschulen, also der Schu-

len, die ganz gleichförmig und ohne irgendwelche Sonderung den Katholiken und Nichtkatholiken offenstehen, den katholischen Kindern verboten ist und daß der Besuch dieser Schulen nur mit Rücksicht auf bestimmte örtliche und zeitliche Verhältnisse unter besonderen Sicherungen geduldet werden kann, wobei einzig die Entscheidung des Oberhirten maßgebend ist.

b) Die Simultanschule, die „Einheitsschule“

Für die Katholiken kann auch jene Simultanschule nicht als normal anerkannt werden (um so schlimmer, wenn sie „Einheits“- und Pflichtschule für alle ist), in der den Katholiken zwar getrennt Religionsunterricht erteilt wird, in der sie aber den übrigen Unterricht von nichtkatholischen Lehrern zusammen mit nichtkatholischen Schülern erhalten.

c) Die katholische Schule

80. Denn die bloße Tatsache, daß an einer Schule (oft noch mit allzu großer Einschränkung) Religionsunterricht erteilt wird, bringt sie noch nicht in Übereinstimmung mit den Rechten der Kirche und der christlichen Familie und gibt ihr noch nicht die nötige Eignung für den Besuch der katholischen Kinder. Dafür ist notwendig, daß der ganze Unterricht und Aufbau der Schule: Lehrer, Schulordnung und Schulbücher, in allen Fächern unter Leitung und mütterlicher Aufsicht der Kirche von christlichem Geiste beherrscht sind, so daß die Religion in Wahrheit die Grundlage und Krönung des ganzen Erziehungswerkes in allen seinen Abstufungen darstellt, nicht bloß in den Elementar-, sondern auch in den Mittel- und Hochschulen. „Es ist nicht bloß notwendig“, um ein Wort Leos XIII. zu gebrauchen, „daß der Jugend zu bestimmten Stunden Religionsunterricht erteilt, sondern auch der ganze übrige Unterricht vom Wohlgeruch religiösen christlichen Sinnes durchflutet wird. Wenn das fehlt, wenn dieser heilige Atem das Innere der Lehrer und Schüler nicht durchzieht und erwärmt, dann wird man aus der ganzen Schulung recht wenig Nutzen ziehen. Oft wird daraus sogar nicht geringer Schaden erwachsen.“

Es folgen Ausführungen zur staatlichen Finanzierungspflicht von katholischen Bekenntnisschulen.

d) Katholische Aktion für die Schule

84. Alles, was die Gläubigen in der Förderung und zum Schutze der katholischen Schule für ihre Kinder tun, ist ausgesprochen religiöse Tätigkeit und deshalb allererste Aufgabe der „Katholischen Aktion“. Daher sind alle jene Sonderorganisationen, die in den einzelnen Nationen mit großem Eifer einem so notwendigen Werke obliegen, Unserem väterlichen Herzen besonders teuer und hohen Lobes würdig.

85. Es sei in diesem Zusammenhang laut verkündet, und es möge von allen wohl verstanden und als richtig anerkannt werden: In keinem Volk der Welt treiben die Katholiken dadurch, daß sie ihren Kindern die katholische Schule zu erwirken suchen, Parteipolitik: vielmehr leisten sie damit religiöse, von ihrem Gewissen als unerläßlich geforderte Arbeit. Sie wollen ihre Kinder damit nicht etwa vom Körper und Geist des Volkes lostrennen, sondern sie auf die vollkommenste und dem Wohl der Nation dienlichste Art dafür erziehen. Denn der gute Katholik ist gerade kraft der katholischen Glaubenslehre auch der beste Staatsbürger, der sein Vaterland liebt und sich der in irgendeine gesetzliche Staatsform gekleideten Staatsgewalt aufrichtig unterordnet.

Es folgen: Gute Lehrer; Die Welt und ihre Gefahren. Mit dem Kapitel „Ziel und Grund der christlichen Erziehung“ schließt die Enzyklika.

[19]

DEUTSCHER LEHRERVEREIN

Schulforderungen (1919)

Der Deutsche Lehrerverein knüpfte nach dem Krieg 1914–1918 unmittelbar an die Leitlinien seiner kultur- und schulpolitischen Zielsetzungen aus der Vorkriegszeit an. Während der Beratungen der Weimarer Nationalversammlung über die neue Verfassung tagte in Berlin die 27. Vertreterversammlung des Deutschen Lehrervereins und legte ihre Vorstellungen für die Gestaltung eines demokratischen Schulwesens in Verbandsbeschlüssen fest. Sie fanden zum Teil bis in die Formulierungen hinein Eingang in die Schulartikel der Reichsverfassung, ähnlich wie es 1848 der Fall war.

Quelle: C. L. A. Pretzel: Geschichte des Deutschen Lehrervereins in den ersten fünfzig Jahren seines Bestehens. Leipzig 1921. S. 265 ff.

I. Wesen und Aufgabe der Schule

1. Der Volksstaat beruht auf der Erziehung aller Staatsbürger zur höchsten Leistungsfähigkeit und vollen sittlichen Verantwortlichkeit. Die öffentliche Schule muß daher der gesamten Volksjugend die Möglichkeit bieten, alle Anlagen und Kräfte des Körpers und des Geistes auszubilden.

2. Damit dem Bildungserwerb keinerlei Hindernisse und Beeinträchtigungen entgegenstehen, muß die öffentliche Schule eine einheitlich aufgebaute und nach den Grundsätzen der Selbstverwaltung einheitlich verwaltete Volksbildungsanstalt sein, deren Zweige und Stufen unter sich eng verbunden sind.

3. Das Berechtigungswesen in seiner heutigen Gestalt ist aufzuheben. Der Zugang zu bestimmten Berufen und Berufsschulen darf nicht vom

Besuch bestimmter Schularten und Schulstufen abhängig gemacht werden, sondern muß allen Anwärtern offen stehen, die ihre Eignung durch tatsächliche Leistungen bekunden. Zu den Berufsschulen in diesem Sinne sind auch die Hochschulen zu rechnen.

II. Schulpflicht

1. Die Schulpflicht beginnt frühestens mit dem vollendeten 6. Lebensjahre und endet mit dem vollendeten 18. Lebensjahre. Mindestens acht Jahre hindurch ist ihr in Schulen mit vollem Tagesunterricht zu genügen, weiterhin entweder in solchen oder in den für beide Geschlechter verbindlichen Fortbildungsschulen, die als Erziehungsschulen auf beruflicher Grundlage auszubauen sind.

2. Für Kinder vom vollendeten 3. Lebensjahre an sind öffentliche Kindergärten einzurichten, deren Besuch im allgemeinen freiwillig, aber für Kinder, denen eine geordnete häusliche Erziehung nicht zuteil wird, pflichtgemäß ist.

3. Der Erfüllung der Schulpflicht dienen die öffentlichen Bildungsanstalten, deren Besuch völlig unentgeltlich ist. Über das schulpflichtige Alter hinaus sind vom Staat Bildungsmöglichkeiten zu schaffen.

4. Alle privaten Schulunternehmungen, die die Kinder nach Stand, Vermögen oder Bekenntnis der Eltern absondern, sind abzulehnen. Nichtöffentliche Schulen als Ersatz für die Schule der allgemeinen Schulpflicht sind nur ausnahmsweise für besondere Fälle aus ernsten erzieherischen Bedürfnissen und sachlich zwingenden Gründen zuzulassen. Sie unterstehen wie die öffentlichen Schulen der staatlichen Beaufsichtigung. Privatschulen, die als Ersatz für öffentliche Schulen gelten sollen, dürfen nicht aus öffentlichen Mitteln unterstützt werden.

III. Aufbau

1. Da sich die Anteilnahme am Leben und Schaffen des Volkes grundsätzlich nach Befähigung und Neigung entscheiden muß, so kann auch die Zulassung zu den öffentlichen Bildungsanstalten nur nach diesen Grundsätzen erfolgen. Das gesamte öffentliche Bildungswesen muß darum nach dem Plan der Einheitsschule aufgebaut werden, der Unentgeltlichkeit des Unterrichts und der Unterrichtsmittel für alle Zöglinge und erhöhte Fürsorge durch Unterhaltsbeihilfen für Unbemittelte zur Voraussetzung hat.

2. Auf der für alle Kinder gemeinsamen Grundschule bauen sich alle anderen Schularten auf. Das Fortbildungs- und Fachschulwesen ist in sich und mit den betreffenden allgemeinen Bildungsanstalten so in Verbindung zu setzen, daß auch auf diesem Wege ein geordneter Aufstieg bis zur Hochschule möglich ist.

3. Für blinde, schwachsichtige, taubstumme, schwerhörige, sprachleidende, schwach befähigte, krankhaft veranlagte, sittlich gefährdete, sowie für Krüppelkinder ist erzieherisch und unterrichtlich besonders zu sorgen.

4. Schulen der verschiedenen Arten und Grade sind entsprechend den tatsächlichen Bedürfnissen in ausreichender Zahl einzurichten und auf das Staatsgebiet zu verteilen.

IV. Schule und Religionsunterricht

1. Die öffentlichen Schulen sind grundsätzlich für Kinder aller Bekenntnisse gemeinsam.

2. Die Schule erblickt in der Erziehung zur sittlichen Persönlichkeit ihre höchste Aufgabe und sucht diese durch das gesamte Schulleben zu pflegen.

3. Der Religionsunterricht als besonderes Lehrfach ist Sache der religiösen Gemeinschaften.

4. Der Staat und die Gemeinden überlassen den Religionsgemeinschaften auf Antrag die Schulräume zu den für die Schule geeigneten Zeiten.

5. Die Lehrer haben das Recht, sich an der religiösen Unterweisung durch freien Vertrag mit den religiösen Gemeinschaften zu beteiligen.

6. Kein Kind darf gegen den Willen der Erziehungsberechtigten zur Teilnahme am Religionsunterricht gezwungen werden.

Es folgen die Abschnitte Hilfseinrichtungen der Schule (V.) und Lehrerbildung (VI.).

VI.
Die Gleichschaltung von Staat, Gesellschaft und Schule durch das totalitäre NS-Regime

1. Zum Begriff „Totalitärer Staat“

SIEGFRIED LANDSHUT

Totalitarismus

Der Artikel aus dem „Politischen Wörterbuch“ schließt an bereits erwähnte Grundsatzartikel an. Er führt in knapper Weise sowohl in die politiktheoretischen Voraussetzungen als auch in die realgeschichtlichen Auswirkungen des modernen Totalitarismus ein.

Quelle: S. Landshut/ W. Gaebler: Politisches Wörterbuch. Tübingen 1958. S. 231 f.

Totalitarismus. Die aus dem Prinzip des modernen Staates entspringende Tendenz zum totalen Staat, die dann voll in Erscheinung tritt, wenn alle den Staat beschränkenden sittlichen Prinzipien politisch nicht mehr zur Wirksamkeit kommen.

Der totale Staat wird sowohl vom Faschismus, Nationalsozialismus als auch vom Bolschewismus (Kommunismus; Marxismus) ausdrücklich angestrebt, wenn auch die Begründungen verschieden sind. Sein Wesen besteht darin, daß alle menschlichen Kräfte einem beliebigen Willen zu einem beliebigen Zweck jederzeit voll zur Verfügung stehen, seine Funktion in der Erzeugung von Macht. Voraussetzung dafür ist ein Verwaltungsapparat, der so organisiert ist, daß er jede Anordnung auf eine technisch perfekte Weise durchführt. Jede Anordnung muß im Hinblick auf das, was durch sie erreicht werden soll, so eindeutig sein, daß dem Ausführenden nur noch die praktische Durchführung und kein Spielraum für Entscheidungen überlassen bleibt, damit die rein technische Funktion der Verwaltung nicht durch willkürliche Auslegungen der Wirklichkeit gehindert wird. Eine weitere Voraussetzung ist die Verwandlung eines jeden in einen staatlichen Funktionär, d. h. die Aufhebung aller privaten Rechte und Freiheiten. Alles, was dem Einzelnen u. U. noch zu seiner freien Verfügung gestellt bleibt, wie Freizeitbeschäftigung, Berufswahl, privates Eigentum usw., wird ihm nur unter dem Gesichtspunkt des für die Machtsteigerung Notwendigen überlassen. In diesem Sinne wird jede Tätigkeit des Menschen zum Dienst am Staat, jede Frage nach dem Sinn des Staates ist unzulässig. Daher gibt es im totalitären Staat weder Tradition noch ein einsichtiges Ziel. Vorhandene Erinnerungen und Sinnvorstellungen werden von der Propaganda so ausgedeutet, mobilisiert und gelenkt, daß sich mit ihnen die Direktiven und Maßnahmen der Führung rechtfertigen lassen. Neben der Propaganda bedient sich der totale Staat zu seiner Erhaltung eines ausgedehnten Systems gegenseitiger Überwachung (Schaffung paralleler Organisationen mit gleichen Funktionen, z. B. Verwaltung gleicher Angelegenheiten durch Staats- und Parteidienststellen; Spitzelsystem) und der Erfassung eines jeden durch entsprechende Organisationen (Partei, Gewerkschaften, Jugend-, Studenten-, Berufsorganisationen usw.), die alle Exekutive des gleichen Willens sind. Um jede Möglichkeit von Freiheit und Widerstand zu verhindern, wird eine staatliche Geheimpolizei neben der Polizei mit normalen Aufgaben gebildet. Damit ein letzter Zweck aller Veranstaltungen jederzeit deutlich vor Augen geführt werden kann, bedarf es der Proklamierung eines Todfeindes, der zwar verschiedene Namen tragen kann, aber letztlich so gedacht wird, wie der totale Staat sich selbst auffaßt („Weltjudentum“, „Freimaurertum“, „internationale Hochfinanz“ mit einer geheimen Zentrale, geheimen Organisationen usw.). Der Vernichtung dieses Feindes innerhalb des Staates sollen die Konzentrationslager dienen, außerhalb des Staates die militärische Aufrüstung, die Vorbereitung und Durchführung eines „totalen“ Krieges als letzter Entscheidung.

2. Zentralisierung und Ideologisierung

[1]

ADOLF HITLER

Das Führerprinzip (1925/27)

Adolf Hitler (1889–1945) lebte bis 1914 ohne feste Ausbildung und Berufstätigkeit in Wien und München. Bei Kriegsausbruch meldete er sich als Österreicher freiwillig zum deutschen Heer. Nach seiner Entlassung aus dem Lazarett 1918 übernahm er vorübergehend Aufgaben der politischen Beobachtung und Agitation für die Reichswehr. Er kam dabei mit der Deutschen Arbeiterpartei in Berührung, deren Führung er nach seinem Beitritt übernahm. Die Partei nannte sich fortan Nationalsozialistische Deutsche Arbeiterpartei (NSDAP). Nach einem mißlungenen Putschversuch 1923 verurteilt, verbüßte Hitler einen Teil seiner Haftstrafe in der Festung Landsberg, wo er seine politischen Vorstellungen in „Mein Kampf“ niederlegte, die zur Grundlage der Parteiideologie wurden. Nach seiner vorzeitigen Entlassung vermochte er seine Führerstellung und die innerparteiliche Geltung des Führerprinzips zu festigen. Nach 1930 erweiterte sich die NSDAP infolge der Weltwirtschaftskrise und der gleichzeitigen Krise der parlamentarischen Regierung rasch zur Massenbewegung. Als verschiedene Versuche einer Spaltung der NSDAP gescheitert waren, gab der Reichspräsident v. Hindenburg seinen Widerstand gegen eine Kanzlerschaft Hitlers auf. Am 30. Januar 1933 wurde Hitler zum Reichskanzler an der Spitze eines nationalsozialistisch-deutschnationalen Koalitionskabinetts ernannt. Hitler hatte nun freie Bahn, die in „Mein Kampf" unmißverständlich beschriebenen innen- und außenpolitischen Zielsetzungen rücksichtslos durchzusetzen. Am Ende des Zweiten Weltkrieges nahm er sich kurz vor der vollständigen Einnahme Berlins durch die sowjetischen Truppen das Leben.

Quelle: A. Hitler: Mein Kampf. 2. Bde. in einem Band. Ungekürzte Ausgabe. 85.–94. Aufl. München 1934. S. 378 f.

Den ersten Band seines Buches „Mein Kampf" nennt Hitler „eine Abrechnung" und gibt in den zwölf Kapiteln eine Rückschau auf seinen Lebensweg und die Entwicklung der Partei, vielfach durchsetzt mit Deutungen der politischen und gesellschaftlichen Verhältnisse in den Vorkriegs-, Kriegs- und Nachkriegsjahren, aus denen bestimmte Zielsetzungen für die Partei abgeleitet werden. Das zwölfte Kapitel enthält eine Darstellung derjenigen Prinzipien, die die Entwicklung der Partei zu einer „Bewegung" begründeten, begleiteten und förderten. Unter den vierzehn Punkten bringt der neunte Punkt wichtige Aussagen zur Struktur der Partei, in denen sich Hitlers Herrschaftsauffassungen widerspiegeln:

9. Die junge Bewegung ist ihrem Wesen und ihrer inneren Organisation nach antiparlamentarisch, d. h. sie lehnt im allgemeinen wie in ihrem eigenen inneren Aufbau ein Prinzip der Majoritätsbestimmung ab, in dem der Führer nur zum Vollstrecker des Willens und der Meinung anderer degradiert wird. Die Bewegung vertritt im kleinsten wie im größten den Grundsatz der unbedingten Führerautorität, gepaart mit höchster Verantwortung. Die praktischen Folgen dieses Grundsatzes in der Bewegung sind nachstehende:

Es folgt eine Darstellung der praktischen Organisation des Führerprinzips von der „Ortsgruppe" an der Basis bis in die obersten Funktionen: „Immer wird der Führer von oben eingesetzt und gleichzeitig mit unbeschränkter Vollmacht und Autorität bekleidet."

Es ist eine der obersten Aufgaben der Bewegung, dieses Prinzip zum bestimmenden nicht nur innerhalb ihrer eigenen Reihen, sondern auch für den gesamten Staat zu machen.

Wer Führer sein will, trägt bei höchster unumschränkter Autoriät auch die letzte und schwerste Verantwortung.

Wer dazu nicht fähig oder für das Ertragen der Folgen seines Tuns zu feige ist, taugt nicht zum Führer. Nur der Held ist dazu berufen.

Der Fortschritt und die Kultur der Menschheit sind nicht ein Produkt der Majorität, sondern beruhen ausschließlich auf der Genialität und der Tatkraft der Persönlichkeit.

Diese heranzuzüchten und in ihre Rechte einzusetzen, ist eine der Vorbedingungen zur Wiedergewinnung der Größe und Macht unseres Volkes.

Damit ist die Bewegung aber antiparlamentarisch, und selbst ihre Beteiligung in einer parlamentarischen Institution kann nur den Sinn einer Tätigkeit zu deren Zertrümmerung besitzen, zur Beseitigung einer Einrichtung, in der wir eine der schwersten Verfallserscheinungen der Menschheit zu erblicken haben.

[2]

Gesetz zur Behebung der Not von Volk und Reich („Ermächtigungsgesetz“ 1933)

Nachdem schon die im Zusammenhang mit dem Reichstagsbrand erlassene „Verordnung zum Schutze von Volk und Staat“ (28. 2. 1933) wichtige Grundrechte (Unverletzlichkeit der Freiheit der Person, der Wohnung, des Briefgeheimnisses, Recht der freien Meinungsäußerung, Versammlungsfreiheit, Gewährleistung des Eigentums) außer Kraft gesetzt und ein rücksichtsloses Vorgehen gegen alle oppositionellen Kräfte im Reich eingeleitet hatte, gab das sog. Ermächtigungsgesetz, das am 24. März 1933 vom Reichstag mit 441 gegen 94 Stimmen der SPD (die KPD war bereits verboten) angenommen wurde, die endgültige Basis ab für die Umwandlung des Staates in die nationalsozialistische Diktatur. Es bedeutete faktisch die Aufhebung der Gewaltenteilung, die politische Entmachtung des Reichstages und (später) des Reichsrates.

Weder die „Verordnung zum Schutze von Volk und Staat“ noch das „Ermächtigungsgesetz“ wurden in der Folgezeit formell aufgehoben. Aber durch die Ernennung zum Staatsoberhaupt nach dem Ableben des Reichspräsidenten von Hindenburg vereinigte Hitler nunmehr als „Führer und Reichskanzler“ (gemäß Gesetz vom 1. 8. 1934) ohnehin alle politische Macht in seiner Person. Der Ausnahmezustand war damit auf Dauer gestellt, die totalitäre Diktatur trotz formaler Fortgeltung der Verfassung legalisiert. Eine Volksabstimmung sanktionierte diese Neuerung.

Quelle: Reichsgesetzblatt 1933. Teil I. S. 141.

Der Reichstag hat das folgende Gesetz beschlossen, das mit Zustimmung des Reichsrats hiermit verkündet wird, nachdem festgestellt ist, daß die Erfordernisse verfassungsändernder Gesetzgebung erfüllt sind:

Artikel 1. Reichsgesetze können außer in dem in der Reichsverfassung vorgesehenen Verfahren auch durch die Reichsregierung beschlossen werden. Dies gilt auch für die in den Artikeln 85 Abs. 2 und 87 der Reichsverfassung bezeichneten Gesetze [Haushaltsplan und Kreditbeschaffung].

Artikel 2. Die von der Reichsregierung beschlossenen Reichsgesetze können von der Reichsverfassung abweichen, soweit sie nicht die Einrichtung des Reichstags und des Reichsrats als solche zum Gegenstand haben. Die Rechte des Reichspräsidenten bleiben unberührt.

Artikel 3. Die von der Reichsregierung beschlossenen Reichsgesetze werden vom Reichskanzler ausgefertigt und im Reichsgesetzblatt verkündet. Sie treten, soweit sie nichts anderes bestimmen, mit dem auf die Verkündung folgenden Tage in Kraft. Die Artikel 68 bis 77 der Reichsverfassung finden auf die von der Reichsregierung beschlossenen Gesetze keine Anwendung.

Artikel 4. Verträge des Reichs mit fremden Staaten, die sich auf Gegenstände der Reichsgesetzgebung beziehen, bedürfen nicht der Zustimmung der an der Gesetzgebung beteiligten Körperschaften. Die Reichsregierung erläßt die zur Durchführung dieser Verträge erforderlichen Vorschriften.

Artikel 5. Dieses Gesetz tritt mit dem Tage seiner Verkündung in Kraft. Es tritt mit dem 1. April 1937 außer Kraft; es tritt ferner außer Kraft, wenn die gegenwärtige Reichsregierung durch eine andere abgelöst wird.

Berlin, den 24. März 1933.

Der Reichspräsident
von Hindenburg
Der Reichskanzler
Adolf Hitler
Der Reichsminister des Innern Frick
Der Reichsminister des Auswärtigen Freiherr von Neurath
Der Reichsminister der Finanzen Graf Schwerin von Krosigk

[3]

Gesetz gegen die Neubildung von Parteien (1933)

Das Gesetz gegen die Neubildung von Parteien wurde am 14. Juli 1933 verkündet. Innerhalb eines Vierteljahres nach der Machtergreifung kam es zum Ende des parteipolitischen Pluralismus und zur Begründung des Ein-Partei-Staates. Alle aus der Weimarer Republik überkommenen Parteien sahen sich nach dem 30. Januar 1933 einem starken Druck der Staatsorgane sowie der Dienststellen der NSDAP und ihrer Gliederungen ausgesetzt. KPD, SPD und Gewerkschaften wurden zerschlagen, ihre Funktionäre verfolgt, ihr Vermögen eingezogen. Die Parteien, die dem Ermächtigungsgesetz zugestimmt hatten, waren inzwischen größtenteils ohne Massenbasis und ohne reale Einflußmöglichkeit. Sie wurden nachhaltig zur „freiwilligen" Auflösung angehalten oder in die NSDAP „überführt". Als letzte Partei veröfffentlichte das Zentrum am 5. Juli 1933 eine Erklärung über die Selbstauflösung.

Quelle: Reichsgesetzblatt, 1933. Teil I. S. 479.

Die Reichsregierung hat das folgende Gesetz beschlossen, das hiermit verkündet wird:

§ 1

In Deutschland besteht als einzige politische Partei die Nationalsozialistische Deutsche-Arbeiter-Partei.

§ 2

Wer es unternimmt, den organisatorischen Zusammenhalt einer anderen politischen Partei aufrechtzuerhalten oder eine neue politische Partei zu bilden, wird, sofern nicht die Tat nach anderen Vorschriften mit einer höheren Strafe bedroht ist, mit Zuchthaus bis zu drei Jahren oder mit Gefängnis von sechs Monaten bis zu drei Jahren bestraft.

Berlin, den 14. Juli 1933.

Der Reichskanzler Adolf Hitler
Der Reichsminister des Innern Frick
Der Reichsminister der Justiz Dr. Gürtner

[4]

Gesetz zur Sicherung der Einheit von Partei und Staat (1933)

Das am 1. Dezember 1933 verkündete Gesetz führte die Entwicklung zu einem zentralistischen Einheitsstaat nach dem Prinzip der Einheit von Partei und Staat weiter. Am 6. Juni 1933 hatte Hitler in einer Rede vor den Reichsstatthaltern die nationalsozialistische Revolution im Sinne eines äußeren, die Machtergreifung bezweckenden Vorgangs für beendet erklärt. Die Revolution habe das überkommene Parteiensystem endgültig beseitigt und die NSDAP zur allein staatstragenden Partei erhoben. Nach der Erringung der äußeren Macht müsse nun die „innere Erziehung der Menschen folgen". Dazu sei die gänzliche Einheit von Partei und Staat nötig. Da die Partei jetzt völlig mit dem Staat verbunden sei, müsse alle Macht ausschließlich bei der Staatsgewalt liegen. Durch die starke Betonung der „unteilbaren Staatsgewalt" (Frick) sollte auch Selbständigkeitsbestrebungen einzelner Parteiorganisationen, wie sie sich z. B. in der SA („Röhmputsch", 1934) zeigten, entgegengewirkt werden.

Quelle: Reichsgesetzblatt 1933. Teil I. S. 1016.

§ 1. Nach dem Sieg der nationalsozialistischen Revolution ist die nationalsozialistische Deutsche Arbeiterpartei die Trägerin des deutschen Staatsgedankens und mit dem Staate unlöslich verbunden.

Sie ist eine Körperschaft des öffentlichen Rechts.

§ 2. Zur Gewährleistung engster Zusammenarbeit der Dienststellen der Partei und der SA mit den öffentlichen Behörden werden der Stellvertreter des Führers und der Chef des Stabes der SA Mitglied der Reichsregierung.

§ 3. Den Mitgliedern der Nationalsozialistischen Deutschen Arbeiterpartei und der SA (einschließlich der ihr unterstellten Gliederungen) als der führenden und bewegenden Kraft des nationalsozialistischen Staates obliegen erhöhte Pflichten gegenüber Führer, Volk und Staat.

Sie unterstehen wegen Verletzung dieser Pflichten einer besonderen Partei- und SA-Gerichtsbarkeit.

Der Führer kann diese Bestimmungen auf die Mitglieder anderer Organisationen erstrecken.

Es folgen Ausführungen über den Begriff „Pflichtverletzung“ und über die Art der „Dienststrafen“.

§ 6. Die öffentlichen Behörden haben im Rahmen ihrer Zuständigkeit den mit der Ausübung der Partei- und SA-Gerichtsbarkeit betrauten Dienststellen der Partei und der SA Amts- und Rechtshilfe zu leisten.

§ 7. Das Gesetz, betreffend die Dienststrafgewalt über die Mitglieder der SA und SS, vom 28. April 1933 (RGBl. I S. 230) tritt außer Kraft.

Es folgen Ausführungen über Verfahrensfragen.

Berlin, den 1. Dezember 1933. Der Reichskanzler Adolf Hitler
Der Reichsminister des Innern Frick

[5]

Gesetz über den Neuaufbau des Reichs (1934)

Schon unmittelbar nach der Machtergreifung begann das Kabinett Hitler mit der Vorbereitung eines zentralistischen Einheitsstaates. Beginnend mit dem „Vorläufigen Gesetz zur Gleichschaltung der Länder mit dem Reich“ vom 31. März 1933 und mit dem „Reichsstatthaltergesetz“ vom 7. April 1933 wurde eine einheitliche politische Ausrichtung für das ganze deutsche Reich eingeleitet. Das „Gesetz über den Neuaufbau des Reichs“ vom 30. Januar 1934 hob die Länder endgültig als relativ selbständige Einheiten auf und setzte an die Stelle der bisherigen föderativen Struktur der Republik den zentralistischen Einheitsstaat.

Quelle: Reichsgesetzblatt 1934. Teil I. S. 75.

Die Volksabstimmung und die Reichstagswahl vom 12. November 1933 haben bewiesen, daß das deutsche Volk über alle innenpolitischen Grenzen und Gegensätze hinweg zu einer unlöslichen, inneren Einheit verschmolzen ist.

Der Reichstag hat daher einstimmig das folgende Gesetz beschlossen, das mit einmütiger Zustimmung des Reichsrates hiermit verkündet wird, nachdem festgestellt ist, daß die Erfordernisse verfassungsändernder Gesetzgebung erfüllt sind:

Artikel 1

Die Volksvertretungen der Länder werden aufgehoben.

Artikel 2

(1) Die Hoheitsrechte der Länder gehen auf das Reich über.

(2) Die Landesregierungen unterstehen der Reichsregierung.

Artikel 3

Die Reichsstatthalter unterstehen der Dienstaufsicht des Reichsministers des Innern.

Artikel 4

Die Reichsregierung kann neues Verfassungsrecht setzen.

Artikel 5

Der Reichsminister des Innern erläßt die zur Durchführung des Gesetzes erforderlichen Rechtsverordnungen und Verwaltungsvorschriften.

Artikel 6

Dieses Gesetz tritt mit dem Tage der Verkündung in Kraft.

Berlin, den 30. Januar 1934. Der Reichspräsident von Hindenburg
Der Reichskanzler Adolf Hilter
Der Reichsminister des Innern Frick

[6]

Erlaß über die Errichtung des Reichsministeriums für Wissenschaft, Erziehung und Volksbildung (1934)

Der föderalistische, aus der Weimarer Republik übernommene Aufbau der Schulverwaltung wurde im Prinzip schon durch das „Gesetz über den Neuaufbau des Reichs" (30. 1. 1934), das die Länder als selbständige Einheiten annullierte, beseitigt. Das Recht, schulpolitische Anordnungen zu treffen, ging an das Reichsinnenministerium über. Die Länder behielten aber noch umfangreiche Befugnisse. Der entscheidende Schritt zur vollständigen Zentralisierung der Schulpolitik wurde mit der Errichtung des Reichsministeriums für Wissenschaft, Erziehung und Volksbildung am 1. Mai 1934 vollzogen. Aus dem Reichsministerium des Innern wurden die Geschäftsbereiche Wissenschaft, Erziehung und Unterricht, Jugendverbände und Erwachsenenbildung ausgegliedert und dem neuen Ministerium übertragen. Auch alle berufsbildenden Schulen, soweit sie bei anderen Ministerien ressortierten, wurden ihm unterstellt. Es sorgte fortan für eine reichseinheitliche Durchführung der von ihm erlassenen Richtlinien, Lehrpläne, Schultypenbestimmungen, Ordnungen für die Lehrerausbildung usw.

Quelle: Reichsgesetzblatt 1934. Teil I. S. 365.

(1) Für das gesamte Erziehungs-, Bildungs- und Unterrichtswesen des Reichs sowie für die Aufgaben der Wissenschaft wird ein Reichsministerium für Wissenschaft, Erziehung und Volksbildung errichtet.

(2) Der Leiter dieser Behörde führt die Bezeichnung „Reichsminister für Wissenschaft, Erziehung und Volksbildung".

(3) Die einzelnen Aufgaben des Reichsministeriums für Wissenschaft, Erziehung und Volksbildung bestimmt der Reichskanzler. Er bestimmt

auch die Aufgaben, die aus dem Geschäftsbereich der beteiligten Reichsministerien auf das neue Ministerium übergehen, und zwar auch dann, wenn hierdurch der Geschäftsbereich der betroffenen Ministerien in den Grundzügen berührt wird.

Berlin, den 1. Mai 1934. Der Reichspräsident von Hindenburg
Der Reichskanzler Adolf Hitler

[7]

ADOLF HITLER

Erziehungsgrundsätze des völkischen Staates (1925/27)

Im zweiten Band seines Buches „Mein Kampf“, der den Titel „die nationalsozialistische Bewegung“ trägt, gibt Hitler einen Aufriß der Ziele und Aufgaben seiner Partei vor dem Hintergrund einer „Rassentheorie“, die als „programmatische Grundlage“, als „neue Weltanschauung von prinzipieller Bedeutung“, das „politische Glaubensbekenntnis“ seiner „Kampfbewegung“ bestimmen sollen. Dabei geht Hitler ausführlich, aber auch weitschweifig und unzusammenhängend, auf die „Erziehungsgrundsätze des völkischen Staates“ ein.

Quelle: A. Hitler: Mein Kampf. 2 Bde. in einem Band. Ungekürzte Ausgabe. 85.–94. Aufl. München 1934. S. 451 ff.

Wenn wir als erste Aufgabe des Staates im Dienste und zum Wohle seines Volkstums die Erhaltung, Pflege und Entwicklung der besten rassischen Elemente erkennen, so ist es natürlich, daß sich diese Sorgfalt nicht nur bis zur Geburt des jeweiligen kleinen jungen Volks- und Rassegenossen zu erstrecken hat, sondern daß sie aus dem jungen Sprößling auch ein wertvolles Glied für eine spätere Weitervermehrung erziehen muß.

Und so wie im allgemeinen die Voraussetzung geistiger Leistungsfähigkeit in der rassischen Qualität des gegebenen Menschenmaterials liegt, so muß auch im einzelnen die Erziehung zuallererst die körperliche Gesundheit ins Auge fassen und fördern; denn in der Masse genommen wird sich ein gesunder kraftvoller Geist auch nur in einem gesunden und kraftvollen Körper finden.

Es folgt ein Hinweis auf Ausnahmen, die nur die Regel bestätigen: körperliche Degenerationen werden keinen großen Geist hervorbringen, nicht einmal ihn verstehen oder ihm folgen können.

Der völkische Staat hat in dieser Erkenntnis seine gesamte Erziehungsarbeit in erster Linie nicht auf das Einpumpen bloßen Wissens einzustellen, sondern auf das Heranzüchten kerngesunder Körper. Erst in zweiter Linie kommt dann die Ausbildung der geistigen Fähigkeiten. Hier aber wieder an der Spitze die Entwicklung des Charakters, besonders die Förderung der Willens- und Entschlußkraft, verbunden mit der Erziehung zur Verantwortungsfreudigkeit, und erst als letztes die wissenschaftliche Schulung.

Der völkische Staat muß dabei von der Voraussetzung ausgehen, daß ein zwar wissenschaftlich wenig gebildeter, aber körperlich gesunder Mensch mit gutem, festem Charakter, erfüllt von Entschlußfreudigkeit und Willenskraft, für die Volksgemeinschaft wertvoller ist als ein geistreicher Schwächling.

Es folgt eine Wiederholung des Gedankenganges, aus dem dann die Konsequenzen für die Erziehungsinstitutionen gezogen werden.

Die körperliche Ertüchtigung ist daher im völkischen Staat nicht eine Sache des einzelnen, auch nicht eine Angelegenheit, die in erster Linie die Eltern angeht, und die erst in zweiter oder dritter die Allgemeinheit interessiert, sondern eine Forderung der Selbsterhaltung des durch den Staat vertretenen und geschützten Volkstums. So wie der Staat, was die rein wissenschaftliche Ausbildung betrifft, schon heute in das Selbstbestimmungsrecht des einzelnen eingreift und ihm gegenüber das Recht der Gesamtheit wahrnimmt, indem er, ohne Befragung des Wollens oder Nichtwollens der Eltern, das Kind dem Schulzwang unterwirft, so muß in noch viel höherem Maße der völkische Staat dereinst seine Autorität durchsetzen gegenüber der Unkenntnis oder dem Unverständnis des einzelnen in den Fragen der Erhaltung des Volkstums. Er hat seine Erziehungsarbeit so einzuteilen, daß die jungen Körper schon in ihrer frühesten Kindheit zweckentsprechend behandelt werden und die notwendige Stählung für das spätere Leben erhalten. Er muß vor allem dafür sorgen, daß nicht eine Generation von Stubenhockern herangebildet wird.

Es folgen Forderungen an die mütterliche Erziehung, danach an die Schule. Sie „muß in einem völkischen Staat unendlich mehr Zeit frei machen für die körperliche Ertüchtigung“. Unter den Sportarten lobt Hitler besonders das Boxen. Es erziehe zu „Angriffslust“, „blitzschneller Entschlußkraft“ und „stählerner Geschmeidigkeit“. Überhaupt härte der Sport ab und stärke das Selbstvertrauen.

Gerade unser deutsches Volk, das heute zusammengebrochen den Fußtritten der anderen Welt preisgegeben, daliegt, braucht jene suggestive Kraft, die im Selbstvertrauen liegt. Dieses Selbstvertrauen aber muß schon von Kindheit auf dem jungen Volksgenossen anerzogen werden. Seine gesamte Erziehung und Ausbildung muß darauf angelegt werden, ihm die Überzeugung zu geben, anderen unbedingt überlegen zu sein. Er muß in seiner körperlichen Kraft und Gewandtheit den Glauben an die Unbesiegbarkeit seines ganzen Volkstums wiedergewinnen. Denn was die deutsche Armee einst zum Siege führte, war die Summe des Vertrauens, das jeder einzelne zu sich und alle gemeinsam zu ihrer Führung besaßen. Was das deutsche Volk wieder emporrichten wird, ist die Überzeugung von der Möglichkeit der Wiedererringung der Freiheit. Diese Überzeugung aber kann nur das Schlußprodukt der gleichen Empfindung von Millionen einzelner darstellen.

Auch hier gebe man sich keiner Täuschung hin:

Ungeheuerlich war der Zusammenbruch unseres Volkes, ebenso ungeheuerlich aber wird die Anstrengung sein müssen, um eines Tages diese Not zu beenden. Wer glaubt, daß unser Volk aus unserer jetzigen bürgerlichen Erziehungsarbeit zur Ruhe und Ordnung die Kraft erhält, eines Tages die heutige Weltordnung, die unseren Untergang bedeutet, zu zerbrechen und die Kettenglieder unserer Sklaverei den Gegnern ins Gesicht zu schlagen, der irrt bitter. Nur durch ein Übermaß an nationaler Willenskraft, an Freiheitsdurst und höchster Leidenschaft wird wieder ausgeglichen werden, was uns einst fehlte.

Nach einem Exkurs über die zweckentsprechende Kleidung der Jugend folgen die Forderungen für die nachschulische Erziehung. Sie „kann in großen Zügen schon die Vorbildung für den späteren Heeresdienst sein". Es folgt ein nachdrückliches Lob auf den Heeresdienst „als letzte und höchste Schule vaterländischer Erziehung".

Analog der Erziehung des Knaben kann der völkische Staat auch die Erziehung des Mädchens von den gleichen Gesichtspunkten aus leiten. Auch dort ist das Hauptgewicht vor allem auf die körperliche Ausbildung zu legen, erst dann auf die Förderung der seelischen und zuletzt der geistigen Werte. Das Ziel der weiblichen Erziehung hat unverrückbar die kommende Mutter zu sein.

Erst in zweiter Linie hat der völkische Staat die Bildung des Charakters in jeder Weise zu fördern.

Nach breiter Darstellung der Fehler der bisherigen Charaktererziehung nennt Hitler die ihm vorschwebenden Ziele:

Heute ist die bewußte Entwicklung guter, edler Charaktereigenschaften in der Schule gleich Null. Dereinst muß darauf ganz anderes Gewicht gelegt werden. Treue, Opferwilligkeit, Verschwiegenheit sind Tugenden, die ein großes Volk nötig braucht und deren Anerziehung und Ausbildung in der Schule wichtiger ist als manches von dem, was zur Zeit unsere Lehrpläne ausfüllt.

Die genannten Ziele werden noch einmal von ihren Gegensätzen her beleuchtet. Dann wendet Hitler sich einer dritten Gruppe von Zielen zu: der Ausbildung der Willens- und Entschlußkraft sowie der Pflege der Verantwortungsfreudigkeit.
Die Ziele bzw. ihr Gegenteil werden wiederum an Beispielen militärischen und politischen Verhaltens in Kriegs- und Nachkriegszeit demonstriert, danach wird als Ursache die mangelnde Erziehung zur Willens- und Entschlußkraft sowie zur Übernahme von Verantwortung festgestellt.

Die wissenschaftliche Schulbildung, die heutzutage ja eigentlich das Um und Auf der gesamten staatlichen Erziehungsarbeit ist, wird mit nur geringen Veränderungen vom völkischen Staat übernommen werden können. Diese Änderungen liegen auf drei Gebieten.

Erstens soll das jugendliche Gehirn im allgemeinen nicht mit Dingen belastet werden, die es zu fünfundneunzig Prozent nicht braucht und daher auch wieder vergißt. Besonders der Lehrplan der Volks- und Mittelschulen stellt heute ein Zwitterding dar; in vielen Fällen der einzelnen Lehrgegenstände ist der Stoff des zu Lernenden so angeschwollen, daß nur ein Bruchteil davon im Kopfe des einzelnen erhalten bleibt und auch nur ein Bruchteil dieser Fülle Verwendung finden kann, während er andererseits doch wieder nicht für den Bedarf eines in einem bestimmten Fach Arbeitenden und sein Brot Verdienenden ausreicht.

Wieder führt Hitler einige negative Beispiele an, sowohl für die Überqualifizierung wie auch für die Hochschätzung der bloß formalen Bildung (Sprachen, Geschichte). Am Ende dieser Ausführungen kommt Hitler zu dem Vorschlag:

Zusammenfassend: Der völkische Staat wird den allgemeinen wissenschaftlichen Unterricht auf eine gekürzte, das Wesentliche umschließende Form zu bringen haben. Darüber hinaus soll die Möglichkeit einer gründlichsten fachwissenschaftlichen Ausbildung geboten werden. Es genügt, wenn der einzelne Mensch ein allgemeines, in großen Zügen gehaltenes Wissen als Grundlage erhält und nur auf dem Gebiete, welches dasjenige seines späteren Lebens wird, gründlichste Fach- und Einzelausbildung genießt. Die allgemeine Bildung müßte hierbei in allen Fächern obligatorisch sein, die besondere der Wahl dem einzelnen überlassen bleiben.

Die hierdurch erreichte Kürzung des Lehrplanes und der Stundenzahl kommt der Ausbildung des Körpers, des Charakters, der Willens- und Entschlußkraft zugute.

Allgemeine Bildung sei für den Beruf und das spätere Leben vorrangig. Mit den bisherigen Halbheiten werde der völkische Staat „aufräumen“.

Die zweite Änderung im wissenschaftlichen Lehrplan muß für den völkischen Staat folgende sein:

Es liegt im Zug unserer heutigen materialisierten Zeit, daß unsere wissenschaftliche Ausbildung sich immer mehr den nur realen Fächern zuwendet, also der Mathematik, Physik, Chemie usw. So nötig dies für eine Zeit auch ist, in welcher Technik und Chemie regieren und deren wenigstens äußerlich sichtbarste Merkmale im täglichen Leben sie darstellen, so gefährlich ist es aber auch, wenn die allgemeine Bildung einer Nation immer ausschließlicher darauf eingestellt wird. Diese muß im Gegenteil stets eine ideale sein. Sie soll mehr den humanistischen Fächern entsprechen und nur die Grundlage für eine spätere fachwissenschaftliche Weiterbildung bieten. Im anderen Fall verzichtet man auf Kräfte, welche für die Erhaltung der Nation immer noch wichtiger sind als alles technische und sonstige Können. Insbesondere soll man im Geschichtsunterricht sich nicht vom Studium der Antike abbringen lassen. Römische Geschichte, in ganz großen Linien richtig aufgefaßt, ist und bleibt die beste Lehrmeisterin nicht nur für heute, sondern wohl für alle Zeiten. Auch das hellenische Kulturideal soll uns in seiner vorbildlichen Schönheit erhalten bleiben. Man darf sich nicht durch Verschiedenheiten der einzelnen Völker die größere Rassegemeinschaft zerreißen lassen. Der Kampf, der heute tobt, geht um ganz große Ziele: eine Kultur kämpft um ihr Dasein, die Jahrtausende in sich verbindet und Griechen- und Germanentum gemeinsam umschließt.

Es soll ein scharfer Unterschied zwischen allgemeiner Bildung und besonderem Fachwissen bestehen. Da letzteres gerade heute immer mehr in den Dienst des reinen Mammons zu sinken droht, muß die allgemeine Bildung, wenigstens in ihrer mehr idealen Einstellung, als Gegengewicht erhalten bleiben. Auch hier muß man unentwegt den Grundsatz einprägen, daß Industrie und Technik, Handel und Gewerbe immer nur zu blühen vermögen, solange eine idealistisch veranlagte Volksgemeinschaft die notwendigen Voraussetzungen bietet. Diese aber liegen nicht in materiellem Egoismus, sondern in verzichtfreudiger Opferbereitschaft.

Von hier aus leitet Hitler über auf die staatsbürgerliche Erziehung und rechnet mit der Vergangenheit und Gegenwart z. T. in diffamierender Weise ab. Dann entwickelt er seine Forderungen:

Der völkische Staat wird für sein Dasein kämpfen müssen. Er wird es durch Dawes-Unterschriften weder erhalten, noch seinen Bestand durch sie verteidigen können. Er wird aber zu seiner Existenz und zu seinem Schutz gerade das brauchen, auf was man jetzt glaubt verzichten zu können. Je unvergleichlicher und wertvoller Form und Inhalt sein werden, um so größer auch der Neid und Widerstand der Gegner. Der beste Schutz wird dann nicht in seinen Waffen liegen, sondern in seinen Bürgern; nicht Festungswälle werden ihn beschirmen, sondern die lebendige Mauer von Männern und Frauen, erfüllt von höchster Vaterlandsliebe und fanatischer Nationalbegeisterung.

Als Drittes muß daher bei der wissenschaftlichen Erziehung berücksichtigt werden:

Auch in der Wissenschaft hat der völkische Staat ein Hilfsmittel zu erblicken zur Förderung des Nationalstolzes. Nicht nur die Weltgeschichte, sondern die gesamte Kulturgeschichte muß von diesem Gesichtspunkte aus gelehrt werden. Es darf ein Erfinder nicht nur groß erscheinen als Erfinder, sondern muß größer noch erscheinen als Volksgenosse. Die Bewunderung jeder großen Tat muß umgegossen werden in Stolz auf den glücklichen Vollbringer derselben als Angehörigen des eigenen Volkes. Aus der Unzahl all der großen Namen der deutschen Geschichte aber sind die größten herauszugreifen und der Jugend in so eindringlicher Weise vorzuführen, daß sie zu Säulen eines unerschütterlichen Nationalgefühles werden. Planmäßig ist der Lehrstoff nach diesen Gesichtspunkten aufzubauen, planmäßig die Erziehung so zu gestalten, daß der junge Mensch beim Verlassen seiner Schule nicht ein halber Pazifist, Demokrat oder sonst was ist, sondern ein ganzer Deutscher.

Damit dieses Nationalgefühl von Anfang an echt sei und nicht bloß in hohlem Schein bestehe, muß schon in der Jugend ein eiserner Grundsatz in die noch bildungsfähigen Köpfe hineingehämmert werden: Wer sein Volk liebt, beweist es einzig durch die Opfer, die er für dieses zu bringen bereit ist.

Es folgt die Forderung nach „einer innigen Vermählung von Nationalismus und sozialem Gerechtigkeitssinn".

Sicher aber geht diese Welt einer großen Umwälzung entgegen. Und es kann nur die eine Frage sein, ob sie zum Heil der arischen Menschheit oder zum Nutzen des ewigen Juden ausschlägt.

Der völkische Staat wird dafür sorgen müssen, durch eine passende Erziehung der Jugend dereinst das für die letzten und größten Entscheidungen auf diesem Erdball reife Geschlecht zu erhalten.

Das Volk aber, das diesen Weg zuerst betritt, wird siegen.

Die gesamte Bildungs- und Erziehungsarbeit des völkischen Staates muß ihre Krönung darin finden, daß sie den Rassesinn und das Rassegefühl instinkt- und verstandesmäßig in Herz und Gehirn der ihr anvertrauten Jugend hineinbrennt. Es soll kein Knabe und kein Mädchen die Schule verlassen, ohne zur letzten Erkenntnis über die Notwendigkeit und das Wesen der Blutreinheit geführt worden zu sein. Damit wird die Voraussetzung geschaffen für die Erhaltung der rassenmäßigen Grundlagen unseres

Volkstums und durch sie wiederum die Sicherung der Vorbedingungen für die spätere kulturelle Weiterentwicklung.

Nach weiterer Bekräftigung dieser Forderung mit der Wiederholung des Hinweises auf die Notwendigkeit der Rassereinheit springt der Gedankengang noch einmal zurück:

Übrigens hat auch diese Erziehung unter dem Gesichtspunkt der Rasse ihre letzte Vollendung im Heeresdienste zu erhalten. Wie denn überhaupt die Militärdienstzeit als Abschluß der normalen Erziehung des durchschnittlichen Deutschen gelten soll.

Dann folgen breite Ausführungen zur „staatlichen Auslese der Tüchtigen", die mit Gedanken zur „Wertung der Arbeit" im Sinne der Hierarchisierung nach ihrem Wert für die Volksgemeinschaft abschließen.

[8]

WILHELM FRICK

„Kampfziel der deutschen Schule" Ansprache des Reichsministers des Innern an die Kultusminister der deutschen Länder (1933)

Der Weg in die totalitäre Erziehung kündigte sich ab 1930 mit der Übernahme der Kultusministerien in den Ländern Thüringen, Braunschweig, Oldenburg und Mecklenburg-Schwerin durch Nationalsozialisten an. Am 9. Mai 1933 versammelte der Reichsminister des Innern, Frick, die Kultusminister der Länder, um sie über die Prinzipien und das Programm der nationalsozialistischen Schulpolitik zu informieren. Die Erziehungsvorstellungen Hitlers wiesen einer Zentralisierung der Schulverwaltung und einer ideologisch-politischen Gleichschaltung des Unterrichts und der Erziehung den Weg. Gegenüber dem primären Ziel einer politischen Gleichschaltung des Schulwesens trat die schulorganisatorische Vereinheitlichung zurück. – Wilhelm Frick (1877–1946), Jurist, war bereits am Hitlerputsch 1923 in München beteiligt. Seit 1924 war er Reichstagsabgeordneter der NSDAP, 1930/31 Innenminister in Thüringen, 1933–1943 Reichsinnenminister. 1943–1945 war er Reichsprotektor in Böhmen und Mähren. 1946 wurde er als Kriegsverbrecher in Nürnberg zum Tode verurteilt und hingerichtet.

Quelle: W. Frick: Kampfziel der deutschen Schule. Manns Pädagogisches Magazin. Nr. 1376. Langensalza 1933. S. 3 ff.

In den letzten drei Monaten haben wir in einem in der deutschen Geschichte unerhörten Ausmaß und unerhörten Tempo die politische Macht im Reich erobert und gegen gewaltsame Umsturzversuche weitestgehend gesichert.

Jetzt stehen wir vor der schwierigen Aufgabe, auf lange Sicht diese Macht auch innerlich derart zu festigen, daß in alle Zukunft ein Rückfall in die Fehler der Vergangenheit unmöglich wird. Dazu muß die Grundlage in der Erziehung unseres Volkes geschaffen werden. Sie legt den Grundstein für Jahrhunderte. Ihre Aufgabe ist es, die Volksgenossen schon vom frühesten Lebensalter an so zu erfüllen mit dem, was der Sinn unseres Volkstums und der ganzen Nation ist, daß die einmal gewonnene Erkenntnis in Fleisch und Blut übergeht und auf Generationen hinaus durch nichts mehr zerstört werden kann. Überstürzte Versuche, Augenblicksmaßnahmen sind hier fehl am Platze. Der organische Staatsgedanke, dessen Sieg wir erreicht haben, verlangt gerade auf dem Gebiete der Erziehung einen klaren Blick, eine ruhige Hand und einen auf lange Dauer wirkenden stahlharten Willen.

Es folgt ein Lob der „energischen Arbeit", mit der die Kultusminister ihre Aufgaben allerseits „angegriffen" haben.

Was sich hieraus für die Schule und für die Erziehung überhaupt an Aufgaben für Reich und Länder ergibt, ist nicht mit einigen Umwandlungen im Bau und im Lehrinhalt oder der Lehrweise der Schulen zu leisten. Die nötigen Veränderungen reichen bis auf den Grund. Die liberalistische Bildungsvorstellung hat den Sinn aller Erziehung und unserer Erziehungseinrichtungen bis auf den Grund verdorben. Unter der Geltung dieser Bildungsvorstellung haben die Schulen nicht erzogen, sondern geschult. Sie haben nicht alle Kräfte der Schüler zum Nutzen von Volk und Staat entwickelt, sondern vorab Kenntnisse zum Nutzen des Einzelnen vermittelt. Sie haben nicht den volksverwurzelten, dem Staat verpflichteten deutschen Menschen geformt, sondern der Bildung der freien Einzelperson gedient. Sie haben nicht die Einheit des Volkes und die Hingabe seiner Glieder an den Staat gesichert, sondern den Zerfall des Volkes in Bildungsklassen und den Sieg der Privatinteressen über den Staat gefördert. Kurz: Die individualistische Bildungsvorstellung hat wesentlich zu der Zerstörung des nationalen Lebens in Volk und Staat beigetragen und vor allem in ihrer hemmungslosen Anwendung in der Nachkriegszeit ihre völlige Unfähigkeit erwiesen, die Richtschnur der deutschen Bildung zu sein.

Die nationale Revolution gibt der deutschen Schule und ihrer Erziehungsaufgabe ein neues Gesetz: Die deutsche Schule hat den politischen Menschen zu bilden, der in allem Denken und Handeln dienend und opfernd in seinem Volke wurzelt und der Geschichte und dem Schicksal seines Staates ganz und unabtrennbar zu innerst verbunden ist.

Die große Aufgabe, die deutsche Schule auf dieses Erziehungsgesetz umzustellen, wird Jahre angestrengtester Arbeit erfordern. Sie ist erleichtert und in ihrem Erfolg gesichert durch die einheitliche und geschlossene Kraft der nationalen Erneuerungsbewegung. Für das Gelingen wird alles darauf ankommen, die nationalen Kräfte ungebrochen in das Erziehungswesen hineinzuleiten und in ihm zu einheitlicher organischer Auswirkung kommen zu lassen. Nur durch eine in allem Notwendigen einheitliche deutsche Nationalerziehung des heranwachsenden Geschlechts kann das Werk der deutschen Erneuerung vollendet und für alle Zukunft gesichert werden.

Die Größe dieser Aufgabe setzt das engste Zusammenwirken aller voraus, die für die Erziehung die Verantwortung tragen. Sie verlangt, daß die aus dem überall gleichen Erneuerungswillen hervorgehenden Veränderungen und Neugestaltungen organisch und derart vorgenommen werden, daß nicht neue Verschiedenheiten und Auseinanderentwicklungen herauskommen, sondern daß die Hemmnisse noch bestehender unnötiger Unterschiede beseitigt und die Erneuerung im Rahmen des gemeinsamen Planes einer deutschen Nationalerziehung erfolgt.

Es folgt eine Zurückweisung der Besorgnis, daß eine entscheidende „organische Gestaltung des deutschen Bildungswesens" identisch sei mit Uniformität. Es komme auf Übereinstimmung in allen „grundsätzlichen Angelegenheiten" an.

Im letzten Grunde wird diese Übereinstimmung sich dadurch am besten sichern und immer leicht herstellen lassen, wenn wir über die Bildungsziele der deutschen Schule einig sind und wenn wir ihnen eine klare und einheitliche Prägung geben. Die Zeit, in der die Ausbildung der selbstherrlichen Einzelpersönlichkeit als die wesentliche Aufgabe der Schule angesehen wurde, ist vorbei. Die neue Schule geht grundsätzlich vom Gemeinschaftsgedanken aus, der ein uraltes Erbteil unserer germanischen Vorfahren ist und demgemäß unserer angestammten Wesensart am vollkommensten entspricht. Er fordert freie Bindung des Einzelnen durch das Gemeinwohl. Daher ist die Erziehung des Schülers unter diese leitenden Gesichtspunkte zu stellen: die Schule hat im Dienste des Volksganzen zu stehen. Zwar bleibt die Entfaltung der Persönlichkeit nach wie vor bedeutsame Aufgabe, aber den selbstverständlichen Rahmen nicht nur, sondern auch den Richtungspunkt ihrer Entwicklung bildet die Volksgemeinschaft, in die wir hineingeboren sind.

Hieraus ergeben sich Volk und Vaterland als wichtigste Unterrichtsgebiete, jenes in der reichen Fülle seiner Leistungen, von denen seine Geschichte, Sprache und Dichtung, heimische Kunst und heimischer Gewerbefleiß zeugen, dieses in der Vielgestaltigkeit seines natürlichen Aufbaues in Boden, Tier- und Pflanzenwelt einerseits und in der Gestaltung dieses Erdraumes durch die schaffende Hand unserer Vorfahren von Urzeiten her andererseits.

Es folgen Hinweise auf die „Gefahr der Entdeutschung" und auf die Notwendigkeit eines „starken völkischen Selbstbewußtseins".

Das soll keineswegs zu unerwünschter Enge des Gesichtskreises führen. Im Gegenteil haben wir heute mehr denn je Ursache, uns daran zu erinnern, daß wir Hand in Hand mit den stammverwandten germanischen Völkern Nordeuropas und ihren Tochterstaaten jenseits der Meere weltumspannende Aufgaben zu lösen haben, die der Tatkraft der nordischen Rasse ein weites Feld kulturaufbauender Betätigung geben. Auch darüber hinaus wollen wir die Werte nicht verleugnen, die wir im Laufe einer zweitausendjährigen Geschichte von anderen arischen Völkern in ständigem Kulturaustausch übernommen haben. Der fremdsprachliche Unterricht wird auch weiterhin dem Verständnis dieser Zusammenhänge die Wege ebnen. Aber die Erhaltung unserer völkischen Eigenart fordert gebieterisch, daß wir den fremden Einflüssen nicht erliegen und dadurch dem Irrwahn einer verwaschenen Menschheitskultur Vorschub leisten. Ein Fortschreiten nach dieser Richtung hin müßte schließlich zum Stillstand aller Kulturentwicklung führen; denn das Vorhandensein geistiger Spannungen zwischen den Völkern ist immer einer der stärksten Antriebe zur Schaffung neuer und höherer Kulturwerte gewesen. So ist uns auch aus diesem Grunde und nicht nur um unserer Selbstbehauptung willen die nationale Gemeinschaft im blutsmäßigen, im geschichtlichen und im sozialen Sinne Ausgangspunkt und Hochziel zugleich.

Es folgen Hinweise auf Unterrichtsinhalte, die besonders zu pflegen sind: Muttersprache, Geschichte, Biologie, Rassenkunde, Erbgesundheitslehre, Familienforschung, körperliche Ertüchtigung und Erziehung zur Wehrhaftigkeit.
Eine Kritik an den „schulpolitischen Bestimmungen der Reichsverfassung" schließt sich an:

Ein Hauptgrund, weshalb die Schaffung des Reichsschulgesetzes nach Artikel 146 mißlingen mußte, ist darin zu sehen, daß in der Verfassungsbestimmung der Wille der einzelnen Eltern allein maßgebend für die weltanschauliche Form der Schule ist und daß diesem absolut gesetzten Elternrecht das Bedürfnis des Volksganzen und des Staates geopfert worden ist. Volk und Staat können nicht zulassen, daß durch den Willen einzelner, die Bindungen von Volk und Staat verneinender Erziehungsberechtigter Schulformen entstehen, deren weltanschaulicher Gehalt den nationalpolitischen Notwendigkeiten der Erziehung der Jugend zu Volk und Staat auf christlicher Grundlage zuwiderläuft. Ich möchte den Anteil der Eltern an der Erziehungsarbeit nicht verkleinern und vermindern, sehe es vielmehr als eine große Aufgabe an, die Erziehungskraft der Familie und die Autorität der Eltern über die Kinder auf jede Weise wieder herzustellen und zu verstärken. Eine gesunde Volksordnung ruht wesentlich auf der gesunden Ordnung der Familie. Aber es geht nicht an, Erziehungsberechtigte, die die Bindungen an Volk und Staat außer acht lassen, von Staats wegen und mit Staatsmitteln instandzusetzen, ihre volks- und staatsfeindlichen Auffassungen durch besondere Schulen zu verbreiten und durch die Kinder zu verewigen.

Es folgen Hinweise auf „unbrauchbare Verfassungsbestimmungen" der Reichsverfassung. „Wo sich ergeben sollte, daß sie die notwendigen Reformen hindern, wird im Einzelfalle das Nötige zu veranlassen sein."

Die früheren Regierungen haben sich mit viel Kraftaufwand um die „Entpolitisierung" der Schule bemüht. Die nationale Regierung will nicht die Politisierung der Schulen, so wie man dieses Wort früher verstand im parteipartikularischen Sinn. Sie will aber unbedingt den politischen Charakter der Schule in dem Sinne hergestellt wissen, daß die Schule durch ihre Erziehung die gliedhafte Einordnung der Schüler ins Volksganze herbeiführt, damit der geschlossene politische Wille auch für die Zukunft eine starke und dauernde Grundlage im Volk findet.

Dies bedeutet den Ausschluß aller Strömungen aus dem Schulbereich, die die nationalpolitische Erziehungsaufgabe der Schule gefährden können. In allen Ländern ist nunmehr die Zugehörigkeit von Schülern zu staatsgefährlichen Vereinen und die Teilnahme an deren Veranstaltungen verboten.

Es folgen Hinweise, wie den „staatsgefährlichen Vereinen" begegnet werden soll. Mit einem „Ausblick" in die „nähere und fernere Zukunft" schließt die Ansprache.

[9]

Konkordat zwischen dem Heiligen Stuhl und dem Deutschen Reich (1933)

Das am 20. Juli 1933 abgeschlossene Reichskonkordat sollte das Verhältnis zwischen der nationalsozialistischen Regierung und der deutschen Katholischen Kirche auf eine Vertragsgrundlage stellen und die Regelung strittiger Fragen (Rechtsstellung des Klerus, Besetzung kirchlicher Ämter, Konfessionsschule, Religionsunterricht, Vereinswesen, politische Betätigung der Kirche u. a.) gewährleisten. Dem nationalsozialistischen Regime brachte das

Konkordat nach Hitlers Auffassung vor allem drei Vorteile: die Widerlegung der Behauptung, der Nationalsozialismus sei „unchristlich und kirchenfeindlich"; die „rückhaltlose Anerkennung des derzeitigen Regiments" durch den Vatikan; die Zurückdrängung bzw. Annullierung des katholischen Vereins- und Parteilebens, vor allem der christlichen Gewerkschaften und des Zentrums. Um dieser Zusicherungen willen war die nationalsozialistische Regierung zu Zugeständnissen, besonders auf dem Gebiet des Schulwesens, bereit. Die Vereinbarungen des Konkordats wurden in der Folgezeit durch das NS-Regime weitgehend mißachtet bzw. durch die nationalsozialistische Erziehung unterlaufen.
Das Bundesverfassungsgericht entschied am 26. 3. 1957, daß das Reichskonkordat für die Bundesrepublik Deutschland noch Geltung besitze, aber die Länder dem Bund gegenüber nicht verpflichtet seien, die Schulbestimmungen des Konkordats in ihrer Gesetzgebung einzuhalten.

Quelle: Reichsgesetzblat 1933. Teil II. S. 679 ff.

Das Konkordat beginnt mit der grundsätzlichen Feststellung, daß das Deutsche Reich „die Freiheit des Bekenntnisses und der öffentlichen Ausübung der katholischen Religion gewährleistet". Es folgen Hinweise auf bestehende Landeskonkordate sowie auf den Schutz und die öffentliche Stellung der Geistlichen. Sie werden präzisiert in den folgenden Artikeln über die seelsorgerliche Verschwiegenheit, die Diözesanorganisation, das Besetzungsrecht von Kirchenämtern, die Gründung, Niederlassung, Zahl der Orden, die Gewährleistung überlieferter Rechtstitel u. a. Es folgen die Artikel über Religionsunterricht und Schulen:

Artikel 21

Der katholische Religionsunterricht in den Volksschulen, Berufsschulen, Mittelschulen und höheren Lehranstalten ist ordentliches Lehrfach und wird in Übereinstimmung mit den Grundsätzen der katholischen Kirche erteilt. Im Religionsunterricht wird die Erziehung zu vaterländischem, staatsbürgerlichem und sozialem Pflichtbewußtsein aus dem Geiste des christlichen Glaubens- und Sittengesetzes mit besonderem Nachdruck gepflegt werden, ebenso wie es im gesamten übrigen Unterricht geschieht. Lehrstoff und Auswahl der Lehrbücher für den Religionsunterricht werden im Einvernehmen mit der kirchlichen Oberbehörde festgesetzt. Den kirchlichen Oberbehörden wird Gelegenheit gegeben werden, im Einvernehmen mit der Schulbehörde zu prüfen, ob die Schüler Religionsunterricht in Übereinstimmung mit den Lehren und Anforderungen der Kirche erhalten.

Artikel 22

Bei der Anstellung von katholischen Religionslehrern findet Verständigung zwischen dem Bischof und der Landesregierung statt. Lehrer, die wegen ihrer Lehre oder sittlichen Führung vom Bischof zur weiteren Erteilung des Religionsunterrichtes für ungeeignet erklärt worden sind, dürfen, solange dies Hindernis besteht, nicht als Religionslehrer verwendet werden.

Artikel 23

Die Beibehaltung und Neueinrichtung katholischer Bekenntnisschulen bleibt gewährleistet. In allen Gemeinden, in denen Eltern oder sonstige Erziehungsberechtigte es beantragen, werden katholische Volksschulen errichtet werden, wenn die Zahl der Schüler unter gebührender Berücksichtigung der örtlichen schulorganisatorischen Verhältnisse einen nach Maßgabe der staatlichen Vorschriften geordneten Schulbetrieb durchführbar erscheinen läßt.

Artikel 24

An allen katholischen Volksschulen werden nur solche Lehrer angestellt, die der katholischen Kirche angehören und Gewähr bieten, den besonderen Erfordernissen der katholischen Bekenntnisschule zu entsprechen.

Im Rahmen der allgemeinen Berufsausbildung der Lehrer werden Einrichtungen geschaffen, die eine Ausbildung katholischer Lehrer entsprechend den besonderen Erfordernissen der katholischen Bekenntnisschule gewährleisten.

Es folgen Vereinbarungen über die Berechtigung von Orden und religiösen Kongregationen, „im Rahmen der allgemeinen Gesetze" Privatschulen zu gründen und zu führen, über die kirchliche Trauung, die Militärseelsorge, die Arbeit der Kirche in Krankenhäusern und Strafanstalten sowie über die Tätigkeit katholischer Organisationen und Verbände.
Im „Schlußprotokoll" wird die Lehrerbildung noch einmal angesprochen.

[10]

DER REICHSMINISTER FÜR WISSENSCHAFT, ERZIEHUNG UND VOLKSBILDUNG

Erziehung und Unterricht in der höheren Schule (1938)

Einführungserlaß: Neuordnung des höheren Schulwesens
Grundlagen: Grundsätzliches
Stundentafeln

Die nationalsozialistische Einflußnahme auf die Schule richtete sich in den ersten Jahren allein auf die Inhalte des Unterrichts. Änderungen in der Schulorganisation erfolgten erst ab 1937 durch den Erlaß neuer Richtlinien und Stundentafeln. Etwa ab 1940 gab es keine Schulart, die nicht im Sinne der nationalsozialistischen Direktiven von Grund auf neu „ausgerichtet" war. Die generellen Tendenzen waren für alle Schularten gleich: Erblehre und Rassenkunde als Unterrichtsprinzip für möglichst viele Fächer, Betonung der Leibeserziehung, der deutsch-kundlichen „Gesinnungsfächer" sowie der Biologie, Abbau des Religionsunterrichts, prinzipielle Trennung der Jungen- und Mädchenbildung, Ablehnung der wissenschaftlichen Mädchenbildung und ihre Umlenkung zu den „Fächern des Frauenschaffens".

Der Erlaß zur „Neuordnung" vom 29. Januar 1938 brachte die abschließende Umgestaltung der höheren Schulen und ihrer Lehrpläne. Erste grundlegende Veränderungen waren schon zu Ostern 1937 erfolgt. Die verschiedenen Typen waren beseitigt und zur „Hauptform" der „Oberschule" vereinheitlicht worden – unter Beibehaltung des Gymnasiums als „Nebenform" –. Außerdem waren alle höheren Schulen generell zu achtstufigen Anstalten herabgestuft worden. Zugleich war damit die strikte Trennung in Jungen- und Mädchenoberschulen verbunden, letztere nur noch mit neusprachlicher oder hauswirtschaftlicher Oberstufe (Frauenschule).
Der neue „Einführungserlaß Neuordnung des höheren Schulwesens" vom 29. Januar 1938 setzte die radikalen Veränderungen des organisatorischen Aufbaus der höheren Schulen und ihrer curricularen Struktur endgültig fest. Den anschließenden Bestimmungen für Erziehung und Unterricht in den einzelnen Fächern wurde ein ausführlicher Teil mit der Darlegung der „Grundlagen" nationalsozialistischer Erziehungsarbeit vorangestellt. Diese galten prinzipiell für alle Schulformen.
Der rigorose Einschnitt in die Entwicklung des höheren Schulwesens wirkte nach dem Zusammenbruch des NS-Regimes noch lange Zeit nach und trug nicht unerheblich zu der konservativ-restaurativen Einstellung weiter Kreise beim Wiederaufbau des Schulwesens bei.

Quelle: Erziehung und Unterricht in der höheren Schule. Amtliche Ausgabe des Reichs- und Preußischen Ministeriums für Wissenschaft, Erziehung und Volksbildung. Berlin 1938. S. 1 ff., 9 ff., 23 ff.

1. Einführungserlaß: Neuordnung des höheren Schulwesens

Zu Anfang erfolgt ein Rückblick auf die bislang eingeleiteten Veränderungen, insbesondere die seit 1937 geltenden Bestimmungen, und dann ein Appell an die Erzieherschaft, „im rechten Geiste den nationalsozialistischen Erziehungswillen in die Tat" umzusetzen. Danach wird im einzelnen hervorgehoben:

1. Aus wichtigen bevölkerungspolitischen Gründen habe ich die neunjährige Höhere Schule auf acht Jahre verkürzt. Durch diese Maßnahme darf jedoch die Bildungshöhe der Höheren Schule nicht herabgemindert werden. Ihre kulturelle Aufgabe und Stellung im Rahmen des Erziehungs- und Bildungswesens erfordert, daß durch entsprechende Anforderungen an Schüler und Lehrer die Höhe ihrer Leistungen gesichert wird. Die gesamte Arbeit soll daher von vornherein auf das Ziel der Reife ausgerichtet werden. Schüler, die leistungsunfähig sind oder offenkundige Willens-oder Charakterschwächen besitzen, sind von der Höheren Schule fernzuhalten.

2. Die Höheren Schulen sind entsprechend ihrer Zielgebung grundsätzlich Vollschulen, die an das vierte oder sechste Volksschuljahr anschließen. Um jedoch für die leistungsfähige ländliche Jugend den Zugang zur Höheren Schule im weiten Rahmen sicherzustellen, lasse ich nicht-vollausgebaute Schulen als Zubringeschulen bestehen. Sie beginnen mit Klasse 1, umfassen zwei bis fünf Jahrgänge und werden an eine benachbarte Vollschule angeschlossen. Es ist erwünscht, daß die fünfklassigen Zubringeschulen für Mädchen die Klasse 6 (Hauswirtschaftliche Form) als Abschluß anfügen.

3. Eine gemeinsame Schulerziehung der Geschlechter widerspricht nationalsozialistischem Erziehungsgeiste. Für Jungen und Mädchen sind daher grundsätzlich getrennte Schulen eingerichtet; die neue Hauswirtschaftliche Form der Oberschule für Mädchen steht dabei in ganz besonderem Maße im Dienste der Forderungen, die das Leben an die deutsche Frau und Mutter in Familie, Beruf und Volksgemeinschaft stellt.

Es muß als ein Sonderfall gelten, wenn Mädchen Jungenschulen besuchen; Jungen werden zu Mädchenschulen nicht zugelassen.

Wenn Mädchen Jungenschulen besuchen, so müssen die Erfordernisse weiblicher Erziehung berücksichtigt werden. Die Mädchen werden im allgemeinen auch hier nach dem Plan der Mädchenschulen unterrichtet.

Ausnahmen bedürfen der Genehmigung der oberen Schulbehörde, ein Übergang in ein Gymnasium der Genehmigung des Ministers.

4. Um den Begabungsrichtungen und Berufsneigungen der männlichen Jugend zu entsprechen, habe ich den Unterricht der Klassen 6 bis 8 in der Oberschule für Jungen innerhalb jeder Klasse so gegabelt, daß ein Teil der Klasse verstärkten naturwissenschaftlich-mathematischen, der andere Teil verstärkten sprachlichen Unterricht erhält; im übrigen ist der Unterricht der beiden Zweige gemeinsam, um die einheitliche Grundlegung des Unterrichts durch die Fächer der deutschkundlichen Gruppe, die Biologie und die Leibeserziehung zu gewährleisten.

Eng verbunden mit der Gabelung sind die sprachlichen und naturwissenschaftlich-mathematischen Arbeitsgemeinschaften. Bis zum allgemeinen Ausbau des mittleren Schulwesens wird die Gabelung nur für die Klassen 7 und 8 voll durchgeführt und die 6. Klasse nur in den Arbeitsgemeinschaften geteilt.

Die Arbeitsgemeinschaften sind grundsätzlich verbindlich. Um die Leistungshöhe zu sichern, ist es in die Hand des Schulleiters gelegt, von sich aus einen Schüler auf Grund besonderer Verhältnisse von den Arbeitsgemeinschaften auszuschließen.

Für die naturwissenschaftlich-mathematischen Arbeitsgemeinschaften enthalten die Lehrpläne besondere Richtlinien, die das Neuartige dieser Arbeitsgemeinschaften im Dienste nationalpolitischer Aufgaben aufzeigen. In den fremdsprachlichen Arbeitsgemeinschaften nehmen die romanischen Sprachen (Französisch, Italienisch, Spanisch) eine bevorzugte Stellung ein.

Für den Unterricht in den romanischen Sprachen sollen die Schulen zunächst in eigener Verantwortung Richtlinien aufstellen, die geringen Erfahrungen ließen noch keine generellen Bestimmungen zu.

5. Für das Gymnasium sind folgende Maßnahmen bedeutungsvoll: Griechisch beginnt in Klasse 3 und wird bis zur obersten Klasse mit fünf Wochenstunden durchgeführt. Die dritte Fremdsprache ist das Englische; sie beginnt in Klasse 5. Außerdem will ich den Schülern der Klassen 6 bis 8 Gelegenheit geben, außerhalb des lehrplanmäßigen Unterrichts Französisch mit zwei Wochenstunden zu betreiben.

6. Von der Veröffentlichung neuer Religionslehrpläne sehe ich ab. Für den Unterricht ist zu beachten, daß alle Stoffe ausscheiden, die geeignet sind, die Einheitlichkeit der Erziehung zu gefährden.

Es folgen umfangreiche Übergangsbestimmungen.

Der Erlaß über „Erziehung und Unterricht in der Höheren Schule" tritt mit Beginn des Schuljahres 1938/39 in Kraft und ist für alle deutschen Höheren Schulen verbindlich.

Berlin, den 29. Januar 1938. Der Reichs- und Preußische Minister für Wissenschaft, Erziehung und Volksbildung Rust

2. Grundlagen

Grundsätzliches

Die deutsche Schule ist ein Teil der nationalsozialistischen Erziehungsordnung. Sie hat die Aufgabe, im Verein mit den anderen Erziehungsmächten des Volkes, aber mit den ihr eigentümlichen Erziehungsmitteln, den nationalsozialistischen Menschen zu formen.

Es folgt eine Kritik an den Reformbestrebungen während der Weimarer Republik, besonders an der „Richertschen Schulreform", die durch die Hinwendung zum deutschen Idealismus der Flucht aus der Gegenwart Vorschub geleistet habe: „Alle echte Bildung stammt aus dem Leben, und Leben kann nur durch Leben entzündet werden."

Wenn der Nationalsozialismus den Vorrang des Lebens und der Tat vor allen Systemen der Erziehung und Bildung behauptet, dann spricht er das Gesetz der Entwicklung jeder großen Kultur aus. Politisches Handeln ist die Stiftung einer neuen Ordnung. Bevor von einer neuen Erziehung die Rede sein kann, muß die Ordnung, der überzeugende Kraft innewohnt, geschaffen sein. Der Staat Adolf Hitlers ist darum zum Erziehungsstaat geworden, weil der Führer durch die Schöpfung seines Reiches die Kraft seines Volkes in einem einzigen politischen Willen, in einer einzigen alle durchdringenden Weltanschauung zusammenfaßte und damit wieder große und sinnvolle Erziehung möglich machte.

Alle planende Erziehung ist ausgerichtet nach einer gegebenen Ordnung. Das nationalsozialistische Erziehungssystem ist seinem Ursprung nach nicht ein Werk der pädagogischen Planung, sondern des politischen Kampfes und seiner Gesetze. SA und Hitler-Jugend wurden zunächst geschaffen als Kampforganisationen der Bewegung, die den politischen Sieg des Nationalsozialismus gewährleisteten. Aber sehr rasch entwickelte sich aus diesen Kampfbünden eine neue Lebensordnung, in der zugleich ein neues Erziehungsprinzip wirksam wurde. In den soldatisch-politischen Kampfgemeinschaften der SA und SS wurde die sozialistische Einheit der Nation, die der Führer forderte, durch die harte Auslese des Kampfes geschaffen. Lange bevor der nationalsozialistische Staat das öffentliche Erziehungswesen in seine Hand nehmen konnte, entstand abseits von der Schule und den Einrichtungen der Volksbildung ein in sich geschlossenes System der Jugenderziehung, in dem nicht durch Belehrung, sondern durch den gemeinsamen Kampf eine neue Haltung erzielt und die Tugenden des Charakters, die die Bewegung auf ihre Fahne geschrieben hatte, entwickelt und erprobt wurden. Die politische Jungmannschaft war zu einem neuen Erziehungsträger geworden, noch ehe sie aus der Hand des nationalsozialistischen Staates ihren besonderen Erziehungsauftrag nehmen konnte. Sinnfälliger konnte der Vorrang der Politik vor der Pädagogik, den der Bildungsoptimismus der Systemzeit verleugnete, nicht dargestellt werden.

Mit innerer Notwendigkeit mußte der Sieg der nationalsozialistischen Bewegung, der ein neues Bild des Menschen und eine neue Grundeinstellung des Menschen zur Herrschaft brachte, das Zeitalter des Bildungsoptimismus beenden und die Frage nach dem Wesen der Bildung auf eine neue Weise beantworten.

Die nationalsozialistische Revolution der Weltanschauung hat an die Stelle des Trugbildes der gebildeten Persönlichkeit die Gestalt des wirklichen, d. h. durch Blut und geschichtliches Schicksal bestimmten deutschen Menschen gesetzt und an Stelle der humanistischen Bildungsideologie, die bis in die jüngste Vergangenheit fortgelebt hatte, eine Erziehungsordnung aufgebaut, die sich aus der Gemeinschaft des wirklichen Kampfes entwickelt hatte. Nur aus dem Geiste dieser politischen Zucht kann auch echte Bildung als die zentrale Aufgabe der kommenden Schule erwachsen, die die Begeisterungsfähigkeit des jungen Deutschen nicht lähmt, sondern steigert und zur Einsatzfähigkeit fortführt. Jede Bildung, die abseits von dieser nationalsozialistischen Erziehungswirklichkeit erfolgt, bleibt abstrakt und volksfremd, weil sie, selbst wenn der völkische Charakter des Bildungsgutes feststeht, nicht den Menschen in seiner Wirklichkeit, sondern als bloßes Verstandeswesen anspricht.

Es folgt ein Exkurs über das Verhältnis von Schule und Leben – „Das Leben geht jeweils voran", die Schule „folgt" – sowie eine Kritik an der „Allgemeinen Bildung".

Wenn sich heute die Schule entschlossen von einem falschen Bildungsanspruch abkehrt, den frühere Zeiten mit dem Schlagwort der „Allgemeinen Bildung" verfochten haben, wenn sie sich in den Dienst einer Erziehung stellt, die vom Leibe ausgeht und die Seele ergreift und innerhalb und außerhalb der Schulräume auch zur Gemeinschaft erzieht, so muß sie sich doch dessen bewußt bleiben, daß ihr Weg wesentlich über die Entwicklung der geistigen Fähigkeiten führt. Darin liegt keine Beschränkung der Schule, sondern ihr besonderer Auftrag, den nur sie zu erfüllen vermag. Alle Erziehungsformen haben ein Ziel: die Formung des nationalsozialistischen Menschen. Aber jede von ihnen hat ihre besonderen Aufgaben, die sie begreifen und erfüllen muß, wenn sie sich nicht selbst schaden will. Die Schule ist wesentlich dadurch bestimmt, daß sie durch Unterricht erzieht. Das heißt nicht, daß sie einseitig den Verstand ausbilden und Gelehrte oder gar „Intellektuelle" züchten soll. Wer wirklich erkannt hat, daß der Mensch eine Einheit und nicht etwa aus Leib und Seele und Geist „zusammengesetzt" ist, wird nicht leugnen, daß auch die Zucht des Geistes, die Entwicklung der Verstandeskräfte und die Vermittlung lebendiger Bildungsstoffe den ganzen Menschen ergreifen und seinen Charakter zur Reife bringen helfen.

Es folgen Hinweise zur Abgrenzung der Höheren Schule von der Volksschule. Überlegungen zur Mädchenerziehung schließen sich an:

Aus den Forderungen eines lebensnahen Unterrichts folgt ohne weiteres, daß die Mädchenerziehung sich nach anderen Gesetzen vollziehen muß als die Jungenerziehung, daß sie nie zu einem Abklatsch der Erziehung der männlichen Jugend werden darf. Die naturgegebene Verschiedenheit der Geschlechter prägt sich schon im Kinde und seinem Lebenskreis aus, darum muß die Erziehung des Mädchens zu seiner Verantwortung in Volk und Staat aus eigener Wurzel erwachsen. Das heißt, daß der Unterricht in allen Fächern der Mädchenschulen, nicht nur in den Fächern des Frauenschaffens, ohne Gefühlsschwärmerei von der Natur und der Welt des Weibes ausgehen und das Ziel im Auge behalten muß, daß der Führer in dem Satze ausgesprochen hat: „Das Ziel der weiblichen Erziehung hat unverrückbar die kommende Mutter zu sein."

Es folgt die Forderung, die nationalsozialistische Weltanschauung zum Fundament des gesamten Unterrichts zu machen.
Den Abschluß bilden Bestimmungen zum Unterricht und zu den einzelnen Fächern sowie die Stundentafeln.

3. Stundentafeln

<table>
<tr><th rowspan="2"></th><th colspan="2">Oberschule für Jungen</th><th rowspan="2">Aufbau-form</th><th rowspan="2">Gym-nasium</th><th colspan="2">Oberschule für Mädchen</th><th rowspan="2">Aufbau-form</th></tr>
<tr><th>sprachl. Zweig</th><th>natw.math. Zweig</th><th>sprachl. Form</th><th>hauswirt. Form</th></tr>
<tr><td>I. Leibeserziehung</td><td colspan="2">40</td><td>30</td><td>40</td><td>37</td><td>31</td><td>21</td></tr>
<tr><td>II. Deutschkunde</td><td></td><td></td><td></td><td></td><td></td><td></td><td></td></tr>
<tr><td>Deutsch</td><td colspan="2">33</td><td>26</td><td>33</td><td>34</td><td>34</td><td>26</td></tr>
<tr><td>Geschichte</td><td colspan="2">22</td><td>19</td><td>22</td><td>21</td><td>21</td><td>18</td></tr>
<tr><td>Erdkunde</td><td colspan="2">16</td><td>12</td><td>16</td><td>16</td><td>16</td><td>12</td></tr>
<tr><td>Kunsterziehung</td><td colspan="2">16</td><td>12</td><td>12</td><td>29 + Handarb.</td><td>16</td><td>12</td></tr>
<tr><td>Musik</td><td colspan="2">14</td><td>12</td><td>14</td><td>16</td><td>16</td><td>12</td></tr>
<tr><td>III. Natwiss. u. Mathematik</td><td></td><td></td><td></td><td></td><td></td><td></td><td></td></tr>
<tr><td>Biologie</td><td colspan="2">16</td><td>12</td><td>16</td><td>16</td><td>16</td><td>12</td></tr>
<tr><td>Chemie
Physik</td><td>11</td><td>17</td><td>17</td><td>10</td><td>14</td><td>14</td><td>15</td></tr>
<tr><td>Rechnen u. Mathem.</td><td>24</td><td>30</td><td>23</td><td>27</td><td>24</td><td>24</td><td>16</td></tr>
<tr><td>IV. Fremdsprachen</td><td></td><td></td><td></td><td></td><td></td><td></td><td></td></tr>
<tr><td>Englisch</td><td>36</td><td>30</td><td>28</td><td>12</td><td>30</td><td>27</td><td>22</td></tr>
<tr><td>Latein</td><td>24</td><td>18</td><td>16</td><td>35</td><td>11*</td><td>–</td><td>–</td></tr>
<tr><td>Griechisch</td><td>–</td><td>–</td><td>–</td><td>30</td><td>–</td><td>–</td><td>–</td></tr>
<tr><td>V. Arbeitsgemeinschaften</td><td></td><td></td><td></td><td></td><td></td><td></td><td></td></tr>
<tr><td>Fremdsprachliche</td><td>9</td><td>–</td><td>–</td><td>–</td><td>10*</td><td>–</td><td>–</td></tr>
<tr><td>Natwiss.-Math.</td><td>–</td><td>9</td><td>–</td><td>–</td><td>–</td><td>–</td><td>–</td></tr>
<tr><td>VI. Religionslehre</td><td colspan="2">12</td><td>8</td><td>12</td><td>12</td><td>12</td><td>8</td></tr>
<tr><td>Fächer des Frauenschaffens</td><td></td><td></td><td></td><td></td><td></td><td></td><td></td></tr>
<tr><td>Hauswirtschaft</td><td></td><td></td><td></td><td></td><td></td><td></td><td></td></tr>
<tr><td>Kochen, Haus- und Gartenarb.</td><td colspan="2">–</td><td>–</td><td>–</td><td>–</td><td>18</td><td>18</td></tr>
<tr><td>Handarbeit</td><td colspan="2">–</td><td>–</td><td>–</td><td>s. Kunst</td><td>19</td><td>18</td></tr>
<tr><td>Pflege</td><td></td><td></td><td></td><td></td><td></td><td></td><td></td></tr>
<tr><td>Gesundheitslehre und -pflege</td><td colspan="2">–</td><td>–</td><td>–</td><td>–</td><td>3</td><td>3</td></tr>
<tr><td>Beschäftigungslehre</td><td colspan="2">–</td><td>–</td><td>–</td><td>–</td><td>3</td><td>3</td></tr>
<tr><td>Dienst</td><td></td><td></td><td></td><td></td><td></td><td></td><td></td></tr>
<tr><td>Säuglingsheim
Kindergarten
Familie</td><td colspan="2">–</td><td>–</td><td>–</td><td>–</td><td>Praktikum 4 Wochen</td><td>Praktikum 4 Wochen</td></tr>
<tr><td>Zusammen</td><td>273</td><td>273</td><td>215</td><td>279</td><td>270</td><td>270</td><td>216</td></tr>
</table>

* Eine lebende Fremdsprache und Latein. Die eine Sprache Pflichtfach, die andere wahlfrei.

[11]

Die Errichtung der Adolf-Hitler-Schulen (1937)

Abgehoben vom allgemeinbildenden Schulwesen schuf die nationalsozialistische Partei- und Staatsführung ein System von Spezialschulen, das vor allem der Ausbildung der zukünftigen Führerschicht des Dritten Reiches diente. Zu diesen nationalsozialistischen Eliteschulen gehörten neben den Nationalpolitischen Erziehungsanstalten die am 15. 1. 1937 gegründeten Adolf-Hitler-Schulen. Ihre Trägerschaft sowie die Schulverwaltung und -aufsicht blieben ausschließlich der NSDAP vorbehalten. Enge Verbindung bestand zu den Ordensburgen der Partei. Die Lehrpläne der Adolf-Hitler-Schulen und der ihnen zugeordneten Einrichtungen wurden unter maßgeblichem Einfluß des Hauptschulungsamtes der Partei ausgearbeitet.

Quelle: Dokumente der deutschen Politik. Band 5. Bearbeitet von H. Volz. Berlin 1938. S. 389 ff.

1. Verfügung des Führers und Reichskanzlers
über die Adolf-Hitler-Schulen.
Vom 15. Januar 1937.

Nach Vortrag des Reichsorganisationsleiters der NSDAP und des Jugendführers des Deutschen Reiches genehmige ich, daß die neu zu errichtenden nationalsozialistischen Schulen, die gleichzeitig als Vorschulen für die nationalsozialistischen Ordensburgen gelten sollen, meinen Namen tragen.

Berlin, den 15. Januar 1937. Adolf Hitler

2. Erklärung der Reichsleiter Dr. Ley und von Schirach
über die Adolf-Hitler-Schulen.
Vom 17. Januar 1937.

Der Führer hat auf Grund eines von uns gemeinsam ausgearbeiteten Planes die obige Verfügung über die Adolf-Hitler-Schulen der NSDAP erlassen. NSDAP und Hitlerjugend haben damit einen neuen gewaltigen Auftrag erhalten, der weit über diese Zeit hinaus in die ferne Zukunft reicht.

Nähere Einzelheiten über die „Adolf-Hitler-Schulen" werden heute noch nicht veröffentlicht. Wir teilen jedoch, um Unklarheiten zu vermeiden, die nachfolgenden Grundsätze mit:

1. Die Adolf-Hitler-Schulen sind Einheiten der Hitlerjugend und werden von dieser verantwortlich geführt. Lehrstoff, Lehrplan und Lehrkörper werden von den unterzeichneten Reichsleitern reichseinheitlich bestimmt.

2. Die Adolf-Hitler-Schule umfaßt sechs Klassen. Die Aufnahme erfolgt im allgemeinen mit dem vollendeten 12. Lebensjahr.

3. Aufnahme in die Adolf-Hitler-Schulen finden solche Jungen, die sich im Deutschen Jungvolk hervorragend bewährt haben und von den zuständigen Hoheitsträgern in Vorschlag gebracht werden.

4. Die Schulausbildung in den Adolf-Hitler-Schulen ist unentgeltlich.

5. Die Schulaufsicht gehört zu den Hoheitsrechten des Gauleiters der NSDAP. Er übt sie entweder selbst aus oder übergibt die Ausübung dem Gauschulungsamt.

6. Nach erfolgter Reifeprüfung steht dem Adolf-Hitler-Schüler jede Laufbahn der Partei und des Staates offen.

Der Reichsorganisationsleiter der NSDAP
gez. Dr. Ley
Der Jugendführer des Deutschen Reiches
München, den 17. Januar 1937. gez. Baldur von Schirach

[12]

Schulaufbau während des „Dritten Reiches" (1937)

Der Schulaufbau wurde während der Zeit des Nationalsozialismus in seiner Grundstruktur nicht tiefgreifend verändert. Ab 1937 wurde das weiterführende Schulwesen vereinheitlicht. Der preußische Typ der grundständigen, mit dem 5. Schuljahr beginnenden sechsklassigen Mittelschule wurde zum Normtyp für das ganze Reich erhoben, die Ausformungen des höheren Schulwesens wurden auf drei achtjährige Grundtypen (Oberschule für Jungen; Oberschule für Mädchen; Gymnasium) reduziert. Mädchen konnten nur noch zwischen dem sprachlichen und hauswirtschaftlichen Oberschulzweig wählen. Auf dem Lande wurden sechsklassige Aufbauschulen eingerichtet, für Mädchen ausschließlich in hauswirtschaftlicher Form. 1941 wurde nach österreichischem Vorbild die vierjährige Hauptschule eingeführt, eine Pflichtschule für die leistungsstärkeren Volksschüler. Sie sollte nach und nach die Mittelschule ersetzen.

Quelle: R. Benze: Erziehung im Großdeutschen Reich. Frankfurt a. M. 1941. S. 16.

Abbildung zum Schulaufbau während des „Dritten Reiches" siehe nebenstehende S. 315.

[13]

ADOLF HITLER

Der Kreis der Erziehung (1935)

Die seit 1927 in Nürnberg durchgeführten Reichsparteitage der NSDAP dienten, neben der Selbstdarstellung der Partei und ihrer Führer, vor allem der Demonstration der Parteimacht, sowie nach 1933 der Verkündung grundlegender Maßnahmen der Reichsregierung. So wurden z. B. 1935 auf dem „Parteitag der Freiheit" die „Nürnberger Rasse-Gesetze" proklamiert. Bei seinen Reden an die HJ und die SA auf diesem Parteitag beschwor Hitler den umfassenden, alle Altersstufen umgreifenden Erziehungsanspruch der NSDAP und ihrer Organisationen.

Quelle: Die Reden Hitlers am Parteitag der Freiheit 1935. München 1935. S. 57 ff.

Der Aufbau der Erziehung im Großdeutschen Reich.

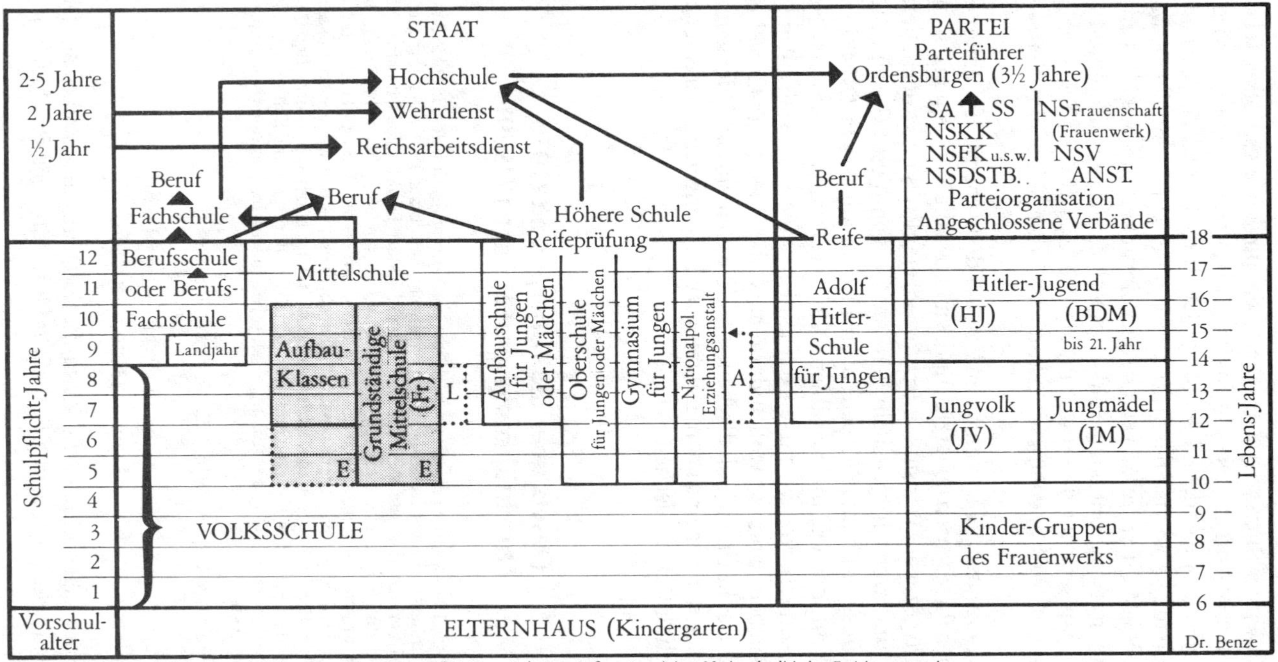

E = Englisch beginnt (Pflichtsprache), (Fr) = Französisch beginnt (Wahlsprache), A = Aufbauzüge einiger Nationalpolitischer Erziehungsanstalten.
Durch die Anordnung des Führers, die ostmärkische Hauptschule als gehobene Pflichtschule an Stelle der Mittelschule für das ganze Reich einzuführen, wird der Aufbau eine gewisse Änderung erfahren. Der voraussichtliche Bereich der Hauptschule ist durch Rasterung gekennzeichnet.
Die zukünftige Gestaltung der beiden Oberklassen der bisherigen Mittelschule ist noch nicht entschieden.

Dann wird sich erst der Kreis der Erziehung unseres Volkes schließen. Der Knabe, er wird eintreten in das Jungvolk, und der Pimpf, er wird kommen zur Hitler-Jugend, und der Junge der Hitler-Jugend, er wird dann einrücken in die SA, in die SS und die anderen Verbände, und die SA-Männer und die SS-Männer werden eines Tages einrücken zum Arbeitsdienst und von dort zur Armee, und der Soldat des Volkes wird zurückkehren wieder in die Organisationen der Bewegung, der Partei, in SA und SS, und niemals mehr wird unser Volk dann so verkommen, wie es leider einst verkommen war!

Wir haben aus der schlimmsten Zeit der deutschen Geschichte gelernt, wir haben ihre Lehren beherzigt, und wir haben die Konsequenzen aus dieser Lehre gezogen. Wir sind entschlossen, ein neues Geschlecht heranzuziehen, und wer wird zweifeln, daß die Zeugen dieses Geschlechts, die nicht in unserer Phantasie leben sollen, hier vor uns stehen. Es ist ein hartes Geschlecht, das wir uns erwählen. Nicht weil wir mit anderen Händel suchen, sondern weil wir wollen, daß es nicht andere gelüstet, mit uns Händel zu suchen. Und wir wollen darin auch die lebendigste Gemeinschaft sehen, die es in einem Volke geben kann, die Gemeinschaft der gemeinsamen Opfer, der gemeinsamen Erziehung zu Leistungen und zu einer unzerbrechlichen Kameradschaft.

[14]

Gesetz über die Hitlerjugend (1936) Durchführungsverordnungen (1939)

Von 1926 bis 1945 war die Hitlerjugend (HJ) die Jugendorganisation der NSDAP. Seit Oktober 1931 unterstand sie einem „Reichsjugendführer". Durch das 1936 beschlossene Gesetz über die Hitlerjugend wurde diese zur Staatsjugend erklärt. Die Mitgliedschaft in der HJ war seither für alle Jugendlichen vom 10. bis zum vollendeten 18. Lebensjahr Pflicht. In zwei Durchführungsverordnungen vom 25. März 1939 wurden die „Geschäftsbereiche" der HJ gegenüber der Schule und anderen Institutionen abgegrenzt sowie weitere organisatorische Einzelheiten (Untergliederungen; Erziehungsgewalt; Untauglichkeit; Blutmäßige Anforderungen u. a.) geregelt. Der Hitlerjugend wurde – neben Elternhaus und Schule – in herausragender Weise die Erziehung der gesamten deutschen Jugend im Sinne des Nationalsozialismus übertragen.

Quellen: Reichsgesetzblatt 1936. I. S. 993; 1939. I. S. 709 ff.

1. Gesetz über die Hitlerjugend. Vom 1. Dezember 1936.

Von der Jugend hängt die Zukunft des Deutschen Volkes ab. Die gesamte deutsche Jugend muß deshalb auf ihre künftigen Pflichten vorbereitet werden.

Die Reichsregierung hat daher das folgende Gesetz beschlossen, daß hiermit verkündet wird:

§ 1

Die gesamte deutsche Jugend innerhalb des Reichsgebietes ist in der Hitlerjugend zusammengefaßt.

§ 2

Die gesamte deutsche Jugend ist außer in Elternhaus und Schule in der Hitlerjugend körperlich, geistig und sittlich im Geiste des Nationalsozialismus zum Dienst am Volk und zur Volksgemeinschaft zu erziehen.

§ 3

Die Aufgabe der Erziehung der gesamten deutschen Jugend in der Hitlerjugend wird dem Reichsjugendführer der NSDAP übertragen. Er ist damit „Jugendführer des Deutschen Reichs". Er hat die Stellung einer Obersten Reichsbehörde mit dem Sitz in Berlin und ist dem Führer und Reichskanzler unmittelbar unterstellt.

§ 4

Die zur Durchführung und Ergänzung dieses Gesetzes erforderlichen Rechtsverordnungen und allgemeinen Verwaltungsvorschriften erläßt der Führer und Reichskanzler.

Berlin, den 1. Dezember 1936. Der Führer und Reichskanzler
Adolf Hitler
Der Staatssekretär und Chef der Reichskanzlei
Dr. Lammers

2. Erste Durchführungsverordnung zum Gesetz über die Hitler-Jugend
(Allgemeine Bestimmungen)
Vom 25. März 1939.

Auf Grund des § 4 des Gesetzes über die Hitler-Jugend vom 1. Dezember 1936 (Reichsgesetzbl. I S. 993) bestimme ich:

§ 1

(1) Der Jugendführer des Deutschen Reichs ist ausschließlich zuständig für alle Aufgaben der körperlichen, geistigen und sittlichen Erziehung der gesamten deutschen Jugend des Reichsgebiets außerhalb von Elternhaus und Schule. Die Zuständigkeit des Reichsministers für Wissenschaft, Erziehung und Volksbildung auf den Gebieten des Privatunterrichts und des sozialen Bildungswesens bleibt unberührt.

(2) Auf den Geschäftsbereich des Jugendführers des Deutschen Reichs gehen aus dem Geschäftsbereich des Reichs- und Preußischen Ministeriums für Wissenschaft, Erziehung und Volksbildung über:

alle Angelegenheiten der Jugendpflege, des Jugendherbergswesens sowie der Unfall- und Haftpflichtversicherung im Interesse der Jugendpflege.

Die Frage der Zuständigkeit für das Landjahr bleibt einer besonderen Regelung vorbehalten.

(3) Der Jugendführer des Deutschen Reichs untersteht mit der Hitler-Jugend der Finanzhoheit der Nationalsozialistischen Deutschen Arbeiterpartei.

Es folgen Hinweise auf die „Stamm-Hitlerjugend" sowie auf die Verpflichtung – „soweit es angeordnet ist" – „die vorgeschriebene Uniform zu tragen".

Berlin, den 25. März 1939. Der Führer und Reichskanzler
Adolf Hitler
Der Stellvertreter des Führers R. Heß
Der Reichsminister und Chef der Reichskanzlei
Dr. Lammers

3. Zweite Durchführungsverordnung zum Gesetz über die Hitler-Jugend
(Jugenddienstverordnung)
Vom 25. März 1939.

Auf Grund des § 4 des Gesetzes über die Hitler-Jugend vom 1. Dezember 1936 (Reichsgesetzbl. I S. 993) bestimme ich:

§ 1 Dauer der Dienstpflicht

(1) Der Dienst in der Hitler-Jugend ist Ehrendienst am Deutschen Volke.

(2) Alle Jugendlichen vom 10. bis zum vollendeten 18. Lebensjahr sind verpflichtet, in der Hitler-Jugend Dienst zu tun, und zwar:

1. die Jungen im Alter von 10 bis 14 Jahren im „Deutschen Jungvolk" (DJ),
2. die Jungen im Alter von 14 bis 18 Jahren in der „Hitler-Jugend" (HJ),
3. die Mädchen im Alter von 10 bis 14 Jahren im „Jungmädelbund" (JM),
4. die Mädchen im Alter von 14 bis 18 Jahren im „Bund Deutscher Mädel" (BDM).

Es folgen Einzelbestimmungen über bestimmte Altersjahrgänge.

§ 2 Erziehungsgewalt

Alle Jungen und Mädchen der Hitler-Jugend unterstehen einer öffentlich-rechtlichen Erziehungsgewalt nach Maßgabe der Bestimmungen, die der Führer und Reichskanzler erläßt.

Es folgen Einzelbestimmungen über „Unwürdigkeit“; „Untauglichkeit“; „Zurückstellung und Befreiung“; „Deutsche Staatsangehörige nichtdeutschen Volkstums“; „Blutmäßige Anforderungen“; „Deutsche Staatsangehörige mit Wohnsitz im Ausland“.

§ 9 Anmeldung und Aufnahme

(1) Alle Jugendlichen sind bis zum 15. März des Kalenderjahres, in dem sie das 10. Lebensjahr vollenden, bei dem zuständigen HJ-Führer zur Aufnahme in die Hitler-Jugend anzumelden. Treten bei einem Jugendlichen die Voraussetzungen für die Aufnahme in die Hitler-Jugend nach diesem Zeitpunkt ein (z. B. Entlassung aus der behördlichen Verwahrung, Erwerb der Reichsangehörigkeit, dauernde Niederlassung im Deutschen Reich), so ist der Jugendliche innerhalb eines Monats nach Eintritt der genannten Voraussetzungen anzumelden.

(2) Zu der Anmeldung ist der gesetzliche Vertreter des Jugendlichen verpflichtet.

(3) Die Aufnahme in die Hitler-Jugend erfolgt zum 20. April eines jeden Jahres.

Es folgen Bestimmungen über die „Entlassung“ sowie über das „Ruhen der Zugehörigkeit zur Hitler-Jugend“.

§ 12 Strafbestimmungen

(1) Ein gesetzlicher Vertreter wird mit Geldstrafe bis zu 150 Reichsmark oder mit Haft bestraft, wenn er den Bestimmungen des § 9 dieser Verordnung vorsätzlich zuwiderhandelt.

(2) Mit Gefängnis und Geldstrafe oder mit einer dieser Strafen wird bestraft, wer böswillig einen Jugendlichen vom Dienst in der Hitler-Jugend abhält oder abzuhalten versucht.

(3) Die Strafverfolgung tritt nur auf Antrag des Jugendführers des Deutschen Reichs ein. Der Antrag kann zurückgenommen werden.

(4) Jugendliche können durch die zuständige Ortspolizeibehörde angehalten werden, den Pflichten nachzukommen, die ihnen auf Grund dieser Verordnung und den zu ihr ergangenen Ausführungsbestimmungen auferlegt worden sind.

Die Verordnung endet mit den üblichen „Schlußvorschriften“.

Berlin, den 25. März 1939. Der Führer und Reichskanzler

Adolf Hitler

Der Stellvertreter des Führers R. Heß

Der Reichsminister und Chef der Reichskanzlei

Dr. Lammers

[15]

Der Reichsminister für Wissenschaft, Erziehung und Volksbildung

Runderlaß betreffend die Errichtung gesonderter jüdischer Schulen (1935)

Die nationalsozialistische Rassenpolitik verfolgte innerhalb des Schulwesens das Ziel, jüdische Kinder abzusondern, in eigenen Schulen zusammenzufassen und ihre Ausbildungsmöglichkeiten einzuschränken. Nachdem schon vielfache Diskriminierungsmaßnahmen vorangegangen waren (Ausschluß von Feiern, Veranstaltungen und vom Besuch der Schullandheime, keine Schulauszeichnungen und finanziellen Hilfen u. a. m.) wurde am 10. 9. 1935 die Errichtung gesonderter jüdischer Schulen angeordnet. 1938 wurden dann endgültig alle jüdischen Kinder aus den deutschen Schulen ausgewiesen und die Durchführung des Schulunterrichts der „Reichsvereinigung der Juden in Deutschland" übertragen. Im Zusammenhang mit den Aktionen zur Vernichtung der Juden wurde nach Kriegsbeginn auch das jüdische Schulwesen beseitigt. Am 30. 6. 1942 wurden alle noch bestehenden jüdischen Schulen geschlossen. Die Endlösung bahnte sich an.
Der Erlaß wurde nicht in den amtlichen Mitteilungen veröffentlicht.

Quelle: Dokumente der Deutschen Politik. Bd. 3. Bearbeitet von A. Friedrichs. Berlin 1938. S. 155 f.

Eine Hauptvoraussetzung für jede gedeihliche Erziehungsarbeit ist die rassische Übereinstimmung von Lehrer und Schüler. Kinder jüdischer Abstammung bilden für die Einheitlichkeit der Klassengemeinschaft und die ungestörte Durchführung der nationalsozialistischen Jugenderziehung auf den allgemeinen öffentlichen Schulen ein starkes Hindernis. Die auf meine Anordnung bisher vorgenommenen Stichproben in einzelnen preußischen Gebietsteilen haben gezeigt, daß die öffentlichen Volksschulen noch immer in nicht unerheblichem Maße von jüdischen Schülern und Schülerinnen besucht werden. Vornehmlich ist dies der Fall in den größeren Städten; aber auch auf dem platten Lande finden sich Gebiete, die mehr oder minder stark mit Juden besiedelt sind.

Auch die über das Volksschulziel hinausführenden Schulen sind trotz der Zulassungsbeschränkungen des Gesetzes vom 25. April 1933 (Reichsgesetzblatt I S. 225) noch immer von einem an einzelnen Orten verhältnismäßig hohen Anteil jüdischer Schüler und Schülerinnen besucht.

Für die Entwicklung des nationalsozialistischen Schulwesens ergeben sich hieraus schwere Hemmungen.

Die Errichtung öffentlicher und privater jüdischer Schulen hat zwar an einzelnen Orten zu einer gewissen Sonderung derjenigen jüdischen Schulkinder geführt, die der mosaischen Religion angehören. Die Trennung nach Konfessionen ist jedoch für ein nationalsozialistisches Schulwesen nicht ausreichend. Die Herstellung nationalsozialistischer Klassengemeinschaften als Grundlage einer auf dem deutschen Volkstumsgedanken beruhenden Jugenderziehung ist nur möglich, wenn eine klare Scheidung nach der Rassenzugehörigkeit der Kinder vorgenommen wird.

Ich beabsichtige daher, vom Schuljahr 1936 ab für die reichsangehörigen Schüler aller Schularten eine möglichst vollständige Rassentrennung durchzuführen.

Hinsichtlich der nicht zu den Pflichtschulen gehörenden Schulen erwäge ich eine Abänderung der durch das Überfüllungsgesetz vom 25. April 1933 getroffenen Bestimmungen in Richtung einer verschärften Abtrennung.

Bei den Pflichtschulen ist mit Rücksicht auf die auch für Nichtarier nach wie vor bestehende Schulpflicht eine Verweisung auf private Volksschulen nicht angängig. Vielmehr wird die Errichtung öffentlicher Volksschulen für Juden erforderlich werden. In diesen Schulen werden alle diejenigen Schüler und Schülerinnen zusammenzufassen sein, bei denen entweder beide Elternteile oder ein Elternteil jüdisch ist. Die sogenannten Vierteljuden, bei denen ein Großelternteil jüdisch ist, beabsichtige ich, bei der auf dem Gebiet des Schulwesens vorzunehmenden Rassentrennung außer Betracht zu lassen.

Es folgen organisatorische Hinweise.

3. Dokumente des Widerstandes

[16]

Der Aufstand vom 20. Juli 1944

Aufruf an das deutsche Volk
Entwurf einer Regierungserklärung

Bald nach der Machtübernahme Hitlers bildete sich in Deutschland eine Widerstandsbewegung gegen das totalitäre NS-Regime, die ein breites politisches, religiöses und soziales Spektrum umfaßte. Sie blieb aber uneinheitlich. Unter dem Druck des nationalsozialistischen Terrors gelangten die verschiedenen Einzelgruppen, die meist in der Illegalität operierten, zu keinem gemeinsamen Widerstand. Die moralische Empörung über die Exzesse der Judenverfolgung, über die Behandlung politischer Gegner und über Hitlers aggressive Außenpolitik bestärkten die Einsicht in die Notwendigkeit eines Staatsstreichs. Als sich im Winter 1942/43 nach der Schlacht von Stalingrad die militärische Niederlage abzeichnete und überdies das ganze Ausmaß der Verbrechen des NS-Regimes erkennbar wurde, entstanden verstärkte Kontakte zwischen der militärischen Opposition und politisch motivierten Widerstandsgruppen mit der Absicht, durch ein Attentat auf Hitler das nationalsozialistische Unrechtssystem zu beseitigen und den Weg freizumachen für eine rechtsstaatliche Neuordnung. Das Attentat vom 20. Juli mißlang. Mit dem Bekanntwerden von Hitlers Überleben brach der Aufstand zusammen. Die NS-Reichsregierung traf umfassende und grausame Maßnahmen, um den Widerstand zu zerschlagen. – Die Widerstandsbewegung war keine Volksbewegung. Sie war ein „Aufstand des Gewissens" und entsprang der moralischen Empörung, dem Mut und der Opferbereitschaft kleiner Gruppen aus allen Schichten des Volkes.

Quelle: H. Royce: 20. Juli 1944. Hrsg. von der Bundeszentrale für Heimatdienst. Bonn 1954. S. 44 ff.

1. Aufruf an das deutsche Volk

Für den Fall, daß es gelingen würde, das NS-Regime zu beseitigen, hatten die führenden Mitglieder der Widerstandsbewegung einen Aufruf an das deutsche Volk vorbereitet. Er sollte von Generaloberst Beck unterzeichnet werden.

Deutsche!

Ungeheuerliches hat sich in den letzten Jahren vor unseren Augen abgespielt. Hitler hat ganze Armeen gewissenlos wider den Rat der Sachverständigen seiner Ruhmsucht, seinem Machtdünkel, seiner gotteslästerlichen Wahnidee geopfert, berufenes und begnadetes Werkzeug der „Vorsehung" zu sein.

Nicht vom deutschen Volk gerufen, sondern durch Intrigen schlimmster Art an die Spitze der Regierung gekommen, hat er durch dämonische Künste und Lügen, durch ungeheuerliche Verschwendung, die allen Vorteile zu bringen schien, in Wahrheit aber das deutsche Volk in gewaltige Schulden gestürzt haben, Verwirrung angerichtet. Um sich an der Macht zu halten, hat er damit eine zügellose Schreckensherrschaft verbunden, das Recht zerstört, den Anstand in Acht erklärt, die göttlichen Gebote reinen Menschentums verhöhnt und das Glück von Millionen von Menschen vernichtet.

Mit tödlicher Sicherheit mußte seine wahnwitzige Verachtung aller Menschen unser Volk ins Unglück stürzen, mußte sein angemaßtes Feldherrntum unsere tapferen Söhne, Väter, Männer und Brüder ins Verderben führen, sein blutiger Terror gegen Wehrlose den deutschen Namen der Schande überantworten. Rechtlosigkeit, Vergewaltigung der Gewissen, Verbrechen und Korruption hat er in unserem Vaterlande, das von jeher stolz auf seine Rechtlichkeit und Redlichkeit war, auf den Thron gesetzt, Wahrheit und Wahrhaftigkeit, zu denen selbst das kleinste Volk seine Kinder zu erziehen für seine größte Aufgabe hält, werden bestraft und verfolgt. So droht dem öffentlichen Wirken und dem Leben des einzelnen tödliche Vergiftung.

Das aber darf nicht sein, so geht es nicht weiter! Dafür dürfen Leben und Streben unserer Männer, Frauen und Kinder nicht fernerhin mißbraucht werden. Unserer Väter wären wir nicht würdig, von unseren Kindern müßten wir verachtet werden, wenn wir nicht den Mut hätten, alles, aber auch alles zu tun, um diese furchtbare Gefahr von uns abzuwenden und wieder Achtung vor uns selbst zu erringen.

Zu diesem Zweck haben wir, nachdem wir unser Gewissen vor Gott geprüft haben, die Staatsgewalt übernommen.

Es folgen Anordnungen für die Beamten, die nur dem Gesetz, dem Gewissen und der Sachkunde folgend, ihr Amt ausüben sollen. Die Verbrechen des NS-Regimes sollen offen dargelegt werden.

Hitler hat seinen vor zehn Jahren dem Volke geleisteten Eid durch Verletzungen göttlichen und menschlichen Rechts unzählige Male gebrochen. Daher ist kein Soldat, kein Beamter, überhaupt kein Bürger ihm mehr durch Eid verpflichtet.

In höchster Not habe ich zusammen mit Männern aus allen Ständen des Volkes, aus allen Teilen des Vaterlandes gehandelt. Ich habe die einstweilige Führung des Deutschen Reichs übernommen und die Bildung einer Regierung unter Führung des Reichskanzlers angeordnet. Sie hat die Arbeit aufgenommen. Den Oberbefehl über die Wehrmacht führt Generalfeldmarschall v. Witzleben, dem sich die Oberbefehlshaber an allen Fronten unterstellt haben. Diese Männer haben sich mit mir zusammengefunden, um den Zusammenbruch zu verhüten.

In ernster Stunde treten wir vor Euch. Die Verantwortung vor Gott, vor unserem Volke und vor seiner Geschichte, die kostbaren Blutopfer zweier Weltkriege, die ständig wachsende Not der Heimat, das Elend auch der anderen Völker, die Sorge um die Zukunft der Jugend verpflichten uns.

Die Grundsätze und Ziele der Regierung werden bekanntgegeben werden. Sie sind bindend, bis die Möglichkeit gegeben ist, das deutsche Volk darüber entscheiden zu lassen. Unser Ziel ist die wahre, auf Achtung, Hilfsbereitschaft und soziale Gerechtigkeit gegründete Gemeinschaft des Volkes. Wir wollen Gottesfurcht an Stelle von Selbstvergottung, Recht und Freiheit an Stelle von Gewalt und Terror, Wahrheit und Sauberkeit an Stelle von Lüge und Eigennutz.

Wir wollen unsere Ehre und damit unser Ansehen in der Gemeinschaft der Völker wiederherstellen. Wir wollen mit besten Kräften dazu beitragen, die Wunden zu heilen, die dieser Krieg allen Völkern geschlagen hat, und das Vertrauen zwischen ihnen wieder neu zu beleben.

Die Schuldigen, die den guten Ruf unseres Volkes geschändet und so viel Unglück über uns und andere Völker gebracht haben, werden bestraft werden.

Wir wollen der Hoffnungslosigkeit, daß dieser Krieg noch endlos weitergehen müsse, ein Ende machen. Wir erstreben einen gerechten Frieden, der an die Stelle der Selbstzerfleischung und Vernichtung der Völker friedliche Zusammenarbeit setzt. Ein solcher Friede kann sich nur auf Achtung vor der Freiheit und der Gleichberechtigung aller Völker gründen.

Ich rufe alle anständigen Deutschen, Männer und Frauen aller Stämme und Stände, ich rufe auch die deutsche Jugend. Ich baue auf die freudige Mitarbeit der christlichen Kirchen.

Habt Mut und Vertrauen! Die Aufgabe ist ungeheuer schwer. Ich kann und will Euch keine leeren Versprechungen machen. Wir werden in harter Arbeit ringen müssen, um langsam wieder vorwärts und aufwärts zu kommen. Aber wir werden diesen Weg als freie Menschen in Anstand gehen und wieder die Ruhe des Gewissens finden.

Erfülle jeder seine Pflicht!

Helfe jeder mit, das Vaterland zu retten!

2. Entwurf einer Regierungserklärung

Die Mitglieder der Widerstandsgruppe vom 20. Juli 1944 hatten neben dem Aufruf an das deutsche Volk auch eine Regierungserklärung vorbereitet, die nach dem Umsturz über den Rundfunk verbreitet werden sollte. Der 5. Abschnitt bezieht sich auf die Jugend und ihre Erziehung:

5. Es ist vor allem die deutsche Jugend, die nach der Wahrhaftigkeit ruft. Wenn es eines Beweises für die göttliche Natur des Menschen bedürfte, hier haben wir ihn. Selbst die Kinder wenden sich in natürlicher Erkenntnis dessen, was wahr und gelogen ist, beschämt und empört von der ihnen zugemuteten Unwahrhaftigkeit der Gesinnung und Rede ab. Es war wohl das größte Verbrechen, diesen Wahrhaftigkeitssinn und mit ihm den Idealismus unserer Jugend zu mißachten und zu mißbrauchen. Wir wollen ihn daher schützen und stärken.

Der Jugend und ihrer Erziehung gilt eine unserer Hauptsorgen. Diese Erziehung soll in erster Linie den Eltern und den Schulen überantwortet werden. In allen Schulen müssen die elementaren Grundkenntnisse einfach, lauter und sicher in das Kind eingepflanzt werden. Die Bildung muß wieder eine allgemeine, Herz und Verstand erfassende sein. Sie muß im Volke wurzeln und keine Kluft darf zwischen Gebildeten und Ungebildeten liegen.

Die Erziehung muß wieder bewußt auf die christlich-religiöse Grundlage gestellt werden, ohne daß die christlichen Gesetze der äußersten Duldsamkeit gegenüber Andersgläubigen verletzt werden sollen. Auf dieser Grundlage muß das Erziehungs- und Bildungswesen wieder ruhig und stetig geleitet werden.

[17]

KREISAUER KREIS

Grundsätze für die Neuordnung Deutschlands (1943)

Der Kreisauer Kreis war eine unter der Leitung des Grafen Helmuth von Moltke stehende Widerstandsgruppe, die sich auf dessen Gut Kreisau in Schlesien zusammenfand. Die Mitglieder gehörten verschiedenen politischen Richtungen und Konfessionen an. Als führender Sozialdemokrat wirkte u. a. Adolf Reichwein, Professor für Pädagogik, im Kreisauer Kreis mit. Fast alle Mitglieder wurden, wie die „Verschwörer" des 20. Juli, hingerichtet. – Die „Grundsätze" zielten nicht unmittelbar auf den Sturz Hitlers, sondern sollten die nach seiner Entmachtung zu ergreifenden Maßnahmen festlegen.

Quelle: Dokumente der deutschen Politik und Geschichte von 1848 bis zur Gegenwart. Hrsg. v. Johannes Hohlfeld. Bd. V: Die Zeit der nationalsozialistischen Diktatur – Deutschland im Zweiten Weltkrieg 1939–1945. Berlin und München 1953. S. 439 ff.

Die Regierung des Deutschen Reiches sieht im Christentum die Grundlage für die sittliche und religiöse Erneuerung unseres Volkes, für die Überwindung von Haß und Lüge, für den Neuaufbau der europäischen Völkergemeinschaft.

Der Ausgangspunkt liegt in der verpflichtenden Besinnung der Menschen auf die göttliche Ordnung, die sein inneres und äußeres Dasein trägt. Erst wenn es gelingt, diese Ordnung zum Maßstab der Beziehungen zwischen Menschen und Völkern zu machen, kann die Zerrüttung unserer Zeit überwunden und ein echter Friedenszustand geschaffen werden. Die innere Neuordnung des Reiches ist die Grundlage zur Durchsetzung eines gerechten und dauerhaften Friedens.

Im Zusammenbruch bindungslos gewordener, ausschließlich auf die Herrschaft der Technik gegründeter Machtgestaltung steht vor allem die europäische Menschheit vor dieser Aufgabe. Der Weg zu ihrer Lösung liegt offen in der entschlossenen und tatkräftigen Verwirklichung christlichen Lebensgutes. Die Reichsregierung ist daher entschlossen, folgende nach innen und außen unverzichtbare Forderungen mit allen ihr zur Verfügung stehenden Mitteln zu verwirklichen:

1. Das zertretene Recht muß wieder aufgerichtet und zur Herrschaft über alle Ordnungen des menschlichen Lebens gebracht werden. Unter

dem Schutz gewissenhafter, unabhängiger und von Menschenfurcht freier Richter ist es Grundlage für alle zukünftige Friedensgestaltung.

2. Die Glaubens- und Gewissensfreiheit wird gewährleistet. Bestehende Gesetze und Anordnungen, die gegen diese Grundsätze verstoßen, werden sofort aufgehoben.

3. Brechung des totalitären Gewissenszwangs und Anerkennung der unverletzlichen Würde der menschlichen Person als Grundlage der zu erstrebenden Rechts- und Friedensordnung. Jedermann wirkt in voller Verantwortung an den verschiedenen sozialen, politischen und internationalen Lebensbereichen mit. Das Recht auf Arbeit und Eigentum steht ohne Ansehen der Rassen-, Volks- und Glaubenszugehörigkeit unter öffentlichem Schutz.

4. Die Grundeinheit friedlichen Zusammenlebens ist die Familie. Sie steht unter öffentlichem Schutz, der neben der Erziehung auch die äußeren Lebensgüter: Nahrung, Kleidung, Wohnung, Garten und Gesundheit sichern soll.

5. Die Arbeit muß so gestaltet werden, daß sie die persönliche Verantwortungsfreudigkeit fördert und nicht verkümmern läßt. Neben der Gestaltung der materiellen Arbeitsbedingungen und fortbildender Berufsschulung gehört dazu eine wirksame Mitverantwortung eines jeden an dem Betrieb und darüber hinaus an dem allgemeinen Wirtschaftszusammenhang, zu dem seine Arbeit beiträgt. Hierdurch soll er am Wachstum einer gesunden und dauerhaften Lebensordnung mitwirken, in der der Einzelne, seine Familie und die Gemeinschaften in ausgeglichenen Wirtschaftsräumen ihre organische Entfaltung finden können. Die Wirtschaftsführung muß diese Grunderfordernisse gewährleisten.

6. Die persönliche politische Verantwortung eines jeden erfordert seine mitbestimmende Beteiligung an der neu zu belebenden Selbstverwaltung der kleinen und überschaubaren Gemeinschaften. In ihnen verwurzelt und bewährt, muß seine Mitbestimmung im Staat und in der Völkergemeinschaft durch selbstgewählte Vertreter gesichert und ihm so die lebendige Überzeugung der Mitverantwortung für das politische Gesamtgeschehen vermittelt werden.

7. Die besondere Verantwortung und Treue, die jeder Einzelne seinem nationalen Ursprung, seiner Sprache, der geistigen und geschichtlichen Überlieferung seines Volkes schuldet, muß geachtet und geschützt werden. Sie darf jedoch nicht zur politischen Machtzusammenballung, zur Herabwürdigung, Verfolgung oder Unterdrückung fremden Volkstums mißbraucht werden. Die freie und friedliche Entfaltung nationaler Kultur ist mit der Aufrechterhaltung absoluter einzelstaatlicher Souveränität nicht mehr zu vereinbaren. Der Friede erfordert die Schaffung einer die einzelnen Staa-

ten umfassenden Ordnung. Sobald die freie Zustimmung aller beteiligten Völker gewährleistet ist, muß den Trägern dieser Ordnung das Recht zustehen, auch von jedem einzelnen Gehorsam, Ehrfurcht, notfalls auch den Einsatz von Leben und Eigentum für die höchste politische Autorität der Völkergemeinschaft zu fordern.

Es folgen Grundsätze über den „Reichsaufbau“ (Gemeinde, Kreis, Land) und über die Regierungsstruktur des Reiches (Reichstag, Reichsregierung, Reichsrat, Reichsverweser). Zu diesem Abschnitt gehören auch die Ausführungen über „Kirche, Kultur, Bildungswesen“:

Kirche, Kultur, Bildungswesen

Die Reichsregierung begrüßt die entschlossene Mitarbeit der beiden großen christlichen Kirchen an der öffentlichen Lebensgestaltung. Die öffentliche Ausübung der gottesdienstlichen, seelsorgerischen und erzieherischen Wirksamkeit der beiden christlichen Kirchen wird nicht behindert und steht unter dem Schutz der Reichsregierung. Die Entfaltung religiösen Schrifttums wird wieder ermöglicht. Im gesamten Bildungswesen sowie in Film und Rundfunk erhält das christliche Gedankengut wieder den ihm gebührenden Platz.

Das Rechsverhältnis zwischen dem Deutschen Reich und der Deutschen Evangelischen sowie der Römisch-Katholischen Kirche wird diesen Grundsätzen entsprechend im freundschaftlichen Einvernehmen mit den beiden Kirchen geregelt. Unberührt davon bleiben die Vereinbarungen der Konkordate.

Über die künftige Rechtsstellung der anderen Religions- und Weltanschauungsgemeinschaften ergehen nach vorausgegangenen Verhandlungen mit diesen nähere Bestimmungen.

Den Eltern steht das Recht zu, ihre Kinder nach den Grundsätzen des christlichen Glaubens und nach den Forderungen ihres eigenen Gewissens zu erziehen. Auch der Staat hat dazu beizutragen, die innere und äußere Zerrissenheit mit der Familie zu überwinden. Der Sonntag ist von staatlichen Pflichtveranstaltungen frei.

Familie, Kirche und Schule leisten die Erziehungsarbeit gemeinsam. Dabei soll die Schule das Recht des Kindes auf eine ihm gemäße Erziehung verwirklichen. Sie soll seine sittlichen Kräfte wecken und stärken und ihm jenes Maß von Wissen und Können vermitteln, das dem geforderten Leistungsbild seiner Altersstufe entspricht.

Die Charaktererziehung bildet einen anständigen Menschen religiöser Grundhaltung, der gute Sitte und Rechtlichkeit, Wahrheit und Aufrichtigkeit, Nächstenliebe und Treue vor seinem Gewissen zur Richtschnur seines Daseins zu machen imstande ist. Der so erzogene Mensch wird die Reife besitzen, selbstverantwortlich Entscheidungen zu treffen. Lernen dient der sittlichen Bildung der Persönlichkeit und der Vorbereitung auf das praktische Leben.

Fachschulen und höhere Schulen, die auf der Volksschule oder deren Grundstufe aufbauen, schaffen in ständiger Fortführung der Volksschularbeit bei wachsender Mitverantwortung des Schülers ein organisch gefügtes Wissen und Können.

Die staatliche Schule ist eine christliche Schule mit Religionsunterricht als Pflichtfach für die Angehörigen der beiden Konfessionen. Der Unterricht wird im Auftrage der Kirchen nach Möglichkeit durch Geistliche erteilt.

Das letzte Kapitel bezieht sich auf die Wirtschaft.

VII.
Militärregierung in Deutschland

1. Reeducation

[1]

Politische und wirtschaftliche Grundsätze für die alliierte Verwaltung Deutschlands nach dem Potsdamer Abkommen (1945)

Nach ihrem Sieg über die deutsche Wehrmacht und der Besetzung des gesamten Reichsgebietes trafen sich die Regierungschefs und die Außenminister der drei Großmächte vom 17. Juli bis 2. August zu einer Konferenz in Potsdam. Im Potsdamer Abkommen vereinbarten Churchill/Attlee (GB), Truman (USA) und Stalin (UdSSR) Grundsätze für eine gemeinsame Nachkriegspolitik in Europa sowie für die Besetzung, Verwaltung und Kontrolle des besiegten Deutschland durch die Siegermächte. Die einheitliche Durchführung wurde einem zentralen Organ, dem Alliierten Kontrollrat, übertragen, in das auch Frankreich berufen wurde. Zuvor war am 5. Juni 1945 von den Großmächten die Aufteilung Deutschlands in vier Besatzungszonen und die Ausübung der obersten Gewalt durch die obengenannte interalliierte Behörde endgültig festgelegt worden.

Quelle: Amtsblatt des Kontrollrats in Deutschland, Ergänzungsblatt Nr. 1: Sammlung von Urkunden betreffend die Errichtung der alliierten Kontrollbehörden. Hrsg. v. Alliierten Sekretariat Berlin, o. J. [1946]. S. 14 ff.

Teil I schildert den Konferenzverlauf,
Teil II betr. die Einrichtung eines Rates der Außenminister der Siegermächte,
Teil III ist der Behandlung Deutschlands gewidmet:

III. Deutschland

Alliierte Armeen führen die Besetzung von ganz Deutschland durch, und das deutsche Volk fängt an, die furchtbaren Verbrechen zu büßen, die unter der Leitung derer, welche es zur Zeit ihrer Erfolge offen gebilligt hat und denen es blind gehorcht hat, begangen wurden. Auf der Konferenz wurde eine Übereinkunft erzielt über die politischen und wirtschaftlichen Grundsätze der gleichgeschalteten Politik der Alliierten in bezug auf das besiegte Deutschland in der Periode der alliierten Kontrolle.

Das Ziel dieser Übereinkunft bildet die Durchführung der Krim-Deklaration über Deutschland. Der deutsche Militarismus und Nazismus werden ausgerottet, und die Alliierten treffen nach gegenseitiger Vereinbarung in der Gegenwart und in der Zukunft auch andere Maßnahmen, die notwendig sind, damit Deutschland niemals mehr seine Nachbarn oder die Erhaltung des Friedens in der ganzen Welt bedrohen kann.

Es ist nicht die Absicht der Alliierten, das deutsche Volk zu vernichten oder zu versklaven. Die Alliierten wollen dem deutschen Volk die Möglichkeit geben, sich darauf vorzubereiten, sein Leben auf einer demokratischen und friedlichen Grundlage von neuem wiederaufzubauen. Wenn die eigenen Anstrengungen des deutschen Volkes unablässig auf die Erreichung dieses Zieles gerichtet sein werden, wird es ihm möglich sein, zu gegebener Zeit seinen Platz unter den freien und friedlichen Völkern der Welt einzunehmen.

Der Text dieser Übereinkunft lautet:

„Politische und wirtschaftliche Grundsätze, deren man sich bei der Behandlung Deutschlands in der Anfangsperiode der Kontrolle bedienen muß:

A. Politische Grundsätze

1. Entsprechend der Übereinkunft über das Kontrollsystem in Deutschland wird die höchste Regierungsgewalt in Deutschland durch die Oberbefehlshaber der Streitkräfte der Vereinigten Staaten von Amerika, des Vereinigten Königsreichs, der Union der Sozialistischen Sowjetrepubliken und der Französischen Republik nach den Weisungen ihrer entsprechenden Regierungen ausgeübt, und zwar von jedem in seiner Besatzungszone sowie gemeinsam in ihrer Eigenschaft als Mitglieder des Kontrollrates in den Deutschland als Ganzes betreffenden Fragen.

2. Soweit dieses praktisch durchführbar ist, muß die Behandlung der deutschen Bevölkerung in ganz Deutschland gleich sein.

3. Die Ziele der Besetzung Deutschlands, durch welche der Kontrollrat sich leiten lassen soll, sind:

(I) Völlige Abrüstung und Entmilitarisierung Deutschlands und die Ausschaltung der gesamten deutschen Industrie, welche für eine Kriegsproduktion benutzt werden kann oder deren Überwachung.

Es folgen Gebote zur Auflösung aller Streitkräfte und Parteiorganisationen, danach Verbote des Besitzes wie der Herstellung von Waffen.

(II) Das deutsche Volk muß überzeugt werden, daß es eine totale militärische Niederlage erlitten hat und daß es sich nicht der Verantwortung entziehen kann für das, was es selbst dadurch auf sich geladen hat, daß seine eigene mitleidlose Kriegführung und der fanatische Widerstand der Nazis die deutsche Wirtschaft zerstört und Chaos und Elend unvermeidlich gemacht haben.

(III) Die Nationalsozialistische Partei mit ihren angeschlossenen Gliederungen und Unterorganisationen ist zu vernichten, alle nationalsozialistischen Ämter sind aufzulösen; es sind Sicherheiten dafür zu schaffen, daß sie in keiner Form wieder auferstehen können; jeder nazistischen und militaristischen Betätigung und Propaganda ist vorzubeugen.

(IV) Die endgültige Umgestaltung des deutschen politischen Lebens auf demokratischer Grundlage und eine eventuelle friedliche Mitarbeit Deutschlands am internationalen Leben sind vorzubereiten.

Es folgen Weisungen zur Annullierung nationalsozialistischer Gesetze (4), zur Verfolgung der Kriegsverbrecher (5) und zur Gewinnung demokratischer Persönlichkeiten für die öffentlichen Ämter (6).

7. Das Erziehungswesen in Deutschland muß so überwacht werden, daß die nazistischen und militaristischen Lehren völlig entfernt werden und eine erfolgreiche Entwicklung der demokratischen Ideen möglich gemacht wird.

In Ziff. 8 – 10 folgen Bestimmungen über das Gerichtswesen, die Wiedererrichtung der Kommunalverwaltung und die Gewährleistung der Rede-, Presse- und Religionsfreiheit sowie über die Wiederzulassung von Gewerkschaften.
Im Abschnitt B werden die „wirtschaftlichen Grundsätze" behandelt. Die übrigen Teile IV ff. sind den Fragen der Reparationen, der Behandlung der Kriegsverbrecher, der Beziehungen zu den Nachbarstaaten u.a.m. gewidmet.

[2]

Direktive für die Militärdistrikte der kommandierenden Generale der US-Armee in Deutschland betr. Erziehungswesen und religiöse Angelegenheiten (1945)

Nach der Übernahme der Regierungsgewalt in Deutschland entfalteten die Militärbehörden der Siegermächte sehr bald, wenn auch in unterschiedlicher Weise, für die einzelnen von ihnen kontrollierten Besatzungszonen Initiativen zur Wiedereröffnung der Schulen. Ihre Einflußnahme auf die Erziehung war wesentlicher Bestandteil ihrer auf die Umerziehung des deutschen Volkes gerichteten Politik. In eigenwilliger Auslegung der von allen Alliierten gemeinsam getroffenen Regelungen für das Erziehungswesen sowie mit Vorstellungen, die im wesentlichen an den Grundsätzen ihres eigenen Erziehungssystems orientiert waren, versuchte jede Besatzungsmacht, die Wiederaufnahme des Unterrichts entsprechend ihrer besonderen Auffassung von den Aufgaben der Umerziehung in die Wege zu leiten.

Durchgehendes Merkmal der amerikanischen Maßnahmen war die konsequente „Entnazifizierung“ aller Lehrpläne, Schulbücher und Lehrkräfte. Der Schulaufbau und der Charakter der Schulformen blieben jedoch trotz vorhandener anders gerichteter Tendenzen unverändert.

Quelle: Bildungspolitik und Bildungsreform. Amtliche Texte und Dokumente zur Bildungspolitik im Deutschland der Besatzungszonen, der Bundesrepublik Deutschland und der Deutschen Demokratischen Republik. Hrsg. von L. Froese. Goldmanns Gelbe Taschenbücher. Band 2470/71. München 1969. S. 75 ff.

Hauptquartier der Streitkräfte der Vereinigten Staaten in Europa
Verwaltung der Militärregierung in der US-Zone Deutschlands
Direktive für die Militärdistrikte der Kommandierenden Generale
7. Juli 1945

Abschnitt VII
Erziehungswesen und religiöse Angelegenheiten
Teil I: Erziehungswesen

Mit Ziff. 1 werden Definitionen der Schulformen vorangestellt.

2. Politische Richtlinien

Die politischen Richtlinien zielen darauf hin, den Nazismus und den deutschen Militarismus in jeder Beziehung innerhalb des deutschen Erziehungswesens auszurotten und mittels eines positiven Umerziehungsprogramms nazistische und militaristische Doktrinen vollständig zu eliminieren sowie die Entwicklung demokratischen Gedankenguts zu fördern.

3. Allgemeine Verantwortlichkeit

Ihnen obliegt es, folgende Maßnahmen zu ergreifen:

a) sofern vom Hauptquartier nicht anders bevollmächtigt, alle Bildungseinrichtungen geschlossen zu halten, mit Ausnahme von Schulen für Behinderte und Internatsschulen einschließlich Fürsorgeerziehungsanstalten, Kinderlandverschickungslagern und Waisenhäusern, in denen sie jedoch jeglichen Unterricht verbieten werden;

b) sicherzustellen, daß die deutschen Behörden alle Schulbücher, die nazistische oder militaristische Lehren enthalten, einziehen;

c) alle aktiven Nazis oder fanatischen Anhänger des Nazismus in Übereinstimmung mit diesem Abschnitt der Direktive von Tätigkeiten im Erziehungswesen auszuschließen;

d) die Wiedereröffnung der Schulen entsprechend der im Technical Manual for Education and Religious Affairs dargelegten Verfahrensweise in die Wege zu leiten.

4. Aufsicht

Sie werden das deutsche Erziehungssystem in seiner gegenwärtigen Form in dem für die Durchführung der o. g. politischen Richtlinien notwendigen Maße beaufsichtigen und leiten und dabei soweit wie möglich die Stellen mit Kräften des gegenwärtigen Systems, sofern sie entnazifiziert wurden, besetzen.

Es folgen die Abschnitte: Wiedereröffnung der Volksschulen (5), Wiedereröffnung der Oberschulen (6), Weiterbildung (7) und Lehrbücher (8).

9. Entlassung und Ernennung von Beamten im Erziehungswesen

a) Sie werden deutsche im Erziehungswesen tätige Beamte, einschließlich Lehrern, in Übereinstimmung mit den Bestimmungen von Abschnitt II dieser Direktive entlassen oder suspendieren. Sie werden die Bestimmungen über „uneingeschränkte Entlassung" (Discretionary Removal and Exclusion) auf folgende Gruppen innerhalb des Erziehungsbereichs ausdehnen:

(1) Schulräte aller Dienstgrade sowie Schulverwaltungsbeamte vom Regierungsrat aufwärts, die ihre Tätigkeit im Erziehungswesen während des nationalsozialistischen Regimes aufnahmen;

(2) Leiter und Leiterinnen von Oberschulen sowie von Einrichtungen der Erwachsenenbildung, die während des nationalsozialistischen Regimes in ihr gegenwärtiges Amt eingesetzt wurden;

(3) Personen, die öffentlich durch Wort oder Schrift aktiv und freiwillig Nationalsozialismus, Militarismus oder Rassismus progagiert haben.

b) Das Hauptquartier verfügt über eine Aufstellung von Personen innerhalb Deutschlands, die aufgrund ihrer Gesinnung, ihres beruflichen Ansehens und Könnens und ihrer politischen Zuverlässigkeit besonders geeignet erscheinen für die Stelle (1) eines kommissarisch im Erziehungswesen tätigen Verwaltungsbeamten und/oder Beraters bis zur Einrichtung eines regulären Verwaltungssystems, (2) eines amtierenden Universitätsrektors bis zur regulären Wahl durch den Senat, (3) eines amtierenden Leiters einer Pädagogischen Hochschule. Auf Anfrage werden Ihnen geeignete Personen namentlich genannt, die für bestimmte Ämter zur Verfügung stehen.

c) Sie werden anordnen, daß innerhalb des deutschen Erziehungssystems niemand auf Lebenszeit für ein Amt ernannt oder wiedereingesetzt wird, sondern daß gemäß Abschnitt II dieser Direktive über alle auf dem Erziehungsgebiet Tätigen, die nicht entlassen oder suspendiert wurden, sowie über alle Anwärter für eine kommissarische Tätigkeit Nachforschungen angestellt werden.

In Ziff. 10. wird die Abschaffung aller nationalsozialistischen Erziehungsorganisationen und Schulen angeordnet.

11. Lehrpläne

Sie werden die Absetzung aller fragwürdigen, von den Nazis eingeführten Lehrveranstaltungen anordnen und die deutschen Lehrer anweisen, von ihrem Unterrichtsstoff alles auszuschließen,

a) was den Militarismus verherrlicht, auf Kriegführung, Mobilmachung und Kriegsvorbereitung eingeht – sei es in wissenschaftlicher, wirtschaftlicher oder industrieller Hinsicht – oder das Studium der Militärgeographie fördert;

b) was darauf hinzielt, nazistische Lehren zu propagieren, wiederzubeleben oder zu rechtfertigen oder die Taten der Nazi-Führer herauszustellen;

c) was diskriminierende Maßnahmen aufgrund von Rassenzugehörigkeit, Nationalität, Religionszugehörigkeit oder politischer Einstellung unterstützt;

d) was sich gegen irgendein Mitglied der Vereinten Nationen richtet oder die Beziehungen zu diesem zu zerstören trachtet.

Jeder Verstoß gegen diese Vorschriften gibt Anlaß zu unverzüglicher Entlassung und Bestrafung.

Es folgt das Verbot nazistischer Jugendorganisationen (Ziff. 12).

13. Neue Erziehungsorganisationen oder Schulen

Ohne die Zustimmung des Hauptquartiers werden Sie die Gründung neuer Erziehungsorganisationen oder neuer Schultypen sowie die Wiederbelebung früherer Organisationen oder Schultypen nicht zulassen.

14. Religionsunterricht und Konfessionsschulen

Sie werden Fragen hinsichtlich der kirchlichen Aufsicht deutscher Schulen und des Religionsunterrichts in deutschen Schulen soweit wie möglich der Entscheidung der entsprechenden deutschen Behörden überlassen, sofern sichergestellt ist, daß der Religionsunterricht sowie die Verwaltung der unter kirchlicher Aufsicht stehenden Schulen im Einklang mit den Vorschriften stehen, die bindend für alle Bürger und alle Schulen sind oder sein werden, einschließlich der Säuberung von Lehrplänen und Personal. Sollten hier, mangels entsprechender deutscher Behörden, Entscheidungen zu treffen sein, werden diese, bis entsprechende deutsche Behörden zur Verfügung stehen, vorläufigen Charakter haben und die Regelung des Verhältnisses Kirche – Schule vor 1933 gebührend berücksichtigen.

Es folgt Teil II: Religion.

[3]

Befehl Nr. 40 der Sowjetischen Militäradministration in Deutschland betr. die Vorbereitung der Schulen zum Schulbetrieb in der Sowjetischen Besatzungszone (1945)

Fast gleichzeitig mit der Direktive für die amerikanische Zone wurde für das sowjetische Besatzungsgebiet am 25. August 1945 ein Befehl erlassen, den Schulunterricht wieder aufzunehmen. Im Unterschied zu den Zonen der westlichen Besatzungsmächte lag die Durchführung bei einer deutschen Zentralverwaltung, die mit dem Befehl Nr. 17 der SMAD zuvor geschaffen worden war. Ebenfalls abweichend vom Westen waren strukturelle Reformen, u. a. die Einführung des Russisch als Pflichtfremdsprache ab der 5. Klasse der Volksschule sowie der Mathematik und Physik ab der 8., außerdem die Erweiterung der Volksschule um ein 9. Schuljahr von 1946 an und die absolute Trennung von Kirche und Staat. Infolge der rigorosen Entnazifizierungs- und Entmilitarisierungsmaßnahmen waren erhebliche Anstrengungen erforderlich, um den Wiederbeginn des Unterrichts sicherzustellen. Trotz großer materieller Mängel wurden nach der Aufstellung neuer Lehrpläne, der Bereitstellung neuer Schulbücher und dem weitgehenden Ersatz der entlassenen und fehlenden 40000 Lehrkräfte durch kurzfristig ausgebildete „Neulehrer“ die Schulen am 1. Oktober wiedereröffnet.

Quelle: Bildungspolitik und Bildungsreform. Amtliche Texte und Dokumente zur Bildungsreform im Deutschland der Besatzungszonen, der Bundesrepublik Deutschland und der Deutschen Demokratischen Republik. Hrsg. von L. Froese. Goldmanns Gelbe Taschenbücher. Bd. 2470/71. München 1969. S. 84 ff.

Um die Vorbereitung der Schulen zum Schulbetrieb im Gebiet der sowjetischen Besatzungszone Deutschlands sicherzustellen, wird hiermit befohlen:

I. Der Direktor der Deutschen Zentralverwaltung für Volksbildung, die Landes- und Provinzialpräsidenten, die Landräte der Kreise, die Bürgermeister der Städte und Bezirke der sowjetischen Besatzungszone Deutschlands haben:

a) zur Vorbereitung der Schulen für den Schulbetrieb diejenigen Maßnahmen zu treffen, die eine völlige Befreiung des Unterrichts und der Erziehung von nazistischen, militaristischen, Rassen- und anderen reaktionären Theorien sowie auch von allen Elementen theoretischer und praktischer militärischer Vorbereitung sicherstellen;

b) die Eröffnung des Unterrichts in den Volksschulen, Höheren Schulen (Oberschulen, Aufbauschulen, Gymnasien), Fach- und Oberfachschulen anzuordnen. Das Lehrjahr ist in allen allgemeinbildenden und Fachschulen ab 1. Oktober d. J. zu beginnen;

c) alle Privatschulen in Landes-, Provinzial-, Kreis-, Bezirks- bzw. Stadtschulen zu verwandeln und sie der Zuständigkeit der territorialen und lokalen Behörden zu übergeben; die Eröffnung jeglicher allgemeinbildenden oder fachlichen Privatschulen wird verboten;

d) Lehrpläne für die Schulen auszuarbeiten und sie der Sowjetischen Militärverwaltung in Deutschland über den Direktor der Deutschen Zentralverwaltung für Volksbildung bis zum 15. September 1945 zur Bestätigung vorzulegen;

e) die Benutzung der Lehrbücher aller Unterrichtsfächer, die zur Zeit des faschistischen Regimes herausgegeben wurden und Propaganda von nazistischen, militaristischen und Rassentheorien enthalten, in den Schulen zu verbieten, diese Bücher den Schülern abnehmen zu lassen und die Verantwortung für diese Abnahme den Schulleitern und Lehrern zu übertragen;

f) Lehrbücher zum Druck vorzubereiten, wobei die vor 1933 erschienenen Lehrbücher auszunutzen sind, und sie der Sowjetischen Militärverwaltung in Deutschland zur Bestätigung vorzulegen: für die Volksschulen bis zum 10. September und für die Oberschulen bis zum 1. Oktober d. J.;

g) Empfehlungslisten der vor 1933 erschienenen Schulliteratur herauszugeben und sie der Sowjetischen Militärverwaltung bis zum 15. September d. J. zur Bestätigung vorzulegen;

h) alle Lehrer zu erfassen, die früher in der Schule tätig waren, und diejenigen von ihnen anzustellen, die keinen aktiven Anteil an faschistischen Organisationen und Gesellschaften genommen haben und die fähig sind, demokratische Grundsätze im Unterricht und in der Erziehung der Kinder durchzuführen und das reaktionäre Wesen des Nazismus, der Rassentheorie und den militärischen Charakter des früheren deutschen Staates zu entlarven;

i) diejenigen Personen aus demokratischen, antifaschistischen Kreisen der deutschen Intelligenz, die die nötige allgemeine Ausbildung genossen haben und als Lehrer in den Volksschulen und Höheren Schulen tätig sein wollen, zur pädagogischen Arbeit heranzuziehen.

II. Die Chefs der sowjetischen Landes-, Provinz-, Kreis- und Bezirkskommandanten haben:

a) eine Aufsicht über die Tätigkeit der deutschen lokalen Selbstverwaltung auf dem Gebiete der Volksbildung einzuführen und

b) zu prüfen und zu bestätigen: Schulen, Schulleiter und Lehrer, die Leiter der territorialen und lokalen Volksbildungsabteilungen, die Maßnahmen zur Umschulung der Lehrer, die Maßnahmen zur außerschulischen Jugend- und Kinderbetreuung.

III. Der Chef der Volksbildungsabteilung, Genosse Solotuchin, hat

a) zu prüfen und zu bestätigen:
die Stundentafeln und Lehrpläne der Schulen, die Lehrpläne in allen

Fächern, die Lehrbücher und gedruckten Lehrmaterialien, die Stundentafeln und Lehrpläne für die Kurse der Lehrerumschulung;

b) die Leitung und die Aufsicht für die Erfüllung dieses Befehls sicherzustellen.

Oberchef der Sowjetischen Militärverwaltung - Gruppenoberbefehlshaber der Sowjetischen Besatzungstruppen in Deutschland Marschall der Sowjetunion gez. G. Schukow	Mitglied des Militärrates der Sowjetischen Militärverwaltung in Deutschland Generalleutnant gez. F. Bokow

Chef des Stabes der Sowjetischen Militärverwaltung in Deutschland
Generaloberst gez. W. Kurassow

[4]

ALLIIERTE KONTROLLBEHÖRDE IN DEUTSCHLAND

Direktive Nr 54: Grundsätze für die Demokratisierung des deutschen Bildungswesens (1947)

Der Alliierte Kontrollrat übte seine gesetzgebende Gewalt durch Proklamationen, Gesetze, Befehle, Direktiven und Instruktionen aus. Die Direktiven dienten der Bekanntmachung der allgemeinen Absichten oder Entscheidungen des Kontrollrats in den verschiedenen Verwaltungsbereichen und galten als Richtlinien für die nachgeordneten Instanzen. Unabhängig von den Einzelinitiativen der Besatzungsmächte versuchte der Alliierte Kontrollrat, eine gemeinsame Deutschlandspolitik aufrechtzuerhalten und verabschiedete u. a. eine Entschließung zu Erziehungsfragen. Aber auf diesem Gebiet konnte er ebensowenig wie auf dem politischen oder wirtschaftlichen die Auseinanderentwicklung der Besatzungszonen verhindern.

Quelle: Die Proklamationen, Gesetze und Verordnungen der Militärregierung Deutschlands. Hrgs. v. R. Anders. Sammlung C. F. Müller. Karlsruhe 1947. Abschnitt G. Nr. 54. S. 1 f. Nach dem amtlichen englischen Text übersetzt von B. Michael. Eine autorisierte deutsche Fassung liegt - im Gegensatz zu den übrigen Direktiven - nicht vor.

Alliierte Kontrollbehörde
Kontrollrat

Der Kontrollrat billigt die folgenden Grundsätze und überweist sie den vier Zonenbefehlshabern und der Alliierten Kommandantur Berlin als Richtlinien:

1. Es sollten gleiche Bildungsmöglichkeiten für alle gewährleistet sein.

2. In allen Bildungsinstitutionen, die ganz aus öffentlichen Mitteln unterhalten werden und überwiegend Schüler im schulpflichtigen Alter betreuen, sollten Unterricht, Schulbücher und andere notwendige Lehr- und Lernmittel unentgeltlich gewährt werden; außerdem sollten allen, die Unterstützung benötigen, Unterhaltszuschüsse gewährt werden. – In allen anderen Bildungseinrichtungen, einschließlich der Universitäten, sollten Unterricht, Lehrbücher und notwendige Materialien zusammen mit Unterhaltsbeihilfen für Unterstützungsbedürftige unentgeltlich gewährt werden.

3. Für alle [Kinder] im Alter vom sechsten bis mindestens zum fünfzehnten Lebensjahre sollte pflichtmäßiger Vollzeit-Schulbesuch gefordert werden – und für alle Schüler, die nicht Vollzeitschulen besuchen, anschließend wenigstens pflichtmäßiger Teilzeit-Schulbesuch bis zur Vollendung des 18. Lebensjahres.

4. Alle Schulen für den Zeitraum der Pflichtschulzeit sollten ein zusammenhängendes Bildungssystem (comprehensive educational system) darstellen. Die Abschnitte der Elementarbildung und der weiterführenden Bildung sollten zwei aufeinanderfolgende Stufen der Unterweisung bilden, nicht zwei Wege oder Abschlüsse der Ausbildung [nebeneinander], die teilweise übereinstimmen.

5. Alle Schulen sollten Nachdruck legen auf die Erziehung zu staatsbürgerlicher Verantwortung und demokratischem Lebensstil (democratic way of life) vermittelst des Lehrplans, der Lehrbücher und Lehrmittel und der Organisation der Schule selbst.

6. Die Lehrpläne sollten darauf ausgerichtet werden, das Verständnis für andere Völker und die Achtung vor ihnen zu fördern, zu diesem Zweck sollte dem Studium der modernen Fremdsprachen Aufmerksamkeit gewidmet werden, ohne einer den Vorzug zu geben.

7. Allen Schülern und Studenten sollten Studienhilfen und Berufsberatung gewährt werden (educational and vocational guidance).

8. Für alle Schüler und Studenten sollten Gesundheitsüberwachung und Erziehung zu gesunder Lebensweise vorgesehen, außerdem Unterricht in Hygiene erteilt werden.

9. Die gesamte Lehrerausbildung sollte an einer Universität oder einem Pädagogischen Institut von Universitätsrang erfolgen.

10. Nachdrücklich sollten Bestimmungen getroffen werden, allen Bürgern die wirkungsvolle Teilnahme an der Reform und Organisation des Bildungswesens ebenso wie an seiner Verwaltung zu ermöglichen.

Ausgefertigt in Berlin am 25. Juni 1947.

[5]

Deklaration der Vereinten Nationen
Allgemeine Erklärung der Menschenrechte (1948)

Nach den Schrecken des Zweiten Weltkrieges und besonders den Verbrechen des Nazi-Regimes formulierte die Weltorganisation die mißachteten Menschenrechte neu als ein von allen Nationen anzuerkennendes und zu bewahrendes „Ideal". Die Rechte selbst wurden in einer Präambel und in 30 Artikeln zusammengefaßt und von der Vollversammlung der UN als „Deklaration" ohne Gegenstimme (bei wenigen Enthaltungen) verabschiedet. Sie umfaßt einen Katalog von individuellen Freiheits-, politischen und Sozialrechten. Die Deklaration ist – juristisch gesehen – kein völkerrechtlich bindender Vertrag, sie gibt keinen Grund, irgendwelche Rechte einklagen zu können. Ihr allseits unbestrittener Wert ist politisch-programmatischer Natur. Jedoch sind wichtige Teile inzwischen gewohnheitsrechtlich unter den Völkern sanktioniert. – Als eines der sozialen Rechte ist jedem Menschen das „Recht auf Bildung" uneingeschränkt zuerkannt.

Quelle: F. Hartung: Die Entwicklung der Menschen- und Bürgerrechte von 1776 bis zur Gegenwart. Quellensammlung zur Kulturgeschichte. Hrsg. von W. Treue. Bd 1. 3. erw. Aufl. Göttingen [1964]. S. 132 ff.

Allgemeine Erklärung der Menschenrechte verkündet von der Generalversammlung der Vereinten Nationen am 10. Dezember 1948

Präambel

Da die Anerkennung der allen Mitgliedern der menschlichen Familie innewohnenden Würde und ihrer gleichen und unveräußerlichen Rechte die Grundlage der Freiheit, der Gerechtigkeit und des Friedens in der Welt bildet,

da Verkennung und Mißachtung der Menschenrechte zu Akten der Barbarei führten, die das Gewissen der Menschheit tief verletzt haben, und da die Schaffung einer Welt, in der den Menschen, frei von Furcht und Not Rede- und Glaubensfreiheit zuteil wird, als das höchste Bestreben der Menschheit verkündet worden ist,

da es wesentlich ist, die Menschenrechte durch die Herrschaft des Rechtes zu schützen, damit der Mensch nicht zum Aufstand gegen Tyrannei und Unterdrückung als letztem Mittel gezwungen wird,

da es wesentlich ist, die Entwicklung freundschaftlicher Beziehungen zwischen den Nationen zu fördern,

da die Völker der Vereinten Nationen in der Satzung ihren Glauben an die grundlegenden Menschenrechte, an die Würde und den Wert der menschlichen Person und an die Gleichberechtigung von Mann und Frau erneut bekräftigt und beschlossen haben, den sozialen Fortschritt und bessere Lebensbedingungen bei größerer Freiheit zu fördern,

da die Mitgliedstaaten sich verpflichtet haben, in Zusammenarbeit mit den Vereinten Nationen die allgemeine Achtung und Verwirklichung der Menschenrechte und Grundfreiheiten durchzusetzen,
da eine gemeinsame Auffassung über diese Rechte und Freiheiten von größter Wichtigkeit für die volle Erfüllung dieser Verpflichtung ist,

verkündet die Generalversammlung

die vorliegende Allgemeine Erklärung der Menschenrechte als das von allen Völkern und Nationen zu erreichende gemeinsame Ideal, damit jeder einzelne und alle Organe der Gesellschaft sich diese Erklärung stets gegenwärtig halten und sich bemühen, durch Unterricht und Erziehung die Achtung dieser Rechte und Freiheiten zu fördern und durch fortschreitende Maßnahmen im nationalen und internationalen Bereiche ihre allgemeine und tatsächliche Anerkennung und Verwirklichung bei der Bevölkerung sowohl der Mitgliedstaaten wie der ihrer Oberhoheit unterstehenden Gebiete zu gewährleisten.

Artikel 1

Alle Menschen sind frei und gleich an Würde und Rechten geboren. Sie sind mit Vernunft und Gewissen begabt und sollen einander im Geiste der Brüderlichkeit begegnen.

Artikel 2

1. Jeder Mensch hat Anspruch auf die in dieser Erklärung verkündeten Rechte und Freiheiten, ohne irgendeine Unterscheidung, wie etwa nach Rasse, Farbe, Geschlecht, Sprache, Religion, politischer oder sonstiger Überzeugung, nationaler oder sozialer Herkunft, nach Eigentum, Geburt oder sonstigen Umständen.
2. Weiter darf keine Unterscheidung gemacht werden auf Grund der politischen, rechtlichen oder internationalen Stellung des Landes oder Gebietes, dem eine Person angehört, ohne Rücksicht darauf, ob es unabhängig ist, unter Treuhandschaft steht, keine Selbstregierung besitzt oder irgendeiner anderen Beschränkung seiner Souveränität unterworfen ist.

Art. 3 – 25 enthalten die klassischen politischen und sozialen Menschenrechte.

Artikel 26

1. Jeder Mensch hat das Recht auf Bildung. Der Unterricht muß wenigstens in den Elementar- und Grundschulen unentgeltlich sein. Der Elementarunterricht ist obligatorisch. Fachlicher und beruflicher Unterricht soll allgemein zugänglich sein; die höheren Studien sollen allen nach Maßgabe ihrer Fähigkeiten und Leistungen in gleicher Weise offenstehen.

2. Die Ausbildung soll die volle Entfaltung der menschlichen Persönlichkeit und die Stärkung der Achtung der Menschenrechte und Grundfreiheiten zum Ziele haben. Sie soll Verständnis, Duldsamkeit und Freundschaft zwischen allen Nationen und allen rassischen oder religiösen Gruppen fördern und die Tätigkeit der Vereinten Nationen zur Aufrechterhaltung des Friedens begünstigen.

3. In erster Linie haben die Eltern das Recht, die Art der ihren Kindern zuteil werdenden Bildung zu bestimmen.

Art. 27 nennt das Recht auf Teilhabe an der Kultur und den Schutz des geistigen Eigentums. – Die Art. 28 – 30 verpflichten den Einzelnen wie die Staaten zur gegenseitigen Bewahrung der zuvor erklärten Menschenrechte.

2. Anfänge der Schulpolitik in den deutschen Ländern

[6]

Sowjetische Besatzungszone
Gesetz zur Demokratisierung der deutschen Schule (1946)

In der sowjetischen Besatzungszone wurde die Schulpolitik schon sehr früh einheitlich ausgerichtet. Im Juli 1945 wurde aufgrund des SMA-Befehls Nr. 17 die „Zentralverwaltung für Volksbildung" geschaffen. Die Zentralverwaltung ging in Fortführung des SMA-Befehls Nr. 40 vom August 1945 unverzüglich daran, eine Gesetzesvorlage zur Neuordnung des Schulwesens in den Ländern der SBZ zu schaffen: das „Gesetz zur Demokratisierung der Schule". Im Januar und Februar 1946 wurde der Entwurf des Gesetzes von den Vertretern der Schulverwaltungen der Länder und der Sowjetischen Militäradministration beraten und anschließend den Ländern als einheitliche Grundlage für die Gesetzesvorlagen empfohlen. Obgleich von jedem der fünf Länder in den Monaten Mai und Juni selbständig erlassen, ergaben sich nur geringfügige Abweichungen vom vorgegebenen Wortlaut, so daß das Gesetz als Grundlage und Kernstück der Neuordnung und Vereinheitlichung des Schulwesens der SBZ vor Gründung der DDR angesehen werden kann. Die Schulartikel der ersten Verfassung der DDR (1949) sind wesentlich durch dieses Schulgesetz beeinflußt worden. Wie auch die Verfassung, ist ebenfalls das Schulgesetz noch weitgehend frei von parteidogmatischen Formeln. Es greift vielmehr auf schulreformerische Motive zurück, die seit der pädagogischen Reformbewegung der 20/30er Jahre auch von nichtkommunistischen Schulpolitikern vertreten worden sind. Indessen erfolgte schon früh eine Auslegung der interpretationsfähigen Paragraphen im Sinne der Schulpolitik der SED.

Quelle: Richtlinien für das Schulwesen der deutschen Verwaltung für Volksbildung in der sowjetischen Besatzungszone Deutschlands. Stand vom 1. März 1948. Berlin-Ost 1948. S. 14 ff.

Vorbemerkung

Dieses Gesetz wurde von den Landes- und Provinzialverwaltungen der sowjetischen Besatzungszone in fast gleichlautendem Text beschlossen und veröffentlicht.

Die deutsche Schule war – trotz ihrer beachtlichen Höhe vor 1933 – nie eine Stätte wirklich demokratischer Erziehung der Jugend zu verantwortungs- und selbstbewußten freien Bürgern. Sie war eine Standesschule. Für die Söhne und Töchter des einfachen Volkes waren die Tore der höheren Schule und der Hochschule in der Regel verschlossen, weil nicht die Fähigkeit der Kinder, sondern die Vermögenslage der Eltern über deren Bildungsgang bestimmte.

Bereits früher mißbraucht als Mittel der Vergötterung selbstbeschränkter reaktionärer Fürsten und Könige, zur Verherrlichung des Militarismus und Eroberungskrieges, zur Erziehung blinder Untertanen in einem reaktionären Staat, wurde sie unter dem Nazismus zu einer Stätte des Rassenhasses und der Völkerverhetzung, der Vorbereitung unserer Jugend zum Werkzeug in einem volksfremden, antinationalen Eroberungskrieg und der Mißachtung der Menschen und der Menschlichkeit.

Der Aufbau eines neuen friedlichen demokratischen Deutschlands – der einzige Weg zur nationalen Wiedergeburt und Einheit unserer Heimat – erfordert eine grundlegende Demokratisierung der deutschen Schule. Die neue demokratische Schule muß frei sein von allen Elementen des Militarismus, des Imperialismus, der Völkerverhetzung und des Rassenhasses. Sie muß so aufgebaut sein, daß sie allen Jugendlichen, Mädchen und Jungen, Stadt- und Landkindern, ohne Unterschied des Vermögens ihrer Eltern das gleiche Recht auf Bildung und seine Verwirklichung entsprechend ihren Anlagen und Fähigkeiten garantiert.

§ 1 Ziel und Aufgaben der deutschen Schule

Die deutsche demokratische Schule soll die Jugend zu selbständig denkenden und verantwortungsbewußt handelnden Menschen erziehen, die fähig und bereit sind, sich voll in den Dienst der Gemeinschaft des Volkes zu stellen. Als Mittlerin der Kultur hat sie die Aufgabe, die Jugend frei von nazistischen und militaristischen Auffassungen im Geiste des friedlichen und freundschaftlichen Zusammenlebens der Völker und einer echten Demokratie zu wahrer Humanität zu erziehen. Sie wird, ausgehend von den gesellschaftlichen Bedürfnissen, jedem Kind und Jugendlichen ohne Unterschied des Besitzes, des Glaubens oder seiner Abstammung die seinen Neigungen und Fähigkeiten entsprechende vollwertige Ausbildung geben.

§ 2 Schulträger und Schulform

Die schulische Erziehung der Jugend ist ausschließlich Angelegenheit des Staates. Der Religionsunterricht ist Angelegenheit der Religionsgemeinschaften; das Nähere wird durch Ausführungsbestimmungen geregelt.

Die Form des öffentlichen Erziehungswesens ist ein für Jungen und Mädchen gleiches, organisch gegliedertes, demokratisches Schulsystem – die demokratische Einheitsschule.

§ 3 Aufbau und Gliederung der demokratischen Einheitsschule

Die demokratische Einheitsschule umfaßt die gesamte Erziehung vom Kindergarten bis zur Hochschule und gliedert sich nach den Aufgaben, die aus den gesellschaftlichen Bedürfnissen erwachsen. Sie baut sich nach folgenden Grundsätzen auf:

a) Vorstufe (Kindergarten):

Der Kindergarten gilt als vorschulische Erziehungseinrichtung. Er hat die Aufgabe, die Kinder zur Schulreife zu führen.

b) Grundstufe (Grundschule):

Bei vorhandener Schulreife treten alle Kinder, die drei Monate vor Beginn des Schuljahres das 6. Lebensjahr vollendet haben, in die Grundschule ein.

Die Grundschule ist obligatorisch. Sie umfaßt acht Klassen, in denen Deutsch, Geschichte, Heimatkunde, Geographie, Biologie, Physik, Chemie, Mathematik, Fremdsprachen, Kunst- und Werkunterricht, Musik und Leibesübungen unterrichtet werden. Im 5. Schuljahr beginnt für alle Schüler der Unterricht in einer modernen Fremdsprache.

Im 7. und 8. Schuljahr werden überall zusätzliche Kurse eingerichtet, vor allem in einer zweiten Fremdsprache, in Mathematik und in naturwissenschaftlichen Fächern.

Um den Landkindern die gleiche Bildungsmöglichkeit wie den Kindern in der Stadt zu geben, werden die nichtvollstufigen Schulen ausgebaut sowie Zentralschulen und Schülerheime eingerichtet.

c) Oberstufe:

Nach Beendigung der Grundschule erfolgt die systematische Weiterbildung in der Berufsschule und Fachschule, in der Oberschule und in anderen Bildungseinrichtungen (Abendschulen, Kurse an Volkshochschulen u. ä.).

Die Berufsschule umfaßt drei Jahre; sie ist obligatorisch für alle Jugendlichen im Alter von 14 bis 18 Jahren, welche die Grundschule beendet haben und keine andere Schule besuchen.

Die Berufsschule baut sich auf der Grundschule auf und gibt dem im Arbeitsprozeß stehenden Jugendlichen die Möglichkeit, neben einer berufstheoretischen Aufbildung seine Allgemeinbildung zu erweitern.

Die Fachschulen führen den Unterricht der Berufsschulen systematisch weiter. In ihnen erhalten die Besucher neben der Ausbildung in den dem Beruf dienenden Fächern eine Bildung, die derjenigen gleichwertig ist, die auf der Oberschule vermittelt wird. Der erfolgreiche Besuch einer Fachschule ermöglicht die Aufnahme in eine Hochschule.

Die Oberschule umfaßt vier Jahre. Sie vermittelt Wissen und entwickelt Fähigkeiten, die den Besuch der Hochschule ermöglichen.

In der Oberschule werden neben dem für alle Schüler verbindlichen Kernunterricht, ausgehend von den Erfordernissen des wirtschaftlichen und kulturellen Lebens und der hochschulmäßigen Weiterbildung, Kurse eingerichtet, welche die Differenzierung, die im 7. Jahr der Grundschule begann, systematisch fortsetzen.

Durch ein breites Netz von Bildungseinrichtungen (Abendschulen, Sonderkurse bei den Volkshochschulen u. a.) ist den Angehörigen aller Schichten des Volkes die Möglichkeit zu geben, auch ohne Unterbrechung der Berufstätigkeit die zum Studium an einer Hochschule erforderlichen Kenntnisse zu erwerben.

d) Hochschule (Universität):

Darüber ergeht ein besonderes Gesetz.

§ 4 Lehrpläne

Der gesamte Unterricht wird auf allen Stufen nach Lehrplänen erteilt, welche die Systematik und Wissenschaftlichkeit des Unterrichts gewährleisten und von der Deutschen Verwaltung für Volksbildung in der sowjetischen Zone zu genehmigen sind.

§ 5 Schulgeld und Erziehungsbeihilfen

Der Unterricht in der Grundschule und der dreijährigen Berufsschule ist unentgeltlich.

Kindern minderbemittelter Eltern wird die weitere Bildung in der Oberschule und Hochschule durch Schulgeldfreiheit, Stipendien, Beihilfen und andere Maßnahmen ermöglicht.

§ 6 Schulverwaltung und Schulaufsicht

a) Die Leitung und Aufsicht über alle Arten von Schulen und Erziehungsanstalten (Kindergärten, Kinderheime, Sonderschulen für Blinde, Taube, Körperbehinderte, Schwererziehbare u. a.) wird nach Richtlinien der Deutschen Verwaltung für Volksbildung in der Sowjetischen Besatzungszone durch den Präsidenten des Landes ausgeübt.

b) Im Auftrage und nach den Weisungen des Präsidenten des Landes üben die Volksbildungsämter der Kreise oder der kreisfreien Städte die Leitung und Aufsicht des Schulwesen aus. Ihnen unterstehen alle Erziehungsanstalten ihres Gebietes außer den Universitäten und Hochschulen, die der Abteilung Volksbildung des Landes unmittelbar unterstellt sind.

c) Die Verantwortung für die einzelne Schule trägt deren Leiter. Er wird vom Präsidenten des Landes ernannt.

Die Lehrerkonferenz ist beratendes Organ des Leiters. Sie soll in allen wesentlichen Entscheidungen über äußere und innere Schulangelegenheiten gehört werden.

d) In den Jahren des Neuaufbaues der Einheitsschule werden zur Unterstützung der Schulbehörden Vertreter der demokratischen Parteien und Organisationen im weitesten Umfange herangezogen.

e) Um die Verbindung der Schule mit der Elternschaft zu fördern, werden an den einzelnen Schulen Ausschüsse der Eltern gebildet, die der Schulleitung in allen wichtigen Fragen beratend zur Seite stehen.

f) Bis zur endgültigen Regelung der Teilnahme von Schülern an der Gestaltung des Schullebens soll Vertretern der demokratischen Jugendorganisationen Gelegenheit gegeben werden, gemeinsam mit den Elternausschüssen beratend im Schulleben mitzuwirken.

§ 7 Lehrerausbildung

Die Lehrerausbildung wird entsprechend den grundsätzlichen Forderungen dieses Gesetzes neu geregelt. Darüber ergeht ein besonderes Gesetz.

Schulaufbau nach dem Gesetz zur Demokratisierung
der deutschen Schule
Mai 1946

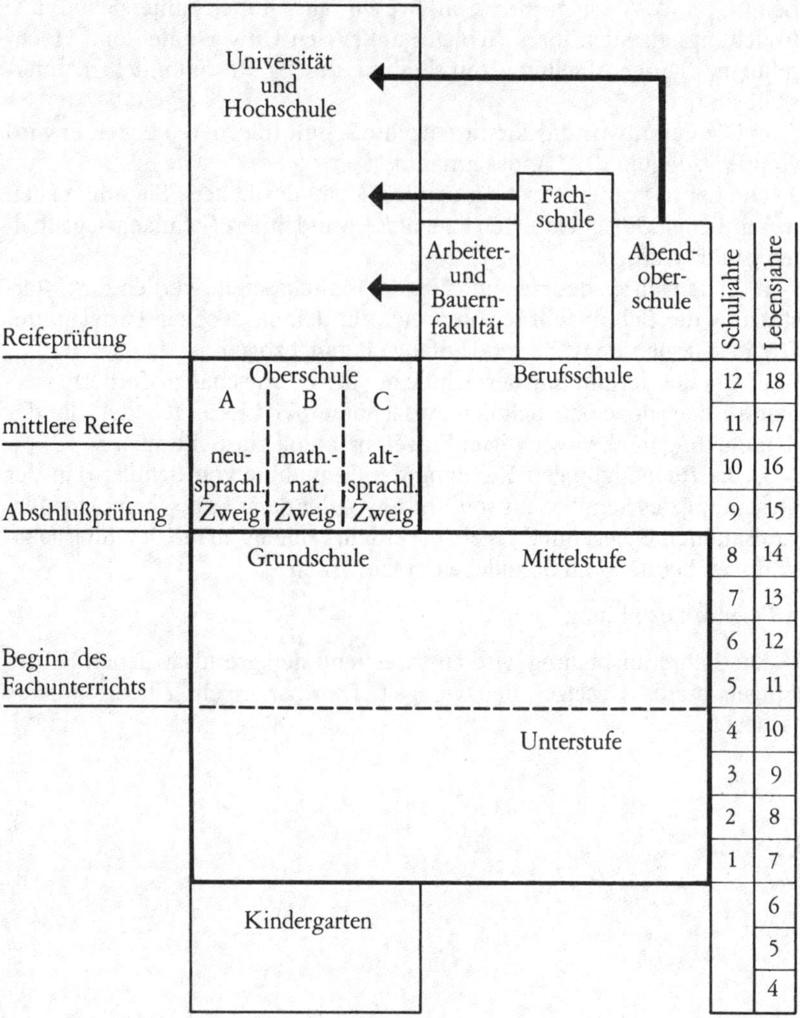

Quelle: Der Volkslehrer. Fragen der Gegenwart für die Hand des Lehrers und Erziehers. Hrsg. vom Zentralvorstand der Gewerkschaft Unterricht und Erziehung. Berlin 1969. Anhang.

[7]

Entschließung der Erziehungsminister der deutschen Länder zur Frage der Schulreform (1948)

Als teils in den Verfassungen, teils in eigenen Schulgesetzen die deutschen Länder ihr Schulwesen neu geordnet hatten oder die Neuordnung vorbereiteten, vereinbarten die Kultusminister in einer gemeinsamen Entschließung Grundsätze zur Neuordnung des Schulwesens, um der drohenden Auseinanderentwicklung infolge des Fehlens einer zentralen regulierenden Kraft vorzubeugen. Aus einer zunächst auf die amerikanische Zone beschränkten Initiative im Dezember 1945 in Stuttgart ergaben sich fortlaufende Beratungen, ab August 1946 auch mit dem Sprecher der britischen Zone, und am 19./20. Februar 1948 in Stuttgart-Hohenheim die erste und einzige gemeinsame Konferenz der Kultusminister aller deutschen Länder einschließlich der sowjetischen Besatzungszone. Die teils heftigen Auseinandersetzungen – namentlich mit den Vertretern aus der Sowjetzone – erbrachten zwar eine gemeinsame Entschließung, doch war die erstrebte breite Zustimmung nur auf Kosten der Verbindlichkeit und Exaktheit im einzelnen zu haben.

Quelle: Bildungspolitik und Bildungsreform. Amtliche Texte und Dokumente zur Bildungspolitik im Deutschland der Besatzungszonen, der Bundesrepublik Deutschland und der Deutschen Demokratischen Republik. Hrsg. von L. Froese. Goldmanns Gelbe Taschenbücher. Band 2470/2471. München 1969. S. 104 f.

Entschließung

I.

Die in Stuttgart versammelten Erziehungsminister aller deutschen Länder haben zur Frage der Schulreform einstimmig folgende Entschließung gefaßt:

Das gesamte Schulwesen bildet eine organische Einheit.

Der äußere und innere Auf- und Ausbau der Schule muß im Geiste der Demokratie, der sozialen Gerechtigkeit, des Friedens und der Völkerverständigung erfolgen.

Jedem Kind muß die Möglichkeit zur allseitigen Entfaltung seiner körperlichen, geistigen und sittlichen Kräfte gegeben werden. Der Bildungsgang der Jugend darf nicht abhängig sein von der sozialen und wirtschaftlichen Lage des Elternhauses.

Bei aller Verschiedenheit des äußeren Bildungsweges müssen die Unterrichtsziele in den deutschen Ländern einander angeglichen werden.

Die Leistungshöhe aller Schulen muß gesteigert werden; dabei ist besonderer Wert auf die Entwicklung der gemeinsamen Grundstufe und die Förderung des ländlichen und beruflichen Schulwesens zu legen.

In bewußter Abkehr von der zurückliegenden Zeit muß das Ziel der Erziehung die Heranbildung des selbständig urteilenden, verantwortungsbewußt handelnden und guten Menschen für Beruf und Leben sein.

II.

Ferner wurde auf die inneren und äußeren Notstände der deutschen Jugend eindringlich hingewiesen und dazu folgende Entschließung einstimmig gefaßt:

Die Erziehungsminister stellen als Hemmnis für den Aufbau eines demokratischen Schulwesens folgende Mängel fest: Unzureichende Bekleidung und Ernährung, Mangel an Lehr- und Lernmitteln, Schulraumnot und fehlender Brennstoff und die katastrophalen Wohnverhältnisse mindern die Schulleistungen und steigern die sittliche Gefährdung der Jugendlichen. Um der Erziehungsnot zu steuern, muß auch die Zusammenführung der noch getrennten Familien und die Freilassung der noch in Kriegsgefangenschaft befindlichen Väter gefordert werden.

In keiner Schulgattung soll die Schülerzahl einer Klasse mehr als 40 betragen. Die Erziehungsbeihilfen für alle Schularten sind in ausreichendem Maße zur Verfügung zu stellen.

Zur genügenden Versorgung der Schulen mit Lehr- und Lernmitteln ist vermehrte Papierzuteilung erforderlich. Neue Schulbücher sind die Voraussetzung für die Erreichung neuer Erziehungs- und Leistungsziele und für einen geordneten Unterrichtsbetrieb.

Schließlich wurde noch zur Frage des Schuljahrsbeginns Stellung genommen, ohne daß Übereinstimmung erzielt wurde. (Abschn. III.)

[8]

Memorandum der Militärgouverneure, dem Präsidenten des Parlamentarischen Rats von den (west-)alliierten Verbindungsstäben übergeben (1948)

Der von den Großmächten eingesetzte Alliierte Kontrollrat sollte gewährleisten, in allen Deutschland als Ganzes betreffenden Fragen übereinstimmend und einheitlich zu verfahren, während sonst die vier Mächte in ihren Besatzungszonen autonom blieben. Infolge zunehmender Spannungen zwischen Ost und West erfüllte der Kontrollrat seine Funktionen immer weniger, obgleich alle Verlautbarungen einstimmig verabschiedet worden waren. Zum offenen Bruch mit den Sowjets kam es auf der Londoner Viermächtekonferenz im Dezember 1947 nach einer scharfen Kontroverse zwischen den USA und der UdSSR. Die Westmächte leiteten daraufhin eine Wende ihrer Deutschlandpolitik ein, für die sie auch die Beneluxstaaten gewannen. Das von den sechs westlichen Mächten vereinbarte Londoner Deutschland-Kommuniqué vom 1. Juli 1948 sah für die drei Westzonen die Einberufung einer verfassunggebenden Versammlung vor, die unter Beachtung bestimmter Auflagen die Voraussetzungen für die politische Selbständigkeit schaffen sollte.
In Ausführung des Londoner Kommuniqués wurde in den drei westlichen Besatzungszonen auf Anordnung der Militärgouverneure zum 1. September 1948 ein Parlamentarischer Rat gebildet und mit dem Entwurf einer Verfassung für eine demokratische bundesstaatliche

Ordnung beauftragt. Zu seiner Arbeit nahmen die Militärgouverneure in mehreren Memoranden Stellung, um Änderungen zu erwirken, die jedoch zum Teil abgewehrt wurden. Aufgenommen werden mußte dagegen die Bedingung, den Bundesinstitutionen für das Erziehungs- und Bildungswesen keine Rahmenrechtskompetenz – wie in der Weimarer Verfassung dem Reich – einzuräumen. Diese Auflage der Alliierten begründete den Kulturföderalismus.

Quelle: Quellen zum Staatsrecht der Neuzeit. 2. Bde. Hrsg. v. E. R. Huber. Bd. 2: Deutsche Verfassungsdokumente der Gegenwart (1919–1951). Tübingen 1951. S. 208 f.

Wie Ihnen wohl bekannt ist, wurde der Parlamentarische Rat einberufen, um eine demokratische Verfassung auszuarbeiten, die für die beteiligten Länder einen Regierungsaufbau föderalistischen Typs schafft, die Rechte der beteiligten Länder schützt, eine angemessene Zentralinstanz bildet und Garantien der individuellen Rechte und Freiheiten enthält. Während der vergangenen elf Wochen hat der Parlamentarische Rat im Plenum sowie in seinen verschiedenen Ausschüssen diese Grundsätze frei erörtert und ein Grundgesetz (vorläufige Verfassung) entworfen, das jetzt dem Hauptausschuß vorliegt.

Angesichts des fortgeschrittenen Stadiums der Arbeit des Parlamentarischen Rates, das jetzt erreicht worden ist, halten es die Militärgouverneure für ratsam, dem Rat einen Hinweis zu geben, auf welche Weise sie die in Dokument Nr. I aufgestellten Grundsätze auslegen werden, denn man kann eine demokratische föderalistische Regierung auf verschiedene Weise schaffen. Sie beabsichtigen, die Bestimmungen des Grundgesetzes (der vorläufigen Verfassung) in ihrem ganzen Zusammenhang zu prüfen. Trotzdem sind sie der Ansicht, daß das Grundgesetz (die vorläufige Verfassung) in möglichst hohem Grade vorsehen sollte

a) ein Zweikammersystem, bei dem die eine Kammer die einzelnen Länder vertreten muß und genügende Befugnisse haben muß, um die Interessen der Länder wahren zu können;

b) daß die Exekutive lediglich die Befugnisse haben muß, die in der Verfassung genau vorgeschrieben sind, und daß die Ausnahmebefugnisse der Exekutive, wenn überhaupt, so beschränkt werden müssen, daß sie unverzüglich einer gesetzlichen oder gerichtlichen Nachprüfung bedürfen;

c) daß die Befugnisse der Bundesregierung auf diejenigen beschränkt sind, die in der Verfassung ausdrücklich aufgezählt sind und auf jeden Fall sich nicht erstrecken auf Erziehungswesen, kulturelle und kirchliche Angelegenheiten, Selbstverwaltung und öffentliches Gesundheitswesen ...

Es folgen weitere Beschränkungen zugunsten der Länder, u. a. Wohlfahrtspflege, Polizei, Finanzen, sowie bestimmte Auflagen, z. B. zur Schaffung einer unabhängigen Justiz, Chancengleichheit beim Zugang zu öffentlichen Ämtern, Unvereinbarkeit von öffentlichem Amt und Bundestagsmandat.

Die Militärgouverneure werden sich bei der endgültigen Prüfung des Grundgesetzes (der vorläufigen Verfassung) und etwaiger späterer Änderungen von diesen Grundsätzen leiten lassen und werden das Grundgesetz (die vorläufige Verfassung) als Ganzes betrachten, um festzustellen, ob die wesentlichen Forderungen des Dokumentes Nr. 1 erfüllt worden sind oder nicht.

[9]

Allgemeiner Deutscher Lehrer- und Lehrerinnen-Verband / Gewerkschaft Erziehung und Wissenschaft

Entschließung zur Schulfrage (1948)

Gleich allen nicht-nationalsozialistischen Parteien und Verbänden waren durch das NS-Regime auch die Organisationen der Lehrerschaft zerschlagen worden. Nach 1945 bildeten sich wieder die traditionellen Orts- und Regionalvereine der Lehrer. Sie schlossen sich im Januar 1947 in der britischen Zone zum „Allgemeinen Deutschen Lehrer- und Lehrerinnen-Verband“ als Gesamtverband für Lehrer aller Schularten unter bewußter Überwindung der Standesschranken zusammen. Von der Gründungsversammlung beauftragt, bereitete der Vorstand den Anschluß an den Deutschen Gewerkschafts-Bund (Britische Zone) vor, der auf der Vertreterversammlung Pfingsten 1948 in Dortmund vollzogen wurde. Die entsprechenden Verbände aus der amerikanischen und französischen Zone vereinigten sich 1949 mit dem ADLLV. Auf dem Gründungskongreß des DGB für das Gesamtgebiet der Bundesrepublik im Oktober 1949 schloß sich der Verband dem Deutschen Gewerkschaftsbund an als eine der sechzehn Gründungsgewerkschaften: Gewerkschaft Erziehung und Wissenschaft (GEW).
Entsprechend ihren Zielsetzungen, alle in Erziehung oder Wissenschaft Tätigen zu vereinen, vertrat diese größte Lehrerorganistion nicht allein die beruflichen Interessen ihrer Mitgliedergruppen, sondern meldete auch politische, vor allem kultur- und sozialpolitische Forderungen an. Als juristischer und Traditionsnachfolger des Deutschen Lehrer-Vereins wandte sich der ADLLV 1948 in Dortmund nachdrücklich mit der Forderung zur Neugestaltung des deutschen Schulwesens im Sinne der differenzierten Einheitsschule an die Öffentlichkeit. Die Entschließung dokumentiert einen der wenigen Versuche in dieser Zeit, den Neuaufbau der Schule von der gesellschaftlichen Seite her mitzubestimmen.

Quelle: Protokoll der Vertreterversammlung des ADLLV 1948 in Dortmund. Die Veröffentlichung erfolgt mit freundlicher Erlaubnis der GEW.

Der ADLLV sieht die vordringliche Aufgabe der Schule in der Erziehung zur Gemeinschaftsgesinnung, in der Erziehung zu eigenem Denken und verantwortlichem Handeln, in der Erziehung zur Achtung vor dem Mitmenschen, zu friedlichem Zusammenarbeiten auch mit Andersdenkenden.

Dieses Ziel erfordert ein Zusammenleben und Zusammenarbeiten aller Schüler, aber auch eine differenzierte Ausbildung, die jedem die Möglichkeit zur Entfaltung seiner Anlagen und Begabungen gibt. Um die verschiedenen Begabungsrichtungen zu erkennen und ohne Fehlleitung und Zeitverlust zu fördern, ist es notwendig, für die Differenzierung einen gewissen Zeitraum von Schuljahren zur Verfügung zu haben. Deshalb muß durch den Mittelbau des Schulwesens ein hinreichend breites gemeinsames Kernstück des Schullebens und des Unterrichts hindurchgeführt werden. Andererseits muß dieser Mittelbau organisatorisch so aufgelockert sein, daß er den verschiedenen Begabungsrichtungen gerecht wird. Dieser Schulneubau erfordert die gleiche pädagogische und psychologische Grundausbildung aller Lehrer auf der Universität oder an gleich zu achtenden Anstalten, die gleiche Fürsorge in materieller und personeller Hinsicht für alle Zweige der differenzierten Schule. Er erfordert Schulgeld- und Lehrmittelfreiheit, Erziehungsbeihilfen für begabte Minderbemittelte.

Eine der wesentlichen Voraussetzungen des Schulneubaues ist ferner die Verhinderung der Aufspaltung der Schule nach Konfessionen.

Diese Anforderungen an die Schule sind in einem Gesetz festzulegen, das den Rahmen schafft, sofort Erfahrungen für die Ausgestaltung im einzelnen zu sammeln. Besondere Beachtung verdienen dabei die Probleme der Landschule.

Die vorstehende Entschließung stimmt grundsätzlich überein mit den Richtlinien und Forderungen zum Einbau des Berufs- und Fachschulwesens in die Einheitsschule, die der 1. V[ertreter] V[ersammlung] des ADLLV in Hamburg vorgelegt wurden. Sie sind bei der Durchführung der Neugestaltung des Schulwesens voll zu berücksichtigen.

VIII.
Die Schule in der Deutschen Demokratischen Republik

1. Die Schule unter dem Primat der Sozialistischen Einheitspartei Deutschlands (SED)

[1]

POLITBÜRO DES ZENTRALKOMITEES DER SED

Beschluß „Zur Erhöhung des wissenschaftlichen Niveaus des Unterrichts und zur Verbesserung der Parteiarbeit an den allgemeinbildenden Schulen" (1952)

Schon 1946 wurde in der sowjetischen Besatzungszone (SBZ) von der „Zentralverwaltung für Volksbildung" ein Schulgesetz konzipiert, das mit geringfügigen Änderungen von den fünf Ländern der SBZ selbständig erlassen wurde. Es kann als Grundlage für die Neuordnung und Vereinheitlichung des Schulwesens der SBZ vor Gründung der DDR angesehen werden. Gegenüber ideologisch-parteidogmatischen Vorstellungen überwogen in diesem „Gesetz zur Demokratisierung der deutschen Schule" noch Motive der pädagogischen Reformbewegung der 20/30er Jahre. – Eine tiefgreifende Veränderung bewirkte der Beschluß des Politbüros der SED vom 29. Juli 1952, in dem eine „Erhöhung des wissenschaftlichen Niveaus des Unterrichts" und eine „Verbesserung der Parteiarbeit an den allgemeinbildenden Schulen" gefordert wurde. Er hatte eine weitgehende Abgrenzung von der Reformpädagogik zur Folge und orientierte die Schule der DDR an der autoritären stalinistisch-ideologischen Pädagogik, die inzwischen für das sowjetische Schulwesen bestimmend geworden war. Obgleich es in der DDR immer wieder Versuche gab, die Schule innerhalb des Systems zu reformieren, blieb sie doch bis zur Wende an die stalinistisch beeinflußten parteiideologischen Vorgaben gebunden.

Quelle: Dokumente der Sozialistischen Einheitspartei Deutschlands. Bd. 4. Berlin 1954. S. 116ff.

Nach dem historischen Beschluß der II. Parteikonferenz über den planmäßigen Aufbau des Sozialismus in der Deutschen Demokratischen Republik steht vor der deutschen demokratischen Schule die Aufgabe, die Jugend zu allseitig entwickelten Persönlichkeiten zu erziehen, die fähig und bereit sind, den Sozialismus aufzubauen und die Errungenschaften der Werktätigen bis zum äußersten zu verteidigen.

Die deutsche demokratische Schule hat die Aufgabe, Patrioten zu erziehen, die

ihrer Heimat, ihrem Volke, der Arbeiterklasse und der Regierung treu ergeben sind,

die Einheit des friedliebenden, unabhängigen, demokratischen Deutschlands im Kampf gegen die imperialistischen Okkupanten und die Adenauer-Clique erzwingen,

ewige Freundschaft mit der Sowjetunion, den Volksdemokratien und allen für Frieden und Fortschritt kämpfenden Menschen halten,

die schöpferische Arbeit als eine Sache der Ehre und des Ruhms betrachten, das sozialistische Eigentum mehren und schützen,

zur Festigung der volksdemokratischen Grundlagen der Staatsmacht mit allen ihren Kräften beitragen und erfüllt sind von Liebe und Vertrauen zu unserer Volksarmee.

Der planmäßige Aufbau des Sozialismus in unserer Republik fordert, daß sich die Jugend in der allgemeinbildenden Schule die Grundlagen der Wissenschaften und der Produktion aneignet. Sie muß sich die Schätze der Kultur ihres Volkes und anderer Völker aneignen. Die Schule muß die jungen Erbauer des Sozialismus zu gesunden, lebensfrohen und gestählten Menschen erziehen, die zu großen Leistungen in der Produktion und bei der Verteidigung der Heimat fähig und bereit sind.

Sie sollen wertvolle Charaktereigenschaften besitzen, wie Willensstärke, Ausdauer, Entschlossenheit, Mut, Zielstrebigkeit und Prinzipientreue in ihrem Denken und Handeln.

Bei der Lösung aller Aufgaben müssen sie Sachlichkeit mit revolutionärem Elan verbinden und hartnäckig bei der Überwindung von Schwierigkeiten sein.

Um diese Aufgaben erfüllen zu können, muß die deutsche demokratische Schule die Bildungs- und Erziehungsarbeit, die Methoden und Organisation dieser Arbeit weiter verbessern. Sie muß eine Steigerung der Leistungen auf allen Gebieten der Erziehung und der Bildung erreichen.

Eine wichtige Voraussetzung dazu ist die ideologisch-politische Erziehung der Lehrer und ihre fachliche Qualifizierung. Alle Lehrer der Deutschen Demokratischen Republik müssen die Größe ihrer Aufgabe erkennen und eine bewußte kämpferische Einstellung zum Aufbau des Sozialismus und zur Verteidigung unserer Errungenschaften haben. Ideologische Unklarheiten und feindliche Auffassungen dürfen an den Schulen der Deutschen Demokratischen Republik nicht mehr geduldet werden.

Es folgt eine Bewertung der „Abschluß- und Zwischenprüfungen des Schuljahres 1951/52“ und der neu eingeführten „wissenschaftlichen Lehrpläne und verbesserten Schulbücher“.

Die Zwischen- und Abschlußprüfungen ließen erhebliche Mängel in der Schularbeit, besonders in den Fächern Deutsch und Russisch, erkennen. Unsere Schüler beherrschen noch nicht in genügendem Maße die Regeln der Grammatik und die Rechtschreibung, und sie sind in der Redefertigkeit und im Ausdruck ihrer Gedanken ungeübt.

Die Leistungen der Schüler im Russischunterricht waren sehr unterschiedlich, weil infolge des Mangels an Lehrkräften nicht überall ein kontinuierlicher Unterricht durchgeführt wurde und viele Lehrer noch nicht die nötige fachliche und methodische Qualifikation besitzen.

Im Geschichtsunterricht zeigten sich Mängel. Sie äußern sich in einem nicht ausreichenden Tatsachenwissen und ungenügenden Fähigkeiten, historische Zusammenhänge zu verstehen. Das hat zum Teil seine Ursachen darin, daß der Unterricht zu wenig faßlich war und die Lehrbücher zu hohe Anforderungen stellen.

Große Fortschritte wurden im vergangenen Jahre bei der Erziehung der Schüler zum bewußten und fleißigen Lernen erzielt. Auf diesem Gebiet haben die Jungen Pioniere Initiative entwickelt und durch die Vorbereitung der Abschlußprüfung unter Anleitung des Lehrers zu diesen Erfolgen beigetragen. Die Leitungen der Pionierorganisation haben dieses Neue nicht an allen Schulen genügend gefördert.

Fortschritte wurden in unseren Schulen im vergangenen Jahr besonders in der patriotischen Erziehung der Schüler gemacht.

Trotz dieser Erfolge zeigten sich auf dem Gebiet der Erziehungsarbeit folgende Mängel:

Die Lehrer verstehen es nicht genügend, die erzieherische Kraft des fortschrittlichen Bildungsgutes auszunutzen. Ihre Einwirkungen auf das Kind sind vielfach unplanmäßig und nicht wissenschaftlich begründet, weil sie die Psychologie der Kinder nicht beherrschen. Viele Lehrer haben nicht die nötige Autorität bei den Schülern, da es ihnen an fachlichem Können fehlt und sie den Unterricht nicht interessant und lebendig gestalten.

Auf dem Gebiet des Unterrichts sind folgende Aufgaben zu erfüllen:

Deutschunterricht:

Der Deutschunterricht muß die Schüler mit dem wertvollen und lehrreichen Kulturerbe des deutschen Volkes und mit den Werken unserer fortschrittlichen, zeitgenössischen Dichter und Schriftsteller bekannt machen. Dadurch sollen sie die schöpferischen Kräfte des Volkes erkennen, das diese Sprache geschaffen hat. Auf diese Weise soll der Deutschunterricht in den Schülern das patriotische Bewußtsein und den Stolz auf das fortschrittliche Kulturschaffen des deutschen Volkes erwecken.

Im Deutschunterricht hat die Grammatik, insbesondere die Morphologie der Sprache, große Bedeutung. Die Schüler müssen die wichtigsten grammatischen Regeln und Gesetze beherrschen, sie müssen verstehen, diese in ihrer mündlichen und schriftlichen Rede praktisch anzuwenden. Deshalb haben die Lehrer im Unterricht in allen Fächern auf die Pflege der deutschen Sprache, besonders auf eine gute Aussprache, zu achten.

Es folgen Verbesserungsvorschläge.

Russischunterricht:

Der Russischunterricht in der Grundschule muß den Schülern die Grundlage für eine weitere, sichere Beherrschung der Sprache geben. Gute russische Sprachkenntnisse befähigen die Schüler, später Veröffentlichungen der Sowjetwissenschaft und -technik in der Originalsprache zu studieren.

Die Schüler sollen Freude am russischen Sprachunterricht empfinden und die russische Sprache lieben und schätzen lernen. Der lautreinen Aussprache, der Lesetechnik, der Festigung des Wortschatzes, der Aktivierung der gebräuchlichsten Wörter und Wendungen und der einfachsten grammatischen Regeln ist erhöhte Aufmerksamkeit zu schenken.

Das Erlernen der russischen Sprache ist ein wichtiger Faktor bei der Erziehung unserer jungen Generation zur festen Freundschaft mit der Sozialistischen Sowjetunion.

Es folgen Verbesserungsvorschläge.

Geschichtsunterricht:

Im Geschichtsunterricht sollen die Schüler an Hand eines sicheren und festen Tatsachenwissens zur Erkenntnis der Entwicklungsgesetze der Gesellschaft gelangen. Besondere Aufmerksamkeit ist der Geschichte des deutschen Volkes zu schenken, die in der allgemeinbildenden Schule der Hauptgegenstand des Geschichtsunterrichts sein muß. Bei den geschichtlichen Ereignissen und Erscheinungen, die den Verlauf der deutschen Geschichte bestimmen, sind die Zusammenhänge mit der Weltgeschichte darzulegen. Dabei ist der Großen Sozialistischen Oktoberrevolution, dem Beginn einer neuen Epoche in der Geschichte der Menschheit, und dem Aufbau des Kommunismus in der Sowjetunion besondere Beachtung zu schenken.

Im Geschichtsunterricht sind die Schüler mit den fortschrittlichen und revolutionären Traditionen des deutschen Volkes, besonders der Arbeiterklasse und seiner großen historischen Persönlichkeiten, bekannt zu machen.

Es folgen Verbesserungsvorschläge.

Unterricht in den Naturwissenschaften:

Dem naturwissenschaftlichen Unterricht kommt eine besondere Bedeutung zu, da den Naturwissenschaften der dialektische Materialismus zugrunde liegt. Der naturwissenschaftliche Unterricht vermittelt den Schülern die wichtigsten Naturgesetze und die Grundlagen zum Verständnis der modernen Produktion. Das Experiment muß hierbei im Mittelpunkt stehen und den Schülern zeigen, wie in der sozialistischen Gesellschaft die Naturgesetze zur Beherrschung der Natur und der Entwicklung der Produktion angewandt werden. Dabei müssen die Ergebnisse und Methoden der Sowjetwissenschaft zum Vorbild genommen werden.

Es folgen Verbesserungsvorschläge.

Kunsterziehung:

Die Kunsterziehung muß den Schülern die Grundlagen der marxistisch-leninistischen Ästhetik, besonders die Methode des sozialistischen Realismus, vermitteln.

Die Kunsterziehung wirkt auf das Gemüt der Jugend ein und entwickelt ihr Gefühl für das Schöne. Sie erweckt in der heranwachsenden Generation den Wunsch, alle Kräfte für die baldige und vollkommene Verwirklichung des schönen Lebens im Sozialismus einzusetzen.

Der gesamte Unterricht, insbesondere der Literatur-, Musik- und Zeichenunterricht, soll bei den Kindern das Verständnis für die großen Kunstwerke entwickeln, ihre Verbundenheit mit dem künstlerischen Schaffen des Volkes fördern, ihren Geschmack bilden und zur Entwicklung junger Talente beitragen.

Es folgen Verbesserungsvorschläge.

Körpererziehung:

Die Körpererziehung ist ein untrennbarer Bestandteil der gesamten Erziehung unserer Jugend. Sie soll die charakterlichen Eigenschaften entwickeln, die notwendig sind, den Aufbau des Sozialismus und den gegenwärtigen Kampf unseres Volkes erfolgreich durchzuführen. Die Körpererziehung ist die wichtigste Voraussetzung, unsere junge Generation für den Beruf und zur Verteidigung der Heimat vorzubereiten.

Es folgen Verbesserungsvorschläge.

Bei der Erhöhung des wissenschaftlichen Niveaus des Unterrichts soll der Lehrer alle erzieherischen Möglichkeiten ausnutzen, die der Stoff eines jeden Faches bietet, um ständig an der Herausbildung eines sozialistischen Bewußtseins und einer sozialistischen Moral zu arbeiten.

Der Unterricht wird um so erfolgreicher sein, je strenger das Prinzip der Faßlichkeit und Anschaulichkeit Anwendung findet, und der Lehrer es versteht, durch Überzeugungskraft [und] Lebendigkeit der Sprache richtige Anschauungen, Vorstellungen und Gefühle bei den Schülern wachzurufen.

Die pädagogische Fachpresse wird nachdrücklich auf die Behandlung dieser Probleme hingewiesen.

Zur Arbeit des Ministeriums für Volksbildung:

Um die Leistungen im gesamten Unterricht ständig zu erhöhen, sind folgende Maßnahmen vom Ministerium für Volksbildung und vom Deutschen Pädagogischen Zentralinstitut durchzuführen:

1. Die Genossen im Ministerium für Volksbildung werden beauftragt, die Struktur des Ministeriums und der Organe der Volksbildung in den Bezirken und Kreisen an Hand der Erfahrungen der Sowjetunion mit Wirkung vom 1. Januar 1953 zu ändern, damit eine enge Verbindung mit der Schulpraxis erreicht wird.

2. Ein einheitliches System der methodischen Anleitung ist zu entwickeln durch:

a) engere Zusammenarbeit der Fachlehrer,
b) Pädagogische Räte an den Schulen,
c) fachmethodische Kabinette an größeren Schulen,
d) Pädagogische Kabinette in Kreisen,
e) Weiterbildungsinstitute in den wichtigsten Bezirken und in Berlin.

3. Durchführung von zwei Fachkonferenzen im Laufe des Schuljahres in den Kreisen, pädagogische Vorlesungen der Lehrer über Spezialfragen an Hand ihrer praktischen Schularbeit in den Pädagogischen Räten, im Pädagogischen Kabinett des Kreises, in den Weiterbildungsinstituten und im Deutschen Pädagogischen Zentralinstitut.

4. Die Verantwortlichkeit des Schulleiters ist zu erhöhen. Er ist zur ständigen Kontrolle der pädagogischen Arbeit in seiner Schule verpflichtet. Zu seiner Unterstützung arbeitet der stellvertretende Schulleiter, der als pädagogischer Leiter dem Schulleiter für die Qualität der Unterrichtsarbeit und ihre Organisierung verantwortlich ist.

5. Der Aufbau des Sozialismus in der Deutschen Demokratischen Republik verlangt, daß nur voll ausgebildete Lehrer an unseren Schulen unterrichten. Dazu ist notwendig:

Es folgen Anweisungen für die Ausbildung der Lehrer.

Zu den Aufgaben der Partei an den Schulen:

Diese neuen Aufgaben, die vor der deutschen demokratischen Schule stehen, erfordern eine entschiedene Verbesserung der Parteiarbeit an den allgemeinbildenden Schulen und in den Organen der Volksbildung.

Die Hauptaufgabe der Parteiorganisationen an den Schulen besteht darin, eine selbständige Parteiarbeit zu entwickeln. Im Mittelpunkt der Arbeit der Parteiorganistionen an den Schulen steht die Erziehung unserer jungen Generation zu Erbauern des Sozialismus und die Hebung des wissenschaftlichen Niveaus im Unterricht. Dazu ist notwendig:

1. die Entwicklung des sozialistischen Bewußtseins der Lehrer, die ständige ideologische Aufklärungsarbeit unter den Lehrern und die offene Auseinandersetzung mit allen feindlichen Theorien und Argumenten,

2. die Anleitung der Arbeit der Pädagogischen Räte, die den Erfahrungsaustausch der Lehrer in fachlichen Fragen, besonders auf dem Gebiet der Methodik und der Psychologie, organisieren,

3. die Mobilisierung aller Lehrer zur Erfüllung der Lehrpläne und die ständige Kontrolle des Leistungsstandes der Schule.

Die Genossen Schulleiter sind zur regelmäßigen Rechenschaftslegung vor der Parteileitung verpflichtet.

Die Parteierziehung muß in den Parteiorganisationen der Schulen und in den Organen der Volksbildung durch eine breite Entfaltung der Kritik und Selbstkritik verstärkt werden.

Eine wichtige Aufgabe der Parteiorganisation der Schule besteht in der Anleitung der Lehrer bei der Verbesserung der Gewerkschaftsarbeit. Die Parteiorganisationen müssen dafür sorgen, daß die Gewerkschaftsgruppen ein reges Gewerkschaftsleben an den Schulen entfalten. Die Hauptaufgaben der Gewerkschaftsgruppen an den Schulen sind:

1. Die ideologisch-politische Erziehung der Lehrer.

2. Die Kontrolle der Durchführung der Beschlüsse der Gewerkschaft und der Gesetze und Verordnungen der Regierung.

3. Die Sorge um den Menschen und die richtige Vertretung der materiellen Interessen der Lehrer.

4. Die Hebung des kulturellen Niveaus unserer Lehrer durch gemeinsame Besuche von Theatern, Filmen und Ausstellungen. Durchführung von Diskussionsabenden über kulturelle und künstlerische Probleme.

Die Parteiorganisation an der Schule trägt die Verantwortung für die Pionierarbeit. Der Pionierleiter muß von der Parteiorganistion eine regelmäßige Anleitung erhalten. Alle Lehrer sind für die Unterstützung der Pionierarbeit zu gewinnen. Die wichtigsten Aufgaben zur Verbesserung der Pionierarbeit sind:

1. Die Entfaltung eines frohen und interessanten Jugendlebens für alle Kinder.

2. Die Erziehung zu einer bewußten Einstellung zum Lernen.

3. die Erziehung zu einem vorbildlichen Verhalten der Jungen Pioniere und Schüler in Schule und Öffentlichkeit auf der Grundlage der Gesetze der Jungen Pioniere.

Die Parteiorganisation an der Schule ist verantwortlich für die Anleitung und Kontrolle der Arbeit des Elternbeirates. Die Parteiorganisation der Schule hilft den Genossen im Elternbeirat bei der Aufstellung des Arbeitsplanes, der folgende Hauptfragen enthalten soll:

1. Die Aufklärung der Eltern über das Erziehungsziel der demokratischen Schule.

2. Die Entwicklung der Mitverantwortung der Eltern für die Erziehung und Bildung ihrer Kinder.

3. Die Durchführung öffentlicher Ausspracheabende mit den Eltern über Erziehungsfragen und über die Hilfe der Eltern bei der Entwicklung des systematischen Lernens der Kinder.

4. Die Durchführung von Elternversammlungen zur Vorbereitung der Prüfungen und die Ferienaktion.

Die Hauptaufgabe der Elternbeiräte besteht darin, zwischen Schule, Elternhaus und gesellschaftlichem Leben ein engeres Verhältnis herzustellen. Die Genossen der Parteiorganisation der Schule müssen in allen diesen Fragen mit den Parteiorganisationen der Wohngebiete und der Patenbetriebe planmäßig zusammenarbeiten.

Es folgen Anweisungen zur „Verbesserung der Arbeit der Parteiorganisationen an den Schulen" durch die Einrichtung von „Lehreraktiven", die eng mit den Kreisleitungen der Partei zusammenarbeiten sollen.

Zu diesem Zweck kann das Sekretariat der Kreisleitung den Mitgliedern des Lehreraktivs Parteiaufträge erteilen.

Folgende Aufgaben stehen im Mittelpunkt der Beratungen des Lehreraktivs:

1. Die Hebung des wissenschaftlichen Niveaus des Unterrichts und die Erziehung der jungen Erbauer des Sozialismus.

2. Die Entwicklung einer breiten Aufklärung über das neue Erziehungsziel und der beharrliche Kampf um seine Durchsetzung.

3. Die Frage der Qualifizierung der Lehrer, insbesondere des Studiums der Sowjetpädagogik und ihre Anwendung im Unterricht.

4. Die Vorbereitung des neuen Schuljahres.

5. Die Vorbereitung der Zwischen- und Abschlußprüfungen.

6. Der Abschluß des Schuljahres und die Ferienaktion.

7. Die Arbeit der Gewerkschaft Unterricht und Erziehung, der Jungen Pioniere und der Elternbeiräte.

Das Lehreraktiv ist ein die Kreisleitung operativ unterstützendes Organ.

[2]

SOZIALISTISCHE EINHEITSPARTEI DEUTSCHLANDS

Die Aufgaben der SED auf dem Gebiet der Ideologie, Erziehung, Bildung und Kultur (1963)

Die Sozialistische Einheitspartei Deutschlands (SED) wurde am 21. April 1946 durch Zusammenschluß von KPD und SPD gegründet. Sie wurde zunächst als Vereinigung aller sozialistischen Kräfte propagiert, entwickelte sich aber seit etwa 1948 und vor allem seit Gründung der DDR (7. 10. 1949) zunehmend zu einer „Partei neuen Typs", d. h. zu einer marxistisch-leninistischen Kaderpartei, die als herrschende Staatspartei die führende Rolle in Staat und Gesellschaft beanspruchte und faktisch ausübte. Das auf dem VI. Parteitag (Berlin, 15. – 21. Januar 1963) einstimmig angenommene Parteiprogramm gibt auf 165 Seiten einen Aufriß des Selbstverständnisses der SED. Es gliedert sich in drei Teile: Weg und Ziel (I), Der umfassende Aufbau des Sozialismus (II), Der Kommunismus – die Zukunft der Menschheit (III) und enthält in den Unterkapiteln die geschichtlichen, politökonomischen und zukunftsbezogenen Grundsätze und Aufgaben der SED. Im 5. Kapitel des zweiten Teils werden die „Aufgaben der SED auf dem Gebiet der Ideologie, Erziehung, Bildung und Kultur" beschrieben.

Quelle: Programm der Sozialistischen Einheitspartei Deutschlands. Berlin-Ost 1963. S. 120 ff.

In der Periode des umfassenden Aufbaus des Sozialismus in der Deutschen Demokratischen Republik wird die sozialistische Revolution auf dem Gebiet der Ideologie und Kultur, die eine Gesetzmäßigkeit der Übergangsperiode vom Kapitalismus zum Sozialismus ist, fortgeführt. Die Sozialistische Einheitspartei Deutschlands betrachtet es als die Grundlage und den Hauptinhalt ihrer ideologischen und organisatorischen Tätigkeit, das sozialistische Bewußtsein aller Werktätigen weiterzuentwickeln und ein den Erfordernissen der sozialistischen Gesellschaft entsprechendes hohes Niveau der Bildung und Kultur zu erreichen. Dies ist eine wesentliche Bedingung für die rasche Entwicklung der Produktivkräfte, die Steigerung der Arbeitsproduktivität und den weiteren gesellschaftlichen Fortschritt auf allen Gebieten. Die umfassende Verwirklichung des Sozialismus wird durch das bewußte sozialistische Denken und Handeln von Millionen Werktätigen herbeigeführt. Das sozialistische Bewußtsein der Werktätigen ist Grundlage ihrer schöpferischen Aktivität.

Die weitere Entwicklung des sozialistischen Bewußtseins der Werktätigen wird sich unter Führung der Partei der Arbeiterklasse im Prozeß des Kampfes um den umfassenden ökonomischen, politischen und kulturellen Aufbau des Sozialismus vollziehen.

Es folgt ein Plädoyer für die „neue Gemeinschaft des Sozialismus", die durch die „SED bewußt gestaltet" wird, „indem die Partei die Werktätigen mit der Lehre des Marxismus-Leninismus vertraut macht".

Sie stellt die sozialistische Ideologie ständig der reaktionären bürgerlichen Ideologie der Imperialisten und der rechten sozialdemokratischen Führer entgegen. Sie beweist die Richtigkeit der sozialistischen Ideologie durch die Gestaltung des neuen Lebens, durch die Schaffung der sozialistischen Gesellschaftsordnung.

Mit dem umfassenden Aufbau des Sozialismus verändern die Werktätigen der Deutschen Demokratischen Republik nicht nur ihre materiellen und kulturellen Lebensbedingungen, sondern auch sich selbst, ihr geistiges Antlitz. Die Herausbildung des Menschen der sozialistischen Gesellschaft mit seinen charakteristischen moralischen Zügen, seiner allseitig werdenden Bildung, seinen hohen Fachkenntnissen und seiner in Freiheit gesetzten Schöpferkraft wird zu einem historischen Fortschritt in der Geschichte des deutschen Volkes.

Was ist das Menschenbild des Sozialismus? Der Mensch der sozialistischen Gesellschaft läßt sich von den Grundsätzen der sozialistischen Ethik und Moral leiten:

1. Du sollst dich stets für die internationale Solidarität der Arbeiterklasse und aller Werktätigen sowie für die unverbrüchliche Verbundenheit aller sozialistischen Länder einsetzen.

2. Du sollst Dein Vaterland lieben und stets bereit sein, Deine ganze Kraft und Fähigkeit für die Verteidigung der Arbeiter- und-Bauern-Macht einzusetzen.

3. Du sollst helfen, die Ausbeutung des Menschen durch den Menschen zu beseitigen.

4. Du sollst gute Taten für den Sozialismus vollbringen, denn der Sozialismus führt zu einem besseren Leben für alle Werktätigen.

5. Du sollst beim Aufbau des Sozialismus im Geiste der gegenseitigen Hilfe und der kameradschaftlichen Zusammenarbeit handeln, das Kollektiv achten und seine Kritik beherzigen.

6. Du sollst das Volkseigentum schützen und mehren.

7. Du sollst stets nach Verbesserung Deiner Leistungen streben, sparsam sein und die sozialistische Arbeitsdisziplin festigen.

8. Du sollst Deine Kinder im Geiste des Friedens und des Sozialismus zu allseitig gebildeten, charakterfesten und körperlich gestählten Menschen erziehen.

9. Du sollst sauber und anständig leben und Deine Familie achten.

10. Du sollst Solidarität mit den um ihre nationale Befreiung kämpfenden und den ihre nationale Unabhängigkeit verteidigenden Völkern üben.

In dem Menschen der sozialistischen Gesellschaft prägen sich die hohen sittlichen Eigenschaften aus, die für die neue Moral des einzelnen und der

Gemeinschaft bestimmend sind. Er ist bestrebt, ein wissender Mensch, eine allseitig gebildete Persönlichkeit zu werden, bewußt das Leben zu gestalten und an der Entwicklung unserer sozialistischen Demokratie schöpferisch teilzunehmen. Für ihn gehören Menschenwürde und Gerechtigkeit zu den Grundsätzen des neuen Lebens. Er sieht in der sozialistischen Moral die Verwirklichung jener wahrhaft menschlichen sittlichen Normen, für die die Volksmassen in der langen bitteren Geschichte ihres Befreiungskampfes gegen die feudalen und kapitalistischen Unterdrücker in Deutschland und in allen Ländern gekämpft haben. Die Sozialistische Einheitspartei Deutschlands, deren ganze Politik sich auf die Liebe zum Volk und zum schaffenden Menschen, auf das Vertrauen in die Kraft und die schöpferischen Fähigkeiten der Volksmassen gründet, wird alles tun, damit das Menschenbild des Sozialismus Wirklichkeit werde. Sie wird sich in ihrer ideologischen Arbeit hauptsächlich auf die Lösung der folgenden Aufgaben konzentrieren:

Es folgen die „Aufgaben“: Die Vertiefung des sozialistischen Patriotismus (1); Die sozialistische Einstellung zur Arbeit und zum gesellschaftlichen Eigentum (2); Die Verbreitung der wissenschaftlichen Weltanschauung (3); Die Entlarvung der reaktionären bürgerlichen Ideologie (4). Es folgt der Abschnitt:

Die weitere Entwicklung des sozialistischen Bildungswesens

Die Sozialistische Einheitspartei Deutschlands erstrebt die Entwicklung unseres Volkes zur gebildeten Nation. Umfassender Aufbau des Sozialismus heißt Erziehung und Heranbildung des allseitig – das heißt geistig, moralisch und körperlich – entwickelten Menschen, der bewußt das gesellschaftliche Leben gestaltet und die Natur verändert.

Die wachsende Bedeutung der Mathematik, Physik, Chemie und der Biologie, der Kybernetik, Automation, Elektrotechnik und anderer Zweige der Wissenschaft und Technik für das Wachstum der Produktivkräfte der Gesellschaft erfordert es, die wissenschaftlichen Erkenntnisse zum Gemeingut des Volkes zu machen.

Diese Aufgabe kann nur durch eine weitere Erhöhung des Bildungsniveaus gelöst werden auf der Grundlage eines einheitlichen Systems des Bildungswesens, dessen einzelne Stufen vom Kindergarten und der Schule, der Berufsausbildung und Erwachsenenbildung bis zu den Universitäten, Hoch- und Fachschulen aufeinander abgestimmt sind. Dieses einheitliche sozialistische System der Erziehung und Bildung muß von der wissenschaftlich-technischen und ökonomischen Zielsetzung des umfassenden Aufbaus des Sozialismus ausgehen. Es ist von den Ideen des Sozialismus, des Friedens und der Menschlichkeit durchdrungen und gibt jedem Bürger die Möglichkeit, sich umfassende Kenntnisse zu erwerben und ständig zum wissenschaftlich-technischen Fortschritt, zur Steigerung der Arbeitsproduktivität und zur Bereicherung des geistigen und kulturellen Lebens beizutragen.

Es folgt erneut der Hinweis, daß insbesondere die Schule die Aufgabe hat, das „sozialistische Nationalbewußtsein der Jugend zu entwickeln", zur „Liebe zur Arbeit zu erziehen" und „Grundkenntnisse der sozialistischen Wirtschaft" zu vermitteln. Für die Umsetzung in Unterricht und Schulorganisation werden folgende didaktische Prinzipien vorgegeben:

Die Erziehung und Bildung der heranwachsenden Generation wird in enger Verbindung mit dem Leben, vor allem mit der gesellschaftlich nützlichen Arbeit erfolgen, um der Jugend alle Wege zur Meisterung der Wissenschaft und Technik zu ebnen. Die Erziehung zur Arbeit wird mit der Schaffung realer und notwendiger Werte für die Gesellschaft verbunden werden. Deshalb wird der Werkunterricht in Schulwerkstätten und Schulgärten und der polytechnische Unterricht im Betrieb systematisch gestaltet. In der Polytechnischen Oberschule wird in Verbindung mit Betrieben und landwirtschaftlichen Produktionsgenossenschaften eine planmäßige berufliche Grundausbildung für mehrere verwandte Berufe nach dem neuesten technischen Stand vermittelt, die es nach Abschluß der Schule gestattet, die spezielle Lehrlingsausbildung in den Produktionsabteilungen der Betriebe oder in der Landwirtschaft zu beenden. In den erweiterten Oberschulen wird in der Regel mit dem Abitur auch die Berufsausbildung abgeschlossen. Zur besseren Vorbereitung auf spezielle Berufe werden in bestimmten ökonomischen Schwerpunkten der Republik Klassen und Schulen mit differenziertem Unterricht (Spezialoberschulen) eingerichtet.

Besondere Aufmerksamkeit ist der ständigen Verbesserung der mathematisch-naturwissenschaftlichen Ausbildung, der einwandfreien Beherrschung unserer Muttersprache und der Pflege der Fremdsprachen, vor allem dem aktiven Gebrauch der russischen Sprache, zu widmen. Die Unterstufe, in der die elementaren Grundlagen der Bildung gelegt werden, muß das feste Fundament für den nachfolgenden Bildungs- und Erziehungsprozeß sein. Alle Begabungen und Talente sollen frühzeitig zum Nutzen der sozialistischen Gesellschaft gefördert werden.

Wiederum wird die Forderung nach einer „allseitigen Entwicklung" der Schüler erhoben, auch in Verbindung mit der FDJ und der Pionierorganisation „Ernst Thälmann".

Die politische und weltanschauliche Erziehung der Schüler ist Prinzip aller Unterrichtsfächer, insbesondere jedoch der Staatsbürgerkunde, des

Geschichts- und Deutschunterrichts. Die Freie Deutsche Jugend und die Pionierorganisation nehmen aktiven Einfluß auf die politisch-moralische und weltanschauliche Erziehung der Jugend. Im Zusammenwirken von Schule, Betrieb, Freier Deutscher Jugend, Pionierorganisation „Ernst Thälmann" und dem Elternhaus soll die junge Generation so erzogen werden, daß sie den besten Vorbildern und Patrioten der Nation nacheifert und gute Taten für den Sozialismus vollbringt.

Hervorgehoben wird die Bedeutung der Lehrer und Erzieher bei der „sozialistischen Erziehung der jungen Generation".

Der umfassende Aufbau des Sozialismus und besonders die wachsende Bedeutung der Wissenschaft für die Gestaltung der Wirtschaft der Deutschen Demokratischen Republik erfordern, die polytechnische Oberschulbildung für alle Jungen und Mädchen zu gewährleisten und damit die Grundlagen der Entwicklung unseres Volkes zur gebildeten sozialistischen Nation weiter zu festigen. Die Entwicklung der sozialistischen Schule ist Sache des ganzen Volkes.

Alle gesellschaftlichen Kräfte sollen die sozialistische Erziehung der Jugend, die im Vorschulalter beginnt, fördern. Dabei wird die ganztägige Bildung und Erziehung allmählich weiterentwickelt. Das ist eine der entscheidenden Voraussetzungen dafür, um entsprechend den ökonomischen Möglichkeiten schrittweise den weiteren Aufbau von Tagesschulen zu vollziehen und die ganztägige Erziehung zu verwirklichen.

Es folgen Ausführungen zur Berufs- und Weiterbildung sowie die Forderung nach der Einheit von „wissenschaftlicher Ausbildung und produktiver Praxis" in Verbindung mit dem Studium des Marxismus-Leninismus.

[3]

Gesetz über das einheitliche sozialistische Bildungssystem (1965)

Das „Gesetz über das einheitliche sozialistische Bildungssystem" kennzeichnete die letzte Etappe auf dem Wege zur sozialistischen Schule im Sinne des Selbstverständnisses der SED. Es zog die Konsequenzen aus den im „Programm der Sozialistischen Einheitspartei" (1963) dargelegten schul- und bildungspolitischen Direktiven. Das Gesetz ging auf die Vorarbeit einer von dem Parteitag eingesetzten „Staatlichen Kommission zur Gestaltung des einheitlichen sozialistischen Bildungssystems" zurück, die im Mai 1964 einen Diskussionsentwurf vorlegte. Nach „Volksdiskussion" und Billigung durch das ZK der SED wurde das Gesetz am 25. Februar 1965 von der Volkskammer verabschiedet. Die Artikel über das Bildungswesen in der Verfassung der DDR von 1968 nahmen die grundlegenden Intentionen des Gesetzes auf.

Quelle: Gesetzblatt der DDR. Teil I. 1965. S. 83 ff.

Die Deutsche Demokratische Republik ist in das neue, das sozialistische Zeitalter eingetreten. Nach dem Sieg der sozialistischen Produktionsverhältnisse ist der umfassende Aufbau des Sozialismus zum Hauptinhalt der schöpferischen Tätigkeit der Arbeiterklasse und des ganzen Volkes geworden. Die Verwirklichung der historischen Aufgaben des Programms des Sozialismus, das der VI. Parteitag der Sozialistischen Einheitspartei Deutschlands beschlossen hat, die Meisterung der technischen Revolution und die Entwicklung der sozialistischen Gemeinschaft, erfordert im Interesse der Gesellschaft und jedes einzelnen eine höhere Qualität unseres Bildungswesens, das einheitliche sozialistische Bildungssystem.

Die Arbeiterklasse hat im Bunde mit den Genossenschaftsbauern und allen anderen Werktätigen unter Führung der Sozialistischen Einheitspartei Deutschlands die Grundlagen für den Sieg des Sozialismus geschaffen. Die Deutsche Demokratische Republik ist zu einem leistungsfähigen, modernen Industriestaat und zu einem Bollwerk des Friedens geworden. Sie ist fest mit der sozialistischen Sowjetunion, den anderen Staaten der sozialistischen Gemeinschaft und allen friedliebenden Völkern verbunden. Die Menschen der Deutschen Demokratischen Republik sind frei von Ausbeutung und Unterdrückung, sie leben in sozialer Sicherheit. Die Frauen sind gleichberechtigt. Ihrer Förderung und Entwicklung wird entsprechend ihrer wichtigen Rolle in der sozialistischen Gesellschaft besondere Aufmerksamkeit gewidmet. Die ganze Liebe und Fürsorge des Arbeiter-und-Bauern-Staates gehört der jungen Generation, die große Leistungen in der Produktion, im politischen und kulturellen Leben vollbringt. Die Partei der Arbeiterklasse, die Regierung und die Nationale Front des demokratischen Deutschland setzen sich stets dafür ein, der Jugend Verantwortung zu übertragen, ihr Vertrauen zu schenken und ihr alle Möglichkeiten zur Qualifizierung für den Beruf und für das gesellschaftliche Leben zu geben.

Alle Bürger unseres Staates, unabhängig von ihrem Geschlecht, von ihrer sozialen Stellung, ihrer weltanschaulichen Überzeugung, ihrem Glaubensbekenntnis und ihrer Rasse, besitzen gleiche Rechte. Das Bildungsprivileg der Ausbeuterklassen ist gebrochen. Wie einst von den besten humanistischen Denkern des deutschen Volkes erträumt und gefordert, ist bei uns der Zugang zur Wissenschaft, Kultur und Technik allen geöffnet; jeder vermag seine Fähigkeiten voll zu entfalten. Alle Wege zur verantwortlichen und leitenden Arbeit in Beruf und Gesellschaft stehen den Bürgern offen.

So ist in der Deutschen Demokratischen Republik die sozialistische Gemeinschaft gewachsen. Es gilt der Grundsatz: Alles mit dem Volk, alles durch das Volk, alles für das Volk.

Die wichtigsten Ziele beim umfassenden Aufbau des Sozialismus bestehen darin, die technische Revolution zu meistern, die nationale Volkswirtschaft der Deutschen Demokratischen Republik zu entwickeln, die Produktion und die Arbeitsproduktivität auf der Grundlage des höchsten Standes von Wissenschaft und Technik, vor allem in den führenden Zweigen und durch die Anwendung des neuen ökonomischen Systems der Planung und Leitung der Volkswirtschaft zu steigern.

Es folgen Hinweise auf die Weiterentwicklung der Wissenschaft und die sich daraus ergebenden Forderungen an die Bildung des Menschen der sozialistischen Gesellschaft. Ein Rückblick auf die Entwicklung des Bildungswesens und ein Lob des bisher Erreichten schließen sich an.

Das einheitliche sozialistische Bildungssystem soll nunmehr den Erfordernissen des umfassenden Aufbaus des Sozialismus in Übereinstimmung mit der Perspektive unserer Gesellschaft entsprechen. Vor allem geht es darum, die Schule noch enger mit dem Leben zu verbinden. Der Bildungsinhalt ist den neuesten Erkenntnissen von Wissenschaft, Technik und Kultur anzupassen. Eine lebensnahe, sozialistische Erziehung, in deren Zentrum die Erziehung zur Arbeit steht, ist zu gewährleisten. Die einzelnen Glieder des Bildungswesens sind inhaltlich und strukturell so zusammenzufügen, daß sie ein geschlossenes, in sich abgestimmtes Ganzes bilden.

So wird es möglich sein, das wissenschaftliche Niveau von Bildung und Erziehung auf allen Stufen des einheitlichen sozialistischen Bildungssystems wieder zu erhöhen und durch den kontinuierlichen Bildungs- und Erziehungsprozeß eine noch höhere Wirksamkeit des gesamten Bildungswesens zu erreichen. Die Bildungspolitik unseres sozialistischen Staates wird damit auf einer höheren Stufe folgerichtig weitergeführt.

Die Errungenschaften der Deutschen Demokratischen Republik auf dem Gebiet des Bildungswesens und ihr weiterer systematischer Ausbau sind eine nationale Leistung, die für ganz Deutschland beispielhaft ist. Das sozialistische Bildungswesen der Deutschen Demokratischen Republik ist dem Bildungswesen in Westdeutschland um eine ganze historische Epoche voraus.

Es folgt ein Vergleich mit der „imperialistischen Bildungspolitik" in Westdeutschland und ein erneuter Hinweis auf das fortschrittliche und demokratische Schulwesen der DDR, das als „Alternative" und Vorbild herausgestellt wird.

Erster Teil
Grundsätze und Ziele des einheitlichen sozialistischen Bildungssystems und gesellschaftliche Erziehungsfaktoren

§ 1 (1) Das Ziel des einheitlichen sozialistischen Bildungssystems ist eine hohe Bildung des ganzen Volkes, die Bildung und Erziehung allseitig und harmonisch entwickelter sozialistischer Persönlichkeiten, die bewußt das gesellschaftliche Leben gestalten, die Natur verändern und ein erfülltes, glückliches, menschenwürdiges Leben führen.

(2) Das sozialistische Bildungsssystem trägt wesentlich dazu bei, die Bürger zu befähigen, die sozialistische Gesellschaft zu gestalten, die technische Revolution zu meistern und an der Entwicklung der sozialistischen Demokratie mitzuwirken. Es vermittelt den Menschen eine moderne Allgemeinbildung und eine hohe Spezialbildung und bildet in ihnen zugleich Charakterzüge im Sinne der Grundsätze der sozialistischen Moral heraus. Das sozialistische Bildungssystem befähigt sie, als gute Staatsbürger wertvolle Arbeit zu leisten, ständig weiter zu lernen, sich gesellschaftlich zu betätigen, mitzuplanen und Verantwortung zu übernehmen, gesund zu leben, die Freizeit sinnvoll zu nutzen, Sport zu treiben und die Künste zu pflegen.

(3) Dieses Ziel eint den sozialistischen Staat und alle gesellschaftlichen Kräfte in gemeinsamer Bildungs- und Erziehungsarbeit.

§ 2 (1) Der sozialistische Staat sichert mit dem einheitlichen sozialistischen Bildungssystem allen Bürgern der Deutschen Demokratischen Republik das gleiche Recht auf Bildung.

(2) Die grundlegenden Bestandteile des einheitlichen sozialistischen Bildungssystems sind:
- die Einrichtungen der Vorschulerziehung,
- die zehnklassige allgemeinbildende polytechnische Oberschule,
- die Einrichtungen der Berufsausbildung,
- die zur Hochschulreife führenden Bildungseinrichtungen,
- die Ingenieur- und Fachschulen,
- die Universitäten und Hochschulen,
- die Einrichtungen der Aus- und Weiterbildung der Werktätigen.

Die Sonderschuleinrichtungen nehmen Kinder mit physischen oder psychischen Schädigungen auf.

(3) Die Einheitlichkeit in der Zielsetzung und im Aufbau des sozialistischen Bildungssystems schließt, entsprechend den gesellschaftlichen Erfordernissen und den individuellen Begabungen, Differenzierungen in den Bildungswegen auf den oberen Stufen ein.

(4) Das sozialistische Bildungssystem ist so aufgebaut, daß jedem Bürger der Übergang zur jeweils nächsthöheren Stufe bis zu den höchsten Bil-

dungsstätten, den Universitäten und Hochschulen, möglich ist. Für die höheren Bildungseinrichtungen werden die Besten und Befähigtsten ausgewählt. Dabei ist die soziale Struktur der Bevölkerung der Deutschen Demokratischen Republik zu berücksichtigen.

§ 3 (1) Im sozialistischen Bildungssystem erhalten alle Bürger eine hohe Allgemeinbildung. Unter dem Einfluß der stürmischen Entwicklung der Wissenschaft und ihrer Rolle als unmittelbare Produktivkraft, der technischen Revolution und im Zusammenhang mit der grundlegend veränderten Stellung der Menschen in der sozialistischen Gesellschaft und mit der Gestaltung der sozialistischen Kultur wandelt sich der Inhalt der Allgemeinbildung. Bestandteile einer modernen, sozialistischen Allgemeinbildung sind die mathematische, naturwissenschaftliche und polytechnische, die staatsbürgerliche, gesellschaftswissenschaftliche und moralische, die muttersprachliche, fremdsprachliche, ästhetische und körperliche Bildung und Erziehung.

(2) Die Allgemeinbildung legt die Fundamente für jede Spezialbildung. In den oberen Stufen des sozialistischen Bildungssystems wird die Allgemeinbildung fortgeführt.

(3) Die Spezialbildung bereitet auf die Ausübung einer beruflichen Tätigkeit vor. Sie umfaßt Fachwissen und berufliches Können.

(4) Es sind feste, anwendungsbereite und erweiterungsfähige Kenntnisse, Fähigkeiten und Fertigkeiten zu vermitteln. Die selbständige Aneignung des Bildungsgutes, das logische Denken, die schöpferische Arbeit und das Streben nach ständiger Erweiterung der Bildung und fachlicher Qualifizierung sind systematisch auszubilden. Phantasie, Tatendrang und der Sinn für die Schönheiten des Lebens und der Kunst sind zu entwickeln.

§ 4 (1) Im sozialistischen Bildungssystem gilt der Grundsatz der Verbindung von Bildung und Erziehung mit dem Leben, der Verbindung von Theorie und Praxis, der Verbindung von Lernen und Studium mit produktiver Tätigkeit.

(2) Durch die Verbindung von Bildung und Erziehung mit produktiver Arbeit, von Theorie und Praxis im Bildungs- und Erziehungsprozeß ist zu sichern, daß die Schüler, Lehrlinge und Studenten zur schöpferischen Arbeit, zur stetigen Vervollkommung ihrer Kenntnisse, Fähigkeiten und Fertigkeiten, zum Anwenden des Gelernten in der Praxis und zum selbständigen Forschen befähigt werden.

(3) Die Verbindung von Unterricht und produktiver Arbeit schließt in der Oberschule die Berufs- und Studienorientierung ein. Sie soll dazu beitragen, die Übereinstimmung zwischen den volkswirtschaftlichen

Erfordernissen und den Begabungen und Neigungen des einzelnen herzustellen.

(4) Die Aktivität und die Verantwortung der Jugend werden durch die Mitwirkung am gesellschaftlichen Leben in den Bildungseinrichtungen, in der Volkswirtschaft und in der Öffentlichkeit gefördert. Im Bildungs- und Erziehungsprozeß wird die Jugend durch die Lösung konkreter Aufgaben zum bewußten Handeln für den Sozialismus erzogen.

§ 5 (1) Im sozialistischen Bildungssystem gilt der Grundsatz der Einheit von Bildung und Erziehung.

(2) Die Schüler, Lehrlinge und Studenten sind zur Liebe zur Deutschen Demokratischen Republik und zum Stolz auf die Errungenschaften des Sozialismus zu erziehen, um bereit zu sein, alle Kräfte der Gesellschaft zur Verfügung zu stellen, den sozialistischen Staat zu stärken und zu verteidigen. Sie sollen die Lehren aus der deutschen Geschichte, besonders der Geschichte der deutschen Arbeiterbewegung, begreifen. Sie sind im Geiste des Friedens und der Völkerfreundschaft, des sozialistischen Patriotismus und Internationalismus zu erziehen.

(3) Die Schüler, Lehrlinge und Studenten sind zur Liebe zur Arbeit, zur Achtung der Arbeit und der arbeitenden Menschen zu erziehen. Sie sollen darauf vorbereitet werden, körperliche und geistige Arbeit zu leisten, sich im gesellschaftlichen Leben zu betätigen, Verantwortung zu übernehmen und sich in der Arbeit und im Leben zu bewähren.

(4) Den Schülern, Lehrlingen und Studenten sind gründliche Kenntnisse des Marxismus-Leninismus zu vermitteln. Sie sollen die Entwicklungsgesetze der Natur, der Gesellschaft und des menschlichen Denkens erkennen und anzuwenden verstehen und feste sozialistische Überzeugungen gewinnen. So werden sie befähigt, den Sinn des Lebens in unserer Zeit zu begreifen, sozialistisch zu denken, zu fühlen und zu handeln und für die Überwindung von Widersprüchen und Schwierigkeiten bei der Lösung von Aufgaben zu kämpfen.

(5) Der Bildungs- und Erziehungsprozeß und das Leben der Schüler, Lehrlinge und Studenten sind so zu gestalten, daß sie im Kollektiv und durch das Kollektiv zum bewußten staatsbürgerlichen und moralischen Verhalten erzogen werden. Sie sollen verstehen lernen, daß Hilfsbereitschaft, Freundlichkeit, Höflichkeit und Zuvorkommenheit, Achtung gegenüber ihren Eltern und allen älteren Menschen sowie ehrliche und saubere Beziehungen zwischen den Geschlechtern Charaktereigenschaften der sozialistischen Persönlichkeit sind.

§ 6 (1) Im sozialistischen Bildungssystem bietet sich allen Menschen die Möglichkeit, ihre Begabungen und Talente zu entwickeln. In allen Bildungseinrichtungen sind hohe Anforderungen an Wissen, Können und Verhalten zu stellen. Zurückbleibenden ist die erforderliche Hilfe durch die Lehrkräfte und die Gemeinschaft zu geben.

(2) Mit der Erhöhung des Bildungsniveaus für alle Lernenden sind Maßnahmen zur Förderung besonderer Begabungen und Talente zu treffen. Durch das bessere Eingehen auf das individuelle Leistungsvermögen der Lernenden im Unterricht und in der Fach- und Hochschulausbildung, durch die Einrichtung von Spezialschulen und -klassen, durch spezielle Bildungsveranstaltungen an Fach- und Hochschulen, durch außerunterrichtliche Bildungsveranstaltungen und andere Maßnahmen sind die Begabungen zu fördern.

(3) Die Erfüllung der Ziele des sozialistischen Bildungssystems verlangt rationelle Organisationsformen der Bildung und Erziehung sowie intensive Methoden des Lehrens und Lernens, mit denen hohe Ergebnisse in allen Bildungsveranstaltungen erreicht werden.

(4) Das selbständige Lernen der Schüler, Lehrlinge und Studenten ist vor allem durch die Einführung in Techniken und Methoden der geistigen Arbeit, durch die Nutzung moderner Informations- und Bildungsmittel zu fördern. Es sind dem neuesten Stand von Wissenschaft und Technik entsprechende Lehrmittel, Dokumentationen und Arbeitsmittel für Schüler, Lehrlinge und Studenten zu nutzen.

(5) Filme, Werke der Literatur und Kunst, Fernsehen, Rundfunk und Presse, Bibliotheken und Museen sollen den Bildungs- und Erziehungsprozeß unterstützen.

§ 7 (1) Bei der sozialistischen Bildung und Erziehung wirken staatliche Institutionen, gesellschaftliche Organisationen und die Familie eng zusammen. Die Einrichtungen des sozialistischen Bildungssystems vereinen als Zentren von Bildung und Erziehung die vielfältigen staatlichen und gesellschaftlichen pädagogischen Bemühungen. Sie koordinieren die erzieherischen Wirkungen der Arbeit, des gesellschaftlichen Lebens der Jugend, ihrer kulturellen und sportlichen Betätigung.

(2) Die Lehrkräfte aller Bildungseinrichtungen tragen eine hohe Verantwortung für die Erfüllung der Ziele und Aufgaben des sozialistischen Bildungssystems. Das erfordert von ihnen umfassendes Wissen und Können sowie ein vorbildliches sozialistisches Verhalten.

(3) Die sozialistischen Betriebe und die landwirtschaftlichen Produktionsgenossenschaften sind wichtige Bildungsstätten. Sie haben zu gewährleisten, daß die Schüler, Lehrlinge und Studenten am Leben des Betriebes teilnehmen, an die moderne Wissenschaft und Technik herangeführt und dabei in die sozialistische Gemeinschaftsarbeit der Brigaden und Forschungskollektive einbezogen werden.

(4) In der Deutschen Demokratischen Republik hat die Familie große Aufgaben und eine hohe Verantwortung bei der Erziehung der Kinder zu tüchtigen Menschen, zu guten Staatsbürgern. Im sozialistischen Staat besteht zwischen den gesellschaftlichen Bildungs- und Erziehungszielen und den Interessen der Eltern Übereinstimmung. Es wird gesichert, was alle Eltern für ihre Kinder erstreben: eine friedliche Zukunft, eine sichere Perspektive, eine gründliche Bildung und Erziehung, die auf das Leben vorbereitet. Die Einrichtungen des sozialistischen Bildungssystems arbeiten eng mit dem Elternhaus zusammen und helfen der Familie bei der Erziehung der jungen Generation.

(5) Die Jugend in der Deutschen Demokratischen Republik trägt eine hohe Verantwortung für ihre Bildung und Erziehung. Sie nutzt durch eigene Initiative die Möglichkeiten, die ihr die Gesellschaft für ihre Entwicklung zu hochgebildeten jungen Sozialisten bietet. Der Jugend wird Vertrauen geschenkt und eine große Verantwortung beim Lernen, in der Arbeit und in der Freizeit übertragen. Die Einrichtungen des sozialistischen Bildungssystems arbeiten daher eng mit der Freien Deutschen Jugend und ihrer Pionierorganisation „Ernst Thälmann", der selbständigen politischen Organisation der heranwachsenden Generation, zusammen.

(6) Die Betätigung in Pionierhäusern, Stationen und Klubs Junger Techniker, Stationen Junger Naturforscher, Stationen Junger Touristen, Studentenklubs, Studententheatern, studentischen Konstruktionsbüros, in Arbeits- und Interessengemeinschaften und in den Sportgemeinschaften ist ein fester Teil des sozialistischen Bildungs- und Erziehungsprozesses. Sie dient in besonderem Maße der Förderung von Begabung und Talenten.

Der „Zweite Teil" gibt Hinweise auf die Regelung der „Schulpflicht" und der „Schulgeldfreiheit". Der „Dritte Teil" behandelt „Kinderkrippen und Kindergärten", deren pädagogische Arbeit nach „einheitlichen Grundsätzen" des Ministeriums für Volksbildung zu erfolgen hat.

Vierter Teil. Allgemeinbildende Schulen

1. Abschnitt

Zehnklassige allgemeinbildende polytechnische Oberschule

§ 13 (1) Die zehnklassige allgemeinbildende polytechnische Oberschule – nachstehend Oberschule genannt – ist der grundlegende Schultyp im einheitlichen sozialistischen Bildungssystem.

(2) Die Oberschule vermittelt eine moderne, sozialistische Allgemeinbildung als Grundlage für jede weiterführende Bildung und die berufliche Tätigkeit. In der Oberschule sind die Bildung und Erziehung eng mit dem Leben, mit der Arbeit und mit der Praxis des sozialistischen Aufbaus ver-

bunden. Die Oberschule erzieht die jungen Menschen zu bewußten sozialistischen Staatsbürgern, die aktiv am gesellschaftlichen Leben teilnehmen.

(3) Die Oberschule ist eine organisch gegliederte schulorganisatorische Einheit, in der ein kontinuierlicher Bildungs- und Erziehungsprozeß von der ersten bis zur zehnten Klasse zu sichern ist. Sie gliedert sich in
- die Unterstufe mit den Klassen 1 bis 3,
- die Mittelstufe mit den Klassen 4 bis 6,
- die Oberstufe mit den Klassen 7 bis 10.

§ 14 (1) In der Unterstufe beginnt die systematische Bildung und Erziehung der Kinder. In der Unterstufe sind die Grundfertigkeiten im Lesen, Schreiben und in der Mathematik auszubilden, die Grundlage für die gesamte nachfolgende Bildung und Erziehung sind. Den Schülern ist anschaulich und in verständlicher Weise ihre gesellschaftliche Umwelt, besonders ihre engere Heimat, zu erschließen. Sie erwerben erste Kenntnisse und Erkenntnisse über die Natur, die Arbeit und die sozialistische Gesellschaft. Im gesamten Prozeß der Bildung und Erziehung in der Unterstufe werden die Schüler zur Liebe zu ihrem sozialistischen Vaterland erzogen. Die Schüler sind daran zu gewöhnen, ihren Kräften angemessene Aufgaben freudig und gewissenhaft auszuführen, sich in der Gemeinschaft diszipliniert zu verhalten und fleißig und gewissenhaft zu lernen und zu arbeiten. Der Unterricht ist eng mit gesellschaftlich-nützlicher Tätigkeit zu verbinden.

Es folgt eine Aufzählung der Schwerpunkte: Deutschunterricht, Mathematikunterricht, Werk- und Schulgartenunterricht, künstlerische Fächer, Sportunterricht.

§ 15 (1) In der Mittelstufe beginnt der naturwissenschaftliche, gesellschaftswissenschaftliche und fremdsprachliche Fachunterricht. Die in der Unterstufe erworbenen Grundfertigkeiten sind in steigendem Maße als Mittel des Wissenserwerbs anzuwenden. Entsprechend dem höheren körperlichen und geistigen Reifegrad sind die Schüler eingehender mit dem gesellschaftlichen Leben, der Arbeit, der Wissenschaft, Technik und Kultur vertraut zu machen. Der wissenschaftliche Unterricht, die größere gesellschaftliche Aktivität der Schüler, ihre Einbeziehung in die produktive Arbeit, die sich auf politischem und moralischem Gebiet bereits herausbildenden Auffassungen und Meinungen, die für die weitere Persönlichkeitsentwicklung der Schüler von Bedeutung sind, müssen für die staatsbürgerliche Erziehung und für die Entwicklung einer sozialistischen Einstellung zur Arbeit genutzt werden. Die Schüler sind zu befähigen, ihr gesellschaftliches Leben im Klassen- und Schulkollektiv, in den Arbeitsgemeinschaften und in der Pionierorganisation „Ernst Thälmann“ in zunehmendem Maße selbst zu gestalten.

Es folgt eine Aufzählung der Schwerpunkte: Deutsch, Mathematik, naturwissenschaftliche Fächer, Werk- und Schulgartenunterricht, gesellschaftswissenschaftlicher Unterricht, Russisch, künstlerische Fächer, Sport.

(3) In der Mittelstufe erfolgt eine dem Entwicklungsstand der Schüler angemessene Berufsaufklärung. Sie lernen die wichtigsten Berufe des jeweiligen Territoriums und der Volkswirtschaft kennen – als Voraussetzung für eine spätere, den persönlichen und gesellschaftlichen Interessen entsprechende Berufswahl. Von besonderer Bedeutung ist die Orientierung der Mädchen auf technische und landwirtschaftliche Berufe. In diese Aufklärung sind in breitem Maße die Eltern einzubeziehen.

§ 16 (1) In der Oberstufe wird die Oberschulbildung abgeschlossen. Sie schafft die Grundlage für die praktische Tätigkeit, eine verantwortungsbewußte Berufsentscheidung und die weiterführende berufliche und wissenschaftliche Ausbildung. In der Oberstufe wirken allgemeine und berufliche Bildung zusammen. Der Fachunterricht ist voll ausgebaut. Inhalt und Aufbau des Unterrichts sind weitgehend am System der ihm zugrunde liegenden Wissenschaften zu orientieren. Die Schüler sind in zunehmendem Maße zur Erkenntnis und Anwendung von Gesetzmäßigkeiten und wissenschaftlichen Theorien zu befähigen. Ihre Fähigkeiten sind so weit auszubilden, daß sie grundlegende Techniken der geistigen Arbeit beherrschen und in der Lage sind, ihr Wissen und Können selbständig zu erweitern und zu festigen.

Es folgt eine Aufzählung der Schwerpunkte: Mathematik, naturwissenschaftlicher Unterricht, polytechnischer Unterricht, Unterricht in den Gesellschaftswissenschaften, Deutsch, Russisch, Englisch (obligatorisch), künstlerische Fächer, Sport.

§ 17 (1) Die Tageserziehung entspricht den höheren Anforderungen an die Bildung und Erziehung, dem Bedürfnis unserer Jugend nach sinnvoller Freizeitgestaltung und nach schöpferischer Selbstbetätigung. Sie ist für eine ständig wachsende Zahl von Schülern an allen Schulen mit hoher Qualität durchzuführen. Schulische und außerschulische Bildung und Erziehung sind eng miteinander zu verbinden.

(2) Die Tageserziehung muß der Jugend die Möglichkeit geben, sich entsprechend ihren Neigungen und Interessen in der Mathematik, den Naturwissenschaften, der Technik, den Gesellschaftswissenschaften, der Kunst und Literatur, in Sport und Touristik zu betätigen und dabei ihre Fähigkei-

ten und Begabungen zu entfalten. Sie unterstützt das Streben der Schüler, gesellschaftlich nützlich tätig zu sein, Verantwortung für das Ganze zu tragen, und hilft, Freude an der Arbeit, Fleiß und Beharrlichkeit, Schöpferdrang und Sinn für das Schöne zu entwickeln. Das geschieht vor allem durch die Tätigkeit in Tagesgruppen und -klassen, in Arbeits-, Sport- und Interessengemeinschaften und durch die Teilnahme an Olympiaden, Leistungsvergleichen und Wettbewerben.

(3) In ihren Ferien sollen sich die Schüler in der Gemeinschaft lebensfroher und selbstbewußter junger Menschen kräftigen und erholen. Diesem Zweck dient die Feriengestaltung.

(4) Die sozialistischen Betriebe und wissenschaftlichen Institutionen sind verpflichtet, die Tageserziehung und die Feriengestaltung zu fördern, Fachkräfte für die Leitung der Arbeits- und Interessengemeinschaften zu gewinnen und kulturelle, sportliche und andere geeignete Einrichtungen der Schuljugend zur Verfügung zu stellen. Die sozialistischen Betriebe sowie die wissenschaftlichen Institutionen und Organisationen sollen den Arbeitsgemeinschaften gesellschaftlich-nützliche, interessante Aufgaben übertragen.

(5) Die Lehrer und Erzieher haben die Tageserziehung als festen Bestandteil des einheitlichen Bildungs- und Erziehungsprozesses an der Schule zu leiten. Sie beziehen die Freie Deutsche Jugend und ihre Pionierorganisation „Ernst Thälmann“, den Deutschen Turn- und Sportbund und andere Organisationen ein. Sie nutzen die gesellschaftliche Kraft der Kinder- und Jugendorganisation zur Entwicklung der geistigen Interessen der Schüler und eines interessanten Lebens im Schülerkollektiv.

(6) Tagesschulen sind entsprechend den ökonomischen Möglichkeiten schrittweise aufzubauen.

2. Abschnitt. Spezialschulen und Spezialklassen

§ 18 (1) Spezialschulen sind allgemeinbildende Schulen. Sie dienen besonderen Erfordernissen der Nachwuchsentwicklung für die Wirtschaft, die Wissenschaft, den Sport und die Kultur. Die Spezialschulen nehmen Schüler mit hohen Leistungen und besonderen Begabungen auf.

(2) Es sind Spezialschulen und Spezialklassen technischer, mathematischer, naturwissenschaftlicher, sprachlicher, künstlerischer und sportlicher Richtungen einzurichten.

(3) Spezialschulen und Spezialklassen führen in der Regel zur Hochschulreife. Spezialschulen und Spezialklassen, die nicht zur Hochschulreife führen, bereiten auf besondere künstlerische oder sportliche Leistungen vor.

(4) Spezialschulen und Spezialklassen sind nur in begrenztem Umfang zu errichten. Anzahl und Standort legt das Ministerium für Volksbildung fest.

(5) Die wichtigsten Einrichtungen für die außerunterrichtliche instrumentale Musikerziehung sind die Musikschulen.

(6) Die Betriebe, die wissenschaftlichen und künstlerischen Einrichtungen sichern gemeinsam mit den Organen für Volksbildung die personellen und materiellen Voraussetzungen.

Es folgen die Abschnitte Sonderschulen (3) und Jugendhilfe und ihre Einrichtungen (4).

5. Abschitt. Zur Hochschulreife führende Bildungseinrichtungen

§ 21 (1) Alle Schüler mit abgeschlossener Oberschulbildung und Werktätige mit einer Bildung, die dem Niveau der Oberschulbildung entspricht, können auf verschiedenen Wegen die Hochschulreife erwerben.

(2) Absolventen der Oberschule können durch den Besuch der Erweiterten allgemeinbildenden polytechnischen Oberschule – im folgenden Erweiterte Oberschule genannt – und der Abiturklassen in den Einrichtungen der Berufsausbildung die Hochschulreife erwerben. Diese Einrichtungen führen die Schüler in zwei Jahren zum Abitur und vermitteln gleichzeitig eine berufliche Ausbildung.

(3) Die Erweiterten Oberschulen und die Abiturklassen in den Einrichtungen der Berufsausbildung festigen die auf den vorhergehenden Stufen erworbenen Kenntnisse, Fähigkeiten und Fertigkeiten und entwickeln sie weiter. Über die erweiterte und vertiefte Allgemeinbildung hinaus kann der Unterricht entsprechend der späteren Studienrichtung der Schüler differenziert werden. Durch hochschulgemäße Formen und Methoden der Wissensaneignung und Fähigkeitsentwicklung wie Übungen, Seminare, Selbststudium, Konsultationen sind die Schüler an Methoden des selbständigen wissenschaftlichen Studierens zu gewöhnen. Sie sind in erster Linie auf ein Hochschulstudium vorzubereiten.

(4) Die Hochschulreife kann ferner durch den Besuch von Spezialschulen und Spezialklassen, Volkshochschulen und anderen Einrichtungen der Weiterbildung der Werktätigen erworben werden. An den Universitäten und Hochschulen kann eine Sonderreifeprüfung abgelegt werden. Zur Vorbereitung auf das Hochschulstudium können an Universitäten und Hochschulen Lehrgänge im Direkt- und Abendstudium durchgeführt werden. An Ingenieur- und Fachschulen erwerben die Studierenden mit der Abschlußprüfung die Hochschulreife.

(5) Zu den zur Hochschulreife führenden Bildungseinrichtungen werden die besten und befähigtsten Bewerber zugelassen. Dabei ist die soziale Struktur der Bevölkerung zu beachten.

§ 22 (1) Das Ministerium für Volksbildung hat im Einvernehmen mit dem Staatssekretariat für das Hoch- und Fachschulwesen die Anforderungen an die Hochschulreife zu bestimmen und ein einheitliches Niveau in allen zur Hochschulreife führenden Bildungseinrichtungen zu sichern.

(2) Die Staatliche Plankommission legt im Einvernehmen mit dem Ministerium für Volksbildung und dem Staatssekretariat für das Hoch- und Fachschulwesen fest, für welche Berufe in den Erweiterten Oberschulen und in Abiturklassen in den Einrichtungen der Berufsausbildung ausgebildet wird und welche berufliche Qualifikation dabei zu erreichen ist.

Es folgen die Abschnitte Lehrpläne, Lehrbücher, Unterrichtsmittel, Unterrichtsmethoden (6), Lehrer und Erzieher (7), Aus- und Weiterbildung der Lehrer und Erzieher (8), Aufgaben der pädagogischen Wissenschaft (9), Bildung und Erziehung im zweisprachigen Gebiet der Bezirke Cottbus und Dresden (10).

Die Teile V–VII behandeln die Einrichtungen der Berufsausbildung (V), Fachschulen, Universitäten und Hochschulen (VI), Kulturelle Einrichtungen (VII).

In Teil VIII werden die zentrale Leitung und Planung angesprochen, in Teil IX die gesamtgesellschaftliche Verantwortung:

Achter Teil. Planung und Leitung des einheitlichen sozialistischen Bildungssystems

1. Abschnitt
Leitung durch den Ministerrat und seine Organe

§ 69 (1) Der Ministerrat ist für die komplexe und koordinierte Planung und Leitung des einheitlichen sozialistischen Bildungssystems verantwortlich.

(2) Der Ministerrat gewährleistet auf der Grundlage der Perspektiv- und Volkswirtschaftspläne die ständige Weiterentwicklung und Vervollkomm-

nung des sozialistischen Bildungssystems entsprechend den Erfordernissen der gesellschaftlichen Entwicklung, insbesondere der technischen Revolution.

Es folgen Einzelaussagen über die Weisungs- und Kontrollbefugnisse des Ministerrats und des Ministeriums für Volksbildung. Angaben über die Zuständigkeiten und Aufgaben des „Staatssekretariats für das Hoch- und Fachschulwesen", über den „Volkswirtschaftsrat", den „Landwirtschaftsrat" und andere „Staats- und Wirtschaftsorgane" schließen sich an. Genaue Bestimmungen regeln die Arbeit und Aufgaben der „örtlichen Volksvertretungen" sowie der ihnen zugeordneten „Organe".

Neunter Teil

Verantwortung der sozialistischen Gesellschaft für das einheitliche sozialistische Bildungssystem

§ 78 (1) Die allseitige und umfassende Verwirklichung des einheitlichen sozialistischen Bildungssystems ist Angelegenheit der gesamten sozialistischen Gesellschaft. Die gesellschaftlichen Organisationen und alle Bürger der Deutschen Demokratischen Republik sind aufgerufen, die Tätigkeit der Staats- und Wirtschaftsorgane und der Einrichtungen des sozialistischen Bildungssystems zur Durchführung dieses Gesetzes zu fördern, tatkräftig zu unterstützen und in den demokratischen Formen bei der Leitung des sozialistischen Bildungssystems mitzuwirken.

(2) Die demokratischen Parteien und Massenorganisationen, die gesellschaftlichen Einrichtungen und wissenschaftlichen Gesellschaften sind aufgerufen, zur allseitigen Bildung und Erziehung der Bürger der Deutschen Demokratischen Republik im Sinne dieses Gesetzes beizutragen.

Es folgt der zehnte Teil mit den Schlußbestimmungen.

Eine graphische Darstellung des Schulaufbaus folgt S. 378.

Aufbau des
einheitlichen sozialistischen Bildungssystems

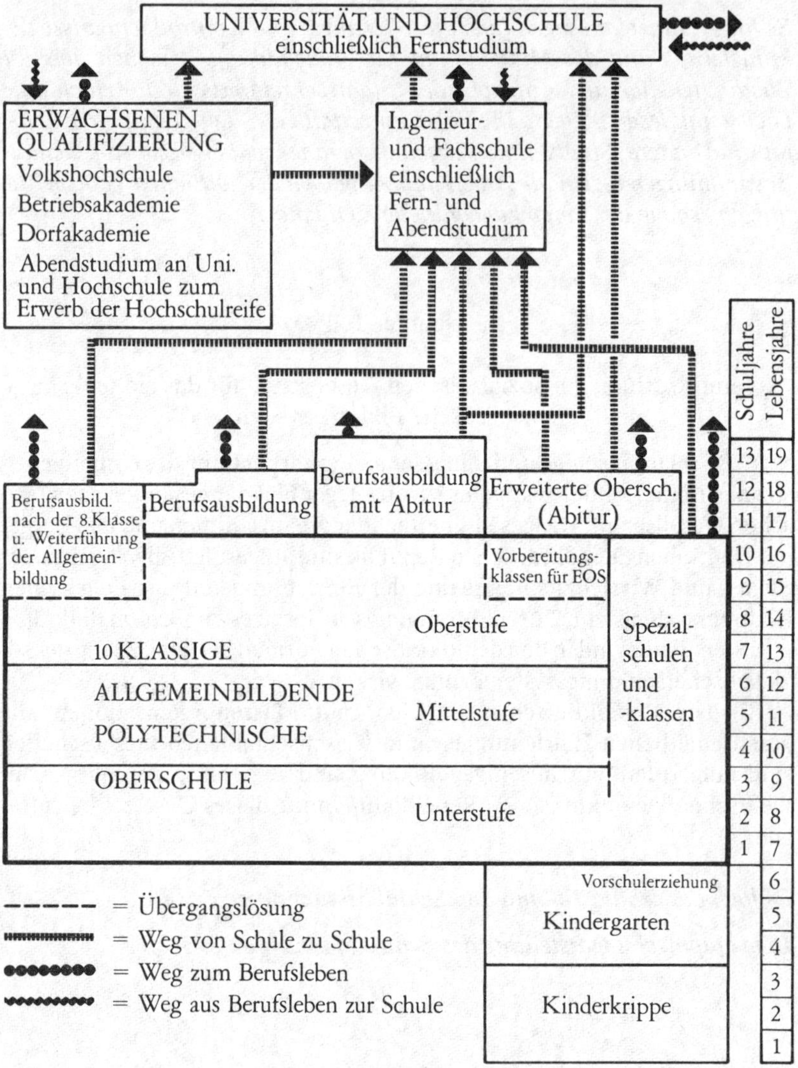

Quelle: Helmut Klein und Wolfgang Reischock: Bildung für heute und morgen – Eine Information über das einheitliche sozialistische Bildungssystem der DDR. Schriftenreihe „Aus erster Hand". Hrsg. Staatssekr. f. westd. Fragen. Berlin 1969. S. 29.

[4]

SOZIALISTISCHE EINHEITSPARTEI DEUTSCHLANDS

Programm: „Entwicklung der Volksbildung und kommunistische Erziehung der Jugend" (1976)

Das auf dem IX. Parteitag der SED, der vom 18. – 22. Mai 1976 in Berlin stattfand, verabschiedete Programm behielt seine Gültigkeit bis zur sukzessiven Auflösung der Partei im Zusammenhang mit den revolutionären Ereignissen von 1989. Am 1. 12. 1989 entfernte die Volkskammer der DDR fast ohne Debatte und ohne Gegenstimmen den Führungsanspruch der SED aus der Verfassung. Auf einem außerordentlichen SED-Parteitag in Ost-Berlin im Dezember 1989 änderte die Partei ihren Namen in „SED – Partei des demokratischen Sozialismus" (später: PDS). Das Politbüro und das Zentralkomitee wurden abgeschafft. Der Parteitag erklärte, daß nunmehr ein demokratischer und ökologischer Sozialismus angestrebt werde.
Das Parteiprogramm aus dem Jahre 1976 hält in der Schul- und Kulturpolitik ohne nennenswerte Veränderungen an den aus früheren Programmen, Schulgesetzen und aus der Verfassung bekannten Grundaussagen fest.

Quelle: IX. Parteitag der SED. Programm der Sozialistischen Einheitspartei Deutschlands. Berlin 1976. S. 48–51.

Die Sozialistische Einheitspartei Deutschlands wird weiterhin der Vervollkommnung des einheitlichen sozialistischen Bildungswesens und im besonderen der kommunistischen Erziehung der jungen Generation ihre Aufmerksamkeit widmen.

Das Bildungswesen hat die Aufgabe, junge Menschen zu erziehen und auszubilden, die, mit solidem Wissen und Können ausgerüstet, zu schöpferischem Denken und selbständigem Handeln befähigt sind, deren marxistisch-leninistisch fundiertes Weltbild die persönlichen Überzeugungen und Verhaltensweisen durchdringt, die als Patrioten ihres sozialistischen Vaterlandes und proletarische Internationalisten fühlen, denken und handeln.

Das Bildungswesen dient der Erziehung und Ausbildung allseitig entwickelter Persönlichkeiten, die ihre Fähigkeiten und Begabungen zum Wohle der sozialistischen Gesellschaft entfalten, sich durch Arbeitsliebe und Verteidigungsbereitschaft, durch Gemeinschaftsgeist und das Streben nach hohen kommunistischen Idealen auszeichnen.

Die zehnklassige allgemeinbildende polytechnische Oberschule ist das Kernstück des sozialistischen Bildungssystems. Sie vermittelt allen Kindern eine hohe Allgemeinbildung. Sie muß durch einen wissenschaftlichen, parteilichen und lebensverbundenen Unterricht die Schüler befähigen, in die Entwicklungsprozesse von Natur und Gesellschaft einzudringen, ein tiefes Verständnis der Geschichte, insbesondere der revolutionären Traditionen, sowie für Literatur und Kunst zu erlangen. Die gesamte pädagogische Arbeit – vor allem im Unterricht – ist zu vervollkommnen, um die Schüler zum selbständigen Lernen, schöpferischen Denken und Handeln zu führen und sie noch besser auf die Erfordernisse der gesellschaftlichen Praxis zu orientieren. Große Bedeutung kommt der Beherrschung von Fremdsprachen, besonders der russischen Sprache, zu.

Die weitere Ausprägung des polytechnischen Charakters unserer Schule, die umfassende Verwirklichung des Prinzips der Verbindung von Unterricht und produktiver Arbeit ist von entscheidender Bedeutung für die kommunistische Erziehung, besonders für die Herausbildung der kommunistischen Arbeitsmoral.

Die Sozialistische Einheitspartei Deutschlands betrachtet es als Erziehungsauftrag der sozialistischen Schule, die jungen Menschen zu befähigen, große komplizierte Aufgaben zu bewältigen, die ihnen der sozialistische und kommunistische Aufbau stellen wird. Die Ansprüche an die politisch-moralische Erziehung wachsen. Sie ist unter aktiver Einbeziehung der Kollektive der sozialistischen Jugend- und Kinderorganisation so zu gestalten, daß kommunistische Überzeugungen und Verhaltensweisen entwickelt werden und den jungen Menschen geholfen wird, Antworten auf ihre Fragen über unsere Zeit und über den Sinn des Lebens zu finden.

Große Aufmerksamkeit bei der Erziehung der Jugend verdient das Zusammenwirken von Schule, Elternhaus, Betrieb, sozialistischem Jugendverband und Pionierorganisation „Ernst Thälmann". Die Sozialistische Einheitspartei Deutschlands wird die verantwortungsvolle erzieherische Arbeit der Eltern, der Lehrer und Erzieher in allen Einrichtungen der Volksbildung, der Ausbilder in den Betrieben, der Pionierleiter und Funktionäre der Jugendorganisation allseitig unterstützen.

Die Intensivierung der Produktion, die Entwicklung von Wissenschaft und Technik stellen große Ansprüche an Bildung und Erziehung.

Es folgen Ausführungen über die Berufsausbildung, die Erwachsenenqualifizierung und über das Hoch- und Fachschulwesen. Den Abschluß bildet die Forderung, „die materiellen Grundlagen des einheitlichen sozialistischen Bildungssystems planmäßig zu entwickeln".

2. Ansätze zur Neugestaltung des Schulwesens nach dem Zusammenbruch der SED-Herrschaft

[5]

MINISTERIUM FÜR VOLKSBILDUNG DER DDR (REGIERUNG MODROW)

Thesen zur Bildungsreform (März 1990)

Unter dem Druck der Fluchtbewegungen und der Demonstrationen im Jahre 1989 brach die zentralistische Führungsstruktur der DDR auseinander. Am 8. 11. 1989 wurde ein neues Politbüro gewählt, nachdem das alte zurückgetreten war. Zu seinen neuen Mitgliedern gehörte auch der als reformwillig angesehene Dresdener Parteisekretär Hans Modrow. Er wurde am 13. 11. 1989 auf Empfehlung des Politbüros von der Volkskammer zum Ministerpräsidenten gewählt. In seiner Regierungserklärung versprach er eine „demokratische Erneuerung des gesamten öffentlichen Lebens". Der Regierung der Bundesrepublik schlug er eine „Vertragsgemeinschaft" zwischen beiden deutschen Staaten vor und plädierte für eine „kooperative Koexistenz". Am 1. 12. 1989 erlosch auf Grund eines Volkskammerbeschlusses der Führungsanspruch der SED. Am 4. 12. 1989 traten das Zentralkomitee und das Politbüro geschlossen zurück. Der Forderung der immer ungeduldiger werdenden Bevölkerung der DDR nachgebend, beschloß die Volkskammer auf Vorschlag von Modrow, früher als vorgesehen, freie Wahlen schon am 18. 3. 1990 abzuhalten. Modrow erweiterte seine Regierung durch neue Minister ohne Geschäftsbereich aus den oppositionellen Gruppen. Dadurch gewannen auch Mitglieder des „Runden Tisches" an Einfluß. Am 18. März 1990 fanden in der DDR die ersten freien Wahlen seit 1933 statt. Die für eine baldige deutsche Einheit eintretenden Parteien gewannen zusammen drei Viertel aller Stimmen (CDU 40,6 %; DSU 6,3 %; Demokratischer Aufbruch 1 %; Liberale 5,3 %; Sozialdemokraten 21,8 %; Bündnis 90 3 %; PDS (ehemals SED) 16,3 %; Wahlbeteiligung 93 %). Dieses Wahlergebnis führte zur Ablösung der Regierung Modrow und zur Neuwahl einer Regierung der „Großen Koalition" unter dem neuen Ministerpräsidenten Lothar de Maizière.
Die „Thesen zur Bildungsreform" wurden im März 1990 gegen Ende der Regierung Modrow vom Ministerium für Bildung der DDR veröffentlicht. In ihnen haben auch bildungs- und schulpolitische Vorstellungen der oppositionellen Gruppen Eingang gefunden. Die Thesen versuchen, einen Beitrag für die Konsensbildung zwischen den verschiedenen politischen Kräften zu leisten und eine „perspektivische Orientierung für längerfristige Prozesse in der Reform des Bildungswesens" zu geben.

Quelle: Deutsche Lehrerzeitung (DLZ). Nr. 15/1990. Beilage. S. 9–12.

Vorwort

Immanenter Bestandteil der Gesellschaftsreform unseres Landes sind die prinzipiellen Veränderungen auf den Gebieten der Kultur und Wissenschaft und damit aller Bereiche der Bildung.

Ausgehend von der Regierungserklärung des Ministerpräsidenten Dr. Hans Modrow vom November 1989 wurden in den letzten Monaten weitreichende kurz- und mittelfristige Entscheidungen getroffen und eingeleitet, die die Demokratisierung der Bildungseinrichtungen, den Inhalt der

Ausbildung, das soziale Umfeld der Lernenden und Lehrenden u. v. a. beinhalten.

Eine grundätzlich neue Bildungspolitik kann jedoch nur auf der Basis einer wissenschaftlich fundierten Strategie erfolgen, denn Entscheidungen auf dem Gebiet der Bildung sind Entscheidungen für Zukunft. Das erfordert eine tiefgreifende politische, theoretische und praktische Kritik des alten Bildungssystems und die radikale Überwindung der über Jahrzehnte bestehenden Bildungspolitik und Bildungspraxis in der DDR, beinhaltet aber zugleich die positive Aufhebung des Bewahrenswerten, das mit der Bildungsreform in der DDR in den Prozeß der Einigung Deutschlands einzubringen ist. Dabei sind die Bildungsreform in der DDR und die weiterführende Reformbewegung in einem gesamtdeutschen Bildungswesen keine ausschließlich nationale Angelegenheit, sondern Bestandteile des europäischen Integrationsprozesses. Aus diesen Gründen müssen ganzheitliche Lösungen gefunden werden, die eine neue, europäische und weltoffene Etappe der Entwicklung des Bildungswesens charakterisieren.

Die nachfolgenden Thesen verstehen sich ausdrücklich als Diskussionsangebot. Damit ist gesagt, daß sie nicht etwa Fertiges vortäuschen wollen und auch keinesfalls mit der Vorstellung verbunden sind, der Öffentlichkeit von vornherein bestimmte Positionen vorzugeben. Es ist bei der Erarbeitung der Thesen vielmehr ernsthaft versucht worden, die bisherigen Diskussionen, die zahlreichen basisdemokratischen Initiativen und Vorschläge sowie bislang vorliegende Standpunkte der politischen Parteien und Vereinigungen aufzugreifen und in einen Rahmen zu stellen, um die weitere Diskussion zu befördern.

Es folgt ein Hinweis auf „Bildungsforschungseinrichtungen unseres Landes", die an der Ausarbeitung der „Thesen zur Bildungsreform" beteiligt waren.
Der Text beginnt mit der Aufforderung, die „gesellschaftliche Erneuerung in unserem Lande" und damit auch die Bildungsreform als eine gemeinsame Aufgabe der „Schüler, Studenten, Lehrer, Pädagogen und Eltern" anzusehen, damit „alle Potenzen des erneuerten Bildungswesens voll wirksam werden und zur Erneuerung der Gesellschaft beitragen können".

1.2. Das Bildungswesen der DDR befindet sich in einer tiefen Krise, die Bestandteil der politisch-ideologischen, ökonomischen und geistig-kulturellen Krisensituation in unserem Lande ist. Ihre Ursachen sind jedoch nicht nur aus den gesellschaftlichen Rahmenbedingungen abzuleiten, sondern auch wesentlich bedingt durch eine weithin verfehlte Bildungspolitik der zurückliegenden Jahrzehnte. Trotz vieler international anerkannter Leistungen bewirkte diese Bildungspolitik ernsthafte Deformationen des

Bildungswesens, insbesondere durch ihr extrem zentralistisches und dirigistisches Verständnis von Einheit und Einheitlichkeit. Das führte u. a. zu Nivellierungen und zu einem Übermaß des Obligatorischen in der Bildung, deren Vermittlung zudem weitgehend durch eine administrative Reglementierung bestimmt wurde. Das war verbunden mit starken Tendenzen der faktischen Mißachtung der individuellen und kollektiven Eigenständigkeit und Eigenverantwortung der Lehrenden und Lernenden, der Eltern und von Trägern der gesellschaftlichen Öffentlichkeit. Durch die Unterordnung der Bildungsangelegenheiten unter die Politik und Leitung einer „Staatspartei" unterlag das Bildungswesen einer weltanschaulichen und politisch-ideologischen Indoktrination. Vor allem hier liegen die Ursachen dafür, daß sich trotz beträchtlicher Aufwendungen und trotz der Leistungen und Aktivitäten vieler engagierter Lehrer, Eltern, Vertreter der Öffentlichkeit und der Wissenschaft eine enorme Diskrepanz zur tatsächlichen Effizienz des Bildungswesens entwickelt hat und ein sukzessiv gewachsenes Defizit in bezug auf den materiell-technischen Zustand der Bildungseinrichtungen entstanden ist.

Es folgt die nachdrückliche Mahnung, daß die „Bildungsreform nicht aufgeschoben werden darf", weil die „Humanisierung" und die „Demokratisierung" der Bildung zu den vordringlichsten Aufgaben gehören.

2. Grundsätze eines erneuerten Bildungswesens in der DDR

Die nachstehend zur Diskussion gestellten Grundsätze versuchen,

- die Richtung sich vollziehender basisdemokratischer Veränderungen widerzuspiegeln,
- ein Angebot für Konsensbildung im Meinungsstreit und in der Verständigung zu übergreifenden Interessen aller gesellschaftlich politischen Kräfte zu unterbreiten,
- eine perspektivische Orientierung für längerfristige Prozesse in der Reform des Bildungswesens zu entwerfen.

Solche allgemeinen Grundsätze sollten einerseits für das ganze Bildungswesen gleichermaßen gelten, andererseits jedoch lediglich einen konstruktiven Rahmen für die spezifische Ausgestaltung der einzelnen Stufen und Bestandteile des Bildungswesens bilden. Darin ist insbesondere eingeschlossen, daß bei Wahrung gleicher Grundsätze auch ein möglichst weiter Entscheidungs- und Handlungsspielraum auf regionaler und kommunaler Ebene und nicht zuletzt in jeder Bildungseinrichtung selbst verbleibt. Auch dafür sind verbindliche Rechtsnormen, Verantwortlichkeiten und Kompetenzen erforderlich, die jedoch im Rahmen zentraler Richtlinien von Ländern und Kommunen festzulegen sind.

2.1. Das Recht auf Bildung ist ein grundlegendes Menschenrecht. Bildung soll der vollen Entfaltung der Individualität eines jeden Menschen in Würde und Freiheit dienen. Ein hohes individuelles Bildungsniveau und das darauf beruhende reiche Bildungspotential des Volkes bilden wesentliche Voraussetzungen für das Kulturniveau der Nation und der Menschheit, seine Bewahrung und Fortentwicklung.

Bildung soll die Menschen befähigen, wirksam am Leben einer freien Gesellschaft teilzunehmen und sie mitzugestalten, soll die Verständigung, Toleranz und Freundschaft zwischen allen Nationen, sozialen, rassischen und ethnischen Gruppen und zwischen den Individuen fördern und die Völkergemeinschaft bei der Wahrung des Friedens unterstützen. Ein erneuertes Bildungswesen in der DDR sollte der humanistischen Grundidee verpflichtet sein, jedem Bürger durch ein vielfältiges, flexibles Angebot reichhaltige Möglichkeiten zu geben, seine individuellen Anlagen, Fähigkeiten und Neigungen zu entwickeln, sich die besten Traditionen eines streitbaren Humanismus und den Reichtum menschlicher Kultur zu erschließen, sich auf diese Weise als mündiger Bürger, als Kulturträger und Produzent selbst zu verwirklichen. Dieses Ziel wird durch eine umfassende Allgemeinbildung, eine fundierte Spezialbildung und eine Vielfalt von weiterführenden Bildungsangeboten gewährleistet.

2.2. Bildung ist dem Grundsatz der Gleichberechtigung aller verpflichtet, unabhängig von Rasse oder Hautfarbe, Geschlecht, der Sprache, der Religion, der politischen oder sonstigen Überzeugungen, von der nationalen oder sozialen Herkunft, den wirtschaftlichen Verhältnissen oder den auf der Geburt beruhenden Unterschieden. Jegliche Art der Diskriminierung durch solche Unterscheidung, Ausschließung, Beschränkung oder Bevorzugung ist zu unterbinden. Aus dem Grundsatz der Gleichberechtigung ergibt sich die Forderung nach Chancengleichheit und Sicherung der sozialen Gerechtigkeit durch ein auf Förderung gerichtetes, differenziertes und durchlässiges Bildungsangebot. Das verlangt, die Schulpflicht und Unentgeltlichkeit für die allgemeinbildenden Schulen zu gewährleisten, eine weiterführende Bildung allen zugänglich zu machen und die höheren Schulen allen nach Maßgabe ihrer Leistungen und Fähigkeiten offen zu halten.

Eine humanistische Gesellschaft ist verpflichtet, denjenigen, die durch Gesundheit, Herkunft, bisherigen Entwicklungsweg oder andere soziale Verhältnisse benachteiligt sind (Geschädigte, Behinderte, Gefährdete, Elternlose, Familiengelöste, Alleinerziehende) großzügige Förderung zu gewähren. Durch geeignete Maßnahmen ist die Bildung derjenigen zu fördern und zu vertiefen, die auf Grund ihrer individuellen Fähigkeiten nicht die Möglichkeit haben, eine abgeschlossene Ausbildung zu erhalten. Integration und Übergänge für solche Kinder und Jugendliche in rehabilitations-, sozial- und sonderpädagogische Schul- und Bildungsformen sowie die Eingliederung in die Berufs- und Arbeitswelt müssen durch pädagogische und organisatorische Maßnahmen (Möglichkeiten angemessener Berufsberatung und Berufsausbildung; Schaffung von Berufsbildungswerken, Werkstätten für Behinderte, Benachteiligtenprogramme u. ä.; Sicherung der beruflichen Integration und eines sozialen Netzes für Benachteiligte) gewährleistet werden.

2.3. Die Bildung der Heranwachsenden wird durch die Familie, den Staat und die verschiedenen Formen öffentlicher institutionalisierter und nichtinstitutionalisierter Bildung gewährleistet. In erster Linie haben die Eltern das Recht, im Rahmen der bildungsrechtlichen Möglichkeiten die Art der ihren Kindern zuteil werdenden Bildung und den Bildungsweg zu bestimmen. Dabei lassen sich die Eltern vom Wohl ihrer Kinder leiten und nehmen dazu auch die mit Entscheidungen verbundene Beratungspflicht der Bildungseinrichtungen in Anspruch. Die Familie als natürliche und grundlegende Einheit der Gesellschaft ist in ihrer Erziehungsfunktion durch den Staat und die Gesellschaft wirksam zu unterstützen. Öffentliche Bildungseinrichtungen in staatlicher und freier Trägerschaft sichern den Hauptzugang zu Bildung für die Heranwachsenden. Das Kulturniveau der demokratischen Gesellschaft wird durch eine Vielfalt von Bildungseinrichtungen mit einem breit gefächerten Lern- und Freizeitangebot charakterisiert. Dem demokratischen Rechtsstaat entsprechen ein gesetzlich geordnetes Bildungswesen und das Recht aller an der Bildung Beteiligten, an der Leitung, Gestaltung und Kontrolle der Bildungsangelegenheiten teilzunehmen. Dieses Recht kann über gesetzlich geregelte Formen unmittelbar oder über entsprechend frei gewählte Körperschaften wahrgenommen werden. Der Staat gewährleistet die Wahrnehmung des Grundrechts auf Bildung, die Bildungsfreiheit der Lehrenden und parlamentarische Leitentscheidungen für die Bildungspolitik. Er sichert durch Rechts- und Verwaltungsvorschriften und entsprechende Verwaltungsgepflogenheiten auf allen Ebenen gleichwertige Bildung, allgemein anerkannte Grundnormen der Bildung und international vergleichbare Bildungsabschlüsse.

2.4. Das Grundrecht der freien Entfaltung der Individualität schließt die Eigenverantwortung und Entscheidungsfreiheit der Lehrenden und Lernenden im Rahmen der für alle geltenden Gesetze ein. Die Kompetenzen der Einrichtungen und das Mitspracherecht der Lehrenden und Lernenden sind durch entsprechende Gesetze zu regeln. Die Bildungsfreiheit der Lehrenden und die Unantastbarkeit ihrer fachlichen und pädagogischen

Kompetenz bilden eine Grundvoraussetzung für ein demokratisches Bildungswesen.

Hervorgehoben wird die Bedeutung einer „lebenslangen Bildung" durch Erwachsenenbildung, Fortbildung und Umschulung.

2.6. Die politischen, gesellschaftlichen und wissenschaftlichen Veränderungen verlangen nach einem dynamischen und reformoffenen Bildungswesen. Bildungs- und Schulversuche mit wissenschaftlicher Begleitung bilden deshalb einen wichtigen Inhalt eines differenzierten und flexiblen Bildungswesens. Die Wissenschaften, insbesondere eine integrierte, interdisziplinär angelegte Bildungsforschung, haben die Aufgabe, an der Vorbereitung, Beratung und Begründung von gesellschaftlichen und staatlichen Bildungsentscheidungen mitzuwirken, sich für die Verwirklichung wissenschaftlich begründeter Entscheidungen in der gesellschaftlichen und pädagogischen Praxis einzusetzen und dazu die Entwicklung der Grundlagenforschung zu befördern.

3. Stufen und Bestandteile des Bildungswesens

3.1 Der Staat gewährleistet ein Bildungsangebot auf allen Stufen des Bildungswesens, indem er selbst ein ausreichendes, territorial zweckmäßig strukturiertes Netz von Bildungseinrichtungen unterhält und darüber hinaus öffentliche, in freier oder privater Trägerschaft stehende Bildungseinrichtungen zuläßt, sofern diese den allgemeinen bildungsrechtlichen Regelungen entsprechen.

3.2. Die Bildungseinrichtungen auf allen Stufen und in allen Formen sind den Zielen und Inhalten der Bildung gemäß der verfassungsmäßigen Ordnung verpflichtet. Auf allen Stufen des Bildungswesens sind die reiche, jeweils lebensaltersspezifische Individualitätsentfaltung sowie die Selbstbestimmung und Entscheidungsfreiheit der Lernenden zu gewährleisten, und die Stufen des Bildungswesens sind so aufeinander abgestimmt, daß sie durchlässig und effektiven individuellen Bildungswegen förderlich sind. Auf den Stufen des Bildungswesens mit seinen staatlich anerkannten Abschlüssen bauen verschiedenartige Weiterbildungsformen auf, die auf Freiwilligkeit beruhen und die angesichts schneller Veränderungen der technischen und technologischen, ökonomischen und strukturellen Bedingungen der Arbeit die dauerhafte Anerkennung der staatlichen Abschlüsse sichern müssen. Diese Weiterbildung ist eingebettet in eine Vielfalt anderer staatlicher, gesellschaftlicher, betrieblicher und privater Angebote – einschließlich der Medien – und in eine permanente lebenslange Bildung der Individuen, die ihren allgemeinen kulturellen und beruflichen Interessen dienen.

3.3. Das Bildungswesen umfaßt folgende Stufen und Bestandteile:
- die Kinderkrippen und Kindergärten;
- die Stufe grundlegender Allgemeinbildung, die obligatorisch ist;
- die Stufe der Berufs- und der erweiterten Allgemeinbildung;
- die Stufe der Fachschulbildung;
- die Stufe der Hochschul- und Universitätsbildung
- die Stufe der Aus- und Weiterbildung von Erwachsenen (Erwachsenenbildung).

Erläuterungen zu den generellen Aufgaben aller Bildungseinrichtungen schließen sich an: „Verhinderung bzw. Überwindung von sozialer Fehlentwicklung", „stufenübergreifende Bildungsabschlüsse und Bildungsgegenstände" u. a.
Es folgt das Kapitel: Kindergärten und Kinderkrippen. Im Kapitel „Allgemeinbildende Schule" heißt es:

5. Allgemeinbildende Schule

5.1. Die allgemeinbildende Schule soll allen Kindern die Aneignung einer grundlegenden sowie lebensverbundenen Bildung ermöglichen und ihre Persönlichkeitsentwicklung so fördern, daß Grundlagen geschaffen werden für jede weiterführende Bildung, für die selbstbestimmte und aktive Teilnahme am gesellschaftlichen Leben und eine individuelle Lebensgestaltung. Sie hat die Aufgabe,
- eine ausgewogene muttersprachliche, ästhetisch-kulturelle, ethisch-soziale, geistes- und naturwissenschaftliche, mathematische, polytechnische, ökologische, fremdsprachliche und körperliche Bildung und Erziehung in einem neu zu definierenden Verständnis von Allgemeinbildung zu ermöglichen
- bei jedem Schüler die Entwicklung der Fähigkeit und Bereitschaft zur Selbstbildung und Selbstbestimmung, zur kulturellen Lebensgestaltung, zu Toleranz und Weltoffenheit, zu Problemsicht und Konfliktbewältigung, zum schöpferischen Denken, Lernen und Arbeiten zu fördern
- Lernfreude und Wissensdrang, Leistungsbereitschaft und Pflichtbewußtsein, soziale Aktivität und Gemeinschaftssinn, Wahrnehmung von Verantwortung für sich und andere zu entwickeln.

Allgemeinbildung umfaßt wissenschaftlich begründete Erkenntnisse, soziales Wissen und Erfahrungen sowie die Fähigkeit zum aktiven, selbstbestimmten Handeln in den verschiedensten Bereichen der Welt und in den zwischenmenschlichen Beziehungen. Damit Allgemeinbildung für alle Schüler in einer demokratischen Gesellschaft zu einer umfassenden Lebenshilfe werden kann, muß sie in ihren Zielen, Inhalten, Methoden und

Organisationsformen einem humanistischen Menschenbild verpflichtet sein, das Pluralität in weltanschaulicher Standpunktbildung zuläßt und die erforderlichen Möglichkeiten individueller Selbstbestimmung garantiert. Allgemeinbildung muß den Grundbedürfnissen der Heranwachsenden nach kind- und jugendgemäßer Entwicklung, Entfaltung und Selbstbestimmung verpflichtet sein, d. h.

- dem Bedürfnis nach sozialem Kontakt, nach Kommunikation und Kooperation, nach dem sozialen Verkehr zwischen Gleichaltrigen, zwischen Älteren und Jüngeren
- dem Bedürfnis nach Selbstfindung, Selbstbestimmung, nach Anerkennung und Beförderung individueller Interessen und Neigungen, Begabungen unter entsprechenden Bedingungen individuellen und kollektiven Lernens, Arbeitens, Gestaltens und Schaffens
- dem Bedürfnis nach psychischem und physischem Wohlbefinden in einer schulischen Atmosphäre, geprägt von Lebensoptimismus, emotionaler Wärme, partnerschaftlichem Verhältnis zwischen Pädagogen und Heranwachsenden.

Die Proportionen zwischen den Inhalten und Aneignungsweisen sind ausgewogener zu gestalten. Der Anteil musisch-künstlerischer Fächer und Betätigungsweisen ist zu erhöhen. Der Bedeutung fremdsprachlicher Ausbildung in ihrer kommunikativen und kulturellen Funktion ist in flexiblen Ausbildungsformen besser zu entsprechen. Geschichtsunterricht und Gesellschaftskunde sind umfassend zu erneuern. Elemente einer Lebenskunde, Friedens- und Umwelterziehung sind als Momente der Wissensvermittlung und als Befähigung und Motivierung zum praktischen Handeln in die Allgemeinbildung angemessen zu integrieren.

5.2. Die Schule unterstützt die Ausprägung der Individualität jedes Heranwachsenden durch Flexibilität, Differenziertheit und Vielfalt der inhaltlichen, methodischen und organisatorischen Gestaltung der Bildung und Erziehung. Generell muß Erziehung auf die freie Persönlichkeitsentwicklung des Kindes, des Schülers, des Jugendlichen gerichtet sein. Dazu ist den zu Erziehenden Raum für Selbständigkeit, für Kreativität, für selbstverantwortete Aktivitäten im Unterricht und in der Freizeit zu geben. Wesentlich ist die Befähigung zu sozialer Kommunikation. Dazu gehört die Ausbildung sozialer Sensibilität, des Gefühls der Achtung und Toleranz für den Mitmenschen in der täglichen Umgebung, aber auch für Menschen anderer Völker, Weltanschauungen und Religionen. Der humanistische Charakter der Schule betont ethisch-moralische Grundwerte der Menschheit und schließt Rassismus, Faschismus und andere menschheitsfeindliche Bestrebungen aus. Schule muß im gesamten erzieherischen Geschehen auf Offenheit, Solidarität, Zuwendung und Verständnis, Abbau von Abhängigkeit, Kooperativität, Kompetenz und Leistung, gegenseitige Anerkennung und Hilfe gegründet sein.

Davon ist auch die gemeinsame Grundausbildung für alle Schüler bestimmt. Indem sie die Ausprägung des individuellen Profils jedes einzelnen fördert, ermöglicht sie es jedem Heranwachsenden, seinen Bildungsweg zunehmend selbst zu bestimmen sowie seine individuellen Leistungs- und Entwicklungspotenzen voll auszuschöpfen. Der Inhalt der Bildung sollte deshalb in jedweder Schulform durch ein ausgewogenes, altersgemäßes und stufenspezifisches Verhältnis von einheitlich-verbindlichen, wahlweise-obligatorischen und fakultativen Komponenten charakterisiert sein. Im humanistischen demokratischen und partnerschaftlichen Zusammenwirken zwischen Schülern, Pädagogen, Eltern und der gesellschaftlichen Öffentlichkeit sollte jede Schule ihren spezifischen Charakter als persönlichkeitsentwickelnde Lern- und Lebensstätte, als Stätte sozialen Lernens und Handelns und praktizierter Demokratie ausprägen und ihr eigenes Profil gewinnen. Rahmenstundentafeln, Rahmenlehrpläne, Grundnormative für personelle Besetzung, Qualifikation der Pädagogen und materiell-technische Ausstattung usw. sichern bei Anerkennung der Kultur- und Bildungshoheit der Länder und innerhalb unterschiedlicher Schulformen und Schulmodelle den Entscheidungsspielraum von Lehrenden und Lernenden bei Gewährleistung flexibler Übergänge und Anerkennung der erreichten Bildungsabschlüsse.

5.3. Unter Beachtung internationaler Praktiken und Entwicklungstendenzen sowie historischer Traditionen des deutschen Schulwesens ist ein Recht auf 10- bzw. 12jährige Schulbildung in Abhängigkeit von Leistungsfähigkeit, Leistungswillen und gesellschaftlichen Möglichkeiten zu gewährleisten. Das Recht auf Schulbildung kann auf verschiedenen Wegen realisiert werden.

5.4. Der Tendenz in allen entwickelten europäischen Ländern entspricht eine zehnjährige Schulpflicht. Auch in der DDR umfaßt die allgemeine Schulpflicht 10 Jahre. Sie kann erfüllt werden durch den Besuch

- einer in sich differenzierten zehnklassigen allgemeinbildenden Schule (Abschluß mittlere Reife)
- der ersten acht Klassen der Zehnklassenschule und eine nachfolgende Berufsausbildung
- von Schulformen, die zum Abitur führen
- von Spezialschulen, die zur mittleren Reife bzw. zur Hochschulreife führen.

Unter bestimmten Bedingungen, die im Bildungsgesetz noch zu definieren sind, kann die allgemeinbildende Schule nach 8jährigem Schulbesuch (d. h. ohne Abschluß der Klasse 8) verlassen werden.

Recht und Pflicht der Bildung für geschädigte Kinder und Jugendliche kann in Abhängigkeit von Art und Grad der Schädigung sowie den Bedingungen der Rehabilitation
- durch den Besuch der allgemeinbildenden Schule (Integration)
- oder/und durch den Besuch von Sonderschulen verwirklicht werden.

5.5. Die Entscheidung über den Bildungsweg und die damit verbundenen Schulabschlüsse obliegt den Eltern bzw. den Erziehungsberechtigten unter Beachtung der Interessen, Bedürfnisse und des individuellen Leistungsvermögens der Kinder und Jugendlichen sowie der gesellschaftlichen Möglichkeiten. Für diese Entscheidung sichert die Schule durch Aufbau und Struktur zu unterschiedlichen Zeitpunkten Übergänge und garantiert Durchlässigkeit zwischen den verschiedenen Bildungswegen und Zugänge zu den höchsten Bildungsstufen und -abschlüssen. Die Schule ist zur Beratung der Eltern und Schüler verpflichtet.

5.6. Beratung und Unterstützung bei selbstgewählter Freizeitgestaltung der Heranwachsenden in Interessengruppen, Kinder- und Jugendorganisationen, Sportgemeinschaften sind Anliegen der Schule, der Lehrer und Erzieher. Die Schule versteht sich als Ort vielfältiger Begegnungen; sie nutzt ihre Beziehungen zur Öffentlichkeit, zu Betrieben und Einrichtungen, um vielfältige Betätigungsmöglichkeiten anzubieten. Der Schulhort muß integrativer Bestandteil der Schule bleiben, geprägt durch vielseitige, altersgemäße Freizeitgestaltung, Möglichkeiten für Muße und Besinnung und soziales Wohlbefinden.

6. Abiturbildung und Hochschulvorbereitung

6.1. Schüler und Werktätige, die bereit und fähig sind, ein höheres Niveau allgemeiner Bildung anzustreben, haben die Möglichkeit, auf verschiedenen Wegen Abiturbildung zu erwerben. Diese ist ihrem Charakter nach erweiterte und vertiefte Allgemeinbildung, die eine besonders ausgeprägte individuelle Profilierung in Bildungsbereichen einschließt, die der Jugendliche selbst wählt. Abiturbildung berechtigt zur Bewerbung für jegliches Studium, hat aber neben dieser Funktion der allgemeinen Hochschulvorbereitung auch einen Eigenwert zur geistigen, musischen und sozialen Selbstvervollkommnung von Menschen, die – auch ohne Studium – kreativ tätig sein wollen und bestimmte berufliche Perspektiven anstreben. Die Aufnahme in Wege zur Abiturbildung erfolgt für jeden mit entsprechenden

Bildungsabsichten und Leistungsvoraussetzungen nach dem Grundsatz der Chancengleichheit auf der Grundlage erbrachter Leistungen. Das schließt Förderung sozial Benachteiligter ein. Das Recht auf Abiturbildung schließt eigene Verantwortung für die Wahl des weiteren Ausbildungsweges und damit verbundenen Risiken ein, z. B. im Hinblick auf das Verlassen der Abiturschule und auf die gegebenen Ausbildungsangebote in der Wirtschaft, an Universitäten und Hochschulen.

Es folgt die Auflistung „wesentlicher Komponenten der allgemeinen Hochschulreife“: „eine breite und vertiefte Allgemeinbildung“; „ein ausgeprägtes individuelles, charakterliches, moralisches und (vor-)wissenschaftliches Profil“; „Leistungsdispositionen wie Konzentrationsfähigkeit, Gedächtnis, Beharrlichkeit und Ausdauer“; „ein Kanon gemeinsamer Grundbildung in Deutscher Sprache und Literatur, Mathematik, zwei Fremdsprachen, Sport“; „Wahlpflichtunterricht“. In diesem Rahmen werden die verschiedenen Möglichkeiten erörtert, die Hochschulreife zu erlangen: EOS, Berufsausbildung mit Abitur, „Vorstudieneinrichtungen“ (z. B. Volkshochschulen).
Es folgen die Kapitel: Volkshochschulen, Berufsbildung, Hochschulbildung, Bildungsreform und Bildungsforschung.

[6]

LOTHAR DE MAIZIÈRE

Regierungserklärung vor der Volkskammer der DDR (April 1990)
Politik für unser Volk: demokratisch – entschlossen – umsichtig

Nachdem die ersten freien Wahlen in der DDR das Ende der Regierung Modrow herbeigeführt hatten, wählte die neue Volkskammer am 12. April 1990 den Vorsitzenden der Ost-CDU, den Rechtsanwalt Lothar de Maizière, vorher stellvertretender Ministerpräsident, zum Ministerpräsidenten. Er bildete eine Koalitionsregierung aus Politikern der CDU, der DSU, des Demokratischen Aufbruchs, der Liberalen und der SPD. Damit verfügte die Koalition über eine für die Herstellung der deutschen Einheit notwendige verfassungsändernde Zweidrittelmehrheit. Am 23. August 1990 beschloß die Volkskammer zum 3. Oktober 1990 den Beitritt der DDR zur Bundesrepublik nach Artikel 23 des Grundgesetzes. Durch einen Staatsakt vor dem Reichstagsgebäude in Berlin wurde diese Vereinigung vollzogen.
Die Regierungserklärung gab de Maizière am 19. April 1990 vor der Volkskammer der DDR ab. Im Zentrum seiner Ausführungen steht der Wunsch nach einem „notwendigen Grundkonsens der Nation“ und die Erwartung, daß „die Teilung tatsächlich nur durch Teilen aufgehoben werden kann“. Auch die Schul- und Bildungspolitik wird auf diese Aufgabe bezogen.

Quelle: Veröffentlichung des Redemanuskripts durch das Büro des Ministerpräsidenten (ohne weitere Angaben). Exemplar im Besitz der Herausgeber.

Die Erneuerung unserer Gesellschaft stand unter dem Ruf „Wir sind das Volk!" Das Volk ist sich seiner selbst bewußt geworden. Zum ersten Mal seit vielen Jahrzehnten haben sich die Menschen in der DDR als Volk konstituiert. Die Wahlen, aus denen dieses Parlament hervorgegangen ist, waren Wahlen des Volkes. Zum ersten Mal trägt die Volkskammer ihren Namen zu Recht.

Und aus dem Ruf „Wir sind das Volk!" erwuchs der Ruf „Wir sind ein Volk!" Das Volk in der DDR konstituierte sich als Teil eines Volkes, als Teil des einen deutschen Volkes, das wieder zusammenwachsen soll. Unsere Wähler haben diesem ihrem politischen Willen in den Wahlen vom 18. März deutlich Ausdruck verliehen. Dieser Wille verpflichtet uns. Ihn so gut wie nur möglich zu erfüllen, ist unsere gemeinsame Verantwortung.

Der Neuanfang unserer Gesellschaft ist ein zutiefst demokratischer Neuanfang. Wir haben einen demokratischen Auftrag. Den haben uns die Bürger der DDR gegeben, und niemand sonst. Wir haben das erste freigewählte Parlament und die erste freigewählte Regierung seit zwei Generationen. Und es ist eine breite Mehrheit des Parlaments und der Wähler, auf die sich die Koalition stützt.

Es folgen Ausführungen über die „friedliche Revolution im Herbst 1989", über die „Grundwerte der Gesellschaft" („die Freiheit des Andersdenkenden, Gerechtigkeit für alle, Frieden als Gestaltungsaufgabe nach innen und außen, Verantwortung für das Leben in allen seinen Gestalten") sowie über die Probleme der Einheit. An die „Bürger des Bundesrepublik" ergeht die Mahnung:

Daher eine herzliche Bitte an die Bürger der Bundesrepublik:

Bedenken Sie, wir haben 40 Jahre die schwerere Last der deutschen Geschichte tragen müssen. Die DDR erhielt bekanntlich keine Marshall-Plan-Unterstützung, sondern sie mußte Reparationsleistungen erbringen. Wir erwarten von Ihnen keine Opfer. Wir erwarten Gemeinsamkeit und Solidarität. Die Teilung kann tatsächlich nur durch Teilen aufgehoben werden.

Wir werden hart und gut arbeiten, aber wir brauchen auch weiterhin Ihre Sympathie und Solidarität, so wie wir sie im letzten Herbst spürten.

Zu den Problemen der Kultur- und Schulpolitik wird gesagt:

Die dritte Dimension dieser Lebensqualität neben der sozial-ökonomischen und der ökologischen ist das geistige Leben. Bildung, Kultur und Medien sollen Ausdruck unserer Freiheit sein. Ihre Vielgestaltigkeit, ihre Pluralität werden ein Stück unseres gesellschaftlichen Reichtums sein. Aufgabe der Regierung wie des Parlaments ist es, über diesen Reichtum zu wachen und neuerlichen Deformierungen entgegenzuwirken.

Ein katastrophales Erbe übernehmen wir von der SED-Herrschaft auch im Bildungswesen. Besonders in den letzten Jahren haben sich große Probleme und Fehler angestaut.

Es gilt, das bürokratisch-zentralistische System staatlicher Leitung zu beseitigen und zu einem ausgewogenen Verhältnis von staatlicher Verantwortung und gesellschaftlicher Initiative zu kommen. Die in den letzten Jahrzehnten zementierte Einheitlichkeit muß durch ein differenziertes und flexibles Bildungswesen ersetzt werden, das auch alternative Modelle nicht ausschließt. Die Regierung stellt sich das Ziel, durch strukturelle Veränderungen jene Freiräume zu schaffen, in denen sich ein verantwortliches Zusammenwirken aller in der Bildung Tätigen entfalten kann.

Die Kommandostruktur muß durch transparente Entscheidungsprozesse ersetzt werden.

Für die allgemeinbildende Schule erfordert dies rechtlich geregelte Formen, in denen sich das Recht und die Aufgabe der Eltern bei der Erziehung ihrer Kinder, die fachliche und pädagogische Autorität einer kompetenten Lehrerschaft und die partnerschaftliche Hinführung der Kinder und Jugendlichen zu eigenverantwortlichem Handeln wechselseitig ergänzen.

Dies bezieht sich auch auf das Sonderschulsystem, das zudem in vielen Bereichen besonderer Förderung und Fürsorge bedarf.

Im Vorfeld der Schule muß der Vorschulbereich durch die gemeinsame Anstrengung aller beteiligten staatlichen Stellen und gesellschaftlichen Kräfte in seinem Bestand gesichert und in seiner pädagogischen Bedeutung weiterentwickelt werden.

Die auf die allgemeinbildende Schule folgende Fach- und Berufsausbildung muß in Dauer, Niveau und Gestaltung viel stärker der realen Vielfalt beruflicher Anforderungen entsprechen.

Die Regierung wird die Voraussetzungen zur Dezentralisierung und Föderalisierung von Kultur und Kulturpolitik schaffen und den Aufbau der Kulturhoheit der Länder vorbereiten.

Die Regierungserklärung schließt mit den Worten:

Das Programm dieser Regierung der demokratischen Mitte ist anspruchsvoll. Wir wissen, daß wir einen mühsamen Weg vor uns haben. Keine Regierung kann Wunder vollbringen, aber wir werden das Mögliche mit aller Kraft anstreben. Wenn wir das uns Mögliche erkennen und mit Nüchternheit und Umsicht Schritt für Schritt verwirklichen, dann können wir die Grundlagen für eine bessere Zukunft der Menschen in unserem Land legen. Wir bauen dabei auf die Unterstützung, den Mut und die Tatkraft aller Bürger.

[7]

DER MINISTERRAT DER DEUTSCHEN DEMOKRATISCHEN REPUBLIK

Verordnung über Grundsätze und Regelungen für allgemeinbildende Schulen und berufsbildende Schulen – Vorläufige Schulordnung – (September 1990)

Die „Vorläufige Schulordnung“ wurde am 18. September 1990 erlassen und am 26. September im Gesetzblatt der Deutschen Demokratischen Republik veröffentlicht. Sie ist unterschrieben vom Ministerpräsidenten de Maizière und vom Minister für Bildung und Wissenschaft Prof. Dr. H. J. Meyer. Eine Woche nach der Bekanntgabe wurde die Vereinigung beider deutscher Staaten (3. Oktober 1990) vollzogen. Die Verordnung galt, wie es im § 1 heißt, „bis zum Inkrafttreten landesrechtlicher Regelungen“, also bis zur vollen Wahrnehmung der Kulturhoheit durch die neuen Bundesländer.

Quelle: Gesetzblatt der Deutschen Demokratischen Republik. Teil I. Nr. 63. Berlin, den 26. September 1990. S. 1579–1584.

§ 1

(1) Diese Verordnung gilt für das Schulwesen in den Ländern Brandenburg, Mecklenburg/Vorpommern, Sachsen, Sachsen-Anhalt und Thüringen sowie in dem Teil von Berlin, in dem das Grundgesetz der BRD bisher nicht galt, bis zum Inkrafttreten landesrechtlicher Regelungen. Sie gilt für die öffentlichen Schulen, die Schulträger, die an den Schulen tätigen Pädagogen, die Schüler und Auszubildenden an öffentlichen Schulen (nachfolgend Schüler genannt) und die Mütter, Väter sowie anderen Erziehungsberechtigten (nachfolgend Eltern genannt), deren Kinder eine öffentliche Schule besuchen.

(2) Öffentliche Schulen im Sinne dieser Verordnung sind:
- allgemeinbildende Schulen mit den Klassenstufen 1 bis 10
- allgemeinbildende Schulen, die zum Abitur führen
- Sonderschulen
- Spezialschulen
- polytechnische Einrichtungen
- berufsbildende Schulen

deren Träger die Kommunen oder die Länder sind.

(3) Für berufsbildende Schulen gilt diese Verordnung nur insoweit, wie im Gesetz über Berufsschulen vom 19. Juli 1990 (GBl. I Nr. 50 S. 919) keine entsprechenden Regelungen getroffen worden sind.

(4) Für Schulen in freier Trägerschaft gilt das Verfassungsgesetz über Schulen in freier Trägerschaft vom 22. Juli 1990 (GBl. I Nr. 52 S. 1036).

I.

§ 2 Recht auf schulische Bildung

Die Schule gewährleistet die Wahrnehmung des Rechts auf schulische Bildung für alle Kinder und Jugendlichen. Sie achtet und fördert die Individualität der Kinder und Jugendlichen und unterstützt sie bei der Vorbereitung auf Schullaufbahnentscheidungen und Berufswahl. Die Schule respektiert das Erstrecht der Eltern auf Erziehung ihrer Kinder.

§ 3 Abiturbildung

(1) Ziel der Abiturbildung ist es, eine allgemeine bzw. fachgebundene Hochschulreife zu vermitteln.

(2) Die Hochschulreife kann an bzw. in erweiterten Oberschulen, Abiturklassen der Berufsbildung, Spezialschulen und Spezialklassen, Vorkursen bzw. Kollegs der Hochschulen und Universitäten sowie in vergleichbaren Einrichtungen in freier Trägerschaft erworben werden.

(3) Die Einrichtungen der Abiturbildung stehen jedem offen, der über die erforderlichen Leistungsvoraussetzungen verfügt.

(4) Das Abitur wird nach einheitlichen Grundsätzen und Anforderungen abgelegt.

Im folgenden § 4 werden die Aufgaben der Sonderschulen beschrieben.

§ 5 Erfüllung der Schulpflicht

(1) Dem Recht auf schulische Bildung entspricht die allgemeine zehnjährige Schulpflicht (Vollzeitschulpflicht). Die Schulpflicht, die in der Regel mit dem vollendeten 6. Lebensjahr beginnt, wird nach dem Willen der Eltern an allgemeinbildenden Schulen erfüllt. Das kann sowohl an öffentlichen Schulen als auch an Schulen in freier Trägerschaft erfolgen. In Ausnahmefällen kann die Vollzeitschulpflicht an berufsbildenden Schulen beendet werden. Eine Erfüllung der Vollzeitschulpflicht in der Fortbildung ist nicht möglich.

(2) Schulpflichtige mit physisch-psychischen Behinderungen erfüllen ihre Schulpflicht bei Vorhandensein notwendiger Bedingungen im Rahmen der integrativen Bildung an einer allgemeinbildenden Schule bzw. in einer Sonderschule. Die Sonderschulen können in Übereinstimmung mit den Eltern behinderten Kindern im Interesse ihrer Individualentwicklung und Lebensvorbereitung einen über die Vollzeitschulpflicht hinausgehenden Schulbesuch ermöglichen.

(3) Für den Besuch öffentlicher Schulen besteht Schulgeldfreiheit.

§ 6 Unterricht und obligatorische Schulveranstaltungen

(1) Grundlage für den Unterricht bilden die für die Schule geltenden Rahmenstundentafeln sowie die von der obersten Schulaufsichtsbehörde bestätigten Lehr- bzw. Rahmenpläne und Rahmenprogramme.

(2) Der Unterricht wird nach Jahrgangsstufen in Klassen, Kursen oder Gruppen erteilt, für deren Bildung die oberste Schulaufsichtsbehörde Richtlinien erläßt. Kurse können auch jahrgangsübergreifend durchgeführt werden.

(3) Für den Unterricht vorgesehene Schulbücher bedürfen der Genehmigung durch die oberste Schulaufsichtsbehörde. Über den Einsatz genehmigter Schulbücher an der jeweiligen Schule entscheidet nach Konsultation mit der Schulkonferenz die Fachkonferenz. Das kann auch weitere im Unterricht verwendete Lehr- und Lernmittel betreffen.

(4) Die Verteilung des obligatorischen, wahlweise-obligatorischen und fakultativen Unterrichts auf die Unterrichtstage regelt der Stundenplan. Beginn und Dauer der täglichen Unterrichtszeit sowie alle weiteren Festlegungen zum Unterricht aus pädagogisch-hygienischer und materiell-hygienischer Sicht werden auf der Grundlage von Rechtsvorschriften an der Schule geregelt.

(5) Zur Ergänzung der Unterrichts- und Erziehungsarbeit werden obligatorische Schulveranstaltungen durchgeführt. Dazu gehören Wandertage und Exkursionen.

(6) Weitere obligatorische Schulveranstaltungen können durch die Schulkonferenz vorgeschlagen und durch den Direktor nach Anhörung der Lehrerkonferenz festgelegt werden.

§ 7 bezieht sich auf „Bewertung, Versetzung, Prüfung“.

§ 8 Außerunterrichtlicher Bereich

(1) Mit ihrem außerunterrichtlichen Bereich trägt die Schule im Zusammenwirken mit den Schülern, den Eltern und der Öffentlichkeit zur Freizeitgestaltung der Schüler bei.

(2) Über Inhalt, Form und Umfang des außerunterrichtlichen Bereiches wird an der Schule selbst entschieden. Entsprechend den Interessen, Neigungen und Begabungen der Schüler unterbreitet die Schule Angebote zur freiwilligen Teilnahme an verschiedenen Projekten außerhalb des Unterrichts und gibt Anregungen sowie Hinweise zur individuellen Freizeitgestaltung. Die Schulträger unterstützen den außerunterrichtlichen Bereich entsprechend ihren finanziellen Möglichkeiten.

(3) Der Schulhort als Bestandteil der Schule bietet den Kindern vor allem der Klassen 1 bis 4 (bzw. bis 5 an Sonderschulen), deren Eltern es wünschen, eine altersgemäße und interessenorientierte Freizeitgestaltung.

Die Arbeit im Schulhort wird auf der Grundlage geltender Regelungen und in Absprache mit den Eltern gestaltet. Das gilt analog auch für die differenzierten Freizeitgruppen der Kinder der Klassen 5 bis 8 an Sonderschulen.

(4) Gehört zur Schule ein Internat, so sind das Leben und die Arbeit im Internat auf der Grundlage geltender Regelungen und in Absprache mit den Eltern bzw. in Abhängigkeit von Alter und Reife der Internatsbewohner unter ihrer Mitwirkung zu gestalten.

§ 9 Schulversuche und Versuchsschulen

(1) Für die Weiterentwicklung des Schulwesens können Schulversuche im Rahmen bestehender Schularten durchgeführt oder besondere Versuchsschulen geschaffen werden.

(2) Die Durchführung von Schulversuchen und die Errichtung von Versuchssschulen bzw. die Umwandlung bestehender Schulen in Versuchsschulen bedürfen der Zustimmung der Schulkonferenz und der Genehmigung durch die oberste Schulaufsichtsbehörde.

(3) Die beteiligten Schüler und deren Eltern sind über Ziel, Inhalt und Methoden der Schulversuche umfassend zu informieren. Die Durchführung von Schulversuchen setzt die Zustimmung der Mehrheit der beteiligten Eltern und der Elternvertretung der Schule voraus.

(4) Der Besuch von Versuchsschulen ist freiwillig. Bei vorzeitiger Aufhebung einer Versuchsschule bzw. vorzeitigem Abgang eines Schülers von einer solchen Schule auf Antrag der Eltern hat die zuständige Schulaufsichtsbehörde für geeignete Übergänge bzw. für die Fortführung des Bildungsganges und für einen gleichwertigen Abschluß Sorge zu tragen.

II.

§ 10 Schule und Schulträger

(1) Die Kommunen sind als Träger öffentlicher Schulen berechtigt und verpflichtet, in eigener Verantwortung und Zuständigkeit nach Maßgabe dieser Verordnung und anderer Rechtsvorschriften sowie im Einvernehmen mit der obersten Schulaufsichtsbehörde allgemeinbildende Schulen zu errichten, zu verwalten und zu bewirtschaften. Sie können nach der gleichen Maßgabe Schulen übernehmen und erweitern sowie in begründeten Fällen einschränken oder auflösen.

Es folgen Einzelbestimmungen über die Finanzierung der Schulen und andere Rechtsregelungen.

§ 11 Schule und Öffentlichkeit

(1) Der Direktor der Schule kann sich in Übereinstimmung mit dem Schulträger und der zuständigen Schulaufsichtsbehörde an die Öffentlichkeit wenden und sie um Unterstützung in schulischen Angelegenheiten, bei

der Erfüllung der Unterrichts- und Erziehungsaufgaben ersuchen. Er trägt als Leiter der Einrichtung die Verantwortung für die Zusammenarbeit der Schule mit der Öffentlichkeit.

(2) Öffentlichkeit im Sinne dieser Verordnung sind juristische Personen wie Unternehmen, Betriebe, Kammern, Verbände, Vereinigungen, Organisationen, Parlamente und Kirchen sowie natürliche Personen des öffentlichen Lebens und außerhalb der Schule tätige Freizeitpädagogen, Schulpsychologen und Sozialarbeiter der Jugendhilfe.

(3) Die Schule dient nach Maßgabe des § 15 Abs. 4 dieser Verordnung der Öffentlichkeit als ein kulturelles Zentrum, als Stätte musischer und sportlicher Aktivitäten.

§ 12 Zusammenarbeit der Schule mit der Jugendhilfe, mit Einrichtungen des Sonderschulwesens, mit Beratungsstellen und dem Gesundheitswesen

(1) Die Schule kann die Jugendhilfe um Unterstützung ersuchen, sofern grundlegende Rechte und Bedürfnisse von Minderjährigen durch deren Eltern mißachtet oder aus anderen Gründen ungenügend gewahrt werden und deshalb eine ernsthafte Beeinträchtigung ihrer Entwicklung eingetreten oder mit hoher Wahrscheinlichkeit zu erwarten ist.

(2) Die Schule kann sich an Familien- und Jugendberatungsstellen, Einrichtungen des Sonderschulwesens (speziell an Beratungsstellen für pädagogische Rehabilitation) sowie Initiativ- und Selbsthilfegruppen wenden, die zur Beratung von Pädagogen, Schülern und Eltern zu Erziehungs- und Entwicklungsproblemen der Kinder und Jugendlichen, zu Suchtproblemen sowie zur AIDS-Prävention zur Verfügung stehen.

(3) Die Schule trägt in Zusammenarbeit mit den zuständigen Stellen des Gesundheits- sowie Sozialwesens auf der Grundlage der gültigen rechtlichen Regelungen zur Gesunderhaltung und Gesundheitsförderung der Schüler bei.

(4) Die Schulen werden von der Jugendhilfe sowie den Familien- und Jugendberatungsstellen gemäß geltendem Recht bei der Arbeit zur Erfüllung ihrer Unterrichts- und Erziehungsaufgaben bzw. bei der Zusammenarbeit mit den Eltern unterstützt.

III.

§ 13 Leitung der Schule

(1) Die Schule wird unter Mitwirkung aller an Unterricht und Erziehung Beteiligten vom Direktor geleitet.

(2) Für spezielle Leitungsaufgaben werden ein oder mehrere stellvertretende Direktoren eingesetzt.

(3) Die Ernennung des Direktors und der stellvertretenden Direktoren erfolgt gemäß geltender Rechtsvorschriften.

(4) Gehören zu einer Schule Hort, Internat, Vorschulteil, so kann ein Hortleiter, Internatsleiter, Leiter des Vorschulteils eingesetzt werden.

§ 14 Direktor

(1) Der Direktor ist für alle schulischen Angelegenheiten zuständig, sofern keine anderweitigen Kompetenzen seitens der Schulaufsichtsbehörde, des Schulträgers, der Kommune und der Mitwirkungsgremien vorliegen. Er vertritt die Schule nach außen.

(2) Der Direktor ist Dienstvorgesetzter der an der Schule tätigen Pädagogen, pädagogischen und technischen Mitarbeiter und ihnen gegenüber weisungsbefugt.

(3) Der Direktor ist gemeinsam mit den Pädagogen für die Durchführung und den geordneten Ablauf der Unterrichts-, Erziehungs- und Verwaltungsarbeit an der Schule - einschließlich der Arbeit im Schulhort, im Internat sowie im Vorschulteil - verantwortlich. Er stützt sich dabei auf die Mitwirkungsgremien. In diesem Rahmen ist er insbesondere verpflichtet

- Schulkonzepte zu entwickeln, mit den zuständigen Gremien und Stellen zu beraten bzw. abzustimmen und auf ihre Verwirklichung hinzuwirken;
- sich über Ergebnisse, Bedingungen und Prozesse der Unterrichts-, Erziehungs- und Verwaltungsarbeit zu informieren, zu diesem Zweck zu hospitieren und bei Verstößen gegen geltendes Recht, gegen den ordnungsgemäßen Ablauf der schulischen Arbeit einzugreifen;
- die Pädagogen zu beraten, ohne ihren pädagogischen Freiraum unnötig oder unzumutbar einzuengen, auf ihre Fortbildung hinzuwirken und für ihre Kooperation zu sorgen sowie sie in Entscheidungsfindungen zur Unterrichts- und Erziehungsarbeit der Schule und ihrer Leitung einzubeziehen;
- die Arbeit der Eltern- und Schülervertretungen zu unterstützen sowie mit ihrem Einverständnis an Schüler- und Elternversammlungen mit beratender Stimme teilzunehmen;
- mit den an der Schule tätigen Pädagogen und Mitarbeitern, dem Schulträger und der zuständigen Schulaufsichtsbehörde, den Leitern und Lehrkräften von polytechnischen Einrichtungen, den Betrieben und zuständigen Stellen für die Berufsausbildung, den zuständigen Stellen der Jugendhilfe, des Gesundheits- sowie Sozialwesens, Einrichtungen des Sonderschulwesens und mit der Öffentlichkeit zusammenzuarbeiten;
- an der Schule zu unterrichten, sich für seine Lehr- und Leitungstätigkeit fortzubilden.

(4) Der Direktor bewirtschaftet die Schule mit den durch den Schulträger zugewiesenen Haushaltsmitteln. Er übt auf dem Grundstück der Schule das Hausrecht aus. Über die außerschulische Nutzung der Schulanlagen entscheidet der Direktor im Einvernehmen mit der Schulkonferenz und dem Schulträger. Der Unterricht, der außerunterrichtliche Bereich und das gesamte Leben an der Schule dürfen durch eine solche Nutzung nicht beeinträchtigt werden.

Der folgende § 15 beschreibt die Aufgaben der „Stellvertretenden Direktoren, Hortleiter und Internatsleiter".

§ 16 Pädagogen

(1) Pädagoge im Sinne dieser Verordnung ist, wer nach entsprechender Ausbildung an einer Schule beruflich und selbständig Unterricht erteilt bzw. beruflich und selbständig Erziehungsarbeit im außerunterrichtlichen Bereich der Schule leistet, als Lehrer, Lehrkraft für produktive Arbeit, Lehrkraft für Fachpraxis bzw. Erzieher oder Freizeitpädagoge sowie als Pädagoge in Beratungsstellen für pädagogische Rehabilitation tätig ist.

(2) Das Arbeitsverhältnis der Pädagogen wird durch einen entsprechenden Vertrag mit der zuständigen Schulaufsichtsbehörde begründet, geändert und gegebenenfalls beendet.

(3) Die Pädagogen sind der Verfassung, den Gesetzen, geltenden Rechtsvorschriften und den übrigen für sie geltenden Vorschriften und Anordnungen sowie den Beschlüssen der Konferenzen der Pädagogen verpflichtet. Die Pädagogen gestalten in diesem Rahmen Unterricht und Erziehung in eigener pädagogischer Verantwortung. Ihr pädagogischer Freiraum darf nicht unnötig oder unzumutbar eingeengt werden.

(4) Die Pädagogen haben über dienstliche Angelegenheiten Schweigepflicht zu wahren. Diese Verpflichtung erlischt nicht mit der Beendigung des Arbeitsverhältnisses.

(5) Unbeschadet des Rechts der Pädagogen, ihre eigene Meinung im Unterricht und im außerunterrichtlichen Bereich zu äußern, sorgen sie dafür, daß auch andere Auffassungen zum Ausdruck gebracht werden können. Sie nehmen Rücksicht auf Empfindungen und Überzeugungen der an der schulischen Arbeit Beteiligten.

(6) Es gehört zu den Dienstpflichten der Pädagogen, die Unterrichts-und Erziehungsarbeit zu planen, vorzubereiten und auszuwerten, sich selbständig und eigenverantwortlich fortzubilden. Sie beraten Eltern und Schüler in Fragen der schulischen Erziehung.

(7) Die Pädagogen haben das Recht auf Mitwirkung und Mitbestimmung in den pädagogisch-inhaltlichen und organisatorischen Angelegenheiten

der Schule und deren Leitung. Sie nehmen dieses Recht durch ihr Stimmrecht in den verschiedenen Mitwirkungsgremien wahr.

(8) Die Pädagogen nehmen die Fürsorge- und Aufsichtspflicht der Schule, einschließlich Sicherheitserziehung und Unfallverhütung, wahr. Sie können Schülern gegenüber Anweisungen erteilen, sofern das deren Unterrichtsarbeit und Verhalten in der Schule und im außerunterrichtlichen Bereich betrifft.

(9) Die Pädagogen informieren Schüler und Eltern über ihre Unterrichtsvorhaben bzw. über Vorhaben im außerunterrichtlichen Bereich und geben ihnen Gelegenheit zu Vorschlägen und Aussprachen.

(10) Die in einer Klasse tätigen Pädagogen arbeiten mit dem Klassenlehrer zusammen, der vom Direktor mit der Führung der Klasse – in der Regel für mehrere Schuljahre – betraut wird.

(11) Der Klassenlehrer

- ist Ansprechpartner der Schüler seiner Klasse und deren Eltern in schulischen Angelegenheiten;
- führt die seine Klasse betreffenden Schuldokumente;
- arbeitet mit den Schüler- und Elternvertretern der Klasse zusammen, nimmt mit ihrem Einverständnis an Schüler- und Elternversammlungen der Klasse mit beratender Stimme teil;
- informiert den Direktor über die Entwicklung seiner Klasse;
- beruft Klassenkonferenzen ein und führt sie durch;
- kann Belobigungen aussprechen, Auszeichnungen beantragen, Erziehungs- und Ordnungsmaßnahmen für einzelne Schüler seiner Klasse vorschlagen bzw. aussprechen;
- hat in allen schulischen Gremien, in denen Probleme seiner Klasse beraten werden, die Möglichkeit zur Mitsprache bzw. zum Vortrag von Schüler- oder Klassenangelegenheiten.

§ 17 Schüler

(1) Die Schüler haben das Recht und die Pflicht, nach Maßgabe dieser Verordnung bei der Erfüllung der Unterrichts- und Erziehungsaufgaben mitzuwirken und in diesem Rahmen ihre Interessen wahrzunehmen.

(2) Die Schüler nehmen ihr Recht auf Mitwirkung wahr, indem sie ihrem Alter, ihrer persönlichen Reife und ihrem Kenntnisstand entsprechend

- Schülervertretungen wählen, die sich an der Arbeit der Mitwirkungsgremien beteiligen;
- Vorschläge zur Gestaltung des Unterrichts, des außerunterrichtlichen Bereiches und des gesamten Lebens an der Schule unterbreiten und sich an deren Realisierung beteiligen;
- mit eigenen Leistungen zur Ausgestaltung der Schule beitragen.

(3) Zu den Rechten der Schüler gehört, daß sie
- zu den sie betreffenden Angelegenheiten und wesentlichen Vorgängen in der Arbeit der Schule informiert und gehört werden und einen Lehrer des Vertrauens wählen können;
- Kenntnis über Beurteilungen ihrer Persönlichkeit, über Maßstäbe der Bewertung und Zensierung, über ihren Leistungsstand und Förderungsmöglichkeiten erhalten;
- ihre Meinung in Wort, Schrift und Bild frei äußern und verbreiten können, sofern dadurch keine Beeinträchtigung des Unterrichts und des Lebens an der Schule bzw. Mißachtung der Individualität und Würde anderer erfolgt;
- sich bei als ungerecht empfundener Behandlung oder Beurteilung an die Pädagogen, die Schülervertretungen, den Direktor und die Schulkonferenz wenden können;

(4) Zu den Pflichten der Schüler gehört,
- regelmäßig und pünktlich die Schule zu besuchen und sich am Unterricht zu beteiligen;
- durch ihr persönliches Verhalten zu einem Leben in der Gemeinschaft beizutragen, das von der Achtung der Würde und Individualität eines jeden geprägt ist;
- die materiellen Werte der Schule und das persönliche Eigentum anderer zu achten und pfleglich damit umzugehen;
- den im Rahmen der schulischen Ausbildung gestellten Aufgaben nachzukommen sowie den Anordnungen der Pädagogen betreffs der Unterrichtsarbeit und ihres Verhaltens in der Schule Folge zu leisten.

(5) Die Schüler können für besondere Leistungen gemäß geltender Rechtsvorschriften und schuleigener Regelungen belobigt und ausgezeichnet werden. In begründeten Fällen können Schüler mit Erziehungs- und Ordnungsmaßnahmen bestraft werden.

(6) Gewählte Schülervertreter dürfen wegen ihrer Funktion in keiner Weise bevorzugt oder benachteiligt werden.

§ 18 Eltern

(1) Eltern im Sinne dieser Verordnung sind alle Eltern, denen die Sorge für die Person des Schülers zusteht, oder andere Personen, sofern ihnen die Erziehung des Schülers anvertraut ist.

(2) Zur Wahrnehmung ihres Erziehungsrechts haben die Eltern das Recht, im Rahmen dieser Verordnung an der schulischen Arbeit zur Bildung und Erziehung ihrer Kinder mitzuwirken.

(3) Ihr Recht auf Mitwirkung nehmen die Eltern wahr durch
- Wahl von Elternvertretern (ausgenommen an berufsbildenden

Schulen) und deren Teilnahme an Beratungen in den Mitwirkungsgremien;
- Informations- und Erfahrungsaustausch in Elternversammlungen, Elternsprechstunden und persönlichen Gesprächen mit den Pädagogen;
- Mitwirkung an der Gestaltung des außerunterrichtlichen Bereiches der Schule;
- freiwillige Beiträge zur Ausgestaltung des schulischen Lebens sowie des Schulgebäudes und -geländes und der Ausstattung der Schule.

(4) Die Eltern haben das Recht auf angemessene Information zu wichtigen Schulangelegenheiten und auf Beratung in allen Fragen der Entwicklung ihrer Kinder.

(5) Die Eltern haben das Recht, bei Rechtsverstößen seitens der Schule Einspruch beim Direktor bzw. bei der zuständigen Schulaufsichtsbehörde zu erheben.

(6) Die Eltern wirken in Zusammenarbeit mit der Schule darauf hin, daß ihre Kinder die im Rahmen der schulischen Ausbildung gestellten Aufgaben erfüllen.

(7) Den Eltern kann bei Genehmigung durch den Direktor und im Einvernehmen mit dem Lehrer Gelegenheit zu Unterrichtsbesuchen gegeben werden.

IV.

§ 19 Belobigungen und Auszeichnungen

(1) Für besondere Leistungen können Schüler gemäß Rechtsvorschriften mit dem Schulabschlußzeugnis Auszeichnungen verliehen werden.

(2) Über die Modalitäten schulspezifischer Belobigungen und Auszeichnungen der Schüler berät und beschließt die Schulkonferenz.

§ 20 Erziehungs- und Ordnungsmaßnahmen

(1) Zur Sicherung der schulischen Bildungs- und Erziehungsarbeit sowie zum Schutz von Personen und Sachen können Erziehungs- und Ordnungsmaßnahmen getroffen werden. Sie müssen zu Art, Schwere und Folgen der Pflichtverletzung durch den Schüler in einem angemessenen Verhältnis stehen und sind nur zulässig, wenn andere pädagogische Maßnahmen nicht ausreichen. Zusätzliche Hausaufgaben und Nachsitzen sind unzulässig; körperliche Züchtigung und ehrverletzende Maßnahmen sind verboten.

(2) Modalitäten schulspezifischer Erziehungsmaßnahmen berät und beschließt die Schulkonferenz.

(3) Ordnungsmaßnahmen können bei nachhaltiger Beeinträchtigung der Unterrichtsarbeit, schulischer Veranstaltungen und des gesamten schulischen Lebens sowie bei Gefährdung der am Schulleben Beteiligten und

bei vorsätzlicher Beschädigung von Sachen der Schule bzw. der am Schulleben Beteiligten durch einen Schüler ihm gegenüber ausgesprochen werden. Ordnungsmaßnahmen sind:

- Verweis vor der Klassenkonferenz (durch den Klassenlehrer)
- Verweis vor der Schulkonferenz (durch den Direktor)
- Umsetzung in eine Parallelklasse (durch den Direktor)
- Umschulung in eine andere Schule gleichen Bildungsweges (durch die zuständige Schulaufsichtsbehörde)
- Ausschluß von der besuchten weiterführenden Schule, sofern der Schüler seine Schulpflicht bereits erfüllt hat (durch die zuständige Schulaufsichtsbehörde).

Bevor eine Ordnungsmaßnahme ausgesprochen wird, ist der betreffende Schüler und gegebenenfalls der Lehrer des Vertrauens zu hören; vor Ordnungsmaßnahmen nach Spiegelanstrichen 3 bis 5 sind auch die Eltern zu hören.

(4) Über eine festgelegte Erziehungs- bzw. Ordnungsmaßnahme, einschließlich der Gründe, sowie über die Möglichkeit des Einspruchs sind die Eltern des betreffenden Schülers schriftlich zu informieren.

(5) Gegen ausgesprochene bzw. beantragte Erziehungs- bzw. Ordnungsmaßnahmen besteht Einspruchsrecht innerhalb von 2 Wochen beim Direktor bzw. bei der zuständigen Schulaufsichtsbehörde.

Es folgen in § 21 „Schlußbestimmungen“ und Hinweise auf Verordnungen, die „mit der Veröffentlichung dieser Verordnung außer Kraft treten“.

IX.
Bundesrepublik Deutschland – Demokratisierung im Spannungsfeld zwischen Bewahrung und Erneuerung

1. Staat: Verfassung und Schulpolitik

1.1 Die Bundesrepublik bis 1990

[1]

Grundgesetz für die Bundesrepublik Deutschland (1949)

Als sich unter den Siegermächten, die in Deutschland nach der totalen Kapitulation mit dem Alliierten Kontrollrat herrschten, die Ost-West-Spaltung abzeichnete, vereinigten die Westalliierten zunächst ihre Zonen und schufen mit dem Deutschen Wirtschaftsrat für die Bizone (1947) ein Ländervertretungsorgan mit partieller Mitbestimmung. Die Einbeziehung der französischen Zone zur Trizone leitete zur Wiederherstellung umfangreicher politischer Eigenkompetenzen über, für die 1948 ein Verfassunggebender Ausschuß eingesetzt wurde, dessen Mitglieder die Länder nominierten. Als Ergebnis der Arbeit dieses „Parlamentarischen Rates" entstand das „Grundgesetz". Es ermöglichte die Konstituierung der Bundesregierung und ihrer staatlichen Organe, so daß die Regierung der Besatzungsmächte über die westdeutschen Länder abgelöst werden konnte. Die Rechtsvorbehalte der Besatzungsmächte wurden durch ein Besatzungsstatut geregelt. Das Grundgesetz trat am 23. Mai 1949 in Kraft und gilt seit der Wiedervereinigung mit den Ländern der ehemaligen DDR für Gesamtdeutschland.
Der Abdruck beschränkt sich auf die Wiedergabe der Grundrechte und der für die Schulpolitik wichtigen Bestimmungen.

Quelle: Quellen zum Staatsrecht der Neuzeit. 2 Bde. Hrsg. v. E. R. Huber. Bd. 2: Deutsche Verfassungsdokumente der Gegenwart (1919–1951). Tübingen 1951. S. 247 ff.

Präambel

Im Bewußtsein seiner Verantwortung vor Gott und den Menschen, von dem Willen beseelt, seine nationale und staatliche Einheit zu wahren und als gleichberechtigtes Glied in einem vereinten Europa dem Frieden der Welt zu dienen, hat das deutsche Volk
in den Ländern Baden, Bayern, Bremen, Hamburg, Hessen, Niedersach-

sen, Nordrhein-Westfalen, Rheinland-Pfalz, Schleswig-Holstein, Württemberg-Baden und Württemberg-Hohenzollern,
um dem staatlichen Leben für eine Übergangszeit eine neue Ordnung zu geben,
kraft seiner verfassunggebenden Gewalt dieses Grundgesetz der Bundesrepublik Deutschland beschlossen.

Es hat auch für jene Deutschen gehandelt, denen mitzuwirken versagt war.

Das gesamte Deutsche Volk bleibt aufgefordert, in freier Selbstbestimmung die Einheit und Freiheit Deutschlands zu vollenden.

I. Die Grundrechte

Art. 1.(1) Die Würde des Menschen ist unantastbar. Sie zu achten und zu schützen ist Verpflichtung aller staatlichen Gewalt.

(2) Das Deutsche Volk bekennt sich darum zu unverletzlichen und unveräußerlichen Menschenrechten als Grundlage jeder menschlichen Gemeinschaft, des Friedens und der Gerechtigkeit in der Welt.

(3) Die nachfolgenden Grundrechte binden Gesetzgebung, Verwaltung und Rechtsprechung als unmittelbar geltendes Recht.

Art. 2.(1) Jeder hat das Recht auf die freie Entfaltung seiner Persönlichkeit, soweit er nicht die Rechte anderer verletzt und nicht gegen die verfassungsmäßige Ordnung oder das Sittengesetz verstößt.

(2) Jeder hat das Recht auf Leben und körperliche Unversehrtheit. Die Freiheit der Person ist unverletzlich. In diese Rechte darf nur aufgrund eines Gesetzes eingegriffen werden.

Art. 3.(1) Alle Menschen sind vor dem Gesetz gleich.

(2) Männer und Frauen sind gleichberechtigt.

(3) Niemand darf wegen seines Geschlechtes, seiner Abstammung, seiner Rasse, seiner Sprache, seiner Heimat und Herkunft, seines Glaubens, seiner religiösen oder politischen Anschauungen benachteiligt oder bevorzugt werden.

Art. 4.(1) Die Freiheit des Glaubens, des Gewissens und die Freiheit des religiösen und weltanschaulichen Bekenntnisses sind unverletzlich.

(2) Die ungestörte Religionsausübung wird gewährleistet.

(3) Niemand darf gegen sein Gewissen zum Kriegsdienst mit der Waffe gezwungen werden. Das Nähere regelt ein Bundesgesetz.

Art. 5.(1) Jeder hat das Recht, seine Meinung in Wort, Schrift und Bild frei zu äußern und zu verbreiten und sich aus allgemein zugänglichen Quellen ungehindert zu unterrichten. Die Pressefreiheit und die Freiheit der Berichterstattung durch Rundfunk und Film werden gewährleistet. Eine Zensur findet nicht statt.

(2) Diese Rechte finden ihre Schranken in den Vorschriften der allgemeinen Gesetze, den gesetzlichen Bestimmungen zum Schutze der Jugend und in dem Recht der persönlichen Ehre.

(3) Kunst und Wissenschaft, Forschung und Lehre sind frei. Die Freiheit der Lehre entbindet nicht von der Treue zur Verfassung.

Art. 6.(1) Ehe und Familie stehen unter dem besonderen Schutze der staatlichen Ordnung.

(2) Pflege und Erziehung der Kinder sind das natürliche Recht der Eltern und die zuvörderst ihnen obliegende Pflicht. Über ihre Betätigung wacht die staatliche Gemeinschaft.

(3) Gegen den Willen der Erziehungsberechtigten dürfen Kinder nur aufgrund eines Gesetzes von der Familie getrennt werden, wenn die Erziehungsberechtigten versagen oder wenn die Kinder aus anderen Gründen zu verwahrlosen drohen.

(4) Jede Mutter hat Anspruch auf den Schutz und die Fürsorge der Gemeinschaft.

(5) Den unehelichen Kindern sind durch die Gesetzgebung die gleichen Bedingungen für ihre leibliche und seelische Entwicklung und ihre Stellung in der Gesellschaft zu schaffen wie den ehelichen Kindern.

Art. 7.(1) Das gesamte Schulwesen steht unter der Aufsicht des Staates.

(2) Die Erziehungsberechtigten haben das Recht, über die Teilnahme des Kindes am Religionsunterricht zu bestimmen.

(3) Der Religionsunterricht ist in den öffentlichen Schulen mit Ausnahme der bekenntnisfreien Schulen ordentliches Lehrfach. Unbeschadet des staatlichen Aufsichtsrechtes wird der Religionsunterricht in Übereinstimmung mit den Grundsätzen der Religionsgemeinschaften erteilt. Kein Lehrer darf gegen seinen Willem verpflichtet werden, Religionsunterricht zu erteilen.

(4) Das Recht zur Errichtung von privaten Schulen wird gewährleistet. Private Schulen als Ersatz für öffentliche Schulen bedürfen der Genehmigung des Staates und unterstehen den Landesgesetzen. Die Genehmigung ist zu erteilen, wenn die privaten Schulen in ihren Lehrzielen und Einrichtungen sowie in der wissenschaftlichen Ausbildung ihrer Lehrkräfte nicht hinter den öffentlichen Schulen zurückstehen und eine Sonderung der Schüler nach den Besitzverhältnissen der Eltern nicht gefördert wird. Die Genehmigung ist zu versagen, wenn die wirtschaftliche und rechtliche Stellung der Lehrkräfte nicht genügend gesichert ist.

(5) Eine private Volksschule ist nur zuzulassen, wenn die Unterrichtsverwaltung ein besonderes pädagogisches Interesse anerkennt oder, auf Antrag von Erziehungsberechtigten, wenn sie als Gemeinschaftsschule, als

Bekenntnis- oder Weltanschauungsschule errichtet werden soll und eine öffentliche Volksschule dieser Art in der Gemeinde nicht besteht.

(6) Vorschulen bleiben aufgehoben.

Art. 8–16 werden nur mit ihren Grundaussagen im 1. Absatz wiedergegeben.

Art. 8.(1) Alle Deutschen haben das Recht, sich ohne Anmeldung oder Erlaubnis friedlich und ohne Waffen zu versammeln.

Art. 9.(1) Alle Deutschen haben das Recht, Vereine und Gesellschaften zu bilden.

Art. 10. Das Briefgeheimnis sowie das Post- und Fernmeldegeheimnis sind unverletzlich. Beschränkungen dürfen nur aufgrund eines Gesetzes angeordnet werden.

Art. 11.(1) Alle Deutschen genießen Freizügigkeit im ganzen Bundesgebiet.

Art. 12.(1) Alle Deutschen haben das Recht, Beruf, Arbeitsplatz und Ausbildungsstätte frei zu wählen. Die Berufsausübung kann durch Gesetz geregelt werden.

Art. 13.(1) Die Wohnung ist unverletzlich.

Art. 14.(1) Das Eigentum und das Erbrecht werden gewährleistet. Inhalt und Schranken werden durch die Gesetze bestimmt.

Art. 15. Grund und Boden, Naturschätze und Produktionsmittel können zum Zwecke der Vergesellschaftung durch ein Gesetz, das Art und Ausmaß der Entschädigung regelt, in Gemeineigentum oder in andere Formen der Gemeinwirtschaft überführt werden. Für die Entschädigung gilt Artikel 14 Absatz 3 Satz 3 und 4 entsprechend.

Art. 16.(1) Die deutsche Staatsangehörigkeit darf nicht entzogen werden. Der Verlust der Staatsangehörigkeit darf nur aufgrund eines Gesetzes und gegen den Willen des Betroffenen nur dann eintreten, wenn der Betroffene dadurch nicht staatenlos wird.

Art. 17. Jedermann hat das Recht, sich einzeln oder in Gemeinschaft mit anderen schriftlich mit Bitten oder Beschwerden an die zuständigen Stellen und an die Volksvertretung zu wenden.

Art. 18. Wer die Freiheit der Meinungsäußerung, insbesondere die Pressefreiheit (Artikel 5 Absatz 1), die Lehrfreiheit (Artikel 5 Absatz 3), die Versammlungsfreiheit (Artikel 8), die Vereinigungsfreiheit (Artikel 9), das Brief-, Post- und Fernmeldegeheimnis (Artikel 10), das Eigentum (Artikel 14) oder das Asylrecht (Artikel 16 Absatz 2) zum Kampfe gegen die freiheitliche demokratische Grundordnung mißbraucht, verwirkt diese Grundrechte. Die Verwirkung und ihr Ausmaß werden durch das Bundesverfassungsgericht ausgesprochen.

Art. 19.(1) Soweit nach diesem Grundgesetz ein Grundrecht durch Gesetz oder aufgrund eines Gesetzes eingeschränkt werden kann, muß das Gesetz allgemein und nicht nur für den Einzelfall gelten. Außerdem muß das Gesetz das Grundrecht unter Angabe des Artikels nennen.

(2) In keinem Falle darf ein Grundrecht in seinem Wesensgehalt angetastet werden.

(3) Die Grundrechte gelten auch für inländische juristische Personen, soweit sie ihrem Wesen nach auf diese anwendbar sind.

(4) Wird jemand durch die öffentliche Gewalt in seinen Rechten verletzt, so steht ihm der Rechtsweg offen. Soweit eine andere Zuständigkeit nicht begründet ist, ist der ordentliche Rechtsweg gegeben.

In Abschnitt VII. „Die Gesetzgebung des Bundes" wird bestimmt:

Art. 70.(1) Die Länder haben das Recht der Gesetzgebung, soweit dieses Grundgesetz nicht dem Bunde Gesetzgebungsbefugnisse verleiht.

(2) Die Abgrenzung der Zuständigkeit zwischen Bund und Ländern bemißt sich nach den Vorschriften dieses Grundgesetzes über die ausschließliche und die konkurrierende Gesetzgebung.

Art. 71–75 nennen die Gebiete der ausschließlichen und der konkurrierenden Gesetzgebung sowie die Bereiche der Rahmenvorschriften des Bundes; Art. 76–82 betreffen das Gesetzgebungsverfahren. Eine Gesetzgebungskompetenz des Bundes in schul- und bildungspolitischen Angelegenheiten ist nicht enthalten.
In Abschnitt X: Das Finanzwesen (Art. 105–115) ist die für das Bildungswesen bedeutsame Bestimmung des Art. 106 Ziff. 3 enthalten:

Der Bund kann durch Bundesgesetz, das der Zustimmung des Bundestages bedarf, einen Teil der Einkommen- und Körperschaftsteuer zur Deckung seiner durch andere Einkünfte nicht gedeckten Ausgaben, insbesondere zur Deckung von Zuschüssen, welche Ländern zur Deckung von Ausgaben auf dem Gebiete des Schulwesens, des Gesundheitswesens und des Wohlfahrtswesens zu gewähren sind, in Anspruch nehmen.

Aus dem Abschnitt XI: Übergangs- und Schlußbestimmungen (Art. 116–146) werden hervorgehoben:

Art. 141. Artikel 7 Absatz 3 Satz 1 findet keine Anwendung in einem Lande, in dem am 1. Januar 1949 eine andere landesrechtliche Regelung bestand.

Art. 146. Dieses Grundgesetz verliert seine Gültigkeit an dem Tage, an dem eine Verfassung in Kraft tritt, die von dem deutschen Volke in freier Entscheidung beschlossen worden ist.

Bonn am Rhein, am 23. Mai 1949. Dr. Adenauer

Präsident des Parlamentarischen Rates

Schönfelder (1. Vizepräsident)

Dr. Schäfer (2. Vizepräsident)

Nach der Verabschiedung des Grundgesetzes erfolgten bislang 35 Grundgesetzänderungen, die zum Teil auch die Kompetenzen des Bundes auf dem Gebiete des Bildungswesens veränderten:

U. a. wurde am 12. Mai 1969 durch die Ergänzung um einen neuen Abschnitt „Gemeinschaftsaufgaben" das Zusammenwirken des Bundes mit den Ländern ermöglicht und die föderative Struktur entscheidend verändert:

Das Grundgesetz für die Bundesrepublik Deutschland vom 23. Mai 1949 (Bundesgesetzblatt S. 1) wird wie folgt geändert und ergänzt:

1. Hinter Abschnitt VIII wird folgender neuer Abschnitt VIII a mit den Artikeln 91 a und 91 b eingefügt:

„VIII a. Gemeinschaftsaufgaben

Art. 91 a.(1) Der Bund wirkt auf folgenden Gebieten bei der Erfüllung von Aufgaben der Länder mit, wenn diese Aufgaben für die Gesamtheit bedeutsam sind und die Mitwirkung des Bundes zur Verbesserung der Lebensverhältnisse erforderlich ist (Gemeinschaftsaufgaben):

Genannt werden Baumaßnahmen für Hochschulen und Hochschulkliniken, Verbesserung der regionalen Wirtschaftsstruktur, der Agrarstruktur und des Küstenschutzes. Ein Bundesgesetz soll die Durchführung regeln (Abs. 2–5).

Art. 91 b. Bund und Länder können aufgrund von Vereinbarungen bei der Bildungsplanung und bei der Förderung von Einrichtungen und Vorhaben der wissenschaftlichen Forschung von überregionaler Bedeutung zusammenwirken. Die Aufteilung der Kosten wird in der Vereinbarung geregelt."

[2]

Entschließung der Ständigen Konferenz der Kultusminister der Länder in der Bundesrepublik Deutschland zur Frage der Kulturhoheit von Bund und Ländern (1949)

Als bei der Konstitutierung der Bundesrepublik nach dem Willen der Alliierten nicht der Bund die Kulturhoheit erhalten durfte, sondern diese bei den Ländern verbleiben mußte,

entstand auf Beschluß der Länder zur Koordinierung ihrer kulturpolitischen Maßnahmen die „Ständige Konferenz der Kultusminister der Länder in der Bundesrepublik Deutschland“ (KMK). Sie definierte ihre Funktionen in der Geschäftsordnung, „Angelegenheiten der Kulturpolitik von überregionaler Bedeutung mit dem Ziel einer gemeinsamen Meinungs-und Willensbildung und der Vertretung gemeinsamer Anliegen“ zu behandeln. Sie ist ein Kontakt- und Konsultationsorgan ohne Rechtsbefugnisse. Einheitliche Maßnahmen haben Einstimmigkeit und Rechtssetzung durch die Landesgesetzgebung zur Voraussetzung, denn „bei allen Beschlüssen bleibt die verfassungs- und verwaltungsrechtliche Zuständigkeit des Bundes und der Länder unberührt“ (ebd.).
Anläßlich ihrer achten Plenarsitzung in Bernkastel verabschiedete die KMK am 18. Oktober 1949 die Stellungnahme zur Frage der Kulturhoheit. – Nach der Wiedervereinigung gehören auch die Kultusminister der neuen Bundesländer dieser Konferenz an.

Quelle: Sammlung der Beschlüsse der Ständigen Konferenz der Kultusminister der Länder in der Bundesrepublik Deutschland. Berlin und Neuwied o. J. Leitzahl 20.

1. Die Ständige Konferenz der Kultusminister stellt fest, daß das Bonner Grundgesetz die Kulturhoheit der Länder innerhalb der Bundesrepublik Deutschland staatsrechtlich anerkennt.

2. Die Ständige Konferenz der Kultusminister ist davon überzeugt, daß die totalitäre und zentralistische Kulturpolitik der jüngsten Vergangenheit die verhängnisvolle Verwirrung und Knechtung des Geistes und die Anfälligkeit vieler Deutscher gegenüber dem Ungeist mitverschuldet hat.

Sie sieht deshalb in der Verpflichtung und Gebundenheit an die landsmannschaftliche und geschichtlich gewordene Eigenständigkeit sowie an die Mannigfaltigkeit der sozialen Gegebenheiten die Gewähr für die innere Gesundung des deutschen Volkes und für das organische Wachstum einer von ihm selbst getragenen Kultur.

Diesem Ziel sollen staatliche Organe und behördliche Einrichtungen in gemeinsamer Verantwortung mit freischaffenden Kulturkräften und Gemeinschaften dienen.

3. Aus dieser Erkenntnis und Verantwortung haben die Kultusminister der deutschen Länder seit der Neugliederung Deutschlands in vierjähriger Arbeit zusammengewirkt, um die geistige Einheit Deutschlands in innerer Freiheit, von den Ländern her, neu zu schaffen.

Schule und Erziehung, Wissenschaft und Forschung, Kunstpflege und Volksbildung sind trotz innerer und äußerer Hemmnisse aufgebaut und gefördert worden.

4. Die Ständige Konferenz der Kultusminister ist daher aus staatspolitischen und kulturgeschichtlichen Gründen das einzig zuständige und verantwortliche Organ für die Kulturpolitik der Länder, soweit es sich um Angelegenheiten handelt, die mehrere oder alle Länder betreffen und von überregionaler Bedeutung sind.

5. Die Ständige Konferenz der Kultusminister wird daher darauf hinwirken, daß die Kulturhoheit der Länder bei allen Maßnahmen der Bun-

desorgane und der Bundesbehörden gewahrt bleibt, und darüber wachen, daß ihre kulturpolitische Arbeit keine Einschränkungen erfährt.

Es folgen die Unterschriften der elf Kultusminister der deutschen Länder.

[3]

DEUTSCHER AUSSCHUSS
FÜR DAS ERZIEHUNGS- UND BILDUNGSWESEN

Rahmenplan zur Umgestaltung und Vereinheitlichung des allgemeinbildenden öffentlichen Schulwesens (1959)

Die Nachwirkungen der Militärregierungen auf den Wiederaufbau der Schulen in den westlichen Besatzungszonen und die uneinheitliche Schulgesetzgebung in den wiedererstandenen Ländern hatten zu erheblicher Auseinanderentwicklung des Schulwesens in der Bundesrepublik geführt. Weder die KMK noch das von den Ländern 1955 geschlossene Düsseldorfer „Abkommen zur Vereinheitlichung auf dem Gebiete des Schulwesens" hatten den Prozeß des Auseinanderfallens aufhalten können. Die Mehrzahl der Länder stellte die alten Strukturen wieder her, nur die Stadtstaaten reformierten ihren Schulaufbau (verlängerte Grundschule, Angleichung der Sekundarschulen). Im übrigen verständigten sie sich im wesentlichen nur über einige formale Regelungen, zu einer durchgreifenden Reform kam es nicht.
Unter dem zunehmenden Druck der Öffentlichkeit und des Bundestages – ausgelöst durch das wachsende Mißbehagen an dem „Schulchaos" – berief 1953 der Bundesinnenminister im Benehmen mit den Ländern eine Anzahl unabhängiger Persönlichkeiten als „Deutschen Ausschuß für das Erziehungs- und Bildungswesen". Er erhielt den Auftrag, „durch Rat und Empfehlung" eine allgemeine Weiterentwicklung zu fördern. Nach mehreren aktuellen Einzelgutachten und -empfehlungen legte 1959 der Deutsche Ausschuß einen „Rahmenplan zur Umgestaltung und Vereinheitlichung des allgemeinbildenden öffentlichen Schulwesens" vor. Er entfachte eine breite öffentliche Diskussion, in der die kontroversen schulpolitischen Positionen der Parteien und Verbände aufeinandertrafen. Fand der Rahmenplan auch nirgendwo volle Verwirklichung, so hat der Deutsche Ausschuß doch die anstehenden Probleme einer Schulreform erstmals der öffentlichen Meinung nachhaltig zum Bewußtsein gebracht. Manches an späteren Forderungen und Reformen hätte ohne den Rahmenplan und die weiteren Empfehlungen des Deutschen Ausschusses – z. B. Neuntes Schuljahr, Arbeitslehre, Hauptschule, Förderstufe, Oberstufenreform an Gymnasien u. a. m. – nicht annähernd die gleiche gesellschaftspolitische Bedeutung in Zustimmung oder Ablehnung erlangt und Wirklichkeit werden können. Nach zwölfjähriger Tätigkeit beendete der Deutsche Ausschuß 1965 seine Arbeit.

Quelle: Empfehlungen und Gutachten des Deutschen Ausschusses für das Erziehungs- und Bildungswesen 1953–1965. Gesamtausgabe. Stuttgart 1966. S. 59 ff.

Einleitung

In diesem Gutachten legt der Deutsche Ausschuß für das Erziehungs- und Bildungswesen den Parlamenten und Regierungen, den Eltern und den Lehrern, den Schulverwaltungen und der deutschen Öffentlichkeit einen Rahmenplan zur Umgestaltung und Vereinheitlichung des „allgemeinbildenden“ Schulwesens vor.

Im folgenden nennt der Ausschuß die Bildungseinrichtungen und -probleme, die er wegen der Konzentration auf einen Strukturvorschlag für die allgemeinbildenden Schulen vorläufig ausgeklammert habe.

Der Ausschuß hat schon wiederholt darauf hingewiesen, daß das deutsche Schulwesen den Umwälzungen nicht nachgekommen ist, die in den letzten fünfzig Jahren Gesellschaft und Staat verändert haben. Das Düsseldorfer Schulabkommen der Ministerpräsidenten vom 17. Februar 1955 hat sich auf eine äußerliche Angleichung beschränkt, die diesen Zustand nicht behebt. Das westdeutsche Schulwesen bleibt einer Vielzahl sich widersprechender Forderungen ausgesetzt, die von seiten der Elternschaft, der Hochschulen, der Wirtschaft, der Berufs- und Fachverbände, der Standesorganisationen und anderer Mächte in Staat und Gesellschaft geltend gemacht werden. Jede Institution und jede gesellschaftliche Gruppe ist verständlicherweise bemüht, die ihren Interessen entsprechenden Bildungsansprüche bei der erstrebten oder befürchteten Reform durchzusetzen. Diesem Widerstreit partikulärer Interessen stellt der Ausschuß in seinen Vorschlägen eine Ordnung des Schulwesens gegenüber, die auf einem für das ganze Volk verbindlichen Fundament der Bildung und Gesittung beruht und der Entwicklung unserer Kultur und unserer pädagogischen Einsicht gerecht wird.

Es folgt eine Kritik an jenen „Stimmen, die vor unnötiger Störung der Arbeit in den Schulen warnen“.

Obwohl es an den geistigen Grundlagen unseres Bildungswesens entschieden festzuhalten und Bewährtes zu bewahren gilt, sind selbst „radikale“, an die Wurzel greifende neue Lösungen nicht abzulehnen, wenn sie sich als notwendig erweisen und wenn die an sie geknüpften Erwartungen sich in einheitlich geleiteten Versuchen bestätigen. Der Ausschuß schlägt solche Lösungen nur da vor, wo sich ergeben hat, daß die bisherigen Vorstellungen und Formen den Bedürfnissen des heutigen gesellschaftlichen, wirtschaftlichen, staatlichen und geistigen Lebens nicht mehr genügen. In seiner seit Jahren bewährten Arbeitsweise war der Ausschuß bemüht, sich der Auffassungen möglichst vieler an der Neuordnung unseres Schulwesens interessierter Kreise zu vergewissern; die von ihm empfohlenen Maßnahmen stützen sich vielfach auf anderwärts schon sachkundig erörterte und in Versuchen erprobte Anregungen.

An der Dreigliedrigkeit im Aufbau unseres Schulwesens (nach den bisherigen Bezeichnungen Volksschulen, Mittlere und Höhere Schulen) hält der Ausschuß grundsätzlich fest. Er ist davon überzeugt, daß die geistige Einheit unseres Volkes, die über alle weltanschaulichen und sozialen Unterschiede hinaus besteht und gestärkt werden muß, eine Erziehung fordert, die von allen Schularten gemeinsam zu leisten ist und sie miteinander verbindet. Das kann aber nicht allein durch die Organisation eines für alle Bildungseinrichtungen und Begabungen verbindlichen äußeren Aufbaus erreicht werden. Vielmehr muß eine Besinnung auf den inneren Zusammenhang aller berechtigten Bildungsbedürfnisse unserer Zeit dahin führen, daß die für die verschiedenen Schultypen charakteristischen Bildungsinhalte neu durchdacht, gegeneinander abgegrenzt und in ihrer wechselseitigen Beziehung aufeinander bestimmt werden. Nur so kann es gelingen, entscheidende Ziele einer Gesamtreform zu erreichen: den Bildungsstand auch der Volksschüler zu erhöhen und zweckmäßig zu weiten, die darüber hinaus Fördernswerten besser auszulesen, diese Förderung durch richtige Übergänge in weiterführende Schulen zu sichern und die pädagogische Leistung zu verbessern. Bei dem Bemühen um diese gemeinsamen Ziele kann die kulturelle Mannigfaltigkeit der deutschen Länder von hohem Nutzen sein.

In einem Appell an die Öffentlichkeit, besonders an die Eltern und Lehrer, bittet der Ausschuß um konstruktives Interesse für seine Vorschläge. Er kritisiert das verbreitete Denken, das sich vorrangig am Berechtigungswesen orientiere.
Im folgenden Abschnitt „Historische Vorbemerkungen" werden in geraffter Form die Entwicklungslinien der Schule vom Mittelalter bis zur Gegenwart nachgezeichnet. Darauf nehmen die „Hauptthesen" im Abschnitt „Der neue Aufbau" Bezug. Als eines der zu lösenden Hauptprobleme erörtert der Ausschuß zuvor noch die bisherigen Lösungsversuche für den Übergang von der Grundschule in die weiterführenden Schulen.

Der neue Aufbau

III. Die Hauptthesen

Der Ausschuß hat sowohl die Argumente erwogen, die für die überlieferte Gliederung des allgemeinbildenden deutschen Schulwesens sprechen, als auch die Tendenzen, die seine Struktur den neuen Erfordernissen öffnen wollen. Das Ergebnis läßt sich auf drei Hauptthesen bringen, die einander im Prinzip nicht ausschließen:

1. Die unterschiedlichen Bildungsanforderungen, die unsere arbeitsteilig entfaltete Gesellschaft an ihren Nachwuchs stellt, und die Unterschiede in der Bildungsfähigkeit dieses Nachwuchses zwingen dazu, an drei Bildungszielen unseres Schulsystems festzuhalten, die nach verschieden langer Schulzeit erreicht werden: an einem verhältnismäßig früh an Arbeit und

Beruf anschließenden, einem mittleren und einem höheren. Der Schulaufbau muß gestatten, die Bildungsziele so zu heben und den geistigen Wandlungen unserer Zeit so entsprechen zu lassen, daß in jedem Kinde menschliche Grundkräfte geweckt, dann aber für die Übernahme verschiedenartiger Aufgaben und Verantwortungen in der modernen Welt gebildet werden. Er muß deshalb drei Wege der Bildung öffnen, ihr Verhältnis zueinander so ordnen und jedem so viel Zeit zubilligen, daß sich die ihm zugehörigen Bildungsgehalte und -methoden in ihrer Eigenart entfalten können.

2. Die Pflicht zu sozialer Gerechtigkeit und der vermehrte Bedarf der modernen Gesellschaft an höher gebildetem Nachwuchs machen es nötig, jedem Kinde den Weg zu öffnen, der seiner Bildungsfähigkeit entspricht. Der Schulaufbau muß gestatten, alle kindlichen Begabungen zu wecken und sie nach Art und Grad auch an anspruchsvolleren Aufgaben zu erproben. Die Entscheidung darüber, auf welchem Wege und bis zu welchem Ziel das Kind gebildet werden soll, muß von deutlich erkennbaren Bewährungen in dieser Erprobung abhängig gemacht werden.

3. Der Schulaufbau muß das Seinige dazu beitragen, die geistige Einheit des Volkes in den elementaren Grunderfahrungen, Übungen und Einsichten kräftig zu erhalten und für das Bewußtsein dieser Einheit einen breiten gemeinsamen Grund zu legen. Zugleich muß er Raum und Zeit dafür geben, daß die unterschiedliche Bildungsfähigkeit der Kinder sich unter gleichen Bedingungen wiederholt bewähren und danach beurteilt werden kann. Beides ist nur möglich, wenn alle Kinder so lange ein gemeinsames Schulleben führen, bis der besondere Charakter der Bildungswege auch eine Trennung in besondere Schulen unabweisbar macht.

Der folgende Vorschlag für einen Schulaufbau - der aus der heutigen Gliederung schrittweise entwickelt werden soll - erstrebt eine konstruktive Synthese von Tendenzen, die sich nur auf eine oder zwei dieser Grundthesen stützen, deren Berechtigung aber in Wahrheit dadurch begrenzt ist, daß alle drei Thesen gelten. Er erstrebt zugleich das höchste Maß an Vereinheitlichung, das dem Erfordernis unterschiedlicher Bildungstypen und -zweige gerecht wird.

IV. Die Stufen, Typen und Zweige des Schulwesens

Für die Stufen, Typen und Zweige des Schulwesens, die der Ausschuß vorschlägt, hat er Namen gewählt, die den herkömmlichen so weit wie möglich entsprechen und in ihrer Wortbedeutung ernstgenommen sind. Sie sollen das innere Verhältnis der Schularten zueinander erkennen lassen; in ihnen soll sich „ausdrücken, wie das deutsche Volk den Aufbau seines Schulwesens versteht“. (Vgl. den am 26. 6. 1954 ausgesprochenen Rat des Ausschusses zur Entschließung der Ministerpräsidenten am 5./6. 2. 1954.)

Die „Grundschule" umfaßt wie bisher die ersten vier Schuljahre aller Kinder und unterrichtet diese einheitlich. In ihr können und sollen sich kindliches Leben und kindgemäßes Unterrichten voll entfalten; sie soll nicht schon durch die Vorsorge für die Auslese belastet sein.

Die weitaus überwiegende Zahl der Kinder geht, welchen späteren Bildungsweg auch die Eltern für sie wünschen und planen, aus der Grundschule gemeinsam in die das 5. und 6. Schuljahr umfassende „Förderstufe". In ihr bleibt das gemeinsame Schulleben aller Kinder erhalten, auch der Unterricht wird überwiegend ohne Trennung der Kinder erteilt. Die Kinder erhalten aber gleichzeitig durch getrennte Kurse Gelegenheit, sich an den erhöhten Anforderungen zu bewähren, die schon in diesem Alter sinnvoll sind und nicht hinausgeschoben werden dürfen.

Nachdem sich auf der Förderstufe der für das einzelne Kind geeignete weitere Bildungsweg ergeben hat, besucht es eine der folgenden „Oberschulen", die sich nebeneinander auf dieser Stufe aufbauen:

1. die „Hauptschule", die für das 7. und 8. Schuljahr die heutige Volksschuloberstufe ersetzt, aber noch das 9., vielleicht auch das anzustrebende 10. Schuljahr einschließt, mit einem Hauptschulzeugnis abschließt und unter Mitwirkung der berufsbildenden Schulen in diese überleitet.

2. die das 7. bis 11. Schuljahr umfassende „Realschule", in der sowohl die heutigen Mittel- und Realschulen als auch die heute an den Volksschulen bestehenden, zur „Mittleren Reife" führenden Aufbauzüge aufgehen und die mit einem Zeugnis abschließt, das die Berechtigung der „Mittleren Reife" erteilt. (Die nähere Kennzeichnung der „Mittleren Reife" und die Begründung des Vorschlags, sie vom Abschluß des 10. Schuljahrs auf den des 11. zu verschieben, finden sich in X, XI C 3 und XI F.)

3. das mit dem 7. Schuljahr beginnende und mit dem 13. Schuljahr zur allgemeinen Hochschulreife (vgl. XI E) führende „Gymnasium", in dem auch die heutige Kurzform der Höheren Schule aufgeht und das sich in einen naturwissenschaftlichen und einen sprachlichen Zweig gabelt. Das Gymnasium soll auch nach dem 11. Schuljahr einen sinnvollen Bildungsabschluß ermöglichen, mit dem die Berechtigungen der „Mittleren Reife" erteilt werden.

Kinder, die schon im letzten Grundschuljahr erkennen lassen, daß sie mit hoher Wahrscheinlichkeit die Hochschulreife erreichen werden, können nach einem Gutachten der Grundschule, das diese Erwartung begründet, und nach einer besonderen Eignungsprüfung in eine vierte Form der Oberschule, nämlich die das 5. bis 13. Schuljahr umfassende „Studienschule" aufgenommen werden, die in besonderem Maße zu den geschichtlichen Quellen unserer Kultur führen soll. Sie gabelt sich in einen „griechischen" und einen „französischen" Zweig, der jeweils nach der dritten, auf

Schema des Schulaufbaus entsprechend dem Rahmenplan

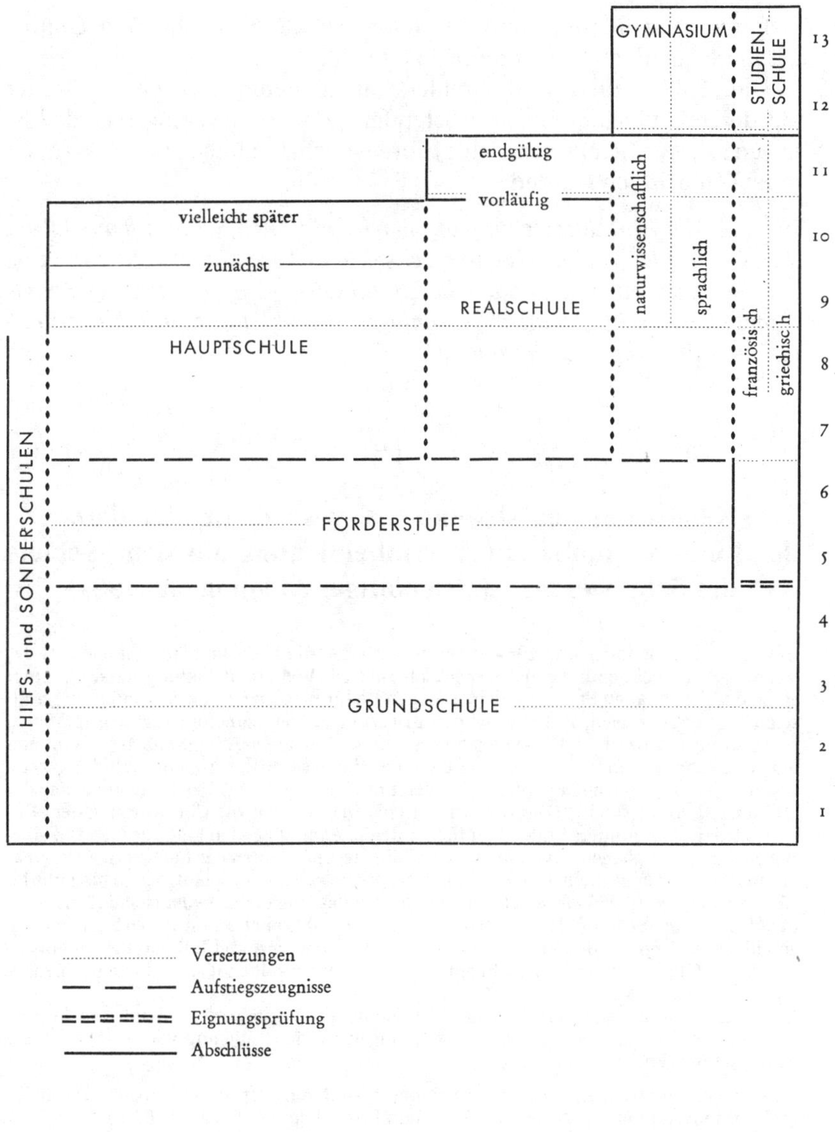

das Lateinische und Englische folgenden Fremdsprache benannt ist, und führt wie das Gymnasium zur allgemeinen Hochschulreife. Studienschulen sollen nur errichtet werden, wenn in erreichbarer Nähe ein Gymnasium besteht und dieses durch die Studienschule nicht in seiner Lebensfähigkeit beeinträchtigt wird.

Für das Gymnasium und die Studienschule bleibt die Bezeichnung „Höhere Schulen“ als Oberbegriff bestehen.

Die „Hilfsschulen“ und „Sonderschulen“ nehmen diejenigen Kinder auf, deren Entwicklung so stark behindert, gestört und verzögert ist, daß sie in den anderen Schularten nicht zu ihrem Recht kommen und deren Arbeit erheblich belasten würden.

Im Zuge der Einzeldarstellung des vorgeschlagenen Schulaufbaus folgen die Abschnitte „Aufstieg, Schulwechsel und Abschlüsse“, „Neuordnung der Versetzungen“ und danach die Charakterisierung der einzelnen Schultypen. Den Beschluß bilden „Vorschläge zur Überleitung“ mit Empfehlungen zur „Planung und Erprobung“.

[4]

Neufassung des Abkommens zwischen den Ländern der Bundesrepublik zur Vereinheitlichung auf dem Gebiete des Schulwesens – („Hamburger Abkommen“ 1964)

Auf ihrer 100. Plenarsitzung 1964 in Berlin erklärten die Kultusminister die Periode des Wiederaufbaus des Schulwesens für abgeschlossen. Die Weiterentwicklung müsse nunmehr einerseits die „in allen Staaten gleichlaufenden Bedürfnisse der modernen Industriegesellschaft“ berücksichtigen, andererseits den Erwartungen der „zunehmenden europäischen Integration“ entsprechen. Diese neuen Perspektiven sowie die Argumente der Diskussion um den „Rahmenplan“ – u. a. die alarmierenden Hinweise auf die drohende „Bildungskatastrophe“ im Vergleich mit der internationalen Entwicklung (Picht), das Geltendmachen der „Bildung als Bürgerrecht“ (Dahrendorf) und die Mahnungen zur Überwindung der „Bildungsdefizite“, besonders in den ländlichen Regionen und bei den katholischen Bevölkerungsteilen (Erlinghagen) – veranlaßten die Ministerpräsidenten der Länder zu einer Neuorientierung ihrer gemeinsamen Bildungspolitik. Nach dem Ablauf des „Düsseldorfer Abkommens“ von 1955 verbanden sie mit der Neufassung einige bedeutsame Revisionen der überlieferten Struktur des Schulwesens. Das neue Abkommen wurde 1964 in Hamburg geschlossen. 1968 wurde es in Hannover ergänzt durch den Beschluß, die zur Fachhochschulreife führenden Fachoberschulen in das allgemeinbildende Schulwesen einzubeziehen.
Die Vereinbarungen dieses Abkommens binden bis zur Gegenwart die Länder als Rechtsgrundlage in allen schulpolitischen Entscheidungen, seit dem Einigungsvertrag ebenfalls die neuen Bundesländer.

Quelle: Sammlung der Beschlüsse der Ständigen Konferenz der Kultusminister der Länder in der Bundesrepublik Deutschland. Berlin und Neuwied o. J. Leitzahl 101.

Der Abschnitt I „Allgemeine Bestimmungen" enthält in den §§ 1–3 die Vereinbarungen zur Dauer des Schuljahres und der Ferien.

Abschnitt II

A. Einheitliche Bezeichnungen im Schulwesen

§ 4 (1) Die für alle Schüler gemeinsame Unterstufe trägt die Bezeichnung „Grundschule".

(2) Die auf der Grundschule aufbauenden Schulen tragen die Bezeichnungen „Hauptschule", „Realschule" oder „Gymnasium".

(3) Grundschule und Hauptschule können auch die Bezeichnung „Volksschule" tragen.

(4) Ein für alle Schüler gemeinsames 5. und 6. Schuljahr kann die Bezeichnung „Förder- oder Beobachtungsstufe" tragen.

§ 5 Schulen für Kinder und Jugendliche mit körperlicher, seelischer oder geistiger Behinderung tragen die Bezeichnung „Sonderschulen".

§ 6 (1) Schulen, die in den in § 10 näher bezeichneten Formen eine über die Hauptschule hinausgehende allgemeine Bildung vermitteln, tragen die Bezeichnung „Realschule".

(2) Schulen, die Berufstätige in Abendkursen zum Realschulabschluß führen, tragen die Bezeichnung „Abendrealschule".

§ 7 (1) Schulen, die am Ende der 13. Klasse zur allgemeinen Hochschulreife oder zu einer fachgebundenen Hochschulreife führen, tragen die Bezeichnung „Gymnasium". Sie kann durch einen Zusatz ergänzt werden, der den Schultyp angibt.

(2) Schulen, die Berufstätige in Abendkursen zur allgemeinen Hochschulreife oder zu einer fachgebundenen Hochschulreife führen, tragen die Bezeichnung „Abendgymnasium".

(3) Institute zur Erlangung der Hochschulreife tragen die Bezeichnung „Kolleg".

§ 8 Die Klassen werden vom 1. Grundschuljahr aufsteigend von Klasse 1 bis 13 durchgezählt.

B. Organisationsformen

§ 9 (1) Die Hauptschule schließt an die Grundschule an und endet mit der 9. Klasse. Eine 10. Klasse ist zulässig.

(2) Es wird eine Fremdsprache, in der Regel Englisch, gelehrt. Sie beginnt in der 5. Klasse.

§ 10 (1) Die Organisationsformen der Realschule sind:

a) die Normalform,
b) die Aufbauform.

(2) Es wird eine Pflichtfremdsprache, in der Regel Englisch, gelehrt. Eine 2. Fremdsprache kann als Wahlfach gelehrt werden.

(3) Die Realschule der Normalform ist sechs- oder vierklassig. Die vierklassige Form setzt lehrplanmäßigen Unterricht in einer Fremdsprache in der 5. und 6. Klasse voraus.

(4) Für Schüler der Hauptschule schließt die Realschule in Aufbauform spätestens an die 7. Klasse an, wenn Kenntnisse in einer Fremdsprache nicht vorausgesetzt werden.

(5) Die Realschule endet mit der 10. Klasse.

(6) Der Übergang in die Realschule wird durch ein Aufnahmeverfahren geregelt.

§ 11 (1) Die Organisationsformen des Gymnasiums sind

a) die Normalform,
b) die Aufbauform.

(2) Das Gymnasium der Normalform ist neun- oder siebenklassig. Die siebenklassige Form setzt lehrplanmäßigen Unterricht in einer Fremdsprache in der fünften und sechsten Klasse voraus.

(3) Für Schüler der Hauptschule schließt das Gymnasium in Aufbauform spätestens an die siebente Klasse an, wenn Kenntnisse in einer Fremdsprache nicht vorausgesetzt werden.

(4) Für Schüler der Realschule schließt das Gymnasium in Aufbauform spätestens an die zehnte Klasse an und dauert dann mindestens drei Jahre. Es setzt Kenntnisse in einer zweiten Fremdsprache nicht voraus.

(5) Der Übergang in das Gymnasium wird durch ein Aufnahmeverfahren geregelt.

§ 12 Unbeschadet der in § 13 Buchstabe c) eröffneten Möglichkeit der Einführung einer 3. Fremdsprache ab Klasse 9 gliedert sich das Gymnasium von der 11. Klasse ab in verschiedene Schultypen. Die Unterrichtspläne der einzelnen Schultypen müssen den Bestimmungen der Vereinbarungen der Kultusminister der Länder über die gegenseitige Anerkennung der Reifezeugnisse entsprechen.

§ 13 Für die Sprachenfolge in den Gymnasien der Normalform, die zur allgemeinen Hochschulreife führen, gelten folgende Bestimmungen:

a) Der Unterricht in der ersten Fremdsprache beginnt in der 5. Klasse. Die erste Fremdsprache ist in der Regel Englisch oder Latein.
b) Der Unterricht in der zweiten Fremdsprache beginnt in der 7. Klasse. Zweite Fremdsprache können sein: Latein, Französisch und Englisch. Ist Latein die erste, so ist in der Regel Englisch die zweite Fremdsprache.
c) Frühestens von der 9. Klasse ab kann eine dritte Fremdsprache gelehrt werden. Für Schüler, die das Reifezeugnis des altsprachlichen Schultyps erwerben wollen, beginnt der pflichtmäßige Griechischunterricht in der

9. Klasse. Dafür können sich nur Schüler entscheiden, die Latein als erste oder zweite Fremdsprache gelernt haben.

§ 14 (1) In den zur allgemeinen Hochschulreife führenden Aufbauformen der Gymnasien für Schüler der Hauptschule ist Englisch in der Regel erste Fremdsprache. Die zweite Fremdsprache beginnt spätestens in der 9. Klasse.

(2) In den zur allgemeinen Hochschulreife führenden Aufbauformen der Gymnasien für Schüler der Realschule wird der Unterricht in der ersten Pflichtfremdsprache fortgesetzt. Der Pflichtunterricht in der zweiten Fremdsprache setzt mit Beginn dieser Aufbauform des Gymnasiums ein.

(3) Eine dritte Fremdsprache kann in diesen Aufbauformen nur als freiwillige Arbeitsgemeinschaft von der 11. Klasse ab gelehrt werden.

§ 15 (1) Soweit ungeachtet dieser Vereinheitlichung beim Schulwechsel Härtefälle eintreten, sind nach näherer Weisung der Unterrichtsverwaltungen Übergangshilfen zu geben. Dabei kann auch auf ein Prüfungsfach verzichtet werden, wenn gleichzeitig die Anforderungen in einem anderen Fach erhöht werden.

(2) Für Schüler, die nicht in einer dritten Fremdsprache als Pflichtfach unterrichtet worden sind, wird beim Schulwechsel in ein anderes Land von der 10. Klasse ab auf die dritte Fremdsprache als Pflichtfach verzichtet.

§ 16 Pädagogische Versuche, die von der in diesem Abkommen vereinbarten Grundstruktur des Schulwesens abweichen, bedürfen der vorherigen Empfehlung der Kultusministerkonferenz.

Es folgen Abschnitt III „Anerkennung von Prüfungen“ und Abschnitt IV „Bezeichnung der Notenstufen“.
Abschnitt V enthält Bestimmungen über die Durchführung dieses Abkommens.
Das Hamburger Abkommen vom 28. Oktober 1964 erfuhr eine erste Änderung durch das Abkommen vom 31. 10. 1968 in Hannover. Es brachte die Eingliederung der Fachoberschulen in das allgemeinbildende Schulwesen:

Das Abkommen zwischen den Ländern der Bundesrepublik zur Vereinheitlichung auf dem Gebiet des Schulwesens vom 28. Oktober 1964 wird wie folgt geändert:

1. Als § 6a wird eingefügt:
   „Schulen, die am Ende der Klasse 12 zur Fachhochschulreife führen, tragen die Bezeichnung „Fachoberschule“.
2. Als § 10a wird eingefügt:
   „(1) Die Fachoberschule umfaßt die Klassen 11 und 12. Sie vermittelt eine praktische Ausbildung und eine wissenschaftlich-theoretische Bildung.

Die Gliederung des Bildungswesens in der Bundesrepublik

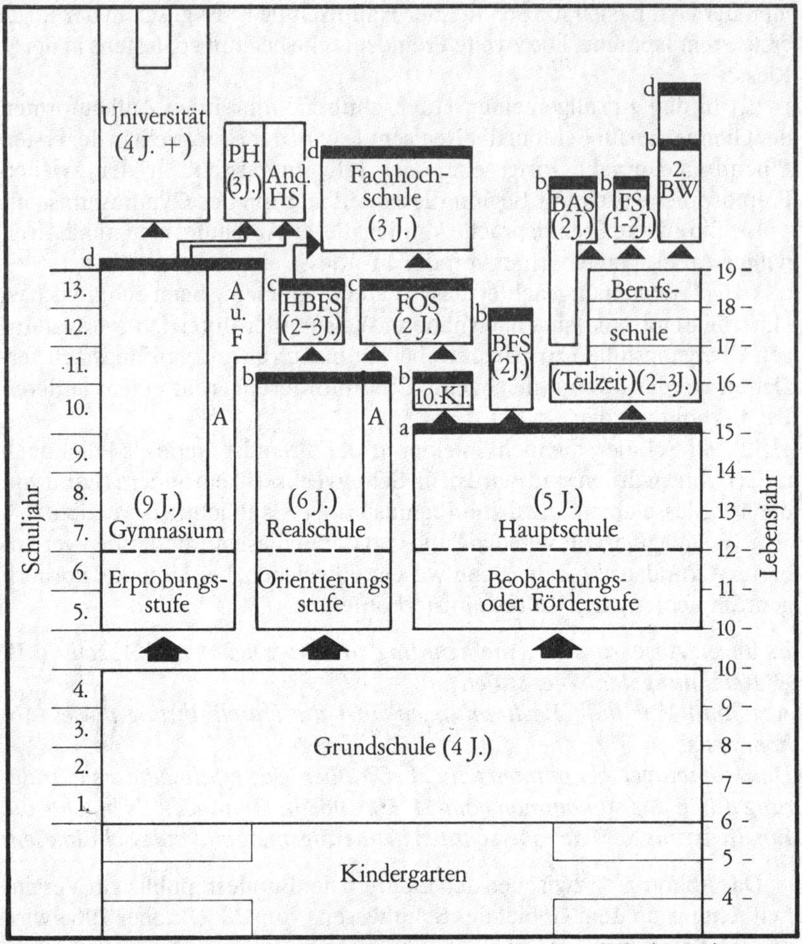

Die Darstellung berücksichtigt nicht: Sonderschulen; besondere Formen und Regelungen in einzelnen Ländern. – Die Bezeichnungen für die Klassen 5 und 6 (Erprobungs-, Orientierungs-, Beobachtungs- oder Förderstufe) sind nicht auf die einzelnen Schulformen bezogen, sondern gelten, nach Ländern verschieden, für diese Klassen in mehreren oder allen Formen.
Abschlüsse: a = Hauptschulabschluß, b = mittlerer Abschluß, c = Fachhochschulreife, d = Hochschulreife
Schulformen (Abkürzungen): A = Aufbauformen, F = F-Gymnasium, FOS = Fachoberschule, (H)BFS = (Höhere) Berufsfachschule, FS = Fachschule, BAS = Berufsaufbauschule, 2. BW = 2. Bildungsweg, PH = Pädagogische Hochschulen, And. HS = Andere Hochschulen

Quelle: Bildungsbericht '70. Bericht der Bundesregierung zur Bildungspolitik. Der Bundesminister für Bildung und Wissenschaft. Bonn 1970. S. 73.

(2) Es wird eine Pflichtfremdsprache gelehrt. Eine zweite Fremdsprache kann als Wahlfach gelehrt werden.
(3) Die Fachoberschule gliedert sich in verschiedene Schultypen. Die Unterrichtspläne der einzelnen Schultypen müssen den Bestimmungen der Vereinbarungen der Kultusminister der Länder über die gegenseitige Anerkennung der Fachhochschulreifezeugnisse entsprechen."

3. Als § 10 b wird eingefügt:
„(1) Für Bewerber mit dem Abschlußzeugnis der Realschule oder einer gleichwertigen Vorbildung ohne Lehre dauert der Besuch der Fachoberschule zwei Jahre. Mindestens die Hälfte dieser Zeit dient der wissenschaftlich-theoretischen Bildung.
(2) Bei Bewerbern
1. mit dem Abschlußzeugnis der Hauptschule und dem Abschlußzeugnis einer Berufsaufbauschule oder
2. mit dem Abschlußzeugnis der Realschule oder einer gleichwertigen Vorbildung,
die eine Lehre mit dem vorgeschriebenen berufsbegleitenden Unterricht in einem Beruf absolviert haben, kann diese Ausbildung bis zur Dauer eines Jahres auf den Besuch der Fachoberschule angerechnet werden."

Eine zweite Änderung erfolgte am 14. 10. 1971 in § 13 Abs. a) und b) zugunsten der übrigen lebenden Fremdsprachen als Erstsprachen neben Englisch.

[5]

DEUTSCHER BILDUNGSRAT

Einrichtung von Schulversuchen mit Gesamtschulen (1969)

Noch bevor der Bildungsrat seine Beratungen über einen Strukturplan abgeschlossen hatte, empfahl die Bildungskommission des Bildungsrates die Erprobung von Gesamtschulen in wissenschaftlich kontrollierten Schulversuchen. Die in der Öffentlichkeit sehr kontrovers geführte Diskussion hatte sich an Experimenten entzündet, die von einigen Ländern zur Förderung dieser neuartigen Schulform eingerichtet worden waren. In dem – z. T. ideologisch geführten – Streit versuchte die Bildungskommission, zwischen den Befürwortern und Gegnern mit einem eigenen Vorschlag zu vermitteln. Dazu verwies sie auf die positiven Erfahrungen vergleichbarer Industrienationen mit diesem Schulkonzept und begründete zugleich damit die Notwendigkeit, in den deutschen Ländern Erfahrungen zu sammeln, bevor endgültige Entscheidungen getroffen würden.

Quelle: Deutscher Bildungsrat. Empfehlungen der Bildungskommission „Einrichtung von Schulversuchen mit Gesamtschulen". 2. Aufl. Stuttgart 1970. S. 15 ff.

Empfehlung

Die Bildungskommission des Deutschen Bildungsrates empfiehlt, integrierte und differenzierte Gesamtschulen als Versuchsschulen einzurichten.

Die Versuche sollen sowohl in ländlichen Gebieten als auch in Städten verschiedener Größenklassen erfolgen. Es sollten sich alle Bundesländer daran beteiligen. Die Anzahl der Versuche muß mindestens so groß sein, daß eine zuverlässige wissenschaftliche Auswertung möglich ist.

Initiative und Trägerschaft der Schulversuche können bei den Ländern, bei den Kommunen oder bei privaten Schulträgern liegen.

Die Schulversuche müssen durch eine begleitende Forschung wissenschaftlich kontrolliert werden. Dazu sind bei der Anlage der Einzelversuche von den Versuchsträgern und den an der Durchführung der Versuche Beteiligten die im folgenden genannten grundsätzlichen Merkmale der Gesamtschulen wie die im weiteren Teil des Empfehlungstextes skizzierten Strukturmerkmale der Gesamtschule zu berücksichtigen.

Um die Arbeitsbedingungen eines Experimentalprogrammes Gesamtschule zu sichern und die nötigen Entwicklungsaufgaben mit qualifizierten Lehrern aller Stufen wahrnehmen zu können, sollen die vorgeschlagenen Gesamtschulen in der Regel sowohl eine Mittelstufe als auch eine Oberstufe besitzen. Dabei wird es in manchen Fällen notwendig sein, mehrere Mittelstufen einer gemeinsamen Oberstufe zuzuordnen. Die Zugehörigkeit einer Grundstufe ist wünschenswert, aber nicht notwendig. Die Größe der Mittelstufe der Gesamtschule macht es erforderlich, daß häufig mehrere Grundschulen einer Gesamtschule zugeordnet werden.

Für die Mittelstufe und die Oberstufe der Gesamtschulen sollen die folgenden grundsätzlichen Merkmale charakteristisch sein:

1. Mittelstufe

a) Die Mittelstufe der Gesamtschule umfaßt für alle Schüler die Jahrgangsstufen (Klassen) 5 bis 10. (In Ländern mit sechsjähriger Grundschule kann sie die Jahrgangsstufen 7 bis 10 umfassen.)

b) In der Mittelstufe der Gesamtschule wird die Trennung von Schulzweigen mit unterschiedlichen Bildungszielen aufgehoben. Alle Schüler – ausgenommen die Sonderschüler – besuchen in der Mittelstufe eine gemeinsame Schule.

c) In der Mittelstufe der Gesamtschule tritt an die Stelle einer fachübergreifenden Leistungsdifferenzierung nach Schulzweigen eine fachspezifische Leistungsdifferenzierung. Der Schüler besucht jeweils die seiner Lernfähigkeit im einzelnen Fach entsprechenden Kurse.

d) In der Mittelstufe der Gesamtschule erfolgt keine punktuelle Auslese für einen bestimmten Bildungsweg und einen bestimmten Abschluß. Die fachspezifische Leistungsdifferenzierung erfolgt zu verschiedenen, jeweils für das besondere Fach sinnvollen Zeitpunkten und in einem unterschiedlichen Ausmaß. An die Stelle einer fachübergreifenden Auslese tritt eine schrittweise und jeweils auf einzelne Fächer bezogene Differenzierung.

e) In der Gesamtschule erfolgt gegen Ende der Mittelstufe in zunehmendem Maße eine Wahldifferenzierung. Es bleiben nur noch einige Fächer obligatorisch, darüber hinaus kann der Schüler aufgrund pädagogischer Beratung Kurse individuell zusammenstellen.

f) In der Mittelstufe der Gesamtschule wird mit zunehmendem Alter des Schülers die bisherige geschlossene Schulklasse immer stärker aufgelöst; der Schüler gehört statt dessen verschiedenen Kursgruppen an. Die Schuljahrgangsstufe bleibt in der Mittelstufe jedoch bestehen.

g) Die Mittelstufe der Gesamtschule führt zum Abschluß mit dem Abitur I. Schüler, die das Abitur I nicht bestehen, erhalten ein Abgangszeugnis.

h) Solange keine zehnjährige Vollzeitschulpflicht besteht, können Schüler, die die Gesamtschule nach Beendigung der Pflichtschulzeit verlassen, aufgrund einer Gleichwertigkeitsbestimmung den Hauptschulabschluß erwerben.

2. Oberstufe

a) Die Oberstufe der Gesamtschule kann und soll nicht nur von den Schülern, die die Mittelstufe der Gesamtschule absolviert haben, sondern auch von möglichst vielen Schülern aus anderen Schulen besucht werden. Voraussetzung ist dann in der Regel der erfolgreiche Besuch der zehnten Jahrgangsstufe der Schule.

b) Die Oberstufe der Gesamtschule vermittelt Qualifikationen für einen unmittelbaren Berufseintritt wie Qualifikationen für ein Studium. Schüler, die bald in einen Beruf eintreten wollen, und Schüler, die ein Studium beginnen wollen, besuchen zum Teil gemeinsame Lehrveranstaltungen. Beide Bildungswege sind also nicht als voneinander völlig unabhängige Schulzweige getrennt.

c) In der Oberstufe der Gesamtschule werden auch die Schuljahrgangsstufen aufgelöst; die gesamte Oberstufe bildet eine Einheit. Ähnlich wie in der Hochschule können von dem Schüler Kurse aus dem gesamten Kursangebot belegt werden.

d) Die Oberstufe der Gesamtschule bietet ein umfassendes Maß an Wahlmöglichkeiten. Der Schüler kann sich in seiner Arbeit auf wenige, von ihm selbst gewählte Fächer konzentrieren. In den Fächern, die für alle

Modell eines horizontal gegliederten Bildungswesens

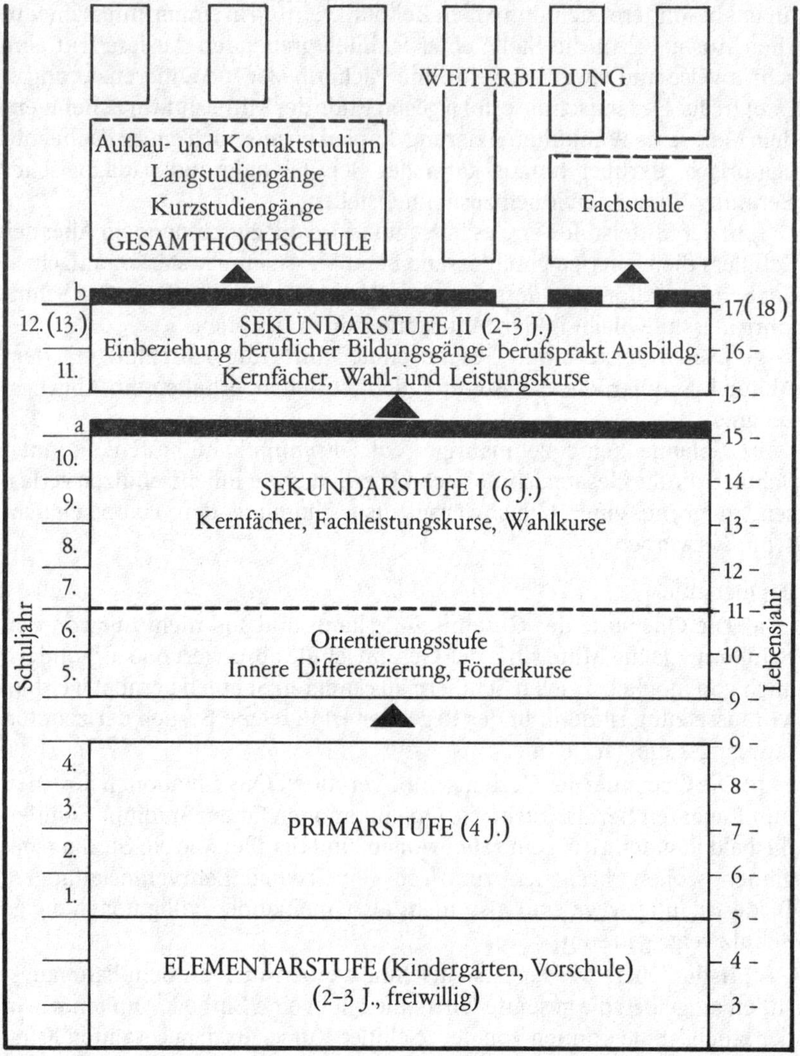

Abschlüsse: a = „Abitur I", b = „Abitur II"

Quelle: Bildungsbericht '70. Bericht der Bundesregierung zur Bildungspolitik. Der Bundesminister für Bildung und Wissenschaft. Bonn 1970. S. 74.

obligatorisch sind, kann er bestimmte Schwerpunkte wählen. Neben einem breiten und differenzierten Kursangebot in den sozialwissenschaftlichen, naturwissenschaftlichen und sprachlichen Fächern gibt es Kurse, die die unspezialisierten Grundkenntnisse für Berufe in Technik, Wirtschaft und Verwaltung vermitteln. Für alle diese Ausbildungsrichtungen besteht die Möglichkeit individueller Kurskombinationen. Das Bildungsangebot ist für jeden Schüler in der Breite wie im Niveau offen.

e) Der Besuch der Oberstufe der Gesamtschule führt zum Abschluß mit dem Abitur II. Die Form einer ersten, auf Berufsfelder bezogenen Qualifikation muß im Versuchsstadium erst entwickelt werden.

Der Erwerb eines Abschlusses ist nicht an eine bestimmte Dauer des Schulbesuchs in der Oberstufe gebunden. Diese Dauer ist vielmehr von der Breite und Intensität des individuellen Bildungsweges abhängig; sie sollte in der Regel zwischen zwei und drei Jahre liegen.

Die Gesamtschulen müssen langfristige Entwicklungsaufgaben im Bereich der Lehrplanrevision, der Einrichtung einer pädagogischen Schulberatung, der Reform der Leistungsbewertung und der Veränderung der Schulorganisation leisten, die für das gesamte Schulwesen wichtig sind.

Diese werden im einzelnen erläutert und begründet.

[6]

DEUTSCHER BILDUNGSRAT

Strukturplan für das Bildungswesen (1970)

Die breite, vielfältig kontroverse Diskussion bildungspolitischer Fragen in den sechziger Jahren hatte die Notwendigkeit zentraler, politisch kompetenter Bildungsplanung offenbart, deren Effektivität entscheidend von der Beteiligung des Bundes abhängen würde. Deshalb wurde 1965 durch ein Verwaltungsabkommen zwischen Bund und Ländern ein „Deutscher Bildungsrat" geschaffen. Im Unterschied zum Deutschen Ausschuß arbeitete er mit zwei Kommissionen, einer Bildungskommission – bestehend aus zwanzig Bildungsexperten des öffentlichen Lebens, der Verbände und Institutionen – und einer Regierungskommission mit Fach- und Finanzreferenten des Bundes und der Länder. Letztere hatte lediglich beratende Funktion, beschließende allein die Bildungskommission. Eine Zusammenarbeit mit dem Wissenschaftsrat – dem Sachverständigengremium für die Förderung der Hochschulen und der Forschung – war vorgesehen.
Der Deutsche Bildungsrat hatte den Auftrag, Empfehlungen für die Entwicklung des Bildungswesens zu erarbeiten und die Möglichkeiten der finanziellen und rechtlichen Umsetzung zu prüfen. Nach ersten Einzelempfehlungen legte die Bildungskommission 1970 einen „Strukturplan für die Neuordnung des Bildungswesens" vor, der mit der Regierungskommission und mit dem Wissenschaftsrat abgestimmt war. Seine Planungsperspektiven gingen von wenigen, aus der Verfassung abgeleiteten Prinzipien aus und entwickelten langfristige Zielsetzungen. Diese sollten in zeitlicher Staffelung über definierte Zwischenziele unter den notwendigen gesetzlichen und bildungsökonomischen Sicherungen bis etwa 1980 erreicht

werden. Die damalige SPD/FDP-Koalition übernahm die Empfehlungen weitgehend in ihr Regierungsprogramm, konnte sie aber nicht mehr verwirklichen.
Der Deutsche Bildungsrat beendete 1975 seine Tätigkeit. Sein Auftrag wird seitdem von der „Bund-Länder-Kommission für Bildungsplanung" weitergeführt. Sie wurde 1970 aus Verwaltungsfachleuten der Bundes- und Landesregierungen gebildet und soll beschlußfähige Vorlagen für die Weiterentwicklung des Bildungswesens erarbeiten.

Quelle: Deutscher Bildungsrat. Empfehlungen der Bildungskommission „Strukturplan für das Bildungswesen". Stuttgart 1970. S. 25 ff.

1. Ausgangspunkt

Das Grundgesetz für die Bundesrepublik Deutschland macht nach Art. 1 aller staatlichen Gewalt zur Pflicht, die Würde des Menschen zu achten und zu schützen. Nach Art. 2 garantiert es jedem einzelnen das Recht auf die freie Entfaltung seiner Persönlichkeit. Die Verfassungen der Bundesländer enthalten entsprechende Verpflichtungen und Garantien. An diese Verfassungssätze sind auch alle Bildungseinrichtungen gebunden. Nur auf dieser Grundlage können in einem demokratischen und sozialen Staat die Ziele für das Bildungswesen gesetzt werden.

Im Strukturplan wird das Bildungswesen im Sinne der Verfassungen von Bund und Ländern unter den leitenden Gesichtspunkt gestellt, daß der Mensch befähigt werden soll, seine Grundrechte wahrzunehmen und die ihnen entsprechenden Pflichten zu erfüllen. Dem Bildungswesen fällt insbesondere die Aufgabe zu, die Voraussetzungen dafür zu schaffen, daß der einzelne das Recht auf freie Entfaltung der Persönlichkeit sowie das Recht auf freie Wahl des Berufs (Art. 12) wahrnehmen kann.

Aus den Grundrechten lassen sich allgemeine, für alle Bereiche des Bildungswesens gültige Ziele ableiten. Das Grundgesetz und die Verfassungen der Länder enthalten jedoch keine inhaltlich bestimmten Bildungsprogramme; ebenso wenig läßt sich der Inhalt der Bildungsgänge aus ihnen ableiten. Dennoch sind sie für die Bildungspolitik der verpflichtende Ausgangspunkt.

2. Grundlinien

2.1 Einheit des Bildungswesens

Am Lernprozeß des jungen Menschen haben neben der Schule die Familie und Freundschaften, Vereine und Gruppen einen erheblichen Anteil. Hinzu kommen Anregungen, die durch Fernsehen, Funk, Film und Presse, Volkshochschulen und vielleicht auch in privatem Unterricht vermittelt werden. Alle diese Lernvorgänge gehen für den einzelnen in einen Zusammenhang ein, der sich über Schule und Berufsbildung im ständigen Weiterlernen fortsetzt. Alles Lernen bildet einen Zusammenhang.

Im Strukturplan werden folgende Bereiche des organisierten Lernens unterschieden, einander zugeordnet und als ein zusammenhängendes Ganzes dargestellt: Elementarbereich, Primarbereich, Sekundarbereich und Weiterbildung. Der Wissenschaftsrat wird einen mit diesem Strukturplan abgestimmten Vorschlag für den Hochschulbereich vorlegen.

Dabei gelten für die Gliederung des Bildungswesens folgende Leitsätze:

1. Die Bereiche des Lernens sollen in sich und im Verhältnis zueinander horizontal nach Stufen gegliedert sein.

2. Jede Stufe muß unter Berücksichtigung der körperlichen und geistigen Belastbarkeit des einzelnen entsprechend den Lernvoraussetzungen angelegt sein, die in den vorhergehenden Stufen erreicht wurden.

Die systematische Zuordnung der verschiedenen Schullaufbahnen zueinander und zum weiterführenden Lernen soll es Schülern und Eltern, Lehrern und Beratern erleichtern, Bildungsgänge nach ihren Möglichkeiten vorweg zu überschauen und mitzubestimmen.

Die Schule spielt im Leben des einzelnen eine besondere Rolle. Durch den Eintritt in die Schule ändert sich der soziale Umkreis des Kindes. Die Schule fordert eine soziale Bewährung außerhalb der Familie. Sie ist für den Lernenden Umwelt, die in das Leben der Gesellschaft einführt und für die Bildung der Person von entscheidender Bedeutung wird. Der soziale Auftrag der Schule ist daher nicht in erster Linie von den Zielen und Zwecken her zu verstehen, die ihr in der Gesellschaft aufgegeben werden, sondern primär von der Bedeutung her, die sie für die soziale Erziehung des einzelnen hat.

In Abschnitt 2.2 und 2.3 betont der Bildungsrat die Offenheit seiner Planungen für Änderungen im Hinblick auf „Struktur und Curriculum“ (2.2) und will auch „Alternativen“ anbieten (2.3).

2.4 Reform als Prozeß

Die bisherigen Einzelempfehlungen der Bildungskommission wie auch der Strukturplan sind Schritte im Veränderungsprozeß des Bildungswesens, der schon vor Bestehen der Bildungskommission begonnen hatte. Der Strukturplan setzt einen besonderen Akzent in diesem Prozeß, insofern hier das Bildungswesen als Einheit betrachtet und vom Gesamtzusammenhang her eine Veränderung des Systems und der Bildungswege vorgeschlagen wird. Einige Empfehlungen, die im Strukturplan ausgesprochen werden, sind von grundlegender Bedeutung; sie betreffen den Ausbau der vorschulischen Erziehung, die Gleichrangigkeit der Schullaufbahnen im Sekundarbereich, die Teilnahme aller Fünf- bis Fünfzehnjährigen an vollzeitschulischen Bildungsveranstaltungen, die Einheit von theoretischer und praktischer Bildung. Diese Konzeptionen sind nicht beliebig veränderbar, wenngleich sie immer Möglichkeiten zur Fortentwicklung einschließen.

Mit dem Strukturplan wird nicht der Anspruch erhoben, Lösungen anzubieten, die ein für allemal gelten. Der Strukturplan ist vielmehr als Vorschlag für die nächste Phase der Bemühungen um eine zeitgerechte Lösung der Bildungsfragen zu verstehen. Der Strukturplan enthält Vorschläge, wie das Programm zeitlich gestaffelt verwirklicht werden kann. Er ist offen; er ist revidierbar; er bahnt weitere Entwicklungen an. Der Strukturplan ist kein unveränderbarer Grundriß, er sollte vielmehr als Orientierung in einem Suchprozeß verstanden werden. Die weitere Entwicklung muß durch ständige Einrichtungen der Bildungsplanung vorbereitet und gefördert werden.

3. Allgemeine Ziele

3.1 Grundrechte

Ausgehend vom Grundgesetz und den Länderverfassungen wird im Strukturplan die Linie früherer Schulreformen weitergeführt. In ihm werden die Ziele für die öffentlichen Bildungseinrichtungen aufgrund der heute gegebenen Lage der Gesellschaft konkretisiert.

Das umfassende Ziel der Bildung ist die Fähigkeit des einzelnen zu individuellem und gesellschaftlichem Leben, verstanden als seine Fähigkeit, die Freiheit und die Freiheiten zu verwirklichen, die ihm die Verfassung gewährt und auferlegt.

Die Grundrechte garantieren nicht nur das Recht auf freie Entfaltung der Persönlichkeit, auf den Schutz der Person (Art. 2.), auf die Gleichheit vor dem Gesetz (Art. 3) und auf freie Berufswahl (Art. 12), sondern auch die Freiheit der religiösen und politischen Anschauungen (Art. 3), des Glaubens, des Gewissens und des Bekenntnisses (Art. 4). Ferner ist im Grundgesetz das Recht auf freie Meinungsäußerung (Art. 5), auf den Schutz von Ehe und Familie (Art. 6) ebenso verankert wie das Recht auf Eigentum und die Verpflichtung, es nicht nur im eigenen Interesse, sondern zugleich zum Wohle der Allgemeinheit zu gebrauchen (Art. 14).

Die im Grundgesetz genannten Grundrechte, die hier stellvertretend für alle humanen Grundrechte stehen, gelten für alle in gleicher Weise. Jeder einzelne soll sie wahrnehmen können und sich so verhalten, daß es jedem anderen Mitglied der Gesellschaft die Wahrnehmung derselben Grundrechte selbstverständlich zugesteht. Damit ergeben sich aus den Grundrechten auch Pflichten. Jeden Staatsbürger zur Wahrnehmung seiner Rechte und zur Erfüllung seiner Pflichten zu befähigen, muß deshalb das allgemeine Ziel der Bildung sein, für die nächst den Eltern der Staat sorgen muß. Die Aufsicht über das gesamte Schulwesen ist nach Art. 7 des Grundgesetzes Pflicht des Staates.

Aus den Grundrechten und den abgeleiteten Pflichten im demokratischen und sozialen Rechtsstaat ergibt sich, daß das öffentliche Bildungsangebot bestimmte für alle Lernenden gemeinsame Elemente aufweisen muß. Die Zielorientierung, die pädagogische Grundlinie, die Wissenschaftsbestimmtheit sowohl der Lerninhalte als auch der Vermittlung müssen für alle Schullaufbahnen in gleicher Weise gelten.

Wenn sich Schullaufbahnen auch weiterhin nach Lerninhalten, Lernverfahren und Lernansprüchen unterscheiden werden, so wird es doch nicht länger möglich sein, Rangunterschiede dadurch zu begründen, daß man einer volkstümlichen eine wissenschaftliche Bildung entgegensetzt. Das organisierte Lernen soll für alle wissenschaftsorientiert sein. Auch wird es nicht länger zu rechtfertigen sein, einer allgemeinen eine nur berufliche Bildung gegenüberzustellen. Das Lernen soll den ganzen Menschen fördern. Dazu gehört, daß jeder das Lernen erlernt. Das soziale System des Lernens soll in allen Bildungseinrichtungen dazu führen, daß die für das Zusammenleben erforderlichen Verhaltensweisen erworben werden.

Allen Staatsbürgern soll es möglich sein, den gleichen Anspruch auf Bildung in verschiedenen Formen und auf verschiedenen Anspruchsebenen zu realisieren. Schule, Berufsbildung und Weiterbildung stehen damit vor neuen Aufgaben.

3.2 Chancengleichheit

Das Recht auf schulische Bildung ist dann verwirklicht, wenn Gleichheit der Bildungschancen besteht und jeder Heranwachsende so weit gefördert wird, daß er die Voraussetzungen besitzt, die Chancen tatsächlich wahrzunehmen. Der Strukturplan will deshalb darauf hinwirken, daß bestehende Ungleichheiten der Bildungschancen so weit wie möglich abgebaut werden. Dem Bildungssystem soll eine Verfassung gegeben werden, die niemanden durch Zwang zu nicht korrigierbaren Entscheidungen von bestimmten Chancen ausschließt oder auf andere Weise benachteiligt.

Die Chancengleichheit soll nicht durch eine Nivellierung der Anforderungen angestrebt werden. Die Aufgabe ist vielmehr, frühzeitig die Chancenunterschiede der Kinder auszugleichen und später das Bildungsangebot so zu differenzieren, daß die Lernenden ihren Lerninteressen und Lernmöglichkeiten entsprechend gefördert werden und entsprechende Angebote weiterführender Bildung antreffen. Gleichheit der Chancen wird in manchen Fällen nur durch die Gewährung besonderer Chancen zu erreichen sein.

Die Verbesserung der Bildungschancen wird vorwiegend unter dem Gesichtspunkt gesehen, daß Benachteiligungen aufgrund regionaler, sozialer und individueller Voraussetzungen aufgehoben werden müssen. Die Verbesserung der Bildungschancen erfordert strukturelle und curriculare Anpassungen und im ländlichen Bereich häufig besondere finanzielle Aufwendungen, da dort nicht immer die für eine Chancenverbesserung notwendigen Größenordnungen der Bildungseinrichtungen erreichbar sein werden. Auch von der Bevölkerung wird ein Beitrag zu leisten sein, indem sie unter Umständen weitere Schulwege für die Kinder und den Verzicht auf die ortseigene Schule in Kauf nimmt.

3.3 Bildungsstreben und Gesellschaft

Individuelles Bildungsstreben und gesellschaftliche Forderungen können vielfach zusammen bestehen; sie können aber auch in Gegensatz zueinander treten und zu Konflikten führen.

Die Ansprüche auf schulische Bildung und freie Entfaltung der Persönlichkeit führen zu dem Grundsatz, daß jeder einzelne so weit wie möglich zu fördern ist. Die Lernangebote müssen deshalb die unterschiedlichen Interessen und Möglichkeiten des Lernenden berücksichtigen. Diese Berücksichtigung des individuellen Bildungsstrebens macht eine Individualisierung des Lernens und somit eine reiche Differenzierung der Bildungswege erforderlich. Zum anderen kann die Differenzierung im rechten Zeitpunkt eine berufliche Orientierung einleiten und die freie Berufswahl vorbereiten helfen.

Die verteilende Wirkung der Differenzierung ergibt sich aus der Mannigfaltigkeit im curricularen Angebot; sie darf keinen dirigistischen Maßnahmen unterworfen werden. Die Schule muß fördern und verteilen; sie muß einerseits dem Bildungsstreben des einzelnen zur Verwirklichung verhelfen, andererseits aber auch den gesellschaftlichen Forderungen genügen.

Es besteht ein Anspruch ebenso des einzelnen wie der Gesellschaft darauf, daß die Selbstentfaltung der Person und die Selbständigkeit ihrer Entscheidungen und Handlungen durch eine hinreichende Orientierung in der modernen Welt gefördert wird, insbesondere durch ein kritisches Verständnis der Zusammenhänge, die das Leben des Menschen mitbestimmen. Ebenso liegt es im Interesse des einzelnen wie der Gesellschaft, daß die Fähigkeit zur Mitwirkung im demokratischen Staat, das elementare Verständnis von Wissenschaft und Technik sowie die Fähigkeit zur beruflichen Mobilität entwickelt wird.

Konflikte können sich jedoch ergeben, wenn der Wunsch nach einer bestimmten qualifizierten Weiterbildung auf die Forderung nach bestimmten Leistungen als Zugangsvoraussetzungen stößt, oder wenn ein Ausbildungsweg gewählt wird, auf dem ein Überangebot an Arbeitskräften des betreffenden Berufsfeldes herrscht. Das Bildungswesen kann einen Beitrag dazu leisten, solche Konflikte in einem angemessenen Rahmen zu halten, wenn es ein breites Angebot an Curricula macht. Im Bildungswesen sollten auch neue Lerninteressen und neue Bildungsmöglichkeiten berücksichtigt werden. Auch die produktive Einseitigkeit muß eine Chance haben. Mit dieser Förderung der Lernenden durch mannigfache, im Niveau ihnen entsprechende Curricula wird zugleich eine Verteilung auf bestehende oder neu entstehende berufliche Felder angebahnt.

Die Vorausschätzungen des Bedarfs an Arbeitskräften können dem Lernenden als Orientierungshilfe dienen. Doch sind derartige Vorausschätzungen nicht für alle Berufsfelder möglich und auch dort, wo sie möglich sind, unsicher. Überdies können auch im Beschäftigungssystem ebenso wie im Bildungssystem Veränderungen eintreten, die sich gegenseitig beeinflussen. Angesichts dieser Unsicherheitsfaktoren in den Bedarfsprognosen wird die Wechselwirkung zwischen der wissenschaftlich-technischen und gesellschaftlichen Entwicklung einerseits und der Motivation der Schüler, Eltern und Lehrer andererseits eine bedeutende Rolle spielen.

Neue Anforderungen und neue Wege in der Berufswelt können entsprechende Lerninteressen wecken. Es gilt jedoch auch das Umgekehrte: Nicht allein neue Berufe verlangen neue Qualifikationen; neue Qualifikationen können auch neue Berufe hervorbringen.

Der Strukturplan kann nicht darauf angelegt sein, einen vollen Ausgleich von persönlichem und gesellschaftlichem Anspruch herbeizuführen. Er zielt vielmehr darauf ab, den möglichen Konflikt offenzulegen und ihn durch eine Anpassung des Bildungsangebots an veränderte Verhältnisse in angemessenen Grenzen zu halten.

Das Ziel des Lernens in Schule und beruflicher Bildung besteht nicht darin, dem Lernenden lediglich einen Besitzstand an Kenntnissen oder an Fertigkeiten zu vermitteln. Der öffentlich verantworteten Bildung ist vielmehr die Aufgabe gestellt, den Gesamtprozeß der Bildung eines Menschen, der vor der Schule begonnen hat und über die Schule und die Berufsbildung hinaus bis in die Weiterbildung reicht, so gut wie möglich zu fördern und in den gesellschaftlichen Zusammenhang hereinzunehmen.

Innerhalb des Gesamtprozesses der Bildung wird der junge Mensch durch die Schule in die geistigen, kulturellen und gesellschaftlichen Traditionen eingeführt und erwirbt die dazu gehörenden Kenntnisse, Fertigkeiten und Fähigkeiten. Er soll sie jedoch in der Weise erwerben, daß er das Gelernte weiterzuentwickeln, Veränderungen zu beurteilen und aufzugreifen und selbständig weiterzulernen vermag. Es liegt im Prinzip des lebenslangen Lernens, daß mit der Vermittlung von Inhalten das Lernen des Lernens Hand in Hand geht.

Es folgen die Kapitel 4 (Lernen) und 5 (Organisation von Bildung). Abschnitt II (Elemente) enthält die Kapitel frühes Lernen, Weiterbildung, Curriculum, Differenzierung, Lernziele und Lernzielkontrollen, Beratung im Bildungswesen. Im Abschnitt III wird ein „Aufriß“ gegeben:

III. Aufriß

Vorbemerkungen

Das Bildungswesen wird in vier Bereiche gegliedert:

- Den Elementarbereich für Kinder vom dritten Geburtstag an;
- den Primarbereich, der die ersten Schuljahre bis zum Übergang in den Sekundarbereich umfaßt;
- den Sekundarbereich, unterteilt in Sekundarstufe I und II; Abschlüsse sind das Abitur I und das Abitur II oder andere Zeugnisse, die Übergangsmöglichkeiten in eine Berufstätigkeit oder in weiterführende Bildungsgänge eröffnen;
- den Bereich der Weiterbildung, dessen Lernangebot den späteren Lernbedürfnissen entsprechen soll.

Ein weiterer Bereich des Bildungswesens, das als in sich gegliederte Einheit verstanden wird, ist der Hochschulbereich. Über ihn wird sich der Wissenschaftsrat in einem Plan äußern, der mit der Bildungskommission des Deutschen Bildungsrates abgestimmt ist, soweit Fragen des Zusammenhangs zwischen Hochschulbereich und den anderen Bereichen des Bildungswesens berührt werden.

Es folgen Erläuterungen und Empfehlungen zur Verwirklichung.

Für die Zuordnung der Altersjahrgänge zu den Bereichen und Stufen des Bildungswesens ergibt sich aus den Zielvorstellungen folgendes Bild:

- Der Elementarbereich umfaßt alle Einrichtungen zur Bildung und Erziehung der Drei- und Vierjährigen;
- der Primarbereich die veränderte Schule für die Fünf- bis Achtjährigen (beziehungsweise Fünf- bis Zehnjährigen);
- die Sekundarstufe I die veränderte Schule für die Neun- bis Vierzehnjährigen (beziehungsweise Elf- bis Vierzehnjährigen)*;

---

* Die unterschiedlichen Grenzen der Altersgruppen, die dem Primarbereich beziehungsweise der Sekundarstufe I zugeordnet werden, ergeben sich daraus, daß die Orientierungsstufe (siehe III, 3.1.4) für die Neun- und Zehnjährigen nach dem Strukturplan – abhängig vor allem von regionalen Gegebenheiten – sowohl dem Primarbereich als auch der Sekundarstufe I zugeordnet werden kann.

- die Sekundarstufe II umfaßt alle Bildungsgänge unterschiedlicher Dauer, in welche die Jugendlichen in der Regel mit fünfzehn Jahren eintreten, um eine höhere Qualifikation zum Eintritt in einen Beruf oder in weiterführende Bildungseinrichtungen zu erwerben;
- der Bereich der Weiterbildung ordnet das Angebot aller Einrichtungen oder Veranstaltungen unter öffentlicher Verantwortung, die vom einzelnen nach Aufnahme einer Berufstätigkeit in Anspruch genommen werden.

Im Anschluß werden die einzelnen Bereiche eingehend dargestellt, danach in den Abschnitten IV–VI Probleme der Lehrerbildung, der Verwaltung und Finanzierung behandelt.

Schema des Schulaufbaus entsprechend dem Strukturplan

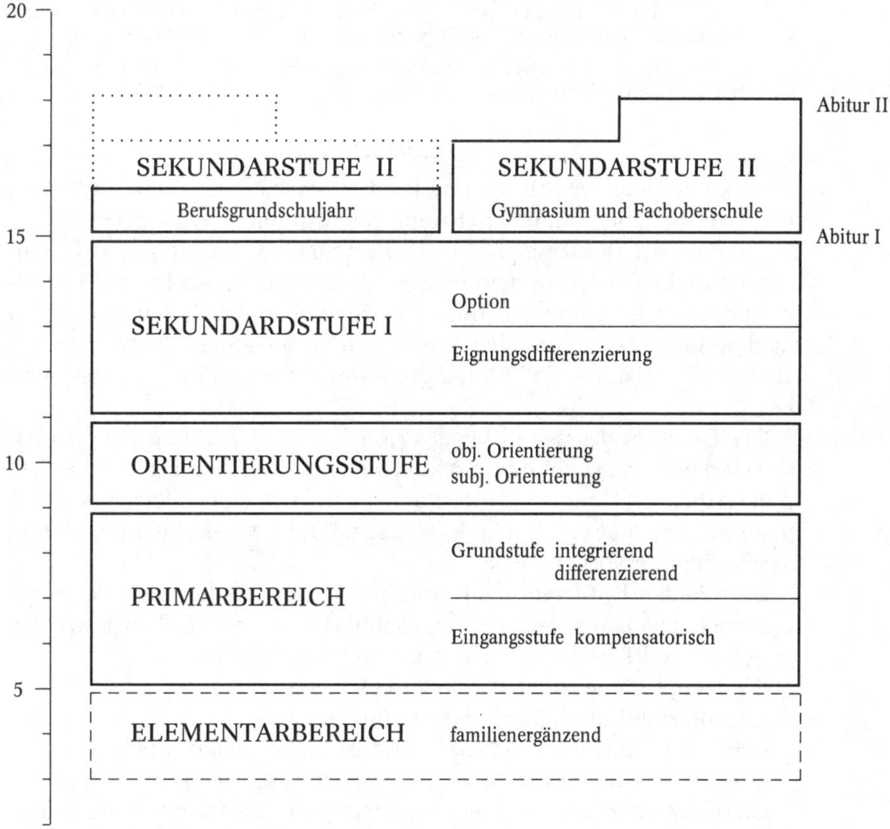

Graphik: B. Michael

[7]

KULTUSMINISTERKONFERENZ

Empfehlungen zur Hauptschule (1969)

Der Strukturumbruch im Schulwesen wurde im „Hamburger Abkommen“ (1964) eingeleitet mit der Umwandlung der Volksschule zur „Hauptschule“. Die im Abkommen vereinbarte generelle Einführung eines neunten Vollzeitpflichtschuljahres sowie die Hebung der inhaltlichen Ansprüche sollten die neugeschaffene „Hauptschule“ gegenüber der Volksschuloberstufe älterer Prägung aufwerten und sie nachdrücklich von der allgemeinen Grundschule abheben. Der Deutsche Ausschuß hatte diese Entwicklungsrichtung vorgezeichnet. In Ausführung seiner Vorschläge im „Rahmenplan“ entwickelte er in einem Einzelgutachten zur „Hauptschule“ schon 1964 das Konzept einer enger auf die Arbeitswelt und Berufsbildung bezogenen Schulform, die bei gleichzeitiger Anhebung ihrer Ansprüche ihren Schülern auch einen späteren Übergang in weiterführende Schulen erleichtern sollte. Nachdem einige Bundesländer diese und ähnlich gerichtete Entwürfe zu verwirklichen begannen, nahmen die Kultusminister diese Entwicklungen mit ihren Empfehlungen auf.

Quelle: Sammlung der Beschlüsse der Ständigen Konferenz der Kultusminister der Länder in der Bundesrepublik Deutschland. Berlin und Neuwied o. J. Leitzahl 130.1.

Präambel

Die Veränderung der Arbeits- und Produktionsweisen in allen Bereichen der Wirtschaft, der Wandel der Konsumgewohnheiten, die zunehmende Fluktuation der Berufstätigen, die Bewegung im Sozialgefüge der Gesellschaft und die Forderung an den Jugendlichen, als Bürger künftig Verantwortung zu übernehmen, bedingen für alle Sekundarschulen – vor allem für die Hauptschule, die ihre Schüler früher als andere Schulen in die Arbeitswelt entläßt –, daß Stoffangebot und Arbeitsweisen erneuert werden.

Der Deutsche Ausschuß für das Erziehungs- und Bildungswesen hat eine stärkere Einbeziehung charakteristischer Erscheinungen unserer Zeit in die Arbeit der Schule gefordert und als wesentliche Unterrichtsinhalte Naturwissenschaft und Technik, Wirtschaft und Arbeitswelt, Politik und Gesellschaft hervorgehoben.

Die Ständige Konferenz der Kultusminister geht bei den folgenden Empfehlungen davon aus, daß die Hauptschule vor neue Aufgaben gestellt ist, die sie auf herkömmliche Weise nicht zu lösen vermag.

Die Hauptschule soll den Schüler befähigen

- Zugang zum kulturellen Leben zu finden,
- sich in das politische und soziale Leben einzugliedern und
- sich seinen Kräften gemäß am Arbeitsleben zu beteiligen.

Diese drei Bereiche sind gleichgewichtig für die Hauptschule, haben jedoch nicht nur für diese Bedeutung.

Die Vorbereitung der Jugendlichen auf die Erwachsenenwelt durch die traditionellen Fächer entspricht diesen Anforderungen nicht mehr. Die Hauptschule benötigt ein neues Angebot von Inhalten und Verfahren. Dadurch soll eine verstärkte Lernmotivation ihrer Schüler ausgelöst werden, damit diese sich die zur Bewältigung künftiger Aufgaben in Beruf und Gesellschaft erforderlichen Kenntnisse, Fertigkeiten und Fähigkeiten aneignen.

I. Empfehlungen für die Klassen 7–9 (10) der Hauptschule

1. Die Hauptschule ist eine weiterführende Schule (Sekundarschule).
2. Die Klassen 7–9 (10) der Hauptschule bilden eine pädagogische Einheit.
3. Die Hinführung zur Wirtschafts- und Arbeitswelt ist eine besondere Aufgabe der Klassen 7–9 (10). In ihnen soll die Arbeitslehre als Fach einen wesentlichen Teil dieser Aufgabe leisten. Dabei ist die Zusammenarbeit zwischen Lehrern der Hauptschule und Lehrern der berufsbildenden Schulen wünschenswert.
4. In der Hauptschule muß ein leistungsdifferenzierter Unterricht in der Fremdsprache und in Mathematik stattfinden. In Deutsch, Physik und Chemie wird ein differenzierter Unterricht (Klassenteilung) empfohlen.
5. Neigungsdifferenzierter Unterricht und Interessengruppen sollen eingerichtet werden.
6. Die notwendige Differenzierung erfordert in der Regel mehrzügige Einrichtungen, Erhöhung der Lehrerrichtzahl und Verbesserung der Sachausstattung. Die Verbindung mit anderen Formen des Sekundarschulwesens erscheint zweckmäßig.
7. Dem fächerübergreifenden Unterricht muß in den Klassen 9 (und 10) breiter Raum gewährt werden.
8. Der obligatorische Fremdsprachenunterricht der Hauptschule – in der Regel Englisch – hat das Ziel, dem Schüler die Grundlagen im Gebrauch der Umgangssprache zu vermitteln.
9. Die Hauptschule ist so anzulegen, daß Hauptschüler ohne Zeitverlust auch zu einem Realschulabschluß oder einem Bildungsabschluß kommen können, der dem Realschulabschluß gleichwertig ist.
10. Die wöchentliche Unterrichtszeit für den Schüler soll in den Klassen 7–9 (10) 34 Stunden nicht überschreiten. Für die Hälfte dieser Stunden sind Klassenteilungen erforderlich.

II. Empfehlungen zur Arbeitslehre

1. Aufgabe

Die Arbeitslehre soll

- Einsichten, Kenntnisse und Fertigkeiten im technisch-wirtschaftlichen und gesellschaftlich-politischen Bereich vermitteln, die heute notwendige Bestandteile der Grundbildung jedes Bürgers sind,
- neue Impulse zur Mitarbeit geben,
- Hilfen für die Wahl eines Berufsfeldes bieten und auf die Berufswahl vorbereiten, jedoch noch keine Berufsausbildung leisten.

In den folgenden Abschnitten 2 und 3 werden die „Bereiche" und die „Inhalte" näher ausgeführt.

[8]

KULTUSMINISTERKONFERENZ

Vereinbarung zur Neugestaltung der gymnasialen Oberstufe in der Sekundarstufe II (1972/1988)

In der anhaltenden Diskussion um die Weiterentwicklung des Schulwesens war die Frage der Übergänge von der Schule in den Beruf bzw. ins Studium immer wieder aufgenommen worden. Besondere Aufmerksamkeit zog dabei die Abstimmung der Anforderungen hinsichtlich der allgemeinen Studienreife zwischen Universität und Gymnasium auf sich. Sie wurde von 1951 an mehrfach erörtert und führte zu verschiedenen Reformen der Oberstufenarbeit und der Abiturprüfung. Daneben aber forderte der mit der wirtschaftlichen Entwicklung – besonders seit den 70er Jahren – wachsende Bedarf an höherqualifizierten Nachwuchskräften zusätzlich die Berücksichtigung berufsrelevanter Studienvoraussetzungen. Der stark steigenden Nachfrage genügten die Einführung bzw. Vermehrung gleichwertiger Schulabschlüsse mit technischer, wirtschaftlicher oder sozialpädagogischer Ausrichtung an den Sonderformen der Gymnasien (z. B. Wirtschaftsgymnasium usw.) nicht. Durchgreifende Strukturreformen wurden erwartet. Dazu lagen Erfahrungen aus Schulversuchen und Vorschläge verschiedener Kommissionen und Verbände vor. Ihnen folgte 1972 die Kultusministerkonferenz mit ihrer Vereinbarung zu einer Neugestaltung der Oberstufe der Gymnasien.

Die Neuordnung sah vor, die Enge und Starrheit des bisherigen Systems durch eine flexible Organisationsstruktur in Verbindung mit einer grundlegenden Curriculumreform zu überwinden. Sie sollte einerseits die allgemeine Studienreife verbessern, andererseits den sachlichen Interessen des Einzelnen und seinem individuellen Leistungsvermögen sowie seinen beruflichen Absichten mehr Raum geben. Dementsprechend erfolgte eine grundlegende Umgestaltung der gymnasialen Oberstufe: Vereinheitlichung durch Integration aller Gymnasialformen, didaktische Eigenständigkeit, Neustrukturierung des Unterrichtsangebots, Umstellung auf ein Kurssystem, Individualisierung durch Schwerpunktbildung, Umwertung der Leistungsbeurteilung zugunsten studienrelevanter Qualitäten u. a. m.

Weitergehende Vorschläge, auch die berufsbezogenen Bildungswege mit ihren Qualifizierungsmöglichkeiten mit den gymnasialen in einer gemeinsamen „Kollegstufe" zu integrieren, wurden wegen „der damit zusammenhängenden erheblichen Schwierigkeiten im Bereich des Curriculums, der Organisation und der Entscheidungsstrukturen" der Erprobung durch Schulversuche vorbehalten. Soweit die berufsbezogenen Bildungswege zur allgemeinen Hochschulreife führen und den Bedingungen der Vereinbarung entsprechen, sind sie durch Fortschreibungen der Vereinbarung als gleichwertig anerkannt worden. In die Neufassung vom 11. April 1988 wurden alle Erweiterungen aufgenommen.

Quelle: Sammlung der Beschlüsse der Ständigen Konferenz der Kultusminister der Länder in der Bundesrepublik Deutschland. Berlin und Neuwied o. J. Leitzahl 175/176.

1. Zielsetzung

Die Vereinbarung über die Neugestaltung der gymnasialen Oberstufe soll die notwendigen Änderungen von Unterrichtsinhalten und Arbeitsformen in den Schulen ermöglichen und gleichzeitig sichern, daß die Oberstufe ihre gemeinsame Gestalt in den Ländern der Bundesrepublik Deutschland behält.

Aufgrund der Vereinbarung wird die Stufe des Übergangs in den Bereich der Hochschule so strukturiert werden können, daß sowohl eine gemeinsame Grundausbildung für alle Schüler gewährleistet als auch der individuellen Spezialisierung Raum gegeben ist.

Ansprüche der Gesellschaft und individuelles Bedürfnis kommen durch die Möglichkeit zu freier Kombination von Grund- und Leistungskursen im Pflicht- und Wahlbereich zu ihrem Recht. Mit der Erweiterung des Wahlbereichs, in den neben den bisherigen auch neue Fächer hineingenommen werden, tritt die Schule entschiedener in ein dynamisches Verhältnis zur gesellschaftlichen Wirklichkeit.

Eine so gestaltete Oberstufe ist einerseits ein Weg zur Hochschule, indem sie die Studierfähigkeit vermittelt, andererseits ein Weg in berufliche Ausbildung oder Tätigkeit. Diese Vereinbarung ist auf den Bereich der gymnasialen Oberstufe beschränkt. Die Neugestaltung schafft jedoch die organisatorischen Voraussetzungen, um den bisherigen curricularen Bereich des Gymnasiums zu erweitern und die Kooperation von allgemeinen und berufsbezogenen Bildungsgängen zu erproben. Das Modell ist offen für die Aufnahme berufsbezogener Fachrichtungen im Sinne der Empfehlungen der Bildungskommission des Deutschen Bildungsrates für die Sekundarstufe II.

2. Grundsätze

2.1 Die inhaltliche Neugestaltung der gymnasialen Oberstufe vollzieht sich durch eine Überprüfung der Lernziele für die bisherigen Fächer. Die Ergebnisse der Lehrplanforschung und -entwicklung sollen diesen Prozeß fördern. Schon jetzt wird die Möglichkeit eröffnet, der Schulpraxis neue Fächer oder Unterrichtsgebiete zuzuführen.

2.2 Eine wichtige Voraussetzung der weiteren Entwicklung der gymnasialen Oberstufe ist die Änderung der Organisation für die bisherigen Klassen 11 bis 13. Die Möglichkeiten der Differenzierung sollen vermehrt werden. Dies kann durch Schwerpunktbildung und Zusammenarbeit unter bestehenden Gymnasien oder auch in größeren organisatorischen Einheiten erreicht werden.

3. Gliederung des Unterrichtsangebots

3.1 Der Unterricht in der Oberstufe wird nach Begabung und Leistung differenziert; die Oberstufe wird nicht mehr nach Gymnasialtypen gegliedert.

3.2. Die Schüler werden in der Oberstufe im Pflichtbereich und im Wahlbereich unterrichtet, und zwar in der Regel 30 Wochenstunden im Verhältnis von etwa 2 : 1.

Im Pflichtbereich erwerben oder erweitern die Schüler Kenntnisse in den vorgeschriebenen Aufgabenfeldern.

Der Wahlbereich soll es den Schülern ermöglichen, ihren Interessen und Neigungen ohne Bindung an festgelegte Aufgabenfelder nachzugehen oder Schwerpunkte zu bilden in Verbindung mit dem Pflichtbereich.

3.3 Innerhalb beider Bereiche wird nach Grund- und Leistungskursen unterschieden, die Fächern zugeordnet werden. Grundkurse sind zwei- bis dreistündig, in Deutsch, in der Mathematik und in den Fremdsprachen mindestens dreistündig.

Leistungskurse vermitteln vertieftes wissenschaftspropädeutisches Verständnis und erweiterte Spezialkenntnisse, auch im Hinblick auf Anwendungsmöglichkeiten der Wissenschaften und Künste. Sie werden mit mindestens 5, in der Regel mit 6 Wochenstunden angeboten.

4. Pflichtbereich

4.1 Der Pflichtbereich umfaßt:
- das sprachlich-literarisch-künstlerische Aufgabenfeld
- das gesellschaftswissenschaftliche Aufgabenfeld
- das mathematisch-naturwissenschaftlich-technische Aufgabenfeld
- Religionslehre
- Sport

Für den Unterricht in Religionslehre gelten jeweils die Bestimmungen der Länder; dies gilt auch für die Festlegung von Wochenstundenzahlen.

In den Aufgabenfeldern, in Religionslehre und im Sport soll jeder Schüler der Oberstufe die vorher erworbenen Kenntnisse oder Fertigkeiten vertiefen und erweitern. Grundlegende Einsichten in fachspezifische Denkweisen und Methoden sollen durch geeignete Themenwahl und Unterrichtsformen exemplarisch für jedes Aufgabenfeld vermittelt werden. Philosophische Fragen, die diese Aufgabenfelder durchziehen, sollen berücksichtigt werden.

Ziff. 4.2–4.6 enthalten didaktische Begründungen und allgemeine Lernziele für die einzelnen Aufgabenfelder des Pflichtbereichs.

5. Wahlbereich

5.1 Der Wahlbereich dient in Verbindung mit dem Pflichtbereich der Schwerpunktbildung durch den Schüler. Die Fächer des Wahlbereichs stellen im Regelfall Teilgebiete aus den drei Aufgabenfeldern dar. In ihnen soll der Schüler in den Sachbereich, die Methode und die Fachsprache der jeweiligen Wissenschaft eingeführt werden. Der Wahlbereich bietet auch Raum für Anwendung (zum Beispiel Kunst- oder Musikausübung, Anwendung der Mathematik in der Datenverarbeitung) und für berufsbezogene Kurse. Im Grundsatz können allen Wissenschaften Unterrichtsgegenstände entnommen werden. Dadurch ist eine Erweiterung des Fächerangebots der Schule möglich.

5.2 Der Schüler belegt im Wahlbereich etwa 10 Wochenstunden je Schulhalbjahr. Er kann damit die Fächer des Pflichtbereichs verstärken, indem er daraus die Leistungsfächer wählt, oder zusätzliche Fächer belegen.

6. Fächerangebot

Grund- und Leistungskurse sind Fächern zuzuordnen.

6.1 Im Pflicht- und Wahlbereich bieten sich vor allem folgende Fächer für die Zuordnung der Grund- und Leistungskurse an:

Deutsch, Fremdsprachen, Bildende Kunst, Musik, Philosophie, Religionslehre, Religionskunde, Gemeinschaftskunde, Wirtschaftslehre, Mathematik, Physik, Chemie, Biologie.

6.2 Besonders im Wahlbereich können mit Genehmigung der zuständigen Schulaufsichtsbehörde neue Fächer in das Fächerangebot aufgenommen werden: Pädagogik, Psychologie, Soziologie, Rechtskunde, Geologie, Astronomie, Technologie, Statistik, Datenverarbeitung und andere.

Im Wahlbereich können auch Teilgebiete von Fächern oder übergreifende Fächer oder Gebiete von den zuständigen Schulaufsichtsbehörden als Kursgegenstände zugelassen werden.

6.3 Als Leistungsfächer und als Fächer des Wahlbereichs kommen auch in Frage: Geschichte, Erdkunde, Sozialkunde.

6.4 Sport wird in der Regel in Grundkursen angeboten. Die zuständige Schulaufsichtsbehörde kann Sport auch für Leistungskurse des Wahlbereichs an ausgewählten und entsprechend ausgestatteten Schulen zulassen. Solche Leistungskurse müssen sportwissenschaftliche Teile enthalten (zum Beispiel aus Biologie oder Psychologie).

7. Organisationsform der gymnasialen Oberstufe

7.1 Struktur der gymnasialen Oberstufe

7.1.1 Die Oberstufe beginnt nach der Jahrgangsstufe 10.

7.1.2 Das System der Jahrgangsklassen wird in ein System von Grund- und Leistungskursen umgewandelt, das auch jahrgangsübergreifend sein kann. Die Kurse sind themenbestimmt, doch bleiben sie Fächern und den für sie geltenden Lehrplanrichtlinien zugeordnet. Sie dauern jeweils ein halbes Jahr.

7.1.3 Das Kurssystem verlangt individuelle Beratung. Die Aufgaben des bisherigen Klassenlehrers werden auf Beratungslehrer (Tutoren) übergeleitet.

7.1.4 Die Einführungsphase umfaßt die Jahrgangsstufe 11 (11/I und 11/II). Der Unterricht in der Jahrgangsstufe 11 ist sowohl in der Organisationsform des Klassenverbandes als auch kursgegliedert möglich. Die Qualifikationsphase beginnt einheitlich mit 12/I. Die Einbeziehung von Leistungen aus der Jahrgangsstufe 11 in die Gesamtqualifikation sowie die Heranziehung der Jahrgangsstufe 11 für die Erfüllung von Belegverpflichtungen, die für die Qualifikationsphase gelten, ist nur in den Fällen gemäß Ziffer 7.3.4 möglich.

7.1.5 Die Länder bestimmen den Zeitpunkt, zu dem sich der Schüler auf seine Fächerkombination in der Qualifikationsphase festlegt.

7.1.6 Aufsteigende Kurse sind zur Sicherung der gemeinsamen Grundbildung notwendig; die Anwendung des Prinzips der Sequentialität (verstanden als temporäre und curriculare Folge) soll bei Abiturfächern und bei der Erfüllung der Mindestbedingungen gewährleistet sein.

Es folgen Ziffer 7.2 „Zugang zur gymnasialen Oberstufe", 7.3 „Verweildauer in der gymnasialen Oberstufe", 7.4 „Ausgestaltung des Pflichtbereichs", 8. „Abiturprüfung", 9. „Leistungsbewertung und Entscheidung über den erfolgreichen Besuch der gymnasialen Oberstufe".

10. Zusätzliche Auflagen für Fachgymnasien/berufsbezogene Bildungsgänge

10.1 Zeugnisse der allgemeinen Hochschulreife, die an Fachgymnasien/berufsbezogenen Bildungsgängen erworben worden sind, werden gegenseitig anerkannt, wenn die vorstehenden Bedingungen dieser Vereinbarung und der weiteren Vereinbarungen zur gymnasialen Oberstufe erfüllt sind und es sich um Schulen mit den aus der Anlage 1 (Normalkatalog) ersichtlichen Fachrichtungen und Schwerpunkten handelt. Die Fachrichtungen und Schwerpunkte entsprechen weitgehend einzelnen Berufsfeldern. Die fachrichtungsbezogenen zweiten Leistungsfächer stellen charakteristische Fächer der jeweiligen Bildungsgänge dar und lassen sich bestimmten Wissenschaftsdisziplinen zuordnen.

In Ziff. 10.2 werden weitere Fachrichtungen und Schwerpunkte angesprochen, die nur in geringem Umfange oder nur in einzelnen Ländern bestehen.

Ziff. 10.3 regelt die Einbeziehung weiterer berufsbezogener Fachrichtungen, Ziff. 11 die „zusätzlichen Auflagen für doppelt qualifizierende Bildungsgänge“. Ziff. 12 enthält die Schluß- und Übergangsbestimmungen. Danach folgen die Anlagen, der „Normalkatalog“.

[9]

KULTUSMINISTERKONFERENZ

Vereinbarung über die Orientierungsstufe - Klassen 5 und 6 - (1974)

Seit der Einführung der Grundschule 1920 sehen sich die Schulpolitiker mit dem schwierigen Problem einer pädagogisch-didaktisch wie gesellschaftlich angemessenen Gestaltung des Übergangs der Schüler von der Primarstufe in die Schulformen der Sekundarstufe I konfrontiert: Die Differenzierung der Schulformen erfordert die Auslese der Geeigneten, das Prinzip der Chancengleichheit verlangt die Offenheit des Übergangs für alle Kinder, pädagogische Grundsätze bedingen außerdem sowohl die Förderung jeder Begabung wie zugleich die Bewahrung jedes einzelnen Kindes vor Überforderung und Scheitern. Manche Lösung wurde seitdem praktiziert. Als die am besten ausgewogene erscheint nach den Empfehlungen des Deutschen Ausschusses wie auch des Deutschen Bildungsrates der Vorschlag, anstelle der mehr oder minder modifizierten punktuellen Prüfungsverfahren eine eigene Schulstufe für einen gleitenden Übergang in die Arbeit der Sekundarstufe einzufügen. Den Kindern soll Zeit gegeben werden, sich vom stärker persongebundenen Unterrichtsstil der Grundschule zu lösen und auf einen mehr fachbetonten sich einzustellen. Es wird als vorrangig angesehen, daß die Kinder die kommenden Aufgaben kennenlernen, an ihren Anforderungen sich erproben, Defizite noch ausgleichen können. Und die Schule erhält Gelegenheit zu längerer Beobachtung des Kindes als Grundlage für ihre Empfehlung seines Übergangs in eine bestimmte Schulform.
Die Vereinbarung der Kultusminister bezieht sich auf die generelle Einführung der im Hamburger Abkommen vorgesehenen Übergangsstufe für das 5. und 6. Schuljahr, entweder als schulformbezogene oder als schulformunabhängige „Orientierungsstufe“.

Quelle: Sammlung der Beschlüsse der Ständigen Konferenz der Kultusminister der Länder in der Bundesrepublik Deutschland. Berlin und Neuwied o. J. Leitzahl 148.

In einer Vorbemerkung (1) nehmen die Kultusminister kurz auf ihre bisherigen Arbeiten und Planungen Bezug.

Die nachfolgende Vereinbarung über die Orientierungsstufe ist Teil einer noch zu entwickelnden umfassenderen Vereinbarung über den Sekundarbereich I; sie wird - unter Umständen in geänderter Form - darin aufgehen. Die Vereinbarung enthält nur Regelungen, die für die Klassen 5 und 6 gelten. Alle weitergehenden Regelungen - insbesondere zur inhaltlichen Gestaltung des Sekundarbereichs I - bleiben der umfassenderen Vereinbarung vorbehalten.

2. Die Klassen 5 und 6 im bestehenden Schulwesen

Die Klassen 5 und 6 bilden schon heute nach übereinstimmender Auffassung der Unterrichtsverwaltungen eine Stufe der Orientierung, die unter verschiedenen Bezeichnungen geführt wird (Eingangs-, Beobachtungs-, Erprobungs-, Förder- und Orientierungsstufe). Diese Stufe ist überwiegend den bestehenden Schulformen zugeordnet. In Schulversuchen haben sich Formen entwickelt, die es ermöglichen, Schüler der Klassen 5 und 6 schulformübergreifend zusammenzufassen und nach einem einheitlichen Curriculum zu unterrichten.

Für die Aufnahme der Schüler in die Klassen 5 und 6 der weiterführenden Schulformen des bestehenden Schulwesens sind der Wille der Erziehungsberechtigten und das Gutachten der Grundschule maßgebend. In bestimmten Fällen wird ein besonderes Aufnahmeverfahren, das auch eine Aufnahmeprüfung enthalten kann, durchgeführt.

Der Unterricht vollzieht sich in Einzelfächern; zum Teil ist er fächerübergreifend organisiert.

In fast allen Ländern der Bundesrepublik finden sich innerhalb der verschiedenen Schulformen und in schulformunabhängigen Orientierungsstufen Formen der Differenzierung nach Fachleistungskursen, insbesondere in Mathematik und/oder in der 1. Fremdsprache.

Weitere Fördermaßnahmen zielen auf das Beheben von Lernmängeln und die Milderung unerwünschter Auswirkungen der Leistungsdifferenzierung; sie dienen auch der Verbesserung der Durchlässigkeit.

In Schulen, die keine Ganztagsschulen sind, füllen der Pflichtunterricht und die Fördermaßnahmen die zur Verfügung stehende Zeit aus. Ergänzende Unterrichtsangebote, die den Interessen und Neigungen der Schüler besonders entgegenkommen, sind hier in der Regel nicht möglich.

3. Ziele der Orientierungsstufe

Ziel der Orientierungsstufe ist es, aufbauend auf der im Primarbereich begonnenen gemeinsamen Grundbildung die Entscheidung über die Schullaufbahn der Schüler bis zum Ende der Klasse 6 offenzuhalten, um sie dadurch auf eine verläßlichere Grundlage zu stellen.

Daher werden in der Orientierungsstufe angestrebt:

- Erprobung und Erfahrung der individuellen Lernmöglichkeiten des Schülers (Selbsterprobung und Selbsterfahrung)
- Information über die Ziele und Anforderungen der weiterführenden Bildungswege im Sekundarbereich und über die ihnen entsprechende Eignung des Schülers (entsprechend Teil I der Empfehlung der Kultusministerkonferenz „Beratung in Schule und Hochschule“ – Beschluß der Kultusministerkonferenz vom 14. September 1973 –)

- Entscheidungshilfen für die Wahl des weiteren Bildungsweges
- Ausgleich regional und sozial bedingter Bildungsunterschiede, soweit sie sich auf die Aufgaben der Orientierungsstufe auswirken.

Diese Ziele sollen erreicht werden durch:

- ein gemeinsames grundlegendes Bildungsangebot, das alle Fächer/Fächergruppen des Sekundarbereichs I umfaßt
- Fördermaßnahmen zum Beheben von Lernmängeln
- differenzierte Anforderungen, die sowohl eine optimale individuelle Förderung hinsichtlich der Leistungsfähigkeit ermöglichen als auch eine Schwerpunktfindung des Schülers vorbereiten
- Formen des Unterrichts, die die Selbständigkeit ebenso wie die Kooperationsfähigkeit des Schülers fördern (z. B. Gruppen-, Partner-, Projektarbeit)
- Beobachtung der Lernprozesse des Schülers, seiner Lernerfolge und Leistungsfähigkeit insbesondere im Hinblick auf die Anforderung in den folgenden Schulstufen
- Beratung von Schülern und Erziehungsberechtigten
- Ausbau des Instrumentariums für die Lenkung des Schülers in die für sie jeweils geeigneten Bildungswege.

4. Organisation

4.1 Die Orientierungsstufe kann sowohl schulformunabhängig eingerichtet als auch schulformabhängig der Hauptschule, der Realschule und dem Gymnasium zugeordnet werden. Sie ist Bestandteil der Sekundarstufe I. In Berlin entsprechen ihr die letzten beiden Klassen der sechsjährigen Grundschule.

4.2 Ist die Orientierungsstufe Schulformen zugeordnet, so kann mit Beginn der Klasse 5 eine vorläufige Lenkung der Schüler in eine der Schulformen erfolgen. Dazu kann ein Aufnahmeverfahren dienen, das auch den Willen der Erziehungsberechtigten berücksichtigt. Bei der Wahl der Schullaufbahn für den einzelnen Schüler kommt dem Gutachten der Grundschule und der Beratung in der Schule eine entscheidende Bedeutung zu.

4.3 Unabhängig von der organisatorischen Zuordnung der Orientierungsstufe sind in ihr die Lernangebote für alle Schüler (die Lernziele, die grundlegenden Inhalte und Arbeitsverfahren, die Fächergruppen und die Stundentafel) übereinstimmend gestaltet. Der Unterricht vollzieht sich noch fast ausschließlich in dem für alle Schulformen verbindlichen Pflichtbereich.

4.4 In der Orientierungsstufe erfolgt der Unterricht in der Regel noch im Klassenverband. Zur inneren Differenzierung kann die äußere Differenzierung hinzutreten. In jedem Fall muß ein Wechsel zwischen Leistungsgruppen bzw. zwischen den Schulformen möglich bleiben.

5. Fächer/Fächergruppen und Stundentafel

5.1 Die Orientierungsstufe führt in die Fächer bzw. Fächergruppen der Sekundarstufe I ein. Dabei müssen nicht alle Fächer einer Fächergruppe angeboten werden.

Die Aufgliederung nach Fächern schließt fächerübergreifenden Unterricht nicht aus. Zahlreiche Fragestellungen lassen sich nicht in einem einzelnen Fach klären, sondern fordern die Kooperation mehrerer Fächer.

5.2 Die Schülerstundentafel setzt Richtzahlen für die Gesamtwochenstundenzahl im verpflichtenden Unterricht der Klassen 5 und 6 aller Schulformen. Ohne Berücksichtigung des Faches Religionslehre und unbeschadet zusätzlichen Förderunterrichts (vgl. 6.2) soll eine Gesamtwochenstundenzahl von 56 nicht um mehr als 3 über- oder unterschritten werden.

1.1	Deutsch	9 ± 1
1.2	Gesellschaftswissenschaften	6 ± 2
	1. Geschichte	
	2. Erdkunde	
	3. Sozialkunde	
1.3	1. Fremdsprache	9 ± 1
1.4	Mathematik	9 ± 1
1.5	Naturwissenschaften	
	1. Physik	
	2. Chemie	9 ± 2 (1.5 und 1.6 zusammen)
	3. Biologie	
1.6	Arbeitslehre/Technik/Wirtschaft	
1.7	Künste	8 ± 1
	1. Musik	
	2. Bildende Kunst	
1.8	Sport	6 ± 2
1.9	Religionslehre	
		56 ± 3

6. Unterrichtsorganisatorische Maßnahmen

6.1 Differenzierung

Dem unterschiedlichen Lernverhalten und der individuellen Leistungsfähigkeit der Schüler (d. h. zum Beispiel den Unterschieden in Leistungshöhe, Leistungsbereitschaft, Lerntempo, Arbeitsverhalten, Abstraktionsvermögen, physischer Leistungsfähigkeit, Aktivität, Kooperationsbereitschaft) trägt die Orientierungsstufe innerhalb übereinstimmender Lernangebote durch Differenzierungsmaßnahmen Rechnung. Das Prinzip der Durchlässigkeit bleibt dabei gewahrt.

Formen der Differenzierung

6.1.1 Die innere Differenzierung

Bei der inneren Differenzierung werden Lerngruppen für eine bestimmte Zeit eingerichtet. Gruppenarbeit, Partner- und Einzelarbeit, Projektunterricht sowie der Einsatz von geeigneten Unterrichtsmedien dienen der inneren Differenzierung.

6.1.2 Die äußere Differenzierung

Bei der äußeren Differenzierung lernen die Schüler – zeitlich begrenzt oder auf Dauer – je nach Eignung in homogenen Lerngruppen. Die Differenzierung kann unter fächerübergreifenden wie auch unter fachspezifischen Gesichtspunkten erfolgen.

Die fächerübergreifende Differenzierung (streaming) auf einheitlicher curricularer Grundlage charakterisiert die schulformabhängige Orientierungsstufe.

Die fachspezifische Differenzierung (setting) ist in schulformunabhängigen und schulformabhängigen Orientierungsstufen möglich.

Bei fachspezifischer Differenzierung werden die Schüler in verschiedenen Fächern in Gruppen mit unterschiedlichen Leistungsanforderungen unterrichtet.

In der schulformabhängigen Orientierungsstufe ergibt sich hierdurch eine stärkere Überlappung der Unterrichtsangebote in den verschiedenen Schulformen.

Die fachspezifische Differenzierung gilt vor allem für Mathematik und für die Sprachen.

Die entsprechenden Ein- und Umstufungen der Schüler werden durch lernzielbezogene Überprüfungsverfahren begründet und abgesichert; Testverfahren können mit herangezogen werden.

6.1.3 Die flexible Differenzierung

Bei der flexiblen Differenzierung wechseln differenzierte und nichtdifferenzierte Phasen ab.

In differenzierten Phasen werden die Schüler in Gruppen unterrichtet, die aufgrund von Eignung, Leistung und Lerntempo der Schüler gebildet werden.

6.2 Fördermaßnahmen

Die in der Orientierungsstufe anzuwendenden Formen der Differenzierung dienen der Förderung der Schüler gemäß ihrer Eignung und Leistung.

Zur Behebung von Lernmängeln, zum Ausgleich unterschiedlicher Lernvoraussetzungen und zur Verbesserung der Durchlässigkeit werden darüber hinaus zusätzliche Fördermaßnahmen durchgeführt. Sie betreffen vor allem die Fächer Deutsch, Fremdsprache und Mathematik und können als Zusatzunterricht angeboten werden.

Der Zusatzunterricht soll für den einzelnen Schüler drei Wochenstunden nicht überschreiten.

7. Entscheidung über den weiteren Bildungsweg

Während der Orientierungsstufe ist eine eingehende Beratung der Schüler und Erziehungsberechtigten (im Sinne von Teil I der Empfehlung der Kultusministerkonferenz „Beratung in Schule und Hochschule“ – Beschluß der Kultusministerkonferenz vom 14. September 1973 –) erforderlich. Sie bezieht sich auf die Leistungsfähigkeit, Begabungsschwerpunkte und Neigungen der Schüler und informiert über die weiterführenden Bildungsgänge.

Am Ende der Orientierungsstufe stellt die Schule fest, für welche weiterführenden Bildungsgänge der Schüler geeignet ist. Sie soll dabei einen bestimmten Bildungsgang besonders empfehlen.

Grundlagen für diese Entscheidung sind:
- die in den einzelnen Fächern bzw. Fächergruppen festgestellten Leistungen; informelle und standardisierte Leistungstests können dabei benutzt werden.
- ein von der Konferenz der an der Orientierungsstufe unterrichtenden Lehrer erstelltes pädagogisches Gutachten, das insbesondere die Entwicklung des Lernverhaltens berücksichtigt und nach Möglichkeit erkennbare Tendenzen aufzeigt.

Die Feststellung der Schule wird den Erziehungsberechtigten rechtzeitig vor Abschluß der Orientierungsstufe schriftlich mitgeteilt. Dieser Bescheid berechtigt zum Eintritt in die Bildungsgänge, für die die Eignung des Schülers festgestellt worden ist.

Die Länder können Regelungen treffen für den Fall, daß die Erziehungsberechtigten mit der Feststellung der Schule nicht einverstanden sind.

[10]

KULTUSMINISTERKONFERENZ

Erklärung „Zur Stellung des Schülers in der Schule“ (1973)

Die Forderungen nach weitergehender Demokratisierung in Staat und Gesellschaft, insbesondere nach Mitbestimmung in den Bereichen der Wirtschaft, der Verwaltung und der Hochschulen, wie sie in den Auseinandersetzungen in den 60/70er Jahren in der Öffentlichkeit erhoben wurden, hatten auch vor den Schulen nicht Halt gemacht. In Reaktion auf ihre Forderungen nach direkter Beteiligung an den Beratungen und der Selbstverwaltung der

Schulen erhielten nicht allein die Eltern mehr Mitwirkungsrechte durch Vertreter in den Beschlußgremien der Schule, sondern auch die Schüler. Nachdem einzelne Länder mit entsprechenden rechtlichen Regelungen vorangegangen waren, verabschiedete die Konferenz der Kultusminister ihrerseits eine gemeinsame „Erklärung" zu den politischen, rechtlichen und pädagogischen Grundsätzen für eine Neubestimmung der Stellung des Schülers in seinem Verhältnis zur Schule als Institution sowie seiner Rechte und Pflichten.

Quelle: Sammlung der Beschlüsse der Ständigen Konferenz der Kultusminister der Länder in der Bundesrepublik Deutschland. Berlin und Neuwied o. J. Leitzahl 824.

Der Wandel in allen Lebensgebieten und die Reformen im Bildungswesen haben dazu beigetragen, die Rolle der Schule in der Gesellschaft, die Arbeitsweise der Schule und die Stellung des Schülers in der Schule zu verändern. Angesichts dieser Entwicklung halten es die Kultusminister für richtig, ihre gemeinsame Auffassung zur Stellung des Schülers in der heutigen Schule für die Öffentlichkeit in bestimmten politischen, rechtlichen und pädagogischen Grundsätzen zu umreißen. Die Kultusminister wenden sich mit ihrer Erklärung nicht nur an Schüler, Eltern und Lehrer, sondern an die gesamte Öffentlichkeit, weil sie dazu beitragen wollen, eine wirklichkeitsnahe Sicht der Schule zu ermöglichen und die Entscheidung in Zweifelsfragen zu erleichtern.

Die Erklärung beeinträchtigt weder weitergehende inhaltliche Festlegungen in den einzelnen Ländern, noch will sie den Stand der Entwicklung festschreiben. Die Kultusminister lassen sich vielmehr – unbeschadet der gegenwärtig diskutierten Reformvorstellungen – von der Absicht leiten, eine gemeinsame Basis für weitere Entwicklungen zu gewinnen.

Die Schule selbst muß den Maßstäben entsprechen, die den Rechten und Pflichten der Schüler gesetzt sind. Die Kultusminister erkennen die dazu schon bisher insbesondere von der Lehrerschaft unternommenen Bemühungen ausdrücklich an. Sie wissen, daß es weiterer ständiger Anstrengungen aller für das Schulwesen Verantwortlichen bedarf, damit die Schule den Ansprüchen des einzelnen wie der Gesellschaft gerecht werden kann.

I. Aufgabe der Schule

Die Schule hat die Aufgabe, Schüler im Einklang mit den im folgenden näher bezeichneten Zielen zu unterrichten und zu erziehen. Alle pädagogischen und rechtlichen Entscheidungen im Rahmen des Schullebens müssen sich an der Aufgabe der Schule orientieren und vor ihr rechtfertigen.

Die Schule ist Teil unserer gesellschaftlichen Ordnung und hat ihre Grundlage im Grundgesetz, in den Verfassungen der Länder und in den Gesetzen und sonstigen Vorschriften, die die Schule betreffen. Lehr- und Bildungspläne dienen der Präzisierung und Ergänzung allgemeiner Ziele und sind Grundlage der Unterrichts- und Erziehungsarbeit.

Nach Artikel 7 des Grundgesetzes steht das gesamte Schulwesen unter Aufsicht des Staates. Staatliche Legislative und Exekutive sind danach berechtigt und verpflichtet, alle Vorkehrungen zu treffen, um Unterricht und Erziehung im Rahmen rechtsverbindlicher Normen zu gewährleisten.

Der Bildungsauftrag der Schule muß sich an den Normen des Grundgesetzes orientieren. Das muß vor allem dadurch geschehen, daß bestmögliche Bedingungen für die Förderung des einzelnen Schülers und für die Chancengleichheit geschaffen, das eigenständige Recht des Kindes auf Erziehung und Bildung gewahrt, legitime Interessen der Eltern an der Erziehung ihrer Kinder durch die Schule beachtet und die Schüler zur Wahrnehmung ihrer Grundrechte im politischen und gesellschaftlichen Leben befähigt werden. Dabei ist den nach Alter und Reife grundrechtsmündig werdenden Schülern die Ausübung von Grundrechten in der Schule selbst zu ermöglichen, soweit es mit den anderen, der Schule ebenfalls im gesamtgesellschaftlichen Interesse auferlegten Aufgaben, wie der Vermittlung von Wissen und Können, vereinbar ist. Über die Einhaltung dieser Normen, die in ein Spannungsverhältnis zueinander treten können, wachen die Gerichte.

In der Zielsetzung für Unterricht und Erziehung zeigt sich in den Landesverfassungen, Gesetzen, Rechts- und Verwaltungsvorschriften einschließlich der Bildungspläne bei zum Teil unterschiedlichen Formulierungen eine weitgehende Übereinstimmung:
Die Schule soll

- Wissen, Fertigkeiten und Fähigkeiten vermitteln,
- zu selbständigem kritischem Urteil, eigenverantwortlichem Handeln und schöpferischer Tätigkeit befähigen,
- zu Freiheit und Demokratie erziehen,
- zu Toleranz, Achtung vor der Würde des anderen Menschen und Respekt vor anderen Überzeugungen erziehen,
- friedliche Gesinnung im Geist der Völkerverständigung wecken,
- ethische Normen sowie kulturelle und religiöse Werte verständlich machen,
- die Bereitschaft zu sozialem Handeln und zu politischer Verantwortlichkeit wecken,
- zur Wahrnehmung von Rechten und Pflichten in der Gesellschaft befähigen,
- über die Bedingungen der Arbeitswelt orientieren.

Die Vielfalt der Zielsetzungen entspricht unserer Gesellschaft, die sich als pluralistisch versteht, doch weist die Übereinstimmung zugleich auf gemeinsame Grundüberzeugungen hin.

Die Schule steht in der Spannung, die sich aus unterschiedlichen Erwartungen und Ansprüchen ergibt. Dabei muß die Schule selbst sich einseitiger Parteinahme enthalten und unterschiedliche Auffassungen ermöglichen und respektieren, soweit sie innerhalb des Spektrums der freiheitlichen demokratischen Ordnung liegen. Über Konflikte, die dabei entstehen, muß nach ausreichender Diskussion von den verantwortlichen Stellen entschieden werden. Das setzt stets von neuem ein Abwägen der Rechte aller Beteiligten, insbesondere der Rechte von einzelnen und von Gruppen mit den Rechten der Gesamtheit voraus.

Wenn die Schule ihrer Aufgabe gerecht werden soll, müssen bestimmte Voraussetzungen anerkannt werden:

1. Regeln für das Zusammenleben in der Schule sind nötig; sie erwachsen aus der Spannung zwischen individueller Freiheit und notwendigen Bindungen.

2. Erziehung zu Selbständigkeit, Selbstverantwortung und Mündigkeit setzt voraus, daß die Schüler altersentsprechend an der Gestaltung des Schullebens beteiligt werden.

3. Erziehung zu Selbständigkeit, Selbstverantwortung und Mündigkeit soll zu der Einsicht führen, daß soziales Handeln selten konfliktfrei verläuft.

4. Erziehung zu Selbständigkeit, Selbstverantwortung und Mündigkeit schließt ein, daß Schüler lernen, ihre Rechte wahrzunehmen, Rechtsnormen zu achten und rechtmäßige begründete Entscheidungen zu respektieren.

5. Recht auf Bildung bedeutet zugleich Pflicht, vom Bildungsangebot sinnvoll Gebrauch zu machen; ohne bestimmte Leistungsforderungen wäre die Schule wirklichkeitsfremd.

6. Unterricht und Erziehung in der Schule erfordern grundsätzlich die Anwesenheit der Schüler; Schulpflicht bedeutet Anwesenheitspflicht.

7. Der Lehrer trägt die Verantwortung für seinen Unterricht, insbesondere dafür, daß Lernprozesse erfolgreich ablaufen können; dem ist bei der Arbeit in der Schule Rechnung zu tragen.

8. Die Schule muß den Eltern Gelegenheit zu verantwortlicher Mitarbeit geben.

9. In einzelnen Bereichen ist die Schule in besonderer Weise auf eine Zusammenarbeit mit anderen Institutionen angewiesen, z. B. mit den Trägern der Berufsausbildung und – entsprechend den landesrechtlichen Regelungen – mit den Kirchen.

10. Die Schule ist Teil unserer gesellschaftlichen Ordnung und wandelt sich mit ihr. Sie erzieht die Schüler zu entscheidungsfähigen und entscheidungsbereiten Bürgern und wirkt damit auch auf die Gesellschaft zurück.

Die Schule ist jedoch kein Ort der Agitation für gesellschaftliche Veränderungen.

11. Die Schule umfaßt nicht das gesamte Leben der Schüler. Wie sie die Rechte der Schüler außerhalb der Schule zu respektieren hat, muß sie andererseits auch die Ausübung bestimmter Rechte der Schüler, z. B. im Bereich der politischen Betätigung, auf den außerschulischen Raum verweisen.

II. Schulverhältnis und Gesetzmäßigkeit der Verwaltung

Das rechtliche Verhältnis des Schülers zur Schule wird bisher überwiegend unter dem Rechtsbegriff des besonderen Gewaltverhältnisses erfaßt, der im obrigkeitlich verfaßten Staat entstanden ist. Für den Schüler wurde die Schule danach als weitgehend „rechtsfreier“ Raum angesehen.

Eine solche Auffassung vom Inhalt des besonderen Gewaltverhältnisses hat im demokratischen und sozialen Rechtsstaat keinen Raum mehr; sie wurde durch das Grundgesetz verändert. Es ist selbstverständlich, daß sich der Schüler im Verhältnis zur Schule in einem Rechtsverhältnis befindet. Das Recht, schulische Entscheidungen behördlich und gerichtlich überprüfen zu lassen, ist gewährleistet. Aufgrund dieser Entwicklung wird im folgenden vom Schulverhältnis gesprochen.

Schulverhältnis

Die Gesellschaft erbringt für die Schule besondere Leistungen, die den Schüler in den Stand setzen, sein Recht auf Bildung zu verwirklichen. Der Schüler muß dazu den besonderen Erfordernissen genügen, die sich aus der Aufgabe der Schule – Unterricht und Erziehung – ergeben. Für den Schüler besteht damit ein besonders enges Verhältnis zu der Einrichtung „Schule“; dem entsprechen spezifische Rechte und Pflichten des Schülers. Von diesem den rechtsstaatlichen Anforderungen entsprechenden Schulverhältnis geht Artikel 7 Abs. 1 des Grundgesetzes aus, wenn er dem Staat die Aufsicht über das gesamte Schulwesen überträgt.

Die Besonderheit des Schulverhältnisses ist es, daß es den Erziehungsbereich der Eltern ergänzt und zur Erreichung der Aufgabe der Schule zwangsläufig Rechte von Eltern und Schülern im erforderlichen Umfang begrenzt. Diese Einschränkungen sind Artikel 7 Abs. 1 des Grundgesetzes immanent.

Im Anschluß daran wird das Recht des Staates auf Ausgestaltung des Schulverhältnisses aus dem Grundgesetz und den Länderverfassungen begründet und abgeleitet.

Gesetzmäßigkeit der Verwaltung

Die öffentlichen Schulen sind Einrichtungen des öffentlichen Rechts. Sie erfüllen die öffentliche Aufgabe des Unterrichts und der Erziehung. Wie für alle öffentlichen Einrichtungen gilt für die Schulaufsichtsbehörden und die Schulen selbst der Grundsatz der Gesetzmäßigkeit der Verwaltung.

Das Schulverhältnis ist kein rechtsfreier Raum. Die Schule kann ebenso wie die übrigen öffentlichen Einrichtungen auf Rechte der Schüler und Eltern nur einwirken, soweit diese Befugnis durch Gesetz oder gesetzlich gedeckten Rechtssatz übertragen ist. Dabei ist der Grundgesetzgeber von einem vorgegebenen Begriff „Schule" ausgegangen und hat die Ermächtigung zur Regelung des Schulverhältnisses durch Schule und Schulverwaltung anerkannt. Das wird von der Rechtsprechung bestätigt.

Die Schulverwaltungen sind bei der Ausgestaltung des Schulverhältnisses zwar an die rechtlichen Rahmenbestimmungen gebunden, Detailregelungen können jedoch innerhalb dieser Grenzen flexibel erfolgen.

Bemühungen, den Schulen mehr Selbstverwaltungsrechte zu geben und Eltern und Schüler vermehrt an Entscheidungsverfahren der Schule zu beteiligen, tragen bestimmten Wandlungen in der Auffassung von der Stellung der Schule in der Gesellschaft Rechnung. Das zwischen dem einzelnen Schüler und der Schule bestehende Rechtsverhältnis bleibt jedoch bestehen. Schon deshalb bedürfen alle Verantwortlichen für ihre Entscheidungen der entsprechenden rechtlichen Befugnis, die sich die Mitglieder von Gremien in der Schule nicht selbst beilegen können. Alle Verfahren und Entscheidungen müssen rechtsstaatlichen Anforderungen entsprechen und dürfen die verfassungsmäßige Verantwortung der Parlamente und Regierungen sowie insbesondere die in Artikel 7 des Grundgesetzes dem Staat übertragenen Rechte und Pflichten nicht aushöhlen.

III. Schulpflicht und Teilnahmepflicht

1. Die Schulpflicht erstreckt sich auf die regelmäßige Teilnahme am Unterricht und den übrigen verbindlichen Veranstaltungen der Schule.

2. Die Verpflichtung zur Teilnahme am Unterricht (Teilnahmepflicht) besteht auch für jene Schüler, die nicht mehr im Sinne des Gesetzes schulpflichtig sind, aber noch eine Schule besuchen.

Die Ausgestaltung des Schulverhältnisses (vgl. II), insbesondere die Rechte und Pflichten der Schüler und das Maß der zulässigen Einschränkungen ihrer Grundrechte ergeben sich im wesentlichen aus der Aufgabe der Schule. Hierzu gehört die Teilnahmepflicht der Schüler. Ohne diese Teilnahmepflicht ist nicht gewährleistet, daß die Schule ihrem Bildungsauftrag gerecht werden kann.

Im folgenden werden eine Reihe von Nachteilen aufgezählt, die durch die nicht-regelmäßige Teilnahme am Unterricht für den Schüler, die Mitschüler und die Schule entstehen.

Die aufgeführten Gründe zwingen dazu, Ausnahmen von der Pflicht der Schüler zur Teilnahme am Unterricht auf die Fälle zu beschränken, die sich aus der Erkrankung von Schülern oder aus anderen von ihnen nicht zu vertretenden Gründen ergeben.

3. Versuche, die auf die größere Verantwortungsfähigkeit von Schülern der oberen Klasse bauen und ihnen deshalb die Möglichkeit geben, sich selbst im Falle von Krankheit zu entschuldigen, werden nicht in der Absicht durchgeführt, die Teilnahmepflicht am Unterricht der Oberstufe aufzuheben.

IV. Rechte des einzelnen Schülers

Die der Schule vorgegebenen Rechtsprinzipien und der Zweck der Schule erfordern, daß sie bei der Gestaltung von Unterricht und Erziehung die Interessen und Rechte des einzelnen Schülers respektiert und den Schülern ermöglicht, unmittelbar persönlich oder durch gewählte Vertreter am Leben und an der Arbeit der Schule mitzuwirken. Es gehört zu den Aufgaben der Schule, die Schüler mit diesen Rechten so vertraut zu machen, daß sie diese auch wahrnehmen können.

Jedem Schüler stehen unmittelbar Informations- und Mitwirkungsrechte zu, die er teils allein, teils im Zusammenhang seiner Klasse oder Gruppe als deren Mitglied geltend machen kann. Diese Rechte sind von den Rechten der Schülervertretung zu unterscheiden, doch kann sich der einzelne Schüler der Unterstützung durch die Schülervertretung bedienen.

Der Spielraum für die Wahrnehmung der Informations- und Beteiligungsrechte ist eingegrenzt durch die Verpflichtung, die für die Durchführung des Unterrichts und zur Erreichung des Schulzwecks verbindlichen Bestimmungen (z. B. Lehrpläne) und die Rechte zu beachten, die den übrigen am Schulleben Beteiligten (Mitschülern, Eltern, Lehrern) zukommen.

Informationsrechte

Die für den Erfolg eines jeden Unterrichts erforderliche aktive Beteiligung des Schülers am Unterrichtsgeschehen setzt eine weitgehende Information über die Unterrichtsplanung voraus, z. B. auch über die Einzelheiten wie Auswahl, Stufung und Gruppierung des Lehrstoffs. Diese Information muß altersgemäß sein und die Interessen der Schüler sowie pädagogische Erwägungen ausreichend berücksichtigen. Dem Schüler sollen die Bewertungsmaßstäbe für die Notengebung und für sonstige Beurteilungen sowie auf Anfrage einzelne Beurteilungen erläutert werden. Dieser Grundsatz gilt auch für Prüfungsleistungen.

Beteiligungsrechte

Der Schüler soll seiner persönlichen Reife, seinem Kenntnisstand und seinen Interessen entsprechend Gelegenheit erhalten, sich im Rahmen der

Unterrichtsplanung an der Auswahl des Lehrstoffes, an der Bildung von Schwerpunkten und an der Festlegung der Reihenfolge durch Aussprachen, Anregungen und Vorschlägen zu beteiligen. Diese Mitwirkung des Schülers an der Gestaltung des Unterrichts soll auch bestimmte Methodenfragen einschließlich der Erprobung neuer Unterrichtsformen umfassen.

Falls Vorschläge keine Berücksichtigung finden können, sollen die Gründe dafür mit den Schülern besprochen werden.

Soweit das Jahrgangsklassensystem zugunsten eines Systems thematisch bestimmter Kurse aufgegeben wird, erhalten die Schüler im Rahmen der organisatorischen Möglichkeiten die Gelegenheit, Kurse zu wählen und dadurch mittelbar zu bestimmen, von welchem Lehrer sie unterrichtet werden. Außerdem können die Schüler beratende Lehrer (Tutoren) wählen, sofern solche Lehrer vorgesehen sind. Darüber hinaus ist die Wahl der Lehrer durch die Schüler oder ihre Eltern schon aus organisatorischen Gründen nicht möglich.

Beschwerderecht

Unabhängig von seinem Alter hat jeder Schüler, der sich in seinen Rechten beeinträchtigt sieht, das Recht zur Beschwerde. Die Schule muß sicherstellen, daß der Schüler Gelegenheit erhält, seine Beschwerden vorzutragen, und daß bei begründeten Beschwerden für Abhilfe gesorgt wird. Die Rechte der Eltern bleiben unberührt.

V. Rechte von Schülervertretungen

Unabhängig von der Wahrnehmung der Interessen durch den einzelnen Schüler selbst werden Interessen der Schüler von Schülervertretungen wahrgenommen. Die Kultusministerkonferenz hat dazu am 3. Oktober 1968 Empfehlungen ausgesprochen, denen der nach wie vor gültige pädagogische Gedanke zugrunde liegt, die Schüler schrittweise zur selbständigen Mitarbeit in der Gesellschaft zu befähigen. Aufgabe der Schülervertretungen ist allgemein, den Schülern Gelegenheit zur Teilnahme an der Willensbildung innerhalb der Schule zu verschaffen.

Wege hierzu sind z. B. die Teilnahme an Fach-, Klassen- und Gesamtkonferenzen und die Einrichtung von Gemeinsamen Ausschüssen mit der Aufgabe, Regelungen der einzelnen Schule vorzubereiten und Konflikte zu schlichten. Bei der Aufgabenstellung solcher Gremien und der Art der Beteiligung von Schülern sind das Alter der Schüler, ihre Interessen und die sachliche Kompetenz zu berücksichtigen.

Die Rechte der Schüler sind immer im Zusammenhang mit denen der Lehrer und Eltern und im Zusammenhang mit den Aufgaben der Schulverwaltung zu sehen.

Alle Regelungen für das Zusammenwirken von Schülern, Eltern und Lehrern müssen einen Interessenausgleich der an der Schule beteiligten Gruppen zum Ziel haben. Die Grenze für derartige Regelungen liegt dort, wo die Aufgabe der Schule gefährdet wird.

VI. Die Meinungsfreiheit des Schülers

Das Grundrecht auf freie Meinungsäußerung steht dem Schüler auch in der Schule zu.

Die Schule muß im Rahmen ihres Bildungsauftrages die freie Meinungsäußerung des Schülers fördern; denn diese ist für den Erwerb von Wissen, seine Verarbeitung und für die Erziehung zum verantwortlichen Staatsbürger notwendig. Die Verarbeitung des erworbenen Wissens und die Erziehung zu selbständigem Urteil erfordern auch die kritische Auseinandersetzung mit dem Stoff durch Diskussion. Ebenso unerläßlich ist die freie Meinungsäußerung des Schülers für die Entfaltung seiner Persönlichkeit, besonders seiner schöpferischen Fähigkeiten. Erziehung zu Freiheit und Demokratie, zum verantwortlichen Bürger und zu Toleranz ist nicht möglich, wenn der Schüler nicht lernt, seine Meinung frei, kritisch, aber in Achtung vor der Würde und der Überzeugung der anderen zu äußern.

Das Recht der freien Meinungsäußerung gemäß Artikel 5 Abs. 2 des Grundgesetzes findet seine Schranken in den Vorschriften der allgemeinen Gesetze, den gesetzlichen Bestimmungen zum Schutze der Jugend und in dem Recht der persönlichen Ehre.

Auf die Ausübung dieses Grundrechts durch den Schüler wirkt sich außerdem das Schulverhältnis aus.

Aufgezählt werden Einschränkungen in bezug auf die Zeit, den Umfang und den Inhalt sowie auf außerschulische Äußerungen, soweit dadurch der Bildungsauftrag oder die Erziehungsarbeit der Schule gefährdet werden.

VII. Schülerzeitschriften

Schülerzeitschriften sind periodische Druckschriften, die von Schülern für Schüler einer oder mehrerer Schulen redigiert und herausgegeben werden. Sie bieten eine besondere Möglichkeit, das in Art. 5 Abs. 1 des Grundgesetzes festgelegte Grundrecht der freien Meinungsäußerung in der Schule auszuüben. Die Schülerzeitschrift soll durch Gedankenaustausch, Bericht und Kritik das Schulleben bereichern, alle Beteiligten zur Mitarbeit anregen und damit zur Erfüllung der der Schule gestellten Aufgaben beitragen. Das ist der Fall, wenn sie sich bemüht, wahr zu berichten, sachlich zu argumentieren und in der Form nicht verletzend zu kritisieren. Aufgeschlossenheit für verschiedene Wertordnungen und Toleranz gegenüber unterschiedlichen Auffassungen sollen die Schülerzeitschrift kennzeichnen. Auf die jeweiligen Altersstufen der Schüler wird besondere Rücksicht zu nehmen sein.

Es folgen presserechtliche Angaben und Hinweise auf die Vertriebsmöglichkeiten.

VIII. Leistungsverweigerung

Gerade in einer demokratischen Gesellschaft kann auf Leistung nicht verzichtet werden. Demokratie setzt verantwortliches Handeln und die Mitarbeit möglichst vieler Bürger in staatlichen und gesellschaftlichen Bereichen voraus. Verantwortliche Mitarbeit ist aber nur möglich, wenn der einzelne zu Leistungen bereit und fähig ist.

Die Schule ist durch ihren Auftrag verpflichtet, einer Leistungsverweigerung vor allem mit pädagogischen Mitteln zu begegnen. Soweit die Leistungsverweigerung von Schülern gegen den Schulzweck gerichtet ist, indem sie die Lernbedingungen der übrigen Schüler beeinträchtigen, sind Ordnungsmaßnahmen zu treffen. Zensuren in den Unterrichtsfächern dienen ausschließlich der Leistungsbeurteilung. Sie sind kein Mittel zur Wahrung der Schulordnung. Grundlage der Leistungsbeurteilung ist die von der Schule geforderte und vom Schüler erbrachte Leistung. Kommt ein Schüler der Leistungsaufforderung durch die Schule aus von ihm zu vertretenden Gründen nicht nach, genügt er nicht den Anforderungen. In diesem Fall kann die Note „ungenügend“ erteilt werden.

IX. Sogenannte Schülerstreiks

Der Begriff „Schülerstreik“ wird vielerorts verwendet, obgleich sich Artikel 9 Abs. 3 Grundgesetz ausschließlich auf Arbeitskämpfe tariffähiger Parteien (Gewerkschaften auf der einen, Arbeitgeber oder Arbeitgeberverbände auf der anderen Seite) bezieht und für das Schulverhältnis nicht gilt.

Das Streikrecht der Arbeitnehmer beruht auf der Tarifautonomie, d. h. darauf, daß die „Arbeits- und Wirtschaftsbedingungen“ frei ausgehandelt und in (Tarif-)Verträgen vereinbart werden können. Das Schulverhältnis bietet dazu keine Parallele.

Der „Schülerstreik“ ist lediglich ein organisiertes unentschuldigtes Fernbleiben vom Unterricht. Der Schüler ist verpflichtet, am Unterricht und an den übrigen verbindlichen Veranstaltungen der Schule regelmäßig teilzunehmen (vgl. III). Diese Verpflichtung darf auch nicht kollektiv verletzt werden. Ein Recht, den Unterricht zu „bestreiken“, besteht daher nicht.

Sogenannte „Schülerstreiks“ können mit anderen kollektiven Handlungen oder Unterlassungen verbunden sein, die ebenfalls eine Beeinträchtigung des Unterrichts zur Folge haben, z. B. organisierte Verweigerung der

Mitarbeit. Derartige Aktionen sind ebenso rechtswidrig wie die Verletzung der Teilnahmepflicht, weil sie die Schule an der Erfüllung ihrer Aufgabe hindern.

1.2 Die Bundesrepublik nach der Vereinigung der beiden deutschen Staaten (1990)

[11]

BUND-LÄNDER-KOMMISSION

Konsequenzen aus den Entwicklungen in der DDR für den Bereich Bildung und Wissenschaft (1990)

Seit Abschluß des Kulturabkommens mit der DDR am 6. Mai 1986 hatte sich die Zusammenarbeit beider Staaten im Bereich Bildung und Wissenschaft zwar verstärkt, aber den Fragenkreis des allgemeinbildenden Schulwesens weitgehend ausgespart. Die Wende vom Oktober/November 1989 leitete auch auf diesem Gebiet einen Umschwung ein. Bei einem Treffen der beiden Bildungsminister am 11. Januar 1990 in Ost-Berlin wurde vereinbart, die Kontakte auszubauen und die gegenseitige Information und die gemeinsamen Beratungen zu verstärken. Dementsprechend erfolgten zur Zeit der Regierung Modrow noch bis März 1990 Expertengespräche und Sachverständigenkolloquien.
Zur Vorbereitung und Intensivierung der Zusammenarbeit mit der DDR bei der Neugestaltung ihres Bildungswesens hatte der Bundesminister für Bildung und Wissenschaft (BMBW) bereits im Dezember 1989 in der Bund-Länder-Kommission für Bildungsplanung und Forschungsförderung (BLK) die Erarbeitung bildungs- und wissenschaftspolitischer Leitlinien angeregt. Die BLK berief einen Ad-hoc-Ausschuß, der einen systematischen Überblick über die „Konsequenzen aus den Entwicklungen in der DDR für den Bereich Bildung und Wissenschaft" erarbeiten sollte. Dieser Ausschuß für „Bildungsplanung" legte am 23. 4. 1990 seinen Bericht vor. Darin umriß der Ausschuß die derzeitige Ausgangslage für die weiteren Beratungen, entwickelte Leitlinien und Ziele für die Neugestaltung des gesamten Bildungswesens und faßte die vordringlich zu leistenden Aufgaben für die verschiedenen Bereiche jeweils in einem Katalog zusammen. Die Mitglieder der BLK stimmten dem Entwurf zu.
Inzwischen hatten sich die Voraussetzungen für die Zusammenarbeit mit der DDR grundlegend geändert. Die Wahlen im März 1990 hatten die Regierung de Maizière ins Amt gebracht, die – ihrem Auftrag gemäß – intensiv das Ziel der Vereinigung verfolgte. Dazu wurde seitens der DDR für den Bildungsbereich zwischen ihrem „Minister für Bildung und Wissenschaft" und andererseits dem Bundesminister für Bildung und Wissenschaft sowie der Kultusministerkonferenz am 16. Mai 1990 in Bonn die Einsetzung einer „Gemeinsamen Bildungskommission" zur Vorbereitung der schrittweisen Zusammenführung der Bildungssysteme und der Angleichung der rechtlichen Verhältnisse vereinbart. Die Kommission konstituierte sich an demselben Tage in Bonn und übernahm die weitere Arbeit, in die die o. g. Vorlage „Konsequenzen" einging.

Quelle: Konsequenzen aus den Entwicklungen in der DDR für den Bereich Bildung und Wissenschaft. Bericht des Ausschusses „Bildungsplanung" der Bund-Länder-Kommission für Bildungsplanung und Forschungsförderung vom 23. April 1990.

I. Ausgangslage, Leitlinien, Ziele

Vor dem Hintergrund der gegenwärtigen politischen Entwicklung und des sich abzeichnenden Zusammenwachsens der beiden deutschen Staaten ergibt sich für die bildungs- und wissenschaftspolitische Zusammenarbeit eine grundlegend neue Dimension und Perspektive. Zum einen muß die jetzt mögliche und zur Unterstützung des Erneuerungsprozesses in der DDR nötige Kooperation eine Intensität und Qualität gewinnen, die weit über das hinausgeht, was bisher im Rahmen des Kulturabkommens und des WTZ-Abkommens [Abkommen über wissenschaftlich-technische Zusammenarbeit] geplant werden konnte. Auch die bereits bestehenden vielfältigen Programme der Zusammenarbeit mit Einrichtungen der DDR im Kultur-, Bildungs- und Wissenschaftsbereich sollen fortgeführt und ausgebaut werden. Zum anderen erfordert das Zusammenwachsen der beiden deutschen Staaten eine schrittweise Abstimmung im Bildungs- und Wissenschaftsbereich. Dabei bedarf es, auch aus der Sicht vieler Bürger der DDR und der dortigen politischen Kräfte, in den meisten Bereichen einer grundlegenden Reform des Bildungswesens in der DDR, die den neuen gesellschaftlichen und wirtschaftlichen Anforderungen gerecht wird. Bund und Länder sind aufgefordert, unter Wahrung der verfassungsrechtlichen Kompetenzen ihre Vorschläge zu erarbeiten, die in Gespräche und Verhandlungen mit der DDR eingebracht werden und den wechselseitigen Informations- und Koordinierungsprozeß fördern. Es ist zu erwarten, daß sich die bislang zentral gelenkte Bildungs- und Wissenschaftspolitik der DDR dezentralisieren, d. h. bei einer Neubildung von Ländern eine Zuständigkeitsverteilung ähnlich dem föderalen System in der Bundesrepublik Deutschland ergeben wird. Insofern können Absprachen auch vorläufigen Charakter haben.

In der derzeitigen Phase der Zusammenarbeit geht es darum, den Erneuerungsprozeß in der DDR in Richtung einer Demokratisierung des Bildungswesens mit kurzfristig realisierbaren Maßnahmen rasch zu unterstützen. Dabei müssen sich die Maßnahmen an folgenden Leitlinien und Zielen orientieren:

- Unterstützung der Reform des Bildungs- und Wissenschaftssystems in der DDR mit dem Ziel, den notwendigen gesellschaftlichen und wirtschaftlichen Erneuerungsprozeß zu fördern
- Stärkung der Attraktivität und Modernität von Ausbildung, Weiterbildung und Forschung in der DDR, um den jungen Menschen und den Erwerbstätigen zukunftsorientierte Bildungschancen zu schaffen und damit eine weitere Sogwirkung in die Bundesrepublik Deutschland zu verhindern

- Unterstützung bei der Reform der Bildungsverwaltung, beim Aufbau der Selbstverwaltung im gesamten Bildungswesen und in der ausbildenden Wirtschaft sowie bei der Herstellung der Freiheit von Forschung und Lehre
- Förderung von Austausch, Begegnung und Zusammenarbeit in Ausbildung, Lehre und Forschung, insbesondere durch zeitlich begrenzte Aus- und Weiterbildungsabschnitte und gemeinsame Forschungsprojekte
- Nutzung und Förderung möglichst vieler unmittelbarer Kontakte zwischen den Bildungs- und Forschungseinrichtungen, den Selbstverwaltungsorganisationen sowie den Fachverbänden auf allen Ebenen.

Vordringlich sind auch die Probleme zu lösen, die bei der neuen Freizügigkeit auf Grund der Unterschiede im Bildungs- und Wissenschaftsbereich zwischen der DDR und der Bundesrepublik Deutschland entstanden sind. Bereits jetzt hat sich tendenziell ein neuer „Bildungsraum" entwickelt, der insbesondere Lernende und Lehrende aus der DDR veranlaßt, Bildungs- und Beschäftigungschancen in der Bundesrepublik Deutschland zu suchen und wahrzunehmen. Attraktiv für die Bürger der DDR sind insbesondere der offene Zugang zur gymnasialen Oberstufe und zu den Hochschulen sowie die Ausbildungsförderung in der Bundesrepublik Deutschland. Im Hinblick auf die Belastung der westdeutschen Hochschulen und der weiteren Sogwirkung ist es erforderlich, die DDR darin zu bestärken und ggf. zu unterstützen, den Zugang zur Erweiterten Polytechnischen Oberschule und zu den Hochschulen in der DDR zu öffnen. Daneben ist Studenten und Wissenschaftlern aus der DDR auch die Gelegenheit zu geben, sich in der Bundesrepublik Deutschland durch zeitlich befristete Studien- und Forschungsaufenthalte weiterzuqualifizieren. Diese Möglichkeiten sollten auch Studenten und Wissenschaftlern aus der Bundesrepublik Deutschland in der DDR eingeräumt werden.

Schon die kurzfristig zu realisierenden Maßnahmen müssen die schrittweise Abstimmung im Bildungs- und Wissenschaftsbereich der beiden deutschen Staaten fördern. Diese haben sich – ungeachtet einiger Gemeinsamkeiten in der dualen Berufsbildung und im Hochschulwesen – deutlich auseinanderentwickelt. Eine Abstimmung im Bildungs- und Wissenschaftsbereich läßt sich daher nur mittel- bis langfristig erreichen. Ziel ist auch für den vereinten Bundesstaat ein föderativ aufgebauter und differenzierter Bildungs- und Wissenschaftsbereich, der vergleichbare Bildungschancen, vergleichbare Qualität von Bildung und Ausbildung, eine Durchlässigkeit der Bildungsgänge und die Anerkennung gleichwertiger Abschlüsse sicherstellt. Zugleich muß dieser Prozeß in die zunehmende supranationale und internationale Zusammenarbeit insbesondere im Rahmen der Europäischen Gemeinschaft aber auch des Europarates und der

Konferenz für Sicherheit und Zusammenarbeit in Europa (KSZE) eingebettet werden.

II. Aufgaben für eine Kooperation und gezielte Unterstützung der DDR in Bildung und Wissenschaft

1. Allgemeine bildungs- und wissenschaftspolitische Zusammenarbeit und Zusammenarbeit bei bereichsübergreifenden Fragen

Für die Förderung der bildungs- und wissenschaftspolitischen Zusammenarbeit und des Austausches muß die gegenseitige Information über die Bildungs- und Wissenschaftssysteme sowie über die Bildungs- und Wissenschaftspolitik in beiden deutschen Staaten verbessert werden. Außerdem sollte in zentralen Feldern bildungspolitischer Innovationen eine Zusammenarbeit angestrebt werden. Seitens der Bundesrepublik Deutschland sollten der DDR hierzu vorliegende Ergebnisse von Modellversuchen zur Verfügung gestellt werden. Außerdem wäre zu prüfen, wie Modellversuchsprogramme zur Unterstützung der angestrebten Ziele eingesetzt werden können.

Aufgaben	Umsetzung und Durchführung
(1) Bereitstellung von Informationsmaterial über das Bildungssystem in der Bundesrepublik Deutschland für die Bürger sowie für die Bildungspolitik und -verwaltung der DDR:	
– vorschulische Erziehung (Kindergarten)	Länder, freie und öffentliche Träger
– allgemeinbildendes Schulwesen	Länder, KMK
– berufliche Aus- und Weiterbildung	Bund, Länder, KMK, Sozialpartner
– Hochschulen	Bund , Länder, KMK
– außerschulische Jugendbildung	Bund, Länder, Gemeinden, freie Träger
– allgemeine Weiterbildung	Bund, Länder, KMK
– soziale Sicherung während der Aus- und Weiterbildung	Bund, Länder, Bundesanstalt für Arbeit

Fortsetzung auf der folgenden Seite.

Aufgaben	*Umsetzung und Durchführung*
(2) Informations- und Erfahrungsaustausch über geplante Reformen, bildungspolitische Ziele und neue Fragestellungen in der Bildungsplanung	Bund, Länder, BLK, KMK
(3) Systematischer Austausch von statistischen Daten und Prognosen	Bund, Länder, Statistisches Bundesamt, KMK

Es folgen weitere, den Bildungsbereich übergreifende Aufgaben für Bund, Länder, BLK und KMK.
Abschnitt 2 enthält in ähnlicher Aufgliederung Ausführungen zur „Vorschulischen Erziehung".

3. Allgemeinbildendes Schulwesen

a) Ausgangslage und Ansatzpunkte für eine gezielte Kooperation und Unterstützung

In der DDR besteht seit der Verabschiedung des „Gesetzes über die sozialistische Entwicklung des Schulwesens in der DDR" vom 2. Dezember 1959, ersetzt durch das „Gesetz über das einheitliche sozialistische Bildungssystem" vom 25. Februar 1965, eine zehnjährige Vollzeitschulpflicht, die in der Regel von allen Schülern gemeinsam in den allgemeinbildenden Polytechnischen Oberschulen (POS) absolviert wird. Hieran schließt sich die Erweiterte Polytechnische Oberschule (EOS) an. Sie ist Teil der Abiturstufe und bildet die Hauptform der Vorbereitung auf die Hochschulen. Daneben bereiten weitere Einrichtungen auf das Abitur vor.

Probleme:

Die Situation war bisher gekennzeichnet durch
- die langjährige indoktrinierende Erziehung der Kinder und Jugendlichen und die Ausrichtung der Lernziele und -inhalte insbesondere in den geistes- und gesellschaftswissenschaftlichen Fächern am „sozialistischen Menschenbild"
- die fehlende Individualisierung des Unterrichts, die vielfach zu einer Unterforderung der Schüler geführt hat
- die weitgehend auf bloße Reproduktion gerichtete Didaktik, die Transfer und problemlösendes Denken vernachlässigt hat
- den geringen Spielraum der Schulen und Lehrer bei der Gestaltung des Unterrichts

- die mangelnde Differenzierung in der Einheitsschule
- die einseitige Ausrichtung des Fremdsprachenunterrichts mit Bevorzugung einer Fremdsprache
- die Begrenzung des Zugangs zum Abitur.

Der nachfolgende Katalog der Aufgaben umfaßt die Maßnahmen zur Angleichung der Strukturen des Schulwesens an die bestehenden Rechtsverhältnisse in den alten Bundesländern.
In ähnlicher Weise werden die „Ausgangslage und Ansatzpunkte für eine gezielte Kooperation und Unterstützung“ im Bereich der „Beruflichen Aus- und Weiterbildung“ (Abschnitt 4), der Hochschulen (5), der außerschulischen Jugendbildung (6) und der Allgemeinen Weiterbildung (7) beschrieben.
Dann werden vordringliche Probleme, die sich aus der gegenseitigen Öffnung der Bildungssysteme ergeben, benannt:

III. Probleme der gegenseitigen Öffnung der Bildungssysteme und Konsequenzen für Bildungspolitik und Bildungsplanung

Die Öffnung der deutsch-deutschen Grenze führt zu einem gemeinsamen Bildungsraum. Damit ergibt sich die Möglichkeit, Bildungschancen im jeweils anderen Teil wahrzunehmen. Derzeit geschieht dies allerdings ganz überwiegend nur von Bürgern der DDR, die vor allem in Berlin und in den grenznahen Gebieten der Bundesrepublik Deutschland Bildungsangebote nachfragen. In Berlin sind es vor allem Bildungspendler, die in wachsendem Maße Bildungseinrichtungen in Anspruch nehmen.

Diese mit der Freizügigkeit möglich gewordene Mobilität ist zu begrüßen. In der nächsten Zeit kommt es aber darauf an, einer Sogwirkung in die Bundesrepublik Deutschland entgegenzuwirken, die aus dem Wirtschaftsgefälle und mangelndem Ausbau und fehlender Modernität von Bildungsangeboten in der DDR resultieren kann. Beispiele dafür sind der bisher limitierte Zugang zur Erweiterten Oberschule und zum Studium sowie die fehlende Anpassung mancher Ausbildungsgänge an neue wirtschaftliche und gesellschaftliche Aufgaben.

Damit es nicht zu einer weiteren Belastung des ohnehin überlasteten Hochschulsystems in der Bundesrepublik Deutschland mit entsprechenden Konsequenzen für die personelle, sächliche, räumliche Ausstattung, den Studentenwohnraumbau und für die Ausbildungsförderung sowie zu einem Fortbestehen der Sogwirkung kommt, sind in der DDR Anstrengungen zu unternehmen, den Zugang zur Erweiterten Oberschule und zu den Hochschulen stärker zu öffnen. Ebenso sind die unterschiedlich gestalteten Systeme der Ausbildungsförderung aufeinander abzustimmen.

Im Zusammenhang mit der Öffnung der Grenze und der Herstellung der Freizügigkeit ergibt sich darüber hinaus die Notwendigkeit, die rechtlichen Grundlagen, die fachlichen Kriterien und die Praxis der Anerkennung bzw. Bewertung von abgeleisteten Bildungsabschnitten und erworbenen Abschlüssen zu überprüfen. Dabei sind auch die vorhandenen oder noch in Beratung befindlichen Richtlinien der EG für den Berufszugang zu berücksichtigen.

Folgende Überprüfungen sind notwendig:

Aufgaben	Umsetzung und Durchführung
(2) Anerkennung von Schulabschlüssen und Bewertung von Zeugnissen; Anerkennung von Lehrerqualifikationen	KMK (Prüfungsauftrag liegt vor)
(3) Anerkennung der in der DDR erworbenen Hochschulzugangsberechtigung	KMK (abschließende Beratung in der Sondersitzung am 10. 5. 1990)

Ziffer 1 betrifft Regelungen für die vorschulische Erziehung.
Die unter Ziffer 4 ff. folgenden Aufgaben beziehen sich auf das Hochschulwesen.
In Kapitel IV folgen Ausführungen über die Einbeziehung der DDR in die „EG-Programme". Den Schluß bilden Vorschläge für das weitere Vorgehen:

V. Wege und Verfahren bei der Kooperation mit der DDR und bei der Abstimmung im Bildungs- und Wissenschaftsbereich

Die bisherige Zusammenarbeit im Bereich Bildung und Wissenschaft stützte sich auf das Kulturabkommen und das WTZ-Abkommen. Die auf dieser Basis vereinbarten Kooperationsmaßnahmen sollten weitergeführt und wenn möglich beschleunigt werden.

Über diese vereinbarten Maßnahmen hinaus haben sich gänzlich neue Kooperationschancen und -notwendigkeiten ergeben. Auf beiden Seiten bestehen große Erwartungen hinsichtlich einer Intensivierung der Zusammenarbeit. Diese Zusammenarbeit sollte möglichst dezentral erfolgen und – wo nötig – durch staatliche Programme gefördert werden. Dabei ist auch eine gegenseitige Abstimmung innerhalb der Bundesrepublik Deutschland notwendig.

1. Für die Abstimmung der Handlungsfelder und des Handlungsbedarfs zwischen Bund und Ländern sollten weiter die Möglichkeiten des Zusammenwirkens in der BLK genutzt werden.

2. In der Übergangszeit bis zur Herstellung der staatlichen Einheit bedarf es auf allen Ebenen einer engen bildungspolitischen Zusammenarbeit – auch in gemeinsamen Gremien – mit der DDR.
   Dabei geht es u. a. um
   - Kooperation und Austausch zwischen beiden deutschen Staaten,
   - Unterstützung der Bildungsreform und Verbesserung der Bildungsinfrastruktur der DDR,
   - Fragen der Mobilität und Anerkennung von Abschlüssen,
   - Vorbereitung der Abstimmung im Bildungs- und Wissenschaftsbereich.
3. Dazu ist in Abstimmung zwischen Bund und Ländern die Errichtung einer paritätisch von Bund und Ländern besetzten Bildungskommission vorgesehen.
4. Nach der Vereinigung beider deutscher Staaten sollte es eine dann auch die Länder der DDR umfassende Kultusministerkonferenz und gleichzeitig eine Zusammenarbeit von Bund und Ländern in einer erweiterten BLK geben.
5. Bund und Länder haben sich darauf verständigt, die Ausschüsse „Bildungsplanung" und „Forschungsförderung" zu beauftragen, für ihren jeweiligen Arbeitsbereich die mittel- und längerfristigen Aufgaben einer schrittweisen Abstimmung im Bildungs- und Wissenschaftsbereich der beiden deutschen Staaten herauszuarbeiten und Verfahrensvorschläge zu machen.

[12]

Vertrag zwischen der Bundesrepublik Deutschland und der Deutschen Demokratischen Republik über die Herstellung der Einheit Deutschlands – Einigungsvertrag – (1990)

Der Einigungsvertrag wurde am 31. August 1990 zwischen den Regierungen der beiden Staatsgebiete geschlossen und am 20. September 1990 von Bundestag und Volkskammer ratifiziert. Er regelt den Beitritt der sich auflösenden DDR und setzt das Grundgesetz der Bundesrepublik auch für die neugeschaffenen Länder in Kraft. Für das Bildungswesen gelten damit dieselben Rechtsgrundsätze, wie sie in den betreffenden Artikeln festgelegt und teils von den Ländern selbständig, teils im Zusammenwirken untereinander bzw. mit Bundesregierung, Bundestag und Bundesrat wahrgenommen werden. Dementsprechend nennt der Vertrag die europäischen Abkommen des Bundes sowie die Vereinbarungen der Länder, um auch in der Zukunft, trotz der prinzipiellen Kulturhoheit der Länder, den gemeinsamen verbindlichen Rechtsrahmen zu gewährleisten. Im übrigen beschränkt sich der Vertrag auf die vordringlichen rechtlichen Regelungen, besonders der Anerkennung bislang erworbener Qualifikationen. Dafür ist Gegenseitigkeit bei Gleichwertigkeit vereinbart. Die Zuständigkeit jedes Landes für die Gestaltung seines Schulwesens wird ausdrücklich hervorgehoben, jedoch zugleich an die bestehenden Abkommen gebunden.

Quelle: Bundesgesetzblatt. 1990. Teil II. S. 889 ff.

Die Bundesrepublik Deutschland und die Deutsche Demokratische Republik –

entschlossen, die Einheit Deutschlands in Frieden und Freiheit als gleichberechtigtes Glied der Völkergemeinschaft in freier Selbstbestimmung zu vollenden,

ausgehend von dem Wunsch der Menschen in beiden Teilen Deutschlands, gemeinsam in Frieden und Freiheit in einem rechtsstaatlich geordneten, demokratischen und sozialen Bundesstaat zu leben,

in dankbarem Respekt vor denen, die auf friedliche Weise der Freiheit zum Durchbruch verholfen haben, die an der Aufgabe der Herstellung der Einheit Deutschlands unbeirrt festgehalten haben und sie vollenden,

im Bewußtsein der Kontinuität deutscher Geschichte und eingedenk der sich aus unserer Vergangenheit ergebenden besonderen Verantwortung für eine demokratische Entwicklung in Deutschland, die der Achtung der Menschenrechte und dem Frieden verpflichtet bleibt,

in dem Bestreben, durch die deutsche Einheit einen Beitrag zur Einigung Europas und zum Aufbau einer europäischen Friedensordnung zu leisten, in der Grenzen nicht mehr trennen und die allen europäischen Völkern ein vertrauensvolles Zusammenleben gewährleistet,

in dem Bewußtsein, daß die Unverletzlichkeit der Grenzen und der territorialen Integrität und Souveränität aller Staaten in Europa in ihren Grenzen eine grundlegende Bedingung für den Frieden ist –

sind übereingekommen, einen Vertrag über die Herstellung der Einheit Deutschlands mit den nachfolgenden Bestimmungen zu schließen:

Kapitel I: Wirkung des Beitritts

Artikel 1: Länder

(1) Mit dem Wirksamwerden des Beitritts der Deutschen Demokratischen Republik zur Bundesrepublik Deutschland gemäß Artikel 23 des Grundgesetzes am 3. Oktober 1990 werden die Länder Brandenburg, Mecklenburg-Vorpommern, Sachsen, Sachsen-Anhalt und Thüringen Länder der Bundesrepublik Deutschland. Für die Bildung und die Grenzen dieser Länder untereinander sind die Bestimmungen des Verfasungsgesetzes zur Bildung von Ländern in der Deutschen Demokratischen Republik vom 22. Juli 1990 – Ländereinführungsgesetz – (GBl. I Nr. 51 S. 955) gemäß Anlage II maßgebend.

(2) Die 23 Bezirke von Berlin bilden das Land Berlin.

Art. 2 bestimmt Berlin zur Hauptstadt Deutschlands und den 3. Oktober zum „Tag der Deutschen Einheit“.

Kapitel II: Grundgesetz

Artikel 3: Inkrafttreten des Grundgesetzes

Mit dem Wirksamwerden des Beitritts tritt das Grundgesetz für die Bundesrepublik Deutschland in der im Bundesgesetzblatt Teil III, Gliederungsnummer 100-1, veröffentlichten bereinigten Fassung, zuletzt geändert durch Gesetz vom 21. Dezember 1983 (BGBl. I S. 1481), in den Ländern Brandenburg, Mecklenburg-Vorpommern, Sachsen, Sachsen-Anhalt und Thüringen sowie in dem Teil des Landes Berlin, in dem es bisher nicht galt, mit den sich aus Artikel 4 ergebenden Änderungen in Kraft, soweit in diesem Vertrag nichts anderes bestimmt ist.

Art. 4 nennt „beitrittsbedingte Änderungen", darunter in Abs. 6:

6. Artikel 146 wird wie folgt gefaßt:
„Artikel 146
Dieses Grundgesetz, das nach Vollendung der Einheit und Freiheit Deutschlands für das gesamte deutsche Volk gilt, verliert seine Gültigkeit an dem Tage, an dem eine Verfassung in Kraft tritt, die von dem deutschen Volke in freier Entscheidung beschlossen worden ist."

Art. 5–7 betr. künftige Verfassungsänderungen und Regelungen der Finanzverfassung.

Kapitel III: Rechtsangleichung

Artikel 8: Überleitung von Bundesrecht

Mit dem Wirksamwerden des Beitritts tritt in dem in Artikel 3 genannten Gebiet Bundesrecht in Kraft, soweit es nicht in seinem Geltungsbereich auf bestimmte Länder oder Landesteile der Bundesrepublik Deutschland beschränkt ist und soweit durch diesen Vertrag, insbesondere dessen Anlage I, nichts anderes bestimmt wird.

Artikel 9: Fortgeltendes Recht der Deutschen Demokratischen Republik

(1) Das im Zeitpunkt der Unterzeichnung dieses Vertrags geltende Recht der Deutschen Demokratischen Republik, das nach der Kompetenzordnung des Grundgesetzes Landesrecht ist, bleibt in Kraft, soweit es mit dem Grundgesetz ohne Berücksichtigung des Artikels 143, mit in dem in Artikel 3 genannten Gebiet in Kraft gesetztem Bundesrecht sowie mit dem unmittelbar geltenden Recht der Europäischen Gemeinschaften vereinbar ist und soweit in diesem Vertrag nichts anderes bestimmt wird. Recht der Deutschen Demokratischen Republik, das nach der Kompetenzordnung des Grundgesetzes Bundesrecht ist und das nicht bundeseinheitlich geregelte Gegenstände betrifft, gilt unter den Voraussetzungen des Satzes 1 bis zu einer Regelung durch den Bundesgesetzgeber als Landesrecht fort.

Unter Übergehen der Kapitel IV bis VIII, in denen weitere Rechtsprobleme einer Regelung zugeführt werden, folgt hier Kapitel IX „Kultur, Bildung und Wissenschaft, Sport" mit dem Artikel 37 „Bildung":

Artikel 37: Bildung

(1) In der Deutschen Demokratischen Republik erworbene oder staatlich anerkannte schulische, berufliche und akademische Abschlüsse oder Befähigungsnachweise gelten in dem in Artikel 3 genannten Gebiet weiter. In dem in Artikel 3 genannten Gebiet oder in den anderen Ländern der Bundesrepublik Deutschland einschließlich Berlin (West) abgelegte Prüfungen oder erworbene Befähigungsnachweise stehen einander gleich und verleihen die gleichen Berechtigungen, wenn sie gleichwertig sind. Die Gleichwertigkeit wird auf Antrag von der jeweils zuständigen Stelle festgestellt. Rechtliche Regelungen des Bundes und der Europäischen Gemeinschaften über die Gleichstellung von Prüfungen oder Befähigungsnachweisen sowie besondere Regelungen in diesem Vertrag haben Vorrang. Das Recht auf Führung erworbener, staatlich anerkannter oder verliehener akademischer Berufsbezeichnungen, Grade und Titel bleibt in jedem Fall unberührt.

(2) Für Lehramtsprüfungen gilt das in der Kultusministerkonferenz übliche Anerkennungsverfahren. Die Kultusministerkonferenz wird entsprechende Übergangsregelungen treffen.

In Abs. 3 wird die Gleichstellung der beruflichen Ausbildungsabschlüsse vereinbart.

(4) Die bei der Neugestaltung des Schulwesens in dem in Artikel 3 genannten Gebiet erforderlichen Regelungen werden von den in Artikel 1 genannten Ländern getroffen. Die notwendigen Regelungen zur Anerkennung von Abschlüssen schulrechtlicher Art werden in der Kultusministerkonferenz vereinbart. In beiden Fällen sind Basis das Hamburger Abkommen und die weiteren einschlägigen Vereinbarungen der Kultusministerkonferenz.

Gemäß Abs. 5 und 6 wird bei Hochschulwechsel die Anerkennung von vorher an Fach- und Hochschulen erbrachten Studienleistungen zugesichert. Weitergehende Grundsätze und Verfahren für die Anerkennung müsse die Kultusministerkonferenz entwickeln.

Es folgt Art. 38 „Wissenschaft und Forschung", danach Art. 39 „Sport", dann das Schlußkapitel IX mit den „Übergangs- und Schlußvorschriften".

Geschehen zu Berlin am 31. August 1990 in zwei Urschriften in deutscher Sprache.

Für die	Für die
Bundesrepublik Deutschland	Deutsche Demokratische Republik
Dr. Wolfgang Schäuble	Dr. Günther Krause

[13]

GEMEINSAME BILDUNGSKOMMISSION DER BUNDESREPUBLIK DEUTSCHLAND UND DER DEUTSCHEN DEMOKRATISCHEN REPUBLIK

Beschluß „Grundsätze und Empfehlungen zur Neugestaltung des allgemeinbildenden Schulwesens in den Ländern Brandenburg, Mecklenburg-Vorpommern, Sachsen, Sachsen-Anhalt und Thüringen sowie Berlin (Ost)" (1990)

Die am 16. Mai 1990 von den beiden deutschen Staaten eingesetzte „Gemeinsame Bildungskommission" verteilte ihre Arbeit auf vier Unterkommissionen für die verschiedenen Schwerpunktbereiche der künftigen Bildungs- und Wissenschaftspolitik. Sie sollten – unter Heranziehung von Experten – für die Zusammenführung der Bildungssysteme Übergangsregelungen empfehlen. Von ihren ersten Ergebnissen ist die Fassung der Artikel 37 und 38 im „Einigungsvertrag" vom 31. August wesentlich mitbestimmt worden.
Die Unterkommission „Allgemeine schulische Bildung" schloß am 19. September ihre Tätigkeit ab mit der einstimmig verabschiedeten o. g. Vorlage „Grundsätze und Empfehlungen für die Neugestaltung des allgemeinbildenden Schulwesens". Die „Gemeinsame Bildungskommission" übernahm die Vorlage in ihrer abschließenden Sitzung am 26. September 1990 als ihren Beschluß und löste sich auf.
Mit der Vereinigung der beiden Staaten am 3. Oktober 1990 wurden die Länder der ehemaligen DDR zu Bundesländern und erhielten die Kulturhoheit. Zugleich wurden sie Mitglieder der Bund-Länder-Kommission und der Ständigen Konferenz der Kultusminister. Diesen beiden Institutionen obliegt – dem nunmehr einheitlich geltenden Bundesrecht entsprechend – die weitere Zusammenführung der Bildungssysteme der neuen und der alten Bundesländer.

Quelle: Grundsätze und Empfehlungen zur Neugestaltung des allgemeinbildenden Schulwesens in den Ländern Brandenburg, Mecklenburg-Vorpommern, Sachsen, Sachsen-Anhalt und Thüringen sowie in Berlin (Ost). Beschluß der Gemeinsamen Bildungskommission der Bundesrepublik Deutschland – Deutsche Demokratische Republik vom 26. 9. 1990. Sekretariat der KMK: Beilage zur Anlage II und TOP 2 der vorläufigen Tagesordnung für das Plenum der KMK am 4./5. Okt. 1990.

Grundsätze und Empfehlungen zur Neugestaltung des allgemeinbildenden Schulwesens

I

Beim Zusammenwachsen der Bildungsbereiche ist das Prinzip der Kulturhoheit der Länder von grundlegender Bedeutung. Die Länder tragen ihren föderalen Rechten und Verpflichtungen im Schulbereich auch dadurch Rechnung, daß sie bei ihren bildungspolitischen Entscheidungen die Sicherung der gebotenen Einheitlichkeit und Chancengleichheit als eine ständige Aufgabe sehen. Durch die Entwicklung einer gemeinsamen und vergleichbaren Grundstruktur für das Schulwesen werden wesentliche Voraussetzungen für eine Freizügigkeit im Bildungswesen geschaffen.

II

Basis für die notwendigen Regelungen bei der Neugestaltung des Schulwesens und für die Anerkennnung von Abschlüssen sind gemäß Art. 37 (4) des Einigungsvertrages das „Hamburger Abkommen" (Abkommen zwischen den Ländern der Bundesrepublik Deutschland zur Vereinheitlichung auf dem Gebiet des Schulwesens vom 28. 10. 1964 i. d. F. vom 14. 10. 1971) und die weiteren einschlägigen Vereinbarungen der Kultusministerkonferenz.

Hierzu gehören insbesondere:
- die „Vereinbarung über die Orientierungsstufe (Klasse 5 und 6)" (Beschluß der KMK vom 28. 2. 1974),
- die „Vereinbarung über einen Stundenrahmen für Schüler der Jahrgangsstufen 7 bis 10 in den allgemeinbildenden Schulen" (Beschluß der KMK vom 16. 6. 1978),
- die „Rahmenvereinbarungen für die gegenseitige Anerkennung von Abschlüssen an Gesamtschulen" (Beschluß der KMK vom 27./28. 5. 1982),
- die „Vereinbarung zur Neugestaltung der gymnasialen Oberstufe in der Sekundarstufe II vom 7.7. 1972 i. d. F. vom 11. 4. 1988" (Beschluß der KMK vom 11. 4. 1988) und
- die „Einheitlichen Prüfungsanforderungen in der Abiturprüfung (EPA)" (Beschluß der KMK vom 1. 12. 1989).

In Abschnitt III wird empfohlen, in den neuen Ländern bereits zum 1. Januar 1991 einige schulrechtliche Regelungen zu übernehmen: Beginn und Ende des Schuljahres, Ferien, Notenstufen, prüfungsrechtliche Festlegungen in bezug auf die Fremdsprachen.

IV

Für folgende Bereiche
- Vollzeitschulpflicht
- Schulabschlüsse im Sekundarbereich I
- Schulbesuchsdauer bis zum Erwerb der Hochschulreife
- Lehrerbildung

werden die nachstehenden Empfehlungen ausgesprochen:

- Vollzeitschulpflicht
  Nach dem „Hamburger Abkommen“ ist für die Länder in der Bundesrepublik Deutschland eine zehnjährige Vollzeitschulpflicht zulässig. In der DDR ist die zehnjährige Vollzeitschulpflicht allgemein eingeführt, sie kann in Ausnahmefällen nach der 8. Klasse in Einrichtungen der Berufsbildung beendet werden. Es wird empfohlen, diese Ausnahmeregelung so schnell wie möglich auslaufen zu lassen und allen Schülern eine mindestens neunjährige Schulbesuchszeit an allgemeinbildenden Schulen zu sichern. Damit sollte auch die Zuerkennung eines dem Hauptschulabschluß vergleichbaren Abschlusses möglich werden.
- Schulabschlüsse im Sekundarbereich I
  Die im „Hamburger Abkommen“ und in weiteren Beschlüssen der Kultusministerkonferenz bezeichneten Schulformen/Schularten
  - Hauptschule
  - Realschule
  - Gymnasium
  - Gesamtschule

  existieren auf dem Gebiet der DDR in dieser Form nicht, demzufolge auch nicht die entsprechenden Abschlüsse.
  Mit den am 1. 9. 1990 in der DDR eingeführten Formen der Differenzierung sind richtungsweisende Schritte eingeleitet worden, um das Leistungsniveau im Sekundarbereich I zu heben.
  Es wird empfohlen, die Differenzierung fortzuführen und ihre Ergebnisse auch in der Bezeichnung der jeweils erworbenen Abschlüsse zum Ausdruck zu bringen. Dabei sollten sich die Anforderungen an der „Rahmenvereinbarung für die gegenseitige Anerkennung von Abschlüssen an Gesamtschulen“ (Beschluß der KMK vom 27./28. 5. 1982) orientieren, um eine dauerhafte Anerkennung der Abschlüsse auch nach der Übergangszeit sicherzustellen.
- Schulbesuchsdauer bis zum Erwerb der Hochschulreife
  In der Bundesrepublik Deutschland gibt es drei Formen der Hochschulreife. Dabei wird die Fachhochschulreife nach mindestens 12 aufsteigenden Schuljahren, die fachgebundene und die allgemeine Hochschulreife nach mindestens 13 aufsteigenden Schuljahren erworben.
  In der DDR bestehen bisher Möglichkeiten, eine fachgebundene oder eine allgemeine Hochschulreife nach 12, 13 oder 14 Schuljahren zu erwerben, je nachdem, welcher Bildungsgang gewählt wird.
  Im Beschluß der Kultusministerkonferenz vom 10. 5. 1990 wurde begrüßt, daß die in der DDR zum Hochschulzugang führenden Bildungsgänge in absehbarer Zeit so verändert werden, daß ihre Abschlüsse den in der Bundesrepublik geltenden Anforderungen gleichwertig sind.

Es wird empfohlen, in den neuen Ländern einschließlich Berlin (Ost) und in der Kultusmininisterkonferenz zu prüfen, wie die Anforderungen, die sich aus den in der Bundesrepublik Deutschland geltenden Regelungen für den Erwerb einer Hochschulreife, insbesondere der „Einheitlichen Prüfungsanforderungen in der Abiturprüfung" (Beschluß der KMK vom 1. 12. 1989) ergeben, bis zum Ablauf der Übergangszeit inhaltlich und organisatorisch erfüllt werden können.

Es folgen Empfehlungen zur Umgestaltung der Lehrerbildung nach den in der Kultusministerkonferenz vereinbarten Grundsätzen.

V

Die künftig in Deutschland für das Schulwesen geltenden Rahmenbedingungen und die bis dahin geltenden Übergangsfristen werden zwischen den Ländern in der Kultusministerkonferenz abgestimmt.

Gemeinsame Mitteilung

In Ziff. 1 wird über den Verlauf der Schlußsitzung und über Vorschläge zur weiteren Verfahrensweise informiert.

2. Die Bildungskommission stimmte darin überein, daß das Bildungswesen einen wesentlichen Beitrag zum politischen, wirtschaftlichen und gesellschaftlichen Erneuerungsprozeß in den fünf beitretenden Ländern, wie für den Einigungsprozeß insgesamt, leisten muß. Sie stellte fest, daß man auf dem Weg zu einem neuen Bildungswesen bereits einige wesentliche Schritte vorangekommen ist, und daß es in Zukunft Aufgabe der neu entstehenden Länder ist, diesen Prozeß fortzusetzen. Die Reformbemühungen der DDR sind von Beginn an von Bund und Ländern fachlich und finanziell unterstützt worden. Hinzu kommen zahlreiche Hilfsmaßnahmen von privater Seite aus der Bundesrepublik. Die staatlichen und privaten Initiativen haben rasch zu einer intensiven Zusammenarbeit auf allen Ebenen und in allen Bereichen von Bildung und Wissenschaft geführt und den unmittelbaren Kontakt der Betroffenen ermöglicht.

Nach der Einigung geht es darum, die unter unterschiedlichen gesellschaftlichen Bedingungen entstandenen Bildungssysteme weiter aufeinander zuzuführen. Dafür sind durch das DDR-Gesetz zur Einführung der Länder und den Einigungsvertrag die erforderlichen Voraussetzungen geschaffen worden. Mit dem Wirksamwerden des Beitritts der DDR zur Bundesrepublik gilt auch in den neuen Ländern die Kompetenzordnung des Grundgesetzes. Damit fällt ihnen die Gestaltung von Bildung, Wissenschaft und Kultur weitgehend als eigene Aufgabe zu.

Für eine Übergangszeit wird es angesichts der Ausgangslage in den neuen Ländern z. T. noch sehr unterschiedliche Strukturen geben. Es wird im Interesse der Bürger wichtig sein, möglichst bald das erforderliche Maß an Einheitlichkeit zu erreichen.

Das weitere Zusammenführen der beiden Bildungssysteme wird in den nächsten Monaten und Jahren eine wichtige gemeinsame Aufgabe in der Kultusministerkonferenz und der Bund-Länder-Kommission für Bildungsplanung und Forschungsförderung sein. Dringend notwendige Modernisierungen im Bildungswesen der fünf neuen Länder werden die planerische und finanzielle Mitwirkung des Bundes und der Länder notwendig machen.

Darüber hinaus wird es für die Schulen, Ausbildungsstätten, Hochschulen und wissenschaftlichen Einrichtungen der fünf neuen Länder wichtig sein, so schnell wie möglich in das Netz europäischer und auch anderer internationaler Austausch- und Kooperationsbeziehungen einbezogen zu werden.

3. Im Bereich der allgemeinen Bildung hat die Bildungskommission Empfehlungen zur Neugestaltung des allgemeinbildenden Schulwesens in den neuen Ländern verabschiedet. Sie stellt darin fest, daß beim Zusammenwachsen der beiden deutschen Staaten im Bildungsbereich das Prinzip der Kulturhoheit der Länder von grundlegender Bedeutung ist. Die Länder tragen ihren föderalen Rechten und Verpflichtungen im Schulbereich auch dadurch Rechnung, daß sie bei ihren bildungspolitischen Entscheidungen die Sicherung der notwendigen Einheitlichkeit und Chancengleichheit als eine ständige Aufgabe sehen. Durch die Entwicklung einer gemeinsamen und vergleichbaren Grundstruktur für das Schulwesen werden wesentliche Voraussetzungen für eine Freizügigkeit im Bildungswesen geschaffen. Basis dafür sind gemäß Art. 37 des Einigungsvertrages das „Hamburger Abkommen" der Länder zur Vereinheitlichung auf dem Gebiet des Schulwesens und weitere einschlägige Vereinbarungen der Kultusministerkonferenz.

Bestimmte Regelungen der Schulorganisation, wie Beginn und Ende des Schuljahres und die Regelung der Ferien sowie die Fremdsprachenverpflichtungen für den Erwerb eines mittleren Bildungsabschlusses und der allgemeinen Hochschulreife, sollten einheitlich bereits mit dem Schuljahr 1991/92 gelten.

Die Bildungskommission ist übereingekommen, daß die künftig in Deutschland für das Schulwesen geltenden Rahmenbedingungen und die bis dahin geltenden Übergangsfristen zwischen den Ländern in der Kultusministerkonferenz abgestimmt werden sollten.

Die nächsten beiden Abschnitte betreffen schulrechtliche Übergangsregelungen. Dann folgen Bemerkungen zur bisherigen Erörterung der Bereiche

Berufliche Bildung, Hochschulwesen und Weiterbildung sowie zu den Ergebnissen der Beratungen der Expertenkommissionen Bibliothekswesen und Statistikbereich. Abschließend wird auf die im Einigungsvertrag vorgesehenen Regelungen verwiesen.

[14]

KULTUSMINISTERKONFERENZ

Beschluß über Schularten/Schulformen und Bildungsgänge im Sekundarbereich I (1992)

Soweit durch den Regierungswechsel in einigen Bundesländern die Schulgesetze geändert oder nach der Vereinigung in den neuen Bundesländern gesetzliche Regelungen zum Aufbau ihres Schulwesens erlassen worden waren, sah sich die Konferenz der Kultusminister gefordert, die Vereinbarkeit der landesrechtlichen Schulorganisationen mit dem verbindlichen „Hamburger Abkommen" über den Schulaufbau zu prüfen. Das Ergebnis fand in dem Konferenzbeschluß der Plenarsitzung am 25./26. Juni 1992 in Münster seinen Niederschlag.

Quelle: Kultusministerkonferenz – Pressemitteilung vom 26. 6. 1992. Hrsg. vom Sekretariat der Ständigen Konferenz der Kultusminister der Länder in der Bundesrepublik Deutschland. Anlage I.

1. Die Kultusministerkonferenz hält die neuen Schularten/Schulformen im Sekundarbereich I, die in Sachsen als Mittelschule, im Saarland und in Sachsen-Anhalt als Sekundarschule, in Thüringen als Regelschule und in Rheinland-Pfalz als Regionalschule (Schulversuch) bezeichnet werden, mit der im „Hamburger Abkommen" festgelegten Grundstruktur des Schulwesens in der Bundesrepublik Deutschland für vereinbar, wenn in ihnen entsprechend dem „Hamburger Abkommen" jeweils der Hauptschulabschluß und der Realschulabschuß vermittelt werden und spätestens ab der Jahrgangsstufe 7 in abschlußbezogenen Klassen oder – in einem Teil der Fächer – in abschlußbezogenen Kursen unterrichtet wird.

2. Die Kultusministerkonferenz beschließt, die bereits begonnene Arbeit an einem „Gemeinsamen Orientierungsrahmen für die Schularten/Schulformen und Bildungsgänge im Sekundarbereich I" mit Nachdruck fortzusetzen. Dabei ist, ausgehend von dem Prinzip des wechselseitigen Vertrauens und der Toleranz, die gegenseitige Anerkennung aller Abschlüsse im Sekundarbereich I in einer Vereinbarung anzustreben, die alle einschlägigen Vereinbarungen, z. B. auch die Gesamtschulvereinbarung von 1982, ablöst und noch nicht geregelte Probleme wie z. B. die Anerkennung des mittleren Abschlusses der Hauptschule nach Jahrgangsstufe 10 aufnimmt.

3. Die Kultusministerkonferenz beauftragt den Schulausschuß, auf der Grundlage dieses Beschlusses den „Gemeinsamen Orientierungsrahmen" der Amtschefskonferenz im Januar 1993 vorzulegen.

[15]

Der Aufbau des Schulwesens in den neuen Bundesländern (1992)

Mit der Auflösung der DDR kam auch das Ende der sozialistischen Einheitsschule. Die Kulturhoheit, die nach dem Einigungsvertrag auch den neuen Bundesländern zugefallen war, hatte zur Folge, daß unterschiedliche Schulsysteme entstanden. Alle Länder führten die vierjährige Grundschule wieder ein, außer Brandenburg, das sich nach dem (West-)Berliner Vorbild für die sechsjährige Dauer entschied. Für die Sekundarstufe übernahmen alle den mehrgliedrigen Aufbau wie in den westlichen Bundesländern. Auffallend ist die Wiederherstellung des Gymnasiums in allen Ländern, mehrheitlich allerdings mit nur achtjähriger Stufung. Für den Pflichtschulbereich variieren die Lösungen zwischen Zweigliedrigkeit - mit einem Verbund von Haupt- und Realschule -, Dreigliederigkeit und Viergliedrigkeit, letztere unter Einschluß der Gesamtschule als alternativer Regelform. Zum Teil sind in den Sekundarbereich schulformbezogene bzw. gemeinsame Orientierungsklassen (-stufen) integriert, nur Brandenburg verzichtet darauf. Alle Länder führen daneben die Sonderschulen als eigene Schulform auf.
Zur Weiterentwicklung der Einheitschule zu einer differenzierenden Gesamtschule - entsprechend wiederholten Schulreforminitiativen von der Weimarer und der Nachkriegszeit an bis zur Gegenwart - hat sich keines der neuen Bundesländer entschlossen, obgleich in allen übrigen europäischen Ländern außer Österreich und der Schweiz eine acht- bis zehnjährige gemeinsame Schulzeit für alle Schüler die Regel ist. Die Schulgesetzgebung ist indessen noch nicht abgeschlossen. Bis auf die Schulgesetze für Sachsen und Thüringen gelten die rechtlichen Regelungen als vorläufig. Die Kultusministerkonferenz hat diese Lösungen inzwischen als mit dem Hamburger Abkommen vereinbar anerkannt. Die nachfolgenden Schemata ermöglichen eine Übersicht und den Vergleich.

Quelle: H. Döbert und R. Martini: Schule zwischen Wende und Wandel - Wie weiter mit den Schulreformen in Deutschland-Ost? In: Die Deutsche Schule. 84. Jg. 1992. S. 94 ff. Schemata S. 100 f. - Für Thüringen: Schulgesetz vom 16. 7. 1993.

Mecklenburg-Vorpommern

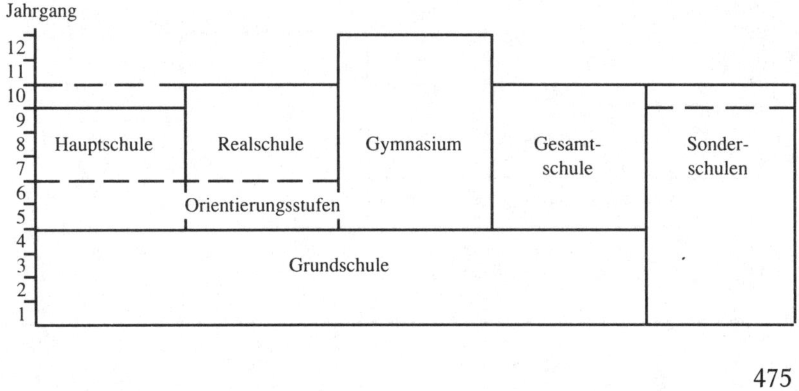

Brandenburg

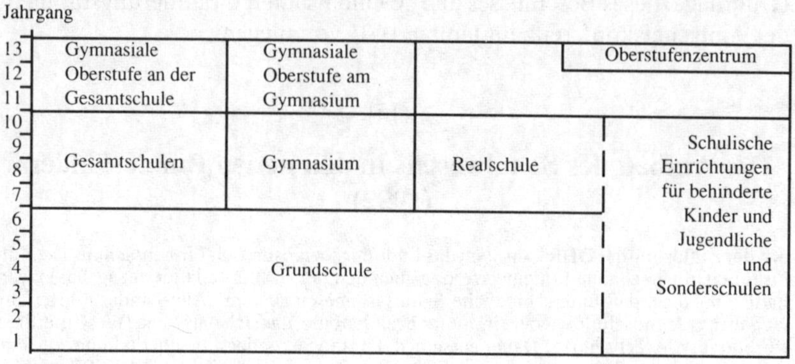

Sachsen-Anhalt

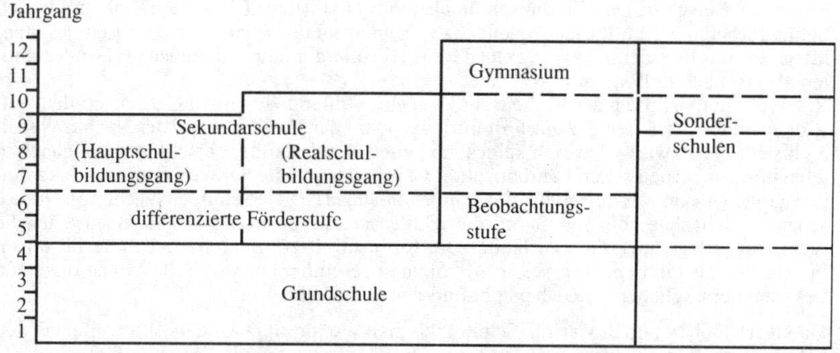

Thüringen

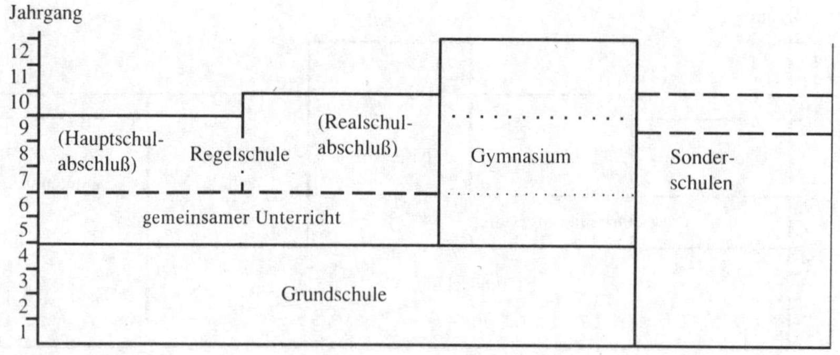

Sachsen

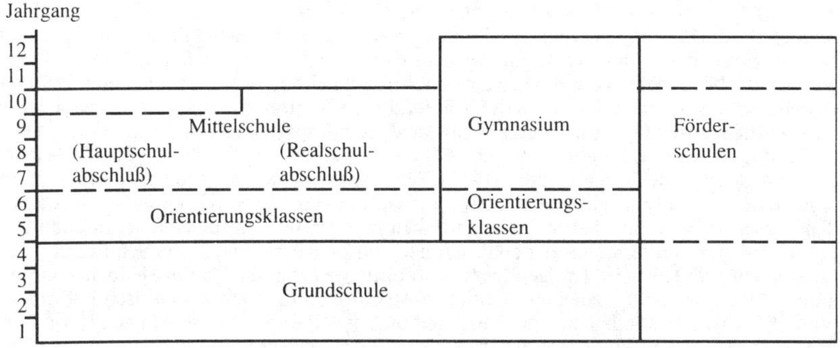

2. Schulpolitische Positionen der Parteien, Verbände und Kirchen

[16]

CHRISTLICH-DEMOKRATISCHE UNION (CDU)

Erziehung, Ausbildung und Bildung in unserer freiheitlichen Demokratie: Für die humane Leistungsschule und ein leistungsfähiges Hochschulsystem (1993)

Nach der Wiederzulassung der Parteien durch die Besatzungsmächte im Jahre 1945 kam es in den verschiedenen Besatzungszonen zu einer Sammlung ehemaliger Zentrumspolitiker, Liberaldemokraten, christlicher Gewerkschaftler und parteiungebundener Angehöriger beider christlichen Konfessionen. Verbindungen aus der Zeit des Kirchenkampfes gegen das NS-Regime, der Unionsgedanke kirchlicher Kreise sowie der Wille zu politischer Verantwortung und zum Aufbau einer neuen Wirtschafts- und Eigentumsordnung führten sie zusammen. Mit dem Ziel, in der neuen Demokratie christlich-sozialem Gedankengut Einfluß zu verschaffen, nahmen sie untereinander Kontakt auf und gründeten unter verschiedenen Bezeichnungen gleichgerichtete Parteien. Ein Gesamtverband für die britische Besatzungszone bildete sich im Februar 1946 in Krefeld unter dem Namen Christlich-Demokratische Union. Er gab sich 1947 das „Ahlener Programm“, das starke Tendenzen zugunsten eines christlichen Sozialismus und zu staatlicher Planung und Lenkung der Wirtschaft aufwies. Es blieb von Anfang an umstritten und wurde bald durch die weitere Entwicklung überholt. Noch in demselben Jahr begründeten die CDU und die bayerische Christlich-Soziale Union (CSU) ihre bis heute andauernde politische Zusammenarbeit. Die Verbände der Sowjetzone wurden von ihrer Militärregierung gehindert, engere Verbindungen aufzunehmen. In den

Westzonen erreichte die CDU in den Wahlen zu den Landtagen über die Zonengrenzen hinweg eine starke Stellung, so daß sie beim Zusammenschluß der amerikanischen Zone mit der britischen 1947 zur „Bi-Zone" in dem neugeschaffenen Parlament, im „Deutschen Wirtschaftsrat", die Führung übernehmen konnte. In Abkehr vom Ahlener Programm entschied sie sich nunmehr mit den „Düsseldorfer Leitsätzen" für das Konzept der „sozialen Marktwirtschaft". Nicht zuletzt dieses wirtschaftspolitische Leitbild sicherte ihr in den folgenden Jahren den Zuspruch der Mehrheit der Wähler. Erst im Oktober 1950 konstituierte sich die CDU auf dem ersten Bundesparteitag in Goslar als Bundespartei. Im Bundestag bildet sie seit Gründung der Bundesrepublik mit der CSU eine Fraktionsgemeinschaft. Von 1949–1969 und erneut seit 1982 übernahm die CDU die Führung der Regierung. 1969 in die Opposition verwiesen, versuchte sie eine Revision ihrer bislang eher konservativ geprägten Politik mit dem „Berliner Programm" (1971). In demselben Jahr gab sie sich auch ein neues Bildungsprogramm. Es orientierte sich an den Prinzipien und Zielvorstellungen der Schulreformdiskussion von 1969. Das 1976 folgende „Kulturpolitische Programm" führte jedoch – wie bei anderen Parteien auch – zu einer deutlichen Abkehr von der „schrankenlosen Reformeuphorie" (Vorwort). Mit dem nun zur Vorbereitung des 4. Parteitages (12. – 14. 9. 1993 in Berlin) erarbeiteten „Diskussionsentwurf" legt die CDU nach Jahren bildungspolitischer Zurückhaltung erstmals wieder ein Gesamtkonzept vor.

Quelle: CDU-Dokumentation 12/1993. Verantwortlich: A. König. Konrad-Adenauer-Haus. 5300 Bonn. Hrsg. CDU-Bundesgeschäftsstelle. HA Öffentlichkeitsarbeit. Ebd. S. 3 ff.

1. Einleitung

Erziehung und Ausbildung sind wesentliche Grundlagen für die freie Entfaltung der Persönlichkeit: Bildung befähigt den Menschen, sein Leben selbständig und verantwortlich zu gestalten, Rechte wahrzunehmen und Pflichten zu übernehmen, das Leben als Chance zu begreifen und seinen Platz in Familie, Gesellschaft und Beruf zu finden.

Erziehung und Ausbildung sind gleichermaßen wesentliche Grundlagen für die Leistungsfähigkeit von Staat, Wirtschaft und Gesellschaft wie für die Sicherung des sozialen Zusammenlebens. Unser Bildungssystem hat somit auch eine Gemeinwohlfunktion: Es dient über die Entfaltung der Person und die Bildung der Bürger der Zukunftssicherung von Staat und Gesellschaft in Deutschland.

1.1. Angesicht der Wiedergewinnung der deutschen Einheit, der Vollendung des Europäischen Binnenmarkts und des Umbruchs in Mittel-, Ost- und Südosteuropa gewinnen Erziehung und Ausbildung neue Bedeutung.

1.1.1. Die Teilung Deutschlands hat tiefe Spuren hinterlassen. In den Jahrzehnten der Trennung haben sich nicht nur unterschiedliche Gesellschaftssysteme und Lebensbedingungen, sondern auch unterschiedliche Einstellungen und Sichtweisen entwickelt.

Erziehung, Bildung und Ausbildung müssen zur geistigen und kulturellen Einheit Deutschlands beitragen. Die geistige Überwindung der Teilung durch die Anerkennung und Verwirklichung der Werte einer freiheitlichen Demokratie ist in den alten wie in den neuen Ländern die unabdingbare Voraussetzung für die Verständigung zwischen allen Deutschen.

Die kulturelle Identität der Menschen in ganz Deutschland hängt nicht davon ab, daß in Schule und Ausbildung überall alles gleich geregelt ist. Der Aufbau eines freien und leistungsfähigen Schul- und Hochschulsystems in den neuen Ländern eröffnet die Möglichkeit, neue Wege zu gehen, Erfahrungen der alten Länder zu berücksichtigen, ohne deren Fehler zu wiederholen, aber auch Erfahrungen der neuen Länder zu nutzen, die sie aus ihrer Vergangenheit ableiten und die sie beim Aufbau eines eigenen neuen Schul- und Hochschulsystems gewinnen. Kulturelle Identität in ganz Deutschland wird nur erreichbar sein, wenn nicht Wert und Nutzen des Menschen für irgendeine Zielsetzung oder Ideologie, sondern seine Personalität und Würde zur Grundlage unseres gesellschaftlichen Verständnisses und des Umgangs miteinander gemacht werden.

Die Unantastbarkeit der Würde des Menschen und seine Einbindung in die Gemeinschaft sind Maß und Grundlage jedes freiheitlichen Bildungssystems.

1.1.2. Europa wächst zusammen – wirtschaftlich, politisch und kulturell. Austausch, gegenseitige Offenheit und Wettbewerb beziehen sich allerdings nicht nur auf den Raum der Europäischen Gemeinschaft. Durch die friedlichen Revolutionen in Mittel- und Osteuropa sind Staaten entstanden, die sich an unseren Wertvorstellungen, unserem Gesellschafts- und Wirtschaftssystem orientieren wollen. Wir müssen ihnen dabei helfen.

Europa ist neben der Einheit die zweite große Herausforderung für unser Bildungssystem. Freie Berufswahl und Berufsausübung sind nur bei gegenseitiger Anerkennung der Bildungs- und Ausbildungsabschlüsse möglich. Die Stärken des deutschen Bildungssystems, das Erziehung und Ausbildung miteinander verbindet, müssen gepflegt werden; seine begabungsgerechte Gliederung und Differenzierung, die Ausbildung im Betrieb und das berufliche Schulwesen müssen weiterentwickelt werden.

Mit Blick auf Europa geht es nicht um Anpassung, sondern um inhaltliche Weiterentwicklung, gegenseitige Anregung, Voneinander-Lernen und Förderung der kulturellen Gemeinsamkeit. Insbesondere die Bildungs- und Ausbildungszeiten sind unter Wahrung bzw. Steigerung der Qualität an europäische Standards anzunähern, um Nachteile für junge Menschen wie für unsere Wirtschaft zu vermeiden.

In dem Maße, wie Kultur- und Bildungspolitik – anknüpfend an lokale, regionale und nationale Erfahrungen – personale Identität fördert, muß sie künftig verstärkt darauf abzielen, junge Menschen in die Lage zu versetzen, das Bewußtsein für eine verbindende europäische Identität zu fördern.

1.2. Das Bildungs- bzw. Ausbildungssystem und das Beschäftigungssystem laufen zunehmend auseinander; sie sind nicht mehr kongruent. Auf der einen Seite gibt es immer mehr Abiturienten, die ein wissenschaftliches

Studium aufnehmen wollen, ohne dafür geeignet zu sein; auf der anderen Seite nimmt trotz des qualitativ hohen Standards der deutschen Berufsausbildung und guter Beschäftigungsperspektiven für Fachkräfte das Interesse junger Menschen an dieser Ausbildung ab. Aus dem Mangel an qualifizierten Fachkräften erwächst eine weitreichende Gefährdung der Leistungsfähigkeit unserer Volkswirtschaft. Eine Korrektur der Bildungspolitik zugunsten berufsbezogener Bildung ist unverzichtbar. In der öffentlichen Diskussion, in der Wirtschaft wie in der Schule müssen große Anstrengungen unternommen werden, um die Attraktivität beruflicher Bildung zu stärken.

1.3. Die ökonomische Leistungsfähigkeit der Bundesrepublik Deutschland ist begrenzt. Die deutsche Einheit, Verpflichtungen in Europa wie in der weiten Welt belasten die öffentlichen Haushalte. Das Bildungswesen zählt zu den finanzaufwendigsten staatlichen Aufgabenfeldern. Fiskalische Zwänge wie ökonomische Vernunft machen notwendig, die aufgewendeten Mittel in Schule wie Hochschule so effizient und sparsam wie möglich einzusetzen. Das Bildungswesen darf sich einer notwendigen Rationalisierung nicht a priori entziehen. Es stehen in der Schule nicht nur Stundentafeln, Klassenfrequenzen, Lehrerdeputate und Entlastungsstunden zur Disposition; Schularten, die trotz wesentlich erhöhten Aufwands nicht leistungsfähiger sind bzw. die Leistungen des differenzierten Systems in aller Regel nicht erreichen, sind mit Blick auf den Steuerzahler und Gerechtigkeit in unserer Gesellschaft finanziell nicht zu verantworten.

Die steigenden Kosten wie die sich häufenden Probleme des Hochschulbereiches müssen Konsequenzen bezüglich der Struktur der Hochschulen sowie der Dauer und Form des Studiums zur Folge haben.

2. Erziehungsauftrag der Eltern

Erziehung orientiert sich an dem Wohl des Kindes. Sie ist in erster Linie Aufgabe der Eltern. Sie ist Recht und Verpflichtung zugleich. Staatliche und private Erziehungseinrichtungen müssen das Elternrecht respektieren und vor allem unterstützende und ergänzende Funktionen wahrnehmen.

Dem Staat kommt außerhalb der Schule keine mit dem Elterrecht konkurrierende Erziehungskompetenz zu. Dennoch brauchen Familien zur Bewältigung der erzieherischen Aufgaben vielfältige Formen der Ermutigung, Unterstützung und Entlastung.

- Viele Eltern fühlen sich angesichts der Flut von Angeboten, Wahlmöglichkeiten und unterschiedlichen Lebensstilen überfordert, wertorientiert zu erziehen.
- Viele Eltern glauben, Kindern „Glück“ durch uneingeschränkte Konsumangebote in Technik und Freizeit kaufen zu können.

- Viele Eltern erwarten von der Schule den vermeintlich besten, im Interesse ihres Kindes liegenden Abschluß, unbeschadet seiner Begabung und Leistungsfähigkeit.

Es ist Aufgabe des Staates, Eltern auf ihren Erziehungsauftrag hinzuweisen und die Erziehungskraft der Familien zu stärken. Nur dann, wenn das Elternrecht nicht wahrgenommen oder mißbraucht wird, muß das Wohl des Kindes durch die Gemeinschaft sichergestellt werden.

3. Erziehungsziele

3.1. Erziehung vollzieht sich in Familie, Schule und Betrieb. Die Erziehungsziele von Familie, Schule und Betrieb greifen ineinander und ergänzen sich:

- Selbstvertrauen, Vertrauen zum Leben und zur Welt,
- Bereitschaft zur Selbsterhaltung durch eigene Anstrengung und Selbstdisziplin,
- realistisches Selbst- und Weltverständnis,
- Respekt vor dem Leben, Achtung vor dem Mitmenschen, Aufgeschlossenheit für andere, auch für das Fremde,
- Kultur des Herzens, Höflichkeit und Hilfsbereitschaft,
- Toleranz und Bereitschaft zum Kompromiß,
- Gemeinsinn und Bereitschaft zur sozialen Verantwortung,
- Patriotismus und Weltoffenheit,
- Sorgsamkeit für die Umwelt,

sind unverzichtbare Grundhaltungen, wenn die Grundlagen unseres freiheitlichen und sozialen Rechtsstaates und seine Einbindung in die europäische Kultur auf Dauer gesichert sein sollen.

Die Erziehungsziele des Staates gelten zwar nur für die Erziehung in der Schule; sie sind jedoch zugleich Ausdruck des moralischen Wertkonsenses, der gesellschaftlichen Ideale der im Staat organisierten Nation. Verbindliche Wertvorstellungen, aus dem Grundgesetz und den Länderverfassungen abgeleitet, zu deren Vermittlung die Schule in Erziehung und Unterricht verpflichtet ist, sind Grundlage des auf Dauer zu sichernden freiheitlichen und sozialen Rechtsstaates.

3.2. Jedermann hat einen Anspruch auf Erziehung und Ausbildung. Nur Bildung versetzt den Menschen in die Lage, seine Würde und Freiheit zu erkennen, Pflichten zu erfüllen, Verantwortung zu übernehmen und Rechte zu gebrauchen. Bildung ist Voraussetzung für die Teilhabe an Kultur und gesellschaftlichen Entscheidungsprozessen.

Die Grundsätze der Verfassung setzen den Rahmen für die Pluralität unterschiedlicher weltanschaulicher Positionen in der Schule. Erziehung in einem freiheitlichen sozialen Rechtsstaat kann sich nur innerhalb der Grenzen vollziehen, die das Grundgesetz gezogen hat.

Die freiheitliche Demokratie lebt durch die Bürger, die selbständig urteilen und entscheiden und zur Übernahme von Verantwortung bereit sind. Erziehung zielt deshalb auf die Bejahung des demokratischen und sozialen Rechtsstaates; weltanschauliche Parteilichkeit wie wertneutrale Beliebigkeit verbieten sich gleichermaßen.

Ziel der Erziehung ist die Fähigkeit, sich in einer rasch verändernden hochtechnisierten Welt zurechtzufinden. Dies setzt voraus, Probleme in ihrer unterschiedlichen menschlichen, sozialen, politischen, technischen, wirtschaftlichen und ökologischen Dimension begreifen zu können. Da unsere Welt immer mehr zu einer globalen Schicksalsgemeinschaft zusammenwächst, gewinnt die Sensibilität für komplexe, grenzüberschreitende Entwicklungen zunehmend an Bedeutung. Bildung braucht Neugierde, Bereitschaft zur Offenheit und Information, sie zielt auf die Fähigkeit zur Innovation, Kreativität und Antwort auf Veränderungen.

Die Gesellschaft ist nicht nur durch zunehmend schnelleren Wandel gekennzeichnet. Es gibt auch beständige Werte im Zusammenleben der Menschen, die auf die Erziehung der Jugend ausstrahlen und – weil häufig anstrengend und unbequem zu leben – nachhaltiger Betonung bedürfen. Dazu gehört das Beharren auf Leistungen als Maßstab für individuelle Lebenschancen, die Verteidigung oft in Frage gestellter Tugenden wie Pünktlichkeit, Ordnung, Ausdauer, Belastbarkeit und Höflichkeit. Außerdem muß der junge Mensch erfahren, daß das Leben nicht allein durch Konflikte, sondern auch durch Liebe, Solidarität und gegenseitige Rücksichtnahme geprägt werden kann.

Bildung ist zugleich die Bereitschaft zu lebenslanger Auseinandersetzung mit Beruf, Lebenskreis und Welt. Ziel der Erziehung ist somit auch die Fähigkeit zu lebenslangem Lernen.

4. Humanes Leistungsprinzip und Chancengerechtigkeit

Das Bildungssystem soll die Voraussetzungen schaffen und den Freiraum eröffnen, die individuellen Anlagen und Begabungen zu entfalten und eigene Neigungen zu entwickeln. Die Bildungspolitik muß dabei von der grundlegenden Rechtsgleichheit aller Menschen ausgehen und Gleichheit der äußeren Startchancen im Rahmen des Möglichen verwirklichen.

Zu den Grundlagen des Bildungssystems gehören das humane Leistungsprinzip und das Prinzip der Chancengerechtigkeit:

- Schule fördert durch auf den einzelnen abgestellte differenzierte Anforderungen. Das humane Leistungsprinzip bedeutet, daß jeder die Leistung erbringen soll, die er erbringen kann, und daß er dafür die gebührende Anerkennung erhält. Ein humanes Leistungsprinzip ist im Gegensatz zu ideologiegeprägten Auswahlmechanismen das sozial gerechteste Aufstiegs- und Differenzierungskriterium und als einziges einer freiheitlichen Demokratie angemessen.

- Chancengerechtigkeit bedeutet im Rahmen des Möglichen Gleichheit der Startchancen, aber nicht Gleichheit der Ergebnisse. Benachteiligte Kinder müssen eine besondere Förderung erhalten, um Defizite ausgleichen und ihre Begabung entfalten zu können. Dies darf jedoch andere in ihrer Entwicklung nicht beeinträchtigen: Chancengerechtigkeit muß die Verschiedenheit der Menschen berücksichtigen und darf deshalb nicht durch Nivellierung und die Einschränkung der Chancen anderer erreicht werden.

Das humane Leistungsprinzip und das Prinzip der Chancengerechtigkeit bedingen einander. Ein an diesen Prinzipien orientiertes Bildungssystem schafft die Voraussetzung, um den Schwächeren zu fördern und dem Starken mehr Leistung abzuverlangen.

5. Die Humane Leistungsschule

Ziel der Schul- und Bildungspolitik der CDU ist die Humane Leistungsschule:

5.1. Die Humane Leistungsschule fördert die individuellen Anlagen und Begabungen; sie fördert durch Fordern, Lernen, Handeln und Üben; so ermöglicht sie Leistung und Qualität.

5.2. Die Humane Leistungsschule praktiziert die Grundregeln des menschlichen Zusammenlebens und erzieht zur Partnerschaft der Geschlechter; sie erzieht zu Toleranz, Kompromißbereitschaft, Höflichkeit, Hilfsbereitschaft und Verantwortung gegenüber dem Mitmenschen und der Gemeinschaft. Sie orientiert sich in ihren Zielen an den Werten des Grundgesetzes.

5.3. Die Humane Leistungsschule verwirklicht Wahlfreiheit durch ein vielfältiges Angebot unterschiedlicher Schularten und Bildungsgänge in staatlicher und freier Trägerschaft. Sie bietet Alternative und Wettbewerb; eine solche Schule ist der Gegensatz zur Einheitsschule, zur Stufenschule und zur Anonymisierung als Ausdruck sozialistischen Menschenverständnisses.

5.4. Die Humane Leistungsschule gliedert sich mit Blick auf unterschiedliche Begabungen und individuelle Leistungsfähigkeit in verschiedene Schularten bzw. Bildungsgänge; sie ermöglicht so die Vielfalt der Begabung und Neigung entsprechenden Leistungsformen des gegliederten Schulsystems.

5.5. Die Humane Leistungsschule garantiert durch eine Vielzahl von Übergängen zu bestimmten Zeitpunkten ein Höchstmaß an institutionalisierter Durchlässigkeit. Ein erfolgreicher Abschluß ermöglicht den Zugang zu weiterführenden Bildungsgängen und Abschlüssen und schafft die Möglichkeit der Korrektur getroffener Entscheidungen. Sie ist unverzichtbar zur Schaffung von Chancengerechtigkeit.

5.6. Die Humane Leistungsschule vermittelt in unterschiedlichen Schularten bzw. Bildungsgängen mit unterschiedlicher Dauer die bestmögliche Voraussetzung, sich in einer rasch verändernden Welt zurechtzufinden; sie konzentriert sich dabei auf Vermittlung von allgemeiner Grundbildung. Sie vermeidet einseitige Spezialisierungen in einzelnen Fächern und nimmt keine ins einzelne gehende Vorbereitung auf bestimmte Berufsfelder vorweg.

5.7. Die Humane Leistungsschule bietet mit ihrer Ausrichtung auf Allgemeinbildung und Grundlagenwissen die beste Voraussetzung für

- die Berufsbildung in Betrieb und Schule wie die speziellen Formen des berufsbildenden Schulwesens,
- die praxisorientierten Bildungsgänge im tertiären Bereich, wie Fachhochschule, Berufsintegrierende Studiengänge oder Berufsakademie,
- das Studium als Berufsvorbereitung durch Beschäftigung mit der Wissenschaft.

Die Humane Leistungsschule als gegliedertes, differenziertes und begabungsgerechtes System ist die beste Grundlage, bei weitgehender Gleichheit der Startchancen ein Höchstmaß an Chancengerechtigkeit zu verwirklichen, den einzelnen gemäß seiner Anlagen und Neigungen bestmöglich zu fördern und die Leistungsfähigkeit unseres Wirtschafts- und Gesellschaftssystems in einem offenen Europa und einer veränderten Welt dauerhaft zu sichern.

6. Föderalismus als Chance und Verpflichtung, Gleichwertigkeit der Abschlüsse in ganz Deutschland

Der Föderalismus und die Kulturhoheit der Länder sind eine unaufgebbare Voraussetzung für Vielfalt und Wettbewerb unterschiedlicher Ansätze und Wege. Die Länder stehen aber auch in der besonderen Verantwortung, nicht nur die grundsätzliche Gleichwertigkeit der Bildungsgänge, sondern vor allem ein gleichwertiges Niveau in den Abschlüssen unterschiedlicher Bildungsgänge zu gewährleisten.

Schulabschlüsse sind Schritte, Marksteine auf dem Weg jedes einzelnen. Deshalb müssen die mit Blick auf die Abschlüsse gestellten Anforderungen innerhalb Deutschlands alles in allem gleichwertig sein. Es ist ein Verstoß gegen das Gebot der Gerechtigkeit, wenn ein und derselbe Abschluß in einem Land oder an einem Ort hart erarbeitet werden muß, während er andernorts mit wesentlich geringerem Aufwand erworben werden kann.

7. Inhalte der Bildungsgänge der Humanen Leistungsschule

7.1. Die Humane Leistungsschule konzentriert sich auf die Vermittlung einer breiten allgemeinen Grundbildung. Von besonderer Bedeutung sind dabei die Kulturtechniken, vor allem die sichere Beherrschung der Muttersprache. Eine unangemessene Gewichtung einzelner Fächer wie eine zu starke Spezialisierung stehen dem Ziel der Allgemeinbildung ebenso entgegen wie die vorweggenommene detaillierte Vorbereitung auf konkrete Berufsfelder. Die Entwicklungen in Wissenschaft, Technik und Politik und die damit verbundene ständige Vermehrung des Wissens, die Entwicklung neuer Fachgebiete sowie der Trend zu einer stärkeren Spezialisierung erfordern Konzentration auf das für wesentlich Erkannte bei gleichzeitiger Straffung der Inhalte.

Da Schule nicht in der Stoffülle ertrinken darf, muß in regelmäßigen Abständen eine Überprüfung des Notwendigen und Wesentlichen vorgenommen werden. Schule ist nicht für alles, schon gar nicht für die Aufarbeitung aller Defizite einer Gesellschaft zuständig. Deshalb muß Schule gegen die Flut der Ansprüche und Anforderungen geschützt werden; die Inhalte bedürfen der Legitimation, mit Blick auf die Entwicklung des Kindes und des jungen Menschen, mit Blick auf die wesentlichen Traditionen der europäischen und deutschen Kultur wie die Entwicklung unserer modernen Welt. So gehört nach wie vor die Vergegenwärtigung der christlichen Tradition und ihrer biblischen Begründung als formendes Element auch der Gegenwart zu den unverzichtbaren Inhalten der Schule.

7.2. Die europäische Integration muß in der Schule stärker aufgegriffen werden; vor allem die Landeskunde unserer Nachbarn muß verstärkt Eingang in alle dafür geeigneten Fächer finden.

7.3. Fremdsprachen erleichtern die Kenntnis der Welt. Das Erlernen jeder fremden Sprache bedeutet in erster Linie Zugang zum Kern einer anderen Kultur. Fremdsprachenkenntnisse werden darüber hinaus immer mehr zur Voraussetzung für die alltägliche Berufsausübung. In allen Schulen müssen daher gute Kenntnisse zumindest in einer Nachbarsprache vermittelt werden. Wo immer möglich, sind Kenntnisse in einer zweiten und dritten Fremdsprache zu vermitteln.

7.4. Der Erwerb elementarer Kenntnisse in den Naturwissenschaften ist Voraussetzung für das Verständnis von Natur und Technik sowie den mit der Anwendung der Technik verbundenen Chancen und Gefährdungen. Ein solches Verständnis ist auch Voraussetzung für den verantwortlichen Umgang mit der Schöpfung.

7.5. Die zunehmende Rolle der Kommunikations- und Informationstechniken in unserer Gesellschaft erfordert eine qualifizierte informationstechnische Grundbildung aller Jugendlichen sowie eine ständige Auseinandersetzung mit der technischen Informationsverarbeitung in allen Fächern. Durch die zunehmende Computerisierung in allen Bereichen der Gesellschaft werden mehr und mehr kognitive Prozesse auf die Informationstechnik übertragen; menschliches Denken und technische Informationsverarbeitung müssen sich angemessen ergänzen. Das Bildungswesen muß auf diese gravierende Herausforderung angemessen reagieren.

7.6. Die Medien, vor allem Rundfunk und Fernsehen, beeinflussen in hohem Maße Lebenseinstellungen und Alltag vieler Menschen. Die Wahrnehmungs- und Erfahrungsebenen wandeln sich, viele Kinder gewinnen ihr Bild von der Welt nicht mehr aus Büchern, sondern durch den Bildschirm. Um mit den Medien wie mit der Vielfalt an Informationen, Meinungen und Leitbildern umgehen zu können, brauchen Kinder und Jugendliche Hilfe und Anleitung; Erziehung heißt auch Erziehung zur Fähigkeit im Umgang mit Informationen und Medien.

7.7. Geschichtsbewußtsein ist ein elementarer Bestandteil einer umfassenden Allgemeinbildung. Systematisch vermittelte Geschichtskenntnisse, einschließlich der Grundzüge der Geschichte unserer Nachbarn, helfen, Urteilsfähigkeit zu begründen. Die Auseinandersetzung mit der jüngsten deutschen Geschichte ist zugleich Voraussetzung für Toleranz zwischen den Generationen und für das Verständnis zwischen den Menschen in den östlichen und westlichen Bundesländern. Geschichtsbewußtsein rückt die eigenen Maßstäbe zurecht und hilft, künftige Aufgaben besser zu bewältigen.

Historisch-politische Bildung und Grundwissen in Geschichte, Politik und Wirtschaft sind die Grundlage für das Handeln als mitverantwortlicher Staatsbürger. Grundkenntnisse der wirtschaftlichen Abläufe, der Geld-und Währungsfragen erleichtern eine realistische Einschätzung der ökonomischen und fiskalischen Zwänge und Abläufe der modernen Volkswirtschaft.

7.8. Bei der Suche junger Menschen nach Antwort auf ethische und religiöse Fragen muß die Schule Orientierung geben. Orientierung ist Aufgabe aller Fächer, nicht zuletzt aber eine wichtige Aufgabe des Religionsunterrichtes; er ist nicht nur Teil des Verkündigungsauftrages der Kirchen. Nach dem Grundgesetz ist er als ordentliches, in Übereinstimmung mit den Grundsätzen der Religionsgemeinschaften zu erteilendes Lehrfach eine staatliche Aufgabe. Jedenfalls muß auch Schule jungen Menschen helfen, der Frage nach Gott nachzugehen und Antworten auf die Frage nach dem Sinn des Lebens zu geben.

Darüber hinaus müssen in der Schule auch Kenntnisse über nichtchristliche Religionen und Weltanschauungen vermittelt werden, um andere Völker und Kontinente besser verstehen zu können.

7.9. Bildende Kunst und Musik sind ästhetische Schöpfungen, die unsere Wirklichkeit deuten und bereichern. Die künstlerische Tätigkeit ist unverzichtbarer Bestandteil menschlicher Existenz. Die musisch-kulturelle Bildung ist im Hinblick auf die ganzheitliche Entwicklung nicht weniger wichtig als muttersprachliche, fremdsprachliche und mathematisch-naturwissenschaftliche Kenntnisse. Im Kunst- und Musikunterricht soll die eigene Betätigung gefördert werden.

7.10. Regelmäßig durchzuführender Schulsport ist mit Blick auf die individuelle Entwicklung unverzichtbar; hier wird für alle Schülerinnen und Schüler ein Feld eröffnet, in dem sie in Fairneß untereinander die eigene körperliche Leistungsfähigkeit erfahren können.

8. Die Grundschule

8.1. Die in Deutschland derzeit geltende Einschulungsregelung geht nicht von der Unterschiedlichkeit der Reifeentwicklung aus, sondern macht eine weniger pädagogisch als mehr historisch gewachsene Regelung zur Norm.

Die CDU setzt sich für eine flexible Regelung der Einschulung ein. Kinder, die bis zum 31. 12. eines Jahres das 6. Lebensjahr vollenden und die die erforderliche Reife besitzen, müssen zum 1. August desselben Jahres ohne besonderen Antrag eingeschult werden können. Ein besonderer Antrag einschließlich der nachfolgenden Begutachtung darf nur dann notwendig sein, wenn Eltern auf der Einschulung bestehen, auch wenn das Kind bis zum 31. 12. das 6. Lebensjahr noch nicht vollendet hat.

8.2. Die Grundschule soll vier Jahre umfassen.

8.3. Die Grundschule muß jedes Kind dort abholen, wo es sich zum Beginn des Schulbesuches in seiner seelischen und geistigen Entwicklung befindet. Die Grundschule erwirkt so einen für unsere Leistungsgesellschaft unverzichtbaren Chancenausgleich, erleichtert die Gleichheit der Startchancen in unserem Bildungswesen und ermöglicht Chancengerechtigkeit. Die Grundschule ist keine einseitige Vorbereitungsschule für das Gymnasium, sondern Basis für alle differenzierten Bildungsgänge innerhalb der Humanen Leistungsschule.

8.4. Im Vordergrund der Grundschule steht die Vermittlung der Kulturtechniken. Die Beherrschung der Kulturtechniken ist Voraussetzung für Chancenausgleich und Chancengerechtigkeit. Als wichtigste inhaltliche Aufgabe der Grundschule muß sie einen entsprechenden Niederschlag in Stundentafel und Lehrplänen finden.

8.5. Im 3. Schuljahr muß für alle Kinder der Grundschule die erste Begegnung mit einer Fremdsprache vorgesehen werden. Fremdsprache auf freiwilliger Grundlage verschärft das Mißverständnis der Grundschule als Vorbereitungsschule für das Gymnasium und benachteiligt die Kinder, die stärker praxisorientierte Bildungswege einschlagen. Die Begegnung mit der Fremdsprache darf nicht in ein „Fach" münden, sondern muß in spielerischer Form in den Unterricht integriert werden. Dazu bedarf es nicht nur didaktischer Konzepte, sondern auch der Aufnahme der Fremdsprachenarbeit der Grundschule in die Lehrerbildung. Die jeweils wichtigsten Sprachen unserer Nachbarn sind in die Ausbildung für die Grundschule einzubeziehen.

8.6. Über die in der Stundentafel vorgesehenen Wochenstunden hinaus müssen spezielle Förderstunden zur Behebung bzw. Minderung von Schwächen, insbesondere Lese- und Rechtschreibschwächen, zur Verfügung stehen. Je unterschiedlicher die Grundschulklasse ist, um so größer muß das Kontingent zusätzlicher Stunden für Maßnahmen der Differenzierung und Individualisierung bemessen sein.

8.7. Die Grundschule ist Lebensraum und Lernstätte. Beide Prinzipien bedürfen der kindgerechten Abwägung. Das Prinzip des Lebensraums darf das Ziel des Lernens nicht in den Hintergrund drängen und die Erfahrung der eigenen Leistungsfähigkeit nicht unmöglich machen. Grundschule lebt von der Freude des Kindes an Leistung und Erfolg. Dies heißt: Auch die Grundschule braucht Leistungsermittlung und Leistungsbewertung; Zeugnisnoten sind spätestens ab Klasse 3 unverzichtbar, um Kindern wie Eltern eine klare Orientierung zu geben. In Zusammenarbeit von erfahrenen Pädagogen, Wissenschaft, Schulaufsicht und Kultusbehörde erarbeitete Leistungskriterien, die ihren Niederschlag in Noten finden, sind kindgerechter als oft undurchsichtige verbale Beurteilungen, die in vielen Fällen weder dem Kinde noch den Eltern gerecht werden oder weiterhelfen.

8.8. Die vierjährige Grundschule ist in der Lage, für die überwiegende Mehrheit der Kinder eine verantwortete und richtige Empfehlung bezüglich des weiteren Bildungsganges auszusprechen. Diese Empfehlung muß im Gespräch mit den Erziehungsberechtigten intensiv erörtert werden, um sie gegebenenfalls auf den Konflikt zwischen Elternwunsch hinsichtlich des Übertritts in eine weiterführende Schule und Kindeswohl aufmerksam zu machen. Die Eltern müssen das Recht haben, unter Beachtung des Eignungsgrundsatzes unter verschiedenen Schularten zu wählen.

Die aufnehmende Schule muß die Möglichkeit haben, im Falle des Auseinanderfallens von Elternentscheidung und Grundschulempfehlung die Eignung des Kindes für die gewählte Schulart zu überprüfen.

9. Die Schularten des gegliederten differenzierten Systems

Bildungsabschlüsse können am besten in Schularten mit klarem Leistungsprofil und durchgehender Lehrerverantwortung vermittelt werden. Deshalb ist das gegliederte differenzierte System trotz geringeren Personalaufwands und geringeren Einsatzes an Sachmitteln integrierten Systemen überlegen.

9.1. Die Hauptschule bzw. der Hauptschulbildungsgang

Die Hauptschule bzw. der Hauptschulbildungsgang sind auch in Zukunft unverzichtbar. Die CDU verweist mit großem Nachdruck auf den Bildungsanspruch der Kinder, die handlungs-, anschauungs- und praxisorientiert lernen und die für ihre Lernprozesse mehr Zeit brauchen als andere. Hauptschulen bzw. Hauptschulbildungsgänge gibt es in mehreren Formen. Nach wie vor gibt es in schwächer strukturierten Regionen die Hauptschule, die von mehr als 40 Prozent eines Jahrganges besucht wird. Daneben gibt es in Ballungsräumen die Hauptschule, die zur Förderschule geworden ist und die die ebenso wichtige wie schwierige Aufgabe übernimmt, intellektuell schwächere, zum Teil auch verhaltensgestörte Kinder zu erziehen. Hauptschulen gibt es neben diesen beiden Schulformen auch in Gestalt des Hauptschulbildungsganges in unterschiedlicher Zuordnung.

Zur Sicherung ihrer Zukunftschancen braucht die Hauptschule bzw. der Hauptschulbildungsgang:
- ein klares eigenständiges Leistungsprofil,
- eigene Lehrpläne,
- die Möglichkeit der Schwerpunktbildung: Der richtige Ansatz der Arbeitslehre muß durch Schwerpunkte wie Technik, Pflege oder Hauswirtschaft erweitert werden.

Die Hauptschule bzw. der Hauptschulbildungsgang brauchen Lern-und Arbeitsbedingungen, die individuelles Eingehen auf die Kinder ermöglichen. Notwendig sind:
- kleine Klassenfrequenzen,
- Klassenleitung mit hoher Stundenzahl in mehreren Fächern,
- Verfügungs- und Beratungsstunden.

Eigenständiges Profil und Durchlässigkeit zu anderen Bildungsgängen schließen sich nicht aus. Die Hauptschule ist in besonderem Maße auf institutionalisierte Durchlässigkeit angewiesen, wenn sie auch in Zukunft von den Eltern angenommen werden soll.

Der Abschluß nach Klasse 9 (Berufs- oder Berufsschulreife) wird nur von der Hauptschule verliehen. Für Schüler der Realschule und des Gymnasiums ist die Möglichkeit des Erwerbs des Hauptschulabschlusses auf dem Wege einer durch die Hauptschule durchgeführten Prüfung zu eröffnen.

Die Hauptschule verleiht nach neun Jahren im Falle einer besonderen Qualifikation einen qualifizierenden Abschluß; dieser qualifizierende Abschluß muß in Verbindung mit einem guten Abschluß der betrieblichen Ausbildung und einem guten Zeugnis der Berufsschule zur Verleihung eines der mittleren Reife gleichwertigen Abschlusses führen.

In den Ländern mit neunjähriger Hauptschule eröffnet dieser qualifizierende Abschluß zugleich den Zugang zu einem freiwilligen 10. Jahr; es verleiht einen gleichberechtigten mittleren Abschluß und somit die Zugangsberechtigung zu Fachoberschulen und Fachschulen, es berechtigt im Falle eines guten Zeugnisses zum Zugang zur gymnasialen Oberstufe.

9.2. Die Realschule bzw. der Realschulbildungsgang

Das Selbstverständnis der Realschule erwächst aus einer langen Tradition und der Bewährung der letzten Jahrzehnte. Die CDU sieht in der Eigenständigkeit des Schultyps Realschule bzw. der Eigenständigkeit des Realschulbildungsgangs auch in Zukunft große Entwicklungsschancen. Die weitere wirtschaftsnahe und praxisnahe Ausgestaltung der Wahlpflichtfächer auf den Feldern der Fremdsprachen, der Informatik, der Technik, von Wirtschaft-Recht und Hauswirtschaft-Sozialpädagogik sind dabei von besonderer Bedeutung.

Der Realschulabschluß darf nur von der Realschule verliehen werden. Für Schüler des Gymnasiums muß die Möglichkeit des Erwerbs des Realschulabschlusses über eine eigene von der Realschule durchgeführte Prüfung eröffnet werden. Der Realschulabschluß soll in allen Ländern mit einer Prüfung verbunden sein; ein besonders qualifizierter Abschluß der Realschule muß auch zum Eintritt in die gymnasiale Oberstufe berechtigen.

9.3. Additive Formen mit eigenständigem Hauptschul- und Realschulbildungsgang (Mittel-, Regel- oder Sekundarschule bzw. differenzierte Mittelschule)

Wenn Hauptschule und Realschule als Hauptschulbildungsgang und Realschulbildungsgang in einer Schule angeboten werden, müssen die speziellen Profile und Stärken beider Bildungsgänge gewährleistet bleiben. Nur ein hohes Maß an Differenzierung und Eigenständigkeit sichert, daß die Zusammenführung der beiden Bildungsgänge unter einem Dach einerseits die Grundlegung für die Berufsbildung leistet und daß andererseits geeignete Schülerinnen und Schüler in die gymnasiale Oberstufe überwechseln können.

In Abschnitt 9.4 folgen Vorschläge zur „sonderpädagogischen Förderung in den Sonderschulen und im allgemeinbildenden Schulwesen“ mit der For-

derung: „Integration soweit wie möglich, gezielte, besondere Förderung soweit wie nötig.“

9.5. Das Gymnasium

Die CDU tritt für ein Gymnasium ein, das zu einer breiten und vertieften Allgemeinbildung führt und die allgemeine Studierfähigkeit vermittelt. Das Profil des Gymnasiums als studienvorbereitende Schule muß auch im Interesse von Haupt- und Realschule gestärkt werden. Das Abitur muß in Zukunft wieder eine verläßliche Aussage über die Studierfähigkeit sein.

Die CDU fordert, nach entsprechender Vorbereitungs- und Übergangszeit die allgemeine Hochschulreife nach achtjährigem Gymnasialbesuch zu vermitteln. Das achtjährige Gymnasium gliedert sich in eine fünfjährige Unter- und Mittelstufe und eine dreijährige gymnasiale Oberstufe.

Die Möglichkeit, die getroffene Schullaufbahn zu korrigieren, muß erhalten bleiben; die Korrektur sollte spätestens nach der Jahrgangsstufe 5 vorgenommen sein. Die Orientierungs- und Förderstufe hat sich nicht bewährt. Sie bedeutet alles in allem einen unverantwortlichen Zeitverlust.

Die zweite Fremdsprache muß ab Klasse 6, die dritte Fremdsprache ab Klasse 8 einsetzen.

Die Beschränkung der Unter- und Mittelstufe auf fünf Jahre erhöht die Anforderungen, da dasselbe Ziel in kürzerer Zeit erreicht werden soll; die dreijährige gymnasiale Oberstufe eröffnet dennoch qualifizierten Abgängern der Hauptschule (nach dem freiwilligen zehnten Jahr) und der Realschule die Möglichkeit, in die gymnasiale Oberstufe überzuwechseln.

In der gymnasialen Oberstufe brauchen die für die Studierfähigkeit besonders relevanten allgemeinbildenden Fächer ein stärkeres Gewicht. Daher sind in der Abiturprüfung Deutsch, Mathematik und eine fortgeführte Fremdsprache als schriftliche Prüfungsfächer festzulegen.

Beim vierten schriftlichen Prüfungsfach sollen eine Naturwissenschaft oder Geschichte, die beide bis zum Abitur belegt werden müssen, zur Wahl stehen, das fünfte Prüfungsfach liegt in der Wahlentscheidung der Schülerin oder des Schülers.

Um ein weiteres Auseinanderdriften der Leistungsprofile zwischen Gymnasien und den Oberstufen der Integrierten Gesamtschulen, zwischen den einzelnen Ländern, aber auch innerhalb eines Landes zu verhindern, muß im jeweiligen Land beim schriftlichen Abitur eine zentrale Aufgabenstellung erfolgen. Die Höhe der Anforderungen ist zwischen den Ländern innerhalb der Kultusministerkonferenz abzustimmen. Nur so ist mehr Gerechtigkeit gegenüber der jungen Generation und mehr Gerechtigkeit beim Zugang zur Hochschule zu verwirklichen.

10. Die Gesamtschule

Kooperative Gesamtschulen wie andere Formen des Schulverbundes wahren die Eigenständigkeit und Selbständigkeit der Bildungsgänge des gegliederten Systems. Ihre Einführung ist deshalb ausschließlich eine Frage der örtlichen Gegebenheiten, darf jedoch nicht zur Einführung der integrierten Form mißbraucht werden.

Integrierte Gesamtschulen sind nicht nur finanziell wesentlich aufwendiger, in keinem Fall erreichen sie bessere Leistungen als die Schulen des gegliederten Systems, in vielen Fällen sind sie den Schulen des gegliederten Systems weit unterlegen. Den Gesamtschulen, die als vierte Schulform im Regelschulsystem gegründet worden sind bzw. gegründet werden, gelingt es gerade nicht, in nennenswerter Zahl andere Schüler als die, die ansonsten Hauptschulen besuchen würden, zu gewinnen. Die Schüler, die diese Gesamtschulen besuchen, repräsentieren weder das gesamte Begabungs- und Leistungsspektrum noch alle sozialen Schichten der Bevölkerung. Sie erfassen nur noch Teile der Kinder und Jugendlichen, sie können ihren Anspruch „Gesamtschule" von der Zusammensetzung ihrer Schülerschaft her nicht mehr erfüllen. Hinzu kommt, daß viele große Gesamtschulen durch Unüberschaubarkeit, damit verbundene Anonymität und mangelnde Geborgenheit gekennzeichnet sind. Sie rechtfertigen die Privilegierung durch hohe Personal- und Sachkosten in keinster Weise.

Die CDU lehnt daher die Integrierte Gesamtschule als politisch-pädagogische Zielsetzung ab. Wo die Integrierte Gesamtschule aufgrund politischer Mehrheiten eingerichtet worden ist bzw. aus politischen Gründen fortbesteht, muß sie im Rahmen der Vergabe von Abschlüssen und Berechtigungen dieselbe Qualität erreichen wie die Schulen des differenzierten Systems. Die Gleichwertigkeit der Abschlüsse ist über Richtlinien und Lehrpläne, die zentrale Aufgabenstellung beim Abitur sowie eine fächerspezifische Fachaufsicht sicherzustellen.

Abschnitt 11 enthält die Konzeption der Berufsbildung. Basis der Vorschläge ist das Prinzip der „dualen Ausbildung".

12. Integration von Ausländern und Aussiedlern

Eine wichtige Aufgabe unseres Bildungssystems ist die unterstützende Hilfe bei der Eingliederung von Menschen anderer Nationalitäten und anderer Sprachen in unser Gesellschafts- und Wirtschaftssystem. Die Integration der Kinder aus Ausländer- und Aussiedlerfamilien erfolgt in erster Linie über Schule und Betrieb. Diese wichtige Leistung bedarf in Zukunft nicht nur größerer öffentlicher Anerkennung, sondern auch weiterhin besonderer Unterstützung durch Bund und Länder.

Der Integrationsprozeß darf jedoch nicht einseitig erfolgen. Er setzt Offenheit und die Bereitschaft, auf den anderen zuzugehen, voraus. Zu einem besseren Verständnis der Menschen anderer Länder wie anderer Kulturen können alle Unterrichtsfächer, eine entsprechende Gestaltung des Schullebens und der Schulgemeinschaft beitragen. Zum Erziehungsauftrag unserer Schulen gehört die Förderung internationaler Verständigung, Friedenserziehung, Überwindung von Vorurteilen und die Bereitschaft, aufkommende Konflikte friedlich zu lösen.

In Abschnitt 13 wird eine allgemeine „Konzentration und Straffung der Bildungs- und Ausbildungszeiten" gefordert. Abschnitt 14 befaßt sich mit der „Lehrerbildung". In Abschnitt 15 wird die Vermehrung der „Betreuungsangebote auf freiwilliger Grundlage", einesteils um den Eltern und Alleinerziehenden die Verbindung von Familie und Beruf zu erleichtern, andererseits um den leistungsschwächeren Schülern Förderungsmöglichkeiten zu eröffnen, verlangt.

16. Begabtenförderung

16.1. In der Humanen Leistungsschule ist Begabtenförderung zu allererst Förderung der individuellen Begabung jedes einzelnen Kindes. Die Förderung aller, die gezielte Förderung von Kindern aus sozial schwierigen Verhältnissen und benachteiligten Gruppen wie die Förderung Hochbegabter schließen sich nicht aus, sondern ergänzen sich. Jedes Kind hat starke Seiten; sie zu entwickeln, ist wichtige Aufgabe der Schule. Äußere Differenzierung ist immer zugleich ein Stück Begabtenförderung, da so homogenere Arbeits- und Leistungsgruppen entstehen, in denen zielgerichtete Förderung besser möglich ist. Darüber hinaus ist die Durchlässigkeit des gegliederten Systems eine in das System eingepflanzte Form der Begabtenförderung. Pädagogischer Freiraum, Wahlpflichtfächer, freiwillige Arbeitsgemeinschaften, Schülerwettbewerbe usw. eröffnen vielfältige Formen der Begabtenförderung in allen Schularten.

16.2. Leistungsstarke Kinder und Jugendliche sind in Zukunft stärker zu fördern, um der Gefahr des schleichenden Niveauverlustes zu begegnen und dem Recht auf die eigene, auch ungewöhnliche Leistung zu entsprechen.

16.3. Den Fremdsprachen kommt bei der Begabtenförderung eine besonders wichtige Rolle zu. Die Begegnung mit der Fremdsprache bereits in der Grundschule, ein höherer Anteil des Fremdsprachenunterrichts in allen Schularten, ein früheres Einsetzen der 2. und 3. Fremdsprache, breitere Angebote in Spanisch, Italienisch, Russisch sowie den Sprachen der unmittelbaren Nachbarn sind nicht nur notwendig und sinnvoll mit Blick auf die europäische Integration und die wachsende Zusammenarbeit mit unseren östlichen und südöstlichen Nachbarn, sie werden zu immer wichtigeren Elementen der Begabtenförderung.

16.4. Mit der Verkürzung der Bildungs- und Ausbildungszeiten vollzieht sich zugleich auch Begabtenförderung. Solange eine grundlegende Revision im Sinne einer durchgehenden Straffung der Bildungsinhalte und einer weitreichenden Kürzung der Bildungswege noch nicht überall möglich ist, muß begabten Jugendlichen die Möglichkeit eröffnet werden, Schulabschlüsse schneller und damit früher als üblich zu erwerben.

16.5. Die Hochbegabtenförderung muß ausgebaut werden. Neben der Begabtenförderung in Schule, Hochschule und Wissenschaft müssen Instrumente der Begabtenförderung in der beruflichen Bildung weiterentwickelt werden.

17. Bildungseinrichtungen in freier Trägerschaft

Bildungseinrichtungen in freier Trägerschaft sind neben den staatlichen Einrichtungen gleichrangige Bestandteile des öffentlichen Bildungswesens. Sie wirken neben den staatlichen Einrichtungen an der Verwirklichung eines vielfältigen Bildungsangebotes mit und sind somit Ausdruck der Freiheit in Staat und Gesellschaft. Sie sind zudem eine Bereicherung der Vielfalt des Bildungswesens und eine Herausforderung für das öffentliche Bildungsangebot. Bildungseinrichtungen in freier Trägerschaft haben eine besondere Chance, religiöse Positionen, weltanschauliche Prägungen und besondere Wertvorstellungen in den Bildungsbereich einzubringen. Das Grundgesetz und seine Wertvorstellungen sind dabei Maßgaben, deren Einhaltung vom Staat gesichert sein muß.

Bildungseinrichtungen in freier Trägerschaft sind durch den Staat grundsätzlich gleichberechtigt mit öffentlichen Bildungseinrichtungen zu fördern.

Den Schluß bilden die Abschnitte „Hochschulen und Wissenschaft" (18) sowie „Notwendigkeit beruflicher Weiterbildung" (19).

[17]

CHRISTLICH-SOZIALE UNION (CSU)

Grundsatzprogramm der Christlich-Sozialen Union (1992)

Aus ähnlichen politischen Ansätzen wie die CDU entstand 1945 in Bayern die CSU als eine anfänglich ebenfalls an den Ideen eines christlichen Sozialismus orientierte Partei. Wie die gleichzeitig gegründeten CDU-Gruppen wollte sie sich unter dem Unionsgedanken beiden

Konfessionen öffnen. Sie wollte damit verwirklichen, was die 1918 gegründete Bayerische Volkspartei, an deren Tradition sie anknüpfte, durch ihre einseitige katholische Prägung nicht erreicht hatte. Im Vergleich zur CDU zeigte die CSU aber von Anfang an stärker konservative Züge. In ihren programmatischen Aussagen bezeichnet sie sich als eine von christlichen Wertvorstellungen geprägte, zugleich konservative, liberale und soziale Volkspartei. Orientierte sich die CSU wirtschaftlich in den ersten Nachkriegsjahren auch am Ahlener Programm der CDU, so legte sie im Aktionsprogramm von 1954, ebenfalls in Analogie zur CDU, ein uneingeschränktes Bekenntnis zur „sozialen Marktwirtschaft" ab. Die politische Wirkung der CSU blieb im wesentlichen auf Bayern beschränkt. Außer in den Jahren 1955–1957 übte sie bisher stets in der bayerischen Landespolitik den entscheidenden Einfluß aus. Im Bundestag bildet sie seit 1949 mit der CDU eine Fraktionsgemeinschaft, ohne indes ihre organisatorische Selbständigkeit aufzugeben. Wegen ihres festen Wählerstammes wurde sie zum unentbehrlichen Partner aller bisherigen CDU-Bundesregierungen. Seit Anfang der sechziger Jahre entwickelte sie eine noch stärkere Eigenständigkeit und betonte vor allem ihre abweichenden Auffassungen in der Sozial-, Kultur- und Ostpolitik. Eine Ausdehnung der CSU über den Freistaat Bayern hinaus wird von Zeit zu Zeit erörtert.
Der Entwurf des neuen Grundsatzprogrammes wurde von der CSU-Grundsatzkommission erarbeitet und im März 1992 verabschiedet. Die hier ausgesprochenen schul- und bildungspolitischen Vorstellungen gehen über früher vorgelegte, stärker konfessionalistisch bestimmte Resolutionen hinaus. Gefordert wird nun ein „gegliedertes Bildungsangebot für vielfältige Begabungen" in einer „leistungsorientierten Gesellschaft". „Gesamtschulsysteme" finden keine Zustimmung.

Quelle: Originalveröffentlichung der CSU-Landesleitung. Franz-Josef-Strauß-Haus, Nymphenburger Straße 64. 8000 München 2.

In den ersten Kapiteln stellt das Grundsatzprogramm das „Profil der CSU" vor und erörtert das „Menschen- und Weltbild", dem sich die CSU verpflichtet fühlt. Im Kapitel „Ziele und Wege" ist ein besonderer Abschnitt den schul- und bildungspolitischen Überlegungen gewidmet.

13. Bildung und Erziehung für eine persönlichkeitsgerechte und leistungsorientierte Gesellschaft

Bildung eröffnet dem Menschen Chancen für ein persönliches Leben in Freiheit, Selbstentfaltung und Verantwortung in der Gemeinschaft. Sie eröffnet Berufswege, gesellschaftlichen Aufstieg und Ausgleich. Sie ermöglicht Orientierung, Urteils- und Gewissensbildung.

Der Wettbewerb der Völker und Nationen verlangt schöpferischen Umgang mit der eigenen Tradition und den Herausforderungen der Gegenwart. Bildung und Erziehung sichern die Weitergabe der kulturellen Traditionen unseres Volkes, der religiösen Werte und wissenschaftlichen Erkenntnisse an die nächsten Generationen. Sie fordern zugleich kulturelle und wissenschaftliche Neuschöpfungen heraus.

Die CSU richtet die Inhalte ihrer Bildungspolitik an den Verfassungswerten aus. Sie sind die Richtschnur einer Werte begründenden und Werte vermittelnden Erziehung. Wir wollen nicht nur die Weitergabe von Wissen und Können, sondern auch die Bildung von Herz und Charakter.

Es folgen eine Aufzählung der „in der bayerischen Verfassung gesetzten obersten Ziele ‚Ehrfurcht vor Gott, Achtung vor der Würde des Menschen'" u. a. sowie Hinweise auf die „Auswahl der Bildungsinhalte" unter diesen normativen Vorgaben.

Gerechtigkeit und Subsidiarität müssen nach unserer Auffassung auch für die Schul- und Bildungspolitik gelten.

- Gerechtigkeit erfordert, daß das Bildungswesen durchlässig ist und Abschlüsse allein nach den Gesichtspunkten der Begabung, Leistung und Befähigung verleiht.
- Subsidiarität bedeutet, daß dem staatlichen Schulwesen nicht Aufgaben zugemessen werden dürfen, die in die Eigenverantwortlichkeit des einzelnen oder der Familie fallen.

In einer Zwischenüberlegung wird die Pflege eines „vielfältigen Bildungsangebots" empfohlen. Brauchtum und Heimatpflege, Denkmalschutz und Sorge für den „Reichtum der gewachsenen Kulturlandschaft" gehören zu diesem Aufgabenkanon.

Gegliedertes Bildungsangebot für vielfältige Begabungen

Der Vielfalt menschlicher Begabungen und Neigungen sowie der Mannigfaltigkeit der Berufe wird ein gegliedertes Schulwesen gerechter als ein Gesamtschulsystem. Das gegliederte Schulwesen trägt mit seiner Durchlässigkeit der individuellen kindgerechten Entwicklung Rechnung. Es vermittelt am besten jedem Kind die seinen erkennbaren Fähigkeiten und seiner inneren Berufung entsprechende Ausbildung. Die CSU wird auch künftig gewährleisten, daß nicht der Staat, sondern die Fähigkeit des Schülers und die Eltern über Schule und den Ausbildungsweg zum Wohle des Kindes entscheiden.

Die CSU wird das gegliederte Schulsystem leistungsfähig erhalten; sie fördert daher eine wirkungsvolle Aufwertung von Haupt- und Berufsschule. Wir wollen den Wert und die Anerkennung dieses eigenständigen Bildungsganges stärken. Den erworbenen Abschlüssen müssen auf dem Arbeitsmarkt soziale Anerkennung und Verdienst entsprechen. Die allgemeinbildenden Schularten müssen junge Menschen auf die sich wandelnden Anforderungen der Berufs- und Arbeitswelt vorbereiten. Das gegliederte Schulwesen wird den Anforderungen von Berufswelt und Arbeitsmarkt am besten gerecht. Es leistet einen wesentlichen Beitrag zur Aufrechterhaltung der Wettbewerbsfähigkeit der Bundesrepublik Deutschland.

Leistung ist der einzige demokratische Auswahlgrundsatz für Aufstieg und Erfolg. Die Schulen sind deshalb dem pädagogisch verantworteten

Leistungsprinzip verpflichtet. Sie müssen aber nicht nur Leistungs-, sondern auch Lebensraum für die Schüler sein und menschliches Miteinander einüben.

Die bestmögliche Förderung behinderter Kinder – ob in integrativer Form oder in Schulen für besonderen Förderungsbedarf – ist unser Ziel. Dabei muß das Wohl des Kindes im Vordergrund stehen.

Die folgenden Abschnitte behandeln Fragen der Erziehung im Kinderhort und Kindergarten. Überlegungen zur Erwachsenen- und Weiterbildung und zum Sport schließen sich an.

[18]

FREIE DEMOKRATISCHE PARTEI (F.D.P.)

Das liberale Deutschland. Programm der F.D.P. (1990) Soziale Chancen durch liberale Marktwirtschaft (1991)

Liberal-demokratische Parteien entstanden im besetzten Deutschland seit 1945 in mannigfachen Schattierungen. In den drei Westzonen schlossen sie sich verhältnismäßig spät – nachdem die Arbeiten am Grundgesetz schon weit gediehen waren – zu einer Bundespartei zusammen (Dezember 1948 in Heppenheim). Die im Juli 1945 in Berlin-Ost gegründete Liberaldemokratische Partei Deutschlands (LDPD) geriet früh unter den Einfluß der SED und war am Parteitag in Heppenheim nicht mehr beteiligt. Aufgrund der unterschiedlichen politischen Herkunft ihrer Stammgruppen, in denen sich Traditionen widerspiegeln, die bis in die bürgerliche Revolution von 1848 zurückgehen (nationalliberal; linksliberal u.a.), hatte die F.D.P. es schwer, die Einheit der Partei zu wahren. In den Auseinandersetzungen mit CDU/CSU und SPD ist sie bemüht, sich als „dritte Kraft" zu behaupten. Seit der Gründung der Bundesrepublik ist die F.D.P. eng mit den verschiedenen Regierungsbildungen verbunden. Während der großen Koalition zwischen CDU/CSU und SPD war sie die einzige Oppositionspartei (1966–1969). Die programmatischen Aussagen der F.D.P. enthalten in einem weiten Spannungsbogen sowohl sozialliberale Prinzipien im Sinne der „Freiburger Thesen" (1971) als auch dezidiert liberal-marktwirtschaftliche Vorstellungen. Auf den Parteitagen in Hannover (1990) und Suhl/Thüringen (1991) vereinigte sich die West-F.D.P. mit den verschiedenen liberalen Parteien aus der ehemaligen DDR (LDPD; NDPD; FDP in der DDR; Deutsche Forumspartei) unter der programmatischen Zielsetzung „Soziale Chancen durch liberale Marktwirtschaft".
Während die F.D.P. in den siebziger Jahren mit dem Modellentwurf einer „Offenen Schule" die „Leitlinien einer liberalen Bildungspolitik" (1972) betont reformbewußt zum Ausdruck brachte, hat sie nunmehr ihre (relativ) exponierte Position zurückgenommen zugunsten von Forderungen, die in ähnlicher Weise auch von anderen wirtschaftsorientierten Parteien und Verbänden vertreten werden.

Quellen: Das liberale Deutschland. Programm der F.D.P. zu den Bundestagswahlen am 2. Dezember 1990. – Soziale Chancen durch liberale Marktwirtschaft. Beschluß des Bundesparteitages der F.D.P. vom 1. – 3. November 1991 in Suhl/Thüringen. Beide Texte: Originalveröffentlichungen der F.D.P. Bundesgeschäftsstelle. Baunscheidtstraße 15. 5300 Bonn 1.

1. Das liberale Deutschland

Für ein liberales Deutschland

Freiheit und Einheit sind die großen historischen Themen der Liberalen. Einigkeit und Recht und Freiheit waren die Ziele der liberalen Bewegung im 19. Jahrhundert, die 1832 mit dem Hambacher Fest den Kampf gegen Absolutismus und Feudalismus in Deutschland begann. Liberale schufen 1848 das erste Parlament in der Frankfurter Paulskirche und verwirklichten mit der Weimarer Reichsverfassung 1919 den modernen Verfassungsstaat in Deutschland. Als erste politische Bewegung haben die Liberalen dem einzelnen Bürger, seiner Freiheit und der menschlichen Würde Vorrang vor der Macht des Staates gegeben.

Die Garantie unantastbarer Grundrechte, die freie Entfaltung der menschlichen Persönlichkeit, der Schutz von Minderheiten, die Teilung und Kontrolle staatlicher Gewalt und der freiheitliche Rechtsstaat sind die Grundideen des Liberalismus, die nach vielen Anläufen und Rückschlägen Schritt für Schritt immer weiter durchgesetzt wurden.

Diese historischen Leistungen des Liberalismus hat der mörderische Wahn des Nationalsozialismus zu zerstören versucht, aber sie gingen nicht unter. Diese Grundwerte des Liberalismus wurden in vierzigjähriger kommunistischer Diktatur im Osten Deutschlands mit Füßen getreten, aber sie haben überlebt.

Es folgen programmatische Aussagen zur Friedenspolitik, zur Marktwirtschaft, zur Innen- und Rechtspolitik u. a. Der Abschnitt über die Bildungspolitik lautet:

Mehr Bildung ist unsere Zukunftsinvestition

Bildung ist für den Menschen die notwendige Voraussetzung für die Entwicklung seiner Fähigkeiten, seiner Neigungen und Interessen. Bildung und Ausbildung helfen ihm, sich in der Welt zu orientieren und ermöglichen ihm die Teilnahme am Berufsleben und an der Gestaltung der Gesellschaft. Bildung ist Voraussetzung für kulturelle Ausdrucksfähigkeit.

Mehr denn je brauchen wir eine offene Bildungs- und Kulturgesellschaft. Die Wahrnehmung von Freiheit und Selbstbestimmung, die kreative Vielfalt des kulturellen Lebens und die wirtschaftliche Leistungsfähigkeit unseres Gemeinwesens hängen von der hohen Qualifikation der Bürgerinnen und Bürger ab. Die Wettbewerbschancen der Zukunft liegen in der bestmöglichen Nutzung des Potentials an individuellen Begabungen und Fähigkeiten, im geistigen und kulturellen Reichtum sowie in wissenschaftlichen und technologischen Spitzenleistungen.

Deshalb ist Bildung zentrales Thema der Liberalen für die Zukunftspolitik unseres Landes. Wir wollen die Vielfalt und die Durchlässigkeit der Bildungswege und -möglichkeiten sowie die Überwindung der bildungspolitischen Kleinstaaterei. Dazu gehört lebenslanges Lernen und ständige Weiterbildung, im Berufsleben wie in der Freizeit. Wir wollen die Gleichheit der Chancen am Start, wir lehnen aber die Nivellierung der Ergebnisse ab.

Liberale wollen mehr Freiheit für die Kultur. Kunst und Kultur gewinnen zunehmend an Bedeutung für Lebenserfüllung und Selbstfindung – auch in neuen Formen außerhalb des traditionellen Kulturbegriffes. Wir sorgen dafür, daß die Bedingungen für Kunst und Kultur weiter verbessert werden. Wir geben Raum für neuartige und experimentelle Kulturformen. Wir unterstützen freie Initiativen auch außerhalb staatlicher Kultureinrichtungen.

Wo Liberale Verantwortung tragen, garantieren sie, daß der Staat sich jeder Bevormundung enthält und nicht zensierend in das Kunst- und Kulturleben eingreift.

In einem späteren Kapitel heißt es zum Thema Schule:

Bildung ist in das historische und kulturelle Umfeld einer Gesellschaft eingebettet und wird davon bestimmt. Die F.D.P. will den Grundsatz der Länderkompetenz für die Bildungspolitik erhalten, den Bund mit den notwendigen Rahmenkompetenzen ausstatten und sich im europäischen Integrationsprozeß dafür einsetzen, daß eine großzügige Anerkennung verschiedenartiger Abschlüsse erfolgt.

Die Schule hat die Aufgabe:
- zur Erziehung und zur freien Entfaltung der Persönlichkeit beizutragen;
- Wissen und Allgemeinbildung im Sinne elementarer Kenntnisse, Fertigkeiten und Fähigkeiten zu vermitteln;
- durch eine Erstausbildung Techniken des Lernens zu vermitteln, die zum lebenslangen Lernen befähigen;
- musische, praktische und kreative Begabungen zu fördern;
- Verantwortung gegenüber sich selbst, anderen Menschen und der Umwelt einzuüben;
- die Schülerinnen und Schüler dazu zu befähigen, die Grundrechte für sich und jeden anderen zu erkennen und die sich daraus ergebende staatsbürgerliche Verantwortung zu verstehen und damit zur demokratischen Gestaltung der Gesellschaft beizutragen.

Die Schule muß sowohl konzentrierte geistige Arbeit und kreatives Tun ermöglichen als auch auf praktische Erfordernisse des Lebens vorbereiten. Beides kann gleichzeitig nur in einer Atmosphäre der Offenheit geschehen. Deshalb fordert die F.D.P. für das allgemeinbildende Schulwesen:
- eine Schule, die sich stärker an den Bedürfnissen des Schülers orientiert;
- die intensivere Zusammenarbeit von Lehrern, Eltern, schulpsychologischem Dienst und eine eigenständige Schulsozialarbeit;

- die Offenheit der Schule für neue Inhalte und Methoden und gleichzeitig eine Neuordnung der Lerninhalte, damit die gymnasiale Ausbildung von 9 auf 8 Schuljahre reduziert werden kann;
- die Stärkung der Autonomie der einzelnen Schulen;
- den pädagogischen Wettbewerb zwischen einzelnen Schulen, staatlichen und nichtstaatlichen Trägern sowie eine verstärkte Unterstützung der freien Schulträger;
- die Nutzung aller Möglichkeiten für die gemeinsame Erziehung behinderter und nichtbehinderter Kinder, um die Integration Behinderter zu fördern;
- die Öffnung deutscher Schulen für Sprache und Kultur ausländischer Schüler;
- die Verstärkung des Fremdsprachenunterrichts in allen Schulformen. Mit der ersten Fremdsprache sollte bereits in der Grundschule begonnen werden;
- ein bedarfsgerechtes Ganztagsangebot;
- die Entwicklung bzw. den Erhalt eines ortsnahen, möglichst vielfältigen Schulangebotes, wobei unterschiedliche Organisationsmodelle von gegliederten Systemen bis zu Integrationssystemen denkbar sind;
- die Bereitstellung von Mitteln zur Einstellung von Lehrern, um die in den Lehrplänen vorgesehenen Stundenzahlen auch im vollen Umfang erteilen zu können;
- die Förderung besonderer Begabungen und die Erhaltung von Spezialschulen in den neuen Bundesländern.

2. Soziale Chancen durch liberale Marktwirtschaft (1991)

V. Investitionen in Kultur, Wissenschaft und Bildung sind Zukunftsinvestitionen

Bildungschancen sind Freiheits- und Lebenschancen. Die Wettbewerbschancen der Zukunft liegen in der bestmöglichen Nutzung der individuellen Begabungen und Fähigkeiten, im geistigen und kulturellen Reichtum als Grundlage für wissenschaftliche und technologische Spitzenleistungen. Deshalb sind für die Liberalen Investitionen in Kultur, Wissenschaft und Bildung wichtig für die Angleichung der Lebensverhältnisse und Bildungschancen in einem geeinten, europäischen Deutschland.

Reformen im Bildungswesen

Der Prozeß der inneren Einigung Deutschlands auf den Gebieten der Bildungs- und Wissenschaftspolitik ist Herausforderung und Chance: zwei Bildungssysteme, die sich in 40 Jahren unabhängig voneinander entwickelt haben, können durch Reformen im Bildungswesen zusammengeführt werden.

Die F.D.P. will den Grundsatz der Länderkompetenz insoweit erhalten, als sie der Kompatibilität von Ausbildungsgängen innerhalb Deutschlands nicht entgegensteht. Dazu muß der Bund mit den notwendigen Rahmenkompetenzen ausgestattet werden. Mobilität von Lehrenden und Lernenden darf im europäischen Integrationsprozeß nicht an den Grenzen von Bundesländern scheitern.

Für die Wettbewerbsfähigkeit unserer Jugendlichen im europäischen und internationalen Vergleich müssen Ausbildung und Sprachenkenntnisse verbessert werden; die Ausbildungszeiten für akademische Berufe müssen verkürzt werden.

[19]

SOZIALDEMOKRATISCHE PARTEI DEUTSCHLANDS (SPD)

Grundsatzprogramm der SPD (1989) Schulstruktur in Deutschland: Vorschläge der Arbeitsgemeinschaft für Sozialdemokraten im Bildungswesen (AfB) zur Weiterentwicklung des allgemeinbildenden Schulwesen (1992)

Die Sozialdemokratische Partei Deutschlands (SPD) kann auf die längste kontinuierliche Geschichte aller deutschen Parteien zurückblicken. So war es ihr möglich, nachdem sie nach 1945 als Partei wiederzugelassen war, unmittelbar an ihre Vergangenheit anzuknüpfen. Ehemalige Mitglieder aus dem Exil oder Inland stellten sich sofort zur Verfügung. So gewann die SPD rasch eine starke Stellung in den Ländern Berlin, Bremen, Hamburg, Hessen, Niedersachsen und Nordrhein-Westfalen. In der sowjetischen Besatzungszone und in Berlin vereinigte sich ein Teil der SPD mit der wiederentstandenen KPD zur „Sozialistischen Einheitspartei Deutschlands“ (SED), worauf auch die sowjetische Besatzungsmacht hingearbeitet hatte. Die mit dieser Zwangsvereinigung nicht einverstandenen Mitglieder der SPD zogen sich zurück, manche wurden verfolgt und flohen. Die Parteiverbände im Westen und in West-Berlin schlossen sich in strikter Ablehnung einer Vereinigung mit der KPD im Mai 1946 unter der Führung Kurt Schumachers (1895–1952) zusammen. In den norddeutschen Ländern und in Hessen überwiegend, zum Teil auch durchgehend Regierungspartei, konnte sie auf Bundesebene in den Wahlen zunächst keinen Durchbruch bei den Wählern erzielen. Dieser erfolgte erst, nachdem die Partei sich eindeutig vom Klischee der ideologisch festgelegten Arbeiterpartei löste und mit dem „Godesberger Grundsatzprogramm“ (1959) unter Rekurs auf die „Grundwerte“ Freiheit, Gerechtigkeit, Solidarität als reformverheißende Alternative zur CDU/CSU erschien. In der Folge stiegen die Stimmengewinne und brachten – nach der Zwischenphase der „Großen Koalition“ mit der CDU/CSU (1966–1969) – die Wende zur sozial-liberalen Koalition unter der Kanzlerschaft Willy Brandts (bis 1972) und Helmut Schmidts (bis 1982). Die Zeit der sozial-liberalen Koalition galt als „Reformära“: Wende in der Ostpolitik und im Verhältnis zur DDR, Sozialreformen, Bildungsreform, Ausbau des Hochschulwesens u. a. m. 1982 kam es zum Bruch der sozialliberalen Koalition. Seither befindet sich die SPD auf Bundesebene wieder in der Opposition.

Als erste Partei in der Bundesrepublik legte die SPD 1964 auf dem Parteitag in Karlsruhe mit ihren „Bildungspolitischen Leitsätzen" ein Gesamtkonzept für den Aufbau des Bildungswesens vor. 1969 griff der „Bildungspolitische Ausschuß der SPD" erneut in die Diskussion um die Neuordnung des Bildungswesens mit dem Entwurf eines „Modells für ein demokratisches Bildungswesen" ein. Dieses Modell zeichnete nicht nur die bildungspolitischen Ziele der sozial-liberalen Bundesregierung vor, sondern stand auch in einer gewissen Nähe zum „Strukturplan für das Bildungswesen" des Deutschen Bildungsrates (1970).
Die beiden o. g. Veröffentlichungen stehen in dieser Tradition. Das „Grundsatzprogramm" (1989) zieht in seinen schul- und bildungspolitischen Teilen Konsequenzen aus der bisherigen Entwicklung und fragt nach den dringlichen Aufgaben für die Zukunft. Die Vorschläge der Arbeitsgemeinschaft für Sozialdemokraten im Bildungswesen (1992) konkretisieren die Aussagen des „Grundsatzprogramms" im Sinne einer Kritik des „gegliederten Systems" und eines Plädoyers für die Gesamtschule.

Quelle: Beide Texte Originalveröffentlichungen des Vorstandes der SPD. Ollenhauerstraße 1. 5300 Bonn 1.

1. Grundsatzprogramm der SPD

Das Grundsatzprogramm behandelt in fünf Kapiteln die Themenkreise „Was wir wollen", „Die Grundlagen unserer Politik", „Frieden in gemeinsamer Sicherheit", „Die freie, gerechte und solidarische Gesellschaft: Eine neue Kultur des Zusammenlebens und Zusammenwirkens" und „Unser Weg in die Zukunft". Die Aussagen über Bildungsziele und über notwendige Reformen im Bildungswesen sind dem Kapitel IV entnommen.

I. Was wir wollen

Wir Sozialdemokraten, Frauen und Männer, kämpfen für eine friedliche Welt und eine lebensfähige Natur, für eine menschenwürdige, sozial gerechte Gesellschaft. Wir wollen Bewahrenswertes erhalten, lebensbedrohende Risiken abwenden und Mut machen, Fortschritt zu erstreiten.
Wir wollen Frieden.
Wir arbeiten für eine Welt,

in der alle Völker in gemeinsamer Sicherheit leben, ihre Konflikte nicht durch Krieg oder Wettrüsten, sondern in friedlichem Wettbewerb um ein menschenwürdiges Leben austragen,
in der eine Politik der Partnerschaft und eine Kultur des Streits den Konflikt zwischen Ost und West überwinden,
in der alle Völker Europas zusammenarbeiten in einer demokratischen und sozialen Ordnung des Friedens, von der Hoffnung und Frieden für die Völker des Südens ausgeht,
in der die Völker Asiens, Afrikas und Lateinamerikas durch eine gerechte Weltwirtschaftsordnung faire Chancen zu eigenständiger Entwicklung haben.

Wir wollen eine Weltgesellschaft, die durch eine neue Form des Wirtschaftens das Leben von Mensch und Natur auf unserem Planeten dauerhaft bewahrt.

Wir wollen die gesellschaftliche Gleichheit von Frau und Mann, eine Gesellschaft ohne Klassen, Privilegien, Diskriminierungen und Ausgrenzungen.

Wir wollen eine Gesellschaft, in der alle Frauen und Männer das Recht auf humane Erwerbsarbeit haben und alle Formen der Arbeit als gleichwertig behandelt werden.

Wir wollen durch solidarische Anstrengung Wohlstand für alle erreichen und gerecht verteilen.

Wir wollen, daß Kultur in ihren vielfältigen Erscheinungsformen das Leben aller Menschen bereichert.

Wir wollen Demokratie in der ganzen Gesellschaft, auch in der Wirtschaft, im Betrieb und am Arbeitsplatz verwirklichen, wirtschaftliche Macht begrenzen und demokratisch kontrollieren.

Wir wollen, daß wirtschaftliche Grundentscheidungen, vor allem darüber, was wachsen und was schrumpfen soll, demokratisch getroffen werden.

Wir wollen, daß die Bürger über die Gestaltung der Technik mitbestimmen, damit die Qualität von Arbeit und Leben verbessert wird und die Risiken der Technik gemindert werden.

Wir wollen einen modernen demokratischen Staat, getragen vom politischen Engagement der Bürgerinnen und Bürger, der zur Durchsetzung gesellschaftlicher Ziele fähig ist und sich ständig an neuen Aufgaben wandelt und bewährt.

Bloßes Fortschreiben bisheriger Entwicklungen ergibt keine Zukunft mehr.

Wir wollen Fortschritt, der nicht auf Quantität, sondern auf Qualität, auf eine höhere Qualität menschlichen Lebens zielt. Er verlangt Umdenken, Umsteuern, Auswählen und Gestalten, vor allem in Technik und Wirtschaft.

Je gefährdeter die Welt, desto nötiger der Fortschritt. Wer Bewahrenswertes erhalten will, muß verändern: Wir brauchen einen Fortschritt, der den Frieden nach innen und außen sichert, das Leben von Mensch und Natur bewahrt, Angst überwindet und Hoffnung weckt. Wir brauchen einen Fortschritt, der unsere Gesellschaft freier, gerechter und solidarischer macht. Ohne diesen Fortschritt hätte der Rückschritt freie Bahn. Darum wollen wir Sozialdemokraten gemeinsam mit den demokratischen Sozialisten aller Länder für ihn arbeiten.

Bildungsziele

Ziel von Bildung ist für uns nicht nur Qualifikation für Beruf und Fortkommen. Bildung hat Eigenwert für die Entfaltung der Person.

Bildung soll Verständnis für die eigene Überlieferung wecken und Menschen befähigen, sich selbst und andere, auch andere Kulturen und ihre Menschen, zu verstehen. Bildung soll die Chance eröffnen, selbstbestimmt zu arbeiten und die von Erwerbsarbeit und Familienarbeit freie Zeit für Eigenarbeit, musisch-kulturelle Tätigkeit, soziale und politische Aktivitäten zu nutzen. Bildung muß Menschen befähigen, sich mit der Gesellschaft und den Anforderungen der Arbeitswelt kritisch auseinanderzusetzen und mitgestaltend auf sie einzuwirken. Bildung soll Menschen helfen, sich in unserer komplizierter werdenden Gesellschaft zurechtzufinden, Technik und Produktionsmittel sinnvoll zu gebrauchen und ihre natürliche Umwelt zu schützen. Sie soll Kreativität fördern und dazu befähigen, mit dem Überangebot von Unterhaltung und Informationen umzugehen. Sie soll jungen Menschen helfen, grundlegende menschliche Erfahrungen zu bestehen und an ihnen zu wachsen.

Gefühl wie Vernunft, geistige wie praktische Fähigkeiten bedürfen der Bildung. Sie soll für die Natur aufschließen, zur Verantwortung für die Mitmenschen hinführen und solidarisches Verhalten einüben.

Bildung muß dazu befähigen, die Vielfalt der europäischen Kulturen als Bereicherung des eigenen Lebens zu erfahren.

Vielseitige Bildung dient auch der sinnvollen Vorbereitung auf Arbeitsleben und Beruf: In einer Arbeitswelt, in der Teamarbeit und Mitdenken gefragt und immer neue Aufgaben zu bewältigen sind, wird sich berufliche Erfüllung und sogar beruflicher Erfolg um so eher einstellen, je weniger sich Bildung eng und einseitig darauf konzentriert.

Bildung muß allen offenstehen. Schüler, Auszubildende und Studenten sind finanziell so zu unterstützen, daß sie in eigener Verantwortung ihren Berufsweg unabhängig vom Einkommen ihrer Eltern gehen können. Eine qualifizierte Schul- und Erstausbildung eröffnet die Chance zum lebenslangen Lernen und sozialer, kultureller und politischer Teilhabe.

Reform und Ausbau des Bildungswesens

Chancengleichheit im Bildungswesen ist für uns unverzichtbar. In den letzten Jahrzehnten sind wir unserem Ziel der Bildung für alle näher gekommen. Wir haben den Zugang zu qualifizierter Bildung für Kinder aller Schichten geöffnet. Die Schulpflicht wurde verlängert. Mädchen und Frauen wurden in Bildung und Ausbildung einbezogen wie nie zuvor.

Unser Bildungswesen steht vor neuen Herausforderungen. Die quantitative Erweiterung muß einhergehen mit dem qualitativen Ausbau.

Wir wollen allgemeine, politische und berufliche Bildung integrieren: Dies gilt für alle Bildungseinrichtungen.

Wir wollen Ganztagsschulen anbieten, weil sie Chancengleichheit fördern, soziales Lernen und den Wechsel von Wissensvermittlung, Gemeinschaftsarbeit und Spiel ermöglichen.

Die Schulen müssen zur Arbeitswelt, vor allem aber zu den Städten und Gemeinden hin geöffnet, in das kommunale Leben eingebunden werden. Wir wollen mehr Mitbestimmung der Beteiligten auch bei der Wahl der Schullaufbahn und einen größeren pädagogischen Freiraum in den Bildungseinrichtungen. Der Staat muß die Rahmenbedingungen so gestalten, daß sie durch Willensbildung vor Ort ausgefüllt werden können. Wir fördern Modellschulen, die neue Lern- und Unterrichtsformen erproben.

Wir wollen die gemeinsame Erziehung von Jungen und Mädchen, von ausländischen und deutschen, von behinderten und nicht-behinderten Kindern, damit Vorurteile und Benachteiligungen abgebaut werden.

Wissensvermittlung wollen wir mit sozialem Lernen verknüpfen, auch um dem wachsenden Konkurrenzdruck aus der Arbeitswelt entgegenzuwirken.

2. Schulstruktur in Deutschland

Die Aussagen aus dem Grundsatzprogramm werden durch die Vorschläge der „Arbeitsgemeinschaft für Sozialdemokraten im Bildungsbereich" weiter präzisiert im Sinne eines Plädoyers für die Gesamtschule.

Die SPD hat in ihrem Berliner Programm ihre Auffassung bekräftigt, daß neben der Grundschule die integrierte Gesamtschule am besten geeignet ist, die bildungspolitischen Leitziele und Vorstellungen der Sozialdemokratie umzusetzen. Denn in einer demokratisch verfaßten Gesellschaft muß das Bildungswesen das demokratische Strukturprinzip der Gleichheit aller Menschen vor dem Gesetz bei Würdigung der unterschiedlichen Ausprägungen widerspiegeln. Das Prinzip der Chancengleichheit ist durch Struktur und Inhalte von Schule zu gewährleisten. Eine gemeinsame Schule für alle Kinder und Jugendlichen, in der alle Bildungswege und alle Bildungsabschlüsse allen offenstehen, ist hierfür am besten geeignet.

Die SPD tritt dafür ein, daß diese Einsicht bei Eltern und Verantwortlichen wächst und politisch verwirklicht wird. Sozialdemokratinnen und Sozialdemokraten wollen für ihre bildungspolitischen Ziele werben und andere überzeugen. Sie achten das Recht der Eltern auf freie Wahl zwischen den staatlich angebotenen Bildungsgängen.

Dies hat in Bundesländern mit sozialdemokratischen Mehrheiten dazu geführt, daß die Gesamtschule als gleichberechtigte Schulform gesetzlich eingeführt wurde. Sie ist aber rechtlich nirgendwo ersetzende Schule, sondern überall neben die Schulformen des gegliederten Systems gestellt. Damit ist eine Konkurrenzsituation zwischen zwei grundsätzlich unterschiedlichen Systemen entstanden, die nur darin vergleichbar sind, daß sie identische Schulabschlüsse vergeben. Dennoch besteht eine Wechselwirkung zwischen beiden Systemen, dem System integrierte Gesamtschule und dem gegliederten Schulsystem mit seinen verschiedenen Schulformen, die die jeweiligen Entwicklungen beeinflußt.

Es folgt eine Kritik am „gegliederten System" (ständisch geprägter, undemokratischer Schulaufbau; einseitige Lenkung des Elternwillens; Abwertung der Hauptschule u. a.) sowie eine Einschätzung der schulpolitischen Situation.

Unter Berücksichtigung der dargestellten Situation müssen wir von einem weiter bestehenden Nebeneinander von gegliedertem und integriertem System ausgehen. Vor diesem Hintergrund fordern wir Lösungsmodelle, die zugleich der hohen Nachfrage nach Gesamtschulen von seiten der Eltern und der Gemeinden Rechnung tragen als auch sicherstellen, daß der mit der Idee der Gesamtschule verbundene pädagogische und bildungspolitische Anspruch nicht nur erhalten bleibt, sondern weiter entfaltet werden kann.

Die folgenden Überlegungen beschäftigen sich mit der Frage, wie die „weitere Gesamtschulentwicklung" positiv zu beeinflussen ist. Unter Berücksichtigung der Gesamtsituation ergibt sich:

Ungeachtet unserer Kritik am gegliederten System haben wir Sozialdemokratinnen und Sozialdemokraten aber auch die Verantwortung für die Kinder ernstzunehmen, deren Eltern sich für das gegliederte System entscheiden. Daraus ergibt sich zweierlei:

1. Im Interesse der Kinder, die Schulen des gegliederten Systems besuchen, müssen die Chancen für pädagogische Veränderungen, die sich innerhalb dieses Systems aufgrund des geänderten Schulwahlverhaltens zwangsläufig ergeben werden, genutzt werden. Wenn pädagogische Probleme und Fragestellungen gleich sind, kann es in der Tendenz nur ähnliche Antworten geben. Das gilt z. B. für Fördermaßnahmen, Differenzierungserfordernisse in heterogenen Lerngruppen, sozialpädagogische Hilfestellungen und Betreuung angesichts veränderter Familiensituationen und Kindheitsmuster.

Da bei weitem nicht alle, die ein Gymnasium besuchen, auch das Abitur erreichen (wollen), muß sichergestellt werden, daß auch am Gymnasium auf den Hauptschulabschluß und den mittleren Bildungsabschluß mit ihren unterschiedlichen Profilen inhaltlich vorbereitet wird. Die Berücksichtigung der veränderten Schülerbedürfnisse und der unterschiedlichen Abschlußerwartungen führt zu der Notwendigkeit einer Veränderung des

Fächerkanons, der Unterrichtsorganisation und der Inhalte. Diese Veränderungen sind erforderlich, damit Schülerinnen und Schüler nicht an Realschulen und Hauptschulen zurückgeschickt werden müssen, wenn sie das Bildungsziel Abitur nicht erreichen. Für die Realschule gilt entsprechendes.

2. Es müssen schulstrukturelle Lösungen für den Fall geschaffen werden, daß z. B. wegen zu geringer Schülerzahlen eine oder mehrere Schulformen des gegliederten Systems nicht mehr in organisatorisch selbständiger Form geführt werden können und der Schulträger den Erhalt aller Bildungsgänge bzw. die Möglichkeit zum Erwerb aller allgemeinbildenden schulischen Abschlüsse nicht durch die Errichtung einer Gesamtschule sicherstellen kann bzw. will.

Zur Sicherstellung aller Schulformangebote des gegliederten Systems bietet sich ein organisatorischer Verbund dieser Schulformen an. Er hätte den Vorteil, daß die bei den Schulen der Sekundarstufe I für den Weiterbestand regelmäßig erforderlichen Zügigkeiten bzw. Schülerzahlen unterschritten werden könnten.

Es folgen Überlegungen zu Detailfragen der Schulorganisation (Verbundmodell).

Die Forderung, für alle Schüler/innen in einem Stadtteil einen ortsnahen Schulbesuch in einer Stadtteilschule zu ermöglichen, läßt sich entweder mit einem Verbundmodell aller Schulformen des gegliederten Systems oder mit einer Gesamtschule im Stadtteil realisieren. Eine solche Stadtteilschule sollte sich im Interesse der Schüler/innen und Eltern, aber auch der übrigen Bürger, im Sinne der Leitvorstellung „Öffnung von Schule" dem Stadtteil zuwenden.

Zusammenfassung

Nach unserem Verständnis stellt das örtlich verschieden organisierte gegliederte System einen Teil im allgemeinbildenden Schulwesen dar, während der andere Teil von der Gesamtschule, dem integrierten System, gebildet wird. Beide Systeme ermöglichen grundsätzlich den Zugang zur allgemeinen Hochschulreife, in beiden kann die Schulpflicht erfüllt werden.

In einem so gestalteten Modell hätten beide Systeme in der nun einmal gegebenen Wettbewerbssituation prinzipiell gleiche Entwicklungschancen, weil sie ihr Bildungsangebot grundsätzlich an alle Schülerinnen und Schüler richten.

Mit diesen Vorschlägen zur weiteren Entwicklung des integrierten wie des gegliederten Systems befinden wir uns in Übereinstimmung mit unserem Berliner Programm. Sie sind offen für Weiterentwicklungen der Schulstruktur, die sich aus der Verwirklichung des Ziels der europäischen Einigung, der Integration als Strukturidee, ergeben können.

[20]

DIE GRÜNEN / BÜNDNIS 90

Ziele Grüner Schul- und Bildungspolitik (1990) Bündnis 90: Programmentwurf Bildung (1991)

In den vergangenen zehn Jahren haben sich die Grünen zu einem festen Bestandteil des Parteiensystems der Bundesrepublik entwickelt. Wahlerfolge bei Kommunal- und Landtagswahlen führten inzwischen in verschiedenen Bundesländern zu rot-grünen Koalitionen oder auch zu „Ampelkoalitionen" (SPD/F.D.P./Grüne) und damit zur Übernahme von Regierungsverantwortung. Bei den Bundestagswahlen 1983 und 1987 gelang den Grünen der Einzug in den Bundestag mit 5,6 % bzw. 8,3 % der Zweitstimmen. Bei der ersten gesamtdeutschen Wahl zum Bundestag (1990) blieben die Grünen-West mit 3,8 % der Zweitstimmen zwar unter der Fünfprozentklausel, doch erreichten ihre Partner im Osten zusammen mit dem Bündnis 90 aufgrund der veränderten Wahlmodalitäten, die der Chancengleichheit der Parteien im Osten Deutschlands dienen sollten, acht Mandate im Bundestag.
Diese Hinwendung zu einer – insgesamt gesehen – „pragmatischen" Politik ist das Ergebnis langjähriger und langwieriger Richtungskämpfe zwischen den verschiedenen Strömungen der „grünen Bewegung". In das politische Selbstverständnis der heutigen Grünen sind Vorstellungen der Außerparlamentarischen Opposition (APO) der 60er und 70er Jahre ebenso eingegangen wie Zielsetzungen der Friedensbewegung oder ökologische Absichten zahlreicher Bürgerinitiativen. Angesichts dieser verschiedenartigen Grundrichtungen blieb zunächst die Frage offen, ob sich die Grünen als linke Fundamentalopposition gegenüber den „etablierten" Parteien oder als pragmatische Reformpartei innerhalb des „Systems" verstehen sollten. Dieser Streit zwischen „Fundamentalisten" und „Realisten", der auch noch in den Diskussionen um die Wiedervereinigung der beiden deutschen Staaten zutage trat, scheint inzwischen zugunsten der „Realos" entschieden zu sein. Trotz dieser oft mit verbalem Radikalismus ausgetragenen Gegensätze zeigt die bisherige Entwicklung, daß über die langfristigen inhaltlichen Ziele weitgehende Übereinstimmung besteht. Die „vier Grundprinzipien grüner Politik: ökologisch, sozial, basisdemokratisch und gewaltfrei" wurden bereits auf der Gründungsversammlung der Grünen, die am 12. und 13. Januar 1980 in Karlsruhe stattfand, formuliert und durchziehen seither wie ein roter Faden alle weiteren programmatischen Aussagen. Allerdings führte schon die innerparteiliche Umsetzung dieser Prinzipien – Rotation der Mandatsträger, imperatives Mandat, dezentrale Parteigliederung u. a., auch wenn sie inzwischen zum Teil abgeschwächt worden sind – zu erheblichen internen Spannungen. Das Verhältnis der Grünen zur repräsentativen Demokratie des Grundgesetzes ist bis heute unklar.
Die grüne Partei (Ost) wurde im November 1989 mit der Zielsetzung Schutz der Umwelt und Sorge für die soziale Sicherheit gegründet. In der Volkskammer der DDR bildeten die Abgeordneten der Grünen zusammen mit den Parlamentariern des Bündnis' 90 bis zur Vereinigung eine Fraktionsgemeinschaft. Den Bestimmungen des Einigungsvertrages gemäß entsandte diese Fraktion in der Zwischenzeit bis zur ersten gesamtdeutschen Bundestagswahl sieben Vertreter in den Deutschen Bundestag. Diese schlossen sich der Fraktion der West-Grünen an, die sich daraufhin in „Die Grünen/Bündnis 90" umbenannte. Nach der gesamt-

deutschen Wahl, bei der die Grünen (West) die Fünfprozentklausel nicht überschreiten konnten, veränderte die Gruppe der Ost-Parlamentarier die Reihenfolge der Benennung in „Bündnis 90/Die Grünen". Angesichts der Bundestagswahl 1994 gibt es unter den Grünen in den alten und in den neuen Bundesländern, die sich inzwischen zu einer Partei zusammengeschlossen haben, mehrheitliche Bestrebungen, mit der Bürgerrechtsbewegung „Bündnis 90" ein Wahlbündnis einzugehen. Diese Bestrebungen werden auch vom Bündnis 90 unterstützt. Sie führten zu einem erfolgreichen Abschluß. Auf einem Vereinigungsparteitag (14. - 16. 5. 1993 in Leipzig) fusionierten die Grünen und das Bündnis 90 zu einer neuen Partei: Bündnis 90/Die Grünen. In einer programmatischen „Leipziger Erklärung" wurden die gemeinsamen Ziele festgelegt.
Am 6. Februar 1990 wurde das Bündnis 90 als Wahlbündnis der Bürgerbewegung „Neues Forum" (Gründung: 12. September 1989), „Demokratie Jetzt" (Gründung ebenfalls am 12. September 1989) und „Initiative für Frieden und Menschenrechte" (Gründung im Oktober 1985) geschlossen. Der Zusammenschluß war nicht nur eine Folge wahltaktischer Überlegungen angesichts bevorstehender Landtagswahlen und der ersten gesamtdeutschen Bundestagswahl. Er ergab sich vor allem aus inhaltlichen Gemeinsamkeiten, gehörten doch die im Bündnis 90 vereinigten Bürgerbewegungen in der DDR zu den Oppositionellen der ersten Stunde, die an den Gesprächen am „Runden Tisch" und an der Wende im Herbst 1989 wesentlichen Anteil hatten. Im Bündnis 90 vereinigten sich Gruppen von Regimekritikern, die schon in den 70er Jahren die Einhaltung der Menschenrechte, die Sicherung des Friedens, die Abrüstung, den Schutz der natürlichen Ressourcen forderten und gesellschaftliche Reformen durchzusetzen suchten. Es ist eine bis heute nur unzureichend geklärte Frage, warum das Bündnis 90, trotz seines Ansehens unter der Bevölkerung, bei der Wahl zur Volkskammer am 18. März 1990 nur einen geringen Stimmenanteil (2,91 %, 12 Mandate) erringen konnte. Aufgrund der Änderungen des Bundeswahlgesetzes gelang es dem Bündnis 90 aber in der ersten gesamtdeutschen Bundestagswahl in einer Listenverbindung mit den Grünen-Ost mit acht Abgeordneten (6 % Stimmenanteil) in den Bundestag einzuziehen.
In den schul- und bildungspolitischen Erklärungen gibt es nur geringe Unterschiede zwischen den Grünen und dem Bündnis 90. Beide fordern ein „differenziertes Schulwesen", wobei den Grünen stärker eine „integrative Schule" mit ausgeprägter Binnendifferenzierung vor Augen steht. Beide setzen sich für ganzheitliche Lehr- und Lernweisen sowie für die Aufnahme ökologischer Unterrichtsinhalte ein. Auch sind Plädoyers für eine verstärkte Autonomie der Einzelschulen sowie für die didaktische Zusammenführung der Allgemeinbildung mit der Berufsbildung beiden gemeinsam. Insgesamt betont das Bündnis 90 die „Freiheit und Vielfalt" im Blick auf Elternrecht, Schulorganisation, Lehrerbildung und didaktische und methodische Entscheidungen, während die Grünen der Gleichheit als regulativem Prinzip der Schulpolitik näherstehen.

Quellen: 1. Ziele Grüner Schul- und Bildungspolitik. In: Zeitschrift Gesamtschul-Informationen. 21. Jahrgang. Heft 3–4. Der Text wurde von der Bundesarbeitsgemeinschaft Bildung (Sprecherin Imma Hillerich, Ex-MdB und ehemalige bildungspolitische Sprecherin der Grünen/Bündnis 90 im 11. Bundestag) unter Hinweis auf den „Diskussionsstand Ende 1990" veröffentlicht.
2. Bündnis 90: Programmentwurf Bildung. In: Bündnis 2000. Forum für Demokratie, Ökologie und Menschenrechte. 1. Jahrgang. Nr. 17. 9. 8. 1991 (DJ 60). S. 4.

1. Ziele Grüner Schul- und Bildungspolitik

Im Mai 1987 hat die Bundesarbeitsgemeinschaft Bildung der Grünen (BAG) ihre bildungspolitischen Konsequenzen aus einer kritischen Bestandsaufnahme und Diskussion der Gesamtschulentwicklung in den (damals noch) 11 Bundesländern in einer Entschließung zur „Weiterentwicklung der Gesamtschule" zusammengefaßt. Angesichts der Stabilisierung des gegliederten Schulsystems in den meisten Bundesländern, der bildungspolitischen Propagierung und Bevorzugung schulischer Elitebildungsgänge (D-Zug-Klassen u. ä. m.) und der ausgeprägten wirtschaftlichen Funktionalisierung insbesondere des beruflichen Bildungswesens erklären die Grünen:

- Wir wollen uns auf allen politischen Ebenen für eine integrierte Schule als einzige Schulform einsetzen und das gegliederte Schulwesen überwinden. In dieser Schule sollen alle miteinander – wenn auch nicht durchweg das gleiche – lernen. Voraussetzung für diese integrative Schule ist die Anerkennung der Verschiedenheit der Menschen und das Beachten der gleichen Rechte und Ansprüche aller Kinder, alle ihre Möglichkeiten zum Lernen entdecken und erproben zu können.
- Ziel ist eine vielfältige, reichhaltige, an ökologischen Forderungen orientierte und ganzheitliche Schule. In ihr sollen an die Stelle notenbezogener Leistungsbeurteilungen differenzierte Lernentwicklungsberichte treten. Klassenwiederholungen sind nur als freiwillige Entscheidungen der betroffenen SchülerInnen bzw. der Eltern möglich.
- Angestrebt wird eine Primarschule, die als Nachbarschaftsschule im Wohnumfeld der Kinder liegt. Sie ist eine Schule mit überschaubarer Zahl von SchülerInnen und versteht sich als soziales, kulturelles, sportliches Angebot für den Stadtteil bzw. die Gemeinde.
- Die Sekundarstufe I endet mit einem einheitlichen Abschluß, der durch individuelle Profilbildung gekennzeichnet ist. Formen der Binnendifferenzierung sind zu fördern und weiterzuentwickeln.
- Darüber hinaus bedeutet Schulpolitik heute, die Autonomie der Einzelschule zu fördern, d. h. Schulen werden bei der Weiterentwicklung von Rahmenplänen zu entscheidungs-, politik- und gestaltungsfähigen Räumen. Getragen wird die innerschulische Demokratie durch die Gleichberechtigung von SchülerInnen, LehrerInnen und Eltern in allen Gremien.
- Die Reform der Sekundarstufe I bleibt Stückwerk, solange nicht in der Sekundarstufe II die Verbindung von allgemeinbildendem und – zu reformierendem – berufsbildendem Bildungsgang verwirklicht wird. Die inhaltliche, organisatorische und räumliche Trennung von gymnasialer Oberstufe und Berufsschule ist durch integrierte Bildungswege zu überwinden. In diesen individuellen Bildungswegen sind sowohl Studienreife als auch Berufsausbildung und sich überschneidende Zwischen- und Mischformen erwerbbar.

Die europäische Integration und die neuen Aufgaben der Schulpolitik und Schulentwicklung in den neuen Bundesländern bestätigen nach

Ansicht der Grünen die Dringlichkeit der von uns angestrebten Gesamtschulentwicklung.

Das Ziel einer Schule für alle, also die Absage an Strukturen und Formen leistungsbezogener (Aus-)Sonderung von Kindern und Jugendlichen umfaßt alle Schulstufen von der Primarstufe bis zur Sekundarstufe II. Innerhalb der Schulstufen findet dies seinen Ausdruck in der Forderung, notenbezogene Leistungsbeurteilungen durch differenzierte individuelle Lernentwicklungsberichte zu ersetzen. Dem entspricht des Ziel eines einheitlichen Abschlusses der Sekundarstufe I nach mindestens 10 Schuljahren, der zwar Informationen über individuelle Profilbildung – je nach SchülerInnenneigung und schulischem Angebot –, nicht aber fachbezogene Ziffernnoten enthält. Die Fiktion objektiver Leistungsbeurteilung durch Noten ist mehrfach nachgewiesen. Der pädagogische Schaden der Benotung ist weithin bekannt und nicht zu verantworten. Der Übergang in weiterführende berufsbezogene und/oder allgemeinbildende und studienvorbereitende Bildungsgänge der Sekundarstufe II soll durch Beratung, vor allem aber durch die in der Schule zu vermittelnde und zu entwickelnde Befähigung zu selbstbestimmter Wahl der künftigen Bildungs- und Ausbildungsgänge gewährleistet werden.

Während für die Primarstufe und die Sekundarstufe I mit der Grundschule und der integrierten Gesamtschule bereits Schulformen existieren, die als Schule für alle gelten bzw. weiterentwickelt werden können, trifft dies für die Sekundarstufe II (noch) nicht zu.

Die Grünen unterstützen alle reformerischen Bestrebungen und Versuche, die die überkommene Trennung zwischen beruflicher und allgemeiner Bildung in der Sekundarstufe II überwinden wollen. Befördert werden soll die Entwicklung einer integrierten Jugendbildung einerseits durch die Einführung eines fächerübergreifenden, also integrierten polytechnischen Lernbereichs Arbeitslehre auch in den Sekundarstufen I und II des Gymnasiums sowie in der Berufsschule (s. u.). Andererseits soll die Berufsschule einen gesetzlich verankerten eigenständigen Bildungsauftrag erhalten, der sich über die berufsbezogenen Lernziele hinaus auch auf allgemeine, arbeitsbezogene, kulturelle und politische Bildung erstreckt. Sie kann so Initiativen für eine schulische Verbindung von beruflicher und allgemeiner Bildung sehr viel weitgehender entwickeln, als dies bisher – auch im Rahmen des nordrhein-westfälischen Kollegschulversuches – möglich ist. Beide Forderungen entstammen dem Empfehlungsbündel der Grünen/sozialdemokratischen Minderheit im Schlußbericht der Enquete-Kommission „Bildung 2000“ zum Arbeitsschwerpunkt ‚Berufliche Erstausbildung‘.

Nach Auffassung der Grünen ist es nicht die Aufgabe der Schule, für gesellschaftliche Positionen vorzusortieren. Die Schule soll weder Abbild noch Zuliefererin für die Zweidrittelgesellschaft sein. Das heißt nicht, daß gesellschaftliche Entwicklungen und Anforderungen aus dem schulischen Erziehungs- und Bildungsauftrag ausgeblendet werden. Was unsere Gesellschaft, wenn sie sich frei, pluralistisch und zugleich solidarisch und zivil entwickeln soll, mehr denn je braucht, ist das Lebenlernen mit den Unterschieden der Menschen, mit verschiedenen Stärken und Schwächen, Kulturen, nationalen und milieuspezifischen Herkünften ohne Diskriminierung. Dies ist nur möglich, wenn Unterschiede zwischen den Menschen zum Lebensalltag gehören und soziale Kompetenzen zum Miteinander- und Voneinanderlernen, zum gleichberechtigten Umgang miteinander, zur gegenseitigen Hilfe und zivilen Konfliktfähigkeit erworben werden können.

Es folgt die Forderung, in den Grundschulen „behinderte und nicht behinderte Kinder gemeinsam lernen" zu lassen und „Lernentwicklungsberichte . . . auf die gesamte Grundschulzeit auszudehnen".

Die Errichtung und Weiterentwicklung von Gesamtschulen muß in allen (alten und neuen) Bundesländern möglich sein. Als politischer Hebel hierfür sollte die Erweiterung der im Hamburger Abkommen aufgeführten Schulformen um die Gesamtschule als gleichberechtigter und eigenständiger Schulform mit Sek.-I-Abschluß angestrebt werden, wodurch die 1982er KMK-Vereinbarung zur Anerkennung der Gesamtschul-Abschlüsse überflüssig würde. Dies würde in den neuen Bundesländern die Nutzung der dort vorhandenen wohnortnahen Schulstandorte der bisherigen POSen zur Errichtung integrierter Gesamtschulen auch mit weniger als vier Zügen ermöglichen.

Dieses Plädoyer für den Ausbau der Gesamtschulen wird in den folgenden Abschnitten vertieft: „Die Gesamtschule soll als pädagogisch attraktive Alternative zum bisherigen rein gymnasialen Königsweg zum Abitur" weiterentwickelt und die „äußere Fachleistungsdifferenzierung durch binnendifferenzierten Unterricht im Team-Kleingruppen-Modell" abgelöst werden. Gesamtschulen sollen möglichst zu „Ganztagsschulen" ausgebaut werden, „offen zum kulturellen und sozialen Leben der Gemeinde bzw. des Stadtteils". Gegenüber den Forderungen nach einer Schulzeitverkürzung „halten die Grünen den mindestens 10jährigen Besuch allgemeinbildender Schulen für alle Jugendlichen in den alten und neuen Bundesländern für weitaus wichtiger".

Hinsichtlich der von den Grünen für erforderlich gehaltenen Lerninhalte wurde die integrierte Arbeitslehre schon erwähnt. Die Weiterentwicklung der bisherigen Arbeitslehre ist gerade jetzt bei der Schul- und Bildungsreform in den Ländern der ehemaligen DDR geboten, auch um die dortigen Erfahrungen mit dem polytechnischen Unterricht konstruktiv aufzuarbeiten und einzubeziehen. Arbeitslehre soll praktische Erfahrung und reflektierte Auseinandersetzung mit allen drei Dimensionen von Arbeit – beruflicher Erwerbsarbeit, Haus- und Familienarbeit, politisch-öffentlicher Arbeit – ermöglichen. Ihre didaktische Entwicklung soll die bisherige Trennung in die Lernbereiche Wirtschaft, Technik und Hauswirtschaft überwinden und eine polytechnische und ökologische Grundbildung einbeziehen. Eine solche Arbeitslehre kann zu Autonomie und Sinnfindung der Jugendlichen im Hinblick auf ihre persönliche und berufliche Zukunft und damit zur mündigen Wahrnehmung des Rechts auf freie Berufswahl beitragen. Sie soll Arbeitserfahrung in Betriebspraktika und -erkundungen, in der sozialen und natürlichen Lebensumwelt von Schulen und in sinnvoller Eigenarbeit ermöglichen. Sie soll Mädchen zur Auseinandersetzung mit den Ambivalenzen beruflicher und familiärer Anforderungen und Perspektiven ermutigen und Jungen auf häusliche und sozialpflegerische Arbeit und künftige Elternschaft vorbereiten. Schließlich soll sie – in Zusammenarbeit mit der Arbeitsverwaltung – das Berufswahlspektrum von Mädchen und Jungen breit gefächert entwickeln. Hierfür sind erhebliche Veränderungen in der LehrerInnenaus- und weiterbildung erforderlich. Arbeitslehre an allen Schulformen, also auch und gerade an Gymnasien, ist auch ein Plädoyer für ein integriertes Schulwesen in der Sekundarstufe I und II.

Für dringlich geboten halten die Grünen ebenfalls, daß sich alle Schulstufen und Schulformen sowie die LehrerInnenaus- und weiterbildung ernsthafter als bisher der Aufgabe einer handlungsorientierten ökologischen Grundbildung stellen. Während dies im ganzheitlich angelegten Sachunterricht an den Grundschulen noch am ehesten umsetzbar ist und auch vielfach praktiziert wird, stellen der 45-Minuten-Takt im Einzelfach-Stundenplan sowie die additiven und größtenteils kognitiven Lernzielvorgaben in den Einzelfächern der Sekundarstufen I und II erhebliche Hemmnisse für eine ganzheitliche, an sinnlichen Erfahrungen und praktischen Projekten orientierte ökologische Grundbildung dar.

Ökologische Grundbildung umfaßt Lern- und Gestaltungsprozesse, die auf die Verantwortung für die Natur gerichtet sind, für die eigene und die uns umgebende Natur, für ihre vorsichtige Nutzung und ihren sorgfältigen Erhalt als unsere Lebensgrundlage. Ökologische Grundbildung muß sinnliche Erfahrung, Freude und Genuß an der Natur ermöglichen sowie Erfahrung und bewußte Kenntnis von Natur- und Umweltzerstörung und von umweltverträglichen Alternativen. Dies wird am besten gelingen, wenn die Schule selbst zum ökologischen Lernort wird.

Es folgt eine Beschreibung der Schule im Sinne eines „ökologischen Lernortes" (Schulgärten; Gesundheitserziehung; Mitarbeit an der „Renaturierung von Landschaften"; Schulfach Ökologie; Umweltpädagogen an jeder Schule u. a.).

Auch die Schule ist nach wie vor an der Ungleichbehandlung der Geschlechter, an der kulturellen Diskriminierung von Mädchen und Frauen beteiligt. Dies geschieht nicht nur durch die leidigen Schulbücher und sonstigen Unterrichtsmaterialien, in denen sich immer noch mehr oder weniger plakativ überkommene Geschlechtsrollenstereotype und viel zu wenig Information über Leistungen, Fähigkeiten und Lebensrealität von Mädchen und Frauen befinden, sondern auch und vor allem durch den heimlichen Lehrplan des geschlechtshierarchischen LehrerInnenverhaltens. Um einen wirksamen Beitrag zur Gleichberechtigung der Geschlechter zu leisten, muß sich nach Auffassung der Grünen einiges in den Schulen ändern:

Zu diesen neuen Aufgaben gehören u. a.: Überarbeitung der Schulbücher; Weiterbildung der LehrerInnen; Aufklärung über „Traditionen geschlechtsspezifischen Verhaltens und geschlechtshierarchischer Normierung von Arbeit und ihrer Verteilung"; „Gleichberechtigung und Gleichrangigkeit der Geschlechter auch in der Schulrealität".

Es folgen Forderungen nach einer „innerschulischen Demokratisierung": „Abbau bürokratischer Gängelung und autoritärer Leistungs- und Weisungsstrukturen"; Neudefinition der Schulpflicht und der staatlichen Schulaufsicht; kollegiale Schulleitung; Epochen- und Projektunterricht; weitgehende Selbstverwaltung der Schule; Verzicht auf den Beamtenstatus von LehrerInnen u. a.

Schließlich hat die Diskussion über Entwicklungs- und Arbeitsmöglichkeiten von Schulen in freier Trägerschaft neben solchen in öffentlicher/staatlicher Trägerschaft gerade auch durch die Bildungsreformgruppen und -initiativen in der ehemaligen DDR Auftrieb erhalten. Den Grünen sind die Arbeitsmöglichkeiten von Schulen in freier Trägerschaft immer ein wichtiges bildungspolitisches Anliegen gewesen, weil von ihnen wichtige reformerische Impulse für die staatlichen Schulen ausgehen, aber auch, weil uns die Möglichkeit, besondere pädagogische Konzepte zu entwickeln und zu erproben als unverzichtbares Elternrecht gilt. Die Grenze dieses Elternrechts sehen wir im Gebot der Menschenwürde, der Demokratie und der sozialen Chancengleichheit hinsichtlich des Zugangs und der pädagogischen Konzepte freier Schulen.

Bei der Debatte über die künftige deutsche Verfassung plädieren die Grünen daher auch für eine entsprechende Neufassung des bisherigen Art. 7 Grundgesetz, insbesondere der Absätze 4 und 5.

2. Bündnis 90: Programmentwurf Bildung

Bildung und Erziehung sind öffentliche Aufgaben, an deren Erfüllung der Staat sowie Bürgerinnen und Bürger gemeinsam arbeiten. Die staatliche Garantie, für alle Kinder und Jugendlichen gleiche Bildungschancen zu gewährleisten, und das Recht der Eltern auf freie Schulwahl müssen sich ergänzen.

– Der Staat muß das Recht des Kindes und Jugendlichen auf Bildung und freie Entfaltung der Persönlichkeit gewährleisten. Er muß für genügend Bildung sorgen, braucht diese aber nicht grundsätzlich selbst zu veranstalten.

– Um das Recht der Eltern auf freie Schulwahl zu garantieren, muß der Staat ein nach verschiedenen pädagogischen Richtungen, Lerninhalten und Lehrmethoden differenziertes Schulwesen fördern.

– Um den Lehrern eigenverantwortliches und schöpferisches Arbeiten zu ermöglichen, ist das Selbstbestimmungsrecht der Schule zu sichern (Wahl der pädagogischen Konzeption, freie Verfügung über finanzielle Mittel, Lehrplangestaltung, freie Lehrerwahl, Entscheidungsfreiheit in der Organisation des Schullebens).

– Volksbildung ist eine öffentliche Angelegenheit, sie muß durch öffentliche Mittel finanziert werden. Durch ausreichende und chancengleiche Finanzierung ist die freie Zugänglichkeit aller Schulen zu gewährleisten. Um soziale Gerechtigkeit walten zu lassen, ohne die Unabhängigkeit der Schule zu beeinträchtigen, bietet sich eine Kombination zweier Finanzierungsmodelle an:

a) Die Schulen werden als Institutionen aus öffentlichen Mitteln finanziert.

b) Die Schüler werden mit öffentlichen Mitteln in den Stand gesetzt, die Schule ihrer Wahl zu besuchen (Bildungsgutschein). Sie finanzieren dadurch die Schule.

– Jede Schule muß ihre Konzeption offenlegen. Eine Schulaufsicht muß die Einhaltung dieser Konzeption sowie die verfassungsmäßigen Grundrechte sichern, darf aber kein ausführendes Staatsorgan sein. Sie kann sich z. B. demokratisch aus den Schulträgern einer Region zusammensetzen.

Freiheit und Vielfalt erfordern eine entsprechend vielfältige Lehrerausbildung. Hierzu sind entweder autonome Lehrerseminare oder autonome Sektionen an den pädagogischen Hochschulen notwendig.

[21]

PARTEI DES DEMOKRATISCHEN SOZIALISMUS (PDS/LINKE LISTE)

Es geht um unsere Kinder – Sofortprogramm der PDS/Linke Liste zur Bildungspolitik (o. J.)

Die PDS gilt als Nachfolgeorganisation der Sozialistischen Einheitspartei Deutschlands. Auf ihrem Sonderparteitag im Dezember 1989 hatte sich die SED den Zusatz „Partei des Demokratischen Sozialismus" (PDS) gegeben. Sie nannte sich also zeitweilig SED/PDS. Seit dem 4. Februar 1990 führt sie aufgrund eines Beschlusses des Parteivorstandes nur noch den Namen PDS. Die Führung der PDS ging aus den oppositionellen Kräften der SED hervor. Ihre anfängliche Zielsetzung bestand darin, den Sozialismus zu reformieren, die DDR möglichst zu erhalten und sich vom Image einer klassisch-leninistischen Kaderpartei zu lösen. Zum Selbstverständnis der PDS gehört seither das Bekenntnis zum „demokratischen Sozialismus". Im Wahlprogramm für die Volkskammerwahl 1990 wird eine „Marktwirtschaft mit ausgeprägter sozialer und ökologischer Zielstellung, die Leistung stimuliert und belohnt und wirtschaftliche Initiative in jeder Weise fördert", angestrebt,doch ist die Auseinandersetzung um die Frage, ob die PDS sich als realpolitische Reformpartei verstehen oder in Fundamentalopposition zum Kapitalismus agieren soll, weder entschieden noch beendet. – Die PDS kam in den Bundestag, weil eine Neufassung des Bundeswahlgesetzes es ermöglichte, daß, allerdings beschränkt ausschließlich auf die Bundestagswahlen am 2. Dezember 1990, für das Gebiet der BRD vor dem 3. Oktober 1990 und für die neuen Bundesländer eine getrennt geltende Fünfprozentklausel Anwendung finden konnte. Während die PDS bei den Bundestagswahlen in den neuen Bundesländern ihre Stammwähler etwa halten konnte (11,7 %, 17 Mandate), blieb sie in den alten Bundesländern in der Größenordnung, in der sich bisher die DKP bewegte (0,3 %). Der ab Mitte 1990 vorbereitete Versuch der PDS-Führung, durch ein Wahlbündnis mit der Linken Liste (LL) die PDS auch auf die alten Bundesländer auszudehnen, schlug fehl.
In ihren schul- und bildungspolitischen Aussagen tritt die PDS entschieden für eine „demokratische Gesamtschule" ein, die aber frei sein soll „von den vielfältigen Deformationen, denen die Einheitsschule in der DDR unterlag".

Quelle: Originalveröffentlichung des PDS Parteivorstandes. Kleine Alexanderstraße 28, O-1020 Berlin.

Das Bildungswesen ist im vereinigten Deutschland insgesamt reformbedürftig.

Im Interesse der heranwachsenden Generation, einer glücklichen Kindheit und Jugend sowie gleicher Bildungs- und Entwicklungschancen sind wir gegen das gegliederte Schulwesen und für eine demokratische Gesamtschule.

Wir konstatieren:

– Die historische Chance einer gesamtdeutschen, von wissenschaftlichen Erkenntnissen geleiteten und begleiteten Bildungsreform im Interesse der Kinder und Jugendlichen ist zunächst vertan. In den westlichen Ländern werden Reformbestrebungen immer wieder blockiert, im Osten werden die von vielen Lehrern, Eltern, SchülerInnen und verschiedenen Bürgerinitiativen getragenen Ansätze zur demokratischen Erneuerung der

Schule negiert und auch Bewährtes einfach abgewickelt. Das zeigt sich insbesondere an den Bildungsgesetzen der neuen Länder. Den demokratischen Kräften, einschließlich der PDS, gelang es nicht, die Mehrheit der BürgerInnen für die berechtigten Forderungen des Rundes Tisches nach einer grundlegenden Bildungsreform im Beitrittsgebiet zu gewinnen.

– In den neuen Bundesländern wird das Bildungswesen an das der alten Bundesländer durch einfaches Überstülpen angeglichen. Das hat eine Umstrukturierung zum aus europäischer Sicht überholten gegliederten Schulsystem zur Folge (Haupt-, Realschule, Gymnasium). Nur in Brandenburg wird die Gesamtschule als Regelschule zugelassen. Die Pflichtstunden, Klassen- und Gruppenfrequenzen werden zum Nachteil der SchülerInnen erhöht. Die Clearing-Stelle beim Bundeskanzler erarbeitete zu diesem Zweck Personalabbaupläne, die zu einer weiteren Vergrößerung des Arbeitslosenheeres in den neuen Bundesländern führen. Die durch die allgemeine Unsicherheit ihrer Lage begründete Belastung von PädagogInnen und Eltern wirkt sich negativ auf die Kinder aus.

Trotz großer Anstrengungen von Berufspädagogen, Unternehmern und Handwerkern zur Veränderung der Situation setzt sich der Massenexodus von Jugendlichen aus den östlichen Ländern fort und der Lehrstellenmangel sowie die Jugendarbeitslosigkeit bleiben brennende Probleme.

Das wird für die Arbeitsmarktchancen der Jugend im Westen ungünstige Folgen haben.

– In den Altbundesländern droht eine Schulzeitverkürzung zuungunsten der Mittelstufe und leistungsschwacher Schüler, verbunden mit einem Lehrstellenabbau. Da KiTA-Plätze mit vorschulischem Charakter fehlen, ist das um so bedenklicher.

– Die Einführung des EG-Binnenmarktes 1992 wird zusätzliche, noch nicht absehbare Probleme mit sich bringen.

Im Interesse der Kinder, Jugendlichen, Eltern und PädagogInnen schlägt die PDS/Linke Liste zu dringenden bildungspolitischen Problemen folgendes Sofortprogramm vor:

1. Da Schule im wahrsten Sinne des Wortes eine öffentliche Angelegenheit ist, weil sie alle betrifft, setzt sich die PDS für große Transparenz in der Bildungspolitik und die demokratische Mitwirkung aller BürgerInnen bei der Gestaltung der „Schullandschaft" im jeweiligen Bundesland bzw. Territorium ein. Für die Entwicklung jeder einzelnen Schule und für die Einbeziehung der SchülerInnen ist das „Funktionieren" von Demokratie in der Schule von entscheidender Bedeutung. Erforderlich ist dazu die Sicherung umfassender Mitsprache-, Mitwirkungs- und Mitbestimmungsrechte der PädagogInnen, Eltern und SchülerInnen sowohl im Hinblick auf das inhaltlich-pädagogische Gesamtkonzept der Schule, als auch im Hinblick

auf die Entwicklung des pädagogischen Lebens in der Schule (z. B. Grundsätze und Prinzipien der pädagogischen Gestaltung des Unterrichts und von Freizeitangeboten oder Tages-, Wochen- und Schuljahresablauf) und auch im Hinblick auf das äußere Bild der Schule insgesamt und der Räumlichkeiten in der Schule im einzelnen.

Erforderlich ist dazu die Schaffung entsprechender Gremien auf wirklich demokratische Art und Weise wie Lehrervertretungen, Elternräte, Schülerräte, Schulkonferenzen u. a. mit einer entsprechenden Zusammensetzung (z. B. in der Schulkonferenz Drittelparität). Es ist vor allem dafür Sorge zu tragen,

- daß diese Gremien auch tatsächlich arbeiten und in ihrer Arbeit unterstützt werden;
- daß die Rechte dieser Gremien gewahrt werden;
- daß diese Gremien sich nicht verselbständigen, sondern sich immer wieder mit denen beraten, die sie gewählt bzw. delegiert haben, d. h. die Einbeziehung aller LehrerInnen, Eltern, SchülerInnen in die Entscheidungsvorbereitung zu gewährleisten.

Es folgt eine Präzisierung dieser Forderung nach „demokratischer Mitwirkung" (Mitarbeit bei Stundenplänen, Rahmenrichtlinien u. a.).

2. Die PDS unterstützt die Forderung der Gewerkschaft Erziehung und Wissenschaft und der Gemeinnützigen Gesellschaft Gesamtschule (GGG) nach einer demokratischen Gesamtschule, die alle international erprobten Erfahrungen aufgreift.

Diese Gesamtschule soll als „Schule für alle Kinder" nicht das dreigegliederte Schulsystem ergänzen, sondern an seine Stelle treten. Sie befördert im Gegensatz zum vordemokratischen gegliederten Schulsystem der Auslese und Abgrenzung das Gleichheitsgebot der Demokratie (für alle Kinder gleiche Chancen, unabhängig vom sozialen Status oder dem Geld der Eltern), das Freiheitsgebot der Demokratie (Selbstbestimmung und Mitbestimmung aller Beteiligten), das Gebot der Brüderlichkeit und Schwesterlichkeit (Schule des sozialen Lernens, die Integration von Ausländern und Behinderten ermöglicht).

Wir grenzen diese Schule deutlich von den vielfältigen Deformationen ab, denen die Einheitsschule in der DDR unterlag. Die Gesamtschule kann durch ein differenziertes und vielfältiges Bildungsangebot Entwicklungsstand, Begabungen und Neigungen der SchülerInnen berücksichtigen und so deren beste individuelle Förderung sichern.

Diese These wird noch einmal bekräftigt: „Die PDS unterstützt und fördert . . . alle Bestrebungen und Aktivitäten in alten und neuen Bundesländern, die auf eine demokratische Gesamtschule zielen."

3. Die PDS-Linke Liste fordert das Recht auf kostenlose, sozial gesicherte Bildung in allen Stufen, in jedem Alter. Insbesondere fordert sie das Recht auf freie Berufswahl in Verbindung mit einer zukunftssicheren Erstausbildung. Diese Rechte sind verfassungsmäßig zu verankern und gesetzlich zu sichern. Für jeden Schulabgänger ist nach der Berufsausbildung ein qualifikationsgerechter erster Arbeitsplatz mit Beschäftigungsgarantie in einem Vollzeitarbeitsverhältnis zu sichern.

4. Die PDS-Linke Liste setzt sich für den Erhalt und Neuaufbau von Krippen, Kindergärten, Horten, Freizeiteinrichtungen und vor allem von Ganztagsschulen über Finanzierung aus öffentlicher Hand ein.

Ebenso engagiert sich die PDS für die Erhaltung und den Ausbau von Freizeitangeboten und -einrichtungen.

Die erforderlichen Mittel dazu sollten zumindest vorerst in den östlichen Bundesländern aus Mitteln „Aufschwung Ost" kommen.

Die folgenden Abschnitte enthalten Forderungen zur „schrittweisen Absenkung der Pflichtstundenzahl bis auf 20 Wochenstunden" und für eine Intensivierung der „fachlichen Qualifizierungs- und Weiterbildungsmöglichkeiten für PädagogInnen aus Mitteln der öffentlichen Hand". Ausdrücklich wehrt sich die PDS-Linke Liste „gegen Entlassungen aus politischen und finanziellen Gründen".

7. Die PDS fordert Lehr- und Lernmittelfreiheit, unentgeltliche Nutzung der Schulbusse, Schulessen zu sozial gerechten Preisen im Sinne sozialer Chancengleichheit.

Das Sofortprogramm schließt mit Ratschlägen an die „Fraktionen der PDS in den Landtagen und in den Kommunalparlamenten" zur „Vorbereitung des Schuljahres 1991/1992" und für die „Einrichtung von psychologischen Beratungsstellen". Die „Abwicklung der Pädagogik und Psychologie an Hochschulen, Universitäten und Forschungseinrichtungen und die Vernichtung wissenschaftlichen Potentials" stößt auf nachdrücklichen Protest.

Die PDS ruft alle am Aufbau eines demokratischen Bildungswesens Interessierten auf, eine entschiedene Bildungsreformdiskussion von unten zu führen. Die Arbeitsgemeinschaften Bildungspolitik werden ihren Beitrag dazu leisten, indem sie intensiv weiter an grundsätzlichen Positionen der PDS zur Schulpolitik, zum Charakter der Schule sowie zu aktuellen Fragen arbeiten.

[22]

Die Republikaner

Parteiprogramm: Unser Programm heißt Deutschland (1990)

Die am 27. November 1983 in München gegründete rechtsorientierte Gesinnungspartei bezeichnet sich in ihrem Programm als „eine Gemeinschaft deutscher Patrioten, (als) eine freiheitliche und nationale Partei mit hoher sozialer und ökologischer Verpflichtung", die sich „zu den fundamentalen Prinzipien der freiheitlich-demokratischen Grundordnung bekennt". Diese Selbstdarstellung ist umstritten. Von Politikwissenschaftlern wird die Partei der Republikaner als am äußersten rechten Rand des Parteienspektrums stehend eingestuft, wobei offen bleibt, ob sie als „noch demokratisch" oder als „schon extremistisch" anzusehen ist. Allerdings vermitteln nationalistische und fremdenfeindliche Parolen, wie sie in Flugblättern und Propagandaschriften verbreitet werden, den Eindruck, daß den Republikanern in einer schwierigen innen- und außenpolitischen Situation der Bundesrepublik mehr daran gelegen ist, ein labiles Protestpotential zu aktivieren, indem neue und alte Ängste mobilisiert werden, als Grenzen zu überwinden und zu einem besonnenen und humanen Umgang beizutragen.
Die Wahlergebnisse der Republikaner zeigen insgesamt eine steigende Tendenz (Wahlen zum Europaparlament 1989: bundesweit 7,1 %; Wahlen zum Abgeordnetenhaus in Berlin 1989: 7,5 %; Landtagswahlen in Baden-Württemberg 1992: 10,9 %; Bundestagswahlen 1990: nur 2,1 %). Ob sich die Republikaner auf Dauer werden behaupten können, wird davon abhängen, ob es den „etablierten" Volksparteien gelingen wird, jene Probleme, die die Bevölkerung als bedrohlich und als besorgniserregend empfindet, durch eine kompetente und bürgernahe Politik wenn nicht zu lösen, so doch zu mildern. Es wird dann schwieriger werden, Probleme im Rahmen nationalistischer Konzepte zu verschärfen.
Schul- und bildungspolitisch betonen die Republikaner – stärker als andere Parteien aus dem konservativen Spektrum – eine „bejahende Einstellung zu Volk, Staat, Nation, Heimat und Vaterland" (Programm). Sie wollen das „gewachsene und bewährte gegliederte Schulsystem sichern und ausbauen". Das Gesamtschulsystem wird aus „humanen und pädagogischen Gründen abgelehnt".

Quelle: Die Republikaner. Parteiprogramm. Herausgeber: Bundesgeschäftsstelle der Republikaner. Plittersdorferstraße 91. 5300 Bonn 2.

Präambel

Wir bekennen uns zu Deutschland. Das Vaterland der Deutschen heißt nicht „Bundesrepublik" und nicht „DDR". Unser Vaterland heißt Deutschland. Wir bekennen uns deshalb zum Recht des Deutschen Volkes auf Selbstbestimmung. Unser Bekenntnis steht im Einklang mit den grundlegenden Rechten aller Völker der Welt. Festgeschrieben sind diese Fundamentalrechte in den Deklarationen und Menschenrechtspakten der „Vereinten Nationen".

Die Politik der Republikaner steht bedingungslos auf dem Boden des Rechts. Wer sein Recht nicht wahrnimmt, gibt es preis. Unsere Politik entzieht sich deshalb dem Diktat und den Auflagen der Siegermächte von 1945. Sie schränken nach wie vor unsere Souveränität ein und üben hinter dem Schild freundschaftlicher Partnerschaft ein teils offenes, teils verdecktes Besatzungsrecht aus. Recht geht jedoch vor Macht. Solange das Recht gebeugt wird von der Macht, besteht die Pflicht, dem Recht gegen die Macht Geltung zu verschaffen. Deshalb lehnen wir das Verhalten der Altparteien ab, Politik hinzunehmen als Fortführung der feindlichen Kriegspropaganda mit den Mitteln der Umerziehung und Erziehung, Infiltration und Medien. Wir verweigern uns einer Politik der ununterbrochenen Schuldtilgung, zu der die Deutschen seit Jahrzehnten über die Generationen hinweg genötigt werden.

Grundrechte des Einzelnen und der Völker leben nicht von der Zustimmung oder Mißbilligung anderer, seien sie Nachbarn, Freunde oder Gegner. Grundrechte sind Elementarrechte. Wir Republikaner sehen deshalb unsere Prinzipien nicht im umgrenzten Raum der Parteipolitik verankert. Unser Programm ist ein Manifest der Erneuerung, der Wiederbesinnung auf Normen, deren imperative Verbindlichkeit im Verlauf der Nachkriegsgeschichte verschüttet, vergessen oder aus Opportunität und Willfährigkeit fremden Interessen gegenüber bewußt unterdrückt wurde.

Wir bekennen uns zu diesen Normen des Rechts. Wir bekennen uns zu ihnen sowohl in ihrer im Bonner Grundgesetz kodifizierten Form als auch zu der ihnen innewohnenden sittlichen Idealität, das heißt, zu ihrer Verbindlichkeit aufgrund ihrer überzeitlichen Geltung. Insofern sind wir Republikaner zwar eine politische Partei, unser Programm jedoch lebt nicht allein von parteipolitischen Zielsetzungen, sondern ruht vor allem auf den Fundamenten jener Rechte und Pflichten, die unserem Volk die Orientierung liefern für das gesellschaftliche Zusammenleben und seine entsprechenden Ausgestaltungen in Familie, Erziehung, Kultur, Wirtschaft – allgemein für die Lebens- und Daseinsordnung.

In den folgenden Abschnitten werden die Postulate der Präambel weiter erläutert. Es folgen Kapitel zu den Bereichen demokratische Grundordnung; Außen- und Verteidigungspolitik; Innere Sicherheit, Rechts- und Ausländerpolitik; Bildung, Kultur, Familie, Kirche und Religion; Wirtschaft; Arbeit und Soziales; Wohnungsbaupolitik, Städtebauwesen; Tierschutz. Die Aussagen zur Schulpolitik enthalten die Kapitel „Bekenntnis zur demokratischen Grundordnung" (1) und „Erziehung, Bildung, Wissenschaft, Kultur, Medien" (5).

(1) Bekenntnis zur demokratischen Grundordnung

Die Republikaner bekennen sich zu den fundamentalen Prinzipien der freiheitlich-demokratischen Grundordnung:

- Achtung vor den im Grundgesetz konkretisierten Menschenrechten, vor allem vor dem Recht der Persönlichkeit auf Leben und freie Entfaltung,

– Volkssouveränität,
– Gewaltenteilung,
– Verantwortlichkeit der Regierung,
– Gesetzmäßigkeit der Verwaltung,
– Unabhängigkeit der Gerichte,
– Mehrparteienprinzip,
– Chancengleichheit für alle politischen Parteien,
– Recht auf verfassungsmäßige Bildung und Ausübung einer Opposition.

Die Republikaner treten ein für den pluralistischen Rechtsstaat. Die Freiheit des Einzelnen findet ihre Begrenzung dort, wo sie die Freiheit anderer gefährdet.

Zur Stärkung der Demokratie fordern die Republikaner:

– Einführung von Volksbefragung und Volksentscheid nach den Beispielen Österreichs und der Schweiz;
– Volkswahl des Bundespräsidenten;
– Einhaltung des Gewaltenteilungsprinzips und Verbot der Übernahme von Vorstands- und Aufsichtsratsposten durch politische Mandatsträger;
– Kampf gegen den Mißbrauch staatlicher Einrichtungen durch politische Parteien und Gruppen.

(5) Erziehung, Bildung, Wissenschaft, Kultur und Medien

Erziehung und Bildung sollen in der Gegenwart die Jugend für die Zukunft vorbereiten. Erfolgreiche Erziehungs- und Bildungspolitik und eine dieser entsprechenden Schule werden bestimmt durch die innere Gestaltung von Schule und Unterricht, durch optimales Lehren und Lernen für die Zukunft in einer jugendgemäßen Schule sowie durch die Weiterentwicklung von Lehrplänen, der Lehrerbildung und ein pädagogisches Schulklima, das Freude macht. Eine lebens- und zukunftsbejahende Erziehung und Bildung kann nur vermittelt werden, wenn die Vertreter des Staates und die gesellschaftlichen Einrichtungen sich ihrer Verantwortung gegenüber der nachfolgenden Generation, der Aussöhnung zwischen Tradition und Fortschritt sowie der Wertgebundenheit von Erziehung und Bildung bewußt sind.

Die Republikaner fordern:

– Ein Erziehungs-, Bildungs- und Ausbildungswesen, das in der Tradition deutscher und abendländischer Geschichte und Kultur, Naturwissenschaft und Technik wurzelt, verantwortungsbewußtes Denken und Handeln lehrt sowie Allgemeintugenden und ethische Werte pflegt.
– Im Sinne einer solchen Erziehung und Bildung in Elternhaus, Schule, Hochschule und sonstigen Bildungseinrichtungen, die der Entfaltung

der Persönlichkeit, einer harmonischen Gesamtentwicklung der menschlichen Fähigkeiten und Kräfte dienen soll, muß wieder ein genügend breites Wissen, ein von vorgefaßten Meinungen unabhängiges Urteilsvermögen auf der Grundlage eigenen Beobachtens und Denkens sowie eine bejahende Einstellung zu Volk, Staat, Nation, Heimat und Vaterland, zur freiheitlich-demokratischen Grundordnung, zur Würde des Menschen, unabhängig von Hautfarbe und Religion, sowie eine von Toleranz und Achtung bestimmte Haltung im Umgang mit den Mitmenschen vermittelt werden.

- Die Republikaner treten für eine ideologiefreie und leistungsfähige Schule und Hochschule ein, wollen das gewachsene und bewährte gegliederte Schulsystem sichern und ausbauen und eine leistungsbezogene Bewertung gewährleisten. Wir sind für überschaubare Klassengrößen, die den persönlichen Kontakt zwischen Lernenden und Lehrenden ermöglichen. Das Gesamtschulsystem lehnen wir aus humanen und pädagogischen Gründen ab.
- Die Republikaner fordern zur Verwirklichung einer solchen Bildungspolitik für Schule und Hochschule die Entwicklung klarer Bildungs-und Erziehungsziele bis in die einzelnen Fächer hinein, die Beachtung der Grundsätze der Allgemeinbildung, die Entrümpelung und Abstimmung der jeweiligen Lehrpläne, Stundentafeln und der Lehrplanarbeit im schulisch-fachlichen Zusammenhang, eine der Erziehung und Bildung des jungen Menschen dienende Abstimmung zwischen den Schularten und zwischen Schule und Hochschule.
- Die Republikaner wollen die Weiterentwicklung des gegliederten Schulwesens durch staatliche Versuchsschulen, den Ausbau der Lehrerbildung und Fortbildung fördern, die Studienseminare mit der Schul- und Unterrichtsforschung beauftragen, den Bezug der Schule zur Praxis, die Durchlässigkeit zwischen schulischer und beruflicher Bildung verbessern, die musische Bildung insgesamt verstärken, klare Maßstäbe für Qualität, Leistung und Förderung setzen und die pädagogische Zusammenarbeit zwischen Eltern und Schule auch im Sinne der Mitverantwortung bei Schülern, Eltern und Lehrern verstärkt fördern.
- Die Republikaner vertreten die Auffassung, daß es wieder selbstverständlich sein muß, daß jeder die Schule verlassende Schüler die deutsche Muttersprache in Wort und Schrift beherrscht sowie solide Kenntnisse der Geschichte und Kultur seines Volkes besitzen muß. Wer die Geschichte seines Volkes und Kulturkreises nicht in den Grundzügen kennt, ist nicht mündig, weiß nicht, woher er kommt, kann nicht wissen, wohin sein Weg in die Zukunft führt. Mündigkeit ist auch die selbstverantwortlich durchzustehende Spannung zwischen sozialer

Gebundenheit und individueller Freiheit. Wir weisen die Thesen von der Kollektivschuld des deutschen Volkes zurück und fordern im Interesse der geschichtlichen Wahrheitsfindung die Offenlegung aller Archivunterlagen und die Rückgabe aller Akten und Archive des Deutschen Reiches.

- Die Republikaner fordern, daß soziales Gewissen, Kenntnis ökologischer Zusammenhänge, humanes Denken und nationale Verantwortung für die Verwirklichung einer europäischen Friedensordnung geweckt und verankert werden. Sie verlangen die Förderung individueller Anlagen unter Beachtung der Chancengleichheit, den weiteren Ausbau des dualen Systems der Berufsausbildung, die Förderung qualifizierter privater Bildungseinrichtungen, eine über Generationen vorausschauende Bildungsplanung.

Es folgen die Abschnitte Hochschulpolitik, Kulturpolitik, Medienpolitik.

[23]

Bundesvereinigung der Deutschen Arbeitgeberverbände

Differenzierung – Durchlässigkeit – Leistung: Strukturmaßnahmen zur Weiterentwicklung des Bildungssystems (1992)

Die Zulassung von Parteien durch die Besatzungsmächte schloß zunächst weitgehend die Bildung von Verbänden mit gruppenspezifischen Interessen aus. Als aber die Gewerkschaften ihre Anerkennung erlangten, konnte auch der ehemalige Dachverband für die verschiedenen fachlichen oder regionalen Zusammenschlüsse von Arbeitgebern aller Branchen wiederentstehen. Am 28. Januar 1949 gegründet als „Sozialpolitische Arbeitsgemeinschaft des Vereinigten Wirtschaftsgebietes", nahm der Verband mit der Konstituierung für das Gesamtgebiet der Bundesrepublik den Namen „Bundesvereinigung der Deutschen Arbeitgeberverbände" an. Seine spezifischen Aufgaben sieht der Verband, in dem ca. 80 % der Unternehmer auf freiwilliger Basis organisiert sind, in der Tarifpolitik, in der Arbeitsmarkt- und Beschäftigungspolitik, in der Aus- und Weiterbildung, im Bereich des Arbeits- und Sozialrechts, in der Selbstverwaltung der Sozialversicherungen sowie in der gesellschaftspolitischen Bildungsarbeit (Satzung). In diesen Bereichen versucht die Bundesvereinigung, die gemeinsamen Interessen der Arbeitgeber wahrzunehmen, Vereinbarungen mit dem DGB zu treffen und durch offizielle Stellungnahmen zu aktuellen Fragen und zu Problemen der Gesetzgebung wirksam zu werden.
Zu übergreifenden Fragen der Schul- und Bildungspolitik, aber auch zu Einzelproblemen, vor allem der beruflichen Bildung und Weiterbildung, hat sich die Bundesvereinigung der Deutschen Arbeitgeberverbände wiederholt geäußert. Die Begriffe „Differenzierung", „Durchlässigkeit" und „Leistung", die der neuesten Verlautbarung vorangestellt sind, betonen die Schwerpunkte, die aus der Sicht der Arbeitgeber künftigen strukturellen Veränderungen im „Bildungssystem" den Weg weisen sollen.

Quelle: Bundesverband der Deutschen Arbeitgeberverbände. Adenauerallee 148. 5300 Bonn 1. 1992.

Vorwort

Die Leistungsfähigkeit der deutschen Wirtschaft wird zunehmend durch die Qualifikation ihrer Mitarbeiter bestimmt. Im internationalen Wettbewerb gewinnt Aus- und Weiterbildung als Standortfaktor immer größere Bedeutung. Die Internationalisierung der Produktion und die Globalisierung der Märkte verändern nicht nur die wirtschaftlichen Rahmenbedingungen, sondern machen auch eine Weiterentwicklung des nationalen Bildungssystems notwendig. Wichtig ist dabei eine bildungspolitische Gesamtperspektive, die Schnittstellen des Bildungssystems aufzeigt und dieses mit den Erfordernissen der wirtschaftlichen Entwicklung und des Beschäftigungssystems zugleich verbindet.

Die Spitzenverbände der Wirtschaft haben eine gemeinsame Position erarbeitet, mit der Impulse zur Weiterentwicklung des Bildungssystems gegeben werden. Im Zentrum stehen Vorschläge für strukturelle Maßnahmen, die sich an die Verantwortlichen in Politik, Staat und Wirtschaft richten.

I. Bildung mit neuen Dimensionen

Bildung wird in Europa eine neue Dimension erhalten. Der europäische Binnenmarkt vernetzt Produktions- und Dienstleistungssektoren. Technologische Entwicklungen beschleunigen diesen Prozeß ohne nationale Schranken. Die grenzüberschreitende Zusammenarbeit setzt anspruchsvolle Qualifikationsniveaus auf allen Ebenen voraus. Dies gilt nicht nur für die Europäische Gemeinschaft, sondern unter den veränderten politischen und wirtschaftlichen Gegebenheiten auch für Kooperationen mit mittel- und osteuropäischen Nachbarn.

Nationale Bildungsstrukturen, -konzepte und -abschlüsse werden im Zuge dieser Entwicklung beeinflußt. Ein einheitliches und zentrales Bildungssystem kann es jedoch in Europa ebensowenig geben wie eine Politik der Abschottung. Denn wirtschaftliche Leistungsfähigkeit und Bildungswesen sind in jedem Einzelstaat eng miteinander verknüpft und von Besonderheiten geprägt. Vielfalt in der Einheit heißt daher die Antwort.

Berufliche Aus- und Weiterbildung, aber auch die schulische Bildung und die Hochschulbildung gehören zu den mittel- bis langfristig wirksamen Instrumenten, die geeignet sind, die wirtschaftliche, politische, soziale und kulturelle Annäherung in Europa voranzutreiben. Der sich verschärfende weltweite Wettbewerb zwingt dazu, das Bildungsniveau auf allen Ebenen weiterhin zu optimieren. Verbessern und Weiterentwickeln auf dem größten, nicht dem kleinsten gemeinsamen Nenner muß das Ziel sein. Eine Nivellierung der Bildungsqualität in der EG würde die Wettbewerbsfähigkeit der Gemeinschaft und damit auch der Einzelstaaten auf dem Weltmarkt gefährden.

EG-Staaten mit einem hohen Bildungsniveau wie die Bundesrepublik Deutschland dürfen und können ihre Bildungssysteme nicht nach außen abschotten. Die angestrebte Freizügigkeit in Europa und die demographische Entwicklung im Inland können zu steigenden Wanderbewegungen auch in die Bundesrepublik führen und eine verstärkte Integration ausländischer Arbeitskräfte mit ihren unterschiedlichen Qualifikationsprofilen erforderlich machen. Das nationale Bildungssystem muß sich hierfür öffnen. Aus der Zusammenarbeit und dem Wettbewerb sowohl innerhalb der EG als auch weltweit werden sich befruchtende Impulse für das deutsche Bildungssystem ergeben. Diese Vorteile sind gezielt und bedarfsgerecht zu nutzen, um das hohe Qualifikationsniveau im Inland weiterzuentwickeln.

Eine Weiterentwicklung des deutschen Bildungswesens, die diesen Herausforderungen gerecht werden soll, muß aus der Sicht der Wirtschaft und der freien Berufe neben der inhaltlichen Qualität vor allem auf differenzierte Bildungswege, durchlässige Bildungsebenen und die Anwendung von Leistungskriterien ausgerichtet sein. Dies umzusetzen, erfordert unterschiedliche Strukturmaßnahmen in den einzelnen Sektoren des gesamten Bildungssystems.

II. Strukturmaßnahmen im allgemeinbildenden Schulwesen

Die enge Verzahnung von Bildungs- und Beschäftigungssystem muß dazu führen, daß veränderten Qualifikationsanforderungen in der Arbeits- und Berufswelt eine Weiterentwicklung des allgemeinbildenden Schulwesens folgt. Nach dem Prinzip der Chancengleichheit in einer sozialen Leistungsgesellschaft ist das schulische Bildungsangebot auch in Zukunft differenziert zu gestalten, um individuell ausgeprägter Neigung, Begabung und Leistungsbereitschaft gerecht zu werden. Zukunftsfähige Schulpolitik muß demzufolge die Pluralität der eigenen Bildungsprofile sichern und auf die Gleichwertigkeit der verschiedenen Bildungswege achten; hierzu gehören auch Angebote der Privatschulen. Die Offenheit des vertikalen Zugangs und die Durchlässigkeit des horizontalen Übergangs sind zu gewährleisten und nach der Leistungsfähigkeit der Schülerinnen und Schüler im Einklang mit dem Elternwillen zu gestalten. Im Unterschied zum integrierten Schulkonzept bietet ein gegliedertes Schulwesen die Voraussetzung, diese Ansprüche mit Blick auf die neuen Herausforderungen zu erfüllen. Dabei sind Empfehlungen der Grundschulen für den Übergang auf weiterführende Schulen unverzichtbar.

Zur Weiterentwicklung des allgemeinbildenden Schulwesens sind notwendig:

1. Die Eigenständigkeit der Bildungsprofile ist zu schärfen. Nur so kann die unterschiedlich ausgeprägte Eignung, Leistungsbereitschaft und Interessenvielfalt der Schülerinnen und Schüler angemessen gefördert sowie den differenzierten Anforderungsprofilen in Wirtschaft und Gesellschaft entsprochen werden. Insbesondere ist durch eine Verbesserung der personellen und sachlichen Ausstattung der Stellenwert der Hauptschulen als gleichwertige Schulform auch für die Zukunft anzuerkennen. Der Schulabschluß am Ende einer Hauptschulbildung ist für besonders qualifizierte Schülerinnen und Schüler in Verbindung mit einem überdurchschnittlichen beruflichen Bildungsabschluß der Mittleren Reife gleichzusetzen.

Auch die Wirtschaft ist aufgefordert, die Leistungsbereitschaft und -fähigkeit ihrer Auszubildenden und Mitarbeiter mit Hauptschulabschluß in ihrer Personalpolitik stärker zu berücksichtigen.

2. Der Eintritt in das Berufsleben muß zu einem früheren Zeitpunkt erfolgen. Deshalb muß es grundsätzlich möglich sein, die allgemeine Hochschulreife in 12 Jahren ohne Niveauverlust zu erwerben. Das kann insbesondere durch einen kontinuierlichen Aufbau der Inhalte, eine systematische Koordination der Fächer, eine Straffung des Abiturprüfungsverfahrens und eine Reduzierung der Unterrichtsausfallzeiten erreicht werden. Das schließt die Überforderung der Schule durch Modelle zur Vermittlung von Doppelqualifikationen (Abitur und Berufsausbildung) aus. Darüber hinaus muß auch das Einschulungsverfahren liberalisiert werden, so daß eine frühere Einschulung möglich ist.

3. Die Studienpläne und Konzepte der Lehreraus- und -weiterbildung sind mit Blick auf eine zeitgemäße Allgemeinbildung zu überarbeiten. Unter Berücksichtigung neuer didaktischer Erkenntnisse und Lernmethoden sind allen Schülerinnen und Schülern ein solides Basiswissen und eine informationstechnische Grundbildung durch Einsatz moderner Lerntechniken und durch Nutzung neuer technischer Medien (interaktive Lernsysteme) zu vermitteln. Fächerübergreifende Schlüsselqualifikationen (z. B. selbständiges Lernen, Teamarbeit, kreatives Problemlösen, ganzheitliches Systemdenken) müssen einen weiteren Schwerpunkt bilden.

Unter Einbeziehung von Praxiserfahrungen (z. B. Betriebserkundungen und -praktika) sollten alle Schülerinnen und Schüler eine allgemeinbildende und berufsorientierte Hinführung zur Arbeits-, Wirtschafts- und Berufswelt erhalten. Die Unternehmen sind gefordert, die Schulen bei der Gestaltung dieser Angebote aktiv zu unterstützen.

4. Ganztagsangebote sind bedarfsgerecht auszubauen, um eine bessere Vereinbarkeit von Familie und Beruf zu erreichen. Dem Gebot der Gleich-

stellung der Frau in Wirtschaft und Gesellschaft sollte bereits bei der Gestaltung des Schulunterrichts Rechnung getragen werden: Insbesondere fachdidaktische Maßnahmen zur Förderung des Interesses von Schülerinnen an mathematischen und naturwissenschaftlichen Schulfächern sind geeignet, Frauen mehr als bisher an technische und naturwissenschaftliche Ausbildungs- und Studiengänge heranzuführen und ihnen neue, zukunftsorientierte Berufsfelder zu erschließen.

5. Mit Blick auf Europa hat der Erwerb von Fremdsprachen bereits im Rahmen der schulischen Allgemeinbildung zu erfolgen. Bereits im dritten Grundschuljahr sollte mit Fremdsprachenunterricht begonnen werden; darüber hinaus sollte die Einrichtung von bilingualen Schulformen verstärkt werden.

Es folgen die Kapitel: Strukturmaßnahmen in der beruflichen Ausbildung; Strukturmaßnahmen im Hochschulsystem; Strukturmaßnahmen in der beruflichen Weiterbildung; Strukturmaßnahmen in der berufsbezogenen wissenschaftlichen Weiterbildung an Hochschulen.

[24]

DEUTSCHER GEWERKSCHAFTSBUND (DGB)

Grundsatzprogramm des DGB (1981) Bildungspolitisches Programm des DGB (1983)

Die in den westlichen Besatzungszonen nach 1945 wiederentstandenen Einzelgewerkschaften schlossen sich am 13. Oktober 1949 in München zu einem Dachverband, dem „Deutschen Gewerkschaftsbund", mit der Absicht zusammen, „die Zusammenarbeit aller Gewerkschaften (in) einer wirkungsvollen Einheit und (die) Vertretung gemeinsamer Interessen auf allen Gebieten, besonders der Wirtschafts-, Sozial- und Kulturpolitik" zu gewährleisten (Satzung). Dazu suchte der DGB sich „Unabhängigkeit gegenüber den Regierungen, Verwaltungen, Unternehmen, Konfessionen und politischen Parteien" zu sichern (ebd.). Sein wesentlichstes Ziel, die Mitbestimmung in Staat und Wirtschaft, durchzieht wie ein roter Faden alle Programme und Entschließungen und bestimmt auch die gewerkschaftspolitische Einflußnahme in den neuen Bundesländern. In den 17 Gewerkschaften des DGB sind zur Zeit fast acht Millionen Arbeitnehmer organisiert. Der technische Wandel, die Massenarbeitslosigkeit und die ökonomischen Probleme im vereinten Deutschland stellen den DGB in besonderer Weise vor neue Aufgaben.

Von seiner Gründung an hat sich der DGB zu schul- und bildungspolitischen Fragen geäußert. Nicht allein die inkorporierte Gewerkschaft Erziehung und Wissenschaft, sondern auch andere Einzelgewerkschaften haben entsprechende Initiativen und Forderungen eingebracht. Im o. g. „Grundsatzprogramm" artikuliert der DGB seine prinzipiellen bildungspolitischen Ziele: Chancengleichheit, „Mitbestimmung auf allen Ebenen des Bildungssystems", Aufhebung der Trennung von allgemeiner und beruflicher Bildung, Überwindung der „Zwänge des Beschäftigungssystems" u. a. Das „Bildungspolitische Programm", das zwei Jahre später erschienen ist, präzisiert diese prinzipiellen Forderungen durch konkrete

Aussagen zu den verschiedenen Schulformen und Schulstufen. Die Nähe zu der schul- und bildungspolitischen Problemsicht der Gewerkschaft Erziehung und Wissenschaft ist dabei unverkennbar.

Quellen: Originalveröffentlichungen des DGB-Bundesvorstandes. Abteilungen Allgemeine Bildung und Berufliche Bildung. Hans-Böckler-Straße 39. 4000 Düsseldorf.

1. Grundsatzprogramm des DGB

Im „Grundsatzprogramm" des DGB heißt es im Kapitel „Bildungsgrundsätze und Bildungsplanung":

Die Forderungen der Gewerkschaften zur allgemeinen und beruflichen Bildung orientieren sich an den Interessen der Arbeitnehmer, allgemeine und berufliche Qualifikationen zu erwerben, langfristig zu erhalten und damit den Wert ihrer Arbeitskraft auf Dauer zu sichern. Bildung verschafft den Arbeitnehmern die Qualifikation für ihre persönliche und berufliche Entfaltung, für die aktive Teilnahme am kulturellen Leben und für die Mitwirkung an der demokratischen Gestaltung von Wirtschaft und Gesellschaft. Gesellschaftliches Wirken und die Fähigkeit zur solidarischen Interessenvertretung setzen Wissen über die wirtschaftlichen, sozialen und politischen Zusammenhänge voraus. Bildung ist daher ein wesentlicher Faktor für die wirtschaftliche Entwicklung, den sozialen Fortschritt und die Gestaltung einer demokratischen Gesellschaft.

Bildungsausgaben sind langfristige Investitionen zur Befriedigung der Bedürfnisse der Arbeitnehmer und zur Sicherung der wirtschaftlichen Leistungsfähigkeit. Deshalb muß die Finanzierung der Bildung langfristig geplant und an der Weiterentwicklung des Bildungssystems ausgerichtet werden. Dazu bedarf es einer mehrjährigen verbindlichen Finanz- und Bildungsplanung, durch die auch strukturelle und regionale Benachteiligungen auszugleichen sind. Voraussetzung dafür ist eine gemeinsame Planung von Bund und Ländern für alle Bereiche des Bildungssystems.

In den bestehenden und noch zu schaffenden Einrichtungen der inhaltlichen und organisatorischen Bildungsplanung ist eine umfassende Mitbestimmung der Arbeitnehmer und ihrer Gewerkschaften auf allen Ebenen des Bildungssystems sicherzustellen.

Das derzeitige Bildungssystem wird diesen Anforderungen nicht gerecht. Es ist noch immer ein Mittel zur Verteilung ungleicher Lebenschancen, zur Verteidigung von Privilegien und zur Erhaltung bestehender gesellschaftlicher Verhältnisse.

Struktur, Funktion und Inhalte des Bildungssystems sind vornehmlich den Zwängen des Beschäftigungssystems angepaßt. Die Entscheidungen der Unternehmen über die Produktion und damit über die Anzahl und

Qualität der Arbeitsplätze beeinflussen nicht nur die berufliche Aus- und Weiterbildung.

Sie wirken sich bereits bei den Übergängen im Schulsystem, bei der Nachfrage nach Bildung und auch bei der inhaltlichen und organisatorischen Gestaltung von Schule und Hochschule sowie beim Übergang in das Beschäftigungssystem aus. Arbeitslosigkeit und Entqualifizierung von Arbeitsplätzen haben einen Verdrängungswettbewerb auf allen Ebenen des Bildungssystems zur Folge, der vor allem sozial schwächere und traditionell benachteiligte Bevölkerungsgruppen trifft und die Qualität der Bildung beeinträchtigt. Die Zugangsbeschränkungen für eine qualifizierte betriebliche Berufsausbildung gleichen dabei den Zugangsbeschränkungen für die weiterführenden Schulen und Hochschulen.

Allgemeine Bildung und berufliche Bildung sind Aufgaben, für die der Staat Verantwortung trägt. Ihre Trennung muß in allen Bereichen des Bildungssystems aufgehoben werden. In allen Bildungseinrichtungen sind Kenntnisse über die Arbeitswelt zu vermitteln, um eine qualifizierte Berufswahl zu ermöglichen und die Jugendlichen zu befähigen, ihre Interessen in der Arbeitswelt wahrzunehmen.

Der soziale und demokratische Rechtsstaat ist zur Verwirklichung des Rechts auf Bildung verpflichtet. Es ist untrennbar mit dem Recht auf Arbeit verbunden. Die bildungspolitischen Ziele der Gewerkschaften sind eng verknüpft mit ihren Forderungen zur Wirtschafts-, Arbeitsmarkt-, Sozial- und Tarifpolitik.

2. Bildungspolitisches Programm des DGB

Das „Bildungspolitische Programm" konkretisiert die Forderungen des „Grundsatzprogramms" – Demokratisierung, Integration, Förderung usw. – in den Abschnitten 1–5 für Schule und Hochschule. Im 6. Abschnitt werden die Forderungen für die Neugestaltung der 13jährigen „Bildungszeit" gezogen:

6. Für eine fundierte allgemeine und berufliche Bildung aller Kinder und Jugendlichen ist eine mindestens dreizehnjährige Bildungszeit erforderlich. In dieser Zeit sind die Grundlagen für eine Ausbildung an Hochschulen und für eine berufliche Weiterbildung zu schaffen.

Die 13jährige Bildungszeit gliedert sich in

- eine zehnjährige allgemeine Schulpflicht mit dem gemeinsamen Abschluß der Sekundarstufe I und
- eine mindestens dreijährige Bildungszeit in Schulen, Betrieben, überbetrieblichen oder außerbetrieblichen Einrichtungen.

Die 13jährige Bildungszeit hat einen doppeltqualifizierenden Bildungsabschluß zum Ziel, der

- zur Qualifikation des Facharbeiters, Gesellen oder Fachangestellten und
- zur Studienberechtigung führt.

Die berufliche Ausbildung in den Schulen erfolgt nach den Lehrplänen der Kultusminister der Länder; die berufliche Ausbildung in Betrieben und außerschulischen Einrichtungen nach den Bestimmungen des Berufsbildungsgesetzes.

Gefordert werden in den folgenden Abschnitten: „Qualifizierte Bildungs- und Berufsberatung"; Förderung der „Bildungs- und Berufsbildungsforschung"; „langfristige und verbindliche Bildungsplanung".

10. Alle Bildungseinrichtungen in einer demokratischen Gesellschaft müssen den an ihnen Beteiligten und von ihnen Betroffenen eigene Gestaltungsmöglichkeiten einräumen. Dies gilt für die Lernenden wie für die Lehrenden wie für die sonstigen Mitarbeiter in den Bildungseinrichtungen.

In allen Bildungseinrichtungen, bei der Bildungsplanung, der Finanzierung und Bildungsorganisation müssen die Gewerkschaften Mitbestimmungsrechte haben.

Zu den gewerkschaftlichen Handlungsmöglichkeiten gehören die betriebliche und außerbetriebliche Interessenvertretung, das Einwirken auf Gesetzgebung und Verwaltung, das persönliche Engagement der einzelnen Gewerkschaftsmitglieder als Eltern, als Lernende oder als Arbeitnehmer in den Bildungseinrichtungen.

In den folgenden Kapiteln werden die gegenwärtige Situation („Ausgangslage") der verschiedenen Schularten bzw. Schulstufen beschrieben und aus dieser Analyse „Forderungen" abgeleitet.

2. Grundschule (Primarbereich)

2.1 Zur Ausgangslage

In der Grundschule werden die Kinder aus allen sozialen Schichten mit unterschiedlichen Lernvoraussetzungen gemeinsam unterrichtet. Vor allem durch den Geburtenrückgang sind die Klassen in der Grundschule kleiner geworden.

Hinweise auf mögliche Schulschließungen, auf die „abnehmende Zahl deutscher und die zunehmende Zahl ausländischer Kinder" sowie auf Versetzungsbestimmungen und Notengebung schließen sich an.

2.2 Forderungen

2.2.1 Die Grundschule entwickelt die Voraussetzungen für die gesamte spätere Schulzeit. Daraus ergibt sich die besondere pädagogische Verpflichtung, alle Kinder durch Spielen und Lernen zu fördern, ihre Lernmotivation zu wecken, ihre kreativen Fähigkeiten zu entfalten und herkunftsbedingte Benachteilungen auszugleichen. Dies erfordert besonders günstige Rahmenbedingungen, damit auch lernschwächere und behinderte Kinder individuell gefördert werden können und nicht als „Versager" abgestempelt werden.

2.2.2 Deshalb ist es wichtig, daß der Rückgang der Schülerzahlen nicht zu Finanz- und Personaleinsparungen mißbraucht wird, die zu einer pädagogisch unverantwortlichen Situation führen. An den Grundschulen ist die Klassenstärke auf höchstens zwanzig Schüler zu begrenzen. Zur Förderung lernschwacher oder behinderter Kinder muß jeder Grundschule auch die Fachkompetenz von Sozialpädagogen und Sonderschullehrern zur Verfügung stehen, um eine Aussonderung dieser Kinder zu vermeiden und sie zum Besuch weiterführender Schulen zu befähigen.

2.2.3 Trotz des Rückganges der Schülerzahlen sind auch im ländlichen Bereich Grundschulen in Wohnortnähe zu erhalten. Die bisherigen Bemessungsgrenzen für die Grundschulklassen oder die Aufrechterhaltung von Grundschulen müssen in bevölkerungsschwachen Gegenden unterschritten werden können, so daß im Einzelfall auch bereits für acht Schüler eine Klasse gebildet werden kann. Daran hat sich auch die Lehrerzuweisung zu orientieren.

2.2.4 In der Grundschule ist ein Vertrauensverhältnis zwischen Schüler und Lehrer besonders wichtig. Diese Altersgruppe braucht deshalb den Klassenlehrer als feste Bezugsperson.

2.2.5 In der Grundschule muß Zeit und Raum sein, um mit der Aneignung sprachlicher, mathematischer, technischer und naturwissenschaftlicher Grundkenntnisse und Fähigkeiten auch soziales Lernen zu ermöglichen. Die Stundentafel muß Zeit zum Spielen lassen, ausreichende Freiräume für selbstbestimmtes Handeln und gemeinsame Aktivitäten der Schüler vorsehen und die Gleichrangigkeit musischer und technischer Fächer sichern.

2.2.6 Die Grundschule muß vom Auslesedruck befreit werden. Darum sind die traditionelle Leistungsbewertung und die Notengebung zugunsten einer Beschreibung der Lernerfolge und Lernschwierigkeiten der Kinder zu verändern. Das Sitzenbleiben ist in der Grundschule gänzlich abzuschaffen. Durch die Fortsetzung des gemeinsamen Unterrichts in dem integrierten Schulsystem der Gesamtschule muß die Grundschule davon entlastet werden, ihre Schüler auf die unterschiedlichen Schularten des gegliederten Schulsystems verteilen zu müssen.

2.2.7 Deutsche und ausländische Kinder sollen gemeinsam unterrichtet werden. Dies erfordert von den Lehrern entsprechende Qualifikationen, besondere pädagogische Anstrengungen und kleine Klassen. In die Gestaltung eines gemeinsamen Unterrichts sollen auch ausländische pädagogische Kräfte einbezogen werden.

2.2.8 Der zunehmende Anteil ausländischer Kinder stellt besondere Anforderungen an die Bildungsplanung und Personalausstattung, Politik und Gesellschaft müssen bereit sein, für ihre Förderung zusätzliche Mittel zur Verfügung zu stellen. Bei der Lehrerzuweisung müssen ausländische Kinder doppelt gezählt werden.

3. Mittelstufe (Sekundarstufe I)

3.1 Zur Ausgangslage

Die wichtigste Veränderung in der Mittelstufe des Schulwesens ergibt sich daraus, daß immer mehr Schüler, und damit auch mehr Arbeitnehmerkinder, auf Realschulen oder Gymnasien wechseln und immer weniger deutsche Schüler auf die Hauptschule gehen. Während im Bundesdurchschnitt weniger als 40 % eines Altersjahrgangs die Hauptschule besuchen, sinkt dieser Anteil in den städtischen Ballungsgebieten auf weniger als 20 %. Dagegen wechseln aufgrund ihrer schlechten Bildungsvoraussetzungen rund 70 % der ausländischen Kinder auf die Hauptschule über.

Die Hauptschule entwickelt sich zur Einrichtung für Kinder aus sozial schwachen, bildungsfernen und ausländischen Familien sowie für Kinder, die durch das Auslesesystem des gegliederten Schulwesens in diese Schule zurückgeschickt werden.

Diese Beschreibung der Hauptschule wird in den folgenden Abschnitten weiter ausgeführt: „Eine beachtliche Minderheit der Hauptschüler bleibt vom Besuch eines allgemeinbildenden zehnten Schuljahres ausgeschlossen“ und hat daher „schlechtere Ausbildungschancen“. Es bestehen nach wie vor große Schwierigkeiten, „die gesamte Mittelstufe in ein integriertes System umzuwandeln“.

Das Sekundarschulwesen wurde aufgrund der steigenden Schülerzahlen erheblich ausgebaut. Durch ein erweitertes Angebot auch im ländlichen Bereich, durch gestiegene Bildungserwartungen bei den Eltern, durch Einstellungsveränderungen bei den Lehrern, durch eine verstärkte Bildungsmotivation bei Schülern wie durch integrierte Schulformen haben auch mehr Arbeitnehmerkinder weiterführende Bildungsabschlüsse erhalten. Die Aufrechterhaltung des dreigliedrigen Schulsystems führt jedoch nach wie vor zu einem hohen Maß an sozialer Auslese. Dadurch werden Kinder deutscher und ausländischer Arbeitnehmer weiterhin benachteiligt.

3.2 Forderungen

3.2.1 Die Einführung eines 10. allgemeinbildenden Schuljahres für alle Schüler, also auch die Haupt- und Sonderschüler, ist vorrangiges Ziel einer an Chancengleichheit orientierten Bildungspolitik. Die Verweigerung des 10. Pflichtschuljahres und die Beibehaltung der nach Schularten getrennten Abschlüsse in Hauptschule, Realschule oder Gymnasium mit jeweils unterschiedlichen Berechtigungen gehen zu Lasten der Hauptschüler. Es ist nicht zu rechtfertigen, daß Haupt- und Sonderschülern vorenthalten bleibt, was Realschülern, Gymnasiasten und einem großen Teil der Gesamtschüler selbstverständlich zugestanden wird: mehr Zeit zu haben, ihre Fähigkeiten und Begabungen zu entfalten, sich auf ihre Rolle in der Gesellschaft, in Familie, Kultur und Politik vorzubereiten, qualifizierte Ausbildungsplätze zu erhalten und auf der Grundlage besserer Informationen eine begründete Berufswahlentscheidung zu treffen.

Mit dem 10. allgemeinbildenden Schuljahr sollen die Schüler zukünftig den gemeinsamen Abschluß der Sekundarstufe I erwerben.

3.2.2 Das Ziel, Chancengleichheit zumindest im Bildungsbereich zu verwirklichen, erfordert die Überwindung des dreigliedrigen Schulsystems durch die Einführung der integrierten Gesamtschule als Regelschule. Die gleichberechtigte gegenseitige Anerkennung der an ihr erworbenen Zeugnisse ist durch eine entsprechende Vereinbarung der Kultusminister zu sichern.

3.2.3 Der Unterricht in den Pflichtbereichen (Deutsch, Fremdsprache, Mathematik, Naturwissenschaften, Arbeitslehre, Politik, musische Fächer, Sport) ist im Klassenverband zu erteilen. Um Bildungsdefizite auszugleichen, müssen die Schulen Kleingruppen zur inneren Differenzierung einrichten und damit zusätzliche Förderungsmöglichkeiten schaffen können. Neben dem Pflichtbereich müssen die Schüler im Wahlpflicht- und im Wahlbereich die Möglichkeit haben, nach eigenen Interessen zusätzliche Lernangebote anzunehmen.

3.2.4 In der gesamten Mittelstufe muß der Lernbereich Arbeitslehre/Polytechnik zum Pflichtbereich gehören. Die Schüler aller Schularten müssen wirtschaftliche, soziale und gesellschaftliche Zusammenhänge und Konflikte erkennen, ihre Interessen formulieren und solidarisch vertreten lernen. Grundlegende Kenntnisse über die Arbeitswelt und der Umgang mit Werkzeugen, Maschinen und Werkstoffen müssen allen Schülern vermittelt werden. Deshalb müssen auch für alle Schüler der Mittelstufe Betriebspraktika und Betriebserkundungen mit einer entsprechenden Vor- und Nachbereitung unter Einbeziehung der betrieblichen Interessenvertretung verbindlich werden.

3.2.5 Zum umfassenden Bildungsauftrag der Schule gehört auch die ästhetische Erziehung. Angebote in Musik, bildender Kunst, Literatur oder Leibeserziehung dürfen nicht in ein Schattendasein verdrängt werden. Erfahrungen und Kenntnisse in diesen Bereichen sind von besonderer Bedeutung für die Entwicklung der Persönlichkeit, für das Leben in Familie und Gesellschaft und für die sinnvolle Nutzung der Freizeit.

3.2.6 Auch wenn die Schülerzahlen in der Mittelstufe weiter zurückgehen, muß in allen Regionen ein ausreichend breites Bildungsangebot zur Verfügung stehen. Differenzierte Bildungsangebote in Wohnortnähe sind am sinnvollsten dadurch zu erreichen, daß die bisher getrennten Schularten der Sekundarstufe I in der Gesamtschule zusammengeführt werden.

3.2.7 Kinder mit Behinderungen sollen soweit wie möglich in den Regelschulen unterrichtet werden. Sie sind dort durch Lehrer mit spezifischen Fachqualifikationen, durch medizinische und sozialpädagogische Fachkräfte zusätzlich zu fördern. Die Sonderschulen sind soweit wie möglich in Regelschulen zu integrieren.

3.2.8 Es ist anzustreben, daß Gesamtschulen wie die anderen Schularten der Mittelstufe als Ganztagsschulen im Rahmen einer Fünftagewoche geführt werden.

Das folgende 4. Kapitel „Oberstufe (Sekundarstufe II)“ bezieht sich vorwiegend auf die Probleme des Berufschulwesens: „Gleichwertigkeit“ und „Integration“ von beruflicher und allgemeiner Bildung; neue „Ausbildungsanordnungen“ für neue „Ausbildungsberufe“; „Berufsgrundbildungsjahr“; „Ausbildung der Ausbilder“ u. a. Das 5. Kapitel behandelt Fragen der „Hochschule und Forschung“.

[25]

Gewerkschaft Erziehung und Wissenschaft (GEW)

Bildung verwirklichen - Positionen und Perspektiven gewerkschaftlicher Bildungspolitik (1992)

Es lag von Anfang an in der Linie ihrer eigenen Vorschläge für die Neuordnung des deutschen Schulwesens, daß die GEW allen auf mehr Demokratisierung, Integration und Chancengleichheit gerichteten Schulorganisationen den Vorrang gegenüber den gegliederten Systemen einräumte. Konsequenterweise tendierten ihre nachfolgenden schulpolitischen Initiativen auf die Durchsetzung eines integrativen Schulaufbaus mit differenzierender Binnenstruktur - von den „Programmatischen Grundsätzen“ (1954) über den „Bremer Plan“ (1960) bis zur Einführung der „Gesamtschule“ als Regelschulform (1965 ff. GEW Hessen, GEW Hamburg, GEW Berlin, DGB usw.). In Weiterentwicklung ihrer Ansätze legte die

GEW für die Neuorientierung ihrer Schulpolitik nach Herstellung der deutschen Einheit Ende 1989 ein Konzept vor, das auch die Integration von beruflicher und allgemeiner Bildung in der Sekundarstufe II nach dem Modell der Kollegschule vorsieht. Das Konzept wurde von einer Ad-hoc-Arbeitsgruppe beim Referat B des Hauptvorstandes der GEW erarbeitet und ist als Diskussionsgrundlage vom Gewerkschaftstag der GEW im November 1989 in Osnabrück beschlossen worden.

Quelle: Bildung verwirklichen – Positionen und Perspektiven gewerkschaftlicher Bildungspolitik. Originalveröffentlichung der GEW. Neuauflage Februar 1992.

1. Die Ausgangslage

Das Bildungssystem stand und steht unter dem Druck, Kinder für die unmittelbaren „Abnehmer"-Anforderungen der Gegenwart zu trainieren, statt für ein langes Leben zu bilden. Dagegen haben Pädagogen immer wieder das Bemühen gesetzt, Autonomie und kritische Handlungsfähigkeit der ihnen anvertrauten Kinder und Jugendlichen zu stärken. Gewerkschaftliche Bildungspolitik hat solche pädagogischen Bemühungen stets im gesellschaftlichen Zusammenhang gesehen. Die Vorstellungen von einer umfassenden Bildung für alle, das Bemühen um den Abbau sozialer Ungleichheiten sind und bleiben damit die Hauptmotive der gewerkschaftlichen Bildungspolitik.

Gleichwohl gibt es gesellschaftliche Entwicklungen, die den Gewerkschaften abverlangen, ihre bildungspolitische Programmatik fortzuschreiben und weiterzuentwickeln. Die bildungspolitischen Konzepte von heute stammen in ihren Grundzügen weitgehend aus den 60er und 70er Jahren. Mittlerweile haben sich jedoch im privaten Bereich der Familie, in der Arbeitswelt und in der Öffentlichkeit Entwicklungen vollzogen, durch die „neue Fragen" aufgeworfen und neue Anforderungen an die Lehrerinnen und Erzieher*, aber auch an das Bildungssystem als Ganzes gestellt werden. In welcher Weise durch solche veränderten gesellschaftlichen Bedingungen das Aufwachsen heute beeinflußt wird, soll zunächst skizziert werden.

Im folgenden Text werden die bestimmenden Faktoren des gesellschaftlichen Wandels skizziert und in Abschnitt 2 daraus die Notwendigkeit eines „Lernens für die Zukunft" abgeleitet. Entgegen dem traditionalen Bildungsverständnis wird auf einen „zeitgemäßen Bildungsbegriff" abgehoben und dessen vier Merkmale bestimmt: Bildung für alle Menschen – Bildung als allseitige Entfaltung – Bildung für unterschiedliche Bereiche des menschli-

---

* Dieser Text bemüht sich um einen nicht-sexistischen Sprachgebrauch, ohne dabei formalistisch vorzugehen. Im allgemeinen werden beide Geschlechter spezifiziert, indem z. B. von Lehrerinnen und Lehrern gesprochen wird. Wenn dies – wie an dieser Stelle – viel zu umständlich wird, so sind bei den Lehrerinnen die Lehrer, bei den Erziehern die Erzieherinnen mitgemeint.

chen Lebens – Bildung für eine lebenslange Auseinandersetzung mit jeweils neuen Gegebenheiten. Danach wendet sich die weitere Analyse dem Bildungssystem zu (Abschnitt 3) und geht den ambivalenten Wirkungen der Bildungsinstitutionen nach, ihren hemmenden wie fördernden Einflüssen.

3.2 Bildungssystem und Bildungschancen

Demokratische Ansprüche

Während die zuvor diskutierte Kritik an (staatlichen) Bildungseinrichtungen in den letzten Jahren ein hohes Maß an öffentlicher Aufmerksamkeit erreichen konnte, ist eine andere, keinesfalls weniger wichtige Kritikperspektive aus dem Bewußtsein der Öffentlichkeit fast völlig verschwunden: Wie wird der demokratische Anspruch, daß jeder unabhängig von Geschlecht, sozialer Herkunft und Nationalität ein gleiches Recht auf Bildung hat, tatsächlich eingelöst? Welche Hilfen bietet das Bildungssystem den Heranwachsenden, die z. B. aufgrund familiärer Probleme, körperlicher Behinderungen oder auch sprachlicher Defizite – zeitweise oder dauerhaft – mit Lernschwierigkeiten zu kämpfen haben? Trägt das Bildungssystem dazu bei, solche und andere Benachteiligungen auszugleichen? In Zeiten hoher Arbeitslosigkeit und verschärfter Konkurrenz gelten solche Fragen als unzeitgemäß. Es ist jedoch die Aufgabe der gewerkschaftlich organisierten Lehrerinnen und Erzieher, diese Fragen mit Hartnäckigkeit auch dann zu stellen, wenn sie wenig populär sind.

Gleichheit und Ungleichheit

Das Ausmaß von Gleichheit und Ungleichheit, so wie es sich im Bildungssystem der Bundesrepublik in den achtziger Jahren darstellt, läßt sich am besten skizzieren, indem man auf eine einstmals populäre „Kunstfigur“ zurückgreift, die in den bildungspolitischen Debatten der sechziger Jahre eine zentrale Rolle einnahm. Damals galt das „katholische Arbeitermädchen vom Lande“ als Symbolfigur für alle Ungleichheit im Bildungssystem. Die Entwicklungen in den damit angesprochenen Feldern der Ungleichheit sind seither sehr unterschiedlich verlaufen: Konfessionell bedingte Unterschiede sind bedeutungslos geworden, Mädchen haben – allerdings nur im allgemeinbildenden Schulsystem – mit den Jungen inzwischen zumindest gleichgezogen, regionale Unterschiede haben sich erhalten, soziale Unterschiede bestehen wie eh und je: Hinzugekommen sind die in den sechziger Jahren noch bedeutungslosen Unterschiede der Bildungschancen deutscher und ausländischer Kinder. Obwohl bestimmte Veränderungen nicht zu übersehen sind, kennzeichnet sich das Bildungssystem der Bundesrepublik somit nach wie vor durch ein hohes

Maß an sozialer Ungleichheit. Dies soll im folgenden näher verdeutlicht werden:

Soziale Selektion

Was die Unterschiede nach Sozialschichten betrifft, so läßt sich auch nach jahrzehntelangen Reformbemühungen feststellen, daß die sozial ererbten Privilegien bzw. Benachteiligungen fortbestehen – und zwar in erheblichem Ausmaß: In den Jahren seit 1972 hat sich der Teil der Kinder aus Arbeiterfamilien, der zum Gymnasium wechselt, lediglich um 5 Prozentpunkte von 6 % auf 11 % (1987) erhöht. Das bedeutet, daß immer noch nur eines von zehn Arbeiterkindern das Gymnasium besucht. Bei den Beamtenkindern waren es hingegen (1972 wie 1987) etwa fünf von zehn Kindern. Deutlich verbessert hat sich allerdings die Lage der Arbeiterkinder bei den mittleren Bildungsabschlüssen; 1987 besuchte etwa ein Viertel von ihnen die Realschule, wesentlich mehr als zu Beginn der siebziger Jahre erwarben darüber hinaus einen mittleren Bildungsabschluß im beruflichen Schulwesen. Die Benachteiligung der Arbeiterkinder im Gymnasium setzt sich nicht weniger kraß in den Hochschulen fort: Ende der 80er Jahre nahmen weniger als 10 % aller Arbeiterkinder ein Studium auf; bei den Universitäten allein betrachtet waren es sogar weniger als 5 %. Dagegen besuchte etwa jedes zweite Beamtenkind eine Fachhochschule oder Universität. Festzustellen bleibt damit, daß das Bildungssystem sich bisher als unfähig erwiesen hat, die versprochene Gleichheit der Bildungschancen für die nach wie vor größte soziale Gruppe der Bevölkerung – für die Arbeiter und ihre Kinder – einzulösen. Davon auszunehmen ist lediglich die kleine Zahl der integrierten Gesamtschulen, in denen es gelungen ist, diese Benachteiligungen ganz erheblich abzubauen.

Benachteiligungen von Mädchen

Was die geschlechtsspezifischen Ungleichheiten angeht, so ist eine differenzierte Bilanz zu ziehen: Während in den sechziger Jahren Mädchen bei der Beteiligung an höherwertigen Bildungsgängen deutlich hinter den Jungen zurückblieben, haben sie inzwischen im allgemeinbildenden Schulwesen die Jungen durchweg überholt: Mädchen werden früher eingeschult und bleiben seltener sitzen, sie wechseln nach der Grundschule häufiger als Jungen zu Realschulen und Gymnasien, inzwischen erwerben auch genauso viel Mädchen wie Jungen das Abiturzeugnis. Daß es gelungen ist, die geschlechtsspezifische Benachteiligung bei der Bildungsbeteiligung abzubauen, darf jedoch nicht den Blick für die weiterbestehenden diffizilen Mechanismen weiblicher Diskriminierung verstellen. Eine wirkliche Gleichstellung der Schülerinnen setzt eine Revision der Schulbücher und Lehrpläne voraus, muß den Mädchen besondere Chancen vor allem zur

Aneignung naturwissenschaftlich-technischer Inhalte bieten und verlangt von den Lehrenden eine viel höhere Sensibilität gegenüber den eigenen geschlechtstypischen Verhaltensmustern. Die erreichte Gleichheit bei der Vergabe von Schulabschlüssen verkehrt sich allerdings beim Verlassen des allgemeinbildenden Schulwesens in ihr Gegenteil: Frauen finden seltener als Männer Ausbildungsplätze im dualen System, dabei sind sie viel stärker auf wenige Ausbildungsberufe festgelegt. Frauen mit Abitur verzichten viel häufiger als Männer auf die Aufnahme eines Studiums; sie studieren häufiger als Männer Fachkombinationen, deren Arbeitsplatzchancen als gering einzustufen sind. Festzuhalten bleibt damit, daß vor allem das System der beruflichen Bildung (einschließlich des Studiums) weit davon entfernt ist, den Anspruch auf gleiche Bildungschancen für Frauen tatsächlich einzulösen.

Es folgen weitere Ausführungen zur Bildungssituation der „Ausländerkinder", der „Flüchtlingskinder" und der „Aussiedlerkinder". Die Analyse mündet in die Forderung nach einem Abbau der Chancenungleichheiten durch eine Reform des Bildungssystems.

4. Heute das Bildungssystem für morgen schaffen

30 Jahre Reformpläne

In den 60er und 70er Jahren hat es in der Bundesrepublik intensive Diskussionen um die Frage gegeben, wie sich die weiter vorn skizzierten Bildungsziele möglichst umfassend einlösen lassen, welche organisatorischen, curricularen und erzieherischen Konzepte hierfür am besten geeignet sind. An dieser Diskussion hat sich die GEW intensiv beteiligt, zugleich haben viele gewerkschaftlich organisierte Pädagoginnen und Pädagogen in Modellversuchen und Reformprojekten vielfältige Erfahrungen gesammelt. Wenn hier nun das Bildungssystem der Zukunft beschrieben werden soll, so bedeutet das zunächst, daß an die Reformpläne der 60er und 70er Jahre – vom „Bremer Plan" der GEW von 1960 bis zum „Strukturplan" des Deutschen Bildungsrats von 1970 – anzuknüpfen ist. Diese Reformpläne betrachten das Bildungssystem in seiner Gesamtheit. Sie streben den Ausbau und eine inhaltliche Umgestaltung der Vorschulerziehung genauso an wie die Qualifizierung der Jugendhilfe und eine Öffnung der Hochschulen. Im Schulbereich sind sie ausgerichtet auf eine Überwindung der Trennung zwischen „höherer" und „volkstümlicher" Bildung, sie versuchen zumindest in Ansätzen, auch die Trennung und Ungleichwertigkeit von „beruflicher" und „allgemeiner" Bildung aufzuheben. Diese Reformpläne verfolgen die Absicht, das selektiv-dreigliedrige Schulsystem zu überwinden, sie sprechen sich für die Wissenschaftlichkeit und Einheitlichkeit der Lehrerausbildung aus, und sie fordern eine stärkere pädagogische Eigenverantwortlichkeit der Lehrerinnen und Lehrer. In all diesen Punkten sind die Zukunftsvorstellungen der 60er und 70er Jahre nicht „verbraucht", sondern zugleich uneingelöst und höchst aktuell.

Wandel in der Sekundarstufe I

In dem hierarchisch gegliederten Sekundarschulwesen, das auf die Grundschule folgt, hat sich in den letzten Jahrzehnten ein heimlicher Umbau vollzogen; denn von Jahr zu Jahr haben immer mehr Eltern für ihre Kinder höherbewertete Bildungsgänge gewählt – hin zum Gymnasium und [zur] Realschule, weg von der Hauptschule.

Die Entwicklung wird mit statistischen Angaben nachgezeichnet.

Gymnasien als „Gewinner"

Diese Verlagerung der Schülerströme im gegliederten Schulsystem bei gleichzeitiger Beibehaltung der institutionellen Hülsen macht allen Schulformen erhebliche Probleme. Dies gilt auch für den „Gewinner" in diesem Verlagerungprozeß, für das Gymnasium: Von Konzept und Tradition auf die „allgemeine Bildung" der künftigen Führungselite ausgerichtet, gerät es zunehmend in eine Krise; denn viele Kinder kommen nicht mehr wohl vorbereitet aus bildungsbürgerlichen Elternhäusern, sondern nutzen das Gymnasium als Aufstiegsinstrument. Dabei wird die alleinige Ausrichtung auf die „Studierfähigkeit" in dem Maße fragwürdig, in dem das Abitur immer häufiger als notwendige „Eintrittskarte" für besonders begehrte Ausbildungsberufe verlangt wird. Angesichts dieser Situation erweist es sich als immer schwieriger, mit dem Konzept einer traditionellen Gymnasialpädagogik die vorhandene Schülerschaft zu erreichen. Pädagogische Modernisierungen hingegen – etwa Leistungsdifferenzierungen, Förderkurse und Hausaufgabenhilfen – führen dazu, daß der Unterschied zu den anderen Schulformen geringer, der Prestigevorsprung damit kleiner wird. Damit ist das Gymnasium in ein Entwicklungsdilemma geraten: Je stärker der quantitative Gewinn zu Buche schlägt, desto mehr wird die eigene Identität als Schulform untergraben.

Hauptschule eine „Rest"-Schule

Mit anderen, aber keineswegs weniger gravierenden Problemen hat die Hauptschule zu kämpfen.

Es folgt ein Zitat des GEW-Vorsitzenden Frister aus dem Jahre 1973.

Diese Fluchtbewegung hat sich in den siebziger und achtziger Jahren fortgesetzt, so daß sich heute die Kinder aus wirtschaftlich schwachen und sozial benachteiligten Bevölkerungsschichten mit den Kindern der ausländischen Arbeitnehmer in großstädtischen Schulghettos der Anregungsarmut und der Auswegslosigkeit versammeln. Darum ist es ein vernebelnder Sprachgebrauch, wenn diese Schule auch heute noch Hauptschule genannt und als „weiterführende Schule" bezeichnet wird; denn sie ist weder Hauptschule, noch führt sie weiter. Alle politischen Bemühungen, eine weitere Reduzierung des Hauptschulanteils, eine weitere „Auspowerung" zu verhindern, haben sich in den achziger Jahren als erfolglos erwiesen.

Hingewiesen wird besonders auf die Situation in den Großstädten.

Gesamtschule als 4. Schulform

In einigen Bundesländern (Berlin, Hamburg, Hessen, Nordrhein-Westfalen, Saarland) ist es gelungen, die Gesamtschule als weitere Regelschule neben Hauptschule, Realschule und Gymnasium zu etablieren. Die Erfahrungen dort zeigen, daß die Gesamtschule damit in eine besonders schwierige Konkurrenzsituation gesetzt wird: Weil die Gymnasien einen großen Anteil der eher leistungsstarken Grundschüler „abschöpfen", bleibt für die Gesamtschule eine bereits vorausgelesene Schülerschaft. Gesamtschule unter diesen Bedingungen ist eben nicht die gesamte Schule für alle Kinder, sie ist vielmehr unter der Hand zu einer neuen Schulform des gegliederten Systems geworden. Insbesondere die KMK-Anerkennung der Gesamtschulabschlüsse (1982) hat deutlich gemacht, daß das hierarchisch gegliederte Schulsystem das Maß aller Dinge geblieben ist: bei den Abschlüssen, den Leistungsmaßstäben, den Lehrämtern und den Stundentafeln. In anderen Bundesländern ist es jedoch nicht einmal gelungen, die Gesamtschule als weitere Regelschule zu etablieren: Insbesondere in Bayern, Baden-Württemberg und Rheinland-Pfalz ist die Struktur des dreigliedrigen Schulsystems weitgehend unangetastet geblieben. Für diese Länder kann man nicht einmal sagen, die Strukturreform der Mittelstufe sei steckengeblieben; dort hat sie überhaupt noch nicht begonnen.

Das Sekundarschulsystem in den Bundesländern ist somit in drei, vier oder gar fünf Äste zergliedert, es ist in allgegenwärtiger Weise auf Teilung, Auslese und Ausgliederung ausgerichtet. Dem stellt die GEW als konkrete Utopie die gemeinsame Schule für alle entgegen, in der jedes Kind optimale Förderungs- und Entfaltungsmöglichkeiten erhalten soll.

Die kontrete Utopie

Grundschule ohne Aussonderung

Die Grundschule soll eine Schule ohne Aussonderung sein, die in Zukunft kein Kind in ihrem Einzugsgebiet mehr vom Schulbesuch ausschließt. Dies bedeutet zunächst einmal, daß kein Kind mehr wegen mangelnder „Schulfähigkeit“ zurückgewiesen werden darf. Hier muß der Übergang von den vorschulischen Einrichtungen zur ersten Klasse der Grundschule so umgestaltet werden, daß jedes Kind aufgenommen und gefördert werden kann. Dies bedeutet zum zweiten, daß behinderte und nichtbehinderte Kinder gemeinsam unterrichtet werden. Dabei ist die Förderung aller Kinder eine Aufgabe, bei der Grundschullehrerinnen, Sonderschulpädagogen und anderes pädagogisches Fachpersonal zusammenwirken müssen. Und schließlich leitet sich aus diesem Anspruch die Forderung ab, daß auch Migrantenkinder in die Regelklassen der Grundschule integriert werden, daß sie darüber hinaus aber auch Unterricht in ihrer Muttersprache erhalten.

Lebens- und Lernraum

Die Grundschule soll ein Lebens- und Lernraum sein, in dem sich alle Kinder wohlfühlen können. Dort wird nicht nur in systematisches Lernen eingeführt, dort finden auch soziale Begegnungen statt, dort werden Originalerfahrungen ermöglicht. Durch die Kontinuität der Bezugspersonen vermittelt die Grundschule eine emotionale und soziale Stabilität, auf deren Basis angstfreies Lernen möglich wird. In kindgemäßer Weise erfolgt eine Auseinandersetzung mit kulturellen Angeboten, mit der gesellschaftlichen Umwelt und mit der eigenen Person. Das Unterrichten in 45-Minuten-Abschnitten soll überwunden werden, um zum Leben und Lernen in größeren zeitlichen Einheiten zu gelangen, die von den Kindern mitgeplant werden. Dazu gehört auch der verstärkte Einbezug außerschulischer Lernorte wie Museen, Betriebe und Naturgebiete. Die einzelnen Grundschulen sind gefordert, ihrer Schule ein Profil zu geben, das es Kindern, Lehrenden und Eltern ermöglicht, sich mit dieser Schule zu identifizieren. Die gegenwärtigen Bemühungen um die pädagogische Weiterentwicklung – wie sie insbesondere in der Bildung flexibler altersgemischter Lerngruppen, in der pädagogisch sinnvollen Gestaltung der Raumstrukturen und Zeitpläne, in der Öffnung der Schule hin zu außerschulischen Lernorten, in der Verbesserung der Schulkultur, in den Formen handlungsorientierten und offenen Unterrichts deutlich werden – sind zu unterstützen und fortzuführen. Der Auslesecharakter der Grundschule ist durch die Abschaffung der Ziffernzeugnisse und des „Sitzenbleibens“ stetig zu verringern und schließlich – bei Einführung der integrierten Sekundarstufe I – ganz aufzugeben.

Ganztagsangebote

Die familiäre Situation vieler Grundschulkinder bringt es mit sich, daß sie nach Schulschluß auf sich allein gestellt sind und ihre Zeit in anregungsarmer Umwelt verbringen müssen. Angesichts des steigenden Trends zur Ein-Kind-Familie und zur Ein-Eltern-Familie wächst der Bedarf nach Betreuungsformen, die über die relativ kurze Unterrichtszeit der Grundschule hinausgehen. Dafür gibt es unterschiedliche pädagogisch-organisatorische Modelle: Ganztagsschulen und Tagesheimschulen, aber auch die Kooperation zwischen Halbtags-Grundschulen und Kinderhorten. Der Ausbau des Platzangebots in solchen Einrichtungen ist aus pädagogischen wie sozialpolitischen Gründen dringend erforderlich. Als ein wichtiger Schritt in diese Richtung ist der Ausbau der Grundschule zur „vollen Halbtagsschule" von 8.00 bis 13.00 Uhr anzustreben.

Es folgt der Hinweis, wegen des Wandels und der hohen Ansprüche an die Arbeit in der Grundschule die Aus- und Fortbildung der Lehrer zu intensivieren.

Sekundarstufe I: Gesamtschule als einzige Schulform

Die Sekundarstufe I schließt an die Grundschule an und endet mit der 10. Klasse; für alle Schülerinnen und Schüler sind zehn Schuljahre verbindlich. Weil in einem reformierten Schulsystem auch nach der Grundschule alle Kinder weiter gemeinsam lernen sollen, bestehen in der Sekundarstufe ausschließlich integrierte Gesamtschulen; die Schulformen des hierarchisch gegliederten Schulsystems (Hauptschule, Realschule, Gymnasium) sind aufgehoben. Erfahrungen mit den integrierten Gesamtschulen in den einzelnen Bundesländern und dem Ausland haben die Auffassung der GEW bestätigt, daß die Gesamtschule die geeignete Schule für eine demokratische Gesellschaft ist und daß sie ihren Auftrag nur dann optimal erfüllen kann, wenn sie – wie die Grundschule – als einzige Schulform ihrer Stufe auftritt. Ein solches Sekundarschul-System, in dem es nur noch integrierte Gesamtschulen gibt, stellt ein vielfältiges Schulangebot dar, weil die einzelnen Schulen in Eigenverantwortung ihr je spezifisches Profil entwickeln, das sich nicht zuletzt aus den Bedingungen der jeweiligen lokalen Umwelt – und aus der Öffnung zu dieser Umwelt – ergibt.

Die GEW hat ihre Forderungen zur Gesamtschule in zahlreichen Beschlüssen und Positionspapieren festgehalten. Daher seien hier nur die zentralen und besonders aktuellen Begründungen wiederholt:

Genannt werden: Gemeinsames Lernen – Keine Auslese – Integration und interkulturelles Lernen.

Gleichzeitig muß gesehen werden, daß die gesellschaftliche Entwicklung mit den Reformplänen der siebziger Jahre nicht stehengeblieben ist, daß in den achtziger Jahren neue Fragen, neue Probleme aufgetreten sind, die zuvor angesprochen wurden und die in die Überlegungen zur gewerkschaftlichen Reformperspektive mit einzubeziehen sind. Von diesem doppelten Bezug ausgehend wird im folgenden beschrieben, wie aus gewerkschaftlicher Sicht das Bildungssystem der Zukunft aussehen sollte. Dabei orientieren wir uns an der Stufengliederung in Elementarbereich (Vorschule), Primarbereich (Kl. 1–4), Sekundarstufe I (Kl. 5–10), Sekundarstufe II (Kl. 11–13) und der Hochschule. Daran anschließend werden die Perspektiven für Jugendhilfe und Weiterbildung beschrieben.

In Abschnitt 4.1 werden die „Perspektiven der Vorschulerziehung" aufgezeigt. Daraus ergeben sich einerseits die Forderung „einer inhaltlichen Weiterentwicklung des Vorschulbereiches" und andererseits der Appell an die Verantwortung des Staates, „das Ziel einer unentgeltlichen, kindgemäßen und pädagogisch qualifizierten Vorschulerziehung für alle Kinder, deren Eltern dies wünschen", nicht aus dem Blick zu verlieren und durch Förderung der öffentlichen wie privaten Träger die Versorgung zu gewährleisten.

4.2. Perspektiven der schulischen Bildung von der Grundschule bis zum Ende der Sekundastufe I

Gliederung nach Schulstufen

In ihrer konsequenten Ausfüllung ergibt sich aus den einleitend angesprochenen Reformplänen die Gliederung des Schulwesens nach Stufen: Grundschulen, Gesamtschulen und Schulen der Sekundarstufen II bilden – hintereinandergeschaltet – ein integriertes System. Die GEW hat sich einem solchen konsequenten Reformmodell in den sechziger Jahren genähert. Mit der Annahme ihres „Bildungspolitischen Programms" 1977, das auf den nachfolgenden Kongressen modifiziert und fortgeschrieben wurde, ist sie die Verpflichtung eingegangen, sich für die Schaffung des „Schulsystems der Zukunft" einzusetzen. In ihm finden wir auf allen Stufen Schulen, die von Heranwachsenden unterschiedlicher sozialer und kultureller Herkunft, unterschiedlichen Neigungen und Interessen, gemeinsam besucht werden.

Die gegenwärtige Problemlage

Die Grundschule seit 1919

Lediglich in den ersten vier Schuljahren besteht eine Schulform, in der alle Schülerinnen und Schüler gemeinsam lernen: Die Grundschule, mit dem Weimarer Schulkompromiß 1919 errichtet, ist bis heute die einzige vollständig eingeführte Gesamtschule geblieben.

Doch werde das positive Bild beeinträchtigt durch die frühzeitige Selektion der Kinder mit Behinderungen oder Lernschwierigkeiten.

Reformen in der Primarstufe

Die mit der Weimarer Verfassung eingeführte Grundstruktur der Primarstufe – die gemeinsame Beschulung (fast) aller Kinder in einem überwiegend nach dem Klassenlehrerprinzip organisierten und daher flexibel gestaltbaren Unterricht – hat sich überwiegend bewährt. In vielen Grundschulen haben sich in den siebziger und achtziger Jahren Veränderungen vollzogen, die zu einer stärkeren Kindgemäßheit und Handlungsorientierung des Unterrichts, zu einer Verbesserung der individuellen Förderung und zu einer Stärkung des sozialen Lernens geführt haben. Gegen Ende der achtziger Jahre wächst allerdings die Einsicht, daß die Grundschule in Folge der sich wandelnden Sozialisationsbedingungen für die Erfüllung ihres Bildungsauftrages auf zusätzliches Engagement und zusätzliche Mittel angewiesen ist.

Die weitere Reform aber stagniere infolge der sich verschlechternden materiellen und personellen Bedingungen und erschwere besonders die Bildungsaussichten für Kinder aus benachteiligten Lebensverhältnissen.

Auslesedruck

Die pädagogische Arbeit wird stark durch den Auslesezwang belastet, dem diese Schulform unterliegt; denn die Zensuren in der Grundschule, verbunden mit den Bildungsambitionen im Elternhaus, entscheiden darüber, ob ein Kind seinen Bildungsweg in Hauptschule, Realschule oder Gymnasium fortsetzen wird. Auch wenn – wie in einigen Bundesländern – die Gesamtschule gewählt werden kann, wird dadurch der Auslesedruck nicht genommen. Die Übergangsauslese bei zehnjährigen Kindern ist ein entscheidendes Merkmal des hierarchisch gegliederten Schulsystems. Der damit verbundene Entscheidungszwang, der bereits bis ins dritte Schuljahr zurückwirkt und in manchen Bundesländern in Form von landesweiten Vergleichsarbeiten („Grundschulabitur“) massive Wirkungen auf das Schulklima ausübt, überfordert Lehrer(innen) und Eltern. Zugleich werden die Kinder unter schwere psychische Belastungen gesetzt: Freundschaften werden auseinandergerissen, soziale Etikettierungen gesetzt, Unsicherheiten und Ängste verstärkt. Das bedrückende Gefühl, ein Versager zu sein, wird frühzeitig im Bewußtsein vieler Kinder verankert. Neben dieser psychischen Belastung für alle Kinder ist diese Übergangsauslese nach wie vor eine Quelle massiver sozialer Benachteiligungen, unter denen vor allem Arbeiterkinder, insbesondere Kinder ausländischer Arbeitnehmer, zu leiden haben.

Nachbarschaftsschulen

Aus den mehr als zwanzigjährigen Erfahrungen mit der integrierten Gesamtschule lassen sich Aussagen über Strukturen und Inhalte ableiten, die als Grundsätze die weitere Gestaltung der Gesamtschule bestimmen sollten: Die einzelnen Schulen sollen nicht als Großsysteme, sondern als mindestens zweizügige Nachbarschaftsschulen geführt werden. Größere Schulen werden in überschaubare Einheiten untergliedert. In den einzelnen Jahrgängen werden mehrere Klassen und eine begrenzte Zahl von Lehrenden zu einer pädagogischen Einheit zusammengefaßt. Diese Einheiten haben ihren eigenen Stundenplan und beschließen ihre Unterrichtsgestaltung weitgehend selbst.

Stabile Kleingruppen – Teamarbeit

Ein solches Konzept schließt ein, daß die äußere Fachleistungsdifferenzierung in Kursen allenfalls sehr gemäßigt (wenige Fächer, nicht mehr als zwei Niveaus) praktiziert wird, damit die Schülerinnen und Schüler auch hier mit den ihnen schon aus der Parallelklasse Bekannten zusammentreffen. Das größere Gewicht liegt auf den heterogenen Gruppen in den Klassen, in denen die Heranwachsenden vielfältige Formen selbständiger Arbeit erfahren und beherrschen lernen. Dies wird in vielen Gesamtschulen inzwischen durch Lernen in stabilen Kleingruppen und durch eine darauf bezogene Teamarbeit der Lehrer realisiert. Diese Konzepte gilt es auszubauen. Dazu gehört auch eine Veränderung des Berufsbilds und die Überwindung der traditionellen, vom Fach her dominierten Maßstäbe in der Lehrer(innen)-Ausbildung.

Offene Ganztagsangebote

Eine solche Gesamtschule überwindet durch zusätzliche Angebote die Begrenzungen einer Halbtagsschule, ohne einfach zu einer zeitlichen Ausweitung von Unterricht zu führen: Statt die Kinder und Jugendlichen mittags mit Aufgaben nach Hause zu schicken, werden Übungsphasen in den Unterricht integriert. Auch nachmittags finden in der Gesamtschule vielfältige Tätigkeiten des Spielens, Arbeitens und Lernens statt. Neben den Schülern beteiligen sich daran nicht nur Lehrerinnen und Sozialpädagogen, sondern auch Eltern und Nachbarn.

Pädagogische Reformen

Die pädagogische Arbeit in diesem Schulsystem der Zukunft wird begünstigt durch die Verantwortlichkeit der Lehrenden für ihre Lerngruppen, durch vielfältige Formen der Lehrerkooperation und durch eine hohe Autonomie der einzelnen Schule. Dadurch wird die Öffnung der Schule hin zu der umgebenden Gemeinde und ihren Problemen erheblich erleichtert. Durch hohe Anteile von fächerübergreifendem, projektorientiertem und selbstorganisiertem Unterricht wird die Dominanz der allein fachspezifischen Stoffvermittlung zurückgedrängt. Unterstützt wird diese Arbeit durch eine kontinuierliche Revision der verbindlichen Lehrinhalte, an der möglichst viele Lehrerinnen und Lehrer beteiligt werden sollen. Am Ende der 10. Klasse erteilt die integrierte Gesamtschule einen einheitlichen Sekundarabschluß. Er wird für die Jugendlichen mit einer Empfehlung verbunden, in welchem Bildungsgang der Sekundarstufe II weitergelernt werden soll.

Es folgen Vorschläge für den „Weg dorthin": Ausbau der Durchlässigkeit zwischen den Schularten, Förderung der Integration, Angleichung der Lehr- und Stundenpläne, Einführung neuer Unterrichtsformen, innere und äußere Reformen.

4.3 Perspektiven der Jugendbildung in der Sekundarstufe II

Reformperspektive

Die Sekundarstufe II wird von Jugendlichen besucht, die überwiegend zwischen 16 und 21 Jahren alt sind und an der Schwelle zum Erwachsenenalter stehen. Hier stellt sich die Frage noch einmal neu, wie eine Schule aussehen soll, die für alle Heranwachsenden eine möglichst allseitige Bildung verwirklichen kann.

Die gegenwärtige Sekundarstufe II ist in viele Schulformen und eine fast nicht zu überblickende Vielzahl von Bildungsgängen zergliedert. Oberstes Prinzip dabei ist die Aufteilung in eine gesellschaftlich hoch bewertete gymnasiale Allgemeinbildung und in eine geringer bewertete Berufsbildung. Die darin steckende Unterscheidung zwischen „Bildung" und „Beruf", die damit verbundene Privilegierung und Diskriminierung ist aus gewerkschaftlicher Sicht stets kritisiert und bekämpft worden. Dem wird von der GEW die Forderung nach einer Integration allgemeiner und beruflicher Bildung entgegengehalten: An die Stelle des zersplitteten Systems sollen integrierte Schulzentren der Sekundarstufe II treten, in denen die bisherigen gymnasialen und beruflichen Bildungsgänge zusammengefaßt werden. Dort soll zugleich umfassende Bildung für alle, individuelle Spezialisierung und auch „Doppelqualifizierung" ermöglicht werden. Diese integrierte Sekundarstufe II nötigt niemandem eine berufliche Bildung auf, aber sie bietet sie allen an – und zwar unabhängig davon, wie sie diese Qualifikation nutzen wollen. Dies bedeutet zugleich, daß der Weg zu einem Studium so lange wie möglich offengehalten wird, daß sich berufliche Ausbildung und Studienorientierung nicht länger ausschließen. Bevor dieses Reformkonzept dargestellt wird, ist zunächst die gegenwärtige Situation zu beschreiben.

Es folgt eine ausführliche Darstellung der gegenwärtigen Problemlage, die in die Feststellung mündet:

Widersprüche

Insgesamt findet sich damit in der Sekundarstufe II eine widersprüchliche Ausgangslage: Der gymnasiale Bildungsgang zum Abitur wird zunehmend schärfer normiert, zugleich aber immer häufiger gewählt; strukturell wird er durch berufliche Gymnasien, Kollegschulen etc. aufgeweicht. Vor allem die Neuordnung der Berufe führt zur Eröffnung anspruchsvoller wissenschaftspropädeutischer Bildungsgänge; zugleich besteht im beruflichen Bildungssystem ein massiver Modernisierungsdruck, der von Schulen bisher nur schwer umgesetzt werden konnte. Angesichts dieser Situation ergeben sich zwei unterschiedliche bildungspolitische Wege: Der erste hält im Grundsatz an den bestehenden Strukturen von allgemein-studienbezogenen Bildungsgängen auf der einen, berufsbezogenen Bildungsgängen auf der anderen Seite fest. Man kann dabei auf den weiteren Anstieg der Nachfrage nach gymnasialer Bildung setzen. Dann ginge es darum, eine zwölf-bis dreizehnjährige allgemeinbildende Schule für möglichst viele anzustreben – oder diese Entwicklung zumindest mit Sympathie zur Kenntnis zu nehmen. Erst im Anschluß daran ist berufliche Bildung, sei es in der verlängerten Sekundarstufe II (in der beruflichen Schule) oder in betrieblicher oder universitärer Form (oder in der Mischform von Berufsakademien) vorzusehen. Selbst wenn eine solche Entwicklung zur Erhöhung der Übergangsquoten zur gymnasialen Oberstufe auf 40 % bis 50 % führen würde, blieben alle anderen Jugendlichen davon ausgeschlossen. Das Gymnasium als privilegierte Schulform bliebe bestehen. Mit dem „Königsweg" zum Abitur würden auch weiterhin massive Rückwirkungen dieser Leitqualifikation auf alle anderen Schulformen bis zur Grundschule zu verzeichnen sein. In den Verdrängungswettbewerb von oben und unten würden weitere Schülergruppen einbezogen. Selbst wenn das Gymnasium aufgrund einer solchen quantitativen Entwicklung zur „Hauptoberstufe" würde, welche Chancen behielten dann diejenigen Schüler(innen), die diese Stufe nicht erfolgreich durchlaufen? Sie würden noch chancenloser, noch selbstverständlicher auf Arbeiten verwiesen, die sie zu bloß ausführender angelernter Tätigkeit oder gar zur Dauerarbeitslosigkeit vorherbestimmen.

Perspektiven

Die GEW will eine solche Entwicklung verhindern, sie will einen anderen Weg gehen. Deshalb setzt sie sich nachdrücklich für eine integrierte Sekundarstufe II ein, die die Trennung von allgemeiner und beruflicher Bildung überwindet und damit Privilegien und Ausgrenzungen vermindert. Diese Entwicklungsperspektive soll im folgenden begründet und erläutert werden.

Allgemeine und berufliche Bildung

Bildungstheoretische Begründung

Das Programm der Integration allgemeiner und beruflicher Bildung ist zunächst bildungstheoretisch zu begründen. In der gegenwärtigen Sekundarstufe II findet sich eine zugleich undemokratische und paradoxe Funktionsbestimmung von Bildung und Ausbildung: Die gymnasiale Oberstufe privilegiert für anleitende und selbständige Arbeitsfunktionen, indem sie Handlungsrelevanz ausklammert und Distanz zum Beruf, zu Ökonomie und Technik pflegt. Wer es dagegen früh mit beruflichen Aufgaben in der Technik und Ökonomie zu tun bekommt, wird leicht als weniger gebildet abqualifiziert, schon weil er instrumentelle Fertigkeiten erworben hat, so daß sein Handeln auch nützlich ist.

Der demokratische Anspruch unserer Gesellschaft zielt aber darauf ab, daß in allen beruflichen Handlungsfeldern die Menschen verantwortungsvoll über ihre Arbeit bestimmen können. Wer das will, darf weder die Hierarchie der beruflichen Tätigkeit akzeptieren, noch ein Schulsystem unterstützen, das diese Hierarchie in sich bereits zur Leitlinie von Bildungsvorstellungen macht.

Die Trennung der höheren von einer minderen Allgemeinbildung in der Parallele zu Funktionseliten bzw. abhängig und ausführend Tätigen wird als „obsolete Hierarchisierung“ bezeichnet.

Daß der ideologische Charakter dieser Abgrenzung durch die Realität alltäglich widerlegt wird, wurde bereits aufgezeigt. Daß er aus gewerkschaftlicher Sicht nicht länger zum Ausgangspunkt für das Schulwesen der Zukunft gemacht werden darf, ist die bildungspolitisch bedeutsame Konsequenz dieser Argumentation.

Bildungsinteressen und Anforderungen

Eine zweite Linie der Argumentation geht von den Bildungsinteressen der Jugendlichen aus: Beim Übergang von der Sekundarstufe I zur Sekundarstufe II sind die Schüler(innen) an die Schwelle ihrer Eigenverantwortung für ihre Bildung angelangt. Neigungen und Interessen differenzieren sich. In der gegenwärtigen getrennten Schulstruktur kann der Wunsch nach eigenständigem und bildendem Umgang mit speziellen Problemen und nützlichen Aufgaben nur in begrenzter und verengter Weise erfüllt werden. Faktisch bedeutet dies für die gymnasiale Oberstufe, daß Bildungsinteressen, die sich auf berufliche Zusammenhänge beziehen, kaum realisiert werden können. Ohne ernsthafte Beruflichkeit hält die gymnasiale Oberstufe die Jugendlichen davon ab, sich über ihre beruflichen Interessen Klarheit zu verschaffen. Zugleich verhindert das allein schulische Lernen, daß Jugendliche bedeutsame Erfahrungen in der beruflichen Realität machen können. Denn gerade durch die Vorbereitung auf Arbeit und Beruf erhält das Lernen einen hohen Ernstcharakter. Für viele wird theoretisches Lernen in dem Maße subjektiv sinnvoll erlebt, in dem es zur Bewältigung praktischer Aufgaben beiträgt. Umgekehrt gilt: Aus betrieblichen Erfahrungen erwächst häufig das Motiv, den Dingen auf den Grund zu gehen, Alternativen zu entwickeln, sich in der Auseinandersetzung mit objektiven Anforderungen selbst zu behaupten. All diese Erfahrungen bleiben den 16-bis 20-jährigen Gymnasiasten verschlossen. Zu ändern wäre dies nur, wenn die erhaltenswerten Aspekte der Allgemeinbildungs-Idee verknüpft werden könnten mit selbstgewählten Spezialisierungen, die berufliche Erfahrungen nicht ausschließen, sondern ganz bewußt einbeziehen.

„Bildung im Medium des Berufes“

Die Begründung für eine integrierte Sekundarstufe II knüpft an diese Allgemeinbildungs-Tradition an und führt zugleich über sie hinaus: Das mit der Idee der Bildung verbundene Erbe, „die Wahrheit der Idee der Allgemeinbildung“ (Blankertz), kann in der spezialisierten Bildung der Oberstufe aufgehoben werden. Dies bedeutet für die meisten Schüler(innen): Bildung im Medium des Berufes. Damit wird gegen die Ideologie der Trennung von allgemeiner und beruflicher Bildung eine theoretische wie praktische Alternative gesetzt. Das Ungewöhnliche der darin enthaltenen Denkfigur provoziert leicht Mißverständnis: Was heißt vor allem „Medium des Berufes“? Berufliche Tätigkeit bildet nicht schon von selbst, denn Bildung setzt die Fähigkeit des Menschen voraus, sich zu Urteil und Kritik zu ermächtigen. Wer sich aber erfolgreich an die fremdbestimmten Arbeitsanforderungen angepaßt hat, beweist noch nicht seine Bildung. Gleichwohl ist in unserer Gesellschaft die Fähigkeit, berufliche Qualifikationen zu erwerben, eine wesentliche Voraussetzung für Bildung. Dies als bloße Anpassung zu denunzieren unterstellt, daß Bildung nur in der Distanz von Erwerbsarbeit gelingen könne. Das ist ein altes idealistisches Mißverständnis, das in den Elfenbeinturm führt. Bildung im Medium des Berufs will hingegen produktive Distanz zur Erwerbsarbeit ermöglichen. Nicht die vorgefundene Erwerbsarbeit bewirkt in der Regel schon Bildung, sie ist Medium: Mittel und Material, „Bildungsstoff“ – wie es seit Humboldt heißt. Diese Erwerbsarbeit soll als gestaltungsbedürftig und gestaltungsfähig praktisch erfahren und durchdacht werden.

Im folgenden werden weitere Dimensionen der „Bildung im Medium des Berufes“ aufgezählt: Ökonomische, politisch-soziale, ästhetische, ökologische, die entfaltet werden müßten.

Doppelqualifikation

Die Entfaltung all dieser Dimensionen wird in den Betrieben nur selten gefördert. Deswegen bekommt die Schule die Aufgabe, die Bildungsmöglichkeiten des Berufes bewußt zu machen und zu unterstützen. Das setzt voraus, mit Betrieben und auch mit Schülern Konflikte durchzuhalten und für die Jugendlichen den betrieblichen Anpassungszwang zu mildern. Sie kann dazu entscheidend beitragen, indem sie die Möglichkeit der Doppelqualifikation eröffnet. Dann ist die berufliche Ausbildung keine Alles-oder-Nichts-Situation, sondern sie eröffnet mit Weiterbildung, Beruf und Studium mehrere Zukunftsoptionen.

In diesem Zusammenhang wird auf die Kollegschulen als Modell verwiesen.

Merkmale der integrierten Sekundarstufe II

In der integrierten Sekundarstufe II können sich die Jugendlichen nach Abschluß der Sekundarstufe I – unterstützt durch eine gründliche Beratung – entsprechend ihrer Eignung, Neigung und Interessen für einen weiterführenden Bildungsgang entscheiden. Ein Bildungsgang ist durch seinen rechtlichen Rahmen (Zugangsvoraussetzung und Abschluß) und ein didaktisch-curriculares Konzept gekennzeichnet: Jeder berufliche Bildungsgang, der in seiner inhaltlichen Struktur mit einem studienbezogenen Profil zu verknüpfen ist, kann in der Form eines doppelqualifizierenden Bildungsgangs angeboten werden. Das bedeutet, daß in einem solchen Bildungsgang der einzelne Schüler sowohl eine berufliche Ausbildung absolvieren als auch die Hochschulzugangs-Berechtigung erwerben kann. Dies heißt zugleich: Auch ohne das Ziel der Doppelqualifikation kommt es zu einer vertieften beruflichen Bildung in Bildungsgängen, die ausschließlich auf einen Berufsabschluß zielen. Auf der anderen Seite wird keinem Schüler, der lediglich die Studierfähigkeit anstrebt, eine Doppelqualifikation aufgezwungen. Er kann auch Bildungsgänge besuchen, die ausschließlich zur allgemeinen Hochschulreife führen. Diese Bildungsgänge loten allerdings die beruflichen Handlungsräume aus, die sich später aus den gewählten Disziplinen ergeben. Die neue Sekundarstufe II organisiert und integriert das gesamte Bildungsangebot dieser Schulstufe.

Lernorte

Dem Differenzierungsgrad beruflicher Ausbildungseinrichtungen entsprechend kann nicht jede Einzelschule alle speziellen Bildungsangebote enthalten. In jeder Schule ist gleichwohl jeder Abschluß der Sekundarstufe II in einem oder mehreren spezialisierten Berufsfeldern (z. B. Wirtschaft, Techniken, Sprachen, Soziales) zu erreichen. Da integriertes Lernen auf die Verknüpfung mehrerer unterschiedlicher Lernorte ausgerichtet ist, kommt der dualen Ausbildung (Teilzeitberufsschule) in jeder Schule ein besonderer Stellenwert zu. Auch quantitativ stellen die „Auszubildenden" in der Regel die größte Schülergruppe in dieser Schule dar. Alle Bildungsgänge sind so aufgebaut, daß sie für benachbarte und anschließende Schullaufbahnen durchlässig sind. Kein Bildungsgang endet in einer Sackgasse, Doppellernen wird verhindert, Warteschleifen werden abgebaut. Die Jugendlichen können auch Abschlüsse der Sekundarstufe I nachholen. Für viele bedeutet die integrierte Sekundarstufe II insofern eine neue Lernchance, aus der Sekundarstufe I herrührende Lerndefizite auszugleichen.

Es folgen Bemerkungen zur Didaktik und zu den Lernbereichen: Die Zentrierung der Bildung um und auf den Beruf erfordere ein „fachumgreifendes Lernen" im „berufsbezogenen Schwerpunktbereich", das zu dem „gesellschaftsorientierten Bereich" als „obligatorischem" Lernfeld und dem Lernen im „kreativitätsorientierten Studio" bewußt in ein Spannungsverhältnis gesetzt sei. Daraus ergäben sich zwangsläufig Ansätze sowohl zur Integration als zu Entwicklung von Alternativen.
„Der Weg dorthin" werde durch „kleine Schritte" charakterisiert sein, für die eine Reihe von Vorschlägen gemacht werden, u. a. durch:

Reform der Berufsschule und Tendenzen im Gymnasium

Bei all diesen grundsätzlichen Reformüberlegungen gilt: Die bildungspolitische Präferenz für eine Integration allgemeiner und beruflicher Bildung kann und wird die GEW nicht daran hindern, Verbesserungen in den bestehenden Schulformen für die jetzt tätigen Lehrer(innen) und Schüler(innen) zu fordern: Daß in vielen Gegenden den beruflichen Schulen von Kammern und Betrieben der zwölfstündige Berufsschulunterricht an zwei Tagen noch versagt wird, ist ein ebensolcher Skandal wie die Verweigerung staatlicher Finanzmittel, um durch moderne Ausstattung, durch die Neueinstellung von Lehrkräften und durch laufende Lehrerfortbildung im Modernisierungsprozeß leistungsfähig zu bleiben. Daß in gymnasialen Oberstufen die Wahlmöglichkeiten der Schüler(innen) immer stärker eingeschränkt werden, kann genausowenig hingenommen werden wie der Versuch, durch zentralabitur-ähnliche Verfahren die pädagogischen Handlungsspielräume noch stärker einzuschränken. Indem die Lehrerinnen und Lehrer in der GEW sich gegen solche Tendenzen zur Wehr setzen, treten sie für die Interessen ihrer Schülerinnen und Schüler ein. Zugleich fordern sie in beiden Schulsystemen Voraussetzungen ein, die unerläßlich sind, damit weitere Schritte auf dem Weg zur Integration und zur Demokratisierung von Bildung gegangen werden können.

[26]

DEUTSCHER PHILOLOGENVERBAND (DPHV)

Bildungspolitische Leitsätze für die neunziger Jahre (1989)

Der Berufsverband der Lehrer an den deutschen höheren Schulen wurde 1903 in Halle gegründet und schloß die bestehenden regionalen Vereine zu einem Gesamtverband zusammen. In der NS-Zeit erfolgte 1936 die Auflösung, dann 1949 in Kassel die Wiedergründung. Das zentrale schulpolitische Anliegen des Verbandes ist die Forderung, das Gymnasium als „eine in sich geschlossene Schulform mit einer eigenen unvertretbaren Aufgabe" zu erhalten. Dieser Zielsetzung fühlt sich der Verband bis heute verpflichtet, bei aller Bereitschaft, den sich wandelnden Herausforderungen der Zeit mit ständiger Weiterentwicklung der Erziehung und des Unterrichts in der „höheren Schule" zu entsprechen. Das betonen erneut die „bildungspolitischen Leitsätze", die am 8. September 1989 in Bad Honnef vom Bundesvorstand verabschiedet wurden.
Jedem der einzelnen Leitsätze sind ausführliche gesellschafts- und bildungspolitische Kommentare beigegeben, auf deren Wiedergabe aus Raumgründen verzichtet werden muß. Die Herausstellung des dritten und vierten Leitsatzes erfolgt in der Absicht, dem zentralen Anliegen des Verbandes Rechnung zu tragen.

Quelle: Deutscher Philologenverband. Bildungspolitische Leitsätze. Schriftenreihe Pro Gymnasium 1. Köln 1989. S. 71 ff.

Die Grundlage für neue Perspektiven in der Bildungspolitik

Das Bildungswesen ist in den letzten 25 Jahren dem gesellschaftlichen Anspruch nachgekommen, mehr Schülerinnen und Schüler zum Abitur zu führen: Der Anteil der Mädchen entspricht heute dem Anteil der Jungen im Gymnasium, das gleiche gilt für das Verhältnis von Stadt und Land. Deutlich ist die Zahl der Kinder aus Familien angestiegen, deren Eltern das Gymnasium nicht besucht haben. Lehrpläne und Richtlinien sind in den einzelnen Bundesländern so gestaltet worden, daß sie zu selbständigem Lernen erziehen. Sie geben neben der Wissensvermittlung und der Wissensverarbeitung den notwendigen Raum, so daß Kinder mit vergleichbarem Intelligenzstand, aber unterschiedlichem Lerntempo oder unterschiedlichen sozialen Voraussetzungen erfolgreich mitarbeiten können. Interessant in diesem Zusammenhang ist, daß dazu in allen Bundesländern Stundentafeln mit fast gleichen Stundenanteilen für die entsprechenden Fächer entwickelt wurden.

Auf dieser Grundlage fordert der Deutsche Philologenverband, daß eine neue Bildungspolitik Maßstäbe zu einer inhaltlichen Bereicherung des Unterrichts setzt, damit die Schülerinnen und Schüler eine anspruchsvolle allgemeine Grundbildung erfahren und sich zusätzlich profilieren können
- im freiwilligen Erlernen einer dritten und auch vierten Fremdsprache oder

- in der Vertiefung des naturwissenschaftlichen Unterrichts oder
- in der sprachlichen Vertiefung des gesamten Unterrichts (Angebot bilingualer Gymnasien).

Zugleich müssen die Möglichkeiten zum Überspringen von Klassen für herausragende Schüler an den einzelnen Schulen gesichert werden, dadurch daß nach Überspringen Orientierungshilfe besonders in den Fremdsprachen und in der Mathematik geleistet wird.

1. Leitsatz:

Das Bildungssystem muß dem jungen Menschen die Grundlagen zur Entfaltung der Persönlichkeit bieten und ihm die Fähigkeiten vermitteln, mit denen er für eine humane Gestaltung der Gesellschaft sowie den Schutz der Natur und Umwelt wirken kann. Das setzt eine Ethik der Verantwortung voraus, an der sich Bildung und Erziehung ausrichten müssen.

2. Leitsatz:

Die Zukunftsaufgaben der Menschen sind ohne eine wirkungsvolle Erziehung nicht zu bewältigen. Erziehung ist für die Bewahrung des Friedens ebenso nötig wie für einen sinnvollen Umgang mit der Natur. Erziehung hilft, die Anerkennung der Grundwerte menschlicher Ordnung zu sichern, und ermöglicht die Weiterentwicklung von Gesellschaft und Kultur, von Staat und Wirtschaft nach humanen Prinzipien. Bildungs- und Erziehungsarbeit muß in Partnerschaft von Schule, Elternhaus und anderen gesellschaftlichen Kräften erfolgen. Schule hat nur begrenzte Möglichkeiten, Defizite der Gesellschaft auszugleichen.

3. Leitsatz:

Die Differenzierung der Bildungsgänge nach verschiedenen Schulformen entspricht dem individuellen Bildungswillen und den unterschiedlichen Bildungsmöglichkeiten der jungen Generation und den differenzierten Aufgaben der Gesellschaft. Daher wird ein gegliedertes Schulwesen dem Individuum und der Gesellschaft besser gerecht als Integrationssysteme.

Die differenzierten Bildungsgänge des nach Schulformen gegliederten deutschen Bildungswesens orientieren sich an den individuellen Fähigkeiten junger Menschen, den vielfältigen Möglichkeiten des Beschäftigungssystems sowie den Erfordernissen der Gesellschaft.

Im gegliederten Schulwesen haben alle Schulen einen gleichwertigen, aber auf differenzierte Abschlüsse ausgerichteten Bildungsgang. Jede Schulform bereitet den jungen Menschen gemäß seinen individuellen Fähigkeiten auf die verschiedenen Anforderungen und Aufgaben der Gesellschaft vor. Die einzelnen Bildungsprofile sind überschaubar auf klare Ziele ausgerichtet und ermöglichen eine kontinuierliche Entwicklung. Dies ist nicht nur für das Mitbestimmungsrecht der Eltern über die Schullaufbahn ihrer Kinder von größter Bedeutung, sondern auch für die Persönlichkeitsbildung und Selbstfindung des jungen Menschen. Die Fähigkeiten des Schülers, begleitet von den Vorstellungen und Erwartungen der Eltern, entscheiden über den Bildungsgang im gegliederten Schulwesen, nicht der Staat. Ein besonderes Kennzeichen des zielorientierten Schulwesens der Bundesrepublik Deutschland ist die Unterrichtung der Schüler in einem annähernd leistungs-homogenen Klassenverband. Dadurch kann jede Schule ein begabungsgerechtes Bildungsangebot machen, das Überforderung und Unterforderung in gleicher Weise vermeidet. Die Bildungsgänge des gegliederten Schulwesens sind keine Einbahnstraßen, jeder Bildungsgang endet mit einem qualifizierten Abschluß, Umsteigen in andere oder weiterführende Bildungsgänge ist möglich.

Ein an dieser Stelle eingefügtes Schaubild „Grundstruktur des Bildungswesens in der Bundesrepublik Deutschland" entspricht dem Schulaufbau nach dem „Hamburger Abkommen" von 1964 und seinen Fortschreibungen (vgl. dort).

Eine vollständige Harmonisierung von Bildungs- und Beschäftigungssystem sowie eine administrative Steuerung junger Menschen im Bildungswesen entspricht weder den Grundsätzen der freiheitlichen Ordnung noch ist eine Lenkung sinnvoll und wünschenswert im Hinblick auf die unterschiedliche Nachfrage des Arbeitsmarktes und den gesellschaftlichen Strukturwandel.

Im folgenden werden die Faktoren aufgezählt, die im einzelnen auf den Bildungssektor einwirken. Den künftigen Entwicklungen gerecht zu werden, sei ein gegliedertes Schulwesen im Vorteil, wie es in der Bundesrepublik vorhanden sei. Insbesondere werden dann die Leistungsfähigkeit und Flexibilität des differenzierten Systems herausgestellt, vor allem des Gymnasiums.

4. Leitsatz

Das Gymnasium stellt sich auf eine Bildungsaufgabe ein, die sichern soll, daß durch umfassende Allgemeinbildung in Zeiten rascher Veränderungen auf wechselnde Anforderungen flexibel reagiert werden kann.

Mit dem Blick auf die Bildungsleistungen aller Schulformen wird die Bedeutung einer Allgemeinbildung, die auch ethische Bindungen vermittelt und die Befähigung zum eigenständigen Lernen ermöglicht, als Voraussetzung für die Meisterung der Herausforderungen durch die Zukunft herausgestellt. Dieser Aufgabe stelle sich in besonderer Weise das Gymnasium:

Wenngleich alle Schularten einen Allgemeinbildungsauftrag erfüllen, so ist die Allgemeinbildung, die am Gymnasium vermittelt wird, darüber hinaus durch die Merkmale Vertiefung, Differenzierung, Komplexität, Flexibilität und Urteilsfähigkeit gekennzeichnet.

Der Schüler des Gymnasiums soll „den Dingen auf den Grund gehen", ihre Vielfalt verstehen, ihre Vielschichtigkeit und gegenseitige Abhängigkeit durchdenken, sich schnell und sicher auf neue Sachverhalte und Situationen einstellen sowie Dinge angemessen bewerten lernen. Unterricht und Erziehung müssen aber in gleichem Maße zur Entfaltung der künstlerischen, emotionalen und kontemplativen Kräfte führen, die dem Menschen helfen können, zu sich selbst zu finden, und die es ihm ermöglichen, Spannungen und Konflikte leichter zu ertragen. Mit einem derart verstandenen Bildungsauftrag werden die Voraussetzungen für die Grundlegung von Schlüsselqualifikationen geschaffen, die zur Bewältigung der Herausforderungen der Gesellschaft von morgen notwendig sind.

Der Bildungsgang am Gymnasium ist gemäß seinem besonderen Bildungsauftrag – allgemeine Studierfähigkeit – und seines Bildungsabschlusses – Hochschulreife – gestaltet. Von daher stehen die Bildungsziele Allgemeinbildung, Studierfähigkeit, Hochschulreife in einem engen Bedingungsgefüge.

Das Gymnasium kann daher nicht Ort wie auch immer gearteter berufsbezogener Bildungsgänge sein. Ungeachtet der Tatsache, daß Bildung und Ausbildung verschiedene Kategorien sind, vermitteln berufsbezogene Bildungsgänge eine spezielle Ausbildung. Auch hat sich die schulische berufliche Ausbildung in engem Zusammenhang mit betrieblicher Ausbildung im dualen System bestens bewährt, nicht zuletzt deswegen, weil Betriebe zumeist auf dem neuesten technischen Stand sind.

Für Übergänge in die Berufs- und Arbeitswelt seien umfassende Orientierungsmöglichkeiten geschaffen worden, ohne daß neue Unterrichtsfächer eingerichtet werden mußten. Die berufliche Bewährung dieser Abiturienten bestätige im übrigen die Zweckdienlichkeit einer breiten Allgemeinbildung und der Erziehung zum „vernetzten Denken" sowie zu flexiblem methodischen Vorgehen.

Das Gymnasium benötigt hierfür Unterrichtsfächer, in denen die geschichtlich überkommene und gegenwärtig erfahrene Welt in ihren Bezügen deutlich wird. Eine breite Grundbildung in den Wissenschaftsbereichen Geistes-, Sozial- und Naturwissenschaften ist unabdingbare Voraussetzung. Diese Bereiche repräsentieren die Welt in spezifischer Weise. In der Schule sind dies: die Fremdsprachen und die Muttersprache, die Geschichte, die Geographie, die gesellschaftlichen und wirtschaftlichen

Bereiche, die Naturwissenschaften, die Mathematik, die Literatur und Künste. In allen diesen Bereichen spiegeln sich nicht allein die Tätigkeiten des Menschen. In diesen Bereichen erscheint den Menschen in je spezifischer Weise Welt als Gestaltungs-, Handlungs- und Sinnzusammenhang. Das Gymnasium muß ein Ort des „Prinzipiellen Fragens“ (Heisenberg) und der ethischen Grundorientierung sein. Diese Aufgabe ist von allen Fächern zu leisten. Der Unterricht darf sich nicht nur mit Fakten und Wirkungszusammenhängen befassen, sondern muß nachdrücklich die philosophischen Hintergründe und Zusammenhänge erhellen. Eine solche unterrichtliche Kategorie muß deutlicher als bisher zum Prinzip des Gymnasialen werden. Sie öffnet den Weg zur Selbstfindung und Selbstorientierung, ohne den Bezug zum sozialen und natürlichen Umfeld zu verlieren.

Für Studium und Beruf sowie vernünftige Nutzung der Freizeit bereiten allgemeinbildende Fächer immer noch besser vor als schnell veraltetes pragmatisches Spezialwissen. Die Ambivalenz von Technik, die Verantwortungsethik im Umgang mit der Natur, die Weckung staatsbürgerlichen Verantwortungsbewußtseins läßt sich mit den klassischen Gymnasialfächern und fächerübergreifend besser und glaubwürdiger behandeln. Nicht zweckgerichtetes Spezialwissen ist gefragt, sondern vertiefte Allgemeinbildung.

Bildung unter diesem Aspekt ist mehr als Schulung und Erziehung. Schulung richtet sich auf Teilaspekte und ist bezogen auf Objekte, Erziehung zielt auf den zu Erziehenden. Bildung ist die Integration und Aktualisierung der Teilaspekte zu einem verantwortlichen Ganzen. In einer Zeit, in der die rationale Objektwelt stetig wächst, mißversteht man Bildung oft nur als verfeinerte und breite Schulung. Daher rühren auch gelegentlich die Mißverständnisse, die die Allgemeinbildungsdiskussion begleiten.

Der Kulturauftrag des Gymnasiums geht von einem Bildungsbegriff aus, der den Menschen befähigt, sein Leben in personaler Verantwortung zu führen. Dies schließt neben der Vermittlung einer vertieften Allgemeinbildung die Fähigkeit des Menschen ein, sein Leben und seine Umwelt selbst zu gestalten. Dafür ist die Entfaltung der schöpferischen Kräfte des Menschen von zentraler Bedeutung, die Erschließung seines Reichtums an Ideen, seiner Gestaltungskraft und seines Sinnes für Schönheit. Der einzelne soll nicht nur vertraut gemacht werden mit seiner Regionalkultur, den kulturellen Wurzeln Europas und der umfassenden Weltkultur, sondern er soll zur Mitgestaltung und Ausformung der zukünftigen Kulturgesellschaft unmittelbar und eigenverantwortlich beitragen können.

5. Leitsatz:

Das Gymnasium vermittelt mit der allgemeinen Hochschulreife sowohl Studierfähigkeit als auch Persönlichkeitsbildung, beides als Voraussetzungen für Leitungsaufgaben in einer hochdifferenzierten Industriegesellschaft.

6. Leitsatz:

Das Gymnasium zeichnet sich aus durch eine Pädagogik des Förderns und Forderns, die den gesellschaftlichen Wandel auch mit Blick auf die veränderten familiären Erziehungsstrukturen berücksichtigen muß.

7. Leitsatz:

Das Gymnasium muß, noch stärker als bisher, den zunehmenden Einfluß der modernen Medien in die eigene Bildungsarbeit einbeziehen.

8. Leitsatz:

Die Bildungs- und Erziehungsarbeit des Gymnasiums nimmt die Herausforderung auf, die sich durch das Zusammenwachsen Europas und aus weltweiten internationalen Verflechtungen ergeben.

9. Leitsatz:

Das Gymnasium als Teil des nach Schulformen gegliederten Schulwesens vermittelt eine Bildung, die für junge Menschen eine zuverlässige Grundlage für den sich zunehmend ausweitenden internationalen Wettbewerb ist.

10. Leitsatz:

Die umfangreiche inhaltliche und am Reifeprozeß des jungen Menschen orientierte erzieherische Zielsetzung des Gymnasiums erfordert eine neunjährige Gymnasialzeit.

[27]

VERBAND BILDUNG UND ERZIEHUNG (VBE)

Rahmenprogramm des VBE (1991)
Sekundarschulbildung im Wandel (1992)

Der „Verband Bildung und Erziehung" entstand in seiner heutigen Form 1974 aus dem Zusammenschluß regionaler Vereinigungen gleichen Namens in West- und Nordwestdeutschland, des „Deutschen Lehrerbundes" (DLB) und des „Bayerischen Lehrer- und Lehrerinnen-Verbandes" (BLLV). Damit nahm der VBE einerseits die Leitlinien der Verbandspolitik katholischer Lehrerorganisationen auf, öffnete sich dann aber 1969 für den Betritt auch der evangelischen Lehrerschaft, vornehmlich Nordrhein-Westfalens, und gab „die Katholizität als konstituierendes Verbandsprinzip" auf. Andererseits steht der Verband in der Tradition des BLLV. Diese geht zurück auf regionale Gründungen noch vor Mitte des 19. Jahrhunderts, die sich 1861 vereinigten. Der BLLV hatte sich 1949 mit der „Gewerkschaft Erziehung

und Wissenschaft“ zur „Arbeitsgemeinschaft Deutscher Lehrerverbände“ (AGDL) zusammengeschlossen, sich aber 1969 davon wieder gelöst und war neue Bündnisse eingegangen, bis sich 1974 die Neugründung des VBE als eigenständige große Lehrerorganisation ergab. Der VBE ist zugleich Mitglied im „Deutschen Beamten Bund“ (DBB).
Der VBE umfaßt Erzieher und Erzieherinnen sowie Lehrer und Lehrerinnen aller Schularten, überwiegend jedoch aus Grund-, Haupt-, Sonder- und Realschulen. Er ist parteipolitisch unabhängig und vertritt nach seinem Bekunden eine eigenständige pragmatische Schulpolitik, die den Forderungen der Zeit pragmatisch-konstruktiv zu entsprechen sucht. Das „Rahmenprogramm“ zur Bildungspolitik wurde 1990 von der Bundesdelegiertenversammlung verabschiedet und 1991 vom Bundesvorstand beschlossen. Es wird durch einen neuen Vorschlag „Sekundarschule im Wandel“ ergänzt, der im März 1992 vom Bundesvorstand einstimmig verabschiedet wurde. Die auszugsweise Wiedergabe faßt beide Entwürfe zusammen.

Quellen: VBE-Dokumentation. Heft 91/1 „Rahmenprogramm des VBE“. Hrgs. Verband Bildung und Erziehung, Bonn. – VBE-Dokumentation. Heft 92/3. Hrsg. dsb.

1. Bildung und Erziehung: Aufgabe und Zielsetzung

Dieses Kapitel wird eingeleitet mit einer Skizze „Zur Situation“, aus der dann „das Programm des VBE“ abgeleitet wird. Dieses wird kurz umrissen mit der Zielsetzung, jedes Modernisierungskonzept müsse den Menschen in das Zentrum aller pädagogischen Bemühungen stellen und auf eine Bildung hinwirken, die den Grundwerten christlich-humanistischen Weltverständnisses und des Grundgesetzes verpflichtet sei. Danach wird die „pädagogische Perspektive in Schule und Unterricht“ angesprochen. Aus dem Ganzen ergeben sich die fundamentalen Leitlinien der Schulpolitik des Verbandes:

1.3 Grundsätze einer offensiven Bildungspolitik

Der Verband Bildung und Erziehung gründet seine Politik auf folgende Grundsätze seines Bildungs- und Erziehungsverständnisses:

Bildung und Erziehung gründen auf den allgemeinen Menschenrechten und zielen zugleich auf deren Verwirklichung. Sie befähigen zum Leben in der Gemeinschaft freier Menschen und schaffen die Voraussetzung dafür, Antwort auf den Sinn des Daseins zu finden.

Ziel von Bildung und Erziehung ist der urteils- und handlungsfähige Mensch, der sein Leben in der Gesellschaft verantwortlich führt. Dieses Ziel gründet auf dem Recht des einzelnen auf freie Entfaltung seiner Persönlichkeit im Verhältnis zur Freiheit des anderen; es ist bezogen auf den Schutz der natürlichen Lebensgrundlagen und ein Umweltverständnis, in dem der Mensch Partner in der Natur ist. Das Recht auf freie Entfaltung der Persönlichkeit ist durch Rechte und Pflichten von Familie und Schule, Wirtschaft und Staat zu sichern.

Das Recht auf freie Entfaltung fordert eine breit angelegte Bildung im Sinne einer umfassenden, ganzheitlichen Allgemeinbildung. Dieses Bildungsverständnis befähigt zur Teilnahme am gesellschaftlichen Leben insgesamt; es vereinigt allgemeine und spezielle Bildung.

Bildung und Erziehung der Heranwachsenden sind Familie, Gesellschaft und Staat überantwortet. Das öffentliche Bildungswesen ist die Regelform. Bildungseinrichtungen freier Träger ergänzen dieses Bildungsangebot in spezifischer weltanschaulicher oder pädagogischer Prägung; sie bedürfen der staatlichen Anerkennung.

Das Bildungswesen erfordert das besondere staatliche Engagement. Zu seiner für unsere Gesellschaft leistungsfähigen Entwicklung muß es nach den Grundsätzen sozialer Offenheit, weltanschaulicher Pluralität, schulpolitischer Toleranz und pädagogischer Professionalität gestaltet werden. Die Bildungsgänge müssen vielfältig und trotzdem überschaubar, geradlinig und durchlässig angelegt sein und eine hohe Mobilität untereinander erlauben. Das Bildungswesen muß sich durch vielfältige Differenzierungs- und Fördermöglichkeiten auszeichnen.

Bildung und Erziehung müssen jeden Lernenden optimal fördern. In jedem Lernprozeß wirken Erbanlagen, Umwelt und eigene Entscheidungen zusammen. Dieses Zusammenwirken muß berücksichtigt und im Sinne bestmöglicher Entfaltung gefördert werden. Eine typisierende Festlegung der Schüler in vorgegebene Schulformen beeinträchtigt dagegen eine pädagogisch sinnvolle Förderung. Das Bildungswesen muß nach Inhalt, Methode und Organisation differenziert gestaltet werden.

Im Bildungswesen muß Chancengleichheit gelten. Dies entspricht dem Grundrecht aller auf Gleichheit vor dem Gesetz. Jeder Lernende hat demnach das gleiche Recht, seine Persönlichkeit optimal zu entfalten. Chancengleichheit bedeutet sowohl die Förderung gleicher Zugangsvoraussetzungen für die Bildungseinrichtungen durch kompensatorische Maßnahmen, als auch die weitere Sicherung gleicher Chancen während des Bildungs- und Erziehungsprozesses insgesamt.

Neben staatlichen Schulen ermöglichen Schulen in freier Trägerschaft Bildung und Erziehung entsprechend den Überzeugungen gesellschaftlicher Gruppen.

Schulische Bildung und schulischer Unterricht sind wissenschaftsorientiert; Inhalte, Methodik und Didaktik müssen wissenschaftlicher Begründbarkeit und Überprüfbarkeit unterliegen. Erziehungswissenschaften, Fachwissenschaften und ihre Didaktiken müssen die Grundlage für einen umfassenden und realitätsbezogenen Unterricht liefern.

Schulische Leistung orientiert sich an pädagogischen Prinzipien; ihr Maß ist der individuelle Lernfortschritt. Ein Leistungsverständnis, das auf Konkurrenzverhalten, das Ansammeln von Benotungen und Qualifikationsnachweisen angelegt ist, verhindert dagegen einen echten Bildungs-

prozeß. Bildung und Erziehung müssen Lernsituationen bereitstellen, die
- den Lernenden zu Leistungen herausfordern;
- Leistungsmöglichkeiten erweitern;
- Leistungswillen und Leistungsbereitschaft verbessern;
- individuelle und soziale Leistungsprofile gestalten.

Der Rechtstaatlichkeit entspricht ein gesetzlich geordnetes Schulverhältnis, wodurch Rechte und Pflichten aller Beteiligten festgelegt werden. Es sichert die intersubjektive Überprüfbarkeit aller schulischen Entscheidungen, insbesondere von Schullaufbahnentscheidungen und Leistungsbeurteilungen.

Das Bildungswesen dient der Verwirklichung des grundgesetzlichen Gebotes zur Einheit der Lebensverhältnisse. Der Kulturföderalismus muß konstruktiv verstanden werden in nationaler und europäischer Perspektive.

Diese und weitere Grundsätze, unter denen Offenheit und Bereitschaft zur Integration gegenüber Fremden und Fremdem sowie als politische Grundhaltung Augenmaß und Reformwille angesichts wesentlicher Veränderungen genannt werden, will der Verband mit seiner Politik verwirklichen.
Das 2. Kapitel ist der Darstellung des Verhältnisses der Schule zu den gesellschaftlichen Gruppen und Mächten gewidmet. Dazu heißt es eingangs:

2. Schule in der Gesellschaft

Die Schule ist Teil im komplexen Netzwerk unserer Gesellschaft. Sie ist weder politischer Schonraum noch pädagogische Insel, sondern sie ist einer Vielzahl von Interessen ausgesetzt. Schule ist deshalb niemals unpolitisch. Bei aller Zukunftsbezogenenheit im Rahmen ihrer Aufgabenstellung ist sie von Traditionen und den Problemen und Konflikten der gesellschaftlichen Wirklichkeit mitbestimmt und muß sich auf diese beziehen. Die Schule muß sich in diesem Beziehungsgefüge ihrer Funktion und Zielsetzung bewußt sein. Deshalb definiert sie ihre Aufgabe im Verhältnis zu anderen gesellschaftlichen Teilbereichen und Gruppen.

Im 3. Kapitel erinnert der VBE an „Auftrag und Verantwortung der Lehrerinnen und Lehrer“ gegenüber den Schülern, den Eltern und der Gesellschaft. Zur kompetenten Ausübung und Wahrnehmung müßten den Lehrern und Lehrerinnen jedoch auch Verbeserung der Aus- und Fortbildung, Mehrung der pädagogischen Freiheit und Mitwirkung in den Entscheidungsprozessen gewährt werden.
Den umfangreichsten Teil nehmen die Ausführungen zum „Bildungssystem“ ein.

Abschnitt 4.1 „Zur Gestaltung der Elementarstufe" geht aus von einer Situationsanalyse und formuliert dann die Aufgaben und Ziele sowie Prinzipien der inneren Gestaltung der vorschulischen Erziehung.
Abschnitt 4.2 „Zur Gestaltung der Primarstufe" ist ebenso gegliedert und nennt u. a. folgende Aufgaben und Ziele:

4.2.2 Aufgaben und Ziele

Der Primarstufe fällt die verantwortungsvolle Aufgabe zu, das Kind durch entwicklungspsychologisch gesicherte Bildungs- und Erziehungsarbeit für seinen späteren Schul- und Lebensweg entscheidend vorzuprägen, seine Bereitschaft zu systematischem und kontinuierlichem Lernen zu wecken, eine zielbewußte Arbeitshaltung anzubahnen und den Sinn für schöpferische Leistung zu kultivieren. Die allmähliche Loslösung der Grundschülerinnen und -schüler von der Bindung an die Erwachsenen und ihre Einbindung in die Gruppe Gleichaltriger wollen individuell und gruppendynamisch aufgenommen und zu verantwortlichem sozialen Verhalten des einzelnen und der Gruppe geführt werden.

Die Primarstufe ist eine eigenständige Bildungs- und Erziehungsstufe, in der sich der spätere Erwachsene entscheidender als in den folgenden Schulstufen zu formen beginnt.

Die Grundschule

Die Grundschule ist die gemeinsame Grundstufe des Bildungswesens für alle Kinder. Auf der Grundlage des in den Landesverfassungen und den Schulgesetzen vorgegebenen Bildungs- und Erziehungsauftrages besteht die Aufgabe, alle Schülerinnen und Schüler unter Berücksichtigung ihrer individuellen Voraussetzungen in ihrer Persönlichkeitsentwicklung, in ihrem sozialen Verhalten sowie in ihren kreativen, musischen und praktischen Fähigkeiten gleichermaßen umfassend zu fördern. Der Anfangsunterricht soll die Kinder behutsam in das schulische Lernen einführen.

Grundlegende Kenntnisse, Fähigkeiten und Fertigkeiten sind in Inhalt und Form so zu vermitteln, daß sie den individuellen Lernmöglichkeiten der Kinder angepaßt sind.

Durch fördernde und ermutigende Hilfen müssen die Schülerinnen und Schüler zu systematischen Formen des Lernens hingeführt werden. Damit werden die Grundlagen für die weitere Schullaufbahn geschaffen sowie die Schüler zunehmend an Leistungsnormen und Leistungsbeurteilungen herangeführt.

Die Lernfreude der Kinder muß geweckt, erhalten und verstärkt werden.

Die Eltern müssen in allen schulischen Fragen stärker beraten werden, insbesondere bei Schullaufbahnentscheidungen.

In Ziffer 4.2.3 werden die „Prinzipien der inneren Gestaltung der Grundschule" vorgestellt: Förderung, Differenzierung, Individualisierung, soziales Lernen, soziale Koedukation, Kindgemäßheit und Lebensnähe, alle in der Einheit von Erziehung und Unterricht.
Dann werden die vordringlichen Maßnahmen aufgezählt:

4.2.4 Maßnahmen

Grundschule als eigenständige und stufenübergreifende Schule

Die Grundschule steht als eigenständige Schule zwischen den Einrichtungen der Elementarstufe und der Sekundarstufe I. Sie orientiert sich an ihren eigenen Maßstäben. Die Grundschularbeit darf nicht durch grundschulfremde Anforderungen weiterführender Schulen belastet werden.

Eine Orientierungsfunktion im Hinblick auf den Übertritt in weiterführende Schularten haben erst die Jahrgangsstufen 5 und 6. In einer gemeinsamen 6jährigen Grundschule, die in die Sekundarstufe I hineinreicht, wird den Kindern der Schulwechsel zu einem für ihre Lernentwicklung ungünstigen Zeitpunkt erspart und die wohnortnahe Schule zwei Jahre länger erhalten. Die Erfahrungen der Grundschule mit den Kindern könnten so für die weitere Schullaufbahnentscheidung besser als bisher eingebracht werden.

Im einzelnen werden gefordert: Individuelle Bemessung der täglichen Verweildauer in der Schule, moderne kindgerechte Ausstattung, angemessene Klassengröße, Einrichtung von Schulkindergärten, Aus- und Weiterbildung der Lehrkräfte, vor allem für Beratungstätigkeiten, u. a. m.

4.3 Zur Gestaltung der Sekundarstufe I

Vom Abschnitt 4.3 „Zur Gestaltung der Sekundarstufe I" wird nur der Eingangssatz wiedergegeben, die weiteren Ausführungen werden dem Vorschlag „Sekundarschulbildung im Wandel" entnommen, der sich bruchlos anfügen läßt:

4.3.1 Situation

Das bestehende Schulsystem in der Sekundarstufe I wird im Hinblick auf die geistigen, politischen und gesellschaftlichen Veränderungen sowie im Hinblick auf neue Erkenntnisse der Erziehungswissenschaften dem Bildungsrecht der Schüler und den Anforderungen der Gesellschaft nicht gerecht.

Nach einem kurzen Aufriß zum Thema „Schulen im Strukturwandel" mit Bemerkungen zur „demographischen Entwicklung in der Bundesrepublik", zu den „Veränderungen im Bildungsbewußtsein der Bevölkerung" und zu den „Merkmalen des Schulwandels" ergibt sich als Vorschlag für eine Reform der Sekundarstufe I:

Die zweigliedrige Schulstruktur als Alternative und Ausweg aus der Krise

Die bildungspolitische Entwicklung der vergangenen Jahre hat die Erfahrung vermittelt, daß weder die integrierte Gesamtschule – als Ersatz oder als Ergänzung – noch das dreigliedrige Schulwesen eine Lösung der Strukturkrise in der Sekundarstufe I bewirken können. Weder ist eine Abschaffung der Gymnasien denkbar noch wird es zu einer flächendeckenden Einführung von Gesamtschulen kommen.

Andererseits hat sich der mittlere Bildungsabschluß – die Fachoberschulreife – im Bewußtsein der Eltern und in der Erwartung der Wirtschaft als schulische Basisqualifikation etabliert. Somit kommt es zwangsläufig zu einer Schulstruktur, in der sich das Gymnasium behauptet und parallel dazu ein Bildungsweg entsteht, der aufgrund des oben geschilderten Strukturwandels die bestehenden Schulen außerhalb des Gymnasiums immer dichter zusammenführt. Doch diese Zusammenführung wird keine Integration der Schulen außerhalb des Gymnasiums bewirken, wenn nicht gestaltend in den Strukturwandel der Sekundarschulen eingegriffen wird. Vor allem die deutliche Absicht der Anhänger einer traditionellen Schulstruktur, die Hauptschule als „Auffangbecken" im schulischen Selektionsprozeß zu erhalten, um insgesamt das System zu stabilisieren, könnte zu einer sozial ausweglosen Situation gerade dieser Schule und ihrer Schüler führen.

Vor diesem Hintergrund ist es eine zentrale Aufgabe gegenwärtiger und künftiger Schulpolitik, in der Sekundarstufe I eine Schulstruktur durchzusetzen, die einerseits am Bestand des gymnasialen Bildungswegs festhält und andererseits alle Parallelschulformen in einem neuen Bildungsgang integriert. Das Ergebnis ist eine zweigliedrige Schulstruktur, die gegenwärtig und auf absehbare Zeit einen Ausweg aus der langjährigen Strukturkrise der Sekundarschulen bietet.

Damit gibt es in der Sekundarstufe I neben der Förderschule (Sonderschule) zwei schulische Bildungsgänge der Klassen 5 bis 10 (bzw. bei Einführung einer 6jährigen Grundschule oder einer eigenständigen Orientierungsstufe der Klassen 7 bis 10):

- das Gymnasium,
- eine Sekundarschule, die ihre „Oberstufe" vornehmlich im Beruflichen Schulwesen hat.

Das Gymnasium bleibt im Rahmen einer zweigliedrigen Schulstruktur weitgehend erhalten, was allerdings nicht heißen soll, es sei in Inhalten, innerer Organisation und Zielstellung nicht reformbedürftig. Entsprechend wird in dieser Darstellung auf eine Behandlung verzichtet. Das folgende Konzept bezieht sich damit ausschließlich auf die neuzugestaltende Schule in der Sekundarstufe I.

Eine schulstrukturelle Veränderung kann jedoch nur in sich geschlossen und in bezug auf die Lösung der Sekundarstufen-I-Krise effizient sein, wenn sie im Rahmen der Sekundarstufe II Berufliches Schulwesen – konsequent im Sinne größerer Offenheit und Durchlässigkeit der Bildungsgänge fortgeführt wird.

Die zweigliedrige Organisation der Schulen in der Sekundarstufe I kann als Basismodell für die weitere Zukunft gelten. Insgesamt bleibt für die Schulentwicklung festzuhalten, daß die örtlichen und regionalen Bedingungen der Schulen maßgebend für deren unterrichtliche und strukturelle Gestaltung sind.

Der VBE kennzeichnet diesen Vorschlag als „pragmatischen Kompromiß“, der im übrigen im Zusammenhang mit seiner Forderung nach einer sechsjährigen Grundschule gesehen werden müsse, um das „Übertrittsverfahren von der Primar- in die Sekundarstufe I zu entschärfen“. Nähere Ausführungen werden nicht gemacht.

Grundsätze

Bei der Auseinandersetzung mit der Frage der Um- oder Neugestaltung des schulischen Angebotes in der Sekundarstufe I müssen nach Auffassung des VBE folgende Grundsätze zentrale Berücksichtigung finden:

- Das Bildungsangebot einer zweigliedrigen Struktur der Schulen muß in seiner pädagogischen Ausgestaltung, in den angebotenen Inhalten und den erreichbaren Abschlüssen so attraktiv sein, daß es auch bei freier Elternentscheidung über die Schullaufbahn genügend Akzeptanz findet.
- Das Bildungsangebot muß durch entsprechende Differenzierung im Lernangebot und in den Leistungsanforderungen unterschiedlichen Neigungen und Interessen der Jugendlichen Rechnung tragen. Dabei sollten allen Schülern alle Optionen möglichst lange offenstehen. Durchlässigkeit als Prinzip gilt auch im Rahmen der Zweigliedrigkeit.
- Das Bildungsangebot muß so wohnortnah angesiedelt sein, wie es die Anforderungen an die Größe der Schule ermöglichen, die sich aus der pädagogischen Konzeption ergibt. Gerade die nicht gymnasiale Schule in der Sekundarstufe I muß dem Anspruch der Wohnortnähe in Verbindung mit einem attraktiven Bildungsangebot genügen können.
- Die Sekundarschulen haben als gemeinsames und zentrales Ziel die Vermittlung einer umfassenden und grundlegenden Allgemeinbildung. Daraus ergibt sich ein einheitlicher Fächerkanon für alle Schulen, der als Gruppen umfaßt
  - fundamentale Kommunikationsfächer wie Deutsch, Mathematik und eine erste Fremdsprache,

- Natur- und Gesellschaftswissenschaften wie Physik, Chemie, Biologie, Geschichte, Erdkunde und Sozialkunde,
- musische Fächer wie Musik, Kunsterziehung und textile Gestaltung,
- Sport
  und
- Religion.

Beide Schulformen in einer zweigliedrigen Sekundarstufe I lassen Übergänge in das andere System zu. In ihrer Zielrichtung orientieren sie sich aber an ihren Abschlußqualifikationen, so daß vor allem eine vertikale Durchlässigkeit gegeben ist.

Pädagogische Ausgestaltung

Die pädagogische Ausgestaltung der Schule sollte sich orientieren am Gedankengut der Reformpädagogik im Sinne einer „Pädagogik vom Kinde aus": Lernen ist im umfassenden, ganzheitlichen Verständnis zu interpretieren und zu organisieren, die Lebenswelt der Jugendlichen bietet den methodisch-didaktischen Rahmen.

Dazu wird an bewährte didaktische Gestaltungsprinzipien erinnert, u. a. an Lebensnähe und Handlungsorientierung und entsprechende unterrichtliche Umsetzungsmöglichkeiten.

Inhaltliches Angebot

Das inhaltliche Angebot entspricht dem Anspruch auf eine umfassende Allgemeinbildung, die die Jugendlichen zu kompetenter Teilhabe am gesellschaftlichen Leben befähigt.

Das erfordert die Überwindung der künstlichen Trennung berufsbezogener und wissenschaftsbezogener Bildungsziele und Bildungsinhalte. Handeln und Denken, praktische und theoretische Bildung sind keine Gegensätze, sondern bedingen und durchdringen einander und führen erst so zu einer umfassenden Allgemeinbildung.

Außer dem Grundkanon solle daher das Bildungsangebot Wahlpflicht- und freie Wahlangebote sowohl für Arbeitsgemeinschaften wie für das Selbststudium enthalten. Differenzierung und individuelle Förderung müßten den unterschiedlichen Interessen und Leistungsvermögen Rechnung tragen. Sie könnten zu unterschiedlichen Abschlußqualifikationsprofilen führen.

Unterrichtsorganisation

Ob ein rein fachleistungsbezogenes oder ein fächerübergreifendes Differenzierungsmodell an dieser Schule eingeführt wird, entscheiden die Eltern und Lehrer der jeweiligen Schule.

Die Möglichkeit, beide Differenzierungsmodelle zu kombinieren, z. B. Fachleistungsdifferenzierung in den Klassen 7 und 8 und fächerübergreifende Differenzierung in den Klassen 9 und 10, sollte offengehalten werden.

Den Differenzierungen ab Klasse 7 vorgeschaltet ist die gemeinsame Orientierungsstufe für alle Schüler in den Jahrgangsstufen 5 und 6.

Bei der Charakterisierung der Arbeit der Orientierungsstufe wird vor allem die Forderung nach stärkerer pädagogischer Eigenverantwortung der Schule betont.

Am Ende der gemeinsamen Orientierungsstufe erfolgt die Schullaufbahnempfehlung.

Bei fächerübergreifender Differenzierung werden zu Beginn der 7. Jahrgangsstufe die Klassen neu gebildet.

Es folgen einige Vorschläge zur Zuordnung der Fächer zu Wahlpflichtfachbereichen und zu den Wahlmodalitäten für die Schüler.

Abschlüsse – Qualifikationen – Übergänge

Innerhalb des derzeit geltenden Rahmens der Abkommen der Ministerpräsidenten und der Kultusministerkonferenz vergibt die Schule am Ende des 9. Schuljahres den Abschluß Berufsreife und am Ende des 10. Schuljahres den mittleren Schulabschluß (Fachoberschulreife). Mittelfristig sollte die Schule alle Schüler bis zum Ende des 10. Schulbesuchsjahres führen. Am Ende des 10. Schuljahres vergibt sie dann den mittleren Bildungsabschluß nach gewählten Profilen und mit unterschiedlichen Berechtigungen, die sich an den Profilen des Wahlpflichtbereiches und an den Leistungen in den Pflicht- und Wahlfächern orientieren.

Diese Profile und Leistungen bestimmen auch den Übergang zu den weiterführenden Bildungseinrichtungen im Sekundarbereich II. Schüler mit entsprechenden Leistungen und Interessen erhalten die Berechtigung zum Eintritt in die gymnasiale Oberstufe bzw. in das Berufliche Gymnasium.

Schulische Organisationsformen

Die Organisationsformen sind flexibel. Sie werden bestimmt von den jeweiligen lokalen bzw. regionalen Gegebenheiten, wie z. B. der Siedlungsstruktur, der Verkehrsanbindung, von den vorhandenen Gebäuden, der voraussehbaren demographischen Entwicklung. Die bisherigen Barrieren der Dreigliedrigkeit in der Sekundarstufe I dürfen dabei kein Hindernis sein. Bestandsgarantien für bestimmte Systemformen blockieren langfristig die Schulentwicklung.

Der Vorschlag bringt zum Schluß ein „Organisationsmodell" und legt eine „Stundentafel" vor.
Es folgt aus dem „Rahmenprogramm" der Abschnitt:

4.4 Zur Gestaltung der Sekundarstufe II

4.4.1 Situation

In der Sekundarstufe II werden den Jugendlichen entweder eine Studienvorbereitung oder eine Berufsausbildung vermittelt. Damit wird der Übergang zum Berufsleben und zu den Bildungsgängen des tertiären Bildungsbereiches geschaffen. Die Jugendlichen entscheiden sich jedoch bereits mit ihrem Eintritt in die Sekundarstufe II für einen Beruf, ein Berufsfeld oder für den Weg zum Abitur. Dem Sekundarabschluß I kommt dabei orientierende und die Schullaufbahn regelnde Bedeutung zu.

Die weitere Zustandsbeschreibung konzentriert sich vor allem auf die Bildungsdefizite, die Folge der strikten Trennung der beiden Sekundarstufen-II-Formen sind. Daraus werden dann die neuen „Aufgaben und Ziele" abgeleitet:

4.4.2 Aufgaben und Ziele

Alle Schulen der Sekundarstufe II sollen ihren Absolventen einen Bildungsabschluß vermitteln, der sie zu selbständigen und eigenverantwortlichen Entscheidungen für ihren weiteren Lebensweg in Studium und Beruf befähigt. Aufgabe und Ziel des schulischen Bildungsauftrags in der Sekundarstufe II ist die Bereitstellung und Vermittlung entsprechender Qualifikationen.

Das Recht auf freie Entfaltung der Persönlichkeit erfordert in der Sekundarstufe II Bildungsangebote und Schullaufbahnen, die den Zuschnitt einer individuellen Bildungsentwicklung erlauben und offen sind gegenüber den Neigungen, Interessen und Lernschwerpunkten der Jugendlichen. Schulische Aufgabe ist es, durch Unterrichtsformen Lernprozesse zu unterstützen, die das individuelle Leistungsprofil jedes einzelnen herausbilden und weiterentwickeln.

Die in der Sekundarstufe II angebotenen Bildungswege sind gleichwertig. Allgemeinbildende und berufsbildende Unterrichtsinhalte dürfen nicht isoliert voneinander angeboten werden. Das Ziel einer umfassenden Bildung aller läßt sich nur erreichen, wenn die traditionelle Trennung von Allgemeinbildung und Berufsbildung überwunden wird, vor allem im Hinblick auf ihre unterschiedliche soziale Wertigkeit.

Diese Zielstellung macht im berufsbildenden Schulwesen ein breites und differenziertes Angebot allgemeinbildender Fächer sowie einen Ausbau des ästhetisch-künstlerischen Bereiches notwendig. Wissenschaftsorientierung und Leistungsdifferenzierung sind weitere konstitutive Elemente eines Berufsschulwesens, das sein Lernniveau an einer Gleichwertigkeit aller Schulen in der Sekundarstufe II orientiert.

Ziel der Sekundarstufe II ist es weiterhin, auch im Rahmen des „dualen Systems“ ein umfassendes und vertieftes Bildungsangebot durch die Berufsschulen anzubieten. Neue Formen der betrieblichen Ausbildung müssen für dieses Angebot Raum schaffen.

Für die gymnasiale Oberstufe stellt sich die Aufgabe, in ihr Bildungsangebot verstärkt berufsbildende Unterrichtsinhalte und Fächer aufzunehmen. Eine Erhöhung der Praxisanteile bereitet die zukünftigen Abiturienten auf den Eintritt in das Arbeitsleben vor und vermittelt den für eine fundierte Studien- und Berufswahl notwendigen Einblick in den zukünftigen Beruf.

Die Bildung der Sekundarstufe II ist Grundlage für ein erfolgreiches Lernen in Studium, Beruf und für alle Formen anschließender Fort- und Weiterbildung. Wesentliches Bildungsziel der Sekundarstufe II ist deshalb auch die Verankerung von allgemeiner Lernmotivation sowie der Kompetenz zur Selbstorganisation zielgerichteter Lernprozesse. Dies schafft die Voraussetzung für ein Gelingen möglicher späterer beruflicher Zusatzqualifikationen und Berufswechsel.

Nachfolgend werden in Ziffer 4.4.3 die „Prinzipien der inneren Gestaltung“ genannt: Durchlässigkeit, Offenheit und Transparenz, Wahlmöglichkeit und Wahlfreiheit.
Ziffer 4.4.4 „Organisationsformen“ enthält keine Modellvorschläge, sondern weist Möglichkeiten auf, die bestehenden Organisationsformen voll auszuschöpfen und empfiehlt den Ausbau der vollzeitlichen Berufsausbildung im Sinne stärkerer Integration der Ausbildungswege.
Vorschläge für einzuleitende Maßnahmen bilden auch hier den Schluß:

4.4.5 Maßnahmen

Die Abschlußprofile der durch die Sekundarstufe I vergebenen Qualifikationen sind mit den Eingangsvoraussetzungen für die Sekundarstufe II zu koordinieren. Standard ist dabei in jedem Fall ein mittlerer Schulabschluß nach einem 10. Schuljahr. Dabei sind eindimensionale Zuordnungen ohne Wahlmöglichkeiten des Bildungsganges in der Sekundarstufe II grundsätzlich zu vermeiden. Durchlässigkeit zwischen allgemeinbildenden und berufsbildenden Schulen muß angestrebt werden.

Für die gesamte Sekundarstufe II sind Curricula zu entwickeln, die vom Grundsatz der Gleichwertigkeit allgemeiner und beruflicher Bildung ausgehen. Die dadurch beschriebenen Bildungsgänge müssen den Jugendlichen eine weitgehend individuelle Wahl entsprechend ihren Neigungen und Leistungsansprüchen und die Schwerpunktbildung ihrer Interessen ermöglichen.

Vor allem solche Bildungsgänge müssen geschaffen werden, die sowohl zur allgemeinen Studienberechtigung als auch zugleich zu einer Berufsqualifikation führen.

Die Gleichwertigkeit der Bildungsgänge in der Sekundarstufe II erfordert neben dem Abitur als standardisiertem Abschluß der gymnasialen Oberstufe einen vergleichbaren, mit den gleichen Berechtigungen ausgestatteten Abschluß, der von den berufsbildenden Schulen vergeben werden kann. Dieser alternative Bildungsabschluß der Sekundarstufe II ist notwendig aus Gründen der Bildungsgerechtigkeit und der strukturellen Entlastung beider Sekundarstufen.

[28]

Deutscher Lehrerverband (DL)

Schule und aktuelle Bildungspolitik in der Bundesrepublik Deutschland – Eine Einführung in 20 Thesen von Josef Kraus – (1990)

Der Deutsche Lehrerverband (DL) wurde 1969 als Dachorganisation der Lehrerverbände, die außerhalb der Gewerkschaft Erziehung und Wissenschaft eine gemeinsame Vertretung ihrer Interessen suchten, gegründet. Der DL vereinigt vier große Standesorganisationen der deutschen Lehrerschaft: den Deutschen Philologenverband (DPhV), den Bundesverband der Lehrer an berufsbildenden Schulen (BLBS), den Verband Deutscher Realschullehrer (VDR) und den Bundesverband der Lehrer an Wirtschaftsschulen (VLW), außerdem seit der Wende den Sächsischen Lehrerverband (SLV).
Seiner Struktur entsprechend nimmt der DL seine bildungs- und berufspolitischen Aktivitäten zu einem großen Teil auf Bundes- und europäischer Ebene wahr. Bei allen schulpolitischen Fragen und in allen sozialen bzw. standespolitischen Angelegenheiten arbeitet er eng mit den Einzelorganisationen zusammen. Da entsprechend der Verteilung der kulturpolitischen Kompetenzen die Bundesländer die eigentlichen Entscheidungsträger sind, unterhält der DL in allen Ländern eigene Landesvertretungen. Es ist sein Ziel, die Interessen aller Lehrer in den Gliedverbänden im Hinblick auf die Verantwortung für das Gesamtsystem von Schule, Unterricht, Lehrerausbildung und -status zu koordinieren und politisch zu vertreten.
Die bildungspolitischen Leitvorstellungen des DL hat der Präsident des Gesamtverbandes in zwanzig Thesen einer Materialien- und Aufsatzsammlung vorangestellt, die sich insbesondere an die Lehrer und Bildungspolitiker in den neuen Bundesländern wendet.

Quelle: Deutscher Lehrerverband: Schule und Lehrerberuf. Eine Materialien- und Aufsatzsammlung für Lehrer und Bildungspolitiker in den neuen deutschen Ländern. Hrgs. von J. Kraus. Bonn 1990^3. S. 11 ff.

Zu Beginn wird in den Thesen 1–7 „die rechtsstaatliche Verankerung des bundesdeutschen Schulwesens" beschrieben und insbesondere seine demokratische Verfassung und Struktur hervorgehoben: u. a. die „Kulturhoheit der Länder", das „Subsidiaritätsprinzip" – d. h. die Pflicht zur Hilfe seitens einer übergeordneten Instanz, wenn die Eigenkräfte der Erstinstanz nicht ausreichen –, die „Partizipation" der Eltern und Schüler, der Lehrer und Lehrerverbände an den Entscheidungen in der Schule und der Schulverwaltung. Danach folgt eine Übersicht über die Organisation des Schulwesens in den alten Bundesländern:

Pluralität der Schul- und Bildungswege

8. Was die Schulstruktur in der Bundesrepublik betrifft, so ist das Prinzip Pluralität nicht nur Pate, sondern Ziehvater. In der Sprache der Schulpolitiker und der Bildungstheoretiker bedeutet das: Die Bundesrepublik hat ein gegliedertes, differenziertes Schulsystem, und zwar ein vielfach gegliedertes. Falsch wäre es zu sagen, die Bundesrepublik habe ein dreigliedriges Schulsystem, und nicht nur falsch, sondern infam wäre es zu sagen, das „dreigliedrige" Schulsystem der Bundesrepublik reproduziere eine „Dreiklassengesellschaft".

Differenziertes Schulsystem in der Bundesrepublik beinhaltet

- sieben verschiedene Schulformen im allgemeinbildenden Bereich: Grundschule, Hauptschule, Realschule, Gymnasium, Sonderschule, Orientierungsstufe, Gesamtschule;
- weit über zehn verschiedene Schulformen im berufsbildenden Bereich;
- ferner verschiedene schulische Gänge des sog. zweiten Bildungsweges.

Zu den beiden letzten Spiegelstrichen werden die zugehörigen Schulformen aufgezählt.

Mit diesem Spektrum an Schulformen steht die Bundesrepublik international einzigartig da, nicht im Sinne des Kuriosen, sondern im Sinne der Differenzierung, der Individualisierung, der Leistungs-, Begabungs- und Neigungsorientierung sowie im Sinne hohen Qualitätsanspruchs. Letzteres bestätigen nationale und internationale Experten immer wieder. Das „Qualified in Germany" ist zum Markenzeichen geworden, und es ist das Etikett des gegliederten Schulsystems.

9. Das vielfältig gegliederte Schulwesen in der Bundesrepublik hat seine pädagogisch-psychologische und seine volkswirtschaftliche Berechtigung. Pädagogisch-psychologisch ist dieses Schulsystem gerechtfertigt, weil es im Sinne von individueller Beschulung von Schülern in begrenzt heterogenen Lerngruppen ein Optimum an Bildung für den Einzelnen leistet sowie Über- und Unterforderung von Heranwachsenden vermeidet. Volkswirt-

schaftlich ist es gerechtfertigt, weil eine moderne, hochdifferenzierte, arbeitsteilige Gesellschaft auch ein hochdifferenziertes Bildungs- und Qualifizierungssystem braucht.

Es folgt der Hinweis, daß trotz der Existenz von 365 Gesamtschulen das gegliederte Schulwesen „die absolut vorherrschende Realität" sei. Der Anteil der Gesamtschulen an den allgemeinbildenden Sekundarschulen betrage nur 2 %, „selbst nach zwanzig Jahren einer zum Teil aggressiven Gesamtschulpolitik".

11. Gegliedertes Schulsystem heißt – allen polemischen Anfechtungen zum Trotz – leistungsorientierte und begabungsgerechte Schullaufbahnwahl. Die Kinder werden nicht nach sozialer Herkunft, wie immer wieder böswillig behauptet, „sortiert", vielmehr heißt die Eintrittskarte zu bestimmten Schulformen „Leistung", „Begabung", „Neigung".

12. Die äußere Differenzierung nach Leistung, Begabung und Neigung findet ab dem 11. Lebensjahr statt.

Gemeint ist der Übergang in die Hauptschule, die Realschule oder das Gymnasium. Dann werden zwei Länder mit abweichender Regelung genannt.

Der vorherrschende Differenzierungstyp ist der ab Jahrgang 5 beginnende.

Diese Zeitpunkte, insbesondere der im 11. Lebensjahr, sind nicht zu früh gewählt. Bei 90 Prozent der Schüler in diesem Alter ist es bei sorgfältiger pädagogischer Beurteilung erkennbar, welche Schulform zukünftig bzw. zumindest für die unmittelbar nachfolgenden Schuljahre die individuell geeignetste ist. Verzögerte sich die Schulformdifferenzierung auf einen späteren Zeitpunkt, so provozierte dies Lern- und Motivationsdefizite aufgrund von Überforderung oder Unterforderung: In einer hinsichtlich Leistungsfähigkeit äußerst heterogenen Klasse wäre der schwächer Begabte und langsamer Lernende ständig überfordert und frustriert, der Begabtere und dynamischer Lernende unterfordert und auf Dauer ebenfalls frustriert. Der Zeitpunkt des Beginns der äußeren Differenzierung ab Altersstufe 11 ist auch deshalb besonders günstig, weil er noch in die Phase eines individuell optimalen Lernalters fällt, ehe sich dann etwas später die Verwerfungen der Vorpubertät bemerkbar machen.

In These 13 wird auf die Möglichkeit späterer Übergänge verwiesen, ebenso auf die zahlreichen Möglichkeiten, versäumte Qualifikationen später zu erwerben. „Vertikale Durchlässigkeit" und „horizontale Durchlässigkeit" sind die Stichwörter dafür, daß es im gegliederten Schulsystem keine Bildungssackgassen gebe.

Breite Allgemeinbildung und relativ spät einsetzende Spezialbildung

14. Das Bildungsziel aller allgemeinbildenden Schulformen ist es, eine in der verfügbaren Zeit möglichst breite Allgemeinbildung zu vermitteln. Allgemeinbildung versteht sich dabei als Summe aus

- breiter materialer, d. h. fachlicher Bildung, vor allem auf der Basis der Fächer Deutsch, Mathematik, Naturwissenschaften, Fremdsprachen und Geschichte;
- fundierter formaler Bildung, d. h. der Hinführung zu konkreten Fertigkeiten und Bereitschaften, mit Informationen umzugehen, sie zu suchen, sie zu ordnen, sie zu werten u. a. m.;
- personaler Bildung im Sinne erzieherischen Umgangs mit Heranwachsenden und dem Ziel, junge Menschen zu verantwortungsbewußten und entscheidungsfähigen Persönlichkeiten heranreifen zu lassen.

Die fachliche Spezialbildung steht demgegenüber an zweiter Stelle, genauer: sie ist später angesiedelt. Aber auch die fachliche Spezialbildung in Form der beruflichen Bildung reklamiert zu Recht den Anspruch für sich, allgemeinbildend und persönlichkeitsbildend tätig zu sein. Schließlich beinhaltet berufliche Bildung auch allgemeinbildende Fächer, und schließlich wirken berufliche Bildung und berufliche Tätigkeit ganz besonders intensiv persönlichkeitsbildend.

Grundkonsens dürfte sein, daß fachliche Spezialbildung einen soliden Unterbau einer allgemeinen Bildung braucht und nur dieser Unterbau junge Menschen befähigt, mit den rasanten Fortschritten in expandierenden Fachbereichen Schritt zu halten; eine zu früh einsetzende schulische Fachbildung würde dieses Schritthalten eher verhindern.

Pluralität der Schul-Träger

15. Selbst wenn das Grundgesetz in Artikel 7 das Schulwesen unter staatliche Aufsicht stellt, räumt es doch in Absatz 4 des Artikels 7 das Recht zur Errichtung von privaten Schulen ein. Diesen privaten Schulen bzw. Schulen in freier Trägerschaft kommt sogar eine wichtige Ersatz- und Ergänzungsfunktion im Schulwesen zu. Sie sind damit Teil der Vielfalt des bundesdeutschen Schulwesens.

Im Anschluß werden die schulrechtlichen Unterschiede erläutert. Die Thesen 16 und 17 enthalten Ausführungen zu den Lehrämtern, ihren „Gemeinsamkeiten und Unterschieden". In These 18 geht es um die „aktuelle Bildungspolitik". Die zwischen den Parteien, Regierungen, Verbänden, Kirchen usw. strittigen Auffassungen soll das Schema veranschaulichen:

Aktuelle Streitpunkte

	1. Schulstruktur	
integriert		gegliedert
	2. Beginn der äußeren Differenzierung	
frühestens nach 6. Jahrgangsstufe		nach Jahrgang 4 indiv. ggf. später
	3. Verhältnis allgemeine/berufliche Bildung	
Integration		Trennung
	4. Abiturientenquoten	
steigern		nicht steigern
	5. Dauer der Bildungszeiten	
beibehalten	Gesamtkonzept für Kürzung	einzeln kürzen
	6. Abiturpflichtkanon	
weitgehend frei	hohe	Verbindlichkeit
	7. Hochbegabtenförderung	
unzulässig		notwendig
	8. Bedingungen des Lehrerberufes	
einheitlich	Arbeitszeit, Ausbildung, Besoldung	differenziert
	9. Lehrerstatus	
angestellt mit Streikrecht		Beamter Streikverbot
	10. Verteilung der Hoheitsrechte	
Bonn Brüssel		Länder

In These 19 werden die „Agierenden in der Bildungspolitik" aufgezählt und auf die Pluralität der Interessen, Meinungen und Kräfte verwiesen als beste Garantie gegen jeden Monopolanspruch. Ausführlicher wird auf die Rolle der Lehrerverbände eingegangen:

Selbstverständlich finden sich die Agierenden der Bildungspolitik gerade auch im Bereich der Verbände, der Interessenvertretungen und der Gewerkschaften. Es ist hier zwar nicht der Platz, auf alle in diesem Sektor einzugehen (z. B. auf Hochschul-, Wirtschafts- und Elternverbände). Ein paar Sätze mögen aber doch angefügt sein über das Spektrum der Lehrerorganisationen. Für dieses Spektrum gilt zunächst als gemeinsamer Nenner: In der Summe bieten sie Pluralität in Reinkultur und damit natürlich auch eine Gewähr dafür, daß es hier demokratisch, diskursiv und marktwirtschaftlich konkurrierend zugeht. In der Summe konkurrieren die Lehrerorganisationen auch intensiv miteinander, so daß keine der großen Organisationen einen Monopolanspruch erheben kann. Und das ist gut so!

Dann werden die drei konkurrierenden Verbände vorgestellt, der DL, der VBE und die GEW und hinsichtlich ihrer bildungspolitischen Leitlinien charakterisiert. Der DL sieht sich selbst so:

Der Deutsche Lehrerverband (DL) hat seine 150000 Mitglieder in den Gymnasien, in den Realschulen und in allen Formen der berufsbildenden Schulen. Als Dachorganisation ist er die größte bundesdeutsche Lehrerorganisation außerhalb des DGB, also die größte nicht-gewerkschaftliche Lehrerorganisation. Der Deutsche Lehrerverband tritt ein unter anderem

- für ein gegliedertes, begabungsgerechtes, leistungsorientiertes Schulsystem,
- für ein Existenzrecht privater und freier Schulen,
- für eine nach Schulformen differenzierte Lehrerbildung,
- für differenzierte und am tatsächlichen Arbeitsaufwand orientierte Pflichtstundenmaßregelungen der Lehrer,
- für eine differenzierte Besoldung, bei Aufstiegsanreizen freilich für alle Lehrer,
- für den Beamtenstatus der Lehrer und gegen jede Form des Lehrerstreiks.

Es folgen die Charakterisierungen der anderen Verbände.
These 20, die letzte These, befaßt sich ausführlich mit der

Bildungspolitik im geeinten Deutschland

Solide und moderne Bildungspolitik in ganz Deutschland sollte sich an den folgenden sieben Hauptkriterien orientieren. Daneben kann es nicht einmal einen „zweiten Weg" geben:

1. Bildungspolitik muß rechtsstaatlich verankert sein. Dies bedeutet, daß Bildungspolitik die Menschen- und Bürgerrechte sowie das Recht auf individuelle Entfaltung der Persönlichkeit achten muß.
2. Bildungspolitik muß föderalistisch geprägt sein, d. h. dezentral organisiert und „ohne zentralistische Wasserköpfe".
3. Bildung und Erziehung müssen sich am Subsidiaritätsprinzip orientieren. Der Staat darf nur dort eingreifen, wo die Familie, die einzelne Bildungseinrichtung oder die örtliche Bildungsverwaltung nicht in der Lage sind, einen hohen Bildungsanspruch und individuelle Bildungschancen zu realisieren.
4. Bildungspolitik muß die Pluralität der Bildungswege gewährleisten. Dies wiederum bedeutet die Zulassung von differenzierten, begabungsorientierten, individuell gerechten Bildungswegen in Schule, Berufsbildung und Hochschule. Pluralität bedeutet schließlich „Vielfalt statt verordneter Einfalt".

5. Bildungspolitik muß sich an den Fortschritten der Fachwissenschaften in Forschung und Lehre sowie am daraus abgeleiteten Qualitätsstandard orientieren. Dies ist umso mehr notwendig, als die weltweite Konkurrenzfähigkeit Deutschlands vom Forschungs- und Bildungsstandard abhängt.

6. Bildungspolitik muß dem Beschäftigungssystem dienen. Neben der akademischen Ausbildung bedarf es einer eigenständigen beruflichen Bildung. Geboten ist auch hier eine marktwirtschaftliche Orientierung, die nur durch die freie Entscheidung des einzelnen für seinen Beruf gewährleistet werden kann.

7. Bildungspolitik muß schließlich die politische und weltanschauliche Unabhängigkeit des Lehrpersonals an Hochschule und Schule garantieren. Anders ausgedrückt heißt das: Das Lehrpersonal an Hochschule und Schule muß den materiell, sozial und politisch unabhängigen Status eines Beamten für sich reklamieren können.

Insgesamt gehe es um „Leistungs- und Wettbewerbsanspruch in Schule und Hochschule", „Gleichmacherei" habe da keinen Platz. Aber wer Änderungen nur von Wirtschaftsprogrammen erhoffe, verfahre ähnlich einseitig:

Indes geht es darum, auch bildungspolitisch die Ärmel hochzukrempeln. Riesige Herausforderungen stehen bevor: die Umwandlung einer verkrusteten, sozialistischen Nivellierungsschule im östlichen Teil Deutschlands in eine soziale und freiheitliche Leistungsschule; die von außen kommenden Herausforderungen der europäischen Einigung; die nach wie vor zunehmende Internationalisierung im Kapital-, Waren-, Dienstleistungs- und Personenverkehr; daneben die hausgemachten westdeutschen Herausforderungen, nämlich die zunehmende Entkoppelung von Bildungs- und Beschäftigungssystem, die sog. Bildungsexpansion mit ihrer Ausdehnung der Gymnasien und der Hochschulen sowie die drastische Verlängerung der Bildungszeiten.

Es folgt ein nochmaliger Rekurs auf die Vorteile des dreigliedrigen Schulsystems und die nachdrückliche Ablehnung abweichender Vorschläge, besonders derjenigen zur Errichtung von Gesamtschulen oder zur Umgestaltung des Schulwesens in ein zweigliedriges System.

Was die deutschlandweite Perspektive von Bildungspolitik betrifft, so kann man nur hoffen, daß die deutsche Einigung im Westen und im Osten Deutschlands zu einer noch deutlicheren Diversifizierung des Schulwesens führt (und zwar im allgemeinbildenden Schulbereich in der Regel nach der 4. Klasse differenzierend):

- zu einem Gymnasium, das nicht nur diesen Namen führt, sondern mit wirklich gymnasialem Anspruch den kürzesten Weg zur Hochschulreife darstellt;
- zu einer Hauptschule oder „Volksschule" für Schüler mit praktischer Intelligenz als der Schule, die am raschesten zur Berufsreife führt;
- zu einer Realschule als der Schule der Mitte und als allgemeinbildende Vorbereitung für anspruchsvolle technische und kaufmännische nachfolgende Berufsausbildungen;
- zu einem differenzierten Sonderschulwesen;
- zu einem differenzierten beruflichen Schulwesen;
- gegebenenfalls dann zu einer Gesamtschule, wenn diese von den Eltern als Angebotsschule gewünscht wird, wenn sie ihren Monopolanspruch aufgibt und wenn sie als diejenige Schule gesehen wird, die Schüler aufnimmt, deren Begabungen erst später erkannt werden, und die dementsprechend für allgemein anerkannte Bildungsabschlüsse etwas mehr Zeit braucht.

Ganz Deutschland ist auf dem Weg hin zur sozialen Marktwirtschaft und zu einer hochentwickelten, differenzierten, arbeitsteiligen Industriegesellschaft. Die Menschen in Deutschland wollen diese leistungsfähige, leistungsfreundliche, menschengerechte und freiheitliche Ordnung, in der der einzelne ein Höchstmaß an Individualität, Lebensglück und Wohlstand erfahren kann. Die Menschen in Deutschland wollen und brauchen eine Marktwirtschaft mit sozialem Unterbau, in der der Stärkere und Leistungsfähigere den Schwächeren an der Hand nimmt, in der der Schwächere dadurch nicht allein bleibt, in der Eigentum, Begabung und Leistungsfähigkeit zwar auch den Weg zur Erfüllung eigener Wünsche und Profilierungsabsichten darstellen, in der Eigentum, Begabung und Leistungsfähigkeit aber auch ein Stück soziale Verpflichtung bedeuten.

Eine solche Gesellschafts- und Wirtschaftsordnung kann freilich nur entstehen, wenn diese Ordnung als Basis ein hochentwickeltes, differenziertes Bildungs- und Qualifikationssystem hat.

Dafür empfiehlt der Schlußabsatz noch einmal das dreigliedrige Schulsystem als eine „soziale, differenzierte Leistungsschule".

[29]

VERBAND DEUTSCHER REALSCHULLEHRER (VDR)

Positionspapier zur Realschule
– unter besonderer Berücksichtigung der neuen Bundesländer – (1991)

Der Verband Deutscher Realschullehrer (VDR), der auch die Lehrkräfte an anderen Sekundarschulen einbezieht, ist unter diesem Namen und in dieser Form eine späte Gründung. Die Vorgängerorganisationen hatten sich im 19. Jahrhundert mit dem Entstehen der mittleren Schulen an vielen Orten, besonders in Preußen und den norddeutschen Ländern, gebildet. Als 1872 in Preußen mit dem Erlaß der „Allgemeinen Bestimmungen für Mittelschulen" die vielfältigen gehobenen und mittleren Schulen zur „Mittelschule" vereinheitlicht wurden, bildete sich hier in der Folgezeit eine Standesorganisation. Sie erklärte sich 1890 zum „Preußischen Verein für Lehrer und Lehrerinnen an Mittleren Schulen und Höheren Mädchenschulen". Nach Errichtung zum Abitur berechtigender Mädchenschulen und dem Ausscheiden der dort tätigen Lehrkräfte aus dem Verband erfolgte eine Umbenennung in „Preußischer Verein für das mittlere Schulwesen". Er erweiterte sich 1921 zum „Deutschen Verein für das mittlere Schulwesen", der alle Landesvereine zusammenfaßte. Er war u. a. wesentlich an den Mittelschulreformen nach 1924 beteiligt. In der NS-Zeit wurde der Verein gleich den anderen Lehrervereinen aufgelöst.
Im Oktober 1949 erfolgte eine Neugründung in Kassel als „Gesamtverband Deutscher Mittel- und Realschullehrer". Er schloß die Lehrer der norddeutschen Mittelschulen mit den Lehrern an den Realschulen in Nordrhein-Westfalen, Rheinland-Pfalz und Hessen zusammen. Nachdem auch in den süddeutschen Ländern diese Schulform auf Grund des KMK-Beschlusses zur Förderung der Mittelschule (1953) ausgebaut worden war, nahm die Vereinigung 1962 den neuen Namen VDR an, um alle Realschullehrer geschlossen bundesweit zu vertreten. Die einheitliche Bezeichnung „Realschule" – nachhaltig gefordert vom VDR – brachte 1964 das „Hamburger Abkommen". Die Wiedervereinigung veranlaßte den VDR, auch die „Sekundarstufenlehrer" an den Stufen- und Gesamtschulen in den neuen Bundesländern in seine Verbandsarbeit einzubeziehen.
Das „Positionspapier" entstand im Hinblick auf den Neuaufbau des Schulwesens in den neuen Bundesländern. Es zielt auf die Errichtung von Realschulen in einem einzuführenden dreigliedrigen Schulsystem, das die polytechnische Einheitsschule ablösen soll.

Quelle: Positionspapier zur Realschule – unter besonderer Berücksichtigung der neuen Bundesländer. Originalveröffentlichung des VDR (o. O., o. J.).

1. Grundlagen des gegliederten Schulwesens

Bildung ist ein allen Kindern und Jugendlichen gleichermaßen zukommendes Grundrecht.

Das Schulwesen muß so organisiert sein, daß für alle jungen Menschen gleiche Bildungschancen gegeben sind und den Begabungen, Neigungen und Interessen des einzelnen bestmöglich entsprochen wird.

Die Erziehung der Kinder ist nicht nur elterliches Recht, sondern auch eine nach dem Grundgesetz den Eltern obliegende Pflicht. Zu beidem gehört unabdingbar die Freiheit der elterlichen Schulwahl. Schulwahlfreiheit ist jedoch nur dort gegeben, wo Eltern zwischen unterschiedlichen Bildungswegen und damit Organisationsformen einschließlich unterschiedlicher weltanschaulicher Erziehungsstätten wählen können.

Die Wahrnehmung des Elternrechts hat dem Wohl des Kindes zu dienen. Der Beratung der Eltern durch die Schule kommt besondere Bedeutung zu.

Bildung und Erziehung dienen der Entfaltung der Persönlichkeit der Schülerinnen und Schüler. Sie haben die Mannigfaltigkeit der Lebens- und Berufsaufgaben, denen die jungen Menschen im Anschluß an ihre schulische Ausbildung begegnen, zu berücksichtigen.

Diese Mannigfaltigkeit der Lebensausrichtung der Bürger einer freien Gesellschaft, ihrer Lebens-, Arbeits- und Berufsbereiche sowie deren ständige Weiterentwicklung erfordert eine Vielfalt des Bildungsangebotes.

Das gegliederte Schulwesen in den alten Ländern der Bundesrepublik Deutschland stützt sich auf die genannten Grundlagen. Die Ausrichtung der allgemeinbildenden Schulformen des gegliederten Schulwesens – Hauptschule, Realschule, Gymnasium, Sonderschulen – zeigt sich in der Zielorientierung der unterschiedlichen Bildungsgänge, in der Gewichtung der einzelnen Fächer im Rahmen des Fächerkanons und wesentlich auch in der Art und Weise, in der die Sachinhalte eines Faches dargeboten werden. Hauptschule, Realschule und Gymnasium stellen je besonders akzentuierte institutionelle und pädagogische Konzepte dar.

Das gegliederte Schulwesen mit Hauptschule, Realschule, Gymnasium und Sonderschulen ist grundsätzlich auf die zugeordneten Abschlüsse ausgerichtet.

2. Bildungsauftrag und Bildungskonzept der Realschule

Die Realschule ist eine wichtige Säule des gegliederten Schulwesens. Ihr Bildungsziel ergibt sich einerseits aus der Zuordnung zu dem Feld der Berufe mit erhöhter Verantwortung, andererseits aus der Aufgabe, den Bildungsgang der Realschule so anzulegen, daß Realschulabsolventen entsprechend ihren individuellen Anlagen und Interessen ihren Bildungsgang in Fachschulen, Höheren Berufsfachschulen, Beruflichen Gymnasien sowie in den verschiedenen Formen der gymnasialen Oberstufe fortsetzen und die Berechtigung zum Hochschulstudium erlangen können.

Die Realschule umfaßt grundsätzlich die Jahrgangsstufen 5–10 und führt in einem eigenständigen in sich abgerundeten Bildungsgang zum Realschulabschluß.

Dem Bildungsauftrag der Realschule entspricht ein weites Spektrum von

- Pflichtfächern,
- Wahlpflichtfächern und
- Wahlfächern.

Zu den Pflichtfächern gehören im wesentlichen:

- Religionslehre
- Deutsch
- eine Fremdsprache (in der Regel Englisch)
- Mathematik
- Geschichte, Erdkunde, Sozialkunde, Wirtschaft
- Physik, Chemie, Biologie
- Sport
- Musik, Kunst.

Die Realschule vermittelt ihren Schülerinnen und Schülern eine anspruchsvolle Allgemeinbildung und ermöglicht ihnen dabei eine Schwerpunktsetzung nach Eignung und Neigung. In der Realschule findet in diesem Zusammenhang ein Teil des Unterrichts in Form der äußeren Differenzierung statt. Diese ermöglicht ein Eingehen auf individuelle Fähigkeiten und Fertigkeiten der Schülerinnen und Schüler.

Der Wahlpflichtbereich der Realschule orientiert sich zum einen an unterschiedlich ausgeprägten Eignungen und Neigungen, zum anderen werden in den Inhalten der Neigungsschwerpunkte die Bezüge zu den von den Realschulabsolventen hauptsächlich angestrebten Berufsfeldern deutlich.

Die Differenzierung der Realschule umfaßt im Grundsatz folgende Schwerpunktbereiche:

- den naturwissenschaftlich-technischen,
- den sozial- und wirtschaftswissenschaftlichen,
- den fremdsprachlichen,
- den musisch-künstlerischen.

Im Wahlpflichtbereich finden insbesondere das realistische Bildungsanliegen und Selbstverständnis der Realschule ihren Ausdruck.

Die Wahlfächer ergänzen Unterrichtsangebote der Pflicht- und Wahlpflichtfächer.

Ein wesentliches Merkmal der Arbeit in der Realschule ist der Lebens- und Anwendungsbezug:

Theoretische Einsichten werden weitgehend in praktische Anwendungsbezüge eingebunden.

Die Realschule schließt mit dem Realschulabschluß, der über eine Abschlußprüfung erworben wird. Diese eröffnet den Schülerinnen und Schülern vielfältige schulische und berufliche Anschlußmöglichkeiten.

Das mit dem Realschulabschluß verbundene breite Spektrum von Möglichkeiten für den weiteren Bildungs- und Berufsweg und die daraus resultierenden vielfältigen Lebens- und Entwicklungschancen sind ein entscheidender Grund für die breite Akzeptanz, die diese Schulform in den letzten 25 Jahren findet.

[30]

Bundesverband Deutscher Privatschulen / Schulen in freier Trägerschaft (VDP)

Leitlinien des VDP (1992)

Zum Bundesverband Deutscher Privatschulen (VDP) haben sich eine große Anzahl freier Schulen zusammengeschlossen, um ihre Interessen wirkungsvoller gegenüber dem Staat und in der Öffentlichkeit vertreten zu können. Zu seinen Mitgliedern gehören neben Einzelpersonen in erster Linie Schulvereine, Stiftungen und andere gemeinnützige Vereinigungen, die Träger freier Schulen sind. Der Bundesverband Deutscher Privatschulen sieht sich in der Tradition der ältesten Vereinigung von nichtstaatlichen Schulen, die 1901 für ganz Deutschland von Handels- und höheren Handelsschulen gegründet wurde. Sie schloß sich 1919 mit anderen freien Schulen zum Reichverband Deutscher Privatschulen zusammen, der sowohl allgemeinbildende als auch berufsbildende Schulen umfaßte. In der NS-Zeit büßte der Reichsverband seine Selbständigkeit ein und wurde als Fachschaft dem NSLB eingegliedert. Nach 1945 erfolgte ein bundesweiter Neuanfang als Bundesverband Deutscher Privatschulen. Die Grundlage seiner Tätigkeit bildet die Rechtsgarantie des Art. 7 GG für die Existenz von Privatschulen neben dem staatlich-öffentlichen Schulwesen.
Zur besseren Abstimmung gemeinsamer schulpolitischer Interessen arbeitet der VDP mit dem Arbeitskreis Katholischer Schulen, der Arbeitsgemeinschaft Evangelischer Schulbünde, dem Bund der Freien Waldorfschulen und der Vereinigung Deutscher Landerziehungsheime in der „Arbeitsgemeinschaft Freier Schulen – Verbände gemeinnütziger Schulen in freier Trägerschaft“ zusammen.
Die „Leitlinien“ des VDP geben die „Grundsätze“ seiner Arbeit, den „Aufbau“ seiner Organisation und eine Übersicht über die zahlreichen Felder seiner Tätigkeit wieder.

Quelle: Leitlinien des VDP. Originalveröffentlichung des Bundesverbandes Deutscher Privatschulen. Frankfurt 1992.

Grundsätze

1. Grundgesetzlicher Auftrag

Schule ist eine öffentliche Aufgabe unter öffentlicher Verantwortung. Damit nimmt jede Schule – ob in staatlicher oder freier Trägerschaft – eine öffentliche Aufgabe wahr (Art. 7, 1 GG).

Der Staat besitzt weder ein Bildungs- und Erziehungsmonopol noch ein Schulmonopol. In der freiheitlich-demokratischen Staatsform unseres Grundgesetzes sind neben und anstelle von staatlichen Schulen entsprechende Schulen in freier Trägerschaft (Privatschulen) als Ersatzschulen vom Staat nicht nur zu dulden, sondern zu gewährleisten (Art. 7, 4 GG).

Eine pluralistische Gesellschaft braucht neben den staatlichen Schulen die Schulen in freier Trägerschaft. In der freiheitlich-demokratischen Staatsform sind sie nach dem Urteil des Bundesverfassungsgerichtes vom 8. 4. 1987 ein Verfassungsgebot.

2. Wegbereiter

Die Geschichte der Pädagogik von der Antike bis zur Gegenwart ist eine Geschichte privater Initiativen zum freien Lehren und Lernen. Die Schulen in freier Trägerschaft und die in ihnen Wirkenden waren und sind Wegbereiter für das gesamte Schulwesen. Die Vielfalt des heutigen Bildungswesens ist undenkbar ohne freie Ideen und fortgesetzte individuelle Initiativen.

3. Konstruktive Kritik

Im Vergleich zu den europäischen Nachbarstaaten unterliegt das deutsche Bildungswesen einer starken staatlichen Dominanz. Schulen in freier Trägerschaft übernehmen daher die Aufgabe konstruktiver Kritik; sie sind ein demokratisch legitimierter anderer Weg. Privatschulen können Bildungsbedürfnisse aus der Gesellschaft – auch Bildungsbedürfnisse von Minderheiten – flexibel und schnell befriedigen. Sie entwickeln und verantworten eigene pädagogische Modelle. Zudem schließen sie durch ihre Arbeit qualitative wie quantitative Lücken im staatlichen Angebot. Privatschulen stellen gewonnene Erfahrungen dem gesamten Schulwesen zur Verfügung.

4. Grundlagen der Arbeit

Der Bundesverband Deutscher Privatschulen bindet seine Mitglieder weder weltanschaulich noch konfessionell oder parteilich. Er unterstützt seine Schulen in dem Ziel, die Schüler zu Humanität, zur Verständigungsbereitschaft gegenüber Andersdenkenden, zur Verantwortung gegenüber der Gesellschaft und zum Denken in internationalen Zusammenhängen zu erziehen.

Der Bundesverband Deutscher Privatschulen und seine Schulen arbeiten mit ausländischen und internationalen Schulverbänden und Schulen zusammen; ihre internationale Arbeit umfaßt:

- internationale Schüleraustauschprogramme,
- internationalen Dozentenaustausch,
- Hilfe bei Schulgründungen, insbesondere in Osteuropa,
- Beratung für freie Bildungsinitiativen in Osteuropa,
- Unterstützung pädagogischer Initiativen in Entwicklungsländern,
- Aufnahme von ausländischen Hospitanten,
- Mitarbeit an der Verwirklichung europäischer Bildungsprogramme.

5. Aufgabengerechter Freiraum

Das gesamte Schulwesen steht unter der Aufsicht des Staates. Hierbei gilt der Grundsatz der Gleichwertigkeit von Schulen in freier Trägerschaft und entsprechenden staatlichen Einrichtungen, nicht der Grundsatz der Gleichartigkeit.

Sollen Schulen in freier Trägerschaft ihre Aufgaben erfüllen, so muß ihnen der Staat die für ihr pädagogisches Bemühen erforderlichen Freiräume sichern.

Eine Privatschule darf nicht deshalb besser behandelt werden, weil sie in ihrem Konzept der staatlichen Schule näher kommt; dies gilt für die Zuerkennung von Berechtigungen wie für die finanzielle Unterstützung. Druck zur Anpassung an staatliche Vorgaben erschwert Innovationen.

In Ziffer 6 wird die Gleichrangigkeit von Ergänzungsschulen gefordert, in Ziffer 7 auf das kostengünstigere Angebot von Schulen in freier Trägerschaft im Vergleich zu den staatlichen Schulen hingewiesen.

8. Gewährleistungsanspruch

Die Schule in freier Trägerschaft ist nach bundesverfassungsgerichtlicher Entscheidung so zu sichern, daß

- Lehrziele und Einrichtungen nicht hinter denen der staatlichen Schulen zurückstehen,
- keine Schulgelder erhoben werden müssen, die zu einer Sonderung der Schüler nach den Besitzverhältnisse der Eltern führen und die allgemeine Zugänglichkeit gefährden,
- die wirtschaftliche und rechtliche Stellung der Lehrkräfte gesichert ist.

Es folgen „Grundsätze der Erwachsenenbildung", danach die Abschnitte „Aufbau" und „Arbeit" mit der Nennung der Verbandsorgane, der Zusammenarbeit mit anderen Verbänden und einer Übersicht über die Arbeitsbereiche des VDP.

[31]

EVANGELISCHE KIRCHE

Bildungs- und Schulpolitik aus christlicher Sicht Eine Zwischenbilanz der Kammer der Evangelischen Kirche in Deutschland für Bildung und Erziehung (1990)

Seit dem Zusammenbruch 1945 hat die „Evangelische Kirche in Deutschland" (EKD) den Wiederaufbau des Schulwesens und die weiteren Maßnahmen zur Erneuerung von Erziehung und Bildung von ihrer Position her kritisch begleitet und sich in grundlegenden Stellungnahmen zu den anstehenden Schulreformen und Bildungsfragen geäußert (1945, 1958, 1971, 1975, 1978). Die evangelische Kirche sieht sich von ihrem Glaubensauftrag her als Träger einer eigenen Bildungsverantwortung und versucht, sie kritisch-konstruktiv wahrzunehmen. Die „Kammer für Bildung und Erziehung" legte 1990 als neue Stellungnahme eine „Zwischenbilanz" der schulpolitischen Situation aus ihrer Sicht vor. Dazu bestimmten sie drei Gründe: 1. um zur Besinnung anzuhalten nach der Reformphase der 70er Jahre und ihren Nachwirkungen in den 80er Jahren, 2. um zur Überprüfung des eigenen Engagements aufzurufen angesichts der zunehmenden Entstehung weltanschaulich und christlich geprägter Schulen, 3. um zur kritisch-konstruktiven Auseinandersetzung mit den Plänen für den Neuaufbau des Schulwesens und die Gestaltung der Schulgesetzgebung in den neuen Bundesländern anzuregen.

Ihr Bericht „Bildungs- und Schulpolitik aus christlicher Sicht“ wurde am 15./16. Juni 1990 vom Rat der EKD erörtert. Er hat der Veröffentlichung zugestimmt.

Quelle: Bildungs- und Schulpolitik aus christlicher Sicht. Eine Zwischenbilanz der Kammer der Evangelischen Kirche in Deutschland für Bildung und Erziehung. Evangelische Texte. Hrsg. vom Kirchenamt der EKD. Hannover. Nr. 34 (1990).

Am Anfang des Berichts stehen ein historischer Rückblick auf frühere Stellungnahmen der EKD zu Fragen von Bildung und Erziehung (I) und auf die historische Entwicklung des Schulwesens (II), wobei jeweils die Grundaussagen über Bildung und Erziehung aus christlich-kirchlicher Sicht bzw. die gegenwärtig bedeutsamen sozialen und politischen Aspekte in Erinnerung gerufen werden. Dann wendet sich die Analyse den „für das Schulwesen relevanten aktuellen Veränderungen“ zu (III). Diese werden zunächst als gesamtgesellschaftliche Prozesse mit ihren Spannungen und z. T. gegenläufigen Tendenzen beschrieben, danach wird geprüft, wie weit sie sich im einzelnen auf die Schule auswirken und von ihr neue Antworten für Erziehung und Bildung erfordern. Folgerichtig werden die wesentlichen „Veränderungen innerhalb des Schulwesens“ untersucht (IV), u. a. die Entwicklungen der äußeren Schulverfassung, Probleme der inneren Gestaltung sowie aktuelle Entwicklungstendenzen. Diese Vorgehensweise legt nahe, die konstatierten Tendenzen zusammenzufassen und „Anregungen zu Entwicklungen im Schulwesen“ (V) daraus abzuleiten. Sie begrüßen u. a. vorrangig die Wiederaufnahme der Bemühungen um den Bildungsbegriff und unterstreichen die Bedeutung der Fortentwicklung von Erziehung und Unterricht für den Einzelnen wie für die Gesellschaft. Damit wird freilich der Rahmen der „Bilanz“ überschritten und in das Feld der Schulpolitik vorgestoßen. Wahrscheinlich war dies das eigentliche Ziel, zumal an dieser Stelle die Grundaussagen über „Erziehung und Bildung aus christlicher Verantwortung“ erneuert werden (VI) und die Kommission von dieser Position her „Leitlinien künftiger Schulentwicklung“ (VII) formuliert und den Schulpolitikern zur Umsetzung empfiehlt.

VI. Erziehung und Bildung aus christlicher Verantwortung

1. Grundsätzliche theologische Aussagen

Erziehung und Bildung sind menschliche Grundphänomene, die eine Lebensbeziehung zwischen den Generationen voraussetzen. Denn Menschen werden als Kinder geboren, sie sind auf Pflege und Schutz, Zuwendung und Begleitung, auf Überlieferung und Orientierung angewiesen. Erwachsen und selbständig werden sie, wenn es im Erziehungsprozeß um eine geistige Auseinandersetzung und eine gemeinsame Verantwortung geht, an der die nachwachsende Generation zunehmend beteiligt werden soll. Die Mitte dieses Geschehens ist die Frage, was ein sinnvolles, gelingendes, gutes Leben ist. Sie wird im Vollzug immer schon beantwortet, und doch muß die Antwort ständig neu reflektiert und verantwortet werden, damit Erziehung und Bildung nicht in Routine abgleiten oder unter dem Einfluß gesellschaftlicher Mächte und Interessen funktionalisiert werden.

Lernen, Lehren, Unterrichten und Erziehen, Sich-bilden und Gebildetwerden sind dem Verkündigungs- und Missionsauftrag der Kirche vorgegeben. Der christliche Glaube erschließt keine fachspezifische Erkenntnisquelle für Erziehung und Bildung. Pädagogisches Tun und erziehungswissenschaftliche Reflexion bleiben auf Erfahrung und Vernunft angewiesen. Aber da die Frage nach dem sinnvollen, gelingenden und guten Leben wissenschaftlich nicht entscheidbar ist, muß sie aus den Vorgaben der Überlieferungen und in der Auseinandersetzung unterschiedlicher Überzeugungen immer neu geklärt werden. Im Licht des Evangeliums und der biblisch-christlichen Überlieferung hat sich ein neues Verständnis des Lebens entwickelt, und diese Sicht beeinflußt auch das Bild des Menschen und seine Erziehung.

Nach christlichem Verständnis sind Freiheit und Würde des Menschen darin begründet, daß

- er Gottes Geschöpf und Mitarbeiter ist und diese Welt von Gott geschaffen ist;
- der Mensch dem Menschen anvertraut ist als Mitmensch und Helfer, und jeder auf diese Hilfe angewiesen ist, in besonderer Weise aber Kinder und junge Menschen;
- uns gemeinsam die Schöpfung Gottes mit allen Kreaturen anvertraut ist, um sie zu erkennen, zu nutzen und zu gestalten und um sie zu bewahren.

Dieses Lebensverständnis ist nicht zu lösen von der Einsicht, daß die Aufgabe in allen drei Hinsichten immer wieder verfehlt wird, weil die Gemeinschaft mit Gott schuldhaft zerbrochen ist. Gott aber liebt diese Welt und jeden Menschen so sehr, daß er sie in Jesus Christus durch sein Leben und Sterben mit sich selbst versöhnt hat und mit seiner Auferweckung bestätigt, daß es eine neue lebendige Hoffnung für diese Schöpfung und für jeden Menschen gibt, nicht nur durch die Erneuerung des Lebens in dieser Welt, sondern durch die Verheißung einer neuen Schöpfung, die überall da schon beginnt, wo Menschen darauf vertrauen.

Diese christliche Sicht bestimmt auch das Menschenbild mit. Der Glaube, daß Gott jeden Menschen liebt und in Christus versöhnt, verändert den Lebens- und Umgangsstil, er beeinflußt Erziehung und Unterricht. Dabei geht es zunächst um die Beziehung als Mitmensch und Mitgeschöpf und um eine Deutung der Wirklichkeit der Welt und der Inhalte und Aufgaben des menschlichen Lebens und schließlich um eine Antwort auf die Frage, wovon und wofür wir leben.

2. Christliche Verantwortung in Erziehung und Bildung

Erziehung und Bildung in christlicher Verantwortung für den Menschen kann verschiedene Gestalt annehmen, je nach ihrem sozial-kulturellen Ort, nach der Trägerschaft und nach Auftrag und Zielsetzung. Übereinstimmung besteht in der humanen Ausrichtung, die in unserer Gesellschaft durch die Grund- und Menschenrechte näher bestimmt wird, fundamental im Begriff der Menschenwürde, die jedem Menschen zugesprochen ist und deshalb gegen jede Verletzung gewahrt werden muß.

Im folgenden Absatz werden die Unterschiede in der Wahrnehmung der christlichen Verantwortung erläutert, soweit diese von den jeweiligen Schulträgern abhängig ist: in Schulen in kirchlicher oder christlicher, staatlicher oder anderer Trägerschaft.

3. Erziehung und Bildung in christlicher Verantwortung für alle schulischen Institutionen

Stärker ausschlaggebend als die Trägerschaft seien jedoch für die Wahrnehmung des christlichen Erziehungsauftrags das Selbstverständnis der Schule, die Einstellung des Kollegiums und die Haltung der Eltern. Dadurch könnten sich nicht vorhersehbare Chancen und auch enttäuschte Erwartungen ergeben.

Christliche Verantwortung zielt unabhängig von der Trägerschaft der einzelnen Schule zunächst auf Wahrung der Menschenwürde in allen Erziehungs- und Unterrichtsprozessen. Darüber hinaus gilt die Verantwortung einerseits einem soliden, anspruchsvollen Unterricht in den Schulfächern und in den Projekten und andererseits einer kontinuierlichen pädagogischen Zuwendung zu dem einzelnen Schüler. Wo eine über den Unterricht hinausgehende Betreuung der Schüler notwendig ist, sind Tagesschulen und Internate anzubieten. Da sich Erziehung und Unterricht den Sinn und Wertfragen des Lebens stellen müssen, haben die christlich begründeten Antworten im Schulleben und im Unterricht einen bestimmenden Platz.

4. Christliche Verantwortung in den Schulen in staatlicher Trägerschaft

Christliche Eltern und Erzieher müssen ihre Interessen auch in den Schulen in staatlicher Trägerschaft wahrnehmen:

- Dies gilt aus christlicher Verantwortung vorrangig dem Religionsunterricht. Er ist ordentliches Lehrfach, wird aber von Lehrkräften erteilt, die in der Regel von Kirchen bevollmächtigt sind, und wird nach einem Lehrplan unterrichtet, der die Zustimmung der betroffenen Religionsgemeinschaft (Kirche) hat.

Im Rückblick auf die letzten 20 Jahre ist festzustellen, daß sich der Religionsunterricht konsolidiert hat, er befindet sich in keiner Krisensituation. Nicht nur deswegen sind die Forderungen bestimmter gesellschaftlicher Gruppen nach Abschaffung des Religionsunterrichts nachdrücklich zurückzuweisen, sondern auch aus verfassungsrechtlichen, schulrechtlichen, bildungstheoretischen und religionspädagogischen Gründen ist auf die regelmäßige Durchführung des Religionsunterrichts nach Maßgabe der Stundentafel zu achten. Im Kanon der Fächer leistet der Religionsunterricht einen unverzichtbaren Beitrag durch die systematische Thematisierung der Sinn- und Wertfrage und die Weitergabe prägender Traditionen und Erfahrungen. Zentral sind die Erschließung biblischer und kirchengeschichtlicher Kenntnisse und der Grundlagen evangelischen und katholischen Glaubens. Nach wie vor zeigen sich dafür besondere Chancen in der Grundschule, aber auch für die übrigen Schularten besteht kein Grund zur Resignation. Die jeweiligen Möglichkeiten müssen in der konkreten Unterrichtssituation und im Gespräch mit den jungen Menschen ausgelotet werden.

- Damit der Religionsunterricht nicht in eine Ghetto-Situation gedrängt wird, benötigt er die Unterstützung der Kollegien. Alle Fächer müssen die für sie relevanten christlichen Themen oder Aspekte aufnehmen.
- Der christliche Beitrag zum Schulleben hängt davon ab, ob genügend Lehrer, Eltern und Schüler sich dafür einsetzen. Der Unterrichtsbeginn mit Morgenlied und Wochenspruch ist ebenso möglich wie die Realisierung christlicher Lebensformen bei Wanderfahrten und Schullandheimaufenthalten. Das Schulgebet – vor allem im Klassenverband der Grundschule – ist eine Chance. Darüber hinaus sollte auf das reiche christliche Liedgut zurückgegriffen werden.

5. Bedeutung und Aufgaben der Schulen in evangelischer Trägerschaft

Es wird gelegentlich bestritten, daß Schulen in evangelischer Trägerschaft nötig sind. Dabei ist das entscheidende Argument, daß die christliche Botschaft in der Gemeinschaftsschule ihren Platz hat und daß junge Menschen als Christen in der öffentlichen Schule heranwachsen und in der geistigen Auseinandersetzung sich behaupten sollen. Diese Meinung muß aus theologischen und pädagogischen Gründen respektiert werden, aber auch die andere Position ist begründet, der Versuch nämlich, Schule als Ganzes in christlicher Verantwortung zu gestalten.

Die schulpolitischen Gründe für Schulen in evangelischer Trägerschaft liegen in der erforderlichen Demokratisierung des Schulwesens, die ein generelles staatliches Schulmonopol verbietet. Die aktuelle politische Entwicklung in der DDR zeigt die grundsätzliche Notwendigkeit von schulischer Flexibilität und Alternativkraft als Regulativ gegenüber einem zentralisierten Schulwesen. In den Kreis von Schulen in freier Trägerschaft als Ausprägung unterschiedlicher religiöser Auffassungen oder Weltanschauungen gehören auch Schulen in evangelischer Trägerschaft verschiedener Schularten, die in freier Gestaltung ein eigenes pädagogisches Profil herausarbeiten und damit ein Angebot geben für interessierte evangelische Eltern. Diese Schulen fördern auch den Wettbewerb innerhalb des Schulwesens im ganzen und können Pilotfunktionen für neue Aufgaben und Entwicklungen übernehmen.

Die bildungstheoretischen Gründe für Schulen in evangelischer Trägerschaft liegen in dem Faktum der Förderung des jungen Menschen um des Menschen willen, denn Bildung ist mehr als nur die Vorbereitung auf die Bewältigung des Lebens. Im Blick auf katholische, anthroposophische und anders pädagogisch akzentuierte Schulen muß es deshalb auch das Angebot evangelischer Schulen geben. Sie haben das Ziel, junge Menschen zu einem eigenen reflektierten evangelischen Standpunkt und zur Toleranz gegenüber anderen Religionen und Weltanschauungen zu erziehen.

Auch aus pädagogischen Gründen müssen christliche Eltern das Recht haben, für ihre Kinder einen geschützten Standort für Erziehung zu verlangen, von dem aus für die Schüler Einstellungen und Verhaltensformen entwickelt werden, die Orientierungen für ihr späteres Leben vermitteln.

Die theologische Begründung beruht auf Einsichten der christlichen Anthropologie: Der Mensch ist Gottes Geschöpf und durch Jesus Christus zur Freiheit in der Kindschaft Gottes berufen. In ihr erfährt der Mensch Würde, Begrenzung, Grund und Maß für sein Denken und Handeln. Vernunft und Begabung nimmt der Christ dankbar an als ein von Gott gegebenes Geschenk, um sie zur Lebensgestaltung einzusetzen. Dieses christliche Glaubens- und Lebensverständnis muß im Erziehungs- und Unterrichtsprozeß und im Vollzug schulischen Lebens anschaulich und nachvollziehbar sein. Dabei soll transparent werden, daß von der Bibel und vom Evangelium her ein humanes Leben möglich ist, das durch die Orientierung an einem realistischen Bild vom Menschen von Ideologien befreit. Diese christliche Grundüberzeugung wird in den Schulen in christlicher Trägerschaft repräsentiert und zwar so, daß jungen Menschen die Freiheit der Entscheidung bleibt.

Eine lebendige Wechselwirkung von Erziehung, pädagogischer Zuwendung, Unterricht, Feier, Spiel und Verkündigung sollte evangelische Schulen prägen. Bewährt und auch in Zukunft nötig ist ihr diakonischer Auftrag, wonach es keine hoffnungslosen Fälle gibt.

Hervorzuhebende Aspekte der pädagogischen Arbeit seien
- *der Religionsunterricht,*

- *die religiöse und ethische Dimension in allen relevanten Fächern bewußt zu machen (Unterrichtsprinzip),*
- *ein christlich geprägtes Schulleben.*

VII. Leitlinien künftiger Schulentwicklung

In den abschließenden Empfehlungen für eine zukünftige Schulpolitik werden einige Leitlinien formuliert. Sie richten sich an staatliche Politik, Gesetzgebung und Verwaltung. Eltern-, Lehrer- und Schülerverbände werden ermutigt, ihre Mitverantwortung wahrzunehmen. Kirchen und andere Schulträger sowie Teilnehmer am Bildungsgeschehen vor Ort werden hiermit besonders angesprochen.

Die Wiedergabe erfolgt in Thesen, die der Gliederung des Berichts folgen:

1. Institutionelle Offenheit

bedeutet die Öffnung der Schulen, damit Schule und schulische Arbeits- und Lebensformen stärker als bisher von Eltern, Lehrern und Schülern, von gesellschaftlichen Gruppen und Trägern regionaler Kulturtraditionen mitgestaltet werden können.

2. Keine Wertneutralität von Erziehung und Bildung

erfordert eine Verständigung über gemeinsame Grundwerte und Grundüberzeugungen, in die stärker als bisher Schule und Kirche eingebunden werden sollten.

3. Die Ambivalenz von Wissenschaft und Technik als Herausforderung

sollte einerseits zur Vertiefung sachlicher Kompetenz führen, andererseits die Vermittlung instrumentellen Wissens mit der ethischer Maßstäbe und sozialer Ansprüche verbinden.

4. Erweitertes Verständnis schulischer Erziehung

muß die Schulen dazu veranlassen, daß sie sich in größerem Umfang der erzieherischen Aufgabe stellen und dazu u. a. einem kind- und jugendgemäßen Leben mehr Raum geben, auch über den Rahmen des Unterrichts hinaus.

5. Christsein in Schule und Gemeinde

bedeutet, die institutionellen Trennungen zu überwinden und stärker gemeinsam unter der Zielsetzung zusammenzuarbeiten, bei den Kindern und Jugendlichen eine positive Lebenserwartung unter dem Zuspruch des Wortes Gottes aufzubauen.

6. Aktivierung der Nachbarschaft von Schule und Gemeinde

sollte in gleichem Sinne die Kirchengemeinden wieder stärker an der Verantwortung für Schule und schulische Bildung beteiligen, insbesondere durch Stärkung der Fortbildung für die Lehrer, Gesprächskreise usw.

7. Die Bedeutung der politischen Veränderungen als Bildungsaufgabe

muß von allen als Herausforderung angenommen werden, zum Prozeß der Erneuerung der Erziehung und des Unterrichts in Schule und Gemeinde beizutragen.

[32]

KATHOLISCHE KIRCHE

Schwerpunkte kirchlicher Verantwortung im Bildungsbereich Ein Beschluß der Gemeinsamen Synode der Bistümer in der Bundesrepublik Deutschland (1975)

Durch die Reformforderungen und -bewegungen der 60er/70er Jahre sah sich die Katholische Kirche in Deutschland herausgefordert, in den Auseinandersetzungen um Schule und Erziehung ihre Stellung zu den aufgeworfenen Fragen und Problemen zu erklären. Wie schon mehrfach seit der Mitte des 19. Jahrhunderts geschehen, schien es ihr unverzichtbar, ihre Verantwortung für das Erziehungsrecht der Eltern, ihre Sorge um das transzendente Ziel alles Erziehens, ihre Rechte auf Mitwirkung als Kirche in der Schule und ihre Fürsorge für ihre kircheneigenen Schulen der Öffentlichkeit zu verdeutlichen.
Der neuen Stellungnahme ging eine Umfrage zum Verhältnis „Kirche und Bildung" unter ihren Mitgliedern voraus. Die „Sachkommission für Erziehung - Bildung - Information" erhielt danach den Auftrag, auf der Grundlage der Ergebnisse eine Beschlußvorlage für die Synode auszuarbeiten. Nach mehreren Beratungen in der Synode verabschiedete die Vollversammlung in Würzburg die zur dritten Lesung vorgelegte Fassung am 18. November 1975 mit großer Mehrheit.
Die Bedeutung dieses Beschlusses liegt darin, daß zum ersten Mal versucht wurde, den Auftrag der Kirche in allen Bildungsbereichen im Gesamtzusammenhang der Probleme anzusprechen. Im ersten Kapitel werden dazu die Glaubensgrundlagen der katholischen Erziehungsauffassung und -verantwortung präzisiert. Auf ihr fußen die folgenden Stellungnahmen zu einzelnen Problembereichen, in denen die Detailfragen beantwortet werden. Von den spezifisch schulbezogenen Themen werden drei Fragenkreise angesprochen: 1. die „Förderung katholischer Schulen in freier Trägerschaft" wegen ihrer exemplarischen Bedeutung für die kirchliche Präsenz im Bildungsbereich, 2. der Bereich „Mitwirkung im Schulwesen" als Beispiel- und Handlungsfeld der Elternverantwortung für die christliche Erziehung ihrer Kinder im öffentlichen Bildungswesen und 3. die „Schulseelsorge", bei der die Stärkung und Erneuerung des Religionsunterrichts einen wesentlichen Schwerpunkt kirchlicher Verantwortung im Bildungsbereich ausmacht.
Auf diese Teile beschränkt sich die Wiedergabe. Der Beschluß gilt bis heute als grundlegende Aussage der katholischen Kirche in Deutschland zur Schulpolitik.

Quelle: Schwerpunkte kirchlicher Verantwortung im Bildungsbereich. Sonderdruck aus der offiziellen Gesamtausgabe der Gemeinsamen Synode der Bistümer in der Bundesrepublik Deutschland. Beschlüsse der Vollversammlung. Hrsg. vom Sekretär der Deutschen Bischofskonferenz, Dr. J. Homeyer. Heftreihe: Synodalbeschlüsse. Nr. 9.

1. Zur Grundlegung

1.1 Vom Auftrag der Kirche im Bereich der Bildung

Das Leben jedes einzelnen Menschen und die Zukunft der Gesellschaft werden entscheidend durch das Bildungswesen beeinflußt. Weil die Kirche mitverantwortlich ist für das Leben der Menschen und die Zukunft der Gesellschaft, muß sie an der Entwicklung des Bildungswesens mitwirken. Damit löst sie auch eine Verpflichtung ein, die sie mit der Taufe junger Menschen übernimmt. Wo immer es ihr möglich war, hat sich die Kirche dieser Aufgabe unterzogen. So verfügt sie auf diesem Gebiet über reiche Erfahrungen, eigene Einrichtungen und Kräfte. Die Kirche kann und will damit auch der Zukunft dienen.

In Absatz 2 wird hingewiesen auf die Notwendigkeit, daß die Kirche wegen der gesellschaftlichen Veränderungen ihre Aufgaben von Zeit zu Zeit neu bestimmen müsse. Der Text gehe nur auf Schwerpunkte ein, zu noch unentschiedenen Fragen werde nicht Stellung genommen.

Diese Darstellungen und Empfehlungen zu den Schwerpunkten kirchlicher Verantwortung im Bildungsbereich zeigen auf, wie Katholiken sich heute und in unserem Land an der bildungspolitischen Auseinandersetzung und an der praktischen Gestaltung unseres Bildungswesens beteiligen sollen.

1.2 Grundsätzliches zum Beitrag katholischer Christen zur Gestaltung unseres Bildungswesens

Antrieb und Maßstab für ihr spezifisches Denken und Handeln im Bildungsbereich findet die Kirche in dem, was der Glaube über den Auftrag des Menschen in der Welt sagt. Hat sie sich an diesem Maßstab geprüft, so darf und muß sie im gleichen Geiste auch kritisch-anregend die bildungspolitischen Entwicklungen in Staat und Gesellschaft begleiten.

1.2.1 Grund für ihr Wirken im Bildungsbereich erblicken Christen in der Liebe, mit der Gott uns Menschen liebt, in der er in Jesus Christus unser Bruder geworden ist, damit wir in liebender Antwort an ihn und alle Mitmenschen das Kommen seines Reiches vorbereiten.

1.2.2 Die obersten Ziele von Erziehung und Bildung des Menschen liegen für katholische Christen in der Entfaltung der menschlichen Anlagen, in der Befähigung des Menschen zum Dienst an seinen Mitmenschen, an der Welt und am Reich Gottes.

Es entspricht katholischer Überzeugung, zeitliche und ewige Ziele in der Erziehung und Bildung des Menschen für miteinander vereinbar zu halten. Damit ist allerdings noch nicht gesagt, wie das Ineinanderwirken dieser Ziele zu verstehen ist, wie jedes Ziel für sich auch in seinem Eigenwert geachtet werden kann und wie man diese Ziele heute so ausspricht, daß die Menschen sich davon bestimmen lassen.

1.2.3 Damit konkretes Denken und Handeln im Bereich von Bildung und Erziehung christlichen Grundvorstellungen möglichst nahekommt, werden die Christen immer neu folgende Fragen stellen:

Wird im Bildungsbereich beachtet, daß jeder einzelne Mensch von Gott ins Leben gerufen und zu seinem eigenen Ziel berufen ist, daß er in dieser Hinsicht von niemandem vertreten oder ersetzt werden kann, daß er deshalb Anspruch auf Achtung seiner Individualität hat? Wird beachtet, daß jeder einzelne nur durch Einbindung in die menschliche Gemeinschaft den notwendigen Schutz und die Hilfe erfährt, die er zu seiner Entfaltung nötig hat und die er seinen Mitmenschen schuldig ist? Wird im Bildungsbereich beachtet, daß der Mensch darauf angewiesen ist, daß man ihm vertraut und daß er Vertrauen in die Welt gewinnt, weil Gott sie erschaffen hat, erhält und vollenden wird?

Wird beachtet, daß der Mensch von Gott mit reichen und vielseitigen Anlagen beschenkt ist, die entfaltet und in den Dienst der Mitmenschen gestellt werden sollen; daß es darauf ankommt, die Kräfte des Verstandes, der Phantasie, der Liebe, des Gemütes, des intuitiven Erfassens und schöpferischen Gestaltens, des seelischen Erlebens und moralischen Wertens, der sozialen Beziehungen und des Leibes zu wecken – und weder das eine einseitig überzubetonen noch das andere verkümmern zu lassen? Wird beachtet, daß dem Menschen die Schöpfung von Gott anvertraut ist? Wird schließlich beachtet, daß der Mensch seine Erfüllung nicht in sich selbst finden kann; daß er seine volle Selbstbestimmung nur dann erreicht, wenn er auch frei wird für den Mitmenschen und für Gott; daß er der Gnade und Vergebung Gottes bedarf?

Solche Fragen stellen keine christliche Bildungstheorie oder gar den Aufriß eines in sich geschlossenen christlichen Bildungssystems dar. Es lassen sich aus diesen Fragen auch nicht unmittelbar Handlungsanweisungen für jede konkrete Situation herleiten. Christliches Handeln braucht wesentlich den Freiheitsraum für die neue Entscheidung in der jeweiligen geschichtlichen Situation. Christliches Handeln muß sich aber auch immer neu dem Urteil unterwerfen, das in der Antwort auf die hier aufgeworfenen Fragen liegt.

Bei allem Engagement der Christen bleibt eine dauernde Spannung bestehen zwischen dem Anspruch der Offenbarung und den notwendig unvollkommenen und zeitbedingten politischen Entscheidungen. Im konkreten bildungspolitischen Handeln wird es daher oft eine Mehrzahl christlich legitimer Entscheidungsmöglichkeiten geben. Diese Spannung zwischen Anspruch und Entscheidung kann fruchtbar und fördernd auf den bildungspolitischen Beitrag der Christen wirken, verlangt aber innerkirchlich die offene Auseinandersetzung über tragfähige Lösungen.

1.2.4 Wichtiges Anliegen der Christen ist es, daß in allen Bereichen von Erziehung und Bildung in angemessenem Umfang auch religiöse Bildung und Glaubenserziehung wirksam werden, weil dies zur Forderung nach der vollen Entfaltung menschlicher Anlagen gehört und weil die Befähigung zum Dienst am Reich Gottes zu den obersten Zielen der Erziehung und Bildung des Menschen zählt.

In den folgenden Abschnitten werden aus diesen grundsätzlichen Überlegungen einige konkrete Folgerungen für einzelne Bildungsbereiche gezogen.

In 1.2.5 wird der Vorrang des Erziehungsrechts der Eltern betont, doch müßten alle an der Erziehung Beteiligten ihre Zuständigkeits- und Verantwortungsbereiche aufeinander abstimmen. Auch der Staat habe sich einzuordnen:

Der Staat hat auch im Bildungswesen das Gemeinwohl der Gesellschaft zu sichern. Die daraus sich ergebenden Rechte und Pflichten des Staates für das Bildungswesen erkennt die Synode an. Diese Kompetenz bezieht sich insbesondere auf die Notwendigkeit, die Gleichheit von Erziehungszielen, Leistungsanforderungen und schulischen Einrichtungen im Sinne der verfassungsrechtlich anerkannten Grundwerte und der Prinzipien des demokratischen und sozialen Rechtsstaates zu sichern.

1.2.6 Für katholische Christen gehört zu einer sachgerechten und freiheitlichen Gestaltung des Bildungsbereiches im demokratischen Staat das Recht auf Errichtung, Unterhaltung und eigene Prägung von Einrichtungen in freier Trägerschaft.

Das Recht auf Bildungseinrichtungen eigener Prägung in freier Trägerschaft müsse prinzipiell für alle Bildungsbereiche gelten, außerdem Gleichrangigkeit bei der Förderung durch die öffentliche Hand.

1.3 Bemerkungen zum Stand der Bildungsreform

Von diesen Grundvorstellungen aus nimmt die Synode zum Stand der Bildungsreform Stellung.

1.3.1 Bildungspolitik und Bildungsplanung in der Bundesrepublik Deutschland haben vielfach zu Ergebnissen geführt, die die Synode bejahen kann; zu einzelnen Fragen erscheinen ihr Anmerkungen nötig.

Die Synode unterstützt alles Bemühen, größere Chancengleichheit im Bildungswesen herzustellen. Es erscheint ihr deshalb gut, die Durchlässigkeit zwischen den verschiedenen Bereichen des Bildungswesens zu verbessern, den gleichen Rang von beruflicher und allgemeiner Bildung sicherzustellen und Möglichkeiten zur Weiterbildung in jeder Lebensphase anzubieten. Die Synode begrüßt es, daß Erziehung und Bildung Verantwortlichkeit und Mündigkeit eines jeden Menschen anstreben, daß jeder Mensch individuell gefördert werden soll. Verantwortung und Freiheit müssen wesentliches Ziel aller Bildungsbemühungen sein. Sie bedingen einander gegenseitig.

Es folgen Begründungen für die Haltung der katholischen Kirche in bezug auf die angesprochenen Punkte (1.3.1).
Zu 1.3.2. Die Synode erhebt Einwendungen gegen manche Einseitigkeiten, z. B. beklagt sie den Intellektualismus, das Durchschlagen von Ideologien bei der Einführung von Neuerungen, die Überbewertung schulischer Abschlüsse und den wachsenden Leistungsdruck sowie Tendenzen zur Einschränkung des Elternrechts auf Erziehung ihrer Kinder.
Zu 1.3.3 stellt die Synode mit Bedauern fest, daß wichtige Aspekte zu wenig berücksichtigt seien: die Bedeutung solcher Grundwerte wie Toleranz und freie Entfaltung der Persönlichkeit in der Bildung und für sie, die „Sicherung des pädagogischen Bereichs vor einer übergreifenden Politisierung", die Grenze des Gleichheitsgrundsatzes und die zu wenig entfaltete Differenzierung der Forderung nach Chancengleichheit. Vor allem aber beklagt die Synode die geringe Bewertung der personalen Dimension des Erzieherischen und – gegenüber manchem naiven Fortschrittsoptimismus – die Verharmlosung der gegebenen Schwächen und Schuldhaftigkeit des Menschen.
Danach folgen Ausführungen „zur Erziehung des Kindes in den ersten sechs Lebensjahren" (Abschnitt 2), zur „Sorge für Behinderte" (Abschnitt 3) und „Zur beruflichen Bildung" (Abschnitt 4), jeweils mit entsprechenden Empfehlungen.

5. Förderung katholischer Schulen in freier Trägerschaft

Die Pluralität unserer Gesellschaft gewinnt Gestalt in den verschiedenen geistigen Richtungen, Weltanschauungen, Religionen und politischen Einstellungen, die diese Ordnung anerkennen und mit Leben erfüllen. Der plurale Rechtsstaat muß in der Gestaltung des Bildungswesens von den Grundwerten der Verfassung ausgehen; er kann aber von sich aus Inhalte und Ziele der Bildung nicht umfassend begründen und festlegen. Hierzu bedarf er neben der Wissenschaft auch der Mitwirkung derjenigen gesellschaftlichen Kräfte, die in der Wertbegründung ihre wesentliche Aufgabe sehen und die entschlossen sind, die Zustimmung zur freiheitlichen Grundordnung zu fördern. Ein staatliches Bildungsmonopol würde der Verfassung widersprechen.

Ein Bildungswesen in freier Trägerschaft ist daher wesentliches Moment für die Ausfüllung der freiheitlich-demokratischen Verfassungsordnung in unserem Staat. Die plurale Gesellschaftsordnung verlangt aber auch, daß kein Teil des Bildungswesens sich gegenüber gesamtgesellschaftlichen Entwicklungen abkapselt. Die Forderungen nach Freiheit des einzelnen und nach Toleranz müssen als rechtmäßig anerkannt werden.

Die Existenz und die Zusammenarbeit verschiedenartiger Bildungseinrichtungen des Staates und der freien Träger ermöglichen es, pädagogische Erfahrungen auszutauschen, sich gegenseitig zu korrigieren und anzuregen, die pädagogische Praxis auf beiden Seiten fortzuentwickeln.

5.1 Empfehlung

Die Synode erneuert den Anspruch der Kirche, katholische Schulen und Hochschulen in freier Trägerschaft zu gründen, zu unterhalten und zu führen. Zugleich spricht sie die Überzeugung aus, daß die staatliche Förderung eines Bildungswesens in freier Trägerschaft notwendig und rechtlich geboten ist. Insofern Schulen und Hochschulen in freier Trägerschaft das öffentliche Erziehungs- und Bildungssystem ersetzen oder ergänzen, nehmen sie öffentliche Aufgaben wahr. Der Staat muß durch entsprechende gesetzliche Regelungen seine Verantwortung dafür wahrnehmen, daß ein Schulwesen in freier Trägerschaft möglich bleibt.

Katholische Schulen in freier Trägerschaft sind Stätten, an denen die Kirche in einer spezifischen Weise in unserer Gesellschaft gegenwärtig und sichtbar wird. Um der Erfüllung dieses Auftrages willen müssen und werden sie auch den Anforderungen genügen, die heute an eine gute Schule zu stellen sind. Die katholischen Schulen in freier Trägerschaft bemühen sich um die Beachtung der pädagogischen Eigengesetzlichkeit, um fortwährende wissenschaftliche Überprüfung des eigenen pädagogischen Tuns, um soziale Offenheit und besondere Berücksichtigung der schwächeren und benachteiligten Glieder der Gesellschaft – wobei nicht nur die wirtschaftlich-finanziellen Benachteiligungen, sondern auch vielfältige persönliche und familiäre Belastungen zu beachten sind – und um Mitwirkung und Mitbestimmung aller am Bildungsprozeß Beteiligten. Ihre Eigenprägung und ihren Anteil an der Sendung der Kirche in der Welt gewinnen die katholischen Schulen in freier Trägerschaft dadurch, daß sie aus einem umfassenden Verständnis von Mensch und Welt heraus erziehen, das in dem Kapitel „Zur Grundlegung“ dargestellt wurde.

Die katholischen Schulen in freier Trägerschaft sollen dem Menschen aber auch helfen, ein Leben aus dem Glauben zu führen und sich in der Welt als Christ zu verhalten. Gerade in einer Gesellschaft, in der die Grundhaltung des Menschen zunehmend positivistische und rationalistische Tendenzen aufweist, muß sich der junge Mensch sachgerecht und in zeitgemäßer Sprache mit der Botschaft Christi auseinandersetzen können, um dann aus eigener Reflexion zum personalen Glaubensvollzug vorzustoßen. Glaube ist nicht zu erzwingen; gebunden an die freie Zustimmung des einzelnen, ist er ein Geschenk der Gnade Gottes. Katholische Schulen sollen sich aber bemühen, Hilfen für den Glauben zu geben, indem sie u. a. befähigen zur Erkenntnis weltanschaulicher Implikationen in wissenschaftlichen Aussagen, hinführen zu Meditation, anregen zur Selbstbeherrschung und Besinnung und Bereitschaft wecken zum Dialog.

Auch in der Schule kann der junge Mensch so die Kirche als wesentliches Element christlichen Gemeinschaftslebens erkennen und erfahren. Da es für katholische Schulen in freier Trägerschaft selbstverständlich ist, für das ökumenische Anliegen offen zu sein, können sie auch der Ort sein, andere Überzeugungen besser zu verstehen und zum Zeugnis des eigenen Glaubens zu finden.

Aus der Offenbarung erwächst dem Christen die Verpflichtung, für andere dazusein. Die katholischen Schulen in freier Trägerschaft dienen der Erfüllung dieses Auftrages, indem sie in den jungen Menschen die Bereitschaft wecken, mit den Menschen solidarisch zu sein und für das Wohl und den Frieden aller Menschen gewissenhaft einzutreten.

Die hier dargelegte Prägung der katholischen Schule in freier Trägerschaft kann nur durch die dort tätigen Menschen erreicht werden. Deshalb bedarf die Auswahl der Lehrer besonderer Sorgfalt. Von der Einstellung und Handlungsweise der Lehrer hängen nämlich Geist und Glaubwürdigkeit der Bildungseinrichtungen ab. Gelebte Glaubensüberzeugung, menschliche und intellektuelle Redlichkeit und die Zuwendung zum Schüler sollten charakteristische Haltungen des Lehrers an katholischen Schulen sein.

Des weiteren empfiehlt die Synode, Entwicklungspläne für die Gestaltung der Schulen zu erarbeiten, Curricula und Lehrmaterialien den Schulen an die Hand zu geben, die Finanzierung zu unterstützen, insbesondere bei den Internaten, schließlich die Schulen auch für Ausländer zu öffnen und in die Schulräume auch andere kirchliche Aktivitäten zu ziehen.

6. Zur Mitwirkung im Schulwesen

Die gegenwärtige Entwicklung unseres Bildungswesens verlangt, daß die Mitwirkungsrechte der Lehrer, der Eltern und der Schüler gestärkt und gesichert werden.

6.1 Empfehlung

Für die beratende und beschließende Mitwirkung der Lehrer, Eltern und Schüler sind verbindliche Regelungen zu formulieren und so zu gestalten, daß sie dem jeweiligen Gegenstand und der Kompetenz der Beteiligten angemessen sind.

Diese Mitspracherechte der Lehrer, Eltern und Schüler müssen rechtlich gestärkt und gesichert werden. Rechte der Lehrer ergeben sich aus deren fachlicher und pädagogischer Zuständigkeit. Die Schwerpunkte der elterlichen Rechte müssen dort liegen, wo der Erziehungsauftrag der Familie berührt wird. Daher sollten Eltern das Recht haben, ihre Kinder in eine Schule ihrer Wahl zu schicken.

Besonders für jüngere Schüler, die noch unselbständig dem Einfluß der Schule gegenüberstehen, muß es den Eltern möglich sein, sich über die Tendenz des beabsichtigten Unterrichts zu informieren und im Falle von Mißbrauch korrigierend Einfluß zu nehmen. Die Schüler sollen an Entscheidungen in der Schule in einer Weise mitwirken, die ihrer Mündigkeit und ihrem Sachverstand entspricht; ihre Mitwirkung betrifft vor allem die Mitgestaltung des Unterrichts und die Einübung in eigenverantwortliches Handeln. Die Forderung, daß Eltern, Schülern und Lehrern Mitwirkungsrechte in der Schule eingeräumt werden, bedeutet nicht, daß diese Gruppen – oder gar nur eine von ihnen – das uneingeschränkte Verfügungsrecht über die Schulen erhalten. Die Mitwirkungsrechte finden vielmehr ihre Begründung und ihre Grenzen in Verfassungen und Gesetzen unseres freiheitlichen Rechtsstaates. Insofern muß es auch ausgeschlossen sein, daß eine politische oder ideologische Denkrichtung allein das Konzept einer öffentlichen Schule bestimmt.

Die Forderung nach breiter Mitwirkung der Beteiligten gilt natürlich auch für das Schulwesen in freier Trägerschaft. Damit jedoch der Charakter dieser Schulen gewahrt bleibt, müssen eigengeprägte Bildungsprogramme geschützt sein gegen eine Umprägung durch zufällige oder nur zeitweilige Mehrheiten. Nur dadurch kann auch die Schule in kirchlicher Trägerschaft eine echte Alternative bleiben und so die Wahlmöglichkeit der Eltern gewährleisten.

6.2 Empfehlung

Verstärkt sollen sich kirchliche Stellen dafür einsetzen, daß Eltern befähigt werden, sachverständig und entschlossen an der Gestaltung des Schulwesens mitzuwirken.

Es folgen eine Reihe praktischer Vorschläge, vom Angebot von Weiterbildungsmöglichkeiten bis zum Kontakteknüpfen durch Hausbesuche.

6.3 Empfehlung

Die Synode appelliert an die Eltern, die Möglichkeiten der Mitwirkung verantwortungsvoll wahrzunehmen und dafür zu sorgen, daß in den Organen der elterlichen Mitwirkung der Erziehungswille aller beteiligten Eltern angemessen repräsentiert ist. Sie bittet die katholischen Eltern, ihre gesamte Erziehungsaufgabe gewissenhaft an den Kriterien zu orientieren, die sich aus dem eigenen Glauben sowie ihrer und der Zugehörigkeit der Kinder zur Kirche ergeben.

6.4 Empfehlung

Die Bistümer sollen verstärkt kirchliche Einrichtungen schaffen, die den Eltern Hilfe in Erziehungsfragen und den Eltern und Schülern Erziehungsberatung und Bildungsberatung leisten können.

6.5 Empfehlung

Einschneidende Änderungen der Erziehungsziele, welche die Substanz unseres Bildungswesen betreffen, dürfen nicht auf administrativem Weg angeordnet werden. Sie erfordern die parlamentarische Kontrolle, die ihrerseits von einer breiten öffentlichen Meinungsbildung begleitet werden muß.

Im folgenden Abschnitt 7 „Zur Schulseelsorge" empfiehlt die Synode eine Intensivierung der Arbeit u. a. durch stärkere Heranziehung der Schüler, Lehrer und Eltern zu aktiver Mitarbeit sowie durch vermehrten Einsatz von Beratern, Aufsichts- und Leitungskräften auf allen Ebenen.

Am Ende stehen Bemerkungen „Zur Hochschulbildung und zum Hochschulpastoral" mit entsprechenden Empfehlungen (Abschnitt 8) und zur „Weiterbildung/Erwachsenenbildung in katholischer Trägerschaft", ebenfalls mit nachfolgenden Empfehlungen (Abschnitt 9).

Ergebnisse der Wahlen zum Deutschen Bundestag (1949–1990) und zum Europaparlament (1979–1989)

	Wahl-bet. %	CDU/CSU %	SPD %	FDP %	Grüne %	REP %	Sonst. %	davon DP %	BHE %	Zentr. %	BP %	KPD %
Wahlen zum Deutschen Bundestag[1]												
14. 8.1949	78,5	31,0	29,2	11,9	–	–	27,9	4,0	–	3,1	4,2	5,7
6. 9.1953	86,0	45,2	28,8	9,5	–	–	16,5	3,3	5,9	0,8	1,7	2,2
15. 9.1957	87,8	50,2	31,8	7,7	–	–	10,3	3,4	4,6	0,3	0,5	–
17. 9.1961	87,7	45,3	36,2	12,8	–	–	5,7	–	–	–	–	–
19. 9.1965	86,8	47,6	39,3	9,5	–	–	3,5	NPD 2,0				
28. 9.1969	86,7	46,1	42,7	5,8	–	–	5,5	NPD 4,3				
19.11.1972	91,1	44,9	45,8	8,4	–	–	0,9	NPD 0,6				DKP 0,3
3.10.1976	90,7	48,6	42,6	7,9	–	–	0,9					
5.10.1980	88,6	44,5	42,9	10,6	1,5	–	0,5					
6. 3.1983	89,1	48,8	38,2	7,0	5,6	–	0,5					
25. 1.1987	84,3	44,3	37,0	9,1	8,3	–	1,4					
2.12.1990	77,8	43,8	33,5	11,0	3,8	2,1	5,7	PDS 2,4				
Wahlen zum Europaparlament												
10. 6.1979	65,7	49,2	40,8	6,0	3,2	–	0,8					
17. 6.1984	56,8	45,9	37,4	4,8	8,2	–	3,7					
18. 6.1989	62,3	37,8	37,3	5,6	8,4	7,1	3,7					

1) Bis 3. 10. 1990 nur die westlichen Bundesländer ohne Berlin, 1949 und 1953 auch ohne Saarland.
Ab 1953 %-Anteile gemäß Zweitstimmen.

Quelle: Die Bundestagswahl. Hrsg. vom Statistischen Bundesamt Wiesbaden. 1949 ff.

[34]

Bundesregierungen 1949–1990

Kabinett	Kabinettsitze und Koalition					
Adenauer (CDU) Erstes Kabinett (1949–1953)	6 CDU	3 CSU	3 FDP	2 DP		
Adenauer (CDU) Zweites Kabinett (1953–1957)	8 CDU	2 CSU	4 FDP	2 BHE	2 DP	1 parteilos
	Nach der Kabinettsumbildung am 16. 10. 1956:					
	10 CDU	3 CSU	2 FDP	2 DP		
Adenauer (CDU) Drittes Kabinett (1957–1961)	12 CDU	4 CSU	2 DP			
Adenauer (CDU) Viertes Kabinett (1961–1962)	12 CDU	4 CSU	5 FDP			
Adenauer (CDU) Fünftes Kabinett (1962–1963)	12 CDU	4 CSU	5 FDP			
Erhard (CDU) Erstes Kabinett (1963–1965)	13 CDU	4 CSU	5 FDP			
Erhard (CDU) Zweites Kabinett (1965–1966)	13 CDU	5 CSU	4 FDP	(27. 10. 1966 Ausscheiden der FDP-Minister a. d. Regierung)		
Kiesinger (CDU) (1966–1969)	8 CDU	3 CSU	9 SPD			
Brandt (SPD) Erstes Kabinett (1969–1972)	12 SPD	3 FDP	1 parteilos			
Brandt (SPD) Zweites Kabinett (1972–1974)	13 SPD	5 FDP				
Schmidt (SPD) Erstes Kabinett (1974–1976)	12 SPD	4 FDP				
Schmidt (SPD) Zweites Kabinett (1976–1980)	12 SPD	4 FDP				
Schmidt (SPD) Drittes Kabinett (1980–1982)	13 SPD	4 FDP				
	Nach dem Ausscheiden der FDP-Minister am 17. 9. 1982: 13 SPD					

Fortsetzung: Bundesregierungen 1949–1990

Kabinett	Kabinettsitze und Koalition		
Kohl (CDU) Erstes Kabinett (1982–1983)	9 CDU	4 CSU	4 FDP
Kohl (CDU) Zweites Kabinett (1983–1987)	9 CDU	5 CSU	3 FDP
Kohl (CDU) Drittes Kabinett (1987–1990)	9 CDU	5 CSU	4 FDP
Kohl (CDU) Viertes Kabinett (1990–	10 CDU	5 CSU	5 FDP

Quelle: K. G. Tempel: Die Parteien in der Bundesrepublik Deutschland. Berlin 1987. S. 77. Für 1990 ergänzt nach dem Amtlichen Handbuch des Deutschen Bundestages. 12. Wahlperiode. Ziff. II. S. 3. Rheinbreitenbach 1991.